중국 근현대 상인과 물가변동

호남 지역사회 연구

中國近現代商人與物價變動

－湖南地域社會研究－

田 炯 權

이 책은 정부의 재원으로 한국연구재단에서 지원한 3년 연구과제
(과제 번호 NRF-2013S15A2A01014423)를 토대로 하여
그 후속연구를 더하여 완성된 것임.

중국 근현대 상인과 물가변동

호남 지역사회 연구

전 형 권 지음

혜안

책머리에

전 저(著)『중국 근현대의 호남사회』를 출간한 지도 어언 10년이 넘었다. 그동안 겨우 여덟 편의 논문을 쓴 데 그쳤다. 일 년에 몇 권의 책을 쓰고 수년 만에 수십 권의 책을 쓰는 사람들을 보면 부러운 나머지 내용이 별 거 아닐 거라고 폄하했던 일이 있다. 내 스스로의 노둔함과 게으름을 탓해야 함에도 질투심으로 남을 깎아내렸으니 참으로 부끄러운 일이다. 이 책은 전 저에서 주제가 같은 논문 한 편을 가져 와서 9편의 논문으로 엮은 것이다.

'小年易老 學難成 一寸光陰 不可輕 未覺池塘 春草夢 階前梧葉 已秋聲'

주자(朱子)의 시구(詩句)를 다시 떠올리게 된다. 젊을 때는 그저 학자는 열심히 공부해야 된다는 의미 외에 별 뜻을 느끼지 못하였다. 60대 중반의 나이가 되니 이제 뒷 구절이 새삼 실감 난다. 나의 연구 여정도 이제 종막을 향해 가고 있다. 뉴턴은 진리의 대양 앞에서 조개껍질을 줏고 노는 어린 아이에 스스로를 비유하였으나 나는 그 대양 앞에도 가보지 못하고 그치는 것 같다. 나비를 쫓아서 숲 속으로 들어가서 평생 숲 속을 헤매다가 어딘지 모르는 곳에서 끝을 맞이하고 있는 것 같다.

'역사는 무엇인가', '역사에는 법칙이 있는가'는 거대 담론이 역사 공부를 이끌었으나 수십 년이 지난 지금 여전히 명확한 답은 찾지 못하고 있다. 인생도 과정이고 공부도 탐구의 과정에 의미가 있다는 말로 스스로를 위안해 본다. '역사의 원동력이 생산력의 발전이 아닌가' 하는 생각으로 사회경제사를 계속 공부하였다. 어렵기만 하고 생산성은 낮으며 세간의 주목도 받지 못하는 분야이다. 그러나 무엇이 되기 위해서가 아니라 그냥 궁금증을 해결하기 위한 지적 호기심으로 평생을 공부할 수 있었던 것도 행복한 일이다.

중국의 호남을 연구 지역으로 선택하게 된 것도 순전히 지적 호기심을 따라 가다 보니 생긴 일이다. 근대 군벌에 관심을 갖다 보니 중국 근대 군벌의 원조로서 상군(湘軍)을 탐구하게 되었고 그것이 수십 년 지속된 호남 연구의 계기이다. 태평천국군의 병사도 농민이고 상군의 병사도 같은 농민인데 왜 호남의 상군은 반혁명군이 되었을까가 문제의 출발이다. 그래서 호남 농촌사회의 특성을 해명하기 위한 연구에 매달렸다. 이 지역 농민의 존재 형태, 상당수가 소작인이었던 사람들의 특징을 알기 위해 이 지역의 지주 전호 관계에 천착하였고 농업 생산력의 문제를 탐구해 보았다. 그런데 이 지역 농촌사회의 특성을 찾다 보니 주요 곡창지대로서 양자강 하류 지역으로 미곡 수출이 빈번한 것을 알게 되었다. 이런 미곡의 유통과 농산품의 수출을 보니 타 지역과의 교류 관계도 드러나게 되었다. 농산품의 유통 관계는 기타 상품의 존재를 시야에 들어오게 하고 자연히 이들 유통을 주도하는 상인의 활동에 관심을 기울이지 않을 수 없었다. 전 저를 이어서 이번 저서가 호남상인과 물가변동에 대한 것이 되게 된 과정이다.

연구를 처음 시작할 때는 '반식민지반봉건사회론'이란 거대 담론을 알지도 못하였다. 순전히 구체적 사실 연구를 하다 보니 귀납적으로 거대 담론에 접촉하게 된 것이다. 제국주의 침략이라는 근현대의 거대한 전제가 중국의 농촌사회에 어떤 결과를 초래하고 있었던가에 대한 선입견에 좌우되지 않고 오로지 기초적 사실에 입각하여 연구 결과를 도출하였다. 현대 중국은 사실상 자본주의 노선으로 나아가고 있지만 외관의 국가체제는 사회주의를 포기하지 않고 있다. 학문적으로도 아직 반식민지반봉건사회론을 폐기하지 않고 있다.

이 연구를 수행하는 데 자극과 격려가 되었던 것 중의 하나는 2013년부터 3년간 한국연구재단의 연구과제로 선정된 일이다. 한국연구재단과 교육부에 감사를 드리지 않을 수 없다.

필자는 스스로 대단한 학자라 자부할 수도 없다. 그저 한 사람의 평범한 학자로서 성실하게 공부한 결과를 정리한 것에 불과하다. 어줍잖은 능력이지만 한 사람의 학자로서 동학들과 교류할 수 있도록 도와주신 은사님들의 은공을 잊어서는 안 된다. 필자의 학문 세계에 큰 영향을 주신 민성기 교수님과 이재호 교수님은 안타깝게도 연전에 타계하셨다. 이 기회를 빌어 다시 한번 은사님들의 명복을 빌고 싶다. 학부에서 가르침을 받았으나 고려대로 옮겨서 지금은 퇴임하신 박원호 교수님께도 늘 감사드리고 싶다. 직접 가르침을 받은 바는 아니나 학회에서 만나 뵙고 많은 가르침과 도움을 받은 서울대의 오금성 교수님께도 깊은 감사를 드린다. 함께 공동연구를 할 기회를 주시고 퇴임 후에도 늘 연구에 매진하시는 오 교수님은 항상 깊은 존경의 대상이다.

어려운 여건 속에서도 흔쾌히 출판을 맡아 주신 도서출판 혜안의 오일주 사장님과 김태규 실장에게도 감사를 드린다. 또 시종일관 교정을 도와 준 안순형 박사에게도 고마움을 표시하고 싶다.

학자의 삶은 고단하다. 당사자는 좋아서 선택한 길을 가는 것이지만 가족들의 인내와 고통은 남다르다. 나의 삶의 대부분은 나의 아내가 버팀목이 되어 주었다. 세속에서 그다지 인기 없는 학문을 하면서도 늘 아내에게 당당하게 굴었던 자신을 돌아보면서 후회와 미안함과 고마움이 북받쳐 올라 눈시울이 뜨거워진다. 여민이와 지민이, 나의 아이들에게도 공부 핑계로 좀 더 자상한 아빠가 되지 못했던 점 용서를 빈다.

한학자로서 평생을 살다 가신 아버님과 자식이 신앙이셨던 어머님의 영전에 이 책을 바칩니다.

2021년 2월

9산 선문의 하나였던 봉림산 자락에서

전 형 권

차 례

서 론

개혁개방노선 채택 이후 현대 중국은 급속한 발전을 이루고 있다. 상공업의 눈부신 발전은 공산주의 체제의 단절 기간을 뛰어넘어 민국시대에 접속되는 느낌을 주고 있다. 중국 최대 검색 사이트 '바이두'의 창업자 리옌훙이 스스로를 '신진상(新晋商)'이라 부르는 것도 그러한 맥락으로 보인다.

중국에서의 상인 연구도 대단히 활발하다. 다만 근현대 백년간을 반식민지반봉건사회론(半植民地半封建社會論)의 틀 속에서 이해하는 것이 대체적인 시각이다. 명청(明淸) 양대의 상인은 '상인(商人)'이라 칭하지만 청말민국초의 상인은 관료자산계급, 매판자산계급, 민족자산계급 등의 명칭을 사용하는 경우가 많다.[1] 즉 상공업자본가로 간주하고 있다.

내용적으로는 상인조직인 상회(商會), 행회(行會) 등에 대한 연구가 많고 지역적으로는 비교적 자료가 풍부한 상해(上海), 천진(天津), 소주(蘇州) 등에 대한 연구가 많다.[2] 저명한 휘주상인(徽州商人)에 대한 일본의 한 연구도 주목된다.[3]

---

1) 胡其瑞,「中國近代商人硏究之回顧」『中國歷史學會史學集刊』第32期, 1990.
2) 朱英,「中國行會史硏究的回顧與展望」『歷史硏究』, 2003-2; 彭澤益,「中國行會史硏究的幾個問題」『歷史硏究』, 1988-6; 馮篠才,「中國大陸最近之會館史硏究」『近代中國史硏究通訊』, 臺北, 30, 2000-9; 馮篠才,「中國商會史硏究的回顧與反思」『歷史硏究』, 2001-5; 吳慧, 「會館, 公所, 行會; 淸代商人組織演變述要」『中國經濟史硏究』, 1999年 第3期; 馬敏,「최근 10년 간의 중국 商會史 연구와 그 전망」『중국현대사연구』11, 2001.
3) 臼井佐知子,『徽州商人の硏究』, 東京: 汲古書院, 2005.

1980년대 후반 이래 한국 동양사학계에서는 중국사 연구의 한 방법론으로 지역사 연구가 활발해진 것이 하나의 특징이다. 면적이 960만 평방㎞의 거대한 대륙인 중국을 중앙에서 일어난 정치적 사건 위주로 단선적으로 연결하여 이해하는 방식은 중국사의 올바른 이해 방법이 아니라는 반성적 사고가 작용한 탓일 것이다. 그리하여 강서 사천 복건 광동 호북 호남 등 각 지역별 연구가 하나의 경향이 되었고 관련 연구 성과도 적지 않게 축적되고 있다. 이런 지역 연구를 통해 중국사를 입체적으로 이해할 수 있는 계기가 조성된 것은 바람직한 일이라고 생각된다. 또 부분을 통해 전체사를 조망함으로써 중국사의 보편적인 흐름을 찾아내는 것도 중요한 일이 되었다.

본서의 연구는 중국의 호남이라는 지역에 대한 심층적 연구이고 또 호남상인과 물가변동이라는 주제에 대한 연구이다. 호남은 명청시대 중국의 주요 곡창지대인 농업 성(省)이었으나 근현대에는 정치적 개혁과 변화를 주도하는 지역이었다. 동시에 근현대의 경제발전 과정에서는 선진지대에 비해서는 개항이 늦고 낙후된 지역으로 알려져 있다.

호남은 지리적으로 중국의 화중지방에 속한다. 대략 동경 108도에서 114도 사이, 직선거리 동서 532㎞이고 북위 24도에서 30도 사이로 남북의 직선거리는 649.5㎞이다. 면적은 204,328평방㎞이다. 명청시대 이래 유명한 곡창지대로 생산된 미곡을 대량으로 수출하는 지역이었다.

역사적으로는 태평천국을 진압한 상군(湘軍)을 조직하였던 호남은 근대 이래 중국사의 흐름에 주도적 역할을 해왔다. 증국번(曾國藩)과 좌종당(左宗棠)이 양무(洋務)운동에 앞장섰고 변법유신을 거쳐 모택동(毛澤東)에 의한 인민공화국 수립까지 달성한 바 있다.

이 과정에서 호남인의 정치 군사적 역할은 단연 선도적이었으나 상업면에서는 별다른 주목을 받지 못하였다. 그리하여 호남상인은 전통적으로 거론되는 10대 상방(商幇)조직 안에 포함되지 못하였다.[4] 그러나 청말시기에는 호남(湖南)상인이 상당한 두각을 나타내고 있다. 청말민국초의 상방(商幇)이

언급된 문헌에 모두 호남방(湖南帮)이 거론되고, 한양(漢陽)의 앵무주상(鸚鵡洲上)에 거주민이 만을 넘었는데 그중 과반이 호남인이었다고 한다. 이곳에서는 보경(寶慶)을 포함하여 장사(長沙), 형주(衡州), 상덕(常德), 진주(辰州) 등 5부(府) 18방(帮)이 호남상인이었다. 호남의 상업 거점도시인 홍강(洪江)에서도 형주(衡州)회관, 보경(寶慶)회관, 진원(辰沅)회관, 상향회관(湘鄉會館), 칠속(七屬)회관 등 회관의 반수가 호남상인이었다.5)

현대 중국에서도 호남상인의 활약이 주목되고 있다. 2007년 9월 호남성 장사(長沙)에서 제1회 호남상(湖南商)대회가 개최되었고 2009년 상담(湘潭)에서 개최된 제3회 호남상(湖南商)대회에서는 호남상이 전국 10대 상업조직으로 편입된 것이 확인되었다.

명(明)·청(淸)시대 중국의 주요 곡창지대였던 호남은 근현대에 정치적 변혁의 거점이었다. 무술변법시기 남학회(南學會)의 주도로 개혁 기풍이 강했고 신정(新政)시기를 거쳐 신해혁명에도 발 빠른 대처를 한 바 있다. 그 후 모택동(毛澤東), 유소기(劉少奇), 팽덕회(彭德懷) 등 현대 중국 주요 지도자를 배출함으로서 중국 현대사의 흐름을 주도하였다.

그러나 개항이 연해지역보다 상대적으로 늦고 신식 상공업의 발전도 선진지역에 비해 낙후된 측면이 있다. 근현대 격동기의 와중에 호남의 상인은 어떤 과정을 겪으면서 성장해 왔던가. 호남상인의 실체에 대해 궁금증이 증폭된다.

청대(淸代)의 호남상인에 대해서는 이화(李華)의 일련의 연구가 거의 독보적이다.6) 현대판 호남상인에 대한 것이 있으나 학술적 가치는 크지 않다.7)

---

4) 福建, 廣東, 陝西, 山東, 寧波, 晋商, 徽商, 龍游, 洞庭(太湖의 洞庭東山, 洞庭西山), 江西商人을 10대 商帮이라 칭함.
5) 唐金龍, 『天下湘商』, 知識産權出版社, 北京, 2011.
6) 李華, 「淸代湖南的外籍商人」『淸史研究』, 1991年 1期; 「淸代湖南城鄉商業的發達及其原因」『中國社會經濟史研究』, 1991年 3期; 「淸代湖南商人的經商活動」『中國社會經濟史研究』, 1992年 1期.
7) 伍繼延·徐志頻, 『湖南商人』, 東京: 僑報社, 2012.

국내에서는 오금성(吳金成)의 강서상인(江西商人)연구가 있고 광동(廣東)상인에 대한 것과 전통상인에 대한 일련의 연구가 있다.[8] 또 호남의 미곡시장과 상품유통에 관해서는 필자의 논고가 있다.[9]

본서의 문제의식은 청말민국기의 호남 사회에서 상인과 상업은 어떤 변모가 있었으며 그 성격은 어떠한 것인가이다. 이 시기 중국의 상업은 제국주의 침략에 의해서 완전히 종속적이고 반(半)봉건적 수탈로 인해 쇠퇴했으며 무역의 발전에 따라 더욱 불안정해지고 농가 면방직수공업의 와해, 상업자본의 농민수탈 등이 농촌사회 위기를 심화시켰다는 주장이 있다.[10]

상악감(湘鄂贛: 호남 호북 강서)상인들도 국제시장 사정에 무지하여 최종 경쟁 중에 패배했다는 견해도 있으나[11], 실증적 연구가 필요하다고 생각된다. 최근 제국주의 침략의 영향은 지나치게 과장되었고 자본주의가 저개발을 유도한다는 '의부론(依附論)'은 19세기 중국에서 부합되지 않는다는 연구가 있으며 여기서는 이 시기를 중국의 '상업혁명'이라 부르고 있다.[12]

중국 대륙학계에서는 아직까지는 대체적으로 반식민지반봉건(半植民地半封建) 사회론의 틀 속에서 제국주의 침략을 강조한다. 상업이 다소 발전하였

---

8) 吳金成,「明淸時代의 社會變化와 江西商人」『明淸史硏究』9, 1998; 박기수,「淸代 廣東의 對外貿易과 廣東商人」『明淸史硏究』9, 1998;「淸末 廣東商人의 형성배경」『중국전통상인과 근현대적 전개』, 파주: 한국학술정보, 2010; 이화승,「18세기 중서 무역의 시작 -광동 13행의 소개」『중국학연구논총』1, 2008;「명청시대 중국전통상인의 구역화 현상연구」『中國史硏究』8, 2000;「중국 전통상인의 정체성 연구」『中國學報』62, 2010;「明淸時期 商業의 發展과 商人勢力의 成長」『중국학논총』18, 2004.

9) 田炯權,「淸末民國期 湖南 汝城縣의 商品流通과 物價變動」『明淸史硏究』9, 1998;「淸末民國期 湖南의 米穀市場과 商品流通」『東洋史學硏究』74, 2001;「淸末民國期 湖南 邵陽縣의 農村社會와 農業生産」『中國史硏究』45, 2006;「淸末民國期 湖南 長沙府의 농업생산과 상품유통」『明淸史硏究』25, 2006.

10) 連浩鋆,「明淸時期 廣東省의 對外貿易及其對農村社會經濟의 影響」『淸代區域社會經濟史硏究』, 中華書局, 1992.

11) 方志遠,『明淸湘鄂贛地區的人口流動與城鄕商品經濟』, 北京: 人民出版社, 2001, pp.743~744.

12) 하오옌핑 저, 이화승 옮김,『중국의 상업혁명』, 서울: 소나무, 2003, pp.360~370.

다 하더라도 제국주의에 종속되고 조종되어 경쟁에서 패배했다는 것이다. 호남의 경우에는 제국주의 침략이라는 일반적 전제 외에도 광동무역체제하의 남북교역로가 5항(港)개항 이후 쇠퇴한 것 역시 상업 쇠퇴의 원인으로 지적되고 있다.

본서에서는 도식적 연역적 이론이 아니라 '청말민국기에 호남의 상인과 상업이 과연 발전되었는가 침체되었는가' '발전 침체의 원인은 무엇으로 인식되고 있었던가'를 파악해 보는 것이 주된 과제이다. 호남 상업의 성장 과정 속에 중국근현대 사회경제의 성격을 일부라도 해명하고자 한다. 여기서 청말민국기의 연구 범위는 주로 아편전쟁 이후부터 중일전쟁 이전까지를 다루고자 한다.

청말민국기의 근현대는 제국주의 침략이 중요한 전제가 되고 있고 제국주의 침략의 심화로 중국경제는 침체되었으며 물가상승과 인민생활의 빈곤이 초래되었다는 것이 기본적인 인식이다.[13] 엄중평(嚴中平)도 통계 자료 제시를 통해 제국주의 침략의 결과가 대외무역의 신속한 발전임을 밝히고 있다.[14] 1차 세계대전 기간에는 제국주의 열강의 일시적 후퇴를 틈타 중국의 민족 상공업이 조금 발전하였으나 전후에는 열강의 재 도래로 제국주의 경제침략이 대대적으로 심화되었다는 것이 정설이다.[15]

물가의 문제는 소비자인 일반 인민의 사회경제 생활과 밀접한 관련을 갖고 있다. 또 교환의 중개자인 상인으로서도 물가는 중요한 문제가 아닐 수 없다. 그런데 근현대의 호남에서 과연 통설대로 제국주의 침략과 무역의 발전으로 물가가 폭등하고 인민생활의 빈곤이 가중되었는가가 문제이다. 이러한 통설은 반식민지반봉건사회론의 중요한 전제라고 볼 수 있다. 이 과정에서 물가 폭등을 직접적으로 주도하는 것이 상인이라는 인식도 내재되어 있다. 상품 가격이 상승하면 판매자인 상인의 수익이 증대되고 영업이

---

13) 譚文熙, 앞의 책, p.256.

14) 嚴中平, 『中國近代經濟史統計資料選輯』, 北京: 科學出版社, 1955, pp.63~64.

15) 宋斐夫 主編, 『湖南通史(現代卷)』, 長沙: 湖南出版社, 1994, pp.6~8.

발전하기 때문에 상인이 물가상승을 주도하였던 것이 맞는 것일까. 상인은 물가상승을 환영하기만 한 것인지 등에 대해서 구체적 실증적 검토를 해보는 것이 본 연구의 방향이다.

물가의 변화는 경제현상의 변동을 구체적 수치를 통해서 체계적으로 보여준다는 면에서 대단히 주목되는 주제이다. 물가의 변동은 해당시기 경제 주체들간의 합리적인 행동 선택과 관계 설정을 추구하는 과정이라 볼 수 있다. 또 물가는 민중의 생계와 생활에 직결되는 것으로 그 변동은 생활수준을 추측할 수 있는 근거가 된다. 주로 청대(清代) 전기 강남의 물가변동을 중심으로 중국 물가사를 연구한 기시모토 미오(岸本美緒)는 물가사 연구 성과와 구체적 소개를 '물가사(物價史) 연구(硏究)의 현상(現狀)과 과제(課題)'라는 절로서 잘 요약하고 있다.16) 중국에서 출간된 담문희(譚文熙)의 『중국물가사(中國物價史)』는 방대한 내용을 다루고 있는데 각 지역의 지방지나 일기(日記)류 등 여러 자료에서 가격을 찾아내고 지역간 차이를 무시한 채 시(時) 계열의 물가사를 구성하고 있다.17)

물가사 연구의 어려움은 우선 구체적인 물가 기록 자체가 매우 드물다는 것이다. 단편적인 물가 기록을 이용하여 체계를 갖추고자 할 때 당면하는 문제는 화폐와 도량형의 불통일이다. 따라서 지역간 격차를 무시한 채 물가사 구성을 하는 것은 매우 위험하고 설득력이 떨어지는 일이다. 청말에서 민국기에 걸쳐서는 스페인·멕시코에서 유입된 외국 은원(銀元)과 국내의 은량(銀兩), 제전(制錢), 동원(銅元) 등 다양한 화폐가 혼용되고 있어 상호 비교를 어렵게 하고 있다.18)

도량형의 경우도 너무 복잡 다양하여 제가(諸家)의 연구서가 상이한 표준들을 제시할 뿐 개별 지역으로 들어가면 환산 가능한 계산표를 만들지 못하고 있다.19)

16) 岸本美緒, 『淸末前期の物價と經濟變動』, 東京: 硏文出版, 1997), 제1장.
17) 譚文熙, 『中國物價史』, 武漢: 湖北人民出版社, 1994.
18) 邱思達, 『中國近現代鑄幣圖說』, 北京: 中國書店, 1989, p.1.

이런 자료의 한계에도 불구하고 호남과 관련된 물가 연구도 일부 행해지고 있다. 청초(淸初) 양자강(揚子江) 중류 지방의 미가(米価) 변동에 대한 연구가 있고,[20] Wong & Perdue의 호남 곡물 가격 연구가 있다.[21] Perdue의 연구에서는 18세기 전 기간 호남의 미가(米価)가 거의 변함이 없는 것으로 되어 있어 이용된 사료 양가청단(糧価清單)의 신빙성이 의심된다. 근대 양식 상업 조직 및 통계 기구의 기록을 이용하여 장강 중하류 지역의 미가변동을 조사한 논고도 있다.[22]

또 도량형 문제, 곡미절산(穀米折算) 문제, 은전절산(銀錢折算) 문제, 미가(米価) 대표치 등 여러 가지 한계를 고려하면서 18세기 양호(兩湖)지역 미가의 변동을 정리한 것이나[23] 미가 변화를 통해서 청대 양호(兩湖)의 인지(人地) 관계와 농업 발전을 추적한 것도 있다.[24]

연구대상 지역을 좁혀서 현(縣)이나 부(府) 범위를 한정하여 물가변동을 고찰하거나[25] 상품유통과 관련하여 부분적으로 미가와 물가를 연구한 것도 있다.[26]

본서는 제1편 호남상인의 활동과 가치 지향, 제2편 물가변동과 호남상인의 대응으로 구성되어 있다. 제1편 제1장에서는 호남상인의 성장과 상품유통에 대해서 살펴볼 것이다. 주지하다시피 호남은 곡창지대로서 미곡을 생산하여 대량의 미곡을 양자강 하류 지역으로 수출하는 곳이었다. 명청시

19) 吳承洛, 『中國度量衡史』, 北京: 商務印書館, 1937; 梁方仲, 『中國歷代戶口田地田賦統計』, 上海: 上海人民出版社, 1980; 洪成和, 「淸代度量衡研究史」『中國史研究』 54, 2008; 「18世紀 中國 江南地域의 화폐사용관행」『明淸史研究』 36, 2011.

20) 鄭哲雄, 「淸初 陽子江 三省지역의 미곡 유통과 가격구조」『歷史學報』 143, 1994.

21) Wong & Perdue, "Grain Markets and Food Supplies in Eighteenth Century Hunan" (T. G. Rawski, Chinese History in Economic Perspective, California Univ. Press, 1992).

22) 侯楊方, 「長江中下流地區米穀長途貿易 1912~1937」『中國經濟史研究』, 1996年 2期.

23) 龔勝生, 「18世紀 兩湖糧価時空特徵研究」『中國農业』, 1995-3.

24) 龔勝生, 『淸代兩湖農業地理』, 武昌: 華中師範大學出版社, 1996, pp.270~287.

25) 田炯權, 「淸末民國期 湖南 汝城縣의 商品流通과 物価變動」『明淸史研究』 9, 1998.

26) 田炯權, 「淸末民國期 湖南의 米穀市場과 商品流通」『東洋史學研究』 74, 2001; 「淸末民國期 湖南 長沙府의 농업 생산과 상품유통」『明淸史研究』 25, 2006.

대 양자강 하류 지역에 상업과 수공업이 발달하고 인구가 집중되어 송대에 곡창지대로 알려졌던 강소·절강 등 지역이 양식 결핍구역이 되자 호남·호북 등 지역은 이들 지역에 대한 주요 양식 공급원이 되었다. 청 전기에 이들 지역은 하류 지역에서 온 회상(淮商)들이 소금을 선박에 싣고 와서 이것을 판매한 뒤 미곡을 싣고 돌아가는 교환 관계가 주종을 이루었다. 청 전기에는 호남 각 주현에도 시진(市鎭)이 발달하지 못한 곳이 다수였다. 그러나 아편전쟁 후 함풍동치시기에는 호남 각지에서 시진이 우후죽순으로 발달하고 있는 것이 다수의 지방지 기록에서 목격된다. 각지에서 호남상인의 상인회관이 다수 건립되는 것도 청말에 나타나는 특징적 현상이다. 청천현에서는 시진의 수가 동치년간 28개에서 선통년간 66개로 증가하고 있다. 청천현 인구 통계에 의하면 상인의 수가 전 인구의 17.8%로 농민인구의 절반에 해당하였다. 소양현(보경부 소속)의 경우를 보면 광서년간 인구 통계에 의하면 상인의 수가 농민의 수와 동일한 것으로 나타나 놀라움을 더하게 한다. 이것은 한구나 홍강 등 상업 요지에 보경상인 회관이 속속 건립되고 있던 사정과 무관하지 않을 것이다. 민국시대에 가면 호남상인의 성장은 더욱 두드러지게 발전하고 있다. 시대별 호남상인의 성장뿐 아니라 미곡상, 목상(木商), 다상(茶商), 유상(油商), 선상(船商) 등 취급 상품별 상인의 성장에 대해서도 살펴보도록 하겠다. 다음으로 상품유통에 대해서는 호남에서 수출되는 상품의 유통 경로를 살펴보고, 반면 유입되는 상품의 경로와 품목에 대해서도 살펴보도록 하겠다. 그것이 청말민국기로 오면서 이른바 제국주의 침략 시대에 교역량이 증대되고 있는지 감소하고 있는지 품목에 따라서도 어떤 경향성이 나타나는지 알아보아야 한다. 또 전반적인 상품유통과 경로의 번성 쇠퇴의 현상과 원인에 대해서도 탐색해 볼 것이다.

제1편 제2장 '청말민국기 호남의 상인과 지방권력'에서는 근현대에 '관(官)'과 '상(商)'의 관계에 대하여 검토해 볼 것이다. 전통시대에 농본주의 원칙 아래 상업은 '억말'(抑末)의 대상이었다. 국가적 견지에서 상업은 방치와 경시의 대상이었다. 따라서 상인의 사회적 지위도 비천한 존재였고 '관'과

'상'의 간격은 머나먼 존재였다. 그러나 청말민국기에 외세의 침략에 따른 막대한 군사비와 전쟁 배상금의 지불이나 새로운 환경에 적응하기 위한 신정(新政) 비용의 지출, 또는 각지에서 발생하는 농민반란 등의 진압을 위해서 미증유의 재정 비용이 발생하자 청조 정부는 종전에 경시하던 상업세의 비중을 늘리고 상인에 대한 수취를 증가하기 시작하였다. 이런 흐름의 변화는 '관'과 '상'의 거리를 좁히게 되고 비천하던 상인의 지위에도 변화를 일으키기 시작하였다. 이런 변화가 호남지역이라는 한정된 공간에서 지방권력과 상인 사이에 어떤 길항 관계가 조성되고 있었던가를 살펴보는 것은 중요하다고 생각된다. 이 시기 상인의 부담 가중이 어떻게 실현되고 있었던가. 상업세의 증가 외에도 화폐남발이나 차관의 강요 등에 대해서 알아볼 것이다. 이에 대한 상인의 저항은 어떻게 전개되었는가. 징세를 기피하기 위하여 기존의 유통 경로를 우회하는 요월(繞越)의 실상에 대해서 살펴보고 상인들의 파시(罷市), 감세 요구 등에서도 구체적으로 알아볼 것이다. 새롭게 변화되는 관상(官商)관계에 대해서는 청말에 등장한 신상(紳商)의 존재를 중점적으로 검토해 보고자 한다.

제1편 제3장 '청말민국기 호남상인의 공익 활동'에서는 이 시기 사회경제적 역량이 강화된 상인들이 종래 신사층들이 주로 담당해 왔던 사회 공익사업에 적극적으로 참여하고 있던 사정에 대해 구체적으로 살펴볼 것이다.

전통시대 중국에서는 각 지방지(地方志) 등의 기록에서 신사층(紳士層)의 자선 행위 등을 빈번하게 발견할 수 있다. 인물 열전(列傳)의 의거(義擧), 선행(善行), 독행조(篤行條)에 집중된 내용을 보면 도로 교량의 수축, 수리사업, 의창(義倉), 의전(義田), 빈민 구제 등 다양한 사업을 하고 있다. 행위 주체의 대부분은 정도(正途)출신이든 연납(捐納)이든 신사층이다.

이와 같이 전통시대 공익사업의 주된 담당자가 신사층이었다는 것은 재론의 여지가 없을 것이다. 농업사회의 주된 재화가 토지이기 때문에 이들 대부분은 지주였을 것으로 추정된다. 실제 자선 사업을 행하는 인물 중에 신사(紳士) 직함이 없는 서민도 다수 존재했다. 이들은 서민지주로 간주할 수 있다. 기부하는 재화도 대부분 곡식이나 토지 등이 중심을 이루었다.

그런데 상인 세력은 언제부터 사회 공익사업의 선두에 서게 되었을까. 그 공익사업은 전통시대와 어떤 상이점이 있는 것일까. 이것이 필자의 문제의식이다. 현대 자본주의 사회에서 사회적 공익사업에 대규모 자금지원을 하고 있는 것은 분명 상공업 자본가이다. 그런데 청말민국기는 과도기적 상황이다. 이러한 시기에 상인의 공익활동은 전 근대와 어떤 연결고리의 모습을 하고 있는지가 의문이다. 중국에서 근현대에 상인(商人)이란 용어는 단순히 유통업에 종사하는 상인만 의미하는 것이 아니라 신식기업가, 제조업자도 포함하는 개념이다. 우리식으로는 상공인(商工人)이라 볼 수 있다. 중국에서 '공인(工人)'이란 우리와 달리 노동자를 가리킨다.

공익활동의 '공익'개념은 포괄적으로 '사익(私益)'에 대칭되는 개념이다. 전통시대에는 대부분 자선 사업과 공공 이익에 관한 내용을 포함하고 있다. 청말민국기에 간행된 지방지 인물 열전의 '의행'(義行), '독행'(篤行), '선행'(善行) 등을 중심으로 상인들의 공익 활동에 대한 기록들을 검토해 보겠다. 이를 통해 종래 신사층이 담당해 왔던 선당(善堂), 구휼 등 자선사업들을 상인 계층이 점차적으로 주도해 가는 과정을 살펴볼 것이다. 다음으로 19세기에 가서야 각종 기록 등에 빈번하게 등장하는 신상(紳商)의 존재에 대해 구체적 활동을 조사해 볼 것이다. 이를 통해 신상층이야말로 근현대에 새로운 사회경제적 주도 계층이라는 것을 밝혀볼 것이다. 이 시기 신상층의 공익 활동이 종래 신사층이 진행해 왔던 공익 자선사업을 계승하면서도 새롭게 시대 변화를 반영하고 있는 것이 무엇인지를 중점적으로 볼 것이다. 마지막으로 종전의 개인적이며 분산 고립적이었던 공익 자선사업과 달리 '상회(商會)'라는 기관을 통해 조직적 체계적으로 공익사업이 변모해 가는 내용을 검토해 보고자 한다. 상회는 종전에 존재하던 상인들의 '회관', '공소'와는 차원이 다른 근대적 결사체이다. 이러한 상인 단체의 조직적 활동은 이 시기 새로운 시대 변화를 함축적으로 보여주고 있다고 생각된다.

제1편 제4장 '청말민국기 호남의 상인과 상인정신'은 이 당시 호남의

상인들이 가지고 있던 가치 지향이 어떤 것인가를 탐색해 보는 것이다.

호남상인에 대한 연구는 어느 정도 축적되어 있으나 상인정신에 대한 연구는 거의 찾아보기 어렵다.[27] 상인정신에 대한 연구는 휘주상인(徽州商人)에 대한 것이 있고[28] 산서상인에 대한 것도 있다.[29] 중국의 사상적 근원에 착안하여 자본주의 정신을 출현시키기가 불가능했다고 하는 Max Webber의 주장에 대한 반론으로서 쓰여진 여영시(余英時) 선생의 상인정신에 대한 연구가 주목할 만하다.[30] 또 중국의 상인정신이 유교사상에 토대를 두고 있다는 시각에서 다양한 연구들이 나오고 있다.[31]

호남상인이 진상(晋商)이나 휘상(徽商) 등에 비하여 후발 주자이기는 하지만 근현대에 특히 활약이 두드러지고 있는데 이들에게도 상도(商道)가 없을 수는 없다. 호남상인에게도 상인정신이 있는가. 있다면 다른 지역 상인들과

---

27) 李華, 「淸代湖南城鄕商業的發達及其原因」『中國社會經濟史硏究』, 1991-3; 「淸代湖南商人的經商活動」『中國社會經濟史硏究』, 1992-1; 伍繼延·徐支頻, 『湖南商人』, 東京: 僑報社, 2012; 田炯權, 「淸末民國期 湖南商人과 商品流通」『中國史硏究』91, 2014; 「淸末民國期 湖南商人과 地方權力」『中國史硏究』97, 2015; 「淸末民國期 湖南의 物價와 商人」『中國史硏究』101, 2016.4; 「1918~1927 湖南의 物價變動」『中國史硏究』103, 2016.8; 「淸末民國期 湖南商人의 公益활동」『中國史硏究』114, 2018.6.

28) 臼井佐知子, 「휘주상인의 경영형태와 상업윤리」『중국 전통상인과 근현대적 전개』, 서울: 학술정보, 2010; 唐力行, 「徽州商人의 紳士風度」『史學月刊』, 2003.11; 胡中生, 「徽商的人文精神與明淸徽州社會」『安徽大學學報』33-4, 2009.7.

29) 이화승, 「關公信仰과 산섬상인의 발전」『중국상업관행의 근현대적 전개』, 서울: 한국학술정보, 2011; 樊笛·沈義雙, 「晋商溫州商及松商的比較硏究」『韓中社會科學硏究』 제5권 2호, 2007.

30) 余英時, 정인재 역, 『中國近世宗敎倫理와 商人精神』, 대한교과서주식회사, 1993.

31) 施祖軍, 「中國近代商業倫理精神的形成與發展」『湖南社會科學』, 2003.5; 段江波·張厲氷, 「明淸商人倫理形成之內在衝突及其特徵」『倫理學硏究』, 2003.4; 劉甲明, 「試論硏究儒商及儒商精神的意義」『山東工商學院學報』28-1, 2014.2; 戴月, 「儒家思想在中國商品活動中的地位及其積極影響」『當代敎育理論與實踐』5-9, 2013.9; 吳慧, 「和協: 商業文化歷史考察之二─以明淸晋徽兩大商帮爲例」『商業經濟硏究』, 1994.10; 彭正穗, 「儒家經濟倫理與中國古代商人精神」『江漢論壇』, 1996.4; 焦艶·朱慧芳, 「論關公信仰對晋商精神的影響」『山東工會論壇』20-2, 2014; 李岸, 「明淸之際漸趨完善的商人形象與商人精神」『哈爾濱師範大學社會科學學報』, 2018.1; 薛金成, 『儒學民間轉向與明代商人精神』, 哈爾濱工程大學法學碩士學位論文, 2016.6.

유교사상을 매개로 한 보편성을 가지고 있는지 호남상인에게만 보이는 차별적인 특성이 있는지도 의문이다. 근대에 파악되는 호남상인의 정신이 있다면 그것이 현대 중국에도 접맥될 수 있다고 생각된다.

호남상인의 개념은 호남에서 출생하고 성장하여 호남에서 상업을 영위하거나 여타 지역에 진출한 상인이 기본이다. 그러나 호남은 이주민이 많은 지역이다. 타지에서 호남으로 이주하여 상업에 종사하는 상인도 포함되어야 하는 개념이다. 근대 중국에서 상인이란 개념은 유통업 종사의 상인만이 아니라 기업가도 포함하는 상공인의 뜻이라는 것도 주지해야 한다.

제2편 '물가변동과 호남상인의 대응'은 이 당시 급격한 물가 폭등 현상의 원인이 무엇인가를 살펴보고 이에 대한 호남상인의 대응을 검토해 봄으로써 호남상인의 정체성의 일부를 엿보고자 한다. 제1장 '청말민국기 호남 여성현의 상품유통과 물가변동'에서는 통상 물가사 연구가 상당히 광역적인 범위에서 분산된 자료를 토대로 성급한 결론을 내고 있는 것에 대한 반성적 연구를 시도해 보고자 한다. 선행 연구 중에 호남의 개별 현을 단위로 물가변동에 대한 연구를 진행한 것은 거의 눈에 띄지 않는다. 통상 지방지의 물가 기재는 풍흉(豊凶)에 따른 것, 천재(天災)에 관한 비통상적인 것이 대부분이다. 그런데 민국 여성현지(汝城縣志)에는 「근년물가표(近年物價表)」를 작성하여 60여 년간 변동 추세를 적시하고 있어 매우 드문 자료가 되고 있다. 현 지사인 진필문(陳必聞)은 호남 뇌양인(未陽人)으로 북경대학 상과(商科)를 초창기에 졸업한 인물이다. 민국 18년에 부임하여 바로 물가조사에 착수하여 21년 10월에 물가표가 작성되고 있다.[32]

여성현은 호남성 침주(郴州)지구 동남단에 위치하고 동쪽은 강서(江西) 숭의(崇義), 남은 광동의 인화(仁化) 낙창(樂昌), 서쪽은 의장(宜章), 북쪽은 자흥(資興), 계동(桂東)과 인접하고 있다. 면적은 2,341㎢이고 지형은 구릉과 산지가 많고 지세가 비교적 높으며 평균 해발은 600m전후이다. 연평균

---

32) 民國, 『汝城縣志』 권22, 人物志 職官.

기온은 16.6℃(1월 평균 6.3℃, 7월 평균 25.4℃)이고 연강수량은 1,578.3㎜이
다.33)

여기서는 호남의 주변부 지역이며 주요 개항장과 접근이 비교적 용이하지
않은 여성현의 청말민국기 물가변동 실태를 알아보고 제국주의 침략이
고조되고 반식민지반봉건사회라 규정되고 있는 중국의 실태가 지방 단위에
서 어떤 모습으로 나타나고 있었던가를 살펴보고자 한다.

제2장 '청말민국기 호남 장사의 미가와 물가동향'은 호남 장사부를 범위로
한정해서 미가와 물가동향을 살펴보고자 하는 것이다. 본 장(章)을 구성하게
된 동기는 장사에서 발행된 『湘報(상보)』에서 1898년 당시 매일의 물가
기록을 발견하게 된 것이다.34)

매일의 물가 기록은 청말에는 거의 찾아보기 어려운 희귀한 자료이다.
여기에 지방지와 기타 사료(史料)를 종합하여 대체로 청말민국기 그중에서
주로 동치(同治: 1862~1874) 이후 민국 25년(1936)까지를 분석대상으로 한
물가사를 구성해 보고자 한다.

본 장의 문제의식은 이 시기 물가변동의 궤적은 어떠하였으며 어떤 특징인
가를 알아보는 것이다. 또 통설과 같이 이 시기에 제국주의 침략이 날로
심화되었으며 물가상승폭이 날로 증대되어 인민생활은 더욱 빈곤하게 되었
는가.35) 근대 농산 상품화의 발전이 도리어 농촌의 빈곤을 가중시켰는지를
탐색해 보는 것이다.36)

물가사가 일차적으로 물가의 등락 변동을 추적하는 것이지만 단순하게
명목 수치만을 제시하는 데 그칠 것이 아니라 상대 물가를 파악하여 실질적
변화를 알아보고자 한다. 또 기시모토 미오(岸本美緒)의 경제변동론적 관점
을 시야에 넣고서 이 시기 물가변동의 의미를 파악하고자 하는 것이 본

---

33) 『湖南省地理志』, pp.102~103.

34) 『湘報』, 北京: 中華書局, 2006.

35) 譚文熙, 앞의 책, p.256.

36) 徐正元, 「中國近代農産商品化的發展與米市的形成」 『復印報刊經濟史』, 1997-3.

장의 문제의식이다.

제3장 '청말민국기 호남의 물가와 상인'은 물가에 대한 호남상인의 대응에 대해 알아보고자 하는 것이 주안점이다. 기왕의 연구를 통해 분명한 것은 청말민국기에는 물가 폭등이라 할 정도로 종전과는 다른 양상을 보인다는 것이다. 왕업건(王業建)의 추계에 의하면 호남의 미가는 1895~1910년 사이 은가(銀價) 기준으로 67% 상승했다고 한다.[37] 18세기 전후 중국 물가는 약 100년간 300% 상승했다는 인식이 있는 반면,[38] 호남 여성현에서는 청말민국기 약 60년간 미가(米價)가 300% 상승하고 있다.[39] 근현대 격동기에 물가급등이 현저했던 것은 분명해 보인다.

본 장의 문제의식은 물가변동 자체는 아니고 이러한 물가급등 국면에서 상인의 역할과 대응이 어떠했던가를 탐색해 보는 것이다. 직접적으로 이 시기 물가와 상인의 관계에 관한 연구는 현재 발견하지 못하였다. 다만 연관 논저 가운데서 이런 물가급등의 원인으로는 주로 '간상(奸商)'에 의한 물가 조작이라 보거나 혹은 제국주의 침략이라는 측면에서 외국 상인의 시장 지배와 가격 조작 탓으로 돌리는 경우가 많다. 직접적으로 물가를 올리는 것은 상인인 경우가 많지만 상인이 근본적 책임을 져야 하는가는 생각해 볼 문제이다.

본 장에서는『장사대공보(長沙大公報)』와 지방지(地方志) 등을 주요 사료로 하여 당시인의 인식을 중심으로 물가상승의 원인에 대해 고찰해 보고자 한다. 또 이른바 '간상'의 활동을 포함하여 물가급등 국면에서 상인의 대응이 어떠했는가를 밝히려 한다. 궁극적으로는 청말민국기 특히 1936년 이전까지의 한정된 기간 상인의 활동에서 약간의 시대상을 살펴보고자 하는 것이다.

제4장 '1918~1927년 호남의 물가변동'은 1차 세계대전 이후의 한정된

---

37) Joseph W. Esherick, *Reform and Revolution in China : The 1911 Revolution in Hunan and Hubei* (California Univ. Press, 1976), p.117.

38) 郭成康,「18世紀中國物價問題和政府對策」『淸史硏究』, 1996-1.

39) 전형권, 앞의 논문, 1998.

기간 호남의 물가변동이 어떤 특성을 가지고 있는가를 살피는 것이다. 본 장의 구성 동기는 『장사대공보(長沙大公報)』에 게재된 매일의 물가 기록을 발견한 데서 비롯된다. 물가 기록을 발견하는 것은 매우 드문 일이다. 이 자료는 1918년 11월부터 1927년 2월 사이의 기간 기록이다. 이 시기는 1차 세계대전이 종전된 이후이다. 또 1920년대 호남의 지방 세력을 중심으로 연성자치(聯省自治)운동이 고조되고 남북대립의 심화, 군벌간의 혼전, 국민혁명운동의 고양(高揚)이라는 정치사적 배경을 갖고 있다.[40]

본 장의 문제의식은 제국주의 침략의 고조가 물가급등과 민중 빈곤화의 근본 원인인지 탐색해 보는 것이다. 문제를 좁혀 보면 1차 세계대전 기간 열강의 일시적 후퇴와 중국 민족경제의 상승으로부터 전후(戰後)에 열강의 재 도래와 침략의 심화가 물가급등이나 경제불황을 야기했는지 호남이라는 한정된 공간을 중심으로 검토해 보는 것이다.

『장사대공보』에 게재된 물가 자료도 불완전한 면이 많다. 1919년은 기록이 통째로 누락되어 있다. 기록된 연도도 월별 누락이 있는 해가 많다. 그러한 한계를 감안하면서 가능한 결론을 추구해 보고자 한다. 몇 개월의 기록이 존재하더라도 각 연별 동일 월별의 물가 추세를 확인하는 데 유용하기 때문에 버리지 않고 활용하는 쪽으로 가닥을 잡았다. 물가 분석의 대상으로 미가 소금가 면화 다유(茶油) 동유(桐油) 양유(洋油) 임금 등을 선택한 것은 그것이 당시 필수적인 일용품일 뿐 아니라 신문에 게재된 기록 자체도 가장 충실하기 때문이다. 여타 물가에 대해서는 자료가 부실하여 채택하지 않았다.

---

40) 笹川裕史,「1920年代 湖南省の政治變革と地方議會」『史學硏究』171, 1986.

제1편
호남상인의 활동과 가치지향

제1장 청말민국기 호남의 상인과 상품유통

1. 상인의 활동

1) 호남상인의 성장

(1) 청말 시기

개혁개방 노선 채택 이후 현대 중국은 급속한 발전을 이루고 있다. 상공업의 눈부신 발전은 공산주의 체제의 단절 기간을 뛰어넘어 민국시대에 접속되는 느낌을 주고 있다. 중국 최대 검색 사이트 '바이두'의 창업자 리옌훙이 스스로를 '신진상(新晋商)'이라 부르는 것도 그러한 맥락으로 보인다.

중국에서의 상인 연구도 대단히 활발하다. 다만 근현대 백년간을 반식민지반봉건사회론(半植民地半封建社會論)의 틀 속에서 이해하는 것이 대체적인 시각이다. 명청(明淸) 양대의 상인은 '상인(商人)'이라 칭하지만 청말민초(靑末民初)의 상인은 관료자산계급, 매판자산계급, 민족자산계급 등의 명칭을 사용하는 경우가 많다.[1] 이 경우 상인은 유통에 종사하는 전통적 상인뿐 아니라 기업가를 포함하는 개념으로 쓰이고 있다.

내용적으로는 상인조직인 상회(商會), 행회(行會) 등에 대한 연구가 많고

---

1) 胡其瑞,「中國近代商人研究之回顧」『中國歷史學會史學集刊』 第32期, 1990.

지역적으로는 비교적 자료가 풍부한 상해(上海), 천진(天津), 소주(蘇州) 등에
대한 연구가 많다.[2] 저명한 휘주상인(徽州商人)에 대한 일본의 한 연구도
주목된다.[3]

  '청대(淸代)'의 호남상인에 대해서는 이화(李華)의 일련의 연구가 거의
독보적이다.[4] 현대판 호남상인에 대한 것이 있으나 학술적 가치는 크지
않다.[5] 국내에서는 오금성(吳金成)의 강서상인(江西商人) 연구가 있고 광동
(廣東)상인에 대한 것과 전통상인에 대한 일련의 연구가 있다.[6] 또 호남의
미곡시장과 상품유통에 관해서는 필자의 논고가 있다.[7]

  본 장의 문제의식은 청말민국기의 호남 사회에서 상인과 상업은 어떤
변모가 있었으며 그 성격은 어떠한 것인가이다. 이 시기 중국의 상업은 제국주
의 침략에 의해서 완전히 종속적이고 반(半)봉건적 수탈로 인해 쇠퇴했으며
무역의 발전에 따라 더욱 불안정해지고 농가 면방직수공업의 와해, 상업자
본의 농민수탈 등이 농촌사회 위기를 심화시켰다는 주장이 있다.[8]

---

  2) 朱英,「中國行會史硏究的回顧與展望」『歷史硏究』, 2003-2; 彭澤益,「中國行會史硏究的幾
     個問題」『歷史硏究』, 1988-6; 馮篠才,「中國大陸最近之會館史硏究」『近代中國史硏究通訊』
     30, 臺北, 2000-9; 馮篠才,「中國商會史硏究的回顧與反思」『歷史硏究』, 2001-5; 吳慧,
     「會館, 公所, 行會; 淸代商人組織演變述要」『中國經濟史硏究』, 1999年 第3期; 馬敏,「최근
     10년 간의 중국 商會史 연구와 그 전망」『중국현대사연구』 11, 2001.
  3) 臼井佐知子,『徽州商人の硏究』, 東京: 汲古書院, 2005.
  4) 李華,「淸代湖南的外籍商人」『淸史硏究』, 1991年 1期;「淸代湖南城鄉商業的發達及其原因」
     『中國社會經濟史硏究』, 1991年 3期;「淸代湖南商人的經商活動」『中國社會經濟史硏究』,
     1992年 1期.
  5) 伍繼延·徐志頻,『湖南商人』, 東京: 僑報社, 2012.
  6) 吳金成,「明淸時代의 社會變化와 江西商人」『明淸史硏究』 9, 1998; 박기수,「淸代 廣東의
     對外貿易과 廣東商人」『明淸史硏究』 9, 1998;「淸末 廣東商人의 형성배경」『중국전통상
     인과 근현대적 전개』, 파주: 한국학술정보, 2010; 이화승,「18세기 중서 무역의
     시작 -광동 13행의 소개」『중국학연구논총』 1, 2008;「명청시대 중국전통상인의
     구역화 현상연구」『中國史硏究』 8, 2000;「중국 전통상인의 정체성 연구」『中國學報』
     62, 2010;「明淸時期 商業의 發展과 商人勢力의 成長」『중국학논총』 18, 2004.
  7) 田炯權,「淸末民國期 湖南 汝城縣의 商品流通과 物價變動」『明淸史硏究』 9, 1998;「淸末民
     國期 湖南의 米穀市場과 商品流通」『東洋史學硏究』 74, 2001;「淸末民國期 湖南 邵陽縣의
     農村社會와 農業生産」『中國史硏究』 45, 2006;「淸末民國期 湖南 長沙府의 농업생산과
     상품유통」『明淸史硏究』 25, 2006.

호남·호북·강서상인들도 국제시장 사정에 무지하여 최종 경쟁 중에 패배했다는 견해도 있으나,[9] 실증적 연구가 필요하다고 생각된다. 최근 제국주의 침략의 영향은 지나치게 과장되었고 자본주의가 저개발을 유도한다는 '의부론(依附論: 종속이론)'은 19세기 중국에서 부합되지 않는다는 연구가 있으며 여기서는 이 시기를 중국의 '상업혁명'이라 부르고 있다.[10]

중국 대륙학계에서는 아직까지는 대체적으로 반식민지반봉건사회론의 틀 속에서 제국주의 침략을 강조한다. 상업이 다소 발전하였다 하더라도 제국주의에 종속되고 조종되어 경쟁에서 패배했다는 것이다. 호남의 경우에는 제국주의 침략이라는 일반적 전제 외에도 광동무역체제하의 남북교역로가 5항(港) 개항 이후 쇠퇴한 것 역시 상업 쇠퇴의 원인으로 지적되고 있다.

본 장에서는 도식적 연역적 이론이 아니라 청말민국기에 호남의 상인과 상업이 과연 발전되었는가 침체되었는가, 발전 침체의 원인은 무엇으로 인식되고 있었던가를 파악해 보는 것이 주된 과제이다. 호남 상업의 성장 과정 속에 중국근현대 사회경제의 성격을 일부라도 해명하고자 한다. 여기서 청말민국기의 연구 범위는 주로 아편전쟁 이후부터 중일전쟁 이전까지를 다루고자 한다.

호남상인은 보통 10대 상방(商幇: 상인집단)에도 거명되지 않는다. 각 지방지 기록 중에는 '안토중천(安土重遷: 정착하여 이동을 어렵게 여김)'하여 상업종사자가 적다는 기록이 많다. 회상(淮商)들이 소금을 싣고 와서 미(米)를 교환해 간다거나 상업은 외부 상인들의 주요 활동 영역이었다.

그런데 가경년간(嘉慶年間, 1796~1820) 상담(湘潭)의 상인회관 19곳 중 세 곳이 본지 상인이 건립한 것이었다.[11] 광서(1875~1908)기는 상인회관

8) 連浩鋆,「明淸時期 廣東省的對外貿易及其對農村社會經濟的影響」『淸代區域社會經濟史硏究』, 中華書局, 1992.

9) 方志遠,『明淸湘鄂贛地區的人口流動與城鄉商品經濟』, 北京: 人民出版社, 2001, pp.743~744.

10) 하오옌핑 저, 이화승 옮김,『중국의 상업혁명』, 서울: 소나무, 2003, pp.360~370.

11) 李華, 1991年 3期.

34곳 중 8곳이 호남상인회관이었다.[12] 가경시(嘉慶時)에 상담의 부두가 39곳이었는데 광서년(光緒年)에는 52곳으로 늘어났다. 그중 함풍년(咸豊年: 1851~1861)의 광동상인, 동치년(同治: 1862~1874)의 강서상인이 건설한 것을 제외하면 대부분 본지 사상(本地士商)들이 건립한 것이었다.[13]

부두 건설시기를 보면 함풍 10년간 8곳, 동치 12년간 5곳으로 시기가 분명한 27곳 중 절반 정도가 함풍동치기에 집중되고 있다. 상담현지 기록을 하나 인용해 보겠다.

> 강소(江蘇) 상인들은 주포업(綢布業)에 주로 종사한다. 함풍시에 본지인이 그 이익을 분점하였는데 심신화(沈申和) 운강남(云江南)부터 주장(酒醬)을 하는 공경상(龔慶祥) 왕대생(王大生) 소구화(蘇九和)가 모두 본지인의 큰 상점이다.[14]

한구(漢口)에서 강소(江蘇) 오현(吳縣)의 동정(洞庭)상인이 창립했던 금정회관(金庭會館)을 함풍동치년간 호남의 장사(長沙) 상담(湘潭) 익양(益陽) 상덕(常德) 영향현(寧鄉縣) 상인이 중수(重修)하여 5현 상인의 회관으로 만든 사실도 있다.[15]

오민수(吳敏樹)의 「파릉토산설(巴陵土産說)」에 의하면 종래 강소(江蘇) 동정포상(洞庭布商)이 '좌장수구(坐莊收購: 점포 열고 물건 구매)' 했으나 후에 장사 형주(衡州) 포상(布商)이 대체하였고 본지 포상도 적지 않다는 기록도 있다.[16] 여기서 '후'에는 오민수(吳敏樹)의 생몰년대(生沒年代) 가경 10년 (1805)~동치 12년(1873)을 고려하면 함풍동치년간이 주된 활동기간으로

---

12) 光緒 15年刊 『湘潭縣志』 禮典20, 群祀表, 通祠.
13) 光緒 15年刊 『湘潭縣志』 建置2, 石路馬頭表.
14) 위의 책, 권11, 貨殖.
15) 方志遠, 『明淸湘鄂贛地區的人口流動與城鄉商品經濟』, 北京: 人民出版社, 2001, p.601.
16) 李華, 1992年 1期.

생각된다. 동치시기 형주부(衡州府) 상인이 영순부(永順府)의 용산현(龍山縣)
에서 활동하였고 형양상인(衡陽商人) 황대빈(黃代賓)이 광서(廣西)의 전주(全
州)에 가서 아행(牙行)이 되고 신용으로 부를 축적한 사실도 있다. 광서(光緒)
시기 용산현에서는 장사(長沙)상인 설립의 남악궁(南岳宮)이 있었다.

동치년간 상덕(常德)상인은 용산현에서 상업에 종사하고 광서(光緒)년간
상인회관인 동악궁(東岳宮)을 설립했다. 같은 시기 용산현에는 상덕 장사
보경(寶慶) 진주(辰州) 4부(府) 상인회관 설립사실이 확인된다.[17)

영향현(寧鄕縣)에서도 철과업(鐵鍋業)이 도광함풍간(道光咸豊間)에 시작이
되고 광서(光緒) 중에 안화(安化), 익양(益陽)의 철상(鐵商)들이 내왕했다는
기록이 있다.[18)

광서년간 발행『고장평청지(古丈坪廳志)』를 보면「상업지략(商業誌略)」
항목의 서술이 있다. 호남의 서북변경인 이 지역에서 특이하게 여상(女商)의
존재가 있고 이들이 일종의 경기(經紀: 중개인)로서「장수(場首)」를 담당한
것이 확인된다.[19) 지방지에「상업지략(商業誌略)」이 기재된 것도 종전에
볼 수 없던 새로운 변화이다.

선통(宣統: 1909~1911)시기 간행된「청천현향토지(淸泉縣鄕土志)」에 의하
면 회관 중에 호남상인에 해당하는 침주회관(郴州會館)·장군회관(長郡賓館)·
동악궁(東岳宮)이 있다. 또 형양인(衡陽人) 안병곤(顔炳焜)이 집고(集股: 자본
모집)하여 건립했다는 상남회관(湘南會館)도 보인다.[20) 동치 8년(1869)에
간행된『청천현지(淸泉縣志)』에는 실업(實業)부분의 서술이 없는데 선통 원
년(1909) 간행의 청천현향토지에는 실업 항목이 신설된 것도 이 시기 상업
발달을 반영한다고 생각된다.[21)

---

17) 위의 논문.
18) 民國 30年刊『寧鄕縣志』故事編 第3, 財用錄 p.235.
19) 光緒 33年刊『古丈坪廳誌』권11, 商業誌略 雜業誌略.
20) 宣統 元年刊『淸泉縣鄕土志』彊域, pp.554~559; 衡州府城圖, pp.548~549.
21) 同治 8年刊『淸泉縣志』目錄.

청천현(淸泉縣)의 시진(市鎭)이 동치 8년(1869)의 28개에서 선통 원년
(1909) 66개로 증가한 것도 이 시기 청천현의 급격한 상업 발전을 반영하고
있다.[22]

이 시기 청천현의 상인수가 농민의 반으로서 인구의 17.8%였다.[23]

선통 3년(1911)에 편찬된『호남상사습관보고서(湖南商事習慣報告書)』,「상
업조규(商業條規)」를 보면 이 시기 상업 발달을 짐작할 수 있다.[24] 상업조규를
시기 지역별로 정리한 것이〈표 1〉이다.[25]

〈표 1〉호남상사습관보고서(湖南商事習慣報告書)·상업조규

기 / 지역	乾隆	嘉慶	道光	咸豊	同治	光緒	宣統	不明	計
城省	2	3	8	3	7	81	15	17	136
湘鄉						3	3	5	11
安化				1		4	1	8	14
益陽						4	1	12	17
寧鄉						1		1	2
湘潭							3	1	4
株洲					1			1	2
瀏陽						1	1	2	4
邵陽					1	7	1	3	12
新化							1	6	7
新寧								6	6
武岡									
會同								1	1
武陵									
桃源							1		1
永順								1	1
巴陵						5	1	11	17
平江								1	1
計	2	3	8	4	9	106	28	76	236

---

22) 위의 책, 市鎭; 宣統元年『淸泉縣鄕土志』古城, 市場, p.550.

23) 注 20의 책, 人類, 實業.

24) 彭澤益 主編,『中國工商行會史資料集』, 北京: 中華書局, 1995, pp.199~527.

25) 위의 책, 편찬자의 설명은 271건이지만 필자 파악은 236건임.

〈표 1〉을 보면 광서시기 106건, 선통시기 28건으로 광서선통기에 압도적 집중을 보인다. 시기불명이 76건이지만 본문 내용을 보면 '이금(釐金) 개시 후'나 '중외교역(中外交易)', '해금개후(海禁開後)', '상회(商會)개시' 등 동치이후의 청말로 추정할 수 있는 표시가 대부분이다.

동치 특히 광서이후 조규(條規)의 제정이나 중정(重定)임을 밝히고 있다. 상업조규는 일종의 상법적(商法的) 성격을 갖고 있어 호남상인뿐 아니라 동업상인에 대한 보편적인 규제이다. 따라서 주체가 호남상인이 아니라는 생각을 할 수 있다. 그러나 객상(客商)과 공정거래를 위한 준수사항이 명시되고 있고[26] 외성(外省) 및 본성 외부주현(本省外府州縣)의 상인들에 대한 차별적 규제도 분명히 있어 「조규(條規)」제정 주체가 본지(本地)상인임이 틀림없다.[27] 호남상전국(湖南商錢局)의 규조에는 은 10만 량(兩)을 자본모금 하는데 투자자가 모두 호남상인임을 밝히고 있다.[28] 드물게 객상과 본적(本籍)상인연합체인 경우도 있으나[29] 대부분은 본지상인이 주체가 되어 외방인(外幫人)에 대한 동업 이익 확보를 추구하는 것이 규조의 본질이다.

공소(公所)조직의 발달 원인은 행업(行業)내부의 협조와 대외단결, 동업자의 증가에 따른 사무 급증, 서방 세력과의 상전(商戰) 등이 지적되고 있다.[30] 이 시기 호남에서도 관련 내용을 찾아볼 수 있다.

현재 해금(海禁)이 크게 개방된 때에 윤선(輪船)이 세계를 교통하니 만국(萬國)이 모두 상전(商戰)을 한다. 단체를 연합해서 구장(舊章: 옛 조규)을 정비하지 않으면 족히 장구하게 발달할 수가 없다.[31]

---

26) 위의 책, pp.203~204, 「黑茶條規」(安化).
27) 위의 책, p.392, 「占翠條規」(省城).
28) 위의 책, p.240, 「湖南商錢局集股簡章」(省城).
29) 위의 책, pp.233~236, 「錢店公議條規」(省城).
30) 吳慧, 「會館, 公所, 行會: 淸代 商人 組織 演變述要」『中國經濟史硏究』, 1999年 3期.
31) 『湖南商事習慣報告書』, 「長善糧行公議條規」(省城), "現値海禁大開 輪軌交通世界 萬國均以商戰 自非聯合團體 整飭旧章 不足以垂久遠而昭發達".

호남상인들도 서양 상인들과 통상 증대 이후 경쟁 격화를 의식하고 있음을
알 수 있다. 『호남상사습관보고서(湖南商事習慣報告書)』의 편찬자 설명에
의하면 특허상(特許商), 통화상(通貨商) 등 12개 분류에 271건 조규가 수록되
어 있다. '상업대흥지제(商業大興之際: 상업이 크게 융성하는 시기)'라는 표현
이 등장할 정도이니 이 시기가 호남상인의 활동이 활발하였음을 알 수
있다.[32]

포금담공의조규(包金担公議條規)에 다음과 같은 내용이 있다.

> 우리 포금(包金: 금박을 입히는 일) 일업(一業)은 서방(西帮: 강서상인)과
> 본방(本帮: 호남상인)이 합일인데 회규(會規)가 이미 오래되었고 행상좌고
> (行商坐賈: 이동 상인과 정착상인)가 날마다 많아져서 …
> 서방본방(西帮本帮)이 양방(兩帮)으로 나누지 않으면 법도가 실로 일률로
> 되기 어렵다. 이에 본년(1908) 10월 1일에 본방동행(本帮同行)을 모아 회합하
> 여 정하니 우리 본방과 서방은 영원히 나누어 각기 행규(行規)를 정한다.[33]

이것을 보면 포금업(包金業)은 강서상인과 호남상인이 원래 동일 조직이
었는데 상인 수가 증가하여 각자 독립적인 행규를 갖게 된 것이다. 여기서
호남상인의 분명한 성장을 목격할 수 있다.

강서(江西) 오성진(吳城鎭)에서 함풍동치년간 호남상인들이 독자적 상인
회관을 건립하였는데 이는 증국번(曾國藩) 등의 상군(湘軍)세력의 지원과도
관련 있었다.[34] 한구(漢口)에 설립된 보경회관(寶慶會館)은 도광함풍(道光咸
豊)시에, 평강상업공소(平江商業公所)는 광서(光緖) 22년, 평례공소(萍醴公所)
는 광서년(光緖年)에 완성되었다.[35]

---

32) 『湖南商事習慣報告書』, p.272, 「西貨氈毯扇業條規」(省城).

33) 위의 책, p.394, 包金担公議條規(省城), "惟我包金一業 本西兩帮合一 會規爲日已久 行商坐
   賈 日多一日 … 西本若不分爲兩帮 規矩實難一律 玆於本年 戊申 十月 初 一日 爰集本帮同行
   會合商訂 我本帮與西帮永遠分析 各立行規".

34) 吳金成, 『矛盾의 共存』, 서울: 지식산업사, 2007, p.120.

청대 한구(漢口) 각 방(帮)의 교역액을 보면 호남이 2540만량으로서 조방(潮帮) 광동방(廣東帮) 향항방(香港帮) 3500만량, 강남 및 영파방(寧波帮) 3000~3500만량 다음으로 3순위에 해당한다. 이때 호남방의 주요 상품은 차, 미(米) 및 잡량(雜糧) 기타로 되어있다. 구체적 시기가 명시되어 있지 않은데 향항방(香港帮: 홍콩상인)의 존재로 보아 아편전쟁 이후의 사실로 여겨진다.[36]

광서 12년(1886)에 상해(上海)에 호남회관이 설립되었고[37] 비슷한 시기 남경, 소주에도 호남회관이 성립되었다.[38] 『해관십년보고(海關十年報告)』 제1기(1882~1891)에 의하면 의창(宜昌), 한구(漢口), 무호(蕪湖), 복주(福州)에는 호남회관이 있고 중경(重慶), 용주(龍州). 몽자(蒙自) 등에는 양호회관(兩湖會館)이 성립되었다.[39] 함풍동치 이후 특히 광서시기에 호남상인이 본성(本省)의 상업 무대뿐 아니라 주요 상업 거점 도시에 활동을 강화한 것을 알 수 있다.

(2) 민국시기

민국 『예릉현지(醴陵縣志)』에 의하면 선통원년(1909) 상회(商會)가 성립되었는데 대표로 본방(本帮: 본지상인) 정대련(丁大蓮)과 외방(外帮) 왕학홍(王學鴻)이 선임되었다.[40] 민국시기 예릉현 상회(商會)는 그 아래 동업공회(同業公會)가 소속되었는데 주단(綢緞) 백화(百貨) 남화(南貨)[41] 세자(細瓷) 토자(土瓷) 면직(綿織) 표염(漂染) 유염(油鹽) 화사(花紗) 침직(針織) 산화(山貨) 도재(屠

---

35) 李華, 「淸代湖南商人的經商活動」『中國社會經濟史硏究』, 1992年 1期.

36) 吳量愷, 「淸代湖北沿江口岸城市的轉運貿易」『淸代區域社會經濟硏究』, 北京: 中華書局, 1992, p.703.

37) 田寅甲, 「近代都市 上海의 發展과 同鄕同業團体」『外大史學』9, 1999.

38) 方志遠, 앞의 책, pp.575~576.

39) 위의 책, pp.581~583.

40) 民國 37年刊 『醴陵縣志』 食貨志, 工商.

41) 南貨는 糖類, 海味, 瓜子, 南粉, 乾筍, 木耳 등. 위의 책, pp.416, 493.

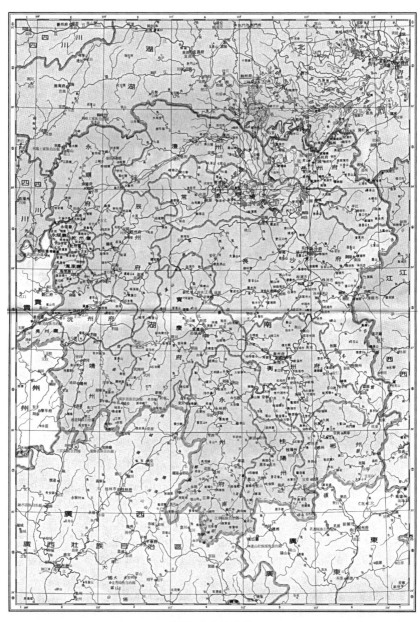

〈청대의 호남지도〉

宰) 도업(陶業) 사연(絲烟) 권련(捲烟) 주석(酒席) 서지(書紙) 인쇄, 약재, 여관, 운수 등 21업(業)이 있었다.

나머지 법정단위에 부족한 경우는 상점이 상회에 직속되었다. 민국 21년 (1932)경 상인은 전체 인구 582,506인의 8.22%인 47,913인이었다. 농민은 73.43%인 427,758인, 공인(工人)은 상인과 같은 비율이었다.[42]

통상적으로 보면 호구(戶口)에 편제된 상인은 예릉의 본지 상인일 것이다. 민국시기 영향현(寧鄕縣)에서도 상업에서 본방(本帮)은 '각업개유(各業皆有: 모든 업종에 다 있음)'로 표현되고 있고 사방(四帮) 중의 하나로 꼽히고 있다.[43] 여성현(汝城縣)에서도 민국 2년(1913)에 상회(商會)가 조직되고 형방(衡帮: 형양상인) 보방(寶帮: 보경상인) 본지 상인(汝城)의 활발한 활동이 나타나고 있다.[44] 남산현(藍山縣)에서도 민국 원년에 상회(商會)가 조직되고 상인 활동이 강화되고 있다.[45]

민국시기 의장현(宜章縣)의 사료를 하나 보겠다.

　마상(麻商) 마(麻)는 이전에 광동 불산(佛山)에 가서 파는 것으로 광동상인에게 조종되었는데 지금은 대부분 토상(土商)이 자본을 모아 운송한다.[46]

이것을 보면 종전에 광동상인에 조종되던 마(麻) 판매에 본지 상인이 '집자수운(集資收運: 자본을 모아 수매 운송)'의 형태로 광동상인을 대체하게 된 것을 알 수 있다. 남산현에서도 민국 3년(1914) 경 상회(商會)가 성립하고 있다. 1930년대 전반까지 사정을 전하고 있는 『호남실업지(湖南實業志)』에 장사(長沙)의 출신지역별 상방(商帮)에 보면 칠(漆) 전문의 보경방(寶慶帮)이

---

42) 『湖南實業志』(民國 24(1935)年刊 『中國實業志』의 改名 再刊本), 長沙: 湖南人民出版社 2007, pp.467~468.

43) 民國 30年刊 『寧鄕縣志』 故事編 第3, 財用錄 商業.

44) 民國 21年刊 『汝城縣志』 권18, 政典志 實業, 商業.

45) 民國 21年刊 『藍山縣圖志』 권21, 食貨上, p.338.

46) 民國 30年刊 『宜章縣志』 권10, 食貨志, 工商業, p.122.

활동하고 있다. 민국 22년경 장사의 전시(全市) 상점은 14,424가(家)이고 그 가운데 사치품 취급 상점이 1,128가(家)였다.47) 민국시기 소양현(邵陽縣)에서도 객상 중에 최다수는 상향방(湘鄕帮), 그 다음이 신화방(新化帮), 장사(長沙), 형주방(衡州帮) 순서로 거론되고 있는데 이들은 모두 호남상인이다. 당시인의 인식은 같은 부(府) 안의 타 현에 대해서도 객상으로 취급하고 있다.48) 소양현(邵陽縣)은 광서(光緖)시기에 시진(市鎭)의 급격한 증가와 상인 수의 폭증을 경험하고 있었는데 민국시기에 본지상인의 활동도 활발하다.49)

(3) 품목별 상인의 성장

① 미곡상(米穀商)

대부분의 지역 상방(商帮)도 출산 물품과 관련이 있다. 호남도 주요 미곡 산지이니만큼 외부 객상들이 다른 상업 부분을 장악하고 있을 때 미곡상으로 성장하기 시작했다. 건륭(乾隆)년간의 상담(湘潭)에서 본지 미곡상의 기구인 오곡전(五穀殿) 만큼은 토착상인 회관이었다. 청말민국기에도 미곡의 대량 유출이 지속되었고 호남 미곡상의 활동도 활발하였다.50)

동치(同治)시기 유현(攸縣)에서도 상업 종사자는 적지만 미곡을 싣고 형양(衡陽) 상담(湘潭) 동정호까지 운송 판매하는 것은 유현(攸縣)상인이었다. 같은 시기 익양현(益陽縣)에서도 본지 미곡상의 존재가 확인된다.51)

광서(光緖)「선화현지(善化縣志)」기록 하나를 인용하면 다음과 같다.

통지(通志) 본지에 안주하여 이동하는 것을 신중히 여긴다. 미곡을 싣고

---

47) 『湖南實業志』, pp.283~284.
48) 위의 책, pp.388~389.
49) 田炯權, 「淸末民國期 湖南 邵陽縣의 農村社會와 農業生産」『中國史研究』 45, 2006.
50) 田炯權, 「淸末民國期 湖南의 米穀市場과 商品流通」『東洋史學研究』 74, 2001.
51) 同治 10年刊 『攸縣志』 권18, 風俗.

운반하는 외에 먼 고장에 상업하러 가는 자가 적다.[52]

이화(李華)는 위 사료를 인용하여 선화현(善化縣) 상업이 청말에도 여전히 그렇다고 주장한다.[53] 하지만 광서 발행『통지』는 11년(1885)에 나온 것이고 위『선화현지』는 광서 3년(1877) 발행이니 본문 속『통지(通志)』는 가경 25년(1820)의 것에 틀림없다. 광서 선화현지의 회관 등을 보면 선화 상업은 가경시기에 비해서 현저히 발달하고 있다.

'안토중천(安土重遷: 토지에 안착하여 이동을 신중히 함)'이란 상투적 표현은 답습되는 경우가 있음을 생각해야 한다. 어쨌든 미곡상만큼은 호남상인의 주요 영역이었다. 광서 26년(1900)경 사료를 보면 보경부(寶慶府) 무강주(武岡州)에서 상향(湘鄕)상인들이 미곡상으로 활동하고 있다.[54]

1930년대 전반 사정을 보면 장사(長沙)에서 미곡상 포함인 화량행(花糧行)이 229가(家) 중 30가이고 같은 시기 상담에서도 미곡취급상인 곡잡량행(穀雜糧行) 26가(家) 화량행업(花糧行業) 19가(家)로 전체 220가(家) 중의 45가가 미곡상에 해당한다.[55] 곡창지대인 호남에서 미곡의 생산과 유출이 민국시기에도 지속되고 있고 호남의 미곡상 활동도 활발했다고 생각된다.

② 다상(茶商)

차는 호남의 주요 수출품 중 하나이다. 일찍이 청대 차 산지인 신화현(新化縣)에서 본지 다상(茶商)의 존재가 확인된다.[56]

『예릉현지』에 다음과 같은 기사가 있다.

홍차는 흑다(黑茶)를 이어 채취하는데 국외로 수출한다. 한 해 수십만 원에

---

52) 光緖 3年刊『善化縣志』권16, 風俗, "(通志) … 安土重遷 除裝運米穀而外 鮮商務於遠邑者".
53) 李華, 1992年 1期.
54) 田炯權, 앞의 논문, 2001.
55)『湖南實業志』pp.301~302, 372.
56) 李華, 앞의 논문, 1992年 1期.

해당한다. 처음에 광동인이 그 이익을 독점하였다 광서(光緒)초에 읍인(邑人)
이 비로소 다호(茶號)를 스스로 조직하여 영업이 자못 번성하였다.57)

이것을 보면 예릉현에서 종전 광동상인이 독점하던 차 거래에 본지 상인이
대두됨을 알 수 있다. 1860년대에 한구(漢口)의 6개 다방(茶帮)(호북, 호남,
강서, 광동, 산서, 안휘)중에 이미 호남상인이 자리 잡고 있다. 『상보(湘報)』를
보면, 광서시기 호남에 제다공사(製茶公司)의 설립이 주장되고 있다. 호남
차의 수출 부진은 품질 관리 문제임도 지적되고 있다.58) 광서 말의 소양현(邵
陽縣)에서도 양인(洋人)에 판매할 차를 상향(湘鄕)에서 구매하고 가공하여
제조하고 있다.59) 『호남상사습관보고서(湖南商事習慣報告書)』에 의하면 성
성(省城) 상향(湘鄕), 신화(新化), 안화(安化) 도원(桃源) 등지에 다상조규(茶商
條規)가 수록되어 있다. 선통(宣統)시기 이 지역이 중요 차 생산지역이고
그 결과 호남 다상(茶商) 세력이 강했음을 보여준다.60)

호남 장사부(長沙府)의 다장(茶莊)들은 그 성립시기가 상향(湘鄕)이 광서(光
緒) 30년, 민국 19년(1930)인 것과 함께 장사 고교(高橋)의 다장(茶莊)이
민국 4년 민국 15년 민국 17년(1928) 등 주로 청말 이후부터 민국 23년(1934)
까지 차례로 성립하고 있는데『호남실업지(湖南實業志)』게재의 장사(長沙)의
다장(茶莊) 성립 시기는 청말보다 민국시기에 집중되고 있다.61)

안화현(安化縣)의 호남 다장(茶莊)은 전체 20/34에 해당한다. 호남 다상(茶
商)이 외부 객상보다 압도적이다. 신화현(新化縣), 호남 다장(茶莊)은 4/4이고
상음(湘陰)도 8/8이 호남 다상(茶商)이다. 임상현(臨湘縣)은 호남 다장(茶莊)
이 15/35이고 산서(山西)상인이 10/35 나머지 10/35은 불명으로 되어 있다.

---

57) 民國 37年刊『醴陵縣志』食貨志, 工商, 茶業, "紅茶則後黑茶而採 輸出國外 歲値數十萬元
　　始由粤人擅其利 光緒初 邑人 始自起組織茶號 營業頗盛".
58) 『湘報』제64호(1898年刊; 中華書局, 2006年 再刊, 以下『湘報』라 略함).
59) 光緒 33年刊『邵陽縣鄕土志』권4, 商務. p.683.
60) 『湖南商事習慣報告書』, pp.200~205.
61) 『湖南實業志』, pp.541~547.

성립 시기는 청말에서 민국기까지 주로 민국기에 집중도가 높고 민국 23년
(1934)까지 차례로 성립되고 있다.[62]

③ 목상(木商)

호남의 목재는 대표적 상품의 하나이다. 호남의 목재 상인으로서 일찍부
터 보경방(寶慶帮)이 유명하였다. 보경방은 한구(漢口)에 진출하여 전용부두
를 건설하고 도광말년(道光末年)에 보경회관(寶慶會館)을 건립했다.[63] 19세
기 40년대에 한구(漢口)의 앵무주(鸚鵡洲)에 새로운 최대 목재 교역시장이
형성되었다. 종래 한구의 목재시장은 강서방(江西帮)과 황방(黃帮: 호북 황주
부상인)이 장악하고 있었으나 앵무주상에 호남상인들이 선점효과를 거두었
다. 20여 개의 호남회관이 건립되었다. 1865년 호남 목재상인 위주의 양호(兩
湖)회관이 성립되었다. 1875년과 1890년대 초 두 차례 중수(重修)되고 호남목
재상의 세력은 이후 몇 십년간 차츰 제고(提高)되었다. 그 과정에 한방(漢帮)
과 치열한 분쟁이 있었으나 태평군(太平軍) 진압 유공자(有功者)인 호남
출신 증국번(曾國藩), 좌종당(左宗棠)의 도움으로 목재시장 주도권을 잡을
수 있었다.[64] 한구(漢口) 목재시장의 주요 공급원 중 하나가 호남이고 호남상
인들에 의해 수로를 따라 운반되어 오는 것이 분명하기 때문에 호남 목재상의
세력이 유지된 것이었다. 『호남상사습관보고서』에 의하면 죽목방(竹木帮)
은 서방(西帮: 강서상인)과 더불어 본방(本帮: 호남상인)을 지목하고 있다.[65]
선통년간에도 호남 목상(木商)이 건재하고 있다. 민국기 영순현(永順縣)에서
도 호남상인이 원수(沅水), 예수(澧水)를 통과하여 멀리 호북 앵무주(鸚鵡洲)
까지 목재를 운송 판매하는 사실이 있다.[66] 1930년대 전반의 사정을 전하고

---

62) 위의 책, pp.541~547.
63) 王賢輝, 『洪江商帮』, 哈爾濱: 黑龍江教育出版社, 2013, pp.5~7.
64) 彭雨新·江溶, 「十九世紀 漢口商業行會的發展及其積極意義」 『中國經濟史研究』, 1994年
4期.
65) 『湖南商事習慣報告書』, p.627.
66) 民國 19年刊 『永順縣志』 권11, 食貨志, 物産, p.277.

있는『호남실업지』에 의하면 장사(長沙)의 토산(土産) 영업 중 목행(木行)이
최다로 101가(家)였다. 목행(木行) 11가(家) 목호(木號) 90가(家)였고 장형목
상(長衡木商), 다릉목상(茶陵木商), 집현목상(集賢木商)이 대표적이었다.[67] 민
국시대 홍강(洪江)의 목상(木商) 전기 8방(幇) 중에 익양(益陽), 상덕(常德),
장사(長沙), 검양(黔陽) 후기의 10여 방(幇) 중에 상향(湘鄉), 보경(寶慶), 형양
(衡陽), 영주(永州)가 첨가되어 전후 8방(幇)이 호남 목재상인이다. 민국
중기에 호남 목재상인의 세력이 더욱 강해지고 있다.[68] 유명한 홍강목상(洪
江木商) 양의제(楊義齊)는 홍강(洪江)에서 수집한 목재를 무한(武漢), 남경(南
京), 상해(上海) 등지까지 운송 판매했는데 그는 1956년 53세로 사망했다.[69]
민국시대 호남 최대의 목재 집산 시장이었던 상덕(常德)에는 상서(湘西)
원수(沅水) 유역, 예수(澧水) 유역 목재가 집산되었다. 상류 각 현에서 뗏목으
로 운반된 목재가 해체되어 선박에 실리든지 혹은 더 큰 뗏목으로 조성되었
다. 민국 22년(1933)까지 호남성의 각 방 목상들이 이곳에 와서 교역하였
다.[70] 장강 하류로 판매되는 목재의 주종은 서목(西木: 호남 서부목재)과
함께 호목(湖木: 호남 동부목재)이었다. 호남에서 외성(外省) 판매의 목재
가치는 연 약 2800여만 원(元), 그중 상덕(常德)에서 방출되는 서호목(西湖木)
이 약 1500만 원, 악양(岳陽) 장사(長沙)에서 방출되는 동호목(東湖木)이 약
1300만 원이었다.[71]

④ 유상(油商)

여기서 유상(油商)은 주로 동유(桐油) 판매상을 말한다. 상덕(常德)에서
민국 원년 이래 동유 영업이 극히 발달하였다. 동유의 국외 수출이 민국기

---

67)『湖南實業志』, pp.301~305.
68) 위의 책, pp.409~411.
69) 王賢輝, 앞의 책, p.167.
70)『湖南實業志』, p.647.
71) 上同.

30년간의 일임이 인식되고 있다.[72] 상덕(常德)의 본지 유상의 존재 역시
분명하다. 1930년대 장사의 관련 사료를 보면 다음과 같다.

> 현재 장사(長沙)의 유행(油行)은 화기(和記) 진창(晋昌) 미기(美記) 계태화(啓
> 泰和) 유풍영(裕豊盈) 전창(銓昌) 6가(家)가 있다. 그중 계태화(啓泰和)와
> 진창(晋昌)은 모두 청(淸) 광서(光緒)년간에 성립하고 있다. 민국 원년 이전
> 에는 각 행(行)이 모두 내지 교역에 종사했고 민국 원년 이후에는 외국인이
> 동유를 수매하므로 이에 영업이 확대되었다.[73]

여기 나오는 진창(晋昌) 계태화(啓泰和) 유풍영(裕豊盈)은 1930년대 전반의
사정을 전하는『통우물산지(通郵物産誌)』에도 같은 이름이 확인되어 그 실체를
알 수 있다.[74] 인용 사료를 보면 계태화(啓泰和)와 진창(晋昌)은 청(淸) 광서(光
緒)년간에 개업하였지만 1930년대 전반까지 유행(油行)으로 명성을 얻고 있다.
　호남 각 현(縣)의 동유 유방(油坊) 일람표를 보면 상담(湘潭) 상향(湘鄕)
침현(郴縣), 원릉(沅陵), 황현(晃縣), 회동(會同. 洪江) 등에 116가(家)가 나오고
있다. 성립 시기는 청말 광서년간부터 민국 22년(1933)까지 지속되고 있다.[75]

⑤ 선상(船商)

　상품유통의 활발함과 함께 발달하는 것이 선상(船商)이다. 청(淸) 도광(道
光)년간부터 1950년대까지 자강(資江) 유역에서 활약한 모판선상(毛板船商)이
있었다. 그들의 활동은 보경(寶慶)과 익양(益陽) 중심의 자강 유역, 장사 중심의
상강(湘江) 유역, 한구(漢口) 중심의 장강(長江) 유역에 미쳤다. 모판선(毛板船)

---

72)『湖南實業志』, pp.330~331.
73)『湖南實業志』, p.811, "長沙 現有 油行 和記 晋昌 美記 啓泰和 裕豊盈 銓昌六家 其中
　　啓泰和及晋昌皆成立于淸光緒年間…民元以前 各行均專做內地交易 民元以後 外國人收買桐
　　油 于是營業擴大".
74) 交通部 編,『中國通郵地方物産誌』(1935年刊), 華世出版社, 1988 再刊, p.21.
75)『湖南實業志』, pp.812~819.

은 주로 120톤이상 최다 200톤을 적재하는 능력을 갖추었다. 이들은 한구의
보경 부두 건설과 보경오속동향회관(寶慶5屬同鄕會館) 설립을 주도했다.[76]

『호남상사습관보고서』에 의하면 보경(寶慶)－안화(安化)－익양(益陽)－
악주(岳州)를 주로 운항하는 소양선상(邵陽船商) 관련 조규(條規)가 세 건이나
있다.

보경(寶慶: 邵陽) 선상(船商)의 왕성함을 알 수 있다. 이어서 상향(湘鄕)
선호(船戶) 조규(條規)를 비롯하여 유양(瀏陽), 주주(株洲) 등지의 선호조규(船
戶條規)가 있어 이 지역 선상(船商)들이 강했다고 생각된다.[77]

민국『영향현지(寧鄕縣志)』를 보면 함풍(咸豊: 1851~1861) 말년 영향현의
8부선상(埠船商)들이 정항(靖港)에 팔원당(八元堂)이라는 공잔(公棧)을 설립
했고 함풍(咸豊) 11년 영향(寧鄕)과 장사지현(長沙知縣)이 「정시팔부장정(靖
市八埠章程)」을 참작하여 정했다고 되어 있다.[78]

기사 내용 중에는 "광서선통이래 … 지금에 이르기까지 옛과 같다."라
되어 있어 청말민국기에 영향선상(寧鄕船商)의 활동이 지속되고 있음을
알 수 있다. 또 형양(衡陽)의 윤선(輪船)사업에 형양인이 청말에 뛰어들어
민국기에도 계속 운영하고 있던 것도 확인된다.[79]

예릉현에서도 민국기 선방(船帮)이 1만호(號)나 되고 상담 장사뿐 아니라
상덕(常德), 한구(漢口)까지 운항하고 있는데 철로로 인해 영업이 부진하지
않았었다고 하고 있다.[80]

⑥ 염상(鹽商)

소금은 원래 회상(淮商)들이 회염(淮鹽)을 운송하고 호남의 미곡을 수집해

---

76) 王賢輝, 앞의 책, pp.20~24.
77)『湖南商事習慣報告書』, pp.509~515.
78) 民國 30年刊『寧鄕縣志』故事編, 제2, 建置錄.
79)『湖南實業志』, p.446.
80) 民國 15年刊『醴陵縣鄕土志』제6장, 실업11, 運輸.

가는 것으로 알려져 있다. 그런데 동치(同治)『계양직례주지(桂陽直隷州志)』를 보면 월염(粵鹽: 광동 소금) 운송 판매로 치부한 염상(鹽商) 왕조천(王朝薦)이 등장한다. 자세히 보면 이 인물은 동치기(同治期: 1862~1874)의 사람이 아니고 강희(康熙: 1662~1722)시대에 해당한다.[81]

이 지역은 광동에 가까워 일찍부터 광동염을 이용하고 있었다. 이어지는 기록을 보면 왕조이(王開禩)가 소금 운송으로 거부(巨富)가 되고 임무(臨武) 부(傅)씨도 '이염기가(以鹽起家: 소금으로 집안을 일으킴)' 했다고 되어 있는데 시기는 불명확하다.

도광(道光: 1821~1850) 중에 양강(兩江)총독 도주(陶澍)가 양회염무(兩淮鹽務)의 폐단 개혁을 위해 전상전안제(專商專岸制)를 폐지하고 표제(票制)를 시행한 바 있다. 호남에서는 함풍(咸豊) 6년(1856) 표상(票商)의 등록사업이 있었고 동치(同治) 2년(1863) 재차 등록사업이 있어 신조직의 상인 600여 인이 등장하였다. 새로운 표상(票商) 성분에는 지주, 향신, 반태평군(反太平軍) 군관(軍官) 등이 대거 참여하였고 이것이 호남 염상(鹽商) 성장의 한 계기가 되었다.[82]

『호남상사습관보고서』에는 광서 19년(1893)에 제정된 장사성성(長沙省城)의 염호조규(鹽號條規)가 있다. 또 염방(鹽帮)에 본방(本帮) 즉 호남 염상(鹽商)의 존재를 밝히고 있다.[83]

민국시대에 서포현(漵浦縣) 염상(鹽商)이 소금을 평상시에 장사(長沙) 상덕(常德)에서 운송하고 염황(鹽荒: 소금 흉년)시에는 진주(辰州) 홍강(洪江)으로부터 때로는 안화(安化)에서 운송판매하고 있다.[84] 같은 기록에 평강(平江)상인이 동치 4년 이후 일부 회염(淮鹽)을 서포현(漵浦縣)에 운송 판매한 사실도 있다. 민국시기 의장현(宜章縣)에서도 염상(鹽商)은 토상(土商: 토착 상인)이

---

81) 同治 7年刊『桂陽直隷州志』 전20, 貨殖傳.

82) 彭雨新, 앞의 논문.

83)『湖南商事習慣報告書』, pp.200~201, 方志遠, 앞의 책, p.627.

84) 民國 10年刊『漵浦縣志』 권8, 鹽法.

많고 외부 상인이 간혹 있다는 것으로 보아 본지 상인이 염상(鹽商)으로서 주도적이었던 것을 알 수 있다.85)

이상에서 호남상인의 성장 계기를 찾아보면 첫째 익양(益陽) 산화행(山貨行)86) 조규(條規)와 같이 외국과의 통상확대를 성장 계기로 지목하고 있는 것이 많다.87) 둘째는 전술한 미곡상, 다상(茶商), 목상(木商), 동유상(桐油商) 등의 취급 품목이 호남의 주요 생산품이고 이것의 생산 확대와 함께 호남상인이 성장한 것이다. 셋째는 태평군(太平軍) 진압후 한무리 호남 출신 군관(軍官)들이 상인으로 전화했다는 것이다.88)

실제 상담(湘潭)출신 곽송림(郭松林), 왕명산(王明山)은 상군(湘軍)에 참여한 뒤 제독(提督)으로 출세하고 후에 전당업(典當業) 등에 종사하는 상인으로 전환하였다.89) 호남상인이 함풍동치기(咸豊同治期)에 특히 두각을 나타낸 것은 태평천국(太平天國)이라는 정치 동란과 무관하지 않았다. 대외교역과 이에 따른 생산 확대는 호남상인의 성장에 기여하였다. 이런 호남상인은 청말에 이어 민국기에도 지속적인 발전의 궤적을 보이고 있다.

2) 외부 상인의 활동

(1) 청말시기

청대 호남 성향(城鄕)에는 강서(江西), 광동(廣東), 산서(山西) 등 14개 성(省)의 상인들이 활동하였다고 한다.90) 청말 시기에 한정해서 보면 동치기(同治

---

85) 民國 30年刊『宜章縣志』工商業, 客貨商.
86) 民國 37年刊『예릉현지』, p.501. 山貨는 爛銅, 破鐵, 破布, 爛絮, 牛骨, 牛油, 傘骨, 野物, 皮革, 猪鬃, 玻璃, 古玩玉器.
87)『湖南商事習慣報告書』, pp.215~216.
88) 方志遠, 앞의 책, p.375; 同治7年『桂陽直隷州志』권20, 貨殖.
89)『湖南實業志』, pp.368~369.
90) 李華, 1991年 1期.

期) 장사현(長沙縣)에서 '강소(江蘇), 산섬(山陝: 산서·섬서), 예장(豫章: 하남),
월상(粵商: 광동상인)', 같은 시기 익양현에서는 '소항민광예장제성객상(蘇杭
閩廣豫章諸省客商: 소주·항주·복건·광동·하남)' 등의 존재가 확인된다.91) 상
음현(湘陰縣)에서도 회관 중에 만수궁(萬壽宮: 강서), 천후궁(天后宮: 복건),
소주회관(蘇州會館)이 목격된다.92)

선화현(善化縣)에서는 '북객서섬(北客西陝) 남객소항(南客蘇杭) 이급강서
민광(以及江西閩廣) 화객기편성촌(貨客幾遍城村)'이라 하고 있어 객상이 성향
(城鄉: 도시와 농촌)에 걸쳐 두루 활동한 것을 알 수 있다.93) 같은 선화현의
회관(會館) 조를 자세히 분석해 보면 만수궁(萬壽宮: 江西), 문창각(文昌閣:
강서 南昌) 인수궁(仁壽宮: 강서 臨江 약재) 소무관(昭武館: 강서 撫州) 석양관(石
陽館: 강서 吉安) 안성관(安城館: 吉安) 여릉관(廬陵館: 吉安) 강서는 7개 회관인
데 그중 임강부(臨江府) 약재상 건립의 인수궁(仁壽宮)은 함풍(咸豊) 7년(1857)
에 세워진 것이다. 이들 회관은 장전(莊田: 부속 토지)과 공산(公山) 등을
갖추고 있다. 이어서 천후궁(天后宮: 복건), 산섬(山陝)회관(산서·섬서), 소주
(蘇州)회관, 월동(粵東)회관(광동), 혜도빈관(穗都賓館: 광동 廣州), 중주(中州)
회관(河南), 강남회관(江南會館), 상원회관(上元會館: 南京), 태평회관(太平會
館: 安徽 甯國府), 운귀회관(雲貴會館: 운남 귀주), 호북회관(湖北會館), 남악행
궁(南嶽行宮) 등이 기재되어 있다.94) 이 가운데 운귀(雲貴)회관(운남 귀주)은
동치 5년(1866)에 설립되었다. 강서회관이 7곳으로 가장 많다. 남악행궁을
제외한 객상회관 18곳 중 거의 절반에 가깝다. 강서 안에서 임강(臨江),
길안(吉安), 무주(撫州), 남창(南昌) 등지의 상인이 많다.

같은 광서기(光緒期) 상담현(湘潭縣)의 회관(會館)조를 정리한 것이 〈표
2〉이다. 제시된 회관은 30곳이지만 통사(通祀)조에서 찾은 본지 상인회관

91) 同治 10年刊 『長沙縣志』 권16, 風土, 商賈.
92) 光緒 6年刊 『湘陰縣圖志』 권1, 輿圖, 城圖.
93) 光緒 3年刊 『善化縣志』 권16, 風俗, 工商.
94) 위의 책, 卷30 祠廟, 會館.

〈표 2〉 광서시기 상담(湘潭)의 상인회관(광서 15년간)

명칭	소재지 내용			
新關聖展	11總	民屯田 134畝	산서 산동 하남 섬서 감숙	北5省회관
金庭別業	瞻嶽門外	일명 全眞宮	蘇州公所	江蘇회관
雨花別業	烟柳隄	田 53畝	江甯公所	〃
金庭會館	16總	田 76畝		〃
江南會館	18總	일명 圓通菴		〃
萬壽宮	10總			江西회관
昭武賓館	10總		撫州公所	〃
臨豊 〃	11 〃		臨江豊城縣公所	〃
安城 〃	蔂竹街	(吉安府)	安福縣公所	〃
石陽 〃	15總後街	(吉安府)	廬陵縣公所	〃
袁州 〃	梧桐街		袁州公所	〃
禾川 〃	〃	(吉安府)	永新公所	〃
琴川 〃	16總後街	(吉安)	蓮花廳公所	〃
西昌 〃	琴水館旁	(吉安)	太和公所	〃
仁壽宮	上18總	일명 江神祠	臨江府公所	〃
六一菴	16總		江西省公所	〃
普度菴			江西省公所	〃
財神殿	黃龍巷		江西廣貨行公所	〃
天后宮	18總	일명 建福寺 436畝	福建公所	福建회관
嶺南會館	12總	田4?畝	廣東公所	광동회관
水來寺	19總		廣西公所	광서회관
黃州公宇	15 〃	房屋50所外…		호북회관
晴川公宇	總河街		漢陽 沱口鹽商公所	〃
末詳				〃
濂溪祠	10總		永州회관	湖南상인
壽佛殿	〃	鋪屋3所內一所爲煙商公所郴州회관		〃
南嶽行宮	16總後街	安仁 衡州客商		〃
長衡宮		長沙 衡州 木商		〃
海陽菴	雨湖	休甯 金姓建		安徽상인
指南菴	風箏街	田84畝	徽州公所	〃

『湘潭縣志』禮典20, 群祀表

4곳을 더하면 상담현 상인회관은 34곳이다.[95] 이 중 북오성(北五省)회관(산서·산동·하남·섬서·감숙) 1, 강소(江蘇)회관 4, 강서(江西) 13, 복건(福建) 1, 광동(廣東) 1, 광서(廣西) 1, 호북(湖北) 3, 안휘(安徽) 2가 주요 객상회관이다.

---

95) 光緖 15年刊『湘潭縣志』禮典20, 群祀表, 通祀.

여기서도 강서상인의 압도적 우세를 확인할 수 있다. 회관 내용에는 대부분 ○○공소(公所)로 표시되어 있어 이 시기 회관이 대부분 '공소'로 불리고 있음을 알 수 있다. 강서인(江西人)의 호남 이민과 상업 종사는 이미 알려진 사실이다. 이화(李華)선생이 『상담현지(湘潭縣志)』자료를 인용하면서 "아쾌담부솔다토인(牙儈擔夫率多土人)"을 아쾌(중개인) 담부(짐꾼)가 거의 토착인으로 강서인과 필적 가능했다고 해석한 것은 "아쾌담부솔다어토인(牙儈擔夫率多於土人)"을 잘못 본 것이다. 원문은 "강서의 길안(吉安) 임강(臨江) 무주(撫州) 3대방(大帮)이 서로 이끌고 와서 헤아릴 수 없이 많다. 중개인과 짐꾼이 본지인 보다 많다. 이익을 다투는 자가 자못 원수로 여긴다."고 되어 있다.[96] 이것은 가경(嘉慶) 24년(1819) 5월에 있었던 상담폭동(湘潭暴動) 기사와 연결되어 있다. 강서상인의 우세 속에 발생한 호남인과의 투쟁이 상담폭동이었다. 상담 상인회관은 가경년간에 19곳 중 6개가 강서회관이었다. 청말 시기에 회관이 34곳으로 증가한 것은 상업 발달과 상인세력의 발달을 의미한다. 강서(江西)회관도 6곳에서 13곳으로 배 이상 증가하였다.

서북변경인 영순부(永順府)의 고장평(古丈坪)에서도 약재상은 강서상인, 마상(麻商)은 호북상인의 활동이 보인다.[97] 선통(宣統: 1909~1911)시기, 청천현(淸泉縣)에서도 인수궁(仁壽宮: 江西) 산섬회관(山陝會館), 휘주(徽州)회관, 강남(江南)회관, 천후궁(天后宮: 복건) 등의 회관이 있다.[98] 『호남상사습관보고서(湖南商事習慣報告書)』중 상담(湘潭)에는 칠방(七帮: 일곱 상인집단)이 있다. 즉 본방(本帮), 서방(西帮), 남방(南帮), 북방(北帮), 소방(蘇帮), 광방(廣帮), 건방(建帮)이다. 상덕(常德)에는 삼당팔성(三堂八省)의 명칭이 있다. 즉 동선당(同善堂), 육영당(育嬰堂), 동인당(同仁堂), 서방(西帮), 휘방(徽帮), 소방(蘇帮), 광방(廣帮), 건방(建帮), 천방(川帮), 운귀방(雲貴帮), 장사방(長沙帮)이

96) 위의 책, 권11, 貨殖, "有吉安 臨江 撫州 三大帮 餘相牽引 不可勝數, 牙儈擔夫率多於土人 爭利者頗仇之".

97) 光緖 33年刊 『古丈坪廳志』 권11, 商業誌略.

98) 宣統 元年, 『淸泉縣鄕土志』 編下, 疆域.

다. 염방(鹽幇)의 남방은 실은 휘방(徽幇: 휘주상인), 서방은 강서방(江西幇), 북방은 호북방(湖北幇)이다. 다방(茶幇) 중 서방은 산서방(山西幇)이다. 상담의 서방은 강서상인인데 약방(藥幇), 미방(米幇), 목방(木幇) 등을 포함한다.[99)]

청말 호남의 대표적 다상(茶商)은 산서상인과 광동상인이었다. 한구(漢口)의 다업육방(茶業6幇)도 광동, 산서, 호남, 호북, 강서, 강남이었다. 산서상인은 청말 표호(票號)로도 유명한데 평요방(平遙幇), 개휴방(介休幇)이 대표적이다.

청말에도 강서상인이 객상으로서는 호남의 최대 상방(商幇)임을 확인할 수 있다.[100)] 광동상인, 산서(山西)상인, 강절(江浙)상인, 복건(福建)상인, 호북상인, 운귀(雲貴)상인, 휘주(徽州)상인, 사천(四川)상인, 하남(河南)상인 등 10대상방(大商幇)을 비롯한 각지 상인의 활동 무대가 호남이었고 상인 상방(商幇)의 수량이 증대되고 있던 것이 청말의 사정이다.

(2) 민국시기

중국의 전통 상인은 영파(寧波)상인이 현대적 진화에 성공한 것을 제외하고 대체로 민국기에 쇠퇴했다는 시각이 있다. 산서상인은 청(淸) 멸망과 함께 망했고 복건상인, 휘주상인, 섬서상인, 강서상인도 쇠퇴했다는 것이다.[101)]

그런데 민국기 간행 『영향현지(寧鄕縣志)』를 보면 사방(四幇) 중에 본방(本幇)을 제외하고 소방(蘇幇: 강소상인), 감방(贛幇: 강서상인), 민방(閩幇: 복건상인)이 거론되고 있다. 강서상인인 감방(贛幇) 중에는 남창(南昌), 임강(臨江), 길안(吉安), 서주(瑞州), 무주(撫州)의 5부(府) 상인이 중심이 되고 있다.[102)] 민국기 여성현(汝城縣)에서도 광방(廣幇), 서방(西幇)이 활동하고 있다. 광동

---

99) 方志遠, 앞의 책, pp.627~629.
100) 李華, 1991年 1期. 江浙상인은 蘇州幇, 杭州幇, 洞庭幇, 南京幇, 淮北幇, 湖州幇 등 포함.
101) 梁小民, 『走馬看商幇』, 上海書店, 2012, pp.21, 50~53.
102) 民國 30年刊 『寧鄕縣志』古事編 제3, 財用錄, 商業.

상인은 가응주(嘉應州)와 광주(廣州) 신영인(新甯人)이고 강서상인은 길안(吉安) 감현인(贛縣人)이었다.[103] 의장현(宜章縣)에서도 약재는 강서상인, 연상(煙商)은 복건상인이 활동하고 있다.[104] 같은 시기 예주(澧州)의 자리현(慈利縣)에서도 오객(吳客) 즉 강소상인이 동유상(桐油商)으로 목격된다.[105]

1930년대 전반까지 사정을 알려주고 있는 『호남실업지(湖南實業志)』에 의하면 호남의 상방(商幫)은 강서방(江西幫: 금은, 약재), 강소방(江蘇幫: 酒醬 약재), 절강방(浙江幫: 酒醬 漂染), 하남방(河南幫: 약재), 복건방(福建幫: 煙), 광동방(廣東幫: 약품, 牙料), 호북방(湖北幫: 약재), 안휘방(安徽幫: 茶墨) 등이 거론되고 있다.[106]

이것을 보면 청말에 호남에서 활동하던 주요 객상들이 대부분 민국시대에도 건재하고 있음을 알 수 있다.

민국기 소양현(邵陽縣)에서도 객상으로 섬서상인(皮毛), 강서상인(약재, 首飾業), 복건상인(烟業)이 활동하고 있다.[107] 민국기 장사(長沙)의 다장(茶莊)은 강소(江蘇)와 산서(山西)상인이 있고 안화(安化)의 객상 다장(茶莊)은 산서(山西)가 9개로 가장 많고 상해(上海)가 2, 안휘 1, 한구(漢口) 1, 강서(江西) 1의 순서였다. 산서상인의 다장은 광서(光緖) 29년, 31년, 민국 원년, 민국 3년(1914), 11년, 19년, 22년 민국 23년(1934)까지 차례로 설립되고 있다. 민국기 개설이 더 많다. 유양(瀏陽)의 다장은 3/3이 모두 산서 상인이었고 임상(臨湘)은 10/35이 산서상인이었다.[108] 다장 설립시기가 대부분 민국기인 것이 특징이다.

취급품목이 꼭 단일 품목인 것은 아닌 것 같다. 민국기 예릉현에서 강서상인은 약재. 남화(南貨), 고병(糕餠), 두시(豆豉), 잡화(雜貨), 은루(銀樓), 포필(布

103) 民國 21年刊 『汝城縣志』 권18, 政典志, 實業, 商業.
104) 民國 30年刊 『宜章縣志』 권23, 商會.
105) 民國 12年刊 『慈利縣志』 권6, 實業 第3.
106) 『湖南實業志』, p.283.
107) 위의 책, pp.388~389.
108) 위의 책, pp.541~547.

莊), 전장(錢莊), 전당(典當)등 여러 분야에 종사하였다.[109]

동유(桐油)의 주요 집산지인 홍강(洪江)의 유호(油號)는 서방(西帮)과 소방(邵帮)이 유명한데 서방은 강서상인, 소방은 진강(鎭江)상인이었다.[110]

강서상인 정질생(鄭跞生)은 광서 4년(1878) 강서 신감현(新淦縣) 출신으로 홍강(洪江)에 와서 서영창(徐榮昌) 유호(油號)의 부관사(副管事)로 활동하다 1937년 홍강(洪江)에 '신창(新昌)' 유호를 설립했다. 서동보(徐東甫)는 역시 강서 신간현(新干縣) 출신으로 민국 10년(1921)에 서영창을 설립했다.

강서인 유수송(劉修松)은 민국 9년(1920) 유동경(劉同慶)을 설립했다. 유기산(劉岐山)은 광서 11년(1886)에 '경원풍(慶元豊)' 포호(布號)를 세웠다가 민국 성립 후 포호를 유호(油號)로 고쳤다.[111] 홍강(洪江)유상(油商)은 강서상인이 압도적인데 서영창, 경원풍, 유동경 등은『통우물산지(通郵物産志)』에도 존재가 입체적으로 확인된다.[112] 청말에 설립된 경원풍은 1930년대 전반까지도 확실히 홍강유상으로 활동하고 있다. 동유(桐油) 수출 강화와 더불어 장사(長沙)와 상덕(常德)에는 영국, 미국 등 외국 상인까지 진출하고 있다. 1911년 당시 장사, 악주에 주재하는 양행(洋行)은 22가(家), 양상(洋商)이 168인 정도였다.[113]

홍강(洪江)의 목상(木商)으로서 유명한 것은 8방(帮) 10방(帮) 중 호남 본방(本帮)을 제외하면 화(花: 湖北 大冶) 한(漢: 호북 漢口), 황(黃: 호북 黃州), 천(天: 貴州 天柱) 등이 선발 주자였고 후에 강서상인이 참가하였다.[114] 호남 최대의 목재 집산시장인 상덕(常德)에서는 강소(江蘇), 안휘(安徽), 강서(江西), 호북 및 본성(本省) 각 방 목상이 활약하였다. 호남 서부지방 원수(沅水)

109) 民國37刊『醴陵縣志』食貨志, 工商, 市鎭.
110)『湖南實業志』, p.407.
111) 王賢輝, 앞의 책, pp.141~157.
112)『中國通郵地方物産誌』, p.38, 工商行號調査.
113)『湖南實業志』, pp.811~812; 張朋園,『中國現代化的區域硏究－湖南省 1860~1916』, 1983, p.117.
114)『湖南實業志』, pp.409~411.

유역 각 로(路)의 목재뿐 아니라 예수(澧水) 유역 목재도 진시(津市)를 통해 상덕에 집적되었다. 상류의 목재는 뗏목으로 상덕에 운반되어 상덕에서 뗏목 해체 후 선박으로 운송되거나 더 큰 뗏목으로 운송되기도 하였다. 1930년대 외성(外省)으로 판매되는 호남 목재는 약 2,800만 원(元), 그중 상덕에서 방출되는 서호목(西湖木)이 약 1,500만 원, 익양(益陽) 장사(長沙)에서 방출되는 동호목(東湖木)이 1,300만 원 정도였다.[115]

민국기에도 강서상인, 산서상인, 강소(江蘇)상인, 광동상인, 복건(福建)상인 등이 여전히 활동하고 있다. 호남상인이 성장하면서 외상(外商)들의 영업이 위축되고 쇠퇴한 것으로 보이지 않는다. 이 시기 내부적으로 인구 증가, 수요 증대와 더불어 농업생산력의 현격한 증가, 대외교역 확대로 시장 규모가 커지고 상업이 발달한 것으로 생각된다.

2. 상품유통의 변화

1) 유통 상품과 경로

(1) 유통 경로

아편전쟁 이전에 광동(廣東)에 수입된 서양상품 양화(洋貨)가 북경(北京)으로 운송되는 최단거리는 대유령(大庾嶺)을 넘어 감강(贛江)을 따라 북상하여 파양호(鄱陽湖)에 이르고 양자강(揚子江)과 대운하를 경유하는 것이었다. 그런데 오구(五口)통상 이후 상해(上海)가 부상하면서 강서(江西)의 남북무역로는 급격히 쇠퇴하였다고 한다.[116]

호남의 상담(湘潭)도 아편전쟁 이전에 화서(華西) 및 서북상인들이 상담을

---

115) 위의 책, p.647.
116) 吳金成, 『矛盾의 共存 -明淸時代 江西社會硏究』, 서울: 지식산업사, 2007, pp.101~109.

경유하여 상강(湘江)을 내려가 기전령(騎田嶺)을 넘어 광동에 이르고 광동에
서 북상하여 화중하구(華中夏口)에 이르는 상인들이 반드시 경유하는 중개지
였다.[117] 역시 상해 개항 후 호남을 통과하는 남북교역로가 쇠퇴하였고
종래 번성하던 상담이 청말민국초(淸末民國初)에는 상방(商幇)이 이르지 않
아 침체하고 민국 이후 극단적인 불경기가 되었다는 지적이 있다.[118]
   그런데 광서『상담현지』관련 사료를 하나 검토해 보겠다.

   해금(海禁)이 개방된 후 홍차가 대략 50~60일에 거래가 천만이다. 태평구란
   (太平寇亂)으로 강로(江路)가 두절되니 오로지 상담을 믿고 광동과 통한다.
   다섯 항구가 개항되고 한구(漢口), 구강(九江)에 이관(夷館)이 세워지니
   현시(縣市)가 마침내 쇠퇴했으나 아직도 해에 수백만이 거래되었다.[119]

   태평천국 시기 양자강로(揚子江路)가 두절되어 상담을 통해 광동과 교역할
수밖에 없었던 것이 확인된다. 아편전쟁 후 오항(五港) 개항이 곧바로 상담(湘
潭)의 쇠퇴는 아니었다. 청말 상담의 시가(市街) 거리는 15리가 3중으로
형성되어 45리를 이루고 있었다.
   민국『의장현지(宜章縣志)』사료를 보면 다음과 같다.

   전청(前淸) 함풍동치(咸豊同治) 극성시에는 양광화(洋廣貨)가 모두 이곳을
   통해 상담(湘潭) 한구(漢口)에 도달했다. 라마(騾馬: 나귀와 말)가 만필에
   이르고 시전(市纏)이 즐비하고 건축이 웅장하였다.[120]

---

117) 張朋園, 앞의 책, pp.388~389.
118) 위의 책, pp.391~392.
119) 光緖 15年刊『湘潭縣志』권11, 貨殖, "海禁開後 紅茶爲大率五六十日 而貿買千萬 寇亂江路絶
    專恃湘潭通嶺南 五口開漢口九江建夷館 縣市遂衰 猶歲數百萬".
120) 民國 30年刊『宜章縣志』前言, "當前淸咸同極盛時 洋廣貨 皆由此達湘漢 騾馬多至萬匹
    市纏櫛比 建築崇閎".

호남의 남대문에 해당하는 의장현(宜章縣)에서 함풍(1851~1861) 동치(1862~1874) 시기에 광동－상담－한구(漢口)의 무역이 극성기였다는 것을 알 수 있다. 상담의 부두 건설 시기를 보면 시기가 분명한 27건 중 14건이 함풍 이후이다. 함풍 10년간 8곳, 동치 12년간 5곳으로 집중도가 높은 것은 이 시기 상담 상업이 호황기였다고 생각된다.121)

선통(宣統: 1909~1911)년간에 나온 『호남상사습관보고서』에 성성(省城)과 장사(長沙)의 정항(靖港), 상담(湘潭), 익양(益陽), 무릉(武陵), 형양(衡陽), 청천(淸泉), 진시(津市), 홍강(洪江) 등이 모두 번성하다고 되어 있다.122) 동일 사료를 보면 "근래 성성 및 각 상부(商埠: 상업용 부두)가 날로 번성하니 시정(市井)의 사치스러움이 과거에 비해 백배이다. 상업계가 그 영향을 받지 않을 수 없다"라 되어 있다.123) 1910년경에 상담은 여전히 번성했다. 상담의 상인회관 각 방의 영수(領袖)는 연납(捐納)으로 오품정대(五品頂戴)의 지위를 얻었다. 청의 조정(淸廷)에 경축이 있으면 거리에 채색등을 다는데 하루에 만금(萬金)을 소비해도 아까워하지 않았으며 구경꾼이 인산인해를 이루었다. 청말 20년간의 사정에 대해 '상담상무반쇠반성지시(湘潭商務半衰半盛之時: 상담 상업이 반은 쇠퇴하고 반은 번성한 시기)'라는 표현도 있다.124)

이어서 상담의 전운(轉運: 운송) 사업관련 사료를 보면 다음과 같다.

윤운(輪運)은 청말 광서(光緒)년간에 기원하는데 처음에는 크게 발달하지 못했다. 민국 원년에서 11년간에 이르러 상담 상업이 차츰 발달하니 윤운도 이 때문에 흥성(興盛)하였다.125)

---

121) 光緒 15年刊 『湘潭縣志』 建置2, 石路馬頭表.

122) 方志遠, 앞의 책, p.703.

123) 『湖南商事習慣報告書』, pp.526~527, 附錄 號規.

124) 『湖南實業志』, p.369.

125) 위의 책, p.1261, "輪運起源于淸末光緒年間 初不甚發達 民國元年至十一年間 湘潭商務逐漸 發達 輪運亦因以興".

이것을 보면 민국 11년(1922)까지도 상담 상업은 차츰 발달했던 것을 알 수 있다. 아편전쟁 후 다섯 항구의 개항과 무역로 변경이 곧 바로 상담의 쇠퇴는 아니었다. 태평군(太平軍)과 양자강로(揚子江路)의 두절 때문에 상담을 중개지로 상강(湘江)을 경유하는 광동 무역로는 함풍동치기에 오히려 번성기를 누렸다.

한구(漢口) 개항, 악주(岳州), 장사(長沙)의 개항은 상해−한구−악주−장사로 이어지는 경로가 주 무역로가 되게 한 것은 틀림없다. 그러나 민국 시대에도 광주에서 상강 따라 북상하는 남북교역로가 완전히 소멸된 것은 아니었다. 민국시기 의장현(宜章縣)에서 양유(洋油)와 양포(洋布)가 광주(廣州)를 통해 북상해 오는 것이 있고 또 상담·형양(衡陽)에서 남하해 오는 것도 있었다.[126] 『호남실업지』의 물자 유통을 보면 형양도 상해−한구 경로와 광동 경로가 병존하고 있고 상령(常寧) 역시 한구−장사 경로와 광동으로 물자 유통이 이루어진다. 영주부(永州府) 영명(永明)도 양광화(洋廣貨)는 광동에서 유입되고 있다.[127] 같은 영주부의 도현(道縣)은 양유(洋油)를 장사에서 유입하고 있는 것으로 보아 주도적 경로는 한구−장사 라인이었던 것 같다. 다만 광주를 통해 북상하는 경로가 병존하고 있었던 것은 틀림없다.

호남성은 상강(湘江)·자강(資江)·원강(沅江)·예강(澧江) 등의 4대강을 중심으로 한 수계(水系) 교통이 근간을 이루고 있다. 그중에서도 상강과 원강이 핵심이다. 상강은 호남성 내 길이 674.91㎞이고 동안(東安), 영릉(零陵), 기양(祁陽), 상령(常寧), 형양(衡陽), 형산(衡山), 상담(湘潭), 예릉(醴陵), 장사(長沙), 상음(湘陰)으로 연결되는 것이 간선이다. 지류 뇌수(未水)는 길이 321㎞로 여성(汝城), 자흥(資興), 침현(郴縣), 뇌양(未陽), 형양(衡陽) 등을 통과한다. 상강 통항 선박은 소획(小划)·민선·범선·소륜(小輪)이 있고 물을 거슬러 오를 때는 민·범선은 시속 4㎞, 소륜(小輪)은 약 6㎞, 순류시에는 민·범선은 시속 6㎞, 소륜은 약 17㎞ 속도였다.

---

126) 民國 30年刊 『宜章縣志』 工商業, 客貨商, p.123.
127) 『湖南實業志』, pp.222, 226, 230~231.

자강은 길이 640㎞이고 성보(城步), 무강(武岡), 소양(邵陽), 신화(新化), 안화(安化), 익양(益陽)을 통과한다. 성보 경내는 선박이 통하지 않고 무강-소양은 모판선(毛板船), 소양 이하는 민선(民船)·범선(帆船), 익양 이하는 소륜이 운행했다.

원강은 호남 경내 656㎞이다. 검양(黔陽), 진계(辰溪), 노계(瀘溪), 원릉(沅陵), 도원(桃源), 상덕(常德), 한수(漢壽), 원강(沅江) 등의 현(縣)을 통과한다. 선박은 민선·범선이 있고 상덕(常德)이하는 윤선(輪船)이 통항한다. 예강(澧江)은 439㎞로 서북 각 현의 교통 간류(干流)이다. 상식(桑植), 대용(大庸), 자리(慈利), 석문(石門), 임례(臨澧), 예현(澧縣), 안향(安鄕), 남현(南縣) 등이 통과지역이다.[128]

『상보(湘報)』에 소륜공사(小輪公司) 설립의 이익에 대해 역류(逆流)하여 파도를 헤치고 신속히 이동하여 수송이 빨라지고 재화가 풍부해진다고 논하고 있다. 관련 사료 하나를 인용해 보겠다.

> 어떤 사람은 윤선(輪船)이 발달하면 민주(民舟)의 생계를 빼앗을까 의심하는데 윤선이 항행하는 곳이 모두 수심이 깊고 넓은 곳인 것을 모른다. 북으로는 상덕(常德)에 지나지 않고 서쪽으로는 익양(益陽) 남으로 상담(湘潭)에 지나지 않는다. 상덕, 익양, 상담 이상의 하도(河道)에서 아래로 호항(湖港)지류에 미쳐서는 민선(民船)이 아니면 이를 수가 없다.[129]

이것을 보면 윤선과 민선의 결합된 운항 구조가 청말민국기의 주된 형식이라 생각된다. 민국기에 장사-한구(漢口)가 윤선 운항이 잦은 노선이지만 수량이 풍부할 때는 상해에서 장사에 바로 도달한다. 한번 왕복에 10일이 소요되었다. 민국 11년~민국 20년 사이 장사관(長沙關)의 선박 진출입 통계에

---

128) 위의 책, 제4장 水道, pp.1344~1358.

129) 『湘報』제46호, p.373, "或疑輪舶一興 侵奪民舟生計 不知輪船所行之處 皆深泓巨澤 北不過常德 西不過益陽 南不過湘潭 其常德益陽湘潭以上之河道 下及湖港支流 則非民船不能至也".

의하면 민선은 약 5.9%이고 나머지는 윤선이었다.[130]

형양(衡陽)의 윤선도 청말에 시작되어 장사-형양 노선을 운항하고 민국 10년에는 현인(縣人) 황대걸(黃代傑) 등이 윤선을 구매하여 소양(邵陽)에 운항하고 민국 13년에는 양선(洋船) 부두를 건설했다. 상덕윤선공사(常德輪船公司)도 민국 9년에 2척, 민국 11년에 6척, 민국 21년 4척의 선박이 투입되고 있다.[131]

『중국실업지(中國實業志)』의 유통경로를 보면 수입은 상해-한구-장사 → 성내(城內) 각 요진(要鎭)이다. 예릉(醴陵), 평향(萍鄉)은 철로로 보급하고 보경(寶慶), 형양(衡陽)은 공로(公路)로, 장사-형양은 상강을 통한 수로 운송이 많다. 상품 송출의 경우 예릉, 유양(瀏陽)은 철로 이용, 보경(寶慶)-형주(衡州)는 주로 수로 운송을 이용하였는데 선박 운송이 신속하고 비용이 저렴하기 때문이다. 장사의 전운공사(轉運公司)는 수입 상품 위주이고 수출 상품은 다음이다. 수출 상품은 장사를 거쳐 운송하는데 노선은 철로 위주이고 공로(公路), 수로(水路)가 보충적이다.[132]

상담(湘潭)도 수로 운송, 공로, 철도가 혼합 사용된다. 상담에서 철도로 수입되는 물품은 양사(洋紗), 약재, 필두(疋頭), 남화(南貨) 위주인데 한구→ 장사까지 운반된 것을 다시 민선으로 상담에 운반한다.[133]

철도는 월한(粤漢)철도 장무단(長武段: 長沙-武昌)이 민국 7년(1918) 개통했고 무창(武昌)-주주(株洲)가 민국 9년(1920)에 개통되었다. 광서(光緒) 29년(1903)에 완공된 평례(萍醴) 철도가 주주까지 연장된 것은 1905년이었다. 북경(北京)-무한(武漢) 개통이 같은 해였다. 공로(公路)는 호남전성공로국(湖南全省公路局)이 개설된 것은 민국 18년이다. 민국 13년에 상담-상향이 완성되고 민국 10년에 장사-상담 공로가 완성되었다. 7대 간선(幹線)이

---

130) 『湖南實業志』, pp.261~262, p.265.

131) 위의 책, 衡陽은 p.446. 常德은 p.316.

132) 위의 책, pp.268~269.

133) 위의 책, pp.1263~1264.

계획은 되었지만 1930년대까지 부분적 개통이 많았다.[134]

유통 경로는 청말민국 전기까지는 수로 운송이 중심이 되고 있다. 종래의 민선(民船) 위주에서 민선과 윤선이 병행하는 체제로 나아가고 있다. 민국 중기에 철도와 공로 이용이 활발해지고 수운(水運)＋육운(陸運)의 결합이 강화되었다고 생각된다. 『호남상사습관보고서』에는 상업이 번성한 곳으로 성성(省城: 長沙), 정항(靖港), 상담(湘潭), 익양(益陽), 무릉상덕(武陵: 常德), 형양(衡陽), 청천(清泉), 진시(津市), 홍강(洪江)이 기재되어 있다.[135]

1930년대 사정을 전하고 있는 『호남실업지』의 상업 분포를 보면 장사, 상덕, 악양(岳陽), 상담, 소양(邵陽), 형양, 예릉, 홍강(洪江)이 내용이다.[136] 앞의 것에서 빠진 것은 정항(靖港), 익양(益陽), 진시(津市)이고 새로 추가된 것은 악양, 소양, 예릉이다. 이들의 부상은 철도와 공로 건설 등의 교통 변화와 관련 있다고 생각된다. 청말인 선통(宣統)년간에서 1930년대까지 시간 속에서 일어난 변화의 내용이다. 청대 호남의 시진(市鎭)은 84곳이었는데 1930년대는 778곳으로 증가하였다.[137] 폭발적 증가라 해도 과언이 아니다.

(2) 유통 상품

19세기말 20세기초에 상악감(湘鄂贛) 즉 호남 호북 강서지역 도시와 농촌 주민의 생활수요는 과거에 비해 근본적 변화가 발생하지 않았고 상인들도 전통적 생활 소비품을 제공하는 것 외에 어떤 새로운 상품을 공급하는 것이 없거나 극소수였다고 보는 견해가 있다.[138] 이것은 근현대 격동기의 변화에 대해 지나치게 소극적인 평가라고 생각된다.

---

134) 위의 책, pp.1319~1322, p.316, pp.1329~1336.
135) 『湖南商事習慣報告書』 제1편 제1장, 商號.
136) 『湖南實業志』 제3장 상업경제, p.168.
137) 方志遠, 앞의 책, p.514; 위의 책, p.168.
138) 方志遠, 앞의 책, p.581.

광서(光緒)『상담현지(湘潭縣志)』에 제시된 상품은 임강(臨江)상인의 약재, 건창(建昌)상인의 석박(錫箔), 같은 강서상인이 취급하는 유광잡화(油廣雜貨), 동연랍사(銅鉛蠟絲), 소금, 회상(淮商)의 구갈(裘褐), 분주(汾酒), 관각(關角), 로삼(潞參), 복건상인의 연초(煙草), 강소상인의 주포(綢布), 주장(酒醬), 광동상인의 은주(銀朱), 규선(葵扇), 빈랑(檳榔) 등이다.139) 선통 원년에 제정된 「사성공의라행조규(四城公議籮行條規)」(상담)를 보면 60여 가지 상품이 등장한다. 주목되는 것은 양유(洋油), 양사(洋紗), 양회면(洋灰面), 양화(洋火: 성냥), 양정(洋釘: 못), 색양융포(色洋絨布: 색깔 모달리천) 등 양화가 많이 보이는 것이다.140) 1930년대 사정을 전하고 있는 『호남실업지』를 보면 수입 상품으로 면포, 면사(棉絲), 매유(煤油), 오금(五金: 금 은 구리 주석 철), 식염(食塩), 안료(顔料), 당(糖), 지연(紙烟), 면분(麵粉) 및 기타 각종 일용품이 제시되고 있다. 같은 책의 수출 상품으로는 차, 미(米), 동유, 종이, 면화, 목재, 우피(牛皮), 연자(蓮子), 저마(苧麻), 콩, 매(煤: 석탄), 편폭(編爆: 폭죽), 저(猪: 돼지), 저종(猪鬃: 돼지 갈기털), 하포(夏布: 모시), 자기 등이 거명된다.141)

장거리 전운공사(轉運公司)의 취급 상품 중 수입은 양사(洋紗), 필두(疋頭), 지연(紙烟), 양유(洋油), 주(酒), 안료(顔料), 약재, 양지(洋紙) 및 양잡화(洋雜貨)가 많고 수출은 면(棉), 미(米), 편폭, 매, 하포, 제(銻: 안티몬), 종이, 계란으로 나오고 있다.142)

같은 1930년대 다른 조사인 『통우물산지(通郵物産誌)』를 보면 수출상품에 좀 더 자세한 설명이 있다. 즉 미(米, 동정호, 湘江유역), 차(茶, 상강·자강유역), 마(麻, 각 하천 유역), 면(棉, 洞庭연안), 연초(煙草), 약재도 주요 산품이다. 연실(蓮實)(형양산 저명, 상수(湘水), 뇌수(耒水), 증수(蒸水)일대), 가축, 소,

139) 光緒 15年刊『湘潭縣志』권11, 貨殖.
140)『湖南商事習慣報告書』, pp.521~523.
141)『湖南實業志』, pp.194~195.
142) 위의 책, pp.268~269.

양, 돼지, 닭(한구, 광동으로 수출), 목재 주요산품, 동유(桐油, 원강유역), 정현(靖縣), 홍강(洪江)중심. 홍유(洪油), 상덕(常德)이 최대시장), 죽산(竹産)(資江유역 최다), 광산물, 매(煤, 뇌양산 최다), 제(銻, 신화(新化)·중국 최대의 제광, 안화(安化), 철(鐵, 상강 자강유역, 보경(寶慶), 상담), 금(원강 유역), 유황(침현, 상령) 석(錫, 의장), 오(鎢, 텅스텐, 여성), 진사(辰砂, 원릉, 沅陵), 죽지(竹紙, 보경, 유양, 상강 자강 유역), 하포(夏布, 유양), 자기(예릉, 경덕진과 필적), 상수(湘繡, 장사. 소주와 필적), 장뇌(樟腦, 다릉), 죽기(竹器, 익양), 대포(大布), 피상(皮箱, 상덕), 신식공업은 방직, 성냥, 비누 등 공장이 있다.[143]

상품유통의 특징을 찾아보면, 첫째는 유통량의 급격한 증가를 들 수 있다. 광서 29년(1903) 당시 호남성 해외무역은 불과 3,237해관량(海關兩)인데 그 후 차츰 증가하여 1913년에 100만 관량(關兩)을 초과하고 이후 100만~200만 량 사이를 유지하다 1932년에 400만 관량(關兩)으로 증가하였다. 약 30년간에 파격적 증가를 보이고 있다.[144] 1905년에서 1910년 사이에 장사관(長沙關)의 선초(船鈔)가 608고평량(庫平兩)에서 4,914량으로 증가하고 있는 추세도 교역량의 급격한 증가를 짐작할 수 있다.[145]

월한철로(粤漢鐵路) 상악단(湘鄂段: 호남호북 구간)의 영업수지를 보면 민국 9년에서 민국 22년 사이 수입은 19배 증가했다. 여객 수송은 18배, 상품 운송 수입은 19배 증가했다.[146] 장사-악주간 왕래 선박수가 1902년 수백 척에서 1911년 2,000여 척으로 증가한 것을 보아도 상품유통 증가 추세를 유추할 수 있다. 민국 5년(1916) 장사의 상공업이 4,900여가(家)에서 민국 22년 13,700여가로 거의 3배 증가했다. 사치품 상점은 171가에서 1,128가로 성장했다. 양화(洋貨)상점도 127가에서 233가로 증가했다.[147]

143) 『通郵地方物産誌』, p.1.
144) 『湖南實業志』, pp.186~187.
145) 湯象龍 編著, 『中國近代海關稅收和分配統計』, 北京: 中華書局, 1992, p.364.
146) 『湖南實業志』, pp.1324~1325.
147) 張朋園, 앞의 책, pp.114, 386~387.

둘째 양화수입이 증가하고 신식 상품유통이 활발해진 것이다. 장사의 양화상점이 급격히 증가한 것은 전술한 바와 같다.

〈표 3〉은 『통우물산지』 장사 상품유통을 정리한 것이다. 여기는 수출상품만을 제시하고 있다. 국산 공업제품이 성내외로 공급되고 있다. 비누, 성냥, 국산 전지(電池), 양말 등 신상품이 등장한다. 유통량도 결코 적지 않다. 비누 3만 상자, 성냥 1만 상자, 국산 전지 20만타(打) 등의 수치를 볼 수 있다.

〈표 3〉 장사(長沙) 상품유통(『通郵物産誌』)

品名	단위	가격		時季	유통량	행선지
		최고	최저			
鴨絨	斤	5.0	3.0	冬		上海, 北平, 天津, 南京
黑鉛	石	22.0	13.0	全年	50,000石	漢口, 上海
棉紗	件	220.0	180.0	〃	24,000件	本省
棉布	疋	12.0	1.50	〃	1,000,000疋	漢口
麵粉	袋	5.0	2.50	〃	140,000袋	漢口
線襪	雙	?	1.06	〃	6,000,000雙	本省
毛呢鞋	〃	2.0	?	〃	400,000雙	〃
夏布	疋	10.0	2.0	夏	20,000疋	上海, 漢口
火柴	箱	50.0	30.0	全年	10,000箱	本省
刺繡				〃		國內 및 外洋 매년 産量値 50만元
破璃器	件	30.0	20.0	〃	9,000件	本省
肥皀	箱	7.0	5.0	〃	30,000箱	〃
絲線三角	兩	0.4	0.2	〃	40,000兩	〃
國貨電池	打	0.6	0.4	〃	200,000打	〃
靖港 米	擔	6.0	4.0	秋	1,000,000擔	漢口, 上海
靖港 猪	斤	0.2	0.15	全年	50,000只	〃
靖港 猪毛	擔	60.0	50.0	〃	4000公斤	〃
靖港 粗窯器	大卡	3.5	2.5	〃	100,000套	長江沿岸, 每套5件
靖港 毛筆	支	0.5	0.2	〃		本省 및 黃河 各省

호남의 남부 변경인 남산현 사료를 한번 보겠다.

외국과의 교역 이래로 모든 생활자료를 또 해양선박에 의지하는데 양유(洋油) 수입은 해마다 항상 이만여 원이다. 풍속이 점차 사치해져서 포갈(布褐)

을 천하게 여기고 비단을 귀하게 여긴다. 땅에는 면화를 심지 않고 여인은
방차(紡車)를 그만두니 양사(洋紗)가 해마다 4~5만원이다. 주단포필(綢緞布
匹)은 해마다 10만원 소비한다. 기타 소비도 모두 날로 증가한다. 한쪽
구석지방이 이와 같으니 일국(一國)은 가히 알 만하다.[148]

호남 남부의 남산현에서도 양유, 양사 등 양화의 수입 증가와 사치풍조의
고조를 알 수 있다. 남산현 수입 품목 44개 중 수입액 기준으로 주포(綢布),
소금, 양유 등의 순서인데 다음이 금은기식(金銀器飾), 염료(染料), 안색(顔色),
양사, 면화, 황두(黃豆)의 순이고 다음이 일용잡화이다. 수출품은 곡미가
최다이고 가축류가 다음이다. 1907년의 소양현(邵陽縣) 상품유통에서는
양포(洋布), 시계, 안경 등이 보이지만 양유는 보이지 않는다. 민국기 여성현
에서는 양유, 양사, 양화가 주요 수입품목이 되고 있다. 비슷한 시기 안향현
(安鄕縣)에서는 양유 수입이 3만 병 114,000원의 액수로 표시되고 있다.[149]
민국기 의장현에서도 주요 수입품은 주포(綢布), 소금, 양유, 양사, 일용품
이고 수출은 곡물, 광물, 가축류가 중심이다.[150]
이것을 보면 남산현 사료에서 보듯이 호남의 변경지역까지 양사, 양유가
보편화 되고 각종 사치품이 범람한 것이 민국기의 변화라고 생각된다.
셋째는 차, 동유(桐油) 등 대외수출품인 상품의 생산유통이 증가한 것이다.
차는 아편전쟁 전후에 중국의 주요 수출상품이었지만 19세기 후반에 인도·
스리랑카 차와의 경쟁에서 패배하여 쇠퇴한 것으로 알려지고 있다. 『통우물
산지』의 내용에서 차 부분을 정리한 것이 〈표 4〉이다. 호남 차산지로 유명한
안화 차는 녹차, 홍차, 흑차 모두 대량으로 해외 수출을 하고 있다. 1930년대

148) 民國 21年刊 『藍山縣圖志』 권21, 食貨 제9上, p.311, "自中外互市 水火生活之資 且仰給於海
　　 舶 洋油輸入歲恆二萬餘元 自俗漸侈靡 賤布褐貴羅綺 土不藝棉 女輟紡車 洋紗歲販四五萬元
　　 綢緞布匹 市歲十餘萬元 他耗皆日加多矣 一隅如此 一國可知".
149) 田炯權, 앞의 논문, 2001; 『중국근현대의 湖南社會』, 서울: 혜안, 2010, 제2편 2장,
　　 제3편 1장. 당시 안향현 米價는 1擔 6원임.
150) 民國 30年刊 『宜章縣志』 권10, 食貨志, p.120.

〈표 4〉 차(茶)의 유통

지역	品名	단위	가격(元)	유통량	행선지
상담	茶葉	斤	0.30-0.50	2,600公斤	上海, 漢口, 南京
상담 株洲	茶叶	石	20.0-50.0	200石	長沙, 漢口
衡山	〃	擔	30.0-140.0	60	湘潭, 長沙
未陽	〃	〃	15.0-16.0	300	永興, 安仁
江華	〃	斤	0.3-1.0	1,000斤	江西 豊城, 湘潭 道縣
藍山	〃	斤	0.2-0.50	2,000公斤	本省
新化	〃	石	10.0-20.0	500石	長沙, 漢口
石門	〃	매100斤	40.0-50.0	23,000公斤	長沙, 漢口
桃源	〃	斤	0.30-1.0	190,000石	漢口
永綏	〃	斤	1.0-4.0	1,000斤	保靖, 沅陵, 常德, 長沙
乾城	〃	斤	0.20-6.0	100斤	漢口, 常德
岳陽	〃	斤	0.30-1.50	50擔	漢口
臨湘	〃	斤	-0.20	200,000石	漢口
平江	〃	石	20.0-42.0	30,000石	益陽, 湘潭, 漢口
湘陰	紅茶	箱	22.0-34.0	20,000箱	申漢(매箱 48斤)
湘陰 新市	〃	斤	0.27-0.30	100,000여斤	漢口, 上海
寧鄕	茶葉	斤	0.10-2.50	20,000斤	新疆, 長沙, 甘肅
瀏陽	〃	斤	14.0-100.0	10,000斤	長沙
湘鄕	〃	擔	30.0-50.0	300擔	長沙, 漢口
湘鄕 漵水	〃	斤	0.40-0.50	600公斤	甘肅
湘鄕 婁底	靑細茶	擔	30.0-60.0	60担	本省, 上海, 漢口, 甘肅
〃	紅茶	〃	15.0-30.0	5,000余担	漢口, 上海, 영, 러
湘鄕 潭市	茶葉	〃	20.0-40.0	4,000斤	湘潭, 長沙, 漢口
湘鄕 永豊	〃	斤	0.25-0.60	1,500,000担	長沙, 湘潭, 漢口
湘鄕 楊家灘	靑茶	斤	0.10-0.40	1,000石	長沙, 漢口
湘鄕 靑樹坪	茶葉	斤	0.20-0.60	30,000斤	漢口
安化	綠茶	斤	0.40-0.60	2,000,000斤	漢口 거처, 外洋
〃	紅茶	斤	0.20-0.40	3,000,000斤	〃
〃	黑茶	斤	0.10-0.20	3,000,000斤	〃
藍田	茶葉	斤	0.30-0.70	1,100,000斤	湘潭·長沙
常寧	〃	〃	0.30-0.60	10,000여斤	常寧 沿河
酃縣	〃	〃	0.20-0.30	60石	本省

전반에도 여전히 차 수출이 지속되고 있었다. 상향(湘鄕), 상음(湘陰), 도원(桃源), 임상(臨湘), 평강(平江) 등의 유통량이 많은 것이 두드러진다. 종전에 차 산지로 유명하지 않던 변경 지역까지 포함하여 21개 현이 차 유통에 참여하고 있다. 19세기 차 풍습이 보편화되고 수요가 증가하여 인도, 일본과

의 경쟁이 있어도 판로가 유지되었는데 1880년대 이후 중국 차 수출 저하의 직접적 원인은 품질 저하에 있다는 지적이 있다.[151] 홍차의 수출은 1868년 기준 1936년은 20% 미만으로 감소했으나 녹차 수출은 같은 시기 169% 증가한 것으로 나와 있다. 차 생산은 시장 변화에 민감하고 대외 무역이 국내 시장 발전에 자극을 주었다는 것은 충분히 이해 가능하다. 1930년대 전반 호남의 차 생산과 유통은 활발했다고 여겨진다. 앞서 차 상인들의 다장(茶莊)이 민국시기에 빈번하게 설립·증대가 이루어진 것도 이 사실을 뒷받침한다.

동유의 유통 내용을 정리한 것이 〈표 5〉이다. 『호남실업지』의 설명을 보면 청말에는 주로 국내 교역용이었던 동유가 민국 원년이후 외국인의 매수(買收)로 인해 영업 범위가 확대되었다는 것을 알 수 있다.[152] 호남

〈표 5〉 동유(桐油)의 유통

지역	단위	가격(元)	유통량	행선지
永興	石	14.4-16.0	208擔	衡陽, 長沙
永順	斤	0.14-0.15	10,000余担	常德, 漢口
東安	매百斤	13.0-13.5	500担	衡陽, 長沙
永明	石	13.0-15.0	60,000,000公斤	衡陽, 湘潭
江華	擔	14.0-21.0	400担	衡陽
澧縣, 津市	매公斤	0.30-0.47	6,000,000公斤	漢口
石門	매百斤	19.0-20.0	18,500斤	漢口
慈利	石	15.0-18.0	20,000担	漢口
大庸	매百斤	17.0-25.0	10,000余担	漢口
常德	〃	6.0-20.0	20,000,000公斤	長江연안
桃源陬市	〃	20.0-25.0	94,000斤	常德
沅陵	擔	13.0-24.0	30,000石	常漢
瀘溪	斤	0.21-0.23	25,000斤	常德, 漢口
洪江	擔	17.0-19.0	200,000担	長江연안
鳳凰	〃	12.0-19.0	50,000斤	常漢
乾城	石	14.0-26.0	200,000斤	〃
晃縣	斤	0.10-0.20	600,000斤	鎭江
湘鄉 潭市	擔	14.0-24.0	10,000斤	湘潭, 長沙, 漢口
麻陽	매百斤	16.5-16.8	5,000斤	常德, 辰谿 南莊坪

---

151) 박정현, 「근대 중국 茶무역의 盛衰(1868~1936)」 『중국학보』 54, 2006.

동유의 주요 생산지는 예수(澧水) 유역, 원강(沅江) 유역, 상강(湘江) 유역이다. 호남성 동유 수출 가치는 민국 원년 전 성(全省) 수출액의 10.66%, 민국 5년(1916) 2.13%, 민국 10년 17.98%, 민국 15년 33.56%, 민국18년 44.93% 수준까지 증가하고 있다.[153]

〈표 5〉는 『통우물산지』에서 동유의 유통을 정리한 것이다. 영명(永明)의 60,000,000kg과 상덕(常德)의 20,000,000kg은 각각 600만과 200만kg의 착오인지 알 수는 없으나 이 지역 동유 방출이 많았던 것은 틀림없어 보인다. 동유 집산지로 유명한 홍강(洪江)은 20만담(擔), 1담 50kg으로 환산하면 100만kg이니 적지 않은 수치이다.[154] 상강(湘江), 원강(沅江), 예강(澧江)에 걸쳐 17개 현이 동유 수출에 참가하고 있다. 동유는 민국시기 해외수출 증가와 이에 따른 생산 확대의 전형적 예로 생각된다.

넷째는 광산물 수출의 증가이다. 『소양현향토지(邵陽縣鄕土志)』에 보면 "읍이 예전에 석탄 철 생산으로 유명하였는데 … 근래 중외통상으로부터 땅의 이익을 널리 구한다."라 하고 있는데 외국과 통상 이후 석탄, 철 등의 생산 증대를 알 수 있다. 같은 자료에는 윤선(輪船) 및 기기국(機器局)의 수요 증가로 석탄 매출이 증가하는 것도 밝히고 있다.[155] 민국 12년(1923) 제철공사(鍊鐵公司)가 소양(邵陽)에만 154개로 극히 번성하고 전국 제철 수출의 90% 이상을 호남이 담당하고 있다.[156]

호남의 광산 개발이 활발하기 시작하는 것은 광서년간이다. 「호남상판광무표(湖南商辦礦務表)」에 의하면 광서 22년, 23, 24년에 걸쳐 상담, 예릉, 형산, 진주(辰州), 원릉(沅陵), 마양(麻陽), 침주(郴州) 등 각지에서 연(鉛), 동(銅), 철(鐵), 제(鍗), 주사(硃砂), 금 등 각종 광산개발이 시도되고 있다.[157]

---

152) 『湖南實業志』, pp.304~305.

153) 위의 책, p.805.

154) 吳承洛, 『中國度量衡史』, 1937; 商務印書館, 1993, p.369.

155) 光緖 33年刊 『邵陽縣鄕土志』 권4, 지리, 物産, pp.667, 679. "邑舊以産煤鐵著 … 近自中外 通商 廣求地利".

156) 田炯權, 앞의 논문, 2006.

<표 6> 광산물 유통

지역	品名	단위	가격(元)	유통량	행선지
邵陽	煤	担	0.10-0.20	30,000,000	長沙, 漢口
永興	〃	噸	5.6-8.5	2,465,890	衡州, 長沙, 漢口
新化	〃	石	0.33-0.35	100,000噸	長沙
辰谿	〃	噸	3.0-4.0	2,000	常德, 漢口
醴陵	〃	〃	-6.0	150,000	漢口
湘鄉	〃	担	0.40-0.60	3,000	長沙
湘鄉 潭市	〃	〃	0.40-0.50	1,000,000斤	湘潭, 長沙
安化	〃	〃	0.20-0.30		長沙
藍田	〃	斤	0.004-0.005	1,500,000斤	湘潭, 長沙
耒陽	〃	担	0.4-0.5	5,000,000	衡陽, 長沙, 漢口
湘潭	土鋼鐵	斤	0.38-0.56	9,000石	漢口, 上海
汝城	鎢	担	6.0-8.0	600担	曲江, 廣州
桂東	鎢砂	斤	0.30-0.40	600噸	湖南, 廣東, 江西
〃	錫砂	斤	0.40-0.50	100噸	〃
新化	銻	噸	200-280	10,000噸	長沙, 上海
〃	純銻	〃	150.0-400.0	10,000噸	長沙, 上海 통해 外洋 수출
鳳凰	硃砂	担	150.0-400.0	40,000斤	常德, 安國, 重慶
〃	水銀	〃	95.0-210.0	18,000斤	
晃縣	〃	斤	1.90-4.0	10,000斤	重慶, 漢口
長沙	黑鉛	石	13.0-22.0	50,000石	漢口, 上海
酃縣	鎢	石	19.0-20.0	3,000斤	國內
邵陽	鐵	担	12.0-16.0	10,000	益陽, 湘潭, 漢口

여성현에서도 민국시기 오사(鎢砂: 텅스텐) 광산이 개발되어 인구가 유입된 사실이 있다.[158]

<표 6>은 『통우물산지』에서 광산물 유통을 추려서 정리한 것이다. 석탄은 소양(邵陽)의 30,000,000담(擔), 영흥(永興)의 2,465,890톤이 두드러지고 신화 (新化), 남전(藍田), 뇌양(耒陽)의 산출량이 많다. 신화의 제(銻: 안티몬) 2만 톤이 수출되고 있고 나머지 광물들도 장거리 운송, 경유지를 통한 수출이 많다. 민국 21년(1933) 월한철로(粵漢鐵路) 상악단(湘鄂段) 화물 운송 통계를 보면 광산품이 184,752톤으로 농산품 69,202톤을 훨씬 앞지르고 있다.[159]

---

157) 『湘報』 제25호.
158) 田炯權, 앞의 논문, 1998.

물론 농산품은 수운(水運)을 통한 것이 많으니 호남의 전 방출량에 대한 통계는 아니다. 기차를 통한 운송만에 한정하면 광산물이 농산품의 거의 3배에 달한다. 광산물 유통은 청말민국기 대외교역의 증가와 윤선(輪船), 기기국(機器局) 같은 근대 공업 발전에 따라 확대된 것이 분명하다고 생각된다.

다섯째『호남실업지』의 상품유통이나『통우물산지』의 구체적 유통을 보면 가축 거래와 더불어 종래 이용되지 않던 저모(猪毛: 돼지털), 저종(猪鬃: 돼지갈기털), 압모(鴨毛: 오리털) 등의 유통이 많다. 이것 역시 대외교역에 따른 새로운 유통상품이라 할 수 있다. 이 점은 중국 대외무역의 전체적 특징과도 궤를 같이한다.[160]

그 밖에 면화의 유출도 활발하다. 면화 역시 대외교역과 신식 면방직공업 발전에 따른 수요 증대와 관련이 있다.『통우물산지』에 예현(澧縣) 진시(津市) 가 3,000,000근(斤)을 장사, 한구에 방출하고 있고 상덕이 2,000,000kg을 장강(長江) 연안으로 보내고 있다. 상덕부(常德府)의 상덕, 도원(桃原), 한수(漢壽), 예주(澧州)의 진시(津市), 석문(石門), 자리(慈利), 안향(安鄉), 남현(南縣), 악주부(岳州府)의 악양(岳陽), 임상(臨湘), 화용(華容), 동정호 주변 상음(湘陰) 등 20여 개 지역이 면화 방출지역이다.

특기할 것은 서양 면포의 도입으로 경쟁력을 상실했던 것으로 알고 있는 토포(土布)가 1930년대 여전히 유통되고 있는 것이다. 역시『통우물산지』유통을 보면 이 토포가 지역 시장의 거래품이 아니라 광동, 광서, 호북 한구 등의 장거리 상품이 되고 있다. 1930년대에도 양포(洋布) 소비층이 있는 반면 여전히 토포 소비층이 존재하고 있던 것을 알 수 있다.

미곡의 대외유통에 대해서는 전 저(著)에서 상세히 설명한 바 있다. 양화의 상품유통이 많은 곳은 미곡 생산이 풍부한 지역이 많았다.[161] 재화의 구매에는 결제 수단이 필요하고 무언가의 생산이 있어야 한다. 일부를 제외하고

---

159)『湖南實業志』, p.258.
160) 박정현, 「1868~1913 중국대외무역의 구조와 특징」『대구사학』87, 2007.
161) 田炯權, 앞의 논문, 2001.

수입과 수출사이에는 강한 상관성이 있고 작황이 좋으면 수출이 증가한다. 수출이 많으면 수입도 증가한다는 다른 연구 결과와도 부합되는 사실이다.[162]

양사(洋紗)와 양유(洋油), 양포(洋布) 등의 대중적 수요가 높은 양화(洋貨)를 제외하고는 호남지역 전체로 보면 양화 소비 정도가 1930년대까지도 하층민이 사용할 정도로 광범위한 것 같지 않다. 1930년대 여성현의 물가표 40개 품목 중에 양사, 양유만 등장한다. 사치품은 제외한 품목 제시이기는 하지만 대중의 일용품 중에 양화의 사용이 두드러진 것은 아니었다. 비슷한 시기 안향현에서도 수입품 28개 품목 중 양유만 두드러진 양화이다. 시계 안경 등 일용품이 사치품으로 분류되는 것을 보아도 양화의 보편적 소비는 이루어지지 않은 것 같다. 제국주의 침략 근 백년간에 걸쳐서도 자본주의 상품시장의 완벽한 장악은 어려웠고 완만한 성장이 지속되었다고 생각된다.

2) 번성·쇠퇴의 원인

외국자본주의 세력의 침입과 대량의 양화 수입으로 중국의 전통경제는 타격을 입게 되었다. 특히 철강, 시멘트 등 근현대 공업산품은 홍강(洪江)의 목재 홍유(洪油) 등 지주 상품에 충격을 가해 홍강상방(洪江商幇)은 민국시기 쇠퇴했다는 시각이 있다.[163] 반식민지반봉건사회론에 입각하여 근현대 호남사회를 보는 전형적 입장이라 생각된다.

호남의 대외 수출의 중개지이기도 한 한구의 무역은 1892~1901년 십년 무역 총액이 그 이전 십년 보다 40% 증가했다. 또, 1928년 한해의 무역 총액은 1882~1891년 무역 수입 총계와 맞먹을 정도로 급성장하였다[164] 「고완옥기조규(古玩玉器條規)」(성성: 省成)에 다음의 기사가 있다.

162) 박혁순, 「19세기 후반 중국 대지역권의 경제적 동향」『근대중국연구』1, 2000.
163) 王賢輝, 앞의 책, p.59.
164) 皮明庥·李策, 「漢口開埠設關與武漢城市格局的形成」『近代史研究』, 1991年 4期.

우리 골동품 장사는 유래가 오래되었다. 동치광서년간부터 우리 상번성제
(上藩城堤)가 영업이 가장 번성했고 점포 개설 또한 많았다.[165]

같은 장사부내(長沙府內)의 영향현(寧鄕縣)에서도 '동광지간 지방안녕 가
급인족 현성상업 어시위성(同光之間 地方安寧 家給人足 縣城商業 於時爲盛)'이라
하고 있다.[166] 동치광서년간이 집집마다 넉넉하고 사람마다 풍족하여 이에
상업이 번성하였다는 것이다. 같은 사료의 「서화전담선업조규(西貨氈毯扇業
條規)」를 보면 "하물며 상업이 크게 번성하는 때를 당해서 또 마땅히 힘써
진작을 도모하여 원대한 목표를 이루기를 바래야한다"[167]라는 구절이 있다.
선통년간을 상업이 크게 번성하는 시기로 인식하고 있다. 이어지는 사료의
「호규(號規)」를 보면 다음의 기사가 있다.

근래에 성성(省城) 및 각 상업 부두가 날로 번성하여 시정(市井)이 호사스러
운 것이 예전보다 백배이다. 상업계가 그 영향을 받지 않을 수 없다.[168]

이 내용들을 보면 동치(同治: 1862~1874) 광서(光緖: 1875~1908)에서 선통
(宣統: 1909~1911)으로 이어지는 청말시기 호남 장사와 인근 지역, 각 상업
부두들이 날로 번성했던 호황기였다고 생각된다.
『상보(湘報)』에 다음의 기사가 있다.

각국이 통상한 이래 강해구안(江海口岸)에 윤선(輪船)이 활발하게 다니니
상무(商務)가 이 때문에 날로 번성한다.[169]

---

165) 『湖南商事習慣報告書』, pp.398~399, 「古玩玉器條規」(省城).
166) 民國 30年刊 『寧鄕縣志』 故事扁, 第3, 財用錄.
167) 『湖南商事習慣報告書』, p.272, "況當商業大興之際更宜力圖振作 冀成久遠之期".
168) 『湖南商事習慣報告書』, pp.526~527, "邇來省城及各商埠繁盛日增 市井豪奢 百倍往昔 商界
    莫不受其影響".
169) 『湘報』 第140호, 「內河行駛小輪照會」, "各國通商以來 江海口岸 輪船暢行 商務因之日盛".

1898년경의 기록인데 통상이 상업 번영의 원인으로 지목되고 있다. 익양(益陽)의 「산화행조규(山貨行條規)」에 다음의 기사가 있다.

해금(海禁)이 크게 개방되고 외양(外洋) 각국과 통상하는 때를 만나 산화(山貨)는 더욱 수요가 급증한 상품이 되었다. 우리는 치부(致富)의 길을 열고 재화생산의 길을 넓히고자 … 이에 규조 11칙(則)을 의논해 정한다.[170]

외국과의 통상이 산화(山貨: 산간지대 산물 잣, 머루, 호두 등) 상품 수요 증대와 상인의 치부로 이어지고 있음을 밝히고 있다. 장사 유행(油行)의 경우도 민국 원년 이후 동유를 외국인이 수매함으로써 영업이 확대된 것을 밝히고 있다.[171]

청말시기 대외 통상의 증대가 호남상업 발전에 기여하고 일종의 호경기를 초래했다는 것을 당시인들이 인식하고 있었다.

민국시대 사정을 알기 위해 먼저 몇 가지 사료를 보기로 하겠다. 『호남실업지』에 다음의 기재 내용이 있다.

민국 7년(1918)에서 민국 12년 사이 상업은 오히려 안정적이었다. 민국 13년후 민국 16년 사이 비환(匪患)이 안정되지 않고 그때 전부(田賦) 염세(鹽稅) 이금(釐金)이 날로 증가하였고 후에 무한(武漢)정부가 현금을 집중하고 지폐를 남발하여 물가가 폭등하였다. … 농산품이 수출될 수 없으니 외화(外貨)수입도 또한 감소하여 이에 경제가 쇠락하고 상업이 침체하였다.[172]

이 기사의 전후 문장을 보면 장사는 1903년 개항 이후 윤선이 취항하고

---

170) 『湖南商事習慣報告書』, p.215, "値此海禁大開 與外洋各國通商 而山貨尤爲急需之物 我等欲開致富之門 廣生財之路 是以酌議條文十一則".

171) 『湖南實業志』, p.811.

172) 위의 책, p.254, "自民七至民十二年 商場尙稱穩定 民十三年後 以武漢政府 又集中現金 濫發紙幣 物價飛漲 … 農者不得出口 外貨進口亦減 于是經濟衰落 商場凋敝".

광서 말년 월한철로(奧漢鐵路) 상악단(湘鄂段: 호남호북 구간) 완성 등 교통여
건 변화로 상담을 추월하여 호남성 수출입 상품의 최대집산지로 되었다는
것, 그 후 1차 대전 기간에는 제(銻), 연(鉛) 등 광물과 동유 등 수출이
증가하여 미(米), 홍차 등의 수출을 초과했다는 사정이 나와 있다. 상업이
번성하니 금융도 활발하였고 호경기를 누렸다. 1차 대전 후 수출 부진이
일시 금융 침체를 가져왔는데 민국 7년 이후 사정은 위 인용 사료의 내용이다.
민국 12년(1923)까지는 상업이 안정적이었는데 그 후 비환(匪患: 비적 소요)
불안과 각종 세금의 가중, 무한(武漢) 정부의 지폐 남발 대외교역 축소로
불황이 초래되었음을 알 수 있다.

이것을 보면 장사는 청말민국 전기에는 대외교역 증대와 교통 여건 개선으
로 대체로 호황기였다고 생각된다. 경제 침체의 원인은 치안 불안과 정책
과오, 대외교역 축소가 지적되고 있다.

장사의 장도전운공사(長途轉運公司)에 관한 사료를 보면 다음과 같다.

> 장도전운공사(長途轉運公司)는 민국 9년에 시작할 당시 불과 2·3가(家)였는
> 데 민국 11·12년에는 11·12가로 증가하였다. 그 영업은 민국 15년 이전
> 가장 발달하였는데 15년 이후 정치 영향을 받아서 상업이 침체하여 따라서
> 운송 사업도 종전만 같지 못하였다. 19년 … 이어서 20년 후 세계 불경기와
> 농촌파산으로 상업은 더욱 쇠락하였다.[173]

이것을 보면 민국 15년까지 장거리 운송 사업이 전성기였는데 민국 16년
(1927) 이후 정치영향으로 상업이 침체하였고 1930~1931년은 세계 불경기
영향으로 상업이 더욱 퇴조했던 것을 알 수 있다.

같은 자료를 이어서 보면 장사의 비누 공장은 민국 초에 시작되어 민국

---

173) 『湖南實業志』, p.268, "長途轉運公司始自民國九年 當時不過二三家 至民國十一二年 增至十
　　一二家 其營業以民國十五年 以前最爲發達 十五年以後受政治影響 商業蕭條 因之 轉運事業
　　亦不如從前 十九年 … 繼以二十年后 世界不景氣 及農村破産 商業更形衰落".

9~10년에 차츰 증가하였는데 민국 16~19년에는 군사 영향으로 영업이 부진했다. 민국 20~21년은 오히려 평온했고 22년 이후에는 영국 상인들의 상무(祥茂)비누의 저가 판매 영향으로 영업 타격을 받은 사실이 수록되어 있다.[174]

장사전지창(長沙電池廠)의 경우도 종전 상해를 통해 수입하던 것을 대체하기 위해 민국 15년에 설립되어 민국 19년(1930)에 판로가 가장 좋았는데 그 후 외현(外縣)들이 모방 설립하는 경우가 파다하여 영업이 점차 쇠퇴하게 되었다.[175] 장사의 염방(染坊)도 민국 초년에 가수(家數)가 날로 증대하여 민국 7년에서 민국 13년 사이 가장 전성기를 누렸으나 이후에 '지방다고(地方多故: 지방에 변고가 많음)'로 영업이 쇠퇴하고 현재(1930년대)는 농촌 파산으로 염업(染業)이 또한 부진(不振)한 사실이 파악된다.[176]

어행(魚行)의 영업은 민국 6·7년시가 가장 번성기였는데 현재(1930년 전반)는 예전 같지 못하고 원인은 곡가(穀價) 하락이 초래한 것이라고 인식하고 있다.[177] 즉, 구매력 감소가 원인이라는 것이다. 단행(蛋行)의 영업은 민국 10년에서 14년이 가장 번성하였는데 당시에 외부 방출이 대단히 많았다.[178] 상담(湘潭)상업에 관한 사료를 하나 인용하면 다음과 같다.

민국 초년에 군벌이 할거하고 가렴주구를 하니 백성이 안심하고 살 수 없었다. 이 때문에 상업이 날로 쇠퇴하였다. 처음에 회표업(滙票業)이 휴업하고 뒤이어 전전(錢典)이 차례로 문을 닫았다.[179]

---

174) 위의 책, p.278.
175) 위의 책, p.278.
176) 위의 책, p.279.
177) 위의 책, p.306.
178) 위의 책, p.306.
179) 위의 책, p.370, "民國初年 軍閥割據 橫徵暴斂 民不聊生 從此商業 日見衰落 始而滙票歇業 繼而錢典次第收束".

여기서 보면 상업 쇠퇴의 원인은 군벌 할거와 가렴주구(苛斂誅求)로 파악되고 있다. 이어지는 사료를 보면 민국 21년 전국의 풍수(豊收)로 곡가(穀價)가 폭락하여 농촌 구매력이 격감함으로써 시장 불경기가 더욱 심화되었다고 밝히고 있다. 전술한 어행(魚行)의 쇠퇴와 마찬가지로 농촌 구매력 저하가 불경기 원인으로 지적된 것이다. 1930년대 전반을 '농촌파산'이란 말로 흔히 표현하고 있으나 1932년의 전국적 풍년과 곡가 하락 같은 사실을 과연 '파산'이라 할 수 있는지는 의문이다

역시 『호남실업지』에 의하면 상덕(常德) 면화행(棉花行) 영업은 민국 19년 (1930) 이전 이상할 정도로 왕성하였는데 근래 호남 서부 각 현의 면화 생산량이 격감하였고 외부 상인의 구매자도 감소하였다는 것, 장사 방면에서는 미국 면화의 수입이 격증하여 이 때문에 상덕 화행(花行) 영업이 종전만 같지 못하다는 인식이 보이고 있다.[180] 수확 감소와 미국 면화 수입이 상덕 면화행(棉花行)의 영업 부진 원인이었다. 상덕 약재행(行)은 민국 원년에서 민국 5년 사이가 번성기였는데 민국 5년 이래 잇따라 군사 영향을 받고 더하여 호남 서부지역의 교통 불편, 최근 농촌경제 쇠퇴 등의 이유로 영업부진을 겪고 있다.[181]

소양현(邵陽縣) 관련 기사를 보면 다음과 같다.

해금(海禁)이 개방된 후 외제 사치품이 점차 수입되어 민간의 풍습이 점차 쏠림현상이 있었다. 아편 하나는 유독(流毒)이 특히 심하였다. 단 이때 금융 상태는 대단히 활발하여 시황은 이로써 번영하였다. 예전의 토산남전(土産藍靛)은 소양(邵陽)의 주요 수출품이었는데 양전(洋靛) 침입으로 판로를 빼앗기게 되었다. … 민국 이래 번갈아 군사 동란을 만나고 지폐남발, 현금 결핍 등으로 복건 섬서 상인 및 전장(錢莊)과 전당(典當) 양업(兩業)이 잇따라 휴업했다. … 근년래 농촌경제가 파산에 가깝고 비단 구매력 저하뿐

---

180) 위의 책, p.329.
181) 위의 책, p.332.

아니라 또한 부담이 번중하여 각 업이 손해를 보지 않음이 없다.[182]

대외통상으로 사치품 수입이 증대되고 금융 상태도 호황으로 상업이 번성하였다는 것을 알 수 있다. 한편 양전(洋靛) 수입에 따른 토산남전(土産藍靛)의 쇠퇴를 볼 수 있다. 잦은 군사 동란과 같은 정치군사적 요인, 농촌 구매력 저하가 불경기 요인으로 지적되고 있다.

형양의 지산(紙傘) 영업도 청말민국기에 번성하였는데 역시 근년래 호남 농촌의 파산 관계로 영업 부진을 겪게 되었다고 파악하고 있다. 형양의 전업(錢業)도 청말에는 단지 10가(家)였는데 민국 원년 후 비로소 발달하고 민국 16년시 20여가(家)로 증가하였고 형양 전업(錢業)의 최성(最盛)시대를 형성하였다. 민국 19년(1930) 농촌 파산으로 금융이 위축되고 민국 20년 전부 영업 정지 또는 폐업되었는데 현재(1934년경) 점차 부활하고 있다는 서술이 있다.[183] 민국 16년(1927)이 가장 번성기였고 1930년 농촌경제 침체로 금융업 휴폐업이 발생했다는 것이다. 특기할 것은 1934년 조사 당시 점차 부활하고 있다는 것이다.

예릉현에서도 주평(株萍) 철로 개통 후 성시(城市)무역이 번영하였고 민국 7년(1918) 군사 동란을 겪었지만 수년 안에 회복되었는데 근년에 농촌 파산으로 경기가 쇠퇴했다고 보고 있다. 예릉의 자기는 광서 초에 점차 발달하여 민국 2·3년간이 가장 번성기였고 민국 15년 이전에 영업이 자못 훌륭하였으나, 민국 16년 이후 쇠퇴하였다. 예릉의 편폭(編爆: 폭죽)도 민국 10년에서 15년 사이가 최성(最盛)시기였고 이 수입으로 인민생활이 자못 여유가 있었다. 근 몇 년래(1930년대 전반) 국내외 판로가 침체되고 가격 하락 생산량 감소의 상황을 맞고 있다는 서술이 연속되고 있다.[184]

---

182) 위의 책, p.389, "海禁開後 舶來奢侈品 漸次輸入 民間習尙 濡染披靡 鴉片一項 流毒尤甚 但是時金融狀態 異常活潑 市面亦從此繁榮 舊時土産藍靛 爲邵陽大宗輸出品 自洋靛侵入 銷路卽被攘奪 … 民國以還 迭遭兵燹 紙幣濫發 現金日少 閩·陝僑商及錢典兩業相繼收歇 … 近年來 農村經濟瀕于破産 不但人民購買力減低 抑且負擔繁重 各業無不虧累".

183) 위의 책, p.463.

면화 수출 관련 사료를 검토해 보겠다.

민국 원년 이전 호남성 면화는 외부 방출이 적었다.
겨우 광서 29년·30년 두 해 모두 2만여 관량(關兩)의 수출이 있을 따름이다.
선통 말년에 이르러 수출은 점차 많아졌고 민국 원년에서 14년 사이에
민국 9년 수출이 비교적 적은 것을 제외하고 무역액 추세는 모두 향상되었
다. 무역액은 130여 만량에 이르렀다. 다만 민국 19년(1930) 이후 재해의
영향으로 이미 극도로 감소하였다.[185]

『호남실업지』의 동유 관련 서술을 보면 민국 초년에 상덕 홍강(洪江)에
집중되어 해외로 판매되었는데 지금(1934년경)은 불경기 관계로 영업이
차츰 쇠퇴했다고 되어 있다.[186] 앞서 상품유통에서 동유가 1930년대 전반까
지 주요 수출품이 되고 있는 것을 확인한 바 있다. 여기서 쇠퇴 원인으로
지목된 것도 불경기이다. 연속되는 기사를 보면 호남성 주요 제품인 조지업
(造紙業)이 양지(洋紙) 수입의 영향으로 한구, 장사 및 장강 상하류 각 부두의
판로가 위축된 사실이 목격된다.

『장사해관보고(長沙海關報告)』에 의하면 장사에서 운송되는 호남성 지산
(紙傘)은 민국 16년·17년이 최다였고 민국 18년부터 차츰 감소하여 민국
21년에 격감하였다.[187] 광서 말년에 시작된 상수(湘繡)도 민국15년 전후가
판로가 가장 왕성하였는데 근년(1934년 무렵) 이래 예전과 비할 바가 아니라
고 하고 있다.[188]

---

184) 위의 책, pp.465, 471, 475.
185) 위의 책, p.554, "民元以前 湘省棉花 罕有出口者 僅光緖二十九及 三十兩年 共有二萬餘關兩
之輸出而已 直至宣統末年 輸出漸多 由民元至民十四年之間 除民九輸出較低外 貿易額之趨
勢均爲向上 至貿易額達一百三十餘萬兩 惟十九年後 因受災影響 已極度減少矣".
186) 위의 책, p.801.
187) 위의 책, p.1104.
188) 위의 책, p.1109.

홍강(洪江)의 목재업 관련 사료를 검토해 보겠다.

> 홍강 목재업의 번성 쇠퇴는 시국의 안정과 혼란에 따라 전이된다. 안정이
> 되면 경영자가 많고 가격이 올라간다. 혼란하면 경영자가 적고 가격도
> 낮다. 민국 10년에서 13년간에 걸쳐 호남 서부 지역이 혼란해지자 목재
> 수출이 차례로 체감하였다.
> … (민국) 20년 21년 호남 서부 토착비적이 가득하고 교통이 험난한데
> 하류는 수재(水災)가 엄중하여 … 이 때문에 목재업의 피폐가 극에 달하였
> 다.[189]

이것을 보면 목재 수출은 시국의 안정, 치안 확보와 같은 정치 군사적
요인에 번성과 쇠퇴가 좌우되고 있던 것을 알 수 있다. 하류 지역의 수재(水災)
가 구매력 저하를 초래한 것 또한 쇠퇴의 원인으로 지목된다.

이상을 종합해 보면 청말민국기 개별적 상업 부문에 따른 차이는 있지만
민국 15년(1926)까지는 상업 번성기로 생각된다. 민국 16년(1927) 이후 쇠퇴하
는 것이 가장 보편적인 경우로 여겨진다. 청말 동치(同治) 광서(光緖) 선통기
(宣統期)도 부분적인 하락 국면은 있었겠지만 역시 호황으로 생각된다.

번성의 원인은 '해금대개(海禁大開)'로 보통 표현되는 대외 교역 확대가
가장 큰 이유이다. 즉 대외 통상은 수출 관련하여 차, 동유, 면화, 광산물
등 각종 상품의 생산을 촉진하였다.

윤선(輪船), 철도의 발달과 같은 교통 수단의 도입으로 유통량의 증대,
유통 속도가 빨라진 것도 하나의 원인이다.

쇠퇴의 원인은 정치군사적 요인 즉 군벌에 의한 잦은 군사동란, 가렴주구
(苛斂誅求), 토착비적에 의한 치안 불안이 주된 이유이다. 한편으로 농촌의

---

189) 위의 책, p.411, "洪市 木業之衰旺 視時局之靖亂以爲轉移 靖則經營者多而價高 亂則經營者
少而價低 民國十年至十三年間 湘西由治而亂 木材之輸出 以次遞減 … 二十年二十一年
湘西土匪充斥 交通險阻 下流則水災奇重 … 因之木業之病弊達于極点".

생산 불안으로 인한 구매력 저하가 꼽히고 있다. 외국과의 무역은 구매력 부족한 상황에서는 지속과 확대가 어렵다.

다음으로 1930년대 세계공황의 여파와 관련한 불경기가 원인으로 지목되고 있다.

서양 상품 침입의 영향으로 지적되는 것은 양전(洋靛) 수입으로 토산남전(土産 藍靛)의 판로가 쇠퇴한 것과 양지(洋紙) 수입으로 호남 전통 제지업이 타격을 입은 것이 거론된다. 민국 22년(1933) 이후 영국 상인에 의한 비누의 저가 판매가 호남성 비누업에 타격을 가한 것도 같은 경우이다. 이것을 제국주의 침략에 의한 국내 상공업의 쇠퇴 원인으로 보기에는 무리가 있다고 생각된다. 이것은 시장경제하의 자유 경쟁으로서 가격, 품질의 혁신을 위한 불가피한 과정으로 보아야 한다.

물론 제국주의 침략 요소를 완전히 배제한 자유 시장경제로만 이해하기는 어렵다. 다만 제국주의 침략 요소를 지나치게 강조하는 '전부책임론'에서 '제국주의 부분책임론'으로 생각을 바꾸어 볼 필요는 있다.

청말민국기 특히 민국 전기인 15년(1926)까지는 개별년도와 개별품목에 따라 차이는 있지만 전체적으로 상업 번성기 호경기였다고 생각된다. 그 주된 이유는 서방과의 대외교역 증대에 있었다. 쇠퇴의 원인은 제국주의 침략 때문이 아니라 국내의 정치군사적 요인과 경기 변동에 따른 영향이었다고 생각된다.

소결(小結)

호남상인은 청말 시기에 비약적인 발전을 보이고 있다. 태평천국 발생과 양자강 교역로의 두절로 함풍동치기(咸豊同治期)에 한차례 성장 기회를 맞았다. 광서기(光緖期) 상담의 상인회관 34곳 중 8곳이 호남상인 회관이었다. 각 지방지에서 함풍동치기 호남상인의 활발한 활동을 찾아 볼 수 있다.

선통(宣統)년간에 편찬된『호남상사습관보고서』의 규조(規條)가 대부분 광서(光緖) 이후 집중되고 있는 것은 이 시기 호남상인의 양적 성장과 상호 경쟁 격화를 짐작할 수 있게 한다.

민국기의 각 지방지에서도 호남상인이 활발한 활동을 하고 있는 것을 알 수 있다. 1930년대 전반까지 사정을 알려주는『호남실업지』를 통해서도 호남상인의 활약상을 알 수 있다.

생산량 증가와 대외 유출품과 관련하여 미곡 상인의 활동이 두드러지고 있고 차 수출과 관련해서는 다상(茶商)의 성장을 민국기까지의 지속적인 다장(茶莊) 설립을 통해 알 수 있다. 호남의 대표적 상품인 목재와 목재상인의 존재도 민국기까지 발달하고 있다. 보경목재상(寶慶木材商)들이 한구에 진출, 보경회관(寶慶會館)을 건립했을 뿐 아니라 장형목상(長衡木商), 다릉목상(茶陵木商)의 존재도 주목된다. 장강 하류로 판매되는 목재의 주종은 서목(西木: 호남서부 목재)과 함께 호목(湖木: 호남 동부목재)이었고 호남 목재상도 두각을 나타내었다. 유상(油商)은 주로 동유상(桐油商)이고 홍강(洪江) 상덕(常德) 등지의 동유상이 유명하였다. 장사의 계태화(啓泰和) 진창(晉昌) 등은 광서년간에 개설되어 1930년대까지 굳건하게 지속되고 있는 유상(油商)이다. 상품유통 증가와 관련 수송을 위한 선상(船商)의 존재도 발달하고 있다. 청(淸) 도광(道光)년간부터 1950년대까지 활동한 자강(資江) 유역의 모판선상(毛板船商)이 있었는데 이들은 주로 소양선상(邵陽船商)이었다. 이외에도 상향(湘鄕), 유양(瀏陽), 주주(株洲) 등지의 선상(船商)이 발달했고 청말민국기 영향(寧鄕)의 팔부선상(八埠船商)도 유명하다. 윤선(輪船) 사업도 형양(衡陽)의 경우와 같이 청말에 시작하여 민국기에 지속되고 있다. 소금상인은 원래 회상(淮商)들의 전유물로 생각했으나 청말에 표상제(票商制)가 시행되면서 호남의 염상(鹽商)도 발전하여 민국기에도 활약을 하고 있다.

외부 상인의 경우도 청말 광서기(光緖期)에 강서상인의 우세한 활동을 볼 수 있고 광동상인, 산섬(山陝)상인, 강절(江浙)상인, 복건상인, 휘주(徽州)상인, 운귀(雲貴)상인 등 다양한 외부 상인이 활동하고 있다.

종래 이러한 전통상인은 근대화과정에서 서양 상인과 경쟁에서 패배하여 모두 쇠퇴하거나 소멸하였다는 시각이 있었으나 호남에서 이들 상인은 민국기에도 지속적인 활동을 하고 있다. 민국기의 각 지방지에도 관련 내용이 있지만『호남실업지』에 보면 1930년대에도 강서, 강소(江蘇), 절강(浙江), 하남(河南), 복건(福建), 광동(廣東), 호북(湖北), 안휘방(安徽帮) 등이 건재하고 있다.

상품의 유통경로는 종전에 알려진 것 같이 남경조약 체결과 5항(港)개항 이후 남북 무역로 변경에 따라 호남의 상업이 즉각 쇠퇴한 것은 아니었다. 태평천국으로 인한 양자강로(揚子江路)의 두절로 함풍동치기(咸豊同治期)는 오히려 종래의 남북 무역로가 번성하였다. 후에 강로(江路) 회복으로 상해(上海)－한구(漢口)－장사(長沙) 무역로가 주무역로가 되었지만 광동의 접경지역에는 광주(廣州)를 통한 양화(洋貨)의 수입이 있었다. 형양(衡陽)의 경우에도 광주항과의 교역로 역시 이용되고 있었다.

상품유통의 특징은 첫째 유통량의 급격한 증가가 있었다. 광서 29년(1903) 호남의 해외 무역은 불과 3,237해관량(海關兩)이었으나 1932년에는 400만 관량(關兩)으로 증가하고 있다. 둘째 양화(洋貨)수입으로 신식 상품 유통이 활발해진 것이다. 각 지방지 기재에는 민간에 양유(洋油), 양사(洋紗) 사용이 보편화됨을 보여주고 있다. 셋째는 차, 동유 등 대외 수출품의 생산과 유통이 활발하다는 것이다. 넷째는 광산물 수출이 청말에 개시되어 민국기에 중요 부분을 차지한 것이다. 그 밖에 돼지털, 오리털 같은 종전에 이용되지 않던 부산물의 수출이 증가한 것도 특징이다.

번성 쇠퇴의 원인에 대해서 보면 번성의 원인은 '해금대개(海禁大開)'후, 즉 외국과의 통상 개시 후 교역 증대가 원인인 것으로 당시인이 인식하고 있다. 심지어 양화(洋貨)의 수입이 부를 증대한다는 시각도 있다. 대외교역이 차나 동유 등의 생산을 자극한 것도 분명하다. 또 윤선(輪船) 철도 등 교통발달로 유통량의 증가와 속도가 빨라진 것도 원인으로 생각된다.

쇠퇴의 원인에 대해서는 제국주의 침략이라 지적하는 내용은 찾아보기 어렵다. 민국 전기까지 대부분 호황기로 인식되고 있고 1930년대 이후 세계 불경기, 불황의 여파를 받고 있다는 지적이 대부분이다. 제국주의 침략이 고조되었던 청말에서 민국 전기까지는 번성기라는 인식이 많으며 민국 16년(1927) 이후에 쇠퇴를 지적하고 있는데 이는 경기변동론적 관점에서 보아야 할 것이다. 내부적으로 정치군사적 요인, 즉 잦은 군사동란과 치안 불안, 군벌정권의 가렴주구, 정책 과오 등의 이유를 지목하는 내용이 많다.

호남의 상업은 대외 개방과 통상 확대로 인해 번영을 누린 것이 분명하다. 서양 상품과의 경쟁 때문에 곤란을 겪은 업종은 있지만 이것은 자유 시장경제의 원리이지 제국주의 침략이라고는 보기 어렵다. 반식민지반봉건사회론의 도식적 틀 속에서 호남의 근현대 상인과 상업을 보는 것은 무리가 있다고 생각된다.

제2장 청말민국기 호남의 상인과 지방권력

1. 상인의 부담가중

1) 상업세의 증가

명(明)·청(淸)시대 중국의 주요 곡창지대였던 호남은 근현대에 정치적 변혁의 거점이었다. 무술변법 시기 남학회(南學會)의 주도로 개혁 기풍이 강했고 신정(新政)시기를 거쳐 신해혁명에도 발 빠른 대처를 한 바 있다. 그 후 모택동(毛澤東), 유소기(劉少奇), 팽덕회(彭德懷) 등 현대 중국 주요 지도자를 배출함으로써 중국 현대사의 흐름을 주도하였다.

그러나 개항이 연해지역보다 상대적으로 늦고 신식 상공업의 발전도 선진지역에 비해 낙후된 측면이 있다. 근현대 격동기의 와중에 호남의 상인은 어떤 과정을 겪으면서 성장해 왔던가. 호남상인의 실체에 대해 궁금증이 증폭된다.

청대 호남상인의 연구에 대해서는 이화(李華)의 독보적 연구가 있다. 광범위한 사료를 종합하고 있으나 지방지의 산재된 자료를 집록하고 있다.[1] 현대판 호남상인에 대한 것이 있으나 학술적 가치는 크지 않다.[2]

---

1) 李華,「淸代湖南的外籍商人」『淸史硏究』, 1991-1;「淸代湖南城鄕商業的發達及其原因」『中國社會經濟史硏究』, 1991-3;「淸代湖南商人的經商活動」『中國社會經濟史硏究』, 1992-1.
2) 伍繼延·徐志頻,『湖南商人』, 東京: 僑報社, 2012.

호남의 상인과 지방권력의 관계를 다룬 논저는 찾기가 쉽지 않다. 주로 소주(蘇州), 천진(天津), 상해(上海)의 상회(商會) 자료를 토대로 한 중국 근대의 신상(紳商) 연구가 관상(官商) 관계를 다루고 있다.[3] 상해를 배경으로 한 정상(政商) 우흡경(虞洽卿)에 대한 탐구가 있고,[4] 정치변동기의 강절(江浙) 상인에 대한 것도 있다.[5]

민국기의 호남을 다루고 있는 것으로 연성자치(聯省自治) 운동을 중심으로 호남의 '국가건설' 시도를 파헤친 노작도 있다.[6] 호남성 헌법제정을 다룬 것과 신해혁명기의 상공업 발달을 분석한 것도 있다.[7]

호남을 소재로 한 것은 아니지만 지역 상인과 관료와의 관계를 정면으로 다룬 논저는 있다.[8] 청말민국기의 호남에서 엘리트와 대중의 관계에 초점을 맞춘 연구,[9] 신해혁명기 호남 호북의 개혁과 혁명을 다룬 것도 있다.[10]

근현대 호남의 정치사를 분석한 것이 주로 많고 이 시기 호남의 상인과 지방권력 관계를 정면으로 취급한 것은 거의 없는 편이다.

본 장의 문제의식은 전통시기 사민(四民)의 하위계층으로 분류되어 관(官)과는 근접하기 어려웠던 상인 계층이 근현대 호남에서 어떻게 접촉성이 제고(提高)되었는가. 또, 관계의 접근성 제고와 함께 상인의 지위도 높아졌는

---

3) 馬敏 著, 신태갑 옮김, 『중국 근대의 신상』, 신서원, 2006.

4) 馮篠才, 『政商中國: 虞洽卿与他的時代』, 社會科學文獻出版社, 2013.

5) 馮篠才, 『在商言商-政治變局中的江浙商人』, 上海社會科學出版社, 2004.

6) 塚本元, 『中國における國家建設の試み－湖南 1919~1921』, 東京大學出版社, 1994.

7) 笹川裕史, 「一九二〇年代前半の湖南省政民主化運動」 『中國の近代化と地方政治』, 東京: 1985; 曾田三郎, 「辛亥革命前の諸改革と湖南」 同上書; 笹川裕史, 「一九二〇年代湖南省の政治變革と地方議會」 『史學研究』 171, 1986; 「國民革命期における湖南省各級人民會議構想」 『史學研究』 168, 1985.

8) Susan Mann, *Local Merchants and the Chinese Bureaucracy 1750-1950* (Stanford University Press, 1987).

9) Angus W. McDonald, JR, *The Urban Origins of Rural Revolution-Elites and the Masses in Hunan province, China, 1911-1927* (University of california press, 1976).

10) Joseph W. Esherick, *Reform and Revolution in Hunan and Hubei* (University of California press, 1976).

가 하는 과정을 탐색하는 것이다. 이 과정에서 대두되는 호남의 '신상(紳商)'
실태 해명을 통해서 중국 근현대 자본주의 특질과 토대 분석을 시도해
보고자 한다.

특기해 둘 것은 중국의 근현대 '상인'은 일반적인 의미의 상인에 한정된
것이 아니라 근대적 기업가까지 포괄하는 개념이라는 것이다. 또 '신상(紳商)'
은 '신(紳)'과 '상(商)'의 양계(兩界)를 지칭하는 경우도 있으나 여기서는 근현
대에 활약이 부각되는 신사(紳士)이면서 상인 신분인 '신상'을 주요 탐구대상
으로 하고 있다. '신상'은 일반 상인의 일부이지만 이들이 '상회(商會)'의
주도 세력이고 상업계의 대표적 세력이기 때문에 '신상(紳商)'을 중심으로
접근하고자 한다. 연구 범위는 주로 청말 광서(光緖)년간부터 민국기는
1930년대 전반까지를 시야에 두고 논의를 전개하겠다. 청말 광서년간은
개혁 신정과 과도한 재정 수요로 상세(商稅) 수취가 제고된 시점이고 1930년
대 초는 이금제가 폐지된 시기라 하나의 획기로 잡을 수 있다고 생각된다.

19세기 중엽까지 호남의 토지세는 총 세금의 75~80% 수준이었다.[11]
청대 200여 년 상업세는 가혹한 것이 없었다.[12] 영향현(寧鄕縣)의 전업세(典業
稅)는 건륭(乾隆) 원년(1736)부터 가경(嘉慶) 19년(1814)까지 약 80년간 변동
이 없었다.[13] 그런데 청말에는 사정이 변하기 시작했다. 청일전쟁 배상금
2억 3천만 량 중 호남의 매년 부담금은 30만 량이었고, 의화단 사건 배상금
4억 5천만 량 중 호남의 매년 부담금은 70만 량이었다. 그런데 배당금을
전부부가(田賦附加: 토지부가세)로 해결한 다른 성(省)과 달리 호남은 염근가
가(鹽斤加價: 소금부가세)에 부과하였다.[14] 선통 3년의 예산세목에는 염과세
리(鹽課稅厘) 32.1%, 다과세리(茶課稅厘) 5.6%, 이금(釐金) 18.6%로 상업세가
56.3%를 차지하고 있다. 전부(田賦)는 21.1%, 조량(漕糧) 5.6%를 합쳐도

---

11) Joseph W. Esherick, 앞의 책, p.113.

12) 民國 30年刊 『寧鄕縣志』 古事篇, 財用錄, 商稅.

13) 위의 책, 典業.

14) 張朋園, 『中國現代化的區域硏究-湖南省 1860~1916』, 1988, p.233, p.241.

토지세는 26.7%에 그치고 있다. 민국 초기의 호남성 예산을 보면 1913년 전부(田賦)는 41.8%, 1916년은 44.9%로 상업세 보다 낮은 수준을 유지하고 있다.[15]

배상금과 신정(新政) 비용 대부분을 전부부가(田賦附加)에 의존한 다른 성과 달리 상업세 부가를 택한 호남은 왕선겸(王先謙)과 같은 신사(紳士)지주의 토지세 부가에 대한 반대가 있었다.[16] 국가 수입과 지방 수입을 분리 기재한 1917년도 예산에는 전부(田賦)는 38.8%, 이금(厘金) 41.8%, 여기에 잡수입 2.7%, 정잡세(正雜稅) 15.8%를 더하면 상업세는 60.3%에 해당한다.[17]

이러한 상업세 비중의 증가를 중국의 세금 구조의 재구조화라고 부르기도 한다.[18] 변법기의 호남인의 인식도 변화하고 있다. "상업은 국가의 원기이고 세금이 나오는 원천이다"라 하고 있다.[19] 민국시기에도 비슷한 인식이 보이고 있다.[20]

재정을 세(稅)에 의존하고 세는 상인에게서 나온다. 두 번째는 공(工)에서 나온다. 만약 공상(工商)이 없다면 세는 어디서 들어올 것인가.

재정구조에서 상업세 중심으로의 전환과 상인 중시의 인식이 대두되고 있다.

(1) 이금(釐金)

청말 태평천국 진압을 위한 군사비의 긴급 수요를 충당하기 위해 임시세로

---

15) 위의 책, p.249, p.254.
16) Joseph W. Esherick, 앞의 책, p.115.
17) 『長沙大公報』 1917年 9月 6日.
18) Susan Mann, 앞의 책, p.7, p.147.
19) 『湘報』 1898年 3月 21日, 「商務評論」. "商者 國家之元氣 課稅所從出".
20) 『長沙大公報』 1919年 10月 4日, "度支仰給于稅 稅出于商 二出于工 若無工商 稅何入焉".

착안된 것이 이금(釐金)이다. 상인에게 부과된 이금은 성(省) 관료들이 대량
의 군대를 모집하고 외국 열강에 막대한 부채를 상환하고 근대 국가 건설과
관련한 부채도 상환하는 데 사용되었다.[21] 이금의 징수 관리권은 지방
독무(督撫)의 수중에 장악되어 이잡(釐卡) 설치의 다소, 이금세율, 이금국의
경비 처리 등이 각 성(省)마다 달랐다.[22] 이금의 징수 관리권이 지방 독무(督
撫)에게 있어 이금은 명목상 중앙재정이지만 실제는 통제가 어려웠다. 민국
시기에는 군벌 할거의 재정적 기초였다는 평가도 받고 있다.[23] 이금을
실시함으로써 관(官)과 상(商)의 관계도 종전보다 가까워지기 시작했다.
호남 순무 낙병장(駱秉章)이 이금국을 설치할 때 자료를 보면 다음과 같다.[24]

　　요는 중간 착복을 엄히 막아 국계(國計)를 넉넉하게 하고 요루(擾累)를
　　금절(禁絶)하여 상인을 돕는 것이다. … 관(官)을 등용하고 겸하여 신(紳)을
　　채용함으로써 상민(商民)이 품달하기 어려운 숨은 사정을 통하게 한다.

　이금 실시와 더불어 '신(紳)'을 매개로 상인과 관(官)이 소통하게 한다는
의지를 엿볼 수 있다.
　이금의 사용 내역은 태평천국 진압기에는 주로 군사비에 집중되었지만
동치(同治) 3년(1864) 이후에는 군비 지출 외에 지방 양무(洋務)운동, 지방
신정(新政), 교육, 치안 개선 등에 사용되었다.[25]
　주지하다시피 이금은 함풍(咸豊) 4년(1854) 강소포정사(江蘇布政使) 뇌이
함(雷以諴)이 태주(泰州) 선녀묘(仙女廟) 등지에서 실시한 것이 효시이다.
호남에서는 함풍 5년(1855) 호남순무 낙병장(駱秉章)이 성성(省城)에 이금총

---

21) Susan Mann, 앞의 책, p.97.
22) 楊梅, 『晩淸中央与地方財政關係硏究-以厘金爲中心』, 北京: 知識産權出版社, 2012, p.80.
23) 劉泱泱, 『湖南通史』, 近代卷, 湖南出版社, 1994, p.160.
24) 民國 30年刊 『寧鄕縣志』 古事篇, 財用錄, 釐金, "要在嚴杜中飽 以裕國計 禁絶擾累以恤商
　　 … 用官而兼用紳 以通商民難達隱".
25) 楊梅, 앞의 책, pp.91~94.

국을 설치하였다. 1856년 4월에는 염다총국(鹽茶總局)을 설치하여 염다세리 (鹽茶稅厘)를 전담시켰다. 동치 4년에는 순무(巡撫) 이한장(李翰章)이 염다총 국을 다시 이금국에 통합하였다. 함풍 10년(1860)에는 증국번(曾國藩)이 동정(東征)을 나서면서 군량을 마련하기 위해 호남에 동정국(東征局)을 설치 하였다. 본 성(省) 이금 외에 반리(半厘)를 추가로 내게 한 것이다. 후에 동정국을 철폐하려 했으나 결국은 선후국(善後局)의 이름으로 존속된다. 동치 13년(1874)에는 섬감(陝甘)총독 좌종당(左宗棠)이 호남에 서정국(西征 局) 설치를 건의하였으나 순무의 반대로 협향은량(協餉銀兩)의 증가로 대신 하였다.[26]

동정국은 이금의 반을 징수하였는데 함풍 10년 8월에서 동치 4년 4월까지 57개월간 은(銀) 2,650,000량, 전(錢) 82만 천(串)을 징수하였다.[27] 반리(半厘) 라는 것은 기존 이금 외에 50%를 더 징수한다는 것이다. 동정국은 광서(光緖) 9년(1883)에 선후국(善後局)으로 개명(改名)되었다가 선통 원년 재정국에 통합되었다. 이금국(釐金局), 염다총국(鹽茶總局), 동정국(東征局)의 설치와 서정국(西征局)의 설치 기도에까지 이금 관련 상업세 징수가 급격히 증가했 던 것을 알 수 있다.

이금국은 함풍 6년 이전 21국(局)이었다가 함풍 7년(1857)에서 동치 10년 (1871)까지 7국(局)이 늘어 28국이 되었다. 분국분잡(分局分卡)은 108곳이었 다. 선통(宣統) 3년(1911)에는 36국(局) 분잡(分卡) 172곳으로 증가했다. 민국 이후 국잡(局卡)은 증가는 있었지만 감소는 없었다.[28]

호남의 이금 세율은 '일세일리(一稅一釐)'로서 합계 4~6%로 파악되고 있다. 세(稅)의 징수는 '진구세(進口稅)'와 출구세(出口稅)로 나누는데 이른바 '구 (口)'는 국내 '상관(常關)'을 가리키는 것이 아니고 각 이국분잡(釐局分卡)의 '구(口)'를 가리킨다.[29] 이것은 표시 세율이고 현장에서는 다양한 수취 증가

---

26) 民國 30年刊 『寧鄕縣志』古事篇, 財用錄, 商稅, pp.268~269.
27) 張朋園, 앞의 책, p.229.
28) 위의 책, p.226.

가 있었다.

광서 31년(1905) 성성(省城) 「묵점조규(墨店條規)」를 보면 다음과 같은 기사가 있다.[30]

비록 광서 31년 시가(市價)가 조금 증가하였으나 오히려 성본(成本: 밑천)에 부응하기 어렵다. 겸하여 이금(釐金)과 식료품 비용이 종전보다 앙귀(昂貴)하였다.

이금이 고정된 것이 아니라 종전보다 앙귀하였다는 것이다. 동치 12년(1873)부터 광서 34년(1908)까지 호남의 공식 이금 수입은 100만량에서 145만량 사이였다. 광서 5년에는 수입이 비교적 낮고 6년에서 14년 사이는 다시 증가하여 약 120만량, 광서 22년(1896)부터 다시 증가하여 청말 최후에 130만량 수준이었다.[31]

공식 수입이 실제 이금 관련 징수의 전부라고는 보기 어렵다. 민국『예릉현지(醴陵縣志)』를 보면 다음과 같은 기사가 있다.[32]

호남 광복(光復) 후에 여전히 이금(釐金)을 주요 경상수입으로 믿고 있다.
민국 10년(1921)에 예릉의 이금 비액(比額)은 75,000원이다.
민국 18년(1929) 12월 당국이 이금의 가색유난(苛索留難) 폐를 없애고자 고쳐서 통세(統稅)로 하였는데 세입(歲入)은 종전보다 더욱 배가 되었다.

---

29) 劉泱泱, 앞의 책, p.161.
30) 『湖南商事習慣報告書』「墨店條規(省城)」, "雖光緒三十一年 稍增市價 尙難自敷成本 兼以釐金食用 較前昂貴".
31) 張朋園, 앞의 책, p.239.
32) 民國 37年刊『醴陵縣志』, p.413, 商稅, "湖南光復後 仍恃釐金爲大宗經常收入 民國十年 醴陵釐金比額 爲七萬五千元 十八年十二月 當局謀革除釐金苛索留難之弊 改辦統稅 歲入尤倍於前".

이것을 보면 신해혁명 후에도 여전히 이금이 주요 경상수입이고 민국 18년 이금 폐단 해소를 위해 통세(統稅)로 고쳤는데 세입은 배로 증가했던 것을 알 수 있다. 『예릉향토지(醴陵鄉土志)』에도 이금세가 날로 증가했던 사실이 적시되어 있다.[33]

민국기의 자리현(慈利縣)에서도 이금국(釐金局)을 보상국(保商局)으로 개명하였는데 민국 10년(1921) 당영양군(唐榮陽軍)이 와서 이금액을 전보다 20배나 올렸다는 기록도 있다.[34]

호남에서는 1928년 12월에 이금을 철폐하고 화물통세(貨物統稅)로 대신하였다. 그런데 1923년 전 성(全省)의 이금 수입은 331만 은원(銀元)이었는데 1929년 통세(統稅) 변경 후 600여만 원으로 증가하였다. 1931년 화물통세 폐지 후 산소세(産銷稅)는 부활한 변상이금(變相釐金)으로 불리고 있다.[35] 이금세의 변경에도 불구하고 수취는 더욱 증가되었던 추세를 알 수 있다.

재정 곤란에 직면할 때마다 손쉽게 이금의 수취를 증가하는 일이 빈번했다. 민국 6년에도 재정청장이 재정 곤란 해소를 위해 이금의 50% 추가 징수를 포고한 일이 있고 민국 7년에는 장사지사(長沙知事)가 상점에 전리(錢釐)를 징수한 일도 있다.[36] 민국 14년에는 성장(省長)이 지금까지 부과되지 않던 우편 소포에까지 이금 징수를 선포하여 상인의 반발을 사고 있다.[37]

민국 14년도 이금 수입은 성(省) 정부 원례(原例)에는 3,188,520원이었으나 성 의회 예산 심사 중에 증가하여 4,764,878원이 되었다. 성하(省河), 근강하(靳江河), 상향(湘鄉), 신화(新化), 남화(南華), 낭리(榔梨), 뇌가시(雷家市), 평강(平江), 삼차기(三汊磯), 성릉기(城陵磯), 각 국(局) 중 오직 평강(平江) 1국만 대략 비액(比額)에 못 미치고 나머지 각 국은 모두 신비액(新比額)을 초과했다.

33) 民國 15年刊 『醴陵鄉土志』, pp.87~88, 十一, 商業.

34) 民國 12年刊 『慈利縣志』, p.211, 卷7, 建置, 第4.

35) 宋斐夫, 『湖南通史』 現代卷, 湖南出版社, 1994, pp.256~257.

36) 『長沙大公報』1917年 7月 26日, 「財政廳布告加收釐金」; 『長沙大公報』1918年 9月 27日, 「長沙知事請商會加抽商店錢釐」.

37) 『長沙大公報』1925年 8月 7日, 「省長對於郵包徵釐之訓令」.

재정사의 보고에 의하면 1년 내 초과 추정치 신비액은 197만 448원이 된다고 하였다.[38] 이금은 개별년도에 따라 공식 수입의 등락은 있을 수 있지만 청말에서 민국기로 갈수록 더욱 증가하는 추세였던 것은 분명하다.

공식 수입과 달리 이금 징수 과정의 액외 착취 각종 누규(陋規)에 대해서는 이용 가능한 통계 수치를 찾기 어렵다.

유업(油業)에서 이금 수취상황에 관한 기사를 보면 다음과 같다.[39]

영주(永州)·형주(衡州)·침주(郴州)에서 와서 상담(湘潭) 장사(長沙) 한구(漢口)일대를 운송하는데 처음에 영주(永州) 냉수탄국(冷水灘局)이나 혹 형주(衡州) 동주국(東州局) 뇌양(未陽) 뇌하구잡(未河口卡)을 거쳐 반드시 출산세(出産稅)를 납부한다. … 뇌가시잡(雷家市卡)에서도 매 대사(大事)에 보(補) 5근(斤)으로 표전(票錢) 6문반(文半)을 완납하고 이후 표(票)검사를 하여 통행 허용한다. 성성(省城)에서 기파(起坡)하는 것은 별도로 낙지세(落地稅)를 낸다. 악주(岳州)에서 송출하는 것은 별도로 학연(學捐)을 내어야 한다. … 7년 장경요(張敬堯)가 세율을 바꾸어 표전(票錢)을 은원(銀元)으로 고쳤다. 각 도(道)의 이금은 회인(灰印), 획력(划力) 외에 소비(小費) 다전(茶錢)이 있는데 상민(商民)이 호소할 길이 없다. … 이도잡(二道卡) 삼도잡(三道卡)을 경과할 때 매 도(道)에 보(補)가 있으니 최소한 1배를 완납해야 한다. … 회인(灰印) 획자(划子)의 비용, 제창(提艙) 괘호(掛號)의 비용은 매 석(石)에 각 양(洋) 2각(角)이다. 인화(印花)의 세는 세액으로 계산하거나 성본(成本)으로 계산하고 매 100원(元)의 상품에 수각(數角)의 인화(印花)를 억지로 붙여야 한다.

… 가장 사람을 괴롭히는 것은 편수(扁手)이다. 배가 잡(卡)에 도착하면 먼저 순정(巡丁)과 이야기하는데 은전(銀錢)을 주지 않으면 안 된다.

… 가장 괴상한 것은 무료한 순정(巡丁)이 매 석에 유(油) 1발(鉢)을 요구하는

---

38)『長沙大公報』1926年 1月 26日,「釐金增加收入之報告」.

39)『長沙大公報』1921年 12月 24日,「釐局苛索油業之駭聞」.

것이다. … 특히 이해할 수 없는 것은 소강하(蘇江河)에서 과낙지세(過落地稅)를 완납한 상품을 성성기파(省城起坡)시에 조사원이 표를 가지고 반복 검사하면서 일자일필(一字一筆)이라도 부합되지 않거나 혹은 먹이 묻어 더럽혀져 절손(折損)된 것이 있으면 즉시 무효한 폐표(廢票)를 만들어 수색(需索)의 사욕(私欲)을 채우는 것이다.

장담(長潭: 장사 상담) 양부(兩埠)의 상인 정해항(程海航) 등이 상회(商會)에 올린 글을 보면 매 선박이 관(關)에 도착하면 먼저 배수(背手)를 내어야 정리(正釐)를 완납할 수 있는데 배수(背手)액이 심지어 정규 이금의 3~4배에 달하였다고 한다. 배수(背手) 외에도 조표(照票), 제창(提艙) 등 비용이 있는데 조금이라도 뜻에 차지 않으면 선박을 구류하였다가 풍험(風險: 바람 파도가 거셈)시에 배가 전복되게도 하였다. 진시(津市)에서 상담(湘潭)에 이르기까지 관잡(關卡)이 수십 곳인데 수탈하지 않는 곳이 없었다.

인화(印花)는 갑관(甲關)에서 찍은 것을 을관(乙關)에서는 자기들이 찍은 인화(印花)가 아니라는 이유로 별도 비용을 요구하였다. 호남 정부가 공적으로 반포한 인화(印花)는 내지에서는 통행되지 않았다. 이밖에 호남 각지에서 군장계사(軍裝稽査), 연토계사(煙土稽査) 등 종종 명목이 있어 상선(商船)이 지나가면 자의로 위협하여 사험(査驗) 각 비용을 수탈하였다.[40]

이금의 심각한 폐단은 『대공보(大公報)』의 시평(時評)에도 실려 있다.[41] 다상(茶商)의 이금 수탈에 대한 호소도 있고 상단(商團)이 이금의 폐해에 대해 신문사와 성(省) 의회에 호소문을 제출하기도 하였다.[42] 민국 16년 (1927)에는 재정청이 직접 나서 이금 폐단 정리 노력을 보이고 있는데 각종 누규(陋規)의 명목을 보면 회인전(灰印錢)·획자전(划子錢)·건두전(件頭

---

40) 『長沙大公報』 1922年 4月 19日, 「各處釐局詐索之情形」.

41) 『長沙大公報』 1922年 7月 6日, 「釐金之弊藪」.

42) 『長沙大公報』 1922年 7月 22日, 「茶商被各釐卡苛索之情形」; 『長沙大公報』 1923年 4月 5日, 「商團痛陳釐金弊害」.

錢)·누구전(簍口錢)·험표전(驗票錢)·분표전(分票錢)·차창전(搶艙錢)·궤봉전(柩封錢)·방행전(放行錢)·괘호전(掛號錢) 등 무수한 명목이 있다.[43] 실로 고의로 금령을 어기고 법령을 두려워하지 않는다고 지적하고 있으니 각지 이금국잡(釐金局卡)의 횡포는 막심하였다고 생각된다.

(2) 염세(鹽稅)

호남은 전통적으로 회염(淮鹽)의 소비지였다. 함풍 초에 태평천국 때문에 길이 막혀 상인들이 천월염(川粵鹽: 사천 광동소금)을 운송하였는데 관(官)에서 세금을 부과하였다. 이를 사염(私鹽)으로 불렀다. 동치 2년 회염(淮鹽) 경로가 회복되었다. 증국번(曾國藩)은 관운상운(官運商運)에 관계없이 이금을 부과하였다.[44]

의화단 배상금 4억 5천만량 중 호남의 매년 부담금 70만량도 염근가가(鹽斤加價)로 해결하였고 신정(新政) 비용 등도 염근가가에 의지했던 것을 보면 다른 성(省)이 전부부가(田賦附加)에 집중했던 것과 달리 호남상인의 부담은 특히 가중되었다고 생각된다. 호남성의 이러한 선택에는 왕선겸(王先謙)과 같은 신사(紳士)지주의 토지세부가에 대한 반대가 있었음이 밝혀지고 있다.[45]

민국시기에도 청조(淸朝)와 마찬가지로 증가된 세입의 주요 원천은 소금세와 인플레이션이었다. 태평천국 후 회염(淮鹽) 소비지로 회복되었을 때 호남은 소비량이 340표(票: 매 票 500引, 매 引 36만 6000斤, 분포(分包)시 包는 86근), 합계 17만 1000인(引)이었다. 이후 소비량이 70표 증가하여 410표(합계 20만 5000인(引)이 되었다.

『호남전성재정설명서(湖南全省財政說明書)』에 의하면 청말시기 호남 회염

43) 『長沙大公報』 1927年 1月 19日, 「財政廳重申整理釐弊辦法」.
44) 民國 30年刊 『寧鄕縣志』, 故事篇, 財政錄, 鹽引.
45) Joseph W. Esherick, 앞의 책, p.115.

세수(淮鹽税收)는 아래와 같다.[46)]

鹽税	3,000,000兩
釐金	700,000兩
慈善捐	80,000兩
教育捐	140,000兩
鐵路捐	260,000兩
新鐵路捐	250,000兩
계	4,430,000兩

　월염(粵鹽)과 천염(川鹽)의 징세는 불완전하여 수치가 명확하지 않다. 동치 7년부터 광서 33년 사이에 부과된 염과세리(鹽課税釐)의 종류는 모두 25종이었다.[47)] 선통 원년(1908) 징수액은 139만 7200량인데 군사비, 신식학교, 철로건설 등 신정(新政)경비, 선당(善堂) 등 자선사업 경비 등을 대부분 염세(鹽税)부가로 해결하고 있다.

　현급(縣級) 지방단위에서 염세(鹽税) 증가에 대한 인식을 예릉현에서 찾아볼 수 있다.[48)]

　　동치 3년에 회강(淮綱)을 회복하였는데 사상(私商)이 표(票)를 계승했다. 매 표는 500인(引)인데 매 인(引)은 668근(觔)이다. 전과(前課)에 비해 세금이 50% 증가했다. 이후 계속 연세(捐税)가 부가되었다. 명목이 번다하여 민국 3년에 일률 폐지하고 매 염(鹽) 100근에 고평은(庫平銀) 3량을 징수하기로 정하였다. 양은(洋銀) 4원(元) 5각(角)에 해당한다. 후에 계속 군사구연(軍事口捐) 등이 증가하여 5원 1각 6분(分)이 부가되었다. 23년에 부(部)에 표준 시칭(市秤)을 제정하고 세율을 개정하여 매 석(石) 패가(牌價)가 13원 9각 6분 3리(厘) 4호(毫)이다.

---

46) 張朋園, 앞의 책, p.235.
47) 위의 책, pp.236~237.
48) 民國 37年刊 『醴陵縣志』, p.422, 鹽税.

중앙 정세(正稅)는 1원 5각인데 부가세는 9원 9각이다. 상본(商本)은 겨우 3원 남짓이다.

이것을 보면 염세(鹽稅)의 계속적인 증가와 부가세의 지나친 가중을 알 수 있다. 임상현(臨湘縣)에서는 동치 11년 후 회염(淮鹽) 소비지로 회복되었는데 매 인(引)에 이과(釐課)가 고평문은(庫平紋銀) 5량 2분(分), 국비(局費) 고평문은 2전(錢) 5분(分), 즙사(緝私: 사염 밀수자를 체포함) 경비 1전(錢) 2분(分), 안비(岸費) 3전(錢) 6분(分)을 징수하였다.[49]

민국 시기에도 염세(鹽稅)가 전체 재정에서 청대(淸代)보다 오히려 더 큰 비중을 차지했다는 분석 결과도 있다.[50] 제3차 담연개(譚延闓) 정권도 성(省) 정부의 재정난 해결을 위해 염세 외에 매 100근당 2원의 특별부가세를 징수하였지만 상인들의 반발로 2개월만에 취소한 일이 있다.[51] 조항척(趙恒惕) 정권도 신폐(新幣)의 태환(兌換)비용을 마련하기 위해 염(鹽) 1담(担) 마다 4각(角)의 비율로 부가세를 징수하였다.[52]

민국 13년경의 회상(淮商)의 염세(鹽稅)에 대한 호소를 보면 다음과 같다.[53]

호남성은 민국 6년 7년 이래 정변이 자주 일어나고 군량 수요가 막중하였다. … 부득이 패가(牌價)의 염세부가(鹽稅附加)로서 수입을 증가시키지 않을 수 없었다. 안세(岸稅) 외에 교육비 자선비 구연(口捐) 특연(特捐) 등 명목이 있어 염가(鹽價)가 앙등하였다.

… 민국 10년 원악(援鄂: 호북원조)의 역(役), 공소(公所)에 차관 20여만으로 드디어 매 포(包) 5각구연(角口捐)을 가하였고 민국 12년 호헌(護憲)의 역(役)

---

49) 同治 11年刊 『臨湘縣志』 권4, 食貨志, 鹽法, p.340.
50) 丘凡眞, 「淸末直隷永平府의 鹽務 개혁과 그 의의」 『明淸史硏究』 21, 2004.
51) 塚本元, 앞의 책, p.146.
52) 위의 책, p.207.
53) 『長沙大公報』 1924年 12月 11日, 「淮商公所懇請維持鹽稅之意見」.

에는 공소(公所) 60여만의 차관으로 마침내 매 포(包) 1원의 특연(特捐)을
가하였다. … 무릇 안세(岸稅)는 도안(到岸)한 인염(引鹽)을 판매한 후에
교부하는 세금인데 차츰 도안(到岸)하면 즉시 징수하고 차츰 중도에 징수하
고 이후 미리 표수(票數)를 헤아려 징수한다.

… 평소 도안(到岸)하면 주방(駐防)군대가 그 염(鹽)이 세금 납부했는지
여부를 가리지 않고 억지로 중징(重徵)한다. 심지어 상본(商本)까지 빼앗는
다. 심지어 갑군(甲軍)이 이미 갔는데 을군(乙軍)이 또 원례(援例)로서 이르
고 병군(丙軍)의 요구도 충족 못했는데 정군(丁軍)이 또 소문 듣고 이른다.

여기서 회상(淮商)들의 수난 상태를 엿볼 수 있다. 염세(鹽稅) 수취 증가는
소금가격 상승을 초래하고 결과 사염(私鹽)인 천월염(川粵鹽) 소비를 촉진한
다. 회염(淮鹽) 판매량 감소는 과세에 지장이 된다는 호소를 하고 있다.
민국 14년에도 상회(商會)에서 염세(鹽稅)를 담보로 기표(期票)를 군대에
제공했는데 이후 군대가 약속을 어기고 또 염세(鹽稅)를 요구하는 횡포에
대해 논하고 있다.[54]

(3) 잡세(雜稅)

청말에 간접세 중시로 전환되면서 대부분 생겨난 것이 잡세(雜稅)이다.
토약세(土藥稅), 전방계세(田房契稅), 당세(當稅), 아세(牙稅), 인화(印花), 연주
(煙酒), 상세(商稅), 정세(井稅) 등이 있는데 이 중에 청말에는 토약세(土藥稅:
아편), 전방계세(田房契稅: 가옥), 연주세(煙酒稅: 담배,술) 3항이 중요 세금이
었다. 토약세는 광서 17년(1891)에 호남성에서는 호북장정(湖北章程)을 모방
하여 매 100근당 추은(抽銀) 18량외에 가추(加抽) 8량을 징수하였다. 광서
27년(1901), 경자(庚子: 1900) 배상금으로 가추(加抽) 3성(成)하였으며 호남성

---

54) 『長沙大公報』 1925年 6月 10日, 「商會爲軍隊提收鹽稅抵款之會議」.

정액은 연수(年收) 24만량이었다. 전방계세(田房契稅)는 광서 27년에 각 주현(州縣)에서 징수하기 시작하였다.

연주세(煙酒稅)는 광서 30년(1904)에 시작되었고 호남에서는 상인에게 위탁 징수하게 하였는데 선통 원년(1909) 실 징수액은 62,000량이었다. 정세(井稅)는 광서 33년(1907)에 시작되었고 선통 원년의 징수액은 21,000량이었다.[55]

민국시기 예릉현(醴陵縣)에서는 인화(印花) 연주(煙酒) 도재(屠宰) 토초(土硝)가 5항 잡세로 지목되고 있고 그 밖에 인계세(印契稅)가 있다고 서술하고 있다.[56] 남산현(藍山縣)의 설명을 보면 청말에 연주 인화 도재 각 세(稅)를 잡세라 하였는데 세칙이 반포되었지만 벽현(僻縣)의 인민(人民)들이 처음 보는 것에 놀라 제대로 납부하지 않았다. 혹은 상인에게 위탁 징수시키기도 하였다. 민국 초에 대체로 이를 답습하였다. 연주세(煙酒稅)는 민국 4년(1915)에 공매국(公賣局)을 설치하여 징수하였다. 민국 10년에 잡세국을 설치했는데 장사(長沙) 등 24현에 국(局)을 설치하고 나머지는 2~3현을 합쳐서 국을 설치했다. 도재세(屠宰稅)는 광서 34년에 도연(屠捐)이란 명목으로 징수하여 경찰과 신식학당 경비로 하였다. 민국 6년에 도연(屠捐)을 도재세(屠宰稅)로 개칭하였다. 재정청이 요청하여 장사, 상음(湘陰), 유양(瀏陽) 등 42현에 잡세국을 설치하여 연주(煙酒), 인화(印花), 도재(屠宰), 토초(土硝), 각 세를 징수하게 된 것을 보면 민국시기에 5항 잡세가 잡세의 주요 내용이었던 것을 알 수 있다.[57]

청말 이후 개혁 재정 수요에 충당하기 위해 과세하기 시작한 것이 잡세이지만 수취 역시 민국기로 갈수록 증대되고 있다. 도재세(屠宰稅)의 경우 민국 6년 세율은 마리당 돼지 4각, 양 1각 5분(分), 소 1원(元)이었지만 민국 27년에 돼지 3원, 소 6원 8각으로 상승하고 있다. 민국 31년부터

---

55) 張朋園, 앞의 책, pp.237~238.
56) 民國 15年刊 『醴陵鄕土志』 四, 賦稅.
57) 民國 21年刊 『藍山縣圖志』 雜稅案, pp.297~298.

종가(從價) 징수로 돼지는 5%, 소는 6%로 되고 있다. 이 도재세는 원래 60%는 성(省), 40%는 현(縣)에 귀속되는 것이었다. 인화세(印花稅)는 민국 17년 11월부터 국민정부가 연주(煙酒) 인화(印花)를 국세(國稅)로 하고 있다. 방연(房捐)은 세율이 방옥출조자(房屋出租者: 가옥 임대인)는 조가(租價)의 4/100, 자가 거주자는 4/1000, 민국 32년의 신장(新章)에 의하면 방옥출조(房屋出租)시 20/100, 자가 거주자는 10/1000으로 상승하고 있다. 당세(當稅)는 청 초(淸初)부터 후기까지 매 호(戶)당 연납은 5량으로 변화가 없었는데 광서 23년에는 50량으로 열배나 폭등하고 있다. 토초(土硝)는 편폭(鞭爆: 폭죽)의 제조 원료인데 민국 5년에 장정(章程)이 제정되어 채굴 상인은 표비전(票費錢)이 20천(串)이고 초석 운송 상인(運硝商)은 표비전이 400문(文)이었다. 매 초(硝) 100근에는 이금도 400문을 따로 지불해야 했다. 민국 26년에는 초상승포(招商承包: 상인에 징세 위탁청부) 방식을 택하였다. 연주세율(煙酒稅率)은 주류(酒類)는 80/100, 연주(煙類)는 연엽(煙葉)은 50/100, 연사(煙絲)는 30/100, 권연(捲煙)은 100/100이다. 영업패조세(牌照稅: 영업허가증세)는 도재업(屠宰業), 여관업(旅館業), 주관업(酒館業), 아행업(牙行業), 오락장(娛樂場), 전당(典當) 등 모두 패조세(牌照稅)를 내어야 하는데 세율은 자본액에 따라 등급을 매겨 매년 1차 징수하였다. 상인들은 이 세가 중복이라는 이유로 대부분 내기를 원치 않았다.[58]

민국기 여성현(汝城縣)에서도 인계세, 도재세, 연주세, 인화세가 주요 잡세로 제시되고 있는데 대체로 청말 시기 개시된 것을 알 수 있다.[59] 민국 시기 안화현(安化縣) 한 곳의 예로 각종의 다연(茶捐)이 26종에 달하였다.[60]

홍강(洪江)의 원유(原油)를 진강(鎭江)까지 운반하자면 출발시 매 담(担: 122斤) 산소세(産銷稅) 대양(大洋) 7각 3분(分) 2리(厘)를 납부하고 호남성

58) 民國 37年刊 『醴陵縣志』, pp.413~422, 雜稅.
59) 民國 21年刊 『汝城縣志』 권14, 國家雜稅表.
60) 『湖南實業志』, p.538.

정부에 청초부가(淸剿附加) 2성(成)으로 대양 1각 6분 4리를 내고 홍강(洪江) 단관감수처(團款監收處)에 단연(團捐) 대양 3각 4분을 내어야 한다. 또 인화세 1분 2리를 내고 동만(銅灣)에 이르면 호송비(護送費) 매 담 대양 2각, 진주(辰州)에 이르면 산소부가세 매 담 대양 8각 5분, 호송비 매 담 대양 3각 6분 9리, 상덕(常德)으로 내려오면 성릉기(城陵磯)에서 관세(關稅) 납부 후 진강(鎭江)에 도달할 수 있다.[61] 홍강(洪江)의 목재가 상덕까지 내려가는데도 용연(勇捐), 단연(團捐), 학연(學捐), 인화(印花), 선연(善捐) 등 각 종의 잡징(雜徵)이 있어 액외 부담이 밑천의 반을 차지한다.[62]

조항척(趙恒惕) 정권은 담조(譚趙)전쟁, 원악(援鄂)전쟁 등으로 폭증한 군사비를 충당하기 위해 전부부가(田賦附加)와 더불어 특연(特捐), 방조연(房租捐), 인화세 증액을 시도했다.[63]

민국 14년에 성장(省長)의 잡세 훈령을 보면 다음과 같다.[64]

살피건대 연(煙)·주(酒)·도재(屠宰)·인화(印花) 각 세는 성고(省庫)수입의 주종이고 군정(軍政) 각 비(費) 지출을 의지하는 것이다. 민국 10년 각 현 잡세국 설립시 각 현에서 정한 매월 비액(比額)이 있었다.
… 근래에 각 현 잡세 비액(比額)에 부족한 곳이 많다. 재정사(財政司)에서 사람을 파견 조사하니 포판(包辦: 청부) 방법을 쓰는 곳이 많다. 규정액 징수에 부족함이 없는데 공가(公家)에 보내는 것을 임의로 줄이고 있다. 이것은 농간을 부려 사적 이익을 취하는 것이다. 엄하게 바로 잡지 않으면 세수(稅收)를 유지할 수 없다.

동년 10월 27일에는 재정사(財政司)에서 각 현(縣) 잡세국을 취소하고

---

61) 위의 책, p.408.
62) 위의 책, p.414.
63) 宋斐夫, 앞의 책, pp.120~122.
64) 『長沙大公報』 1925年 8月 20日, 「省長整理雜稅訓令」.

초상승포(招商承包: 상인에 징세청부)에 관한 규정을 마련하고 있다.[65] 북벌
이 시작되고 혁명적 분위기가 고조되면서 가연잡세(苛捐雜稅)의 폐지 운동이
본격화 되자 국민혁명 정부는 이를 부정하고 있다. 북벌군(北伐軍)의 군량
수요가 시급한데 잡세를 폐지할 수 없다는 것과 잡세의 명칭을 다시 연주도초
세(煙酒屠硝稅)로 개명하고 있다.[66]

　1928년부터 1937년까지 내전의 확대로 군사비가 팽창하고 정비(政費)가
증가하여 성(省) 재정 적자는 매년 200만 원 이상이었다. 성 정부는 기존
세수 외에도 '선후(善後)', '구국(救國)', '건설(建設)' 등 명목으로 각종 연관(捐
款)을 추가로 부과하였다.[67]

2) 화폐 남발

　청말민국기에 과도한 군사비 수요, 신정(新政)에 따른 개혁 재정 폭증
문제 해결을 위한 성(省) 정부의 조치는 상인에 대한 수취 증가와 인플레이션
이었다.

　함풍 4년(1854) 7월에 호남에서는 당(當)10, 당(當)50, 당100대전(大錢)을
주조하여 유통시켰다. 대전(大錢) 가치가 열악하여 유통 후 물가가 폭등하고
시장 혼란이 야기되었다. 상점(商店)은 대전(大錢) 수용을 거절하여 금융공황
이 발생하였고 도산하는 상점이 속출하였다.

　성(省) 당국의 조치로 1855년 4월 사태가 진정되었다.[68] 이 화폐 남발사건
은 이후 민국시기 계속되는 화폐정책의 시작에 불과했다.

　청말의 호남관전국(湖南官錢局)은 호남은행이 되었지만 성(省) 정부의
적자를 떠안아 200여 만량의 결손을 안고 출발했다. 민국 성립 후 군사

---

65) 『長沙大公報』 1925年 10月 27日, 「財司擬定招商承包稅之簡章」.
66) 『長沙大公報』 1927年 1月 6日, 「雜稅改爲煙酒屠硝稅」.
67) 宋斐夫, 앞의 책, p.259.
68) 劉泱泱, 앞의 책, pp.153~156.

행정의 막대한 비용을 준비금이 부족한 상태에서 지폐 발행으로 해결하였다. 실업(實業)은행, 광업(礦業)은행 등도 각기 지폐 300여 만량 발행하였고 시중의 화폐 가치는 하락하여 은표(銀票) 1량이 겨우 5전(錢) 가치에 불과하였다. 선통 원년(1909)에 지폐 발행 규정이 마련되었는데 민국 이후 두 해 사이 호남성 지폐 발행량은 1,000만원(元)을 돌파했다. 민국 3년에는 2,600만원 이상이었다. 그 결과 액면 1원의 실제 가치는 4각(角)에 불과했다. 민국 7년 이후 더욱 하락하여 액면 1,000문은 겨우 80문에 불과하여 원가의 10%에 미달하였다.[69]

탕향명(湯薌銘) 정권기의 재정청장 호서림(胡瑞霖)은 재임기간 동원표(銅元票) 지폐를 40여만 천(串) 발행했다. 또 전 도독(都督) 담연개(譚延闓)의 명의를 도용하여 은표(銀票) 수백만 원을 발행하였다. 또 일종의 유통지폐를 발행하였는데 단지 숫자만 기입하여 시중 통용을 강제하였다. 액면 금액은 백량에서 500량인데 태환(兌換)이 불가능하였다. 호남성 지폐 범람과 시중 공황으로 상호(商戶)가 도산 폐업하는 일이 속출하였다.[70]

제2차 담연개(譚延闓) 정권(1916.8~1917.8) 시기에도 화폐 남발이 문제가 되고 있다. 국폐조례(國幣條例)에 의하여 1원(元), 중원(中元), 2각(角), 1각의 신은폐(新銀幣)를 발행하고 상인들이 이를 절하하거나 수취거절하면 안 된다는 강제 통용 지시를 하고 있다.[71]

동시에 호남성 내 동원(銅元) 부족을 막기 위해 규정 이상의 동원(銅元)을 외성(外省)으로 반출 못하도록 금령(禁令)도 내리고 있다.[72]

동년 3월 『대공보(大公報)』에 실린 호남성 금융에 대한 기사를 보면 다음과 같다.[73]

---

69) 張朋園, 앞의 책, pp.258~261.
70) 劉泱泱, 앞의 책, pp.739~741.
71) 『長沙大公報』 1917年 2月 17日, 「省公署關於新銀幣之佈告」.
72) 『長沙大公報』 1917年 2月 17日, 「財政廳嚴禁私運銅元赴贛」.
73) 『長沙大公報』 1917年 3月 2日, 「湘省金融救濟策」.

처음에 호남은행에 주의한 것은 … 지폐 남발이었는데 정비(政費)를 절약하지 않은 까닭이다. … 정부가 은행을 인쇄기관으로 만들지 않았다면 결코 여기에 이르지 않았을 것이다. … 정비(政費)가 1차 증발한 2,000만 천(串) 동원(銅元) 표폐(票幣)로 되지 않자 마침내 또 시중에 강제 통용을 시키니 경화(硬貨)가 흔적을 감추고 태환이 통하지 않게 되었다. 허지(虛紙)로 실은(實銀)을 바꾸니 당연히 가격의 현격한 격차가 발생하여 회수(匯水: 환수수료)는 폭등하는 것이 형세상 필연이다. 고통 받는 것은 오직 우리 민중이다. 정부가 근본 구제책을 구해도 이미 불가능하다. … 일종 시가(市 價)를 억제하는 명령을 내리니 바로 정치력으로 경제력을 억압하는 것이다. 이 어찌 가능한 일이겠는가.

이것을 보면 성 정부가 은행을 지폐 인쇄기관으로 취급하여 무절제한 통화 팽창을 야기한 실정을 알 수 있다. 태환 불능이거나 평가 절하가 되면 시가(市價)의 강제나 통용 강요를 하고 있는 것이다. 이어지는 기사를 보면 금융 문란의 원인으로 과도한 군사비 지출을 들 수 있다. 매월 군사비 지출이 많으면 100여 만원 적어도 60~70만원을 지출하고 있으니 군비 절감 없이 근본 해결이 어렵다고 지적하고 있다. 동년 3월 4일의 보도를 보면 금융 문란의 결과는 반드시 상민(商民)을 파산에 빠뜨린다. 차채(借債)의 해(害)는 부담을 증가시키는 데 그치지만 파산은 회복의 때가 없다고 하고 있다.[74]

이 시기 성장(省長)도 금융 문란의 심각성을 인식하여 지폐 회수 정책을 추진하고 있다. 호남성의 금융 문란이 신해혁명 이후 지폐 남발 통화 팽창이 누적되어 물가가 앙등하고 상민(商民)이 파산지경에 이르렀다는 것, 지폐는 은량(銀兩), 은원(銀元), 동원(銅元) 3종이 있고 그중 은원은 발행이 많지 않아 가격이 유지되고 있다. 그 외에 은량표(銀兩票)는 발행액이 600만량(兩),

---

74) 『長沙大公報』 1917年 3月 4日, 「湘省金融救濟策」.

동원표(銅元票)는 발행액이 5,000만천(串)으로 액수 과다로 문제가 되고 있다. 그리하여 은량표와 동원표 양자의 회수에 주력해야 한다는 사실을 밝히고 있다.[75]

또한 성장은 금융 문란의 원인 중에는 간상(奸商)의 조종이 있다고 하여 간상 단속 지시를 거듭 내리고 있다.[76]

장경요(張敬堯) 정권(1918.3~1920.6) 치하에서 화폐제도의 상황은 거의 무정부 상태에 가까웠다. 제1차 세계대전으로 구리 수요가 폭증하자 호남에서는 대량의 동전(銅錢)을 해외로 수출하고 그 대신 지폐를 유통시켰다.[77] 장경요는 1918년 3월 유상은행(裕湘銀行)을 개설하여 은원표 1,000만원, 동원표 3,000만원을 발행하였는데 전부(田賦)와 기타 세수는 현금 납부를 강제하였다. 유상표폐(裕湘票幣)는 폐지와 같아 전 성(全省) 인민은 1,000만원 이상 손실을 입게 되었다. 또 호남은행 채권 해결 명목으로 동원신폐(銅元新幣) 2,500만천(串)을 발행했고 조폐창은 매일 열질동원(劣質銅元) 5~8만천(串)을 주조했다. 강제로 법가(法價) 규정 동원표 6,000원을 은양(銀洋) 1원과 교환하고, 은량표 12량을 광양(光洋) 1원, 동원표 2,000을 은원표 1원과 교환하도록 강제하였다. 혜민표(惠民票) 200만장 계 1,000만 원(元)을 발행했는데 실은 매 권(券) 은원(銀元) 5원을 상민(商民)에게 강제 할당한 것이다.[78] 혜민표(惠民票)는 처음에 20천(串)에 광양 1원 하다가 차차 하락하여 종국에는 100천(串)에 광양 1원이 되었다. 민간에서는 '혜민표(惠民票)가 아니라 해민표(害民票)'라는 인식이 퍼지고 있다.[79] 장경요의 거듭되는 폭정은 결국 장사상인의 구장(驅張: 장경요 축출)운동으로 귀결된다.

이 시기 장사총상회(長沙總商會)에서 올린 정문(呈文)을 보면 "금융 문란으

75) 『長沙大公報』 1917年 6月 6日, 「省長收回銀兩紙幣之理由」.
76) 『長沙大公報』 1917年 6月 14日, 「省長維持金融之訓令」; 『長沙大公報』 1917年 7月 20日, 「督令嚴拿奸商」.
77) Angus W. McDonald, JR, 앞의 책, p.33.
78) 宋斐夫, 앞의 책, p.10.
79) 劉泆泆, 앞의 책, pp.775~776.

로 정부에서 각종 표폐(票幣)를 법가(法價)를 규정하여 상인에게 포고하여 사용하게 했으나 시중에 현금이 결핍되고 정부에서 태환이 불가하니 시중 유통이 어렵다. 수요 공급 관계로 암거래가 발생하고 있다. 상인이 교역시 법가(法價)를 따르면 애로가 발생하고 암거래를 하면 금령(禁令)을 위반하는 것이니 진퇴양난이다. 법을 두려워하는 자는 영업 정지가 속출하고 있다"고 하며 대책 마련을 호소하고 있는 것을 알 수 있다.[80]

조항척(趙恒惕) 정권도 1921년 1월에 호남통상은행(湖南通商銀行)을 개설 하였다. 지폐 300여 만원을 발행했는데 1922년 지폐가 폭락하고 통상은행은 도산하였다. 1920년 6월에서 1921년 12월 사이 1년 반 동안 동원(銅元) 주조로 657.32억문을 발행했다. 1922년 6월 호남조폐창은 관독상판(官督商 辦: 관이 감독하고 상인이 운영)으로 바뀌었지만 여전히 동원(銅元)을 남주(濫 鑄)했다. 1921년 가을 조항척은 원악(援鄂: 호북 지원)전쟁의 군수 비용을 마련하기 위해 470만원의 공채(公債)를 발행하기도 했다.[81]

현급(縣級) 단위에서 실정을 보여주는 민국 예릉현 사례를 보면 민국 원년 당(當) 20동원(銅元)이 주조되었고 민국 2년에 이미 제전(制錢)이 점차 감소하였다. 민국 5년에 시중에 제전(制錢)이 흔적을 감추었고 6년에 은폐(銀 幣) 1원은 동원 지폐 6,000에 해당하였다. 민국 7년 호남은행 도산으로 호남성 지폐가 폐지로 변하게 된 사정이 나오고 있다. 민국 13년에는 시중에 초표(鈔票)가 가득하여 현금을 보기 어렵다는 서술을 하고 있다.[82]

하건(何鍵)은 스스로 50만원을 상해(上海) 대중(大中)은행에 투자하였고 나중에 대중은행 장사분행(長沙分行)을 대무(大懋)은행으로 고쳐 본인 친족 의 은행으로 삼았다. 권력을 이용하여 성내(省內) 군정(軍政)기관 저금을 유치하고 고리대 대출, 투기영업으로 폭리를 취하였다.

호남성 화폐는 복잡 혼란하였는데 은원(銀元)은 대청은폐(大淸銀幣), 원두

80) 『長沙大公報』 1918年 8月 27日, 「附錄長沙總商會呈文」.

81) 宋斐夫, 앞의 책, p.11.

82) 民國 37年刊 『醴陵縣志』 화폐 「歷年銀幣價格表」.

(袁頭), 손두(孫頭) 등이 있고 1935년 추계 전성(全省) 은원(銀元) 유통은 777만여 원으로 파악되고 있다. 은각(銀角)은 5각(角), 2각, 1각의 3종, 동원은 당(當)10, 당20, 당50, 당100문 지폐의 동원 지폐는 호남성은행, 중국농공은행, 상서(湘西)농촌은행 발행인데 성(省)은행 발행 지폐가 세력이 최대이고 1929~1931년 합계 2,700만여 원을 발행하여 57개 현(縣)에 유통되었다. 특히 호남성 당국과 각 현 소속기관, 현 정부, 현 재정국, 현 교육국, 공로국(公路局), 단방국(團防局) 등은 스스로 지폐를 발행하여 재정 곤란을 해결하였다. 일부 부상(富商)이나 상회(商會), 자선기관 등도 지폐를 발행하였다. 신해혁명 전부터 출현한 화폐 혼란, 통화 팽창은 민국시기 줄곧 계속된다. 이런 유사지폐의 명목은 유통권(流通券), 저차권(抵借券), 단관(團款), 태환권(兌換券), 은원권(銀元券), 동원권(銅元券), 기표(期票), 수표(手票) 등 복잡한데 통칭하여 '시표(市票)'라 하였다.[83] 이런 악성통화 팽창의 일차적 피해자는 상인 그룹이었다.

3) 차관(借款) 강요

정부가 상인에게 차관(借款: 대부)을 요구하는 방식은 청말민국기에 현저하게 나타난 방식이다. 광동의 행상(行商)들이 주로 연납(捐納)과 보효(報效: 헌납)를 통하여 각종 허함(虛銜)과 공명(功名)을 획득함으로써 신상(紳商)의 대열에 편입한 것은 알려진 사실이다.[84]

호남에서도 신정(新政) 실시의 비용 마련을 위해 연수(捐輸)를 장려했으나 1년간 겨우 26만 원(元)을 모으는데 그쳤다.[85] 연납도 보효(報效)도 기대하기 어려운 상황에서 공채 발행, 차관 강요 등으로 재정난 해소를 시도한 것이 이 시기의 특징이다.

---

83) 宋斐夫, 앞의 책, pp.262~264.

84) 馬敏, 앞의 책, p.243.

85) 張朋園, 앞의 책, pp.246.

『장사대공보(長沙大公報)』의 기사를 검토해 보면 1917년 2월부터 1927년 1월까지 약 10년간 차관 관련 내용이 95건이나 된다. 이용 사료 중 필름 상태가 화면상으로 판독 불가한 것은 누락된 상태이다. 실제는 100건 이상된다고 생각된다.

민국시기 정치권력의 변화를 정리하면 대체로 아래와 같다.[86]

〈표 1〉 호남 정치권력 변화

	직책	기간	기간
譚延闓	都督	1911.10~1913.10	2년
湯薌銘	都督·將軍	1913.10~1916.7	2년 9개월
曾繼梧	代理都督	1916.7.5~1916.7.7	3일
劉人熙	代督軍兼代省長	1916.7~1916.8	2개월
譚延闓	省長兼督軍	1916.8~1917.8	1년
傅良佐	督軍	1917.8~1917.11	3개월
譚浩明	湘粤桂聯軍總司令	1917.11~1918.3	5개월
張敬堯	督軍兼省長	1918.3~1920.6	2년 3개월
譚延闓	督軍兼省長	1920.6~1920.11	5개월
趙恒惕	省長	1920.12~1926.3	5년 4개월
唐生智	〃	1926.6~1928.6	2년
魯滌平	〃	1928.6~1929.2	8개월
何鍵	〃	1929.4~1938	9년

민국시기 1913년부터 1926년까지의 호남 정치는 외부세력인 북양계(北洋系) 군벌세력과 토착 정치세력인 호남지배층의 대항관계로 보는 시각이 있다.[87] 〈표 1〉에서 제시된 담연개(譚延闓)를 재지(在地)군벌이라 보는 견해도 있지만[88] 그 자신이 진사(進士) 출신의 문관이고 추구했던 정책이 여타 군벌과 달랐던 점에서 다른 평가를 해야 한다고 생각된다.[89] 담(譚)정권이 교육 개혁, 사법 개혁, 실업 진흥, 아편 단속 등의 전향적인 정책을 추구한

---

86) 3차 譚延闓政權까지는 劉泱泱, 앞의 책, p.727.

87) 塚本元, 앞의 책, p.23.

88) 笹川裕史, 「一九二〇年代前半の湖南省政民主化運動」『中國の近代化と地方政治』, 東京, 1985.

89) 塚本元, 앞의 책, p.39.

것은 맞지만 차관 요구 대열에서 예외는 아니다. 군벌정권을 타도한다는 명분의 북벌군(北伐軍)의 호남 진입 이후도 차관 요청은 더 강화되고 있다.

『장사대공보』에 실린 기사를 중복을 피하며 대략 정리한 것이 표 〈표 2〉이다.

〈표 2〉 호남 차관(借款) 실태(단위: 만원)

시기	건수	鹽商	商會	은행·公債	계
1917년 2월~	2	200	22.25		222.25
1919년	2		50		50
1922년	5	50	76		126
1923년	10	65	166		231
1924년	7	125	93		218
1925년	10	202	126	1500(公債)	338(1500)
1926년	21	244	128	214	586
1927년 1월	2		15		15
계	59	886	676.25	1714	1776.25(3276.25)

* 『長沙大公報』에서 조사
* 3276.25는 공채 포함 부채 총액
* 商會, 總商會, 商人 등은 商會로 합산.

〈표 2〉의 수치는 사료 판독의 곤란으로 누락된 부분이 있다. 1918년과 1921년 양년(兩年)은 통째로 빠져 있기 때문에 실제 차관은 이 수치 이상으로 보아야 한다. 그런데 1925년에 회상(淮商)이 정부에 제공한 차관이 200만원 넘었다고 호소하고 있는 것을 보면 위 표의 수치와 부합하고 있다. 또 1926년에도 역시 회상(淮商)이 차관 300만원을 거론한 것을 보면 위 표의 내용과 상당히 근사성이 있는 것을 알 수 있다.[90]

사사가와 유지(笹川裕史)의 연구에 의하면 1927년 1월 이전의 호남성 정부의 부채액으로 회상(淮商)이 200만원, 중국은행 300만원 등 합계 2,000만원을 제시하고 있는데 〈표 2〉의 내용과는 어긋난다.[91] 〈표 2〉의 내용을

---

90) 『長沙大公報』 1925年 7月 31日, 「淮商呈請發還岳州所提商本」; 『長沙大公報』 1926年 10月 4日, 「淮商向總部歷陳苦況」.

91) 笹川裕史, 「國民革命期における湖南省各級人民會議構想」 『史學研究』 168, 1985.

보면 염상(鹽商)의 부채가 886만원으로 압도적으로 많다. 상회(商會)의 부채 액에 은행 부분을 더하면 890만원 정도로 염상 차관을 겨우 초과한다. 청대와 마찬가지로 인안(引岸) 제도를 포기하지 않고 있어 표상(票商) 운상(運 商) 등에 차관 요구가 집중된 것을 알 수 있다. 무분별한 차관 강요로 성채청리처(省債淸理處)를 만들어 정리를 시도하였으나 성 정부 자신도 확실 한 부채액을 모르고 있는 실정이었다.[92]

불완전한 자료에서 보면 1923년부터 차관 건수가 급격히 증가하고 1925년, 1926년은 급속 팽창하고 있다. 특히 1926년은 21건으로 가장 많다. 북벌(北伐) 전쟁 수행에 따른 군사비 수요의 긴박함이 차관 요구로 나타나고 있다. 공채 1,500만원은 대상이 전 성민(全省民)에게 해당하지만 이것 역시 상인과 회상(淮商) 등의 부담에서 비켜가는 것은 아니었다.

차관의 담보와 이자율을 정리한 것이 〈표 3〉이다.

〈표 3〉 차관의 담보와 이자

시기	차관대상	금액	담보	이율(月)
1923.6.17	장사총상회	3만원	新米護照	1分 4厘
1923.8.10	淮商	15만원	5角口捐	1分 6厘
1925.3.31	〃	40만원	미래鹽稅	1分 5厘
1926.5.20	商會	10만원		1分 8厘
1926.8.12	久大精鹽公司	1만원		1分 6厘
1926.10.13	淮商	4만원	3省通用票	1分 5厘

* 『長沙大公報』에서 조사

차관의 주체는 대개 성(省) 정부이다. 재정사(財政司), 각운국(権運局)이 실무 당사자이지만 간혹 장사현(長沙縣) 지사(知事)가 나서기도 한다. 장사현 을 창구로 하여도 종국의 차관 주체는 성 정부였다. 담보물과 이자율은 실무진에서 협의한다고 된 경우가 많다. 신문 기사에 이자율이 적시된 경우만 추려 모은 것이 〈표 3〉이다. 매 월 이자율은 1분(分) 4리(厘)에서 1분 8리까지의 범위이다. 평균하면 1분 5리 정도이다. 연리(年利)로 계산하면

---

92) 『長沙大公報』 1926年 4月 4日, 「財政司布告淸理省債辦法」.

18% 정도이다. 『대공보』상에 나타나는 담보물은 성고권(省庫券), 전부권(田賦券), 미호조(米護照), 염표(鹽票), 5각구연(角口捐), 미연(米捐), 염세군사특연(鹽稅軍事特捐), 삼성통용표(三省通用票), 관산(官産) 등 다양하다.

빈번한 차관(借款)의 요구가 상호간의 합의에 의한 자유계약이기 보다는 강요되고 있는 것은 여러 기사에서 확인할 수 있다. 민국 6년(1917) 2월에 호남성 정부가 염상에게 200만원의 차관을 요구했을 때 염상은 표상(票商), 운상(運商)을 막론하고 형편이 어렵다는 이유로 명령을 철회해 줄 것을 간곡하게 요청하고 있다.[93] 1922년 5월에 정부가 총상회(總商會)에 60만원의 차관을 요구했을 때 상인들이 고통을 호소하는 내용을 검토해 보자.[94]

정부가 지난해 헌법을 촉성(促成)하고 비용절약, 군대 감축을 추구하였고 아울러 지난 연말 성장(省長)께서 대중 앞에 표시하기를 이후 상인에게 대관(貸款)하지 않겠다 하여 상인들이 듣고 감격하여 마지 않았다. 뜻밖에 상장(商場)이 조폐(凋弊)하여 스스로 돌아볼 겨를이 없는 때 정부가 홀연히 상인에게 차관 60만원을 요구하였다. 공화국 인민은 납세의 의무가 있고 정부는 인민을 보호할 권리가 있다. 우리 호남상인은 이미 의무는 수십 차 다했다. 상인들의 사정이 곤란하여 차관해 주기 어렵다. 상인의 곤고(困苦)를 대신 재정청에 품달 바란다. 안되면 성(省) 의회에 다시 청원할 것이다.

상인의 이러한 호소에도 차관 모금 담당인 섭(葉)·유(劉) 두 여장(旅長)이 직접 상회(商會)에 와서 정부의 부득이한 고충 이해를 당부하고 만약 60만원이 안되면 30만원이라도 제공해 달라며 결국 차관을 관철하고 있다.

1923년 성(省) 정부가 회상(淮商) 30만원, 상회(商會) 20만원 차관을 요구했

---

93) 『長沙大公報』1917年 2月 20日, 「湘政府息借鹽商鉅款往來函件」;「鹽商公所覆財政廳造幣廠函」.
94) 『長沙大公報』1922年 5月 22日, 「政府向商會借款之周折」.

을 때도 상인들의 눈물겨운 호소는 이어진다. 회상(淮商)은 자본금까지 박탈당한다고 하고 상회(商會)는 이전의 차관 요구액도 모두 충족하지 못했다고 하소연하며 차관 거절 의사를 나타내고 있다.[95]

민국 14년(1925) 5월 28일 정부가 회상(淮商)과 총상회(總商會)에게 또 차관을 요구하였다. 회상에게 80만원, 총상회에 30만원 액수를 할당하였는데 상회의 반응을 보면 다음과 같다.[96]

어제 상회 회동(會董: 임원)대회를 개최하고 회장 황조기(黃藻奇)가 주재하였다. 정부가 전일(前日) 5각(角) 신가구연(新加口捐)을 담보로 하여 본회(本會)에 차관 40만원을 요구하였는데 상장(商場) 곤란으로 인해 재삼 교섭해서 부득이 차관 20만원을 인정했다.
지금 5각구연(角口捐)은 1각(角)도 회수하지 못했는데 상회가 낸 기표(期票) 20만원은 정부가 일찍 현금으로 가져갔다. 당시 계약에는 이번 기표(期票) 20만원 회수 전에는 정부는 다시 상회에 차관을 요구하지 못한다고 했다. 지금 먹도 안 말랐는데 또 30만원 차관 요구가 이르니 승인하기 어렵다. … 신상(紳商)이 자위(自衛)하기 위해 민식유지회(民食維持會)를 조직한 형편으로 차관을 마련할 방법이 없다.

성(省) 정부가 거듭해서 차관을 강요하고 있는 정황이 명백하다. 1925년 7월에는 악양(岳陽) 주둔군이 회상(淮商)의 자본금까지 침탈한 것에 대해 회상이 항의하고 있다.[97] 거듭되는 차관 강요를 견디지 못한 회상은 거의 파산지경이 되었다. 난국 타개를 위해 상안회상총공소(湘岸淮商總公所) 명의로 양주회상사안공소(楊州淮商四岸公所)에 규원(規元) 20만량의 대부를 요청

95) 『長沙大公報』1923年 7月 22日, 「政府又向淮商商會籌借巨款」; 1923年 7月 24日, 「商會否認借款」.
96) 『長沙大公報』1925年 5月 30日, 「商會昨因政府借款開會」.
97) 『長沙大公報』1925年 7月 31日, 「淮商公所呈請發還岳州所提商本」.

하고 있다.[98] 호남의 소금상인인 회상은 이미 재지화 한 상인으로 생각된다. 급기야는 회상은 상회(商會)에서 이탈하기까지 하고 있다. 회상의 주장은 성 정부 차관을 회상이 단독으로 감당하는 경우가 많은데 또 상회에 차관 요청이 오면 상회는 회상에 할당한다. 이중의 강요를 견딜 수 없어 상회를 이탈하겠다는 것이다.[99]

북벌 시기에도 군수(軍需)가 긴박하다는 이유로 차관 강요가 집중되고 있다. 민국 15년(1926) 7월에 회상에 차관 50만원을 요구하였는데 회상은 사정 곤란을 호소하고 감면을 청구하였으나 허용되지 않고 있다. 동 월 장사총상회에도 40만원을 요구하면서 혁명을 위한 고통 감내를 주문하고 있다.[100]

『대공보』의 차관 관련 기사를 보면 거의가 차관을 강요하는 성(省) 정부와 고통을 호소하는 상인들의 반응을 다루고 있다. 차관 강요의 과정에 무력을 동원하는 경우도 종종 보이는데 한 건의 사례를 보면 다음과 같다.[101]

> 재정청에서 14일 밤 9시경 무장 병사 수인을 대동한 판사원(辦事員)을 파견하였다. 재정청장의 조유(條諭)를 가지고 상점에 와서 각 점(店)의 경리인(經理人)을 청(廳)으로 소환한다 하였다. 각 점(店) 점주(店主)들이 마침 중추대비(中秋大比)를 만나 장관(帳款) 출입에 경황이 없는데 홀연히 위원이 병사 여러 사람을 데려오고 또 심야에 오니 어떤 긴급 사건이 있는지 몰라 분노를 견딜 수 없다. 일면 사람을 보내 위원 병사와 접촉하여 점내(店內)에 유숙케 하고 일면 상회에 보고하여 긴급회의 개최를 요구하였다.

전업공소(錢業公所) 하의 전점(錢店)들이 성(省) 정부의 차관 요구에 응하지

98) 『長沙大公報』 1926年 5月 10日, 「淮商公所將近破産矣」.
99) 『長沙大公報』 1926年 5月 17日, 「淮商脫離商會之原因」.
100) 『長沙大公報』 1926年 7月 15日, 「政府向淮商公所借款五十萬」; 『長沙大公報』 1926年 7月 18日, 「總指揮部向商會籌借四十萬」; 『長沙大公報』 1926年 7月 20日, 「關於淮商借款之消息」.
101) 『長沙大公報』 1926年 9月 23日, 「秋節財廳駐兵商店借款之風潮」.

않자 무력으로 강박한 현장이다. 조항척(趙恒惕) 정권도 병사들의 급여 난동으로 궁지에 몰리자 상점에 무력행사를 한 경우가 있다. 꼭 무장 병력으로 겁박하지 않더라도 차관 요구와 수용 과정을 검토하면 강요된 것이 분명하다. 군벌정권은 빈번한 내전과 군대 유지를 위해 군수 비용이 시급하였다. 차관 요구의 이유로서는 항상 '군수긴급(軍需緊急)' 등의 표현이 등장한다. 간혹 '군정비(軍政費)'라는 단어도 있다. 지출 내역 대부분은 군사비임이 분명하다. 호남의 군벌 정권은 정상적인 국가권력의 모습으로 보이지 않는다. 필요 경비의 대부분을 상인에게서 약탈적으로 조달하고 있다. 때로는 상인의 자본금까지 침탈함으로써 상인의 통상적인 상업 활동마저 위협하고 있다. 민국 11년(1922)도 예산안의 44.4%가 군사비였고 12년도 예산안의 35.6%가 군사비였다. 1923년의 예산안은 1683만 5437원이었다. 성(省) 정부의 부채 규모의 큰 것과 군사비의 과다지출을 알 수 있다.[102]

2. 상인의 저항

1) 요월(繞越)

가도(嘉道: 가경도광)간 회안관(淮安關), 호서관(滸墅關)의 세수(稅收) 결손이 일반 물류량의 감소에서 비롯된 것이 아니라 상인의 요월(繞越)에 의한 것이라고 밝힌 것은 탁견(卓見)이라 생각된다.[103] 이금제(釐金制)의 실시와 촘촘한 이잡(釐卡)망의 설치 후 징세액이 증가한 것은 징세 네트워크의 강화가 중요하다는 주장에는 일리가 있다. 그러나 이금제 시행의 청말기는 대외교역과 상품경제의 발달로 가도간 시기보다 상품유통량의 상대적 증가가 있었던 점도 고려되어야 한다. 이금의 수취 강화와 맞물려 이금제 하에서

---

102) 塚本元, 앞의 책, pp.229~230.
103) 李相勳, 「19세기 전반 常關稅收의 缺損과 物流路線의 變化」『東洋史學硏究』124, 2013.

도 '요월(繞越)'현상이 나타나고 있다.

이금이 일찍 시작된 절강(浙江)지역에서도 이잡(釐卡)을 통과하는 상인들의 투루(偸漏)가 많아 결국 상인에 대한 징세 위탁 즉 포인(包認) 징수가 확장된 사실이 있다.[104]

호남에서도 상인의 이금 탈세를 목적으로 한 '요월'현상이 일찍부터 목격되고 있다. 광서년간 상담현(湘潭縣) 사례를 보면 다음과 같다.[105]

처음 복건에서 연사(煙絲)를 판매하는데 오직 상담으로 향하였다. 한 사람이 날마다 3전(錢)을 쓰니 200~300만을 소비하여 소금에 비할 만했다. 상군(湘軍)이 이르는 곳마다 건조(建條)를 판매하는 자 따라다니고 조관(朝官) 이하 또한 서로 끌고 조사(條絲)를 흡연하였다. 건조행(建條行)이 더욱 넓어져 마땅히 염례(鹽例)에 따라 각세(權稅)를 매겨야 하는데 상인들이 번번이 짊어지고 '요월(繞越)'을 하였다.

상군(湘軍)의 존재로 보아 이금 실시 초창기의 어떤 시점으로 추정되는데 상인들의 '요월'이 지적되고 있다. 민국기 간행된 『예릉현지』 기사에도 다음과 같은 내용이 있다.[106]

함풍 6년(1856) 현성(縣城) 사가항(謝家巷)의 민간 주택을 임대해서 개설했다. 대잡(大卡) 둘을 현성과 녹구(淥口)에 설치했는데 척당평(柘塘坪), 사분포(泗汾鋪)에 사사(司事)가 있어 화물을 조사하여 이금을 징수했다. 청말에 주평(株萍)철로가 개통되자 상고(商賈)가 폭주하였다. 이에 원래 서문(西門), 남문(南門), 녹구(淥口), 사분(泗汾)등 잡(卡)외에 양삼석(陽三石) 요가패(姚家壩), 백관(白關), 주주(株洲) 4잡(卡)을 증설했다. 민국시기 이를 답습하

---

104) 侯鵬, 「晚淸浙江釐金制度與地方商品市場」 『淸史硏究』, 2013-1.
105) 光緒 15年刊 『湘潭縣志』 권11, 貨殖.
106) 民國 37年刊 『醴陵縣志』, pp.427~428, 釐金局.

였고 요도(要道)에 잡(卡)을 증설하여 막고 '월루(越漏)'를 방지했다.

이것을 보면 상인과 상품유통에 부응하여 이금국잡(厘金局卡)을 증가시켜 나감으로써 '요월(繞越)' 방지를 의도했던 것을 알 수 있다.

『호남통지(湖南通志)』에도 '요월' 관련 기사가 나오고 있다.[107]

어려운 바는 수륙잡국(水陸卡局)의 설치는 각기 그 적임지가 있는데 수위(水位)가 내려가면 잠시 철수해야 하는 곳이 있고 팽창시에는 다시 증설해야 하는 곳이 있다. 육로로 말하면 이미 잡국(卡局)을 설치한 곳이 있으나 아울러 장악할 수 있는 총애(總隘)가 없어 자잡(子卡)을 설치하지 않을 수 없는 것은 잡국(卡局)을 설치하지 않은 곳에 상인들이 '요월'을 다투어 나아가기 때문이다.

이것을 보면 계속해서 이금국잡(釐金局卡)을 증가시킬 수밖에 없는 것은 상인들의 '요월' 시도 때문이었다. 사료의 이어지는 부분을 보면 대개 호남이 처음에는 장사(長沙), 상담(湘潭), 상덕(常德), 익양(益陽) 등 매매가 비교적 많은 곳에 국(局)을 설치하여 시작하였는데 후에 객상(客商)들이 경로를 고쳐 이금 징수하는 곳을 거치지 않고 무역하는 자가 많았다. 호남상인들이 일률 징수하여 공평함을 밝히고 '추피(趨避: 세금 탈루)'를 막아 달라 청하였다고 하고 있다. 상인들의 '요월'을 말하고 있는 것이다.

『호남통지』의 다른 사료 하나를 제시하면 아래와 같다.[108]

호남 전성(全省)의 잡국(卡局)은 불과 수십 곳인데 안착한 지 이미 오래되었다. 상(商)과 민(民)이 함께 이의가 없다. 만약 일률로 철폐를 논한다면 좌고(坐賈: 정착상인)는 혹 따라서 천이(遷移)할 것이고 행상(行商: 이동상

---

107) 『湖南通志』권59, 食貨志 5, 権税.
108) 上同.

인)은 반드시 따라서 '요월'을 할 것이다. … 이것은 호남 이금 분잡(分卡)을
철폐하기 어려운 실제 사정이다.

　여기서도 행상(行商)의 '요월' 때문에 분잡(分卡)을 유지해야 된다는 주장이
제기된다. 이금의 징수는 상품 원가를 증가시키기 때문에 자연히 상인들이
요잡(繞卡) 통행을 시도하여 탈세를 추구하였다. 이금 수입의 보증을 위해서
각지에 이잡(厘卡) 증설의 필요가 발생하여 곳곳에 이잡(厘卡) 설치의 폐단을
낳았다.[109]
　호남의 이금국은 함풍(咸豐) 6년(1856) 이전까지 21국(局)이었고 이후
동치(同治) 10년(1871)까지 7국이 증가하여 28국에 분국분잡이 108곳이었다.
선통(宣統) 3년(1911)에는 36국에 분잡(分卡) 172곳이었다. 민국시기에도
'유증무감(有增無減)'이었다는 표현이 있고 다수의 계사처(稽査處)는 계량
수치에 포함도 되지 않고 있다.[110]
　민국시기 사정을 반영하는『장사대공보』기사에 다음과 같은 것이 있
다.[111]

　　근일 이래(1920.3.5.) 성성(省城)의 피복 상점에서 상품을 운송하여 성(城)에
　　오면서 이금세를 투루(偸漏)하여 각 성문이잡(城門厘卡)에 발각되어 처벌받
　　는 일이 있다. …
　　… 상호(商號)가 선악이 같지 않고 현우(賢愚)가 달라 규정에 따라 이금을
　　완납하는 자가 실로 많지만 '투월(偸越)'을 기도하는 자도 여전히 발견된다.

　'요월'을 기도하다 발각되면 정해진 이금 외에도 몇 배의 벌금을 내게

---

109)　楊梅,『晚清中央與地方財政關係研究以厘金爲中心』, 北京: 知識産權出版社, 2012, pp.80~
　　81.
110)　張朋園, 앞의 책, p.226.
111)　『長沙大公報』1920年 3月 5日,「厘局勸誡商號」.

된다는 사실을 엄포하고 있지만 '요월'이 근절되었다고는 생각되지 않는다.

1923년 12월 19일자『장사대공보』를 보면 미연국장(米捐局長)이 말하기를, "국문(局門)상류에 정박한 선박 30여 척 중에 개표(開票)한 것은 겨우 두 척이다. … 내막 살펴보니 미금(米禁) 기간 안에도 이곳은 미(米)를 방출했는 데 대부분 개표하지 않았다. 관(官)과 상(商)이 짜고 폐단을 저질러 매 미(米) 100석(石)에 개표한 것은 불과 40~50석이고 나머지 50~60석은 상인이 반, 국내(局內)에서 1반을 점한다"라고 하고 있다.[112]

『대공보』 1924년 1월 기사에 다음과 같은 것도 있다.[113]

> 대략 생각건대 척림담분잡(柘林潭分卡)은 원래 송자구(松滋口) 곡미가 출경
> 할 때 '요월' 때문에 설치된 것이다. … 호북성 공안현지사(公安縣知事)가
> 이의를 제기하여 호남 홀로 이익을 누린다고 하였다. 이에 미상(米商)에게
> 틈관항세(闖關抗稅)를 종용하였다. 이에 근일에 곡미를 싣고 하류로 내려가
> 는 선박이 조사를 받고 세금을 납부하는 데 불복하였다.

이것을 보면 척림담(柘林潭) 분잡(分卡)이 '요월' 때문에 생긴 것인데 호북 공안현과 이익 다툼이 생겨 와중에 미선(米船)들이 조사와 납세에 불응한 사정을 알 수 있다.

이상에서 알 수 있듯이 상인들은 과도한 이금의 수취에 '요월'로써 저항을 시도했다. 당국은 이금 국잡(局卡)을 증가시킴으로써 '요월'을 막으려고 했지만 민국시기에도 이런 징세 회피 노력은 근절되지 않았다. 경우에 따라 국잡(局卡)의 관원과 짜고 '이다보소(以多報少: 액수를 적게 신고함)'의 방법으로 징세 기피를 시도하기도 했다.

---

112)『長沙大公報』1923年 12月 19日,「米捐局長揭破奸商把持之黑幕」.
113)『長沙大公報』1924年 1月 13日,「米捐局卡辦理之困難」.

2) 파시(罷市)

이금(釐金) 수취의 가중에 대한 상인의 반발은 타 지역에서도 발견되고 있다. 호북의 샤양(shayang)에서도 이금국의 관리가 이금 세율을 몇 퍼센트 올린데 항의하여 상인들의 4일간 파시(罷市)가 있었고 태주(泰州)에서는 폭동 후에 이금국의 숫자는 18개에서 5개로, 분국(分局)의 수치는 36에서 20으로 축소된 일도 있었다.[114]

호남에서도 함풍년간 대전(大錢) 주조와 사주(私鑄)의 성행으로 악성 통화 팽창이 발생하여 상점이 도산하게 되자 장사 상인들이 파시 풍조를 일으켰다.[115] 동치년간 상담현 한 사료를 보면 다음과 같다.[116]

　　동치 2년(1863) 상인이 이금국원의 조사가 지나치게 엄격하여 3일간 파시를
　　하였다.

같은 『상담현지』의 비슷한 사건을 보면 다음과 같다.[117]

　　광서(光緖) 2년(1876) 상평창(常平倉) 창고건물을 중수(重修)하는데 상인들
　　이 이금세가 과중하다는 이유로 이금국 문 앞에 집결하였다. 위원이 (해산
　　을) 권유하였다.

위 두 사건은 10여 년의 간격을 두고 벌어진 일이다. 이금의 수취 증가에 대해 상담 상인들은 계기가 생기면 '파시'를 행하고 있는 것을 알 수 있다. 민국 7년(1918) 9월에는 장사도업(長沙屠業)이 파시를 하였다. 『대공보』의

---

114) Susan Mann, 앞의 책, pp.142~143.
115) 劉泱泱, 앞의 책, pp.153~155.
116) 光緖 15年刊 『湘潭縣志』 事紀14, "商民以釐金局員 刻嚴過甚 罷市三日".
117) 위의 책, 事紀15, "光緖2年 重修常平倉廠 商民以權稅苛刻 紛集局門遮 委員勸諭".

기사 내용을 보면 도세(屠稅)를 상인들이 위탁받아 여러 해 동안 폐단이 없었는데 갑자기 압금(押金)과 세금을 증가시키려 하니 이에 대한 항의로 파시를 한 사정을 알 수 있다.[118]

민국 9년(1920) 4월에서 발생한 무강파시(武岡罷市) 원인에 관한 사료를 보면 다음과 같다.[119]

이 달 10일에 무강전성(武岡全城)의 파시에 대해서는 대략 지난번에 보도했다. 파시 원인을 들으니 인화세국(印花稅局)의 부당한 처리가 초래한 것이었다. 상점의 장부에 종전에 첩인화(貼印花) 2분(分)이던 것이 지금은 첩(貼)이 4분(分) 혹은 1각(角)으로 된 것이 하나의 이유이다. 또 구표(舊票) 폐지 후 신표(新票) 사용하는데 전에 상회(商會) 개회시 인화세국 주임이 선언하기를 이미 구표로 첩(貼)한 것은 유효하고 다시 신표로 바꿀 필요는 없다고 하였다. 그런데 근일 각 상점에 온 검사원이 구표를 인정 안하고 신표(新票)로 다시 붙이게 한 것이 두 번째 이유이다. 사성(四城)에 사람을 파견하여 향민이 구매한 물건을 검사하는 일은 종전에 없던 일이다. … 향민 한 사람이 현전(現錢)으로 한 점포에서 물건을 수백문 구입하고 다른 집에서 수백 문어치 구매하여 합계 1원 정도였다. 검사원이 즉시 같이 상점에 가 벌금 약간을 매기고자 하였다. 향민이 원인 모르고 눈물을 흘리며 심지어 다시 성중(城中)에 물건 사러 가지 않겠다하니 이것이 세 번째 원인이다.

이것을 보면 과도한 세금의 증액과 이중 과세, 그리고 이러한 과도한 수취가 정상적인 상업 활동마저 저해하는 상황에 대해 파시로써 항의한 것을 알 수 있다.

1923년 1월에는 전국 상계(商界)연합회가 주도하여 전국적인 파시를 시도

---

118) 『長沙大公報』 1918年 9月 26日, 「屠業罷市之近聞」.
119) 『長沙大公報』 1920年 4月 21日, 「武岡罷市之原因」.

하고 있다. 국가 재정이 파산에 가까운 것은 군벌이 다수 군대를 보유한 탓이라는 것으로 이에 재병(裁兵) 운동을 결의하게 된 것이다. 행동 방식은 첫째는 파시(罷市), 둘째는 항세(抗稅)를 결정하였다. 다만 파시를 거행하면 금융이 더욱 긴박할까 염려하여 음력 명년 정월 19일 전국 일제히 파시를 결행한다. 정부가 군벌 상태를 방치하면 그 다음은 항세로 나아갈 것이 상업계의 목표였다.[120]

같은 해인 1923년 7월에 예릉(醴陵)에서도 전성(全城)의 파시가 발생하였는데 그 내용을 보면 다음과 같다.[121]

예릉통신에 이르기를 근래 의결을 하여 병차(兵差) 비용을 대개 성구(城區) 상인 부담으로 돌렸고 다만 긴급한 시기를 당하여 보관처가 능히 참작하여 진첩(津貼)을 매길 수 있다고 운운했다. 일반 상민(商民)들이 들어서 알고 마땅히 전성(全城)이 부담해야 할 군비(軍費)를 일부 지역의 상민(商民)에게 부담을 강요하는 것은 무단전횡이 극에 달한 것이라 아울러 송(宋)지사에게 청하여 전달, 다시 의논하게 하였으나 여전히 효과가 없었다. 지난 15일 전성(全城)에서 폐시(閉市)를 하고 오각(午刻)에 3,000여人이 집합하여 유가(遊街: 거리데모)를 행하였다.

전 성의 군대 주둔 비용을 오직 성구(城區) 지역 상인에게만 부담시키는 것은 형평에 맞지 않고 현재 상업 형편이 좋지 않아 상인들의 능력이 부족하다는 이유를 제시하고 있다. 그런데 이 상인들의 요구문에 서명한 사람은 상단(商團) 대표인 왕학홍(王學鴻) 부광휘(傅光輝)뿐 아니라 공회(工會) 회장, 각 성동(城董) 등이 대표자로 참여하고 있고 44,000명이 함께 호소한다는 형식을 취하고 있다. 실제 거리 데모에 참가한 3,000명 외에도 상인들이 각계를 동원하고 있는 점이 주목된다.

---

120) 『長沙大公報』 1923年 1月 26日, 「全國商界定期罷市」.
121) 『長沙大公報』 1923年 7月 17日, 「醴陵全城罷市罷工」.

민국 14년(1925)의 도원(桃源)에서도 파시가 나타나고 있다.[122]

도원 특약기자가 5월 20일 서신에 이르기를 어제(19일) 거리 각 다루(茶樓), 주관(酒館)이 문을 닫아 일가(一家)도 영업하는 집이 없었다. 춘방루(春芳樓) 등지에 탐문하니 듣건대 경찰이 우리에게 주석연(酒席捐) 1/10을 요구한다. 우리는 선강소(宣講所)에 납연(納捐)하고 있는데 또 경찰서에서 납연(納捐)을 요구하니 실로 할 수 없다. 단지 영업을 안 할 수밖에 없다. 오후 1시에 이르러 각 상점이 홀연히 또 전체 폐시(閉市)하였는데 사정은 남가(南街)의 겸태제(謙泰齊)가 세국(稅局) 원순(員巡) 2인에게 검문을 당했는데 서류 한부에 붙인 인화(印花)가 잡세국의 확인 도장이 없다 하여 원순(員巡) 등이 국(局)에 데리고 가서 조사하려 하였다. 뜻밖에 상점에 사람이 많아 처음에 피차 실랑이를 하다 나중에 서로 욕설 구타를 하였다.
잡세국 국장 이효우(李孝友)가 듣고 심히 불복하여 … 11여(旅) 유수처(留守處)에 나아가 병사 8인을 파견하여 겸태제(謙泰齊) 점주(店主)를 붙잡아갔다. … 상회가 이 소문을 듣고 따라서 통고하여 전체가 파시하였다.

도원(桃源) 상점의 파시는 19일과 20일 양차에 걸친 것으로 생각된다. 하나는 경찰에서 각 다루(茶樓), 주관(酒館) 등에 1/10의 주석연(酒席捐)을 부과하게 된 것이고 하나는 인화(印花) 문제로 시비가 붙어 잡세국에 체포된 겸태제(謙泰齊) 점주(店主) 석방을 둘러싼 것이다. 후에 쌍방 조정으로 겸태제 점주는 석방되었다. 주석연의 증세에 반대하여 파시하는 것은 물론이지만 점주 석방이 파시의 사유가 될 수 있을까 생각할 수는 있다. 사건 발단이 인화세와 관련된 것이기 때문에 공동보조를 취한 것으로 생각된다.
민국 14년(1925) 10월에 일어난 상담 파시 사건을 보면 다음과 같다.[123]

---

122) 『長沙大公報』 1925年 5月 24日, 「桃源商店忽然罷市」.
123) 『長沙大公報』 1925年 10月 20日, 「湘潭罷市風潮解決矣」.

상담에서 3사(師)의 현(縣) 주둔 군량문제로 현 의회와 이견이 발생하여 파시를 일으켰다.

··· 들으니 18일 파시 후 상오 상회에서 100인을 추거(推擧)하여 현서(縣署)에 나아가 청원하게 하였다. 이전의 점관(墊款: 차입금)은 마련하여 상환해 주시고 이후 자금 조달은 17구(區)로 나누어 할당하여 주십시오. 손현장(孫縣長)이 밖으로 나와 답변하였으나 각 상인은 불만족이었고 마침내 결과 없이 해산하였다. 어제(19일) 파시는 여전히 그대로 하고 있는데 상오에 현의회 앞에 홀연 걸개(乞丐) 수백 인이 나타나 난동을 부렸다. 마땅히 현서(縣署)에서 청하여 군대를 출동시켜 비로소 퇴출시켰다. 손현장(孫縣長)이 상회에 재삼 조정하여 종전 상회 점부(墊付)의 방연(房捐)은 방법 마련하여 상환하고 이후 주관(籌款: 마련 자금)은 성구(城區)가 2/10를 맡고 향구(鄕區)가 8/10을 담당하도록 하겠다. ··· 상인들이 승낙하고 하오에 개시(開市)하였다.

상담 주둔군 3사(師)의 군량 부담에 반발하여 파시를 일으킨 것인데 내용이 다채롭다. 일단 파시를 하면서 100명의 대표를 보내 청원 형식을 취한다. 대표를 100명이나 보낸 것도 시위성이라고 여겨진다. 청원이 통하지 않자 이번에는 걸개(乞丐) 수백 명을 동원하여 난동을 조장한다. 단순한 파시로부터 투쟁 방법이 진화하고 있음을 알 수 있다.

민국 15년(1926) 10월에도 장사(長沙) 여업(旅業: 여관업)이 근 열흘간 파시를 일으킨 일이 확인된다.[124] 사건 내용을 보면 종전에 없던 월연(月捐)을 따로 부과하는데 대한 반발이 크고 또 치안 문제 관련한 각종 까다로운 검사의 부과에 대한 불만이 원인이었다. 민국 15년(1926) 당시 장사의 여관업 종사자 400여 가(家)가 일치단결해서 투쟁에 나서고 있다. 사건 와중에

---

124) 『長沙大公報』 1926年 9月 23日, 「長沙旅業罷業之第五日」; 『長沙大公報』 1926年 9月 27日, 「長沙旅業罷業之第八九兩日」; 『長沙大公報』 1926年 10月 3日, 「長沙旅業罷業風潮解決矣」.

체포되었던 여업공회(旅業公會) 대표가 석방되고 성(省) 정부도 일부 규정 완화를 천명했다. 그러나 여업(旅業)에서는 당분간 월연(月捐)의 납부를 하지 말고 기다리라는 지시를 내리고 있다.

이와 같이 성(省) 정부 당국은 군사비의 필요나 기타 긴급한 행정 수요 재정 충당을 위해 걸핏하면 상인에게 부담을 전가하고 있지만 상인도 파시와 같은 수단으로 저항을 계속하고 있다.

3) 감세(減稅) 요구

무술변법기(戊戌變法期) 유양인(瀏陽人) 왕양흠(王揚鑫)이 다무(茶務) 정돈에 관하여 쓴 글을 보면 종전에 다무가 번성하고 다가(茶價)가 좋아 세금을 많이 거두었는데 지금 다업(茶業)이 쇠퇴하고 가격도 왕년에 비해 절반이나 저렴한데 세금은 그대로 징수하는 것은 옳지 않다. 상인의 판매가에 비추어 5/100세(稅)를 한다면 일률로 징수해서 공평하게 해야 한다는 취지의 내용이다.[125] 왕양흠의 신분은 『상보(湘報)』에 주장을 게재한 많은 신사(紳士) 중의 한 사람으로 생각되는데 그 자신이 다상(茶商)인지는 분명하지 않다. 어쨌든 다상의 감세 요구를 대변하고 있는 것은 틀림없다.

민국 6년(1917) 1월에 장사 주상(酒商) 대표 장자림(張子林) 등은 주세(酒稅)가 과중하다 하여 성(省) 의회에 면제를 건의하였다. 성 의회는 토론을 거쳐 연주공매비(煙酒公賣費)의 면제를 국회에 건의하고 있다.[126]

동년 9월에는 호남상인들이 이금의 가징(加徵)에 반대하고 있는데 그 내용을 보면 다음과 같다.[127]

재정청에서 의정(議定)하여 백화(百貨)에 징전(徵錢)하는데 현행 이율(釐率)

---

125) 『湘報』 1898年 7月 13日, 「擬整頓茶務章程十四則」.
126) 『長沙大公報』 1917年 1月 21日, 「省議會爲免除煙酒公賣費建議國會文」.
127) 『長沙大公報』 1917年 9月 2日, 「湘商反對加收徵錢釐金」.

에 따라 정가(正加)이금 외에 참작하여 5성(成)을 더하여 징수한다. 9월
1일부터 실행시기로 한다. 마땅히 즉시 통지하여 따르게 한다 등 … 상(商)
등은 놀라움을 금할 수 없다. … 불가의 이유는 첫째 인화세(印花稅) 시행으
로 이금은 폐지해야 하나 가징(加徵)하는 것은 불가하다. 둘째 징은이과(徵
銀釐課)에서 고쳐서 은원(銀元) 징수할 때 상인은 이미 한번 고통을 받았는
데 다시 징은이과에 5성(成)을 추가로 징수한다는 것, 상인 능력은 유한한
데 수취 가중되는 것은 불가하다. 셋째 성(省) 의회 통과 없이 재정청이
발표 시행하는 것은 불가하다. 넷째 은행 지폐 남발로 상인들이 고통
받고 금융 불안으로 상인들의 영업 사정이 나쁨으로 불가하다.

이금을 전(錢)으로 징수하면서 50% 추가 징수한다는 것에 강한 반대를
표시하고 있다.

민국 8년(1919) 10월에 6성(省) 다업공회(茶業公會) 대표 공황(龔璜)이 호남
호북 성장(省長)에게 다세(茶稅)의 감면(減免)을 요청하고 있다.[128] 그의
주장에 의하면 서양은 세금을 가볍게 해서 상업을 발전시켰다. 영미세칙(英
美稅則)을 모방해서 차 생산자는 일률 감경하고 출구(出口: 수출)세는 반으로
줄여야 하며 내지 각지의 이연(釐捐)은 면제해야 한다는 것이다. 다상(茶商)
이 실업하면 세금을 거둘 길도 없다는 것을 주지시키고 있다.

동년 12월의 보도에 따르면 농상부(農商部) 훈령(訓令)으로 모든 수출
중국 차의 해관세(海關稅) 감면을 2년간 실시하도록 하고 있다. 세리(稅釐)에
대해서는 아울러 핵감(核減)하여 상인에게 혜택을 주고 원가를 경감시켜
판로를 확대하도록 하라는 훈령이다.[129]

민국 9년(1920) 2월의 보도에 다시 다업공회(茶業公會)의 요청에 따라
호남성장(湖南省長)이 호남 수출 차의 이세(釐稅)를 2년간 면제한다는 조치를
하고 있다.[130]

---

128) 『長沙大公報』 1919年 10月 4日, 「茶業公會代表呈請減免茶稅」.
129) 『長沙大公報』 1919年 12月 9日, 「茶商呈請減免稅釐之結果」.

이렇게 감세 요구가 수용되는 경우도 있지만 성과를 보지 못하는 것도 있었다. 민국 9년(1920) 2월 『대공보』 기사에 의하면 윤운상(輪運商) 태기(泰記) 등이 상회를 경유하여 성장(省長)에게 미연(米捐) 특연(特捐)을 경감시켜 유통을 촉진시켜 달라고 올린 요청은 거부되었다. 성장의 답변은 군사비 수요의 긴급함 때문에 불가피하다는 것이었다.[131]

민국시기 예릉(醴陵)에서도 현상(縣商)의 요청에 따라 예릉의 자기(磁器)를 판매할 때 군사특연(軍事特捐)과 화차연(火車捐)을 면제하고 있다.[132]

민국 11년(1922) 1월에 영릉(零陵) 상회가 이금 세율 증가에 반대한 내용을 보면 다음과 같다.[133]

> 영릉현 상회가 장사총상회에 공함(公函)을 보내 이르기를 장담구장(長潭舊章)의 회복을 청합니다. 삼가 영릉 각 상인은 조(趙) 전 국장이 규정을 개정하여 가렴주구(苛斂誅求)하는 실정을 상회에 두루 보고합니다.
> … 영릉지역은 편벽한데 병란(兵亂)을 겪고 비도(匪盜)가 출몰하며 기근이 빈번합니다. 근 수십년래 못 보던 곤궁입니다. 영릉 상업은 장사(長沙) 상담(湘潭)에 훨씬 못 미칩니다. 영릉의 이금은 장담(長·潭)에 따라 징수해도 이미 부담 가중을 느끼는데 하물며 조 전 국장이 정한 신장(新章) 즉 원가를 추정하여 이금을 징수하는 것은 원사(員司)에게 생재(生財)의 길을 열어 주는 것이고 뇌물의 문을 여는 것입니다.

영릉은 장사나 상담에 비해 편벽하고 상업이 덜 발달된 지역이다. 그런데 상품 원가를 추정하여 이금을 징수하겠다는 것은 이금 국잡(局卡) 관계자의 자의적 재량권 확대를 의미한다는 것이고 그것이 수탈 가중이 될 거라는

---

130) 『長沙大公報』 1920年 2月 2日, 「湘茶免釐問題」.
131) 『長沙大公報』 1920年 2月 2日, 「米捐不能減少」.
132) 民國 15年刊 『醴陵鄉土志』 四, 賦稅.
133) 『長沙大公報』 1922年 1月 24日, 「零陵商會請恢復舊章」.

우려 때문에 구장(舊章)을 회복해 주도록 요청하고 있다. 장사총상회를 통해 성장에게 간청하는 것이다.

동년 3월에 지강(芷江)상인들도 화연(貨捐)에 반대하는 움직임을 보이고 있는데 기사 내용을 제시해 보면 다음과 같다.[134]

> 지강상회(芷江商會)가 어제 성서(省署) 재정청에 전보치기를 양지사(楊知事)가 위법하게 백화세연(百貨稅捐)을 마음대로 거두는 것에 대해 일찍이 원일(元日)에 조사를 전청(電請)하였다. … 아울러 양지사(楊知事)에게도 공함(公函)을 보내 스스로 징수를 정지하도록 청하고 지령을 기다렸다. … 상품에 대한 강제 징수가 갈수록 격렬해지니 상인들은 죽음에 이르더라도 따를 수 없다. 울면서 두려워하여 시중이 동요하였다. 속히 양(楊)지사에게 지시하여 명(命)을 거두게 하지 않으면 대중의 분노가 걷잡을 수 없게 되어 상회의 힘으로 통제할 수 없게 된다. 본 회는 상업 보호뿐 아니라 치안 유지를 위해서도 다시 전보를 보내지 않을 수 없다. 급히 지시 내려 징수를 면하도록 하여 주십시오.

지강상회(芷江商會) 회장 임덕명(林德明)의 이름으로 성(省) 재정청에 보낸 내용이다. 지강현 지사가 제멋대로 백화세연(百貨稅捐)을 부과하니 수용할 수 없다는 것이다. 죽는 한이 있더라도 따르지 못하겠다는 강경한 의사뿐 아니라 감세(減稅) 요구를 수용하지 않으면 폭동을 일으킬 수 있다는 협박성 주장까지 하고 있다.

이금의 각종 폐단과 가렴주구(苛斂誅求)를 지적하고 이것의 폐지나 경감을 요구하는 호소는 『대공보』에 빈번하게 등장한다. 1922년 4월에도 장담양부상민(長潭兩埠商民) 대표 정해항(程海航) 등이 상회에 올린 글에서도 성장(省長)과 재정청장에게 이금의 각종 폐단 해소 나아가 이금 철폐를 건의하고

---

134) 『長沙大公報』 1922年 3月 28日, 「芷江商民極力反對貨捐」.

있다.135)

동년 5월에도 여악(旅鄂) 호남장군상업공회(湖南長郡商業公會) 대표 팽륭(彭隆), 공영(龔英) 및 각 방 동사(幇董事) 진요동(陳耀東) 등이 임시 신설한 각 잡(卡)을 취소해 달라고 청하고 있다. 악주(岳州)와 호수 주변 일대 불과 삼백 수십 리인데 신설 임시검사기관은 20여 곳이고 관련 인원의 횡포가 심하다는 것을 지적하고 있다.136)

동년 8월에는 다상(茶商) 대표 이곡손(李穀蓀) 등이 성(省) 의회에 이금의 폐단을 시정해 줄 것을 요청하고 성 의회도 이를 수용, 성장에게 건의하고 있다.137) 이곡손의 주장에 따르면 다선(茶船)이 경과하는 근강하(靳江河) 이국(釐局)이하 각 출구(出口)에 이르기까지 이잡(釐卡)들이 층층이 수탈하는데 녹각(鹿角), 남진항(南津港), 성릉기(城陵磯) 등지와 같은 곳은 혹 금연(禁煙), 잡세(雜稅), 인화(印花), 수경(水警) 등이 왕왕 무기를 들고 막아서서 온갖 작폐를 부리고 있다.

민국 11년(1922) 5월 예릉상단(醴陵商團) 대표 유숭남(劉嵩南), 왕학홍(王學鴻) 등은 장사총상회를 통해 하포세율(夏布稅率) 인하를 요구하고 있다. 3/100세(稅)가 높고 이금의 각종 수탈을 견디기 어려우니 경감을 해 달라는 것이 주된 내용이다.138)

민국 13년(1924) 11월에는 호남의 염상(鹽商)들이 세금 경감을 요구하고 있는데 그 내용을 보면 다음과 같다.139)

광동에서 침주(郴州)에 들어오는 염(鹽)은 어떤 잡(卡)에서 징수하든지 일률로 매 석(石) 각징(権徵) 소양(小洋) 1각(角) 5분(分)(1挑) 도염(挑鹽)은 남관분잡(南關分卡)에서 세(稅) 완납하면 단지 정험(呈驗)만 할 뿐 이중

135) 『長沙大公報』 1922年 4月 19日, 「名處釐局詐索之情形」.
136) 『長沙大公報』 1922年 5月 14日, 「取銷濱湖病商各釐卡」.
137) 『長沙大公報』 1922年 8月 4日, 「省議會請除釐毒之」.
138) 『長沙大公報』 1922年 5月 28日, 「醴陵商團對于夏布稅率之意見」.
139) 『長沙大公報』 1924年 11月 11日, 「湘南鹽商電請減輕粵稅」.

수세(收稅)의 일은 없다.

… 가만히 생각하건대 전에 매 도징(挑徵) 소양(小洋) 1각(角) 5분(分)인데 오직 매 도(挑) 100근(斤)에 못 미쳤다. 이미 납세 1호(毫)를 하니 3도(挑) 3표(票)에 이미 3호(毫)를 완납했다. 매 염(塩) 1담(擔)은 대개 무게 조칭(潮秤) 180근에 해당한다. 이미 법에 따라 3표정험(票呈驗)과 함께 위항(違抗)이 없었다. 어찌 다시 보납(補納) 5분(分)을 감당하겠는가. 지금 침국(郴局)이 상등(商等)에게 보납 5분을 명하는 것은 중징도염(重徵挑鹽)의 명분을 어기는 것이다.

이것을 보면 보납(補納) 명목으로 5분(分)의 추가 징수를 하는 것은 부당하다는 것, 종래 이중 과세를 하지 않겠다는 명분을 어기는 것이라는 것을 지적하고 있다.

민국 13년(1924) 12월 총상회는 경찰청의 문패세(門牌稅)에 반대하고 있다. 현실성을 고려하여 완전 철폐를 주장하지 않고 등급의 다분화를 간소화하고 최대한도 1원(元)을 넘지 않도록 하는 감경 요구를 제시하고 있다. 이 총상회의 주장은 내무사(內務司)에 의해서 수용되고 있다.[140]

민국 14년(1925) 8월 상인 대표들은 새로 실시하려는 우리(郵釐: 소포에 대한 이금)에 대해 강력하게 반대하고 있다.[141] 청원단 대표 장사명(張思明), 심석령(沈錫齡), 채기기(蔡其杞), 호학서(胡學書), 위진방(魏振帮), 이창영(李昌榮), 요국생(饒國生), 속홍시(粟鴻時), 웅우문(熊佑文), 상항치(常恒治), 구경권(冠慶勸) 등은 성장(省長), 재정사(財政司), 성 의회에 청원서를 보냈는데 우포(郵包)를 보내면서 이미 우비(郵費)를 내고 관세도 납부했다. 결코 교묘하게 국고(國庫)를 피면(避免)하려는 것은 아니고 단지 편리해서 시기를 놓치는 것을 면하고자 할 따름이라는 주장을 펴고 있다. 더구나 성(省) 헌법상 청원권을 행사하는 것과 민국 3년 5월에 만국 우정포과공약(郵政包裹

140) 『長沙大公報』1924年 12月 28日, 「總商會對於門牌費之意見」.
141) 『長沙大公報』1925年 8月 7日, 「商業代表反對郵釐之請願書」.

公約)에 가입했기 때문에 조약에도 위배된다는 사실을 지적하고 있다. 상회
는 우리(郵釐) 폐지를 위해 같은 날 전체 회원 대회를 소집하여 요구사항을
의결하고 있다.[142] 상회 회장 황조기(黃藻奇) 주재로 열린 이날 회의에서
난상 토론 끝에 몇 가지를 결의했다. 첫째 정부회장이 정부에 가서 우포이금
(郵包釐金) 및 신장(新章) 명령 철회요구를 한다. 둘째, 정부가 상간(商艱:
상업계의 곤란)을 체휼하는데 성의가 없고 철회하지 않을 시에 각 행(行)은
최후의 대청원을 하고 목적 도달 전에 그만두지 않는다. 셋째 성(省) 의회는
전민(全民)의 대표이다. 이번 정부가 위법추리(違法抽釐)하는데 비록 폐회
기간이라 의결할 수는 없지만 전체 상주위원이 정부에 엄중교섭하고 우포추
리(郵包抽釐)를 폐지하게 하여 상업계의 곤란을 살펴야 한다. 넷째 성장(省長)
훈령(訓令) 50% 감소에 대해서 마땅히 상회 각 행업(行業) 전체 회의를
열어 부인 이유를 밝히고 완전 철폐를 요구해야 한다. 다섯째 이상 방법이
원만한 결과를 도달하지 못할 때는 오직 전시(全市)가 정업(停業)할 뿐이다.
동년 8월 9일에도 상회는 성 의회에 공함(公函)을 보내 상인들의 의사를
경고하고 의회가 실행중단 노력을 할 것을 요청하고 있다. 동년 8월 11일에는
각 행상(行商)이 우리(郵釐) 거부 선언을 발표한다.[143]

　민국 15년(1926) 6월에는 회상(淮商)이 상중상서기차로국(湘中湘西汽車路
局)이 부과한 로고(路股)를 취소해 주도록 요청하고 있다. 6월 27일에는
회상이 교육경비의 대수(代收) 책임을 면제해줄 것을 요청하고 있다.[144]

　민국 15년 12월에는 시상민협회(市商民協會)가 가연잡세(苛捐雜稅)의 폐지
운동을 전개하고 있다. 각 분회에 지시하여 가연잡세를 구체적으로 조사하
도록 하고 이를 성민(省民) 회의에 건의하여 철폐를 추진하는 것이 골자이
다.[145]

---

142) 『長沙大公報』1925年 8月 8日,「商會昨日又爲郵釐閉全体大會 – 決議要求完全撤消」.
143) 『長沙大公報』1925年 8月 9日,「商會爲郵釐事致省議會函」;『長沙大公報』1925年 8月
　　 11日,「各行商否認郵釐之宣言」.
144) 『長沙大公報』1926年 6月 4日,「淮商請取消附加塩稅路股」;『長沙大公報』1926年 6月
　　 27日,「淮商請解除代收敎育經費責任」.

이상에서 보면 성 정부의 징세와 추가 징세 등에 대하여 상인들은 끊임없이 감세나 철폐 요구를 제기하고 있다. 지역 상회에서 총상회를 거쳐 조직적으로 문제를 제기하고 성 의회까지 요구 실현에 동원하고 있다. 뿐만 아니라 성(省) 헌법에 근거한 청원권의 행사 주장이나 만국공약(萬國公約)의 조약상 권리까지 근거로 제시하고 있다. 청원이 수용되지 않으면 대규모 단체 행동이나 파시를 경고하는 등 성 당국에 대한 강박까지 서슴지 않고 있는 것을 볼 수 있다.

3. '관(官)'과 '상(商)'의 관계

1) 청(淸) 말기의 신상(紳商)

『광서조동화록(光緖朝東華錄)』에 의하면 "중국의 상민(商民)은 평소에 관리 사회와 벽이 있어 그들의 사정을 신속하게 전달할 수 없었다." … 청대(淸代)에는 끝끝내 관리는 존귀하고 상인은 비천하여 상하가 장벽으로 막힌 상황에 실질적인 변화가 없었다146)는 시각이 있다.

『신보(申報)』에도 중국에서 "관(官)과 상(商)은 본래 서로 연락이 없다. 그 사이 상업 경영으로 돈을 크게 벌면 연자(捐資)하여 관직을 얻고 진신(搢紳)의 대열에 끼이는 것일 뿐이다"라는 기사가 있다.147)

그런데 민국 『영향현지(寧鄕縣志)』를 보면 다음과 같은 기사가 있다.148)

요컨대 중간 착복을 엄히 다스려 국가재정을 튼튼하게 하고 요루(擾累)를

145) 『長沙大公報』 1926年 12月 25日, 「商民協會廢除苛捐雜稅之運動」.
146) 馬敏 著, 신태갑 옮김, 앞의 책, p.618.
147) 劉泱泱, 앞의 책, p.277.
148) 民國 30年刊 『寧鄕縣志』 故事篇, 財用錄, "要在嚴杖中飽 以裕國計 禁絶擾累以恤商 … 用官而兼用紳 以通商民難達之隱".

금절(禁絶)하여 상인을 돌본다. … 관(官)을 채용하고 겸하여 신(紳)을 채용하여 상민(商民)이 품달하기 어려운 숨은 실정을 통하게 한다.

호남 순무(巡撫) 낙병장(駱秉章)이 이금국(釐金局)을 개설하면서 관리 인원으로 관리(官吏)와 신사(紳士)를 겸용하여 상인의 실정을 통하게 한다는 취지이다. 여기에 관(官)·상(商)의 관계 근접성이 진전되고 '신(紳)'과 '상(商)'도 연합 제휴하게 되었다. 결국에 '신상(紳商)'이란 신(紳)이면서 상인 신분인 자가 출현하게 되는 것이다.

청대 관·상 관계를 서술한『상보(湘報)』기사를 보면 다음과 같다.[149]

삼가 생각건대 사민(四民)이 불통한 것은 오랫동안 고질적 폐습이 되었다. 관·상의 사이에는 경계가 현격히 달라 비록 간난만상(艱難萬狀)이 있어도 상달할 길이 없다. 이 때문에 시정(市政)은 날로 쇠퇴하고 상무(商務)도 침체되고 민생이 날로 곤궁해진다.

이 내용은 직원(職員) 왕울괴(王蔚槐) 등이 상인과 함께 보위국(保衛局) 개설을 청원한 내용이다. 청대에 관(官)과 상(商)의 현격한 신분 격차를 지적하고 있지만 동시에 상인 보호가 국가의 원기(元氣)에 해당한다는 주장을 하고 있다.

마민(馬敏)에 따르면 19세기 이전 역사 문헌에 '신상(紳商)'이란 표현은 거의 등장하지 않는다.[150] 1912년 당시 중국 전국의 신상 수치는 약 5만명인데 신사(紳士)계층 총수의 약 3.3% 정도였다. 19세기말 20세기초 신상 계층은 근대 중국에서 하나의 특수한 계층으로 권세와 재물을 독점하고 가장 중요한 사회조직인 '상회(商會)'를 좌지우지한 세력으로 파악되고 있다. '신상'이

---

149)『湘報』1898年 3月 15日, "竊以四民不通 久成痼習 而官商之間 分際懸殊 雖艱難萬狀 無由上
　　達 是以市政日衰 商務日棘 民生日困".
150) 馬敏 著, 신태갑 옮김, 앞의 책, p.174.

전체 상인 중에 차지하는 비율은 불명확하다. 소수임은 분명하지만 '상회'의 주도 세력이고 근대 상공업 발전의 선도 세력이었던 점에서 '신상'에 비중을 두고 서술하고 싶다.

이러한 신상 계층이 역사 무대에 본격 등장하는 것은 호남의 신정(新政) 실시 개혁운동과 관련 있다. 호남의 신정은 1895년 순무(巡撫) 진보잠(陳寶箴) 이 실시하기 시작했고 다른 성(省) 보다 비교적 빨리 시작된 셈이다. 이때 광무총국(鑛務總局)이 설립되고 여러 제조공장에 신사(紳士)들을 참여시키면서 신상 계층이 형성되고 부르주아화의 길을 추구하면서도 신사(紳士) 기원으로부터 완전히 탈피하지 못한 도시 개혁엘리트가 형성되었다. 이들은 1909년 이후에는 성 의회의 주요 멤버이기도 하다.[151]

광무총국(礦務總局)은 주창림(朱昌琳)에게 추진을 맡겼는데 장조동(張祖同)은 안티몬 정련공장에 관여했다. 화풍화시공사(和豊火柴公司)에는 왕선겸(王先謙), 장조동(張祖同), 양공(楊鞏) 등이 관여했다. 보선성제조공사(寶善成製造公司)에는 왕선겸, 황자원(黃自元) 등이 관여했다. 호남에서 근대적 공·광업 발생의 특징은 호남성 당국의 주도하에 전개되고 있고 다른 성(省)에 유례가 없는 정도의 세력을 가진 호남의 유력한 향신(鄕紳)들이 주로 투자하고 있는 것이다.[152]

당시 상공업에 관련한 활동이 주목되는 신사를 정리한 것이 〈표 4〉이다.

〈표 4〉 청말 호남 신사(紳士)의 상공업 참여

명단	신분	활동내역
王先謙	進士 전 國子監 祭主	阜湘公司(광산제련) 和豊火柴公司 寶善成製造公司 철도이권회수운동
熊熙齡	翰林院庶吉士	예릉 磁業學堂, 湖南磁業公司
文俊鐸	擧人 候補知縣	예릉 磁業學堂, 湖南磁業公司, 광산 개발
朱昌琳	候補道 安察使銜	湖南官錢局, 湖南礦務總局, 長沙항 건설
湯聘珍	전 山東布政使	阜湘公司(채굴, 제련)
龍湛霖	전 刑部侍郞	阜湘公司(채굴, 제련)

151) Joseph W. Esherick, 앞의 책, pp.13~19, pp.68~69.

152) 曾田三郎, 「辛亥革命前の諸改革と湖南」『中國の近代化と地方政治』, 東京: 勁草書房, 1985.

劉鎭	候補道	湖南鑛務總公司
陳文瑋	試用知府 湖北補用道	湖南電燈公司, 湖南商會總理
張祖同	전 刑部官員	和豊火柴公司 恒豊木材公司
楊鞏	候補道臺	和豊火柴公司 恒豊木材公司
袁樹勳	전 山東巡撫	하창 안티몬제련회사
袁思高	擧人 經濟特科	하창 안티몬제련회사
禹之謨	監生	毛巾공장

* 『湘報』『地方志』『湖南通史』 기타 관련 자료에서 정리

주창림(朱昌琳)은 순무(巡撫) 진보잠(陳寶箴)이 호남관전국(湖南官錢局)을 설립하도록 했고 광무총국(礦務總局)에도 관여했다. 후에는 장사항(長沙港) 부두건설을 완성했다. 그는 건익호(乾益號)라는 전장(錢莊) 운영뿐 아니라 잡화, 곡미, 염(鹽), 차 무역 등 다양한 사업으로 치부하였다. 광서(光緖) 3년 섬서와 산서의 진재(賑災) 사무를 수탁한 공로 포상으로 도원(道員) 안찰사함(安察使銜)을 획득하였다.[153]

왕선겸(王先謙)은 진사(進士) 출신 전 국자감제주(國子監祭主)로서 화풍화시공사(和豊火柴公司), 부상공사(阜湘公司), 보선성제조공사(宝善成製造公司) 등 다방면에 관여하고 있다. 그는 동시에 미곡(米穀) 시장에 관여한 미곡상(米穀商)으로 1910년 장사(長沙) 창미(搶米)사건의 원인제공자로 지목되고 있다.[154] 그는 철도 이권회수 운동에도 관여하고 있다.

진문위(陳文瑋)는 연납으로 호북보용도(湖北補用道)의 직함을 얻었고 호남전등공사(湖南電燈公司)를 창립했고 후에 호남철도 이권회수와 민간철도회사 설립을 추진했다. 그는 호남상회(湖南商會) 총리(總理)였다. 철도이권회수와 회사 설립을 둘러싸고 왕선겸 등이 추구한 '관솔신판(官率紳辦)'의 형태에 반대하고 완전한 상판(商辦) 철도회사 설립을 추진했다. 이것은 진문위가 전통적인 신사 배경을 무시하고 스스로를 상인의 편으로 선택한 사례로 지적하는 이도 있다.[155]

---

153) 張朋園, 앞의 책, pp.256~258, pp.262~263; 劉泱泱, 앞의 책, p.281.
154) 劉泱泱, 위의 책, pp.644~649.
155) Joseph W. Esherisk, 앞의 책, p.84.

문준택(文俊鐸)은 광서 신묘(辛卯, 1891)과(科) 거인(擧人)으로 지현후보(知縣候補)였고 호북에서 관직을 역임한 바 있다. 청일전쟁시 오대징(吳大澂)을 따라 참전한 경력도 있다. 예릉에 호남자업학당(湖南磁業學堂)과 호남자업공사(湖南磁業公司) 설립에 관여했다.156)

웅희령(熊希齡)은 한림원 서길사(翰林院 庶吉士)로서 진보잠(陳寶箴)의 요청을 받아 예릉자업학당과 자업공사 설립을 주도했다.157)

여러 사료나 논저에 중복해서 언급되는 경우가 많은 인물들을 정리한 것이 〈표 4〉이다. 이 인물들 중에 연납(捐納)을 통해 신사(紳士)신분 획득이 분명한 것은 주창림과 진문위가 대표적이다. 그 밖에 감생(監生) 우지모(禹之謨) 정도이다. 나머지는 대부분 정도(正途)출신 즉 과거에 합격하였고 실직(實職)을 지낸 사람도 많다. 그중에 전 산동순무(山東巡撫) 원수훈(袁樹勳), 산동포정사(布政使) 탕빙진(湯聘珍), 전 형부시랑(刑部侍郎) 용잠림(龍湛霖) 등은 고위관료 출신이다. 종래 상인들이 돈을 모아 연납으로 관위(官位)를 획득하는 경우보다 순무(巡撫)의 신정(新政) 실시에 호응하여 적극 참가한 정도(正途)출신 고위 신사 계층이 많다는 것이다. 이들 새롭게 등장한 신상(紳商)은 결코 비천한 신분이 아니다. 상인의 지위 제고(提高)를 암시할 뿐 아니라 '관(官)'과 '상(商)'의 한층 가까워진 관계를 대변하고 있다고 생각된다.

마민(馬敏)의 지적대로 19세기 이전에는 '신상'이란 표현이 거의 등장하지 않는다. 청대 많은 지방지 기록 중에 간혹 '유상(儒商)'이나 '사상(士商)'이란 단어는 보이지만 신상은 19세기 후반에 빈번하게 보이는 것이다. 무술변법기(戊戌變法期)의 기록인『상보(湘報)』를 보면 호남에서도 '신상'이 자주 나타나고 있다.

저명한 담사동(譚嗣同)의 주장에도 인화세국(印花稅局)을 개설하여 '관독신상사험(官督紳商査驗)'하게 하자는 것을 보면 신상이 주목되고 있다.158)

---

156) 民國 37年刊『醴陵縣志』人物傳 6.
157)『湘報』1898年 3月 28日,「奏辦粤漢鐵路摺」.
158)『湘報』1898年 3月 17日,「試行印花稅條說」.

같은 『상보』의 월한철로(粤漢鐵路) 관련 기사에도 호북, 호남, 광동의 3성(省) 신상이 함께 청한다는 내용이 나오고 있다.[159] 원래 월한(粤漢)철로는 호남 이 아니라 강서(江西)를 경유하도록 계획되었는데 호남순무 진보잠이 호남 의 사신(士紳)들이 시무(時務)에 통한다고 하며 한림원 서길사(翰林院 庶吉士) 웅희령(熊希齡)과 강소후보도(江蘇候補道) 장덕균(蔣德鈞)을 파견하여 장지 동(張之洞), 성선회(盛宣懷)를 설득함으로써 경로를 바꾼 것이다. 웅희령과 장덕균 모두 이 시기 신상들이다.[160] 같은 『상보』에 윤선공사(輪船公司) 설립과 관련하여 호남, 호북 양성(兩省) 신상이 주도했다고 하고 있다.[161] 광무총국(礦務總局) 설립과 광산 개발 장려로 1896년 8월 6일부터 1899년 2월 19일까지 20건의 광산 허가가 발행되었다. 금(金), 연(鉛: 납), 동(銅: 구리), 주사(硃砂), 제(銻: 안티몬) 등에 담기경(譚冀京), 황윤경(黃潤經), 양만 청(楊萬淸) 등 20명의 개발자 명단이 나타난다. 각자의 신분 표시는 불명확하 지만 그중에 거인(擧人)출신에 후보지현(候補知縣)이었던 문준택(文俊鐸)이 예릉의 안티몬 광산개발에 참여하고 있다.[162] 신분이 밝혀지지 않은 여타 인사들도 광무총국에 관여한 주창림, 왕선겸 등과 마찬가지로 신사 출신일 가능성이 높다.

신상(紳商)에 관한 『상보』 기사 하나를 검토해 보면 다음과 같다.[163]

진대중승(陳大中丞: 순무 陳寶箴)이 칙지(勅旨)를 받들어 소신고표(昭信股票: 청조 발행 공채)를 처리하는데 황(黃)관찰(黃遵憲)에게 맡겨 그 일을 총괄하 게 하였다. 처음에 신상(紳商)을 모아 처리를 의논하였다. 재적(在籍) 강서보

---

159) 『湘報』 1898年 3月 22日, 「試辦粤漢鐵路稟稿」.
160) 『湘報』 1898年 3月 28日, 「奏辦粤漢鐵路摺」.
161) 『湘報』 1898年 3月 22日, 「輪船開辦」.
162) 『湘報』 1898年 4月 4日, 「湖南商辦礦務表」.
163) 『湘報』 1898年 4月 22日, 「湘紳先輸報國」, "陳大中丞奉旨 開辦昭信股票 委黃玉田觀察 總理其事 初議集紳商辦 在籍江西補用道 朱觀察昌琳字雨田 卽首先報效湘平銀一萬兩 業交 善後局收存".

용도(江西補用道) 관찰 주창림(朱昌琳)이 즉시 먼저 상평은(湘平銀) 1만량(兩)을 보효(報效: 국가에 기부)하여 선후국(善後局)에서 보관하게 했다. 우리 호남은 충의를 숭상하여 빈자(貧者)는 출력(出力)하고 부자는 출재(出財)한다.

소신고표(昭信股票) 모집에 신상을 불러 의논했고 이 시기 대표적 신사 중 한 사람인 주창림이 우선 상평은(湘平銀) 1만량을 헌납했다는 것이다. 호남, 호북 연결의 소륜공사(小輪公司) 설립 기사를 보면 다음과 같다.[164]

지금 다행히 독부(督部: 총독)가 상정(商情)을 굽어 살피고 무부(撫部: 순무)가 신학(新學) 풍조를 진흥시켜 심은 바 민지(民智)가 점차 열렸다. 호남 호북의 신상(紳商)이 일기(一氣)로 연락하여 주식을 규합했고 소륜선(小輪船)을 구매하여 공사(公司)를 분립(分立)했다.

이 밖에도 『상보』에는 신상 관련 기사가 빈번하게 등장한다. 중국이 스스로 구하는 길은 통상을 확대해야 하고 윤선(輪船)을 발달시켜야 하는데 신상이 관망하여 앞으로 나아가지 못해서 안 된다는 주장이 있고,[165] 양호관륜국(兩湖官輪局)의 관리자로 은실신상(殷實紳商)을 임용해야 된다는 기사도 있다.[166]

상담(湘潭) 감생(監生) 장본규(張本奎), 상향(湘鄉) 늠공생(廩貢生) 소중기(蕭仲祁), 상향늠생(湘鄉廩生) 왕국주(王國柱) 등이 장뇌(樟腦)를 제조하는 화학공장을 만들었을 때 호남에서 15년의 사업 독점권이 주어진 일이 있다.[167] 원래 20년 독점권을 청구했는데 순무(巡撫) 진보잠이 15년을 허가한 것이다.

---

164) 『湘報』1898年 4月 22日,「論湘鄂創辦小輪公司之益」, "今幸督部 俯徇商情 撫部振興新學風聲 所樹民智漸開 湘鄂紳商 聯絡一氣 糾合股分 定購小輪 分立公司".

165) 『湘報』1898年 5月 2日,「中國自救莫如大開通商口岸說」.

166) 『湘報』1898年 6月 8日,「補錄兩湖官輪局合辦章程」.

167) 『湘報』1898年 8月 23日,「湘潭監生張本奎湘鄉廩貢生蕭仲祁廩生王國柱創設化學製造公司稟批」.

장영복수리공사(長永福水利公司)도 순무의 비준을 받아 주식을 모집하고
10년 독점권을 얻고 있다. 이 시기 호남성 당국의 중상주의적 개발 장려
정책에 유력한 신사들이 참여하고 이들은 관(官)의 후원을 받고 있다. 독점권
같은 것이 그 내용이다. 이들『상보』기사 속의 '신상'은 단순한 상인을
지칭하는 경우도 있지만 '신(紳)'과 '상(商)' 양자를 지칭하는 경우도 많다.
그런데 신사가 상공업에 투자하면 결국 신상이 되는 것이다. 앞서 인용한
바 있는『상보』의 계속되는 부분을 보면 "상학당(商學堂)의 상(商)은 이름은
상(商)이나 실은 사(士)이다."라는 구절이 있다.[168] 이것을 보면 신사가
상인으로 전화(轉化)해 간 사정을 알 수 있다.

신상의 부각에 의한 상인의 지위 상승을 알려주는 기사를 보면 다음과
같다.[169]

종래에는 상인은 사민(四民)의 말(末)이었는데 지금은 사민(四民)의 선두에
나서고 있다.

과거 사민(四民)의 말(末)로서 천시 받던 것이 상인이었는데 지금은 실제
사민의 우두머리라는 인식을 보이고 있다. 이런 배경에는 호남성 당국의
중상주의 정책과 신정(新政) 실시, 이에 적극 참여한 유력 신사들이 신상으로
전화해 간 사정이 있었다고 생각된다.

청말기의 호남 신상 내지 상인에 관한 사료로서『상보』외에『호남상사습
관보고서』가 있다.『상보』기사 작성자가 대부분 신사나 신상이 분명한
반면 이것은 여러 행업(行業)의 행규(行規)를 수록하고 있어 보다 폭넓은
상인층을 대변하고 있다.

상담(湘潭)의 나행(籮行) 조규를 한 건 보면 다음과 같다.[170]

---

168)『湘報』1898年 5月 2日,「中國自救莫如大開通商口岸說」, "商學堂之商 名商也 實士也".
169)『湘報』1898年 5月 23日,「論湖南茶務急宜整頓」, "向者 商居四民之末 今則實居四民之先".
170)『湖南商事習慣報告書』「四成公議籮行條規(湘潭)」, "我邑四城籮行 歷有向章 … 兼之食用

우리 고을에는 4성(城)의 나행(儺行)이 있어 역대로 장정(章程)이 있었다. … 겸하여 근래 식료비용이 앙귀하여 이에 신상들을 모아 공의(公議)를 하여 구장정(舊章程)에 비추어 가격을 증가시키고 아울러 장규(章規)를 이어서 수정한다.

이것을 보면 나행(儺行)에서도 신상(紳商)을 모아 장규(章規)를 개정하고 있다. 무강(武岡)의 수부궁(水府宮)의 부력(夫力)조규에도 신상의 존재가 확인된다.[171]

근래 각가(脚價)가 구장(舊章)과 어긋나서 이번 겨울 보경부(寶慶府) 수부궁(水府宮) 수사(首士)가 무강주(武岡州)에 와서 고을 신상(紳商)을 청하여 공동으로 논의하여 … 삼가 동치 3년 장정(章程)을 따라서 인쇄하여 발급한다.

여기서도 신상의 주도적 역할을 볼 수 있다.
도원(桃源)의 서사간장(書肆簡章)을 보면 다음과 같은 내용이 있다.[172]

교육개량의 때를 만나 이에 동행(同行)을 모아 따로 새 규칙을 제정한다. … 다만 비인(鄙人)이 처음 상계(商界)에 들어와 상무(商務)를 충분히 잘 알지 못해서 일의 적당함을 다하지 못할 것이다. 반드시 양해를 바랄 일이 많을 것이다. … 제사 시에 의관(衣冠)을 갖추지 않는 자는 공동으로 쫓아낼 것이다.

이 내용을 보면 교육진흥의 때를 만났다고 하는데 이 규조 제정 시기는

昂貴 爰集紳商公議 照舊章程加增價 幷續章規".

171) 『湖南商事習慣報告書』「水府宮公議夫力條規」(武岡), "… 近來脚價有違舊章 今冬寶郡水府宮首士來州 席請闔州紳商 公同理論 … 謹遵同治三年章程 刷印發給".

172) 『湖南商事習慣報告書』「書肆簡章」, "玆當教育改良之際 爰集同行 另訂新則 … 但鄙人初入商界 商務不甚熟悉 未盡事宜 諒必甚多 … 不着衣冠者 公同逐去".

선통(宣統) 원년(1909) 10월경이었다. 규조 제정을 주도하는 이는 처음으로
상업계에 들어와 상무(商務)를 잘 알지 못한다고 되어있다. 신입으로 실정을
모르는 사람이 규칙 제정을 주도한 것은 그가 독서인(讀書人) 즉 신사(紳士)였
기 때문이라 생각된다. 제사시 과거에는 복장을 아무렇게나 하고 왔으나
이후에 의관(衣冠)을 갖추지 않으면 의식 참여를 허용하지 않는다는 것도
신상(紳商)의 의식으로 생각된다.

『호남상사습관보고서(湖南商事習慣報告書)』에는 271건의 각종 행규(行規)
가 수록되어 있다.[173] 이들 내용을 분석해 보면 상당수가 지부(知府)와
지현(知縣)의 비준을 받아 행한다고 하는 내용이 있다. 장사(長沙)와 선화(善
化) 양 지현의 비준을 받아 행하는 내용도 있고,[174] 지부에게 품청(禀請)한다
는 것도 있다.[175] 봉헌상립장정(奉憲詳立章程)과 같은 지부 지현에게 아뢰어
유시(諭示)를 받들어 행한다는 내용은 빈번하다.[176] 규정을 위반할 때에는
관(官)에 아뢰어 처리한다는 '공품구치(公禀究治)', '위자품구(違者禀究)', '송관
구치(送官究治)'등의 표현이 많다.[177]

이와 같이 행규(行規)의 제정시 지부(知府) 지현(知縣)의 비준 절차를 거치
고 위반시에는 관에 아뢰어 처벌을 청한다는 것은 관에 대한 상인의 의존성을
드러내는 것으로 생각된다. 그런데 조규(條規)의 내용을 자세히 보면 청말에
다시 제정되고 있는 것이 많다. 행규의 비준을 관이 요구하는 것이 아니라
상인들이 스스로 청하고 있다. 또 기존의 제정된 행규가 오래되어 문란해졌
기 때문에 다시 제정할 필요성을 제기하고 있다. '관(官)'의 비준과 품구(禀究)
가 철저한 효력이 있었다면 행규 문란의 이유로 다시 제정할 필요가 없었을
것이다. '관'의 비준은 형식화해 간 것으로 보인다.

---

173) 彭澤盖 主編, 『中國工商行會史料集』, 北京: 中華書局, 1995, pp.199~527.
174) 『湖南商事習慣報告書』(省城) 「整容店條規」 「紙扎店條規」.
175) 『湖南商事習慣報告書』(省城) 「眼鏡店條規」.
176) 『湖南商事習慣報告書』 「梳篦店條規」.
177) 『湖南商事習慣報告書』 「翠店條規(邵陽)」 「面館條規(省城)」 「船戶條規(湘鄉)」.

소양(邵陽)의 모판방조규(毛板帮條規)에서와 같이 관의 비준이나 품구와
같은 표현이 없는 행규도 다수 나타나고 있다.[178]

특히 성성(省城)의 멸점조규(篾店條規)는 광서 15년(1889)에는 제정 당시
장사와 선화 지현에게 비준을 받고 있으나 광서 19년(1893)에 다시 제정할
당시에는 지현의 비준에 대한 것도 품구에 대한 언급도 없다.[179] 규정
위반시에 처벌로서 품관구치(稟官究治)의 방법보다 좀 더 실질적인 것으로
변하고 있다. 즉 벌금을 부과하거나 벌로서 연극공연 비용을 부담하게
하는 것이다.[180] 또 동행(同行)상인들에게 일률로 상품 공급을 중단하게
하는 방법도 동원되고 있다.[181]

이상에서 보면 '행규'에서 나타나는 것은 형식적인 관의 비준과 위반시
'품관구치(稟官究治)'의 방식에서 상인 자율로 진행된 과정이다. 청대에는
지부 지현의 유시를 받들어 모신다는 수직적 관(官) 지배구조 하에 있다가
점차 상인 자율로 진행된 것이다. 제재 방법도 벌금, 벌희(罰戲), 상품 공급
중단 등 경제적 수단에 의한 것으로 전화(轉化)되었다고 생각된다. 사실
행규 사료에는 '신상(紳商)'이란 단어도 드물게 등장한다. 일반 상인층의
관행을 광범위하게 반영한다고 생각된다. 그러나 점차 신상에 의한 상인
지도가 형성되어 갔다고 생각된다.

2) 민국기의 신상(紳商)

(1) 상회(商會)와 권력

상해(上海)에서는 1920년을 기점으로 상회의 주도세력이 신상(紳商)이

---

178) 『湖南商事習慣報告書』「毛板帮條規(邵陽)」「紙店條規(省城)」「紙店條規(益陽)」「長善糧
    行公議條規(省城)」「銀號條規(省城)」 등 약 20건.

179) 『湖南商事習慣報告書』「篾店條規(省城)」「篾店重整條規(省城)」.

180) 『湖南商事習慣報告書』「毛板帮條規(邵陽)」.

181) 『湖南商事習慣報告書』「紅白紙店條規(省城)」.

아닌 일련의 신흥 상공업자본가가 진입했다는 연구가 있다.[182] 하지만 호남에서는 1926년 이후에도 여전히 신상이 상회를 주도하고 있다.[183] 신상의 중요 인사인 사춘정(史春庭) 주계형(周季衡) 등이 경찰청과 현서(縣署) 단방국(團防局) 각 수령을 소집하여 회의를 개최하는 등 지도적 역할을 하고 있다.

상회 성립 이전에는 비록 회관이 있으나 대부분 공동신(神)을 제사한 장소였고 개인 상업에는 간섭이 없었다. 광서 29년(1903) 상부(商部)에서 상회장정(商會章程)이 반포되어 각 성(省) 상회가 차례로 설립되었다. 예릉(醴陵)은 선통 원년(1909)에 성립했고 남산현(藍山縣)에서는 민국 원년(1912), 의장현(宜章縣)과 여성현(汝城縣)은 민국 3년(1914)에 상회가 성립되었다.[184]

1922년 상덕상회(常德商會)가 장사총상회(長沙總商會)에 올린 글에 의하면 이 시기 호남의 각 현 상회는 100곳 정도로 파악된다.[185]

북벌군의 북상과 관련하여 혁명적 분위기에서 성립된 장사시상민협회(長沙市商民協會)는 1927년 2월 성립 보고에 의하면 분회(分會)가 107개 회원 수 2만여 인으로 파악되고 있다.[186] 약간 급진적인 성향의 상민협회는 단기적으로 끝나고 이듬해에는 다시 상회 체제로 복귀하고 있다. 『장사대공보』의 보도에 의하면 장사총상회가 상급기관의 형식으로 구심점이 되고 있다. 유업(油業) 대표가 이금의 폐단을 호소할 때도 장사총상회에 정문(呈文) 형식으로 하고 있다.[187] 영릉현(零陵縣) 상회가 구장(舊章)의 회복을 요청할 때나 예릉상단(醴陵商團) 대표가 하포(夏布: 모시) 세율 조정을 건의할 때도

---

182) 馬敏 著, 최은신 역, 「최근 10년간의 중국 商會史研究와 그 전망」『중국현대사연구』 11, 2001.

183) 『長沙大公報』 1926年 7月 12日, 「昨早紳商維持會開會情形」.

184) 民國 37年刊 『醴陵縣志』 食貨志, 商會; 民國 21年刊 『藍山縣圖志』 권21, 食貨上, p.338; 民國 30年刊 『宜章縣志』 권23, 商會.

185) 『長沙大公報』 1922年 2月 26日, 「發起全省商會聯合會」.

186) 『長沙大公報』 1927年 2月 16日, 「商民協會歡迎唐總指揮之盛況」.

187) 『長沙大公報』 1922年 12月 24日, 「釐局苛索油業之駭聞」.

장사총상회에 정문(呈文) 형식을 취하고 있다.[188] 재정사(財政司)에서 전업공소(錢業公所)에 차관(借款) 요청할 때도 상회를 통해서 하고 있다.[189]

상회의 조직화가 세력 증대를 의미하는 것은 분명하다. 호남에서 상무총회(商務總會)가 성립할 때 지위는 '사(司)', '도(道)'와 동등한 지위의 기관으로 총(總)·협리(協理)는 반드시 도대(道臺), 지부(知府) 수준이어야 했다. 장사총상회의 최초 총리 진문위(陳文瑋)는 시용지부(試用知府) 후보도대(候補道臺)의 신분이었다. 좌판(坐辦)이었던 주성양(周聲洋)은 우공지현(優貢知縣)이었다. 이후 장사총상회의 임원은 신상(紳商)에 의해 거의 독점되게 되었다.[190]

1917년 장사상회(長沙商會)가 재정부에서 상회가 관청에 보내는 공문에 인화세(印花稅) 1각(角)을 바치게 한 조치에 항의하는 글을 보면 상회는 공법(公法)단체로서 정부의 관방(關防: 관인)을 발급받아 관청과 행문(行文) 체제가 같고 원래 인화(印花)가 부과되지 않았다는 점을 강조하고 있다.[191]

민국시기 여성현의 공법단체 일람표에 보면 현 의회, 현 당부(党部), 현 교육회등과 함께 현 상회(商會)가 적시되어 있다. 현 상회는 가장 장기 지속의 공법단체인데 이익 단체 성격을 가진 공법단체는 상회가 유일하다.[192] 민국시기 호남의 공단(公團)세력이 주목되고 있지만 장사총상회는 성(省) 의회, 성농회(省農會), 성(省)교육회와 함께 4법단(法團)으로서 특별한 지위를 갖고 있다.[193]

상회의 관공서에 대한 공문 형식에 대해서는 일찍이 관부(官府)에서 상부에 보고한다는 '정(呈)'자를 요구했으나 상인들의 반발로 수평적 관계인 '이(移)'자를 쓰도록 했다는 지적이 있다.[194] 호남에서는 『장사대공보』의

---

188) 『長沙大公報』 1922年 1月 24日, 「零陵商會請恢復舊章」; 『長沙大公報』 1922年 5月 28日, 「醴陵商團對于夏布稅率之意見」.

189) 『長沙大公報』 1925年 11月 5日, 「財司仍向錢業借款」.

190) 曾田三郎, 앞의 논문.

191) 『長沙大公報』 1917年 5月 4日, 「長沙商會反對呈文貼用印花」.

192) 民國 21年刊 『汝城縣志』, pp.75~77, 公法團体.

193) 塚本元, 앞의 책, p.48.

많은 기사에서 볼 수 있는 대로 성장(省長)에게 보내는 공문은 여전히 '정청(呈請)'의 형식을 취하고 있다. 그 외에 성(省)의 재정사(財政司)나 기타 부서, 지현 등에게는 '함(函)'자를 쓰고 있어 대등한 관계를 보여주고 있다.[195] 청대의 포정사(布政使), 안찰사(按察使) 급이나 지현에게 대등의 공문 형식이 된 것도 전통시대에 비해 발전이라 생각된다. 청말의 사료인『호남상사습관보고서』의 여러 행규(行規)에 지현(知縣), 지부(知府)에 대해서도 '봉헌(奉憲), 유시(諭示)' 등의 표현을 쓴 것에 비하면 상인의 관에 대한 지위가 한층 제고된 것은 분명하다고 여겨진다.

차관(借款) 제공을 둘러싼 관계도 군벌 정권의 차관 의존도가 점점 높아질수록 상인에 대한 입장도 달라지고 있다 생각된다. 1919년 1월에는 독군(督軍)이 상단(商團)에 연회 초청 의사를 표시하고 1923년 12월에 재정사장(財政司長)이 상인들에게 연회를 베풀고 있다. 1924년 5월에도 재정사장의 연회 초청이 있고 1925년 8월에도 재정사의 연회 초청은 거듭된다.[196] 이러한 무절제한 차관 요구에 대해서 상회는 완곡한 말로 사절의 의사를 표현하고 있는 것이 빈번하게 목격된다.[197]

성(省) 정부에서 연회를 베풀어 상인을 달래고 차관(借款)을 강요하고 있다. 이것을 상회가 완곡한 말로 거절을 하면 처음 제시한 액수보다 낮은 금액이라도 빌려 달라고 사정하는 형국이다.

민국 15년(1926) 5월에 상인 양수송(楊壽松) 등의 공채(公債)관련 진술문을

---

194) 李和承, 「중국 전통상인의 정체성연구」『중국학보』 62, 2010.

195) 『長沙大公報』 1925年 12月 12日, 「商會呈請省長發還被充米之原因」; 『長沙大公報』 1918年 7月 16日, 「長沙總商會呈請省飭湖南銀行」; 『長沙大公報』 1925年 9月 18日, 「商會與財司函商印花案」; 『長沙大公報』 1925年 7月 5日, 「商會函沅江縣通用新票」.

196) 『長沙大公報』 1919年 1月 9日, 「督軍宴會商團之用意」; 『長沙大公報』 1923年 12月 19日, 「財政司長昨日大宴商界」; 『長沙大公報』 1924年 5月 15日, 「政府又有向商會借款消息」; 『長沙大公報』 1925年 8月 15日, 「財政司本日大宴淮商」.

197) 『長沙大公報』 1923年 8月 16日, 「商會對於政府借款又一緊急會議」; 『長沙大公報』 1924年 11月 23日, 「政府又向淮商押借巨款」; 『長沙大公報』 1925年 9月 7日, 「淮商婉言謝絶」; 『長沙大公報』 1925年 11月 9日, 「錢業公所婉謝拒絶」; 『長沙大公報』 1926年 3月 11日, 「政府向商會借款之種種消息」; 『長沙大公報』 1927年 1月 27日, 「市商協婉謝政府借款」.

인용해 보면 다음과 같다.198)

> 당(唐) 대리성장(代理省長)의 재정사(財政司)가 청리(淸理) 명의로 공채회수
> 를 정지하는데 놀라움을 금할 수 없다. 호남성 헌법 7조 3항 규정에 인민의
> 사유재산은 법률에 의하지 않고 어떤 처분도 할 수 없다.
> 대리원경자(大理院經字) 제754호 해석에 따르면 국가와 인민은 사법(私法)
> 상 관계이고 강권으로 인민의 이익을 침탈해서는 안 된다. 통자(統字)
> 724호 국가와 인민의 저압(抵押) 행위는 사법(私法)상 행위이고 행정처분이
> 아니다. 성(省)정부가 군용 공채 발행시 인민과 약정, 이금세로서 담보하고
> 이금세 완납 기한을 명시하였다. 이 공채는 정부와 인민의 일종의 사법(私
> 法)상 계약행위이다.

이 내용을 보면 부르주아민주적인 성(省) 헌법과 국가 법률을 근거로
하여 공채 상환은 성 정부가 상인에 대하여 당연히 집행해야 된다. 또
성 정부와 상인은 대등한 민법적 계약관계임을 밝히고 있다.

지방권력과 상인층의 협력 대항의 관계를 복잡한 정치사에서 단순하게
파악하기는 어렵다. 1913년부터 1926년까지 호남의 성(省) 레벨 정치는
외부세력인 북양계 군벌과 토착 정치세력인 호남지배층의 대항관계를 기축
으로 진행되고 있다.199) 새롭게 부상한 재지 성 엘리트의 중요기반은 재지지
주층과 장사(長沙)의 상인층으로 파악되고 있다. 연성자치(聯省自治) 운동을
배경으로 한 1919~1921년의 시기를 국가건설의 시도로 보는 분석이 제기되
고 있다.200)

사실 제1차 담연개(譚延闓) 정권(1911.10~1913.10) 때부터 국가건설의
기초가 되는 여러 가지 개혁을 실행에 옮겼다. 즉 교육개혁, 사법개혁,

---

198) 『長沙大公報』 1926年 5月 31日, 「商會請回復釐局搭收公債原案」.
199) 塚本元, 앞의 책, p.23.
200) 위의 책, pp.103~104.

아편단속과 실업(實業)진흥이다. 제3차 담연개 정권(1920.6~1920.11)도 재
병(裁兵: 군축), 흥학(興學), 실업(實業)의 제창, 민치(民治) 등 다양한 프로그램
을 제시했다. 공업 진흥을 위해 성(省) 정부 내에 제조국(製造局)」을 설치하고
외부로부터 설비 도입에 의한 근대적 공장을 건설하려고 시도했다. 담연개
정권은 여러 가지 개혁과 실업 진흥을 위한 정책을 추진함으로써 국가건설의
시도가 있었다고 보아도 무리가 없을 것이다. 연성자치(聯省自治) 운동 역시
각각 성(省)이 성(省) 헌법을 제정하고 정치민주화를 한 후에 연방제를
달성하자는 것으로 담(譚)정권에 의해 추진되었다. 조항척(趙恒惕) 정권
때 성 헌법 제정은 담 정권 때의 연장된 결과이다. 장사 상인층과 성 권력과의
협력관계가 가장 양호한 시기는 담연개 정권시기와 연성자치(聯省自治)
운동기간이라 할 수 있다.[201]

　　지방권력과의 대결구도가 극한에 이른 것은 구장(驅張)운동이라고 볼
수 있다. 북양계 군벌인 장경요(張敬堯) 정권(1918.3~1920.6)은 화폐 남발과
지나친 수탈로 상인층의 저항을 불러일으켰다. 구장운동은 상인층만의
독자 행동은 아니고 호남 전체 재지세력의 반발이었다. 장사총상회는 성(省)
의회, 성농회(省農會), 성(省)교육회와 함께 4법단(法団)의 하나로서 투쟁에
동참하고 있다.[202]

　　1927년까지 10년간의 『장사대공보』 기사를 보면 담연개 정권을 제외한
여타의 군벌정권은 경제정책의 제시가 거의 없다. 가끔 '미금(米禁)'의 포고나
화폐 강제통용에 관한 지시가 있을 뿐이다. 1926년에 건설청에서 상업진흥
계획을 세운 일이 있고 1932년에 성(省)정부에서 3년 경제건설계획을 세운
일이 있다.[203] 그러나 1932년 전성(全省) 경제건설 예산은 전체 재정지출의
1.3%에 불과했다.[204]

---

201) 위의 책, pp.103~112.
202) 위의 책, pp.48~60.
203) 『長沙大公報』 1926年 9月 12日, 「建設廳振興商業計劃」; 『通郵地方物産誌』, 華世出版社,
　　　1988, p.1.
204) 宋斐夫, 앞의 책, p.290.

군벌정권의 무절제한 차관(借款)요구와 가연잡세(苛捐雜稅) 등은 정상적인 상업 활동을 곤란하게 만들었다. 이 시기 군벌정권을 정상적인 국가권력으로 간주하기에도 어려움이 있다. 상인층은 남북 대결 국면과 군소 군벌의 대립 속에 최소한의 치안 확보를 통해서 상업 활동을 보장받는 것이 필요했다. 상인층은 거대한 이데올로기 보다 현상유지에 더 집중했다.

그 일례로 제2혁명에 대한 반대를 들 수 있다. 원세개(袁世凱)에 반대하는 반원(反袁) 독립에 대해 장사(長沙) 상업계는 동참하지 않았다. 오히려 장사 상인 수천명이 대회를 소집하여 공공연히 독립 토원(討袁)을 반대하였다. 상인들이 지지하지 않으니 군량 조달에 애로가 있어 국민당은 부득이 외채(外債)에 도움을 구하게 되었다.[205]

다음으로 추방된 조항척(趙恒惕) 정권의 복귀를 요청한 것을 들 수 있다. 조항척의 복귀 요청은 상회뿐 아니라 성(省) 의회, 호남공민연합회, 호남구국여진회(湖南救國勵進會), 호남중화공회(湖南中華公會) 등 호남사회 상층의 제 단체가 조항척의 복직을 요청하는 통전(通電)을 보내고 있다.[206] 총상회가 조항척에게 보낸 전보 내용을 보면 "공이 호남을 다스린 지 수년, 성헌(省憲)을 창립하고 자치를 시행 … 어려운 난국 해결 위해 꼭 호남에 돌아와 달라"고 호소하고 있다.[207] 전보발신은 장사총상회 회장 왕윤형(王尹衡)과 전체 상인 일동으로 되어 있는데 이들은 남북 대결의 위기 속에 조항척이야말로 호남의 독립과 자치를 지켜줄 수 있다고 믿었던 것 같다. 민국 7년(1918) 7월에는 정항상회(靖港商會)가 군대의 주둔을 요청하고 있는데 이는 토비(土匪) 출몰로부터 상업보호를 의도한 것이다.[208]

민국 15년(1926) 3월 신 정부가 회상(淮商)에게 차관 40만원을 요구하면서 이 차관은 호남성 치안과 관계있으니 호남에서 영업하면 마땅히 힘을 내어

---

205) 劉泱泱, 앞의 책, p.718.

206) 笹川裕史, 「國民革命期における湖南省各級人民會議構想」 『史學硏究』 168, 1985.

207) 『長沙大公報』 1926年 5月 28日, 「總商會再促趙省長回湘」.

208) 『長沙大公報』 1918年 7月 10日, 「靖港商會請留駐軍隊」.

협조해야 한다고 말하고 있다.[209] 차관의 제공과 치안유지에 의한 최소한의 상업 환경 조성, 이것이 호남상인과 지방권력 사이 가장 긴밀하고 실질적 관계였다.

최소한의 금융시장 안정을 위해 '관상회의(官商會議)'를 열어 대책을 논의한 것도 상호 협력과 의존을 보여주고 있다.[210] 민국 12년(1923) 7월에 상회가 차관 요청을 철회해 달라고 올린 글에 보면 "관과 상은 일체로서 편안함과 근심이 서로 상관된다."이란 표현이 있다.[211]

이상을 보면 상인들은 거듭되는 군벌정권의 차관 요청과 수탈 강화에 곤란을 호소하면서도 조항척 정권 복귀 요청과 같은 모순적 태도를 보이고 있다. 상인의 입장에서 군벌정권과는 '적대적 상호의존관계'라고 할 수 있을 것이다. 군벌정권은 존립의 재원을 의존하는 '약탈적 의존관계'라고도 할 수 있을 것이다.

(2) 상인(商人)의 정치참여

구장(驅張)운동, 연성(連省)자치운동과 같은 새로운 대중운동의 정치참여는 이미 호남정치사에 많이 서술되어 있다.[212]

제1차 담연개(譚延闓) 정권시에 민정사장(民政司長)이 된 용장(龍璋)은 후일 상회 회장이 된 대표적 신상(紳商)이다. 재정사장(財政司長)이 된 진문위(陳文瑋)는 역시 상회 회장으로서 철도회사 설립, 전등공사(電燈公司) 설립에 관여한 신상이다.[213]

거인(擧人) 출신으로 일본 와세다 대학 유학 경험자인 원가보(袁家譜)는

---

209) 『長沙大公報』 1926年 3月 30日, 「新政府向淮商抵借四十萬元」.
210) 『長沙大公報』 1917年 10月 20日, 「官商會議維持金融辦法」.
211) 『長沙大公報』 1923年 7月 27日, 「商會請政府收回借款成命原呈」, "以官商一体 休戚相關".
212) 塚本元, 앞의 책, pp.26~98.
213) Joseph W. Esherick, 앞의 책, pp.240~243.

상인의 아들로서 탕향명(湯薌銘) 정권 전후에 걸쳐 재정사장(財政司長)을 맡았다. 후에 예릉 평민공창(平民工廠), 매광자업공사(煤礦磁業公司)에 참여한 신상이다.[214] 민국 15년(1926) 당시 재정사장 황조기(黃藻奇)도 전임 상회 회장이었다.[215] 뿐만 아니라 1922년 1월에는 상회에서 성 의회 의원 선거를 대비하여 선거준비단을 결성하고 각지에서 선거활동 참가를 독려하였다.[216] 군벌의 수탈에 당한 것은 의회에 상업계의 대표자가 없기 때문이란 인식을 보여주고 있다. 3월 30일까지 행해진 성 의회 선거에서 상공업자는 10명이 선출되지만 전체 341명 중의 비율은 미미하다. 그런데 신분 불명이 거의 180명이나 되기 때문에 유의미한 통계는 못 된다.[217]

그런데 반방(潘昉)이 민국 16년(1927) 상담현장(湘潭縣長)으로 부임했을 때 현정(縣政)이 종래 상회(商會)에 장악되었다는 말이 나온다.[218] 민국시기 여성현에서는 하조흠(何朝欽)이 현 의회 의장, 현 교육회 회장과 상무(商務)회장을 지내고 있는데 민국 12년에는 임시 대리 현장(縣長)까지 맡고 있다. 하작림(何作霖)도 현 의회 부의장과 나중에 대리 현장을 맡고 있다. 상무(商務)회장 주류(朱榴)도 현 의회 의장을 맡고 있다.[219] 여성현에서 현 의회 의장과 상무회장을 맡았던 이들은 모두 신상 신분임이 확인된다. 상담뿐 아니라 여성현의 현정(縣政)도 상인층의 장악 하에 있었다고 생각된다.

1922년 9월에는 장사총상회가 각 현 상회에 전보를 보내 성(省) 의회 의원 선거에 집중해서 상업계의 실정을 전달해야 된다는 것을 강조하고 있다.[220]

214) 民國 37年刊 『醴陵縣志』, p.404, 人物 7.
215) 『長沙大公報』 1926年 5月 12日, 「財政司向商會借款」.
216) 笹川裕史, 「一九二〇年代前半の湖南省政民主化運動」 『中國の近代化と地方政治』, 東京: 勁草書房, 1985.
217) 위의 책, p.199.
218) 民國 37年刊 『醴陵縣志』, pp.396~398, 人物 6.
219) 民國 21年刊 『汝城縣志』 권16, 政典志, 民政.
220) 『長沙大公報』 1922年 4月 22日, 「商會注重各縣議員」.

이것을 보면 민국시기 신상들은 상회(商會)를 주도하고 그것을 발판으로 성(省)의 민정사장(民政司長)이나 재정사장(財政司長) 같은 요직에 진출하기도 하고 현(縣) 의회, 성(省) 의회를 정치참여의 중요한 수단으로 이용하고 있는 것을 알 수 있다.

상덕상회(常德商會)에서는 상업이 번성하고 자치 풍조가 팽배한 시기를 만나 상인주도의 시자치(市自治)를 추구한 일도 있다.[221]

소결(小結)

청대 200년간은 상업세의 증가가 거의 없었다. 상인에 대한 세금은 국가 재정의 기여도가 미미했고 상업세는 상인에 대한 최소한의 관리 수준이었다. 그런데 청말이 되면 긴급한 군사비 지출과 배상금 각종 신정(新政) 비용을 상업세에 의존하는 정책으로 전환되었다.

상업세 부담의 가중은 예산 구조의 변화에서도 알 수 있다. 선통 3년(1911) 예산 세목은 56.3%가 상업세이고 전부(田賦)와 조량(漕糧)을 합친 토지세는 26.7%에 불과하였다. 19세기 중기까지 거의 75%가 토지세였던 것과는 대조적인 수치이다. 1917년도 예산은 전부(田賦) 38.8%, 이금은 41.8%이다. 이금에 잡수입과 잡세를 더하면 60.3%가 상업세이다.

이금은 원래 임시세였지만 1931년 폐지될 때까지 호남에서는 76년간 지속되었다. 처음에 이금국은 21국(局)이었지만 선통 3년에는 36국에 분잡(分卡)이 172곳이었다. 민국기에도 계속 증가추세를 보이고 있다. 민국기에도 이금은 호남의 주요 경상수입이었고 통세(統稅)로 바뀐 뒤에도 세금은 배로 증가하였다. 정세(正稅)의 이금 외에도 징수 과정에서 각종의 부가적 수탈로 상인들은 고통을 호소하였다.

---

221) 『長沙大公報』 1922年 8月 28日, 「常德商民提倡市自治」.

염세(鹽稅)는 청일전쟁, 의화단 등의 배상금을 다른 성(省)에서는 전부부가(田賦附加)로 해결했으나 호남에서는 염세부가(鹽稅附加)로 해결하였다. 청말 시기 호남의 염세는 443만량(兩)이란 수치도 있다. 동치 7년에서 광서 33년까지 부과된 염과세리(鹽課稅釐)는 모두 25종이었다. 군벌정권은 걸핏하면 재정난 해소의 방법으로 염세부가에 의존했다. 염상(塩商)들은 자본금까지 침탈당하는 고통을 겪고 있다.

잡세는 인화(印花), 연주(煙酒), 도재(屠宰), 토초(土硝) 5항 잡세가 기본이지만 지역에 따라 종종의 잡세가 부과되어 '가연잡세(苛捐雜稅)'라 하여 국민혁명기 투쟁의 대상이 되었다.

화폐 남발은 민국기 군벌정권이 재정난 해결을 위해 흔하게 사용되던 방법이었다. 장경요(張敬堯) 정권의 유상은행(裕湘銀行) 설치와 화폐 남발, 혜민표(惠民票)의 통용 강제 등은 대표적인 사례이다. 역대 군벌정권은 정도의 차이는 있으나 대부분 화폐 남발로 비용 조달을 하고 있다. 1935년 추계로 호남 통용의 은원(銀元)은 777만여 원, 지폐는 호남성은행과 기타 은행을 합쳐 1929년에서 1935년 사이 2,700여만 원을 발행하였다. 은행 발행 지폐 외에도 성 정부와 각 기관 현 정부 등이 발행한 유통권(流通券) 종류를 '시표(市票)'라 하였는데 이것들 역시 악성 통화 팽창의 주범이었다. 이것의 최대 피해자는 역시 상인층이었다.

차관의 강요 역시 상인층이 감당하기 어려운 것이었다. 잦은 차관 강요로 성 정부조차 차관 액수를 파악하지 못하는 수준이었다. 1927년까지 약 10년간『장사대공보』에서 대강 파악되는 차관만 1,776만여 원이다. 빈번한 차관강요에 상인들의 호소가 거듭되고 있었다.

이러한 성 정부 권력에 상인들의 저항도 다양하였다. '요월(繞越)'은 세금을 기피하기 위하여 징세리가 있는 관잡(關卡)의 경로를 우회하는 것이다. 성(省) 정부는 요월을 막기 위해 계속해 국잡(局卡)을 늘려 나갔다.

파시(罷市)는 청말에 보이기 시작하는데 민국시기에는 상인들의 유효한 투쟁의 수단이 되고 있다. 상인들의 조직적인 파시에 성(省) 정부가 부분 양보하는 경우를 종종 볼 수 있다.

감세(減稅) 요구는 현상회(縣商會)나 동업분회(同業分會)가 장사총상회를 경유하여 조직적으로 제출되고 있다. 이러한 감세 요구가 부분적으로 수용되는 경우도 있지만 재정난에 허덕이는 성 정부는 여전히 강요하는 경우가 많다.

관(官)·상(商)의 관계에서 보면 청말기에 '신상(紳商)' 성격의 변화를 들 수 있다. 19세기 중엽 이전에는 '紳商'이란 용어도 잘 보이지 않는다. 호남성 당국의 중상주의적 신정(新政) 실시 과정에서 호남의 유력한 향신(鄕紳)들이 상공업에 참여함으로서 새로운 신상층이 대두되고 있다. 종래 돈을 많이 번 상인이 연납(捐納)으로 관위(官位)를 획득한 것과 달리 정도(正途)출신의 유력 향신의 상공업 투자는 관(官)과 상(商)관계에 변화를 초래했다. 즉 상인의 지위가 제고(提高)되고 관(官)과 상(商)의 접근성이 높아진 것이다.

민국기에도 신상의 활동은 지속된다. 상회의 주도세력은 여전히 신상이었다. 장사총상회를 구심점으로 휘하에 현급 상회가 100여 곳이나 되었다. 상회에서 관청에 보내는 공문은 성장(省長)에게는 '정문(呈文)' 형식을 취하지만 성(省) 정부 재정사(財政司)나 현(縣) 정부에 보내는 공문은 대등한 관계인 '함(函)'자를 쓰고 있다. 차관을 둘러싸고 성장이나 재정사가 빈번하게 상인을 관청에 초청하여 연회를 베풀고 있다. 상인은 완곡한 말로 차관을 거절하는 경우가 많다. 성 정부의 상인에 대한 수취 의존도가 높아질수록 상인과 관(官)의 관계 근접성도 높아진다. 따라서 상인의 지위도 제고되고 있다.

상인은 장사총상회의 독려로 현급 상회 모두가 성의회 의원, 현의회 의원 선출에 적극 참가하고 있다. 상회(商會) 출신이 성정부 재정사장(財政司長), 민정사장(民政司長)과 같은 고위직에 직접 취임하기도 하고 현의회 의장과 현지사(縣知事)대리를 맡는 등 현정(縣政)을 장악하고 있는 경우도 있다.

권력과 상인의 관계는 상인의 입장에서는 '적대적 상호의존관계'라고 할 수 있을 것이다.

제3장 청말민국기 호남상인의 공익 활동

1. 상인의 공익 활동

사회적 공익사업은 공동체의 안정적 지속을 위해서 꼭 필요한 일이다. 공익사업의 배경에는 이념적 지향이 토대가 되고 있지만 사회 경제적 측면에서는 시혜자와 수혜자 사이에 재화의 재분배가 이루어지고 있는 것이다. 즉 공익 활동의 내용을 통해서 사회 지배계층의 존재와 경제적 부의 소재를 파악할 수 있다고 생각된다.

전통시대 중국에서는 각 지방지(地方志) 등의 기록에서 신사층(紳士層)의 자선 행위 등을 빈번하게 발견할 수 있다. 인물 열전(列傳)의 의거(義擧), 선행(善行), 독행조(篤行條)에 집중된 내용을 보면 도로 교량의 수축, 수리사업, 의창(義倉), 의전(義田), 빈민(貧民) 구제 등 다양한 사업을 하고 있다. 행위주체의 대부분은 정도(正途) 출신이든 연납(捐納)이든 신사층이다.

이와 같이 전통시대 공익사업의 주된 담당자가 신사층이었다는 것은 재론의 여지가 없을 것이다. 농업사회의 주된 재화가 토지이기 때문에 이들 대부분은 지주였을 것으로 추정된다. 실제 자선사업을 행하는 인물 중에 신사(紳士) 직함이 없는 서민도 다수 존재했다. 이들은 서민지주로 간주할 수 있다. 기부하는 재화도 대부분 곡식이나 토지 등이 중심을 이루었다. 그런데 상인세력은 언제부터 사회 공익사업의 선두에 서게 되었을까. 그 공익사업은 전통시대와 어떤 상이점이 있는 것일까. 이것이 본 장의 문제의식이다. 현대 자본주의 사회에서 사회적 공익사업에 대규모 자금 지원을 하고 있는 것은 분명 상공업 자본가이다.

그런데 청말민국기는 과도기적 상황이다. 이러한 시기에 상인의 공익활동은 전 근대와 어떤 연결고리의 모습을 하고 있는지가 의문이다.

중국에서 근현대에 상인이란 용어는 단순히 유통업에 종사하는 상인만 의미하는 것이 아니라 신식기업가, 제조업자도 포함하는 개념이다. 우리식으로는 상공인이라 볼 수 있다. 중국에서 '공인(工人)'이란 우리와 달리 노동자를 가리킨다.

공익 활동의 '공익' 개념은 포괄적으로 '사익(私益)'에 대칭되는 개념이다. 전통시대에는 대부분 자선사업과 공공 이익에 관한 내용을 포함하고 있다.

주지하다시피 호남은 중국 전역에서 볼 때 상해(上海), 천진(天津), 소주(蘇州), 광주(廣州) 등에 비해 상대적 후진 지역이다. 호남상인은 10대 상방(商帮)에도 꼽히지 못하였다. 따라서 호남상업에 대한 연구는 그렇게 활발한 편은 아니다. 최근 국내에서도 호남상인에 대한 연구가 부분적으로 이루어지고 있다.[1] 그러나 호남상인의 공익 활동에 대한 연구는 발견하기 어렵다. 다만 상해, 소주, 천진 등의 상회당안(商會檔案)을 중요한 사료로 하여 중국 근대 신상의 공익 활동에 대한 종합적 고찰은 나오고 있다.[2] 상회당안이란 귀중한 자료를 분석하여 방대한 업적을 내어 놓고 있지만 호남은 이런 경제 선진지대에 비하여 상업이 낙후된 지역이다. 따라서 상인에 대한 자료가 풍부하지 않다. 그런 가운데 1920년대 중국 호남성의 정치민주화 운동을 다루면서 총상회(總商會) 등 신사 제 세력의 활동을 언급하고 있는 것도 있다.[3] 또 1919년부터 1921년까지를 한정해서 호남에서 전개된 연성자

1) 田炯權,「淸末民國期 湖南商人과 商品流通」『中國史研究』91, 2014;「淸末民國期 湖南商人과 地方權力」『中國史研究』97, 2015;「淸末民國期 湖南의 物價와 商人」『中國史研究』101, 2016.4;「1918~1927 湖南의 物價變動」『中國史研究』103, 2016.8.

2) 馬敏 지음, 신태갑 옮김,『중국근대의 신상』, 신서원, 2006.

3) 曾田三郎,「辛亥革命前の諸改革と湖南」, 橫山英 編,『中國近代化と地方政治』, 東京: 勁草書房, 1985; 笹川裕史,「1920年代 前半の湖南省政民主化運動」, 위의 책.

치(連省自治) 운동을 다루면서 총상회 등의 애국운동 대중운동을 살피고 있는 연구도 있다.[4]

상회(商會)의 대중운동, 애국운동도 공익 활동의 범주라고도 할 수 있으나 내용이 워낙 복잡하고 그 자체만으로 단행본이 나온 정도이니 본 장에서는 검토 범위에서 제외하기로 하였다.

본 장에서 이용하는 주된 자료는 청대(淸代)와 민국기에 간행된 호남성의 각 지방지(地方志)이다. 그 외 무술변법시기에 발행된 신문인『상보(湘報)』, 민국시대에 장사(長沙)에서 발행된 신문인『장사대공보(長沙大公報)』등이 기본 사료이다. 지방지의 간행년도가 각기 다른데 청말민국기로 갈수록 상인에 대한 서술 정도가 확대되고 있고 이것 역시 시대변화를 읽을 수 있는 대목이다.

본 장에서 다루지 못하고 추후의 해결 과제로 남겨둘 것은 이러한 상인들의 공익 활동 근저에 어떤 이념적 지형이 있는가, 그것이 상인정신과 어떤 연관이 있는가를 살펴보는 일이라고 생각된다.

청대 호남 의전(義田) 설치자의 신분조사에서 상인이라고 명시된 경우는 찾아보기 어렵다.[5] 동치(同治)년간 간행된『장사현지(長沙縣志)』의 교량 조를 보면 67건 가운데 상인을 기재한 것은 역시 단 한 건도 없다.[6] 광서(光緖) 6년(1880) 발간된『상음현도지(湘陰縣圖志)』의 청대 전부를 검토해도 대부분 신사(紳士)관료의 기록이고 상인에 대한 서술은 없다. 형양현(衡陽縣)의 경우에도 비슷한 실정이다.[7] 다만『진주부의전총기(辰州府義田總記)』의 분석에 의하면 기부자 명단 중에 노계현유행(瀘溪縣油行)과 원릉현유행(沅陵縣油行)이 각각 곡(穀) 660석(石)과 440석을 기부한 것이 나오고 있다.[8]

---

4) 塚本元,『中國における國家建設の試み−湖南1919~1921年』, 東京大學出版會, 1994.

5) 전형권,『중국근현대의 호남사회』, 혜안, 2009, pp.65~86.

6) 同治 10年刊『長沙縣志』권5, 津梁.

7) 同治 12年刊『瀏陽縣志』권18, 人物, 義行.

8) 전형권, 앞의 책, p.131.

청말 간행 지방지의 선행(善行), 독행(篤行), 의거(義擧) 등을 검토하면 대부분 신사(紳士)들의 기록이다. 전통시대 공익 활동의 영역은 대부분 신사 계층이 주도한 영역임은 재론의 여지가 없다. 상인이면서 신분이 미 표시된 자나 혹은 연납(捐納)으로 신사의 허함(虛銜)을 받은 사람이 기록 중에 잠복해 있는 경우도 상정할 수 있으나 상인 신분이 명시되고 있지는 않다.

〈표 1〉과 속표(續表) 〈1-1〉, 〈1-2〉는 대부분 청말민국기에 간행된 호남 지방지에서 검색한 상인의 공익 활동이다.

먼저 시기 문제를 생각해보자. 표 중 서포현(溆浦縣)의 장덕주(張德周)는 관련 기사 중 지현(知縣) 용광전(龍光甸)의 재임기간이 도광(道光) 17년(1837)에서 21년(1841)인 것으로 보아 도광년간으로 확정할 수 있다.9) 용광전은 서포현이 아니라 검양현(黔陽縣) 지현이다. 서포현 상인인 장덕주가 검양신로(黔陽新路) 건설에 기부한 결과로 생각된다.

장국병(張國炳) 기사 내용 중 '기유세기(己酉歲饑)'는 유명한 도광기유(道光 己酉: 1849)년으로 보인다. 당사괴(唐思魁)는 지폐 수십천(千: 文)을 주워서 주인에게 돌려주었다고 하는데 지폐는 광서 30년(1904) 이후에 주로 통용된 것이다.10) 유순망(劉純望)과 형정호(荊廷湖)는 구지(舊志)에 수록된 인물이라 하는데 구지는 동치 12년(1873)에 간행된 것이다. 그 이전의 어느 시점에 활동한 인물로 생각된다. 허정(許鉦)은 동인의약국(同仁醫藥局)의 자본이 없자 북향(北鄕) 전조(田租) 10수석(石)으로 도왔다고 하는데 민국『예릉현지(醴陵縣志)』에 보면 동인의원(同仁醫院)은 처음에 의약국(醫藥局) 명칭이었고 광서 26년(1900) 유가감(劉家鑑)이 창립했다.11) 그렇다면 허정(許鉦)은 민국 시기로 추정 가능하고 그의 부친 허창진(許昌振)은 광서 시기로 간주할 수 있다.

---

9) 光緒 11年刊『湖南通志』권125, 職官16, 國朝5.

10) 張家驤,『中華幣制史』上, 北京: 知識産權出版社, 2013, pp.126~130.

11) 民國 37年刊『醴陵縣志』建置志, 公所.

<표 1> 상인의 공익 활동

지역	인명	시기	내용
長沙	3都商民 商人, 부근지주	咸豊11년 乾隆45년	湖蹟車渡 邵家橋
善化	李春華		團頭河渡
湘潭	歐陽辰 梁滋建 劉大熾 蕭召信	道光년간 〃 〃	牛痘시행 慷慨揮霍 水旱荒歉, 賑恤 友睦與諸第同財
寧鄕	張國贊	嘉慶12년(1807)	減價平糶, 義渡, 嘉施
益陽	羅忠亳 易潙其 徐德剛		長沙義渡, 邑龍公渡, 栗公港渡, 道林橋 沙塘義渡 棺, 의복제공
安化	黃光英 梁澤雍	道光咸豊同治	學田膏火 棺 제공, 장례
醴陵	鄧鳳儀 劉遠志 楊春里 王榮晋 潘必筠 許昌振 許鉦	同治년간 光緒년간 光緒宣統 光緒 民國	慷慨好義, 貧民구제 喜施與, 濟生恤死 도로, 교량, 義渡, 빈민구제 賑恤, 전보, 철도기여, 同仁醫藥局, 興賢堂 교육혁신, 興賢, 育嬰, 同德堂, 同仁醫藥局 普濟公渡, 平糶, 棺, 藥, 교량, 도로 同仁醫藥局에 北鄕田租 10石지원
	劉家鑑	光緒	同仁局, 同德堂, 待質所, 善園, 救生船, 義渡. 도로, 慰亭, 義倉, 學校, 惜字會
	陳盛芳	民國	坊業종사, 공업, 煤鑛局, 토목, 교량, 학교설립
	潘克懋	淸末民國	興賢堂 穀 2,000석 萍醴饑民구제, 錢 약간 萬으로 萍醴公益도움, 예릉善園기금 善堂
	蕭有爲	光緒宣統	光緒21年 大旱 捐銀 2,000兩, 각종 공익사업

出典: 湖南 長沙府 各縣 地方志

<표 1-1> 상인의 공익 활동

지역	인명	시기	내용
汝城	津江問津書屋 曾紀燦	民國	私立儲能高小橋 교량, 도로, 정비, 수축
桂陽直隸州	雷光華	道光	好施
宜章	蕭祖化	民國	萬福橋를 石橋로 개량
華容	黃本源		書院膏火, 부두교량건설, 鋪店기부, 豫鎭宮香火, 壯元街口夜燈
慈利	王之夒 胡崇文	光緒 道光	현 서쪽 大商埠건설, 溪口橋, 漁捕學校설립 喜爲財施, 매년 2~300만 緡기부

	于孝義	光緒宣統	族葬也 제공
酆縣	夏超元		岳州에 호남부두건설, 性好惲霍
耒陽縣	陳鎭璧		性耿直好施
邵陽	魏達橋		貧民구제
	郭永吉		〃
	尹道勳		〃
	周明亮		宗祠, 祭田, 亭 건립
	禹心田		洪江 홍수시 棺, 義山, 救生船
	雷世滔		族祠, 일족구휼
	謝宗學		貧者구제, 도로, 교량 정비, 施藥, 棺장례, 義渡
	曾元琳	光緒	貧民구제
	胡之遠	〃	〃
	石吉芳	〃	棺, 藥, 의복제공

出典: 호남 각縣 지방지

〈표 1-2〉 상인의 공익 활동

지역	인명	시기	내용
祁陽	劉俊士		賑粥施絮及藥, 義山, 棺
	趙元音		茶亭, 義渡
藍山	梁煥南		席業行義, 鄕里公益
	李高淑	民國	錫福渡 교량건립
永綏廳	楊嘉鍾		茶亭건립
永順	蕭祈高		義渡 두곳 설치, 토지기부로 渡夫식량공급
鳳凰廳	劉元金	道光 咸豐	貧民구제
洪江12)	張吉昌	光緒	光緒 6년(1880) 洪江育嬰堂에 은 1,800兩 기부
	楊竹秋	民國	민국 15년 洪江 백년만大旱, 1만元 기부 洪達中學설립, 토지 校舍 경비지원
	潘鼎宜	光緒	자선사업
漵浦	劉純望		광동에 장사, 채무로 妻 팔려는 자 代償구제
	荊廷瑚	道光	南昌蕭某와 동업시 혜택부여, 채권상환, 불능자 빚 탕감
	向昇		道光己酉 桃源 홍수 시 救生船으로 인명 구제
	張國炳	〃	旅店개업, 주운돈 50兩 주인에게 돌려줌
	張德周	〃	邵陽白馬山路, 黔陽新路, 義渡
	董正漢	光緒	光緒시 縣公署수축, 學田, 小學校舍수축, 城區學校 설립
	唐思魁	光緒	주운지폐 수십千 주인에게 돌려줌
	荊澤匯		文廟修茸, 團防주도

出典: 호남 각縣 지방지

〈표 1〉, 〈표 1-1〉, 〈표 1-2〉에 등장한 상인들 중에 시기가 확실한 사람들을 보면 도광년간에 출현하고 광서 이후 민국시기에 걸쳐 공익 활동을 집중적으로 하고 있다. 『예릉현지』공소(公所)에 수록된 내용을 보아도 동덕당(同德堂), 동인의원(同仁醫院), 선원(善園), 선원아동보육원(善園兒童保育院), 녹강교공소(淥江橋公所) 등이 대부분 광서 이후 청말민국기에 건립되고 있다. 반필균(潘必筠)의 기록에도 양순조(陽順藻), 소유위(蕭有爲)와 함께 상업으로 부를 축적하여 광서~선통(宣統)년간에 예릉현 공익사업을 대부분 주도했다고 한다.[13]

민국 30년(1941) 간행의 『영향현지(寧鄕縣志)』에 의하면 강희(康熙), 건륭(乾隆), 가경(嘉慶) 3지(志)에 수록된 의산(義山)은 모두 여덟 곳에 불과하였다. 동치지(同治志)에 스물여덟 곳이 추가되었는데 동치 6년(1867)의 간행 시기를 고려하면 가경지(嘉慶志)가 발행된 1817년부터 1867년까지 50년간 스물여덟 곳이 추가 설치된 것이다. 그런데 그 후 실정은 부곽의산(附郭義山)만 쳐도 고혼의산(孤魂義山)이 37곳, 흥계사의산(興繼祠義山), 재신전의산(財神殿義山), 소주회관의산(蘇州會館義山) 8곳, 만수궁의산(萬壽宮義山) 5곳, 천후궁의산(天后宮義山) 3곳 등이고 각 도(都) 의산(義山) 9곳으로 대략 쳐도 증가된 것이 56곳이나 된다.[14] 누대 155년간 8곳에 불과하던 의산이 청말에 와서 집중적으로 급증했던 것을 알 수 있다. 성내(城內)에 설치된 부곽의산(附郭義山)은 대부분 상인들에 의해 이루어졌던 것도 특기할 점이다.

소주(蘇州)의 각종 자선사업 관련 국(局)과 소(所)가 주로 동치와 광서년간에 창건되었던 점과 호남의 공익사업도 시기를 같이하고 있다.[15] 중국 『공상행회사료집(工商行會史料集)』에 보면 호남상인들의 각 행(行) 조규(條規) 중 시기가 명확한 것 31건 가운데는 광서 25건, 선통 5건, 동치 12년(1873)

12) 王賢輝, 『明淸洪江商帮』, 黑龍江敎育出版社, 2013, p.132, 152, 174.
13) 民國 37年刊 『醴陵縣志』 人物志, 人物傳5.
14) 民國 30年刊 『寧鄕縣志』 故事篇, 財用.
15) 馬敏, 辛太甲, 앞의 책, p.390.

1건으로 광서 10년(1884) 이후의 것이 대부분이다.[16] 호남의 자선기관인
선당류(善堂類)가 청말 시기에 집중적으로 증가하는 것과 상업의 발달,
상인의 공익 활동 증가가 맞물려 돌아가고 있다고 여겨진다. 신사계층이
주도하던 공익 활동 영역에 상인이 두각을 드러내게 된 것은 경제적 부의
이동과 지배계층의 변화를 예고하는 측면이 있다.

　다음으로 공익 활동의 내용에 대해서 알아보겠다. 〈표 1〉을 보면 성(省)의
수도인 장사(長沙)와 선화현(善化縣)은 인물이 거의 없다. 상업이 상대적으로
발달하여 번성한 곳으로 알려진 상담(湘潭)도 자료가 부족하다. 『장사현지』
는 동치 10년(1871) 간행된 것으로 청말 사정을 충분히 반영하지 못하고
있다. 선화현, 상담현도 각각 광서 3년(1877)과 광서 15년(1889) 간행으로서
충분한 청말 사정을 대변하지 못하고 있다. 소양현의 경우 상인이 10명이나
등재된 것은 지방지 발행년도가 광서 33년(1907)으로 비교적 청말 사정이
잘 반영되었기 때문으로 생각된다. 아울러 같은 지방지에 수록된 소양현의
직업 분포를 보면 농부 12만과 함께 상인 12만으로 되어있다. 농업사회로
간주되고 있는 호남 농촌에서 농민이나 상인이 비슷한 인구 분포라는 것은
이해하기 어렵지만 이 시기 소양현의 급격한 상업 발달을 파악할 수 있다.
이것과 〈표 1-1〉에 실린 소양현 상인이 다수인 점과는 상관관계가 있을
수 있다.[17]

　〈표 1〉에 보듯이 예릉현의 인물들이 많다. 『예릉현지』는 민국 37년(1948)
에 간행된 것으로 포함 기간도 길고 민국 시대의 시각으로서 상인을 많이
기록한 측면도 있을 것으로 보인다. 역시 민국 10년(1921)에 간행된 『서포현
지(漵浦縣志)』도 많은 내용을 포함하고 있다. 〈표 1〉, 〈표 1-1〉, 〈표 1-2〉에
기재한 것은 지방지의 내용을 간략하게 추린 것이다. 우선 기록이 풍부한
예릉현에서 대표적 사례 몇 건을 사료를 통해 소개해 보겠다.

---

16) 彭澤盆, 主編, 『中國工商行會史料集』, 北京: 中華書局, 1995, pp.199~527.
17) 전형권, 앞의 책, p.336.

① 반필균(潘必筠), 반극무(潘克懋)

자(字) 죽정(竹亭), 내자산인(萊紫山人), 청말 근학소(勤學所) 설치 시에 천거되어 학동(學董)이 되었다. 교육을 혁신하는 데 큰 공이 있었다. 현(縣)의 흥현(興賢), 육영(育嬰), 동덕당(同德堂)과 동인의약국(同仁醫藥局)에 거액의 기부를 하였다. 의술(醫術)에 정통하였는데 진료해도 돈을 요구하지 않고 해마다 고약(膏藥)을 제조하여 가난하고 병든 자들에게 나누어 주었다. 아들 극무(克懋, 자 자음(子吟))는 석여업(席餘業)에 종사하였으며 의로운 일을 하는데 특히 용감하였다. 흥현당(興賢堂)과 재무보관처(財務保管處)의 일을 주관하였는데 일처리가 다 권도(權度)에 맞아서 사람들이 그 재능에 탄복하였다. 일찍이 곡(穀) 2,000석으로 평(萍: 鄕), 예(醴: 陵) 기민(饑民)들을 나누어 진휼하였는데 전(錢) 약간만(萬)으로 평례(萍醴) 공익(公益)을 도왔다. 전조(田租) 100석을 기부하여 예릉 선원(善園)의 기금으로 하였다. 유양(瀏陽)의 금강시(金剛市), 대요부(大瑤埠), 징담강구(澄潭江口), 평향(萍鄕)의 자화(慈化), 동목(桐木), 상율시(上栗市), 예릉의 보구시(普口市), 백토담(白兎潭), 냉수갱(冷水坑), 역당묘(櫟塘廟), 견두주(梘頭洲)의 각 선당(善堂)에 도움을 주었다. 매년 연말에는 번번이 곡(穀) 수백석(石)을 내어 구제를 하였다. 민국 16년(1927)에 폭민(暴民)이 난을 일으켰을 때 서로 경계하며 그 집을 괴롭히지 않았다.[18)

이 기사의 연결 부분에는 반필균(潘必筠)이 상업으로 집안을 일으켰으며 광서·선통년간에 현의 공익사업을 주도하였다고 되어있다. 아들인 극무(克懋)도 부친의 뒤를 이어 기민(饑民)을 구제하고 선원(善園) 기금을 기부하였다. 예릉의 상인인 극무가 인근 유양현(瀏陽縣)과 강서(江西) 평향(萍鄕)의 각 선당(善堂)에도 기부하는 것을 보면 그의 상업 활동이 광역적이었음을 알 수 있다.

---

18) 民國 37年刊 『醴陵縣志』 人物志, 人物傳5.

② 왕영진(王榮晉)

광서 을미년(乙未年: 1895), 대한(大旱)이었는데 엄작림(嚴作霖)이 은폐(銀幣) 16만원(元)을 갖고 와서 진휼하였다. 지현(知縣) 설홍년(薛鴻年)과 회동하여 진무국(賑務局)을 설치하고 양욱(陽旭)으로 그 일을 담당하게 하였다. 현인(縣人) 왕영진이 바야흐로 현성(縣城)에 은사(銀肆)를 설치하였는데 진은(賑銀)을 전(錢)으로 바꿀 때 높은 환율을 요구하였다. 영진이 유독 흔쾌히 이에 응하여 아울러 의지하여 구제하였다. 후에 설(薛)이 예릉에서 전보와 철로를 창설할 때 곧 욱(旭)과 영진(榮晉)을 끌어들여 보조로 삼았다. 이때 풍기(風氣)가 고색(固塞)하여 인민이 강경했고 철로의 길이는 백수십 리였다. 욱과 영진이 함께 토지 구매를 담당하였는데 다방면으로 설득하여 수년이 안 되어 일이 이루어졌다. 가난한 사람이 많이 죽는 것을 안타깝게 여겨 오가항(伍家港)에 동인의약국(同仁醫藥局)을 부실(富室)들 기부를 모아 설치하였다. …

읍중(邑中)의 중요한 공사(公事)를 감독하였고 흥현당(興賢堂)의 후원(後苑) 및 장서루(藏書樓)는 대개 그가 만든 것이다. 아들 창준(昌濬)은 화용현(華容縣) 현장(縣長), 호남방사창(湖南紡紗廠) 창장(廠長)을 역임하였고 세연(稅捐), 진무(賑務)를 처리하는 데 근면 신중하여 칭송을 받았다.19)

이것을 보면 왕영진은 1895년 대한(大旱)시에 진휼(賑恤)을 돕기 위해 노력했다. 또 예릉에 전보와 철도시설 설치 시에 토지 구매를 담당하여 성과를 올렸다.

③ 유가감(劉家鑑)

자(字)는 경생(庚生), 호(號)는 낙진자(樂眞子), 정가방인(丁家坊人)이다. 명(明) 예릉 교유(敎諭) 유가성(劉可成)의 20세손(世孫)이다. 온화하나 강직함

---

19) 民國 37年刊 『醴陵縣志』 人物志, 人物傳5.

이 있었다. 서사(書史)를 널리 섭렵하였는데 특히 내전(內典: 불경)을 읽기 좋아하였고 인과설(因果說)을 독실하게 믿었다. 예릉은 인구밀도가 조밀하여 적빈(赤貧)이 많았는데 현성에 동인국(同仁局)을 설치하여 의약을 베풀고 동덕당(同德堂)으로 관혜(棺槥)를 베풀었다. 원근에서 요구하는 자가 있으면 응하지 않는 바가 없었다. …

또 일찍이 대질소(待質所)를 창건하여 감옥을 개량하고 선원(善園)을 만들어 무고(無告)한 이를 돌보았다. 구생선(救生船)을 만들어 물에 빠진 자를 건져내고 의도(義渡)를 설치하고 게정(憩亭)을 만들었다. 하천 연변의 도로를 정비하여 행려(行旅)를 편하게 하였는데 모두 국고를 번거롭게 하지 않았다. … 만년(晩年)에 집에 있으면서 선행(善行)에 더욱 힘써서 그 마을에 들어가면 의창(義倉)이 충실하고 도로가 정비되고 학교가 부흥되었다. 가난하여 처(妻)를 부양할 수 없거나 과부로서 곤궁한 자는 세시(歲時)에 도와주는 것이 있었다. 거민(居民)들이 기뻐하여 낙토(樂土)라 일컬었다. 스스로 받드는데 심히 인색하고 족사(族祀)를 수십 년 관리하고 쉬지 않고 힘썼으며 사당 건립, 족보 편찬, 학교 설립을 자기 임무로 여겼다.[20]

유가감(劉家鑑)은 명(明) 교유(敎諭) 유가성(劉可成)의 20세손(世孫)이라 한 것을 보면 청(淸) 일대까지 수백 년간 신사 신분이 없었던 것으로 보인다. 그런데 예릉현지 여러 곳에서 그의 활약상이 보이고 있다. 동덕당(同德堂)은 청말에 그가 창건하였으며 동인의원(同仁醫院)도 광서 26년(1900)에 양욱(陽旭)과 더불어 그가 창건한 것이다. 민국시기에도 동인국(同仁局)이 훼손된 것을 중건하는 데 역할을 하고 있다. 그의 활동 중에 대질소(待質所)를 창건하여 감옥을 개량했다는 것은 근대에 나타난 특이점이라 볼 수 있다. 의창(義倉), 의도(義渡), 도로 수축, 학교 설립, 사당 건립, 족보 편찬 등은 전통적인 신사의 공익 활동을 계승했다고 보여진다.

---

20) 民國 37年刊 『醴陵縣志』 人物志, 人物傳7.

④ 진성방(陳盛芳)

황갑촌인(黃甲村人)으로 부(父)는 가상(嘉祥), 일찍 서거하였고, 모는 안씨 (晏氏)이다. 심히 가난하여 (모친을) 부양할 수 없어 성방(盛芳)이 형과 더불어 오업(圬業: 미장공) 일에 종사하여 어머니의 굶주림을 면하게 하였다. 마침 청(淸) 우전부(郵傳部) 상서(尙書) 성선회(盛宣懷)가 한야평공사(漢冶萍公司)를 설립하고, 평향안원매광국(萍鄕安源煤鑛局)을 관할하였다. 바야흐로 큰 공사가 있었다. 총판(總辦) 장소견(張韶甄)이 현(縣)의 효렴(孝廉) 문준택(文俊鐸)과 친구였는데 성방(盛芳) 형제가 준택의 소개로 국(局)에 들어가 집사(執事)가 되었다. …

성방이 여러 차례 대공사를 총괄하니 보수가 후한데 쓰는 것은 검소하였다. … 형제가 재산 분할한 후에는 고아 잔질(殘疾)을 구휼하고, 육영(育嬰), 시신 수습 등 여러 일에 진력하여 재물을 속히 분산하지 못할까 염려하는 듯하였다. 녹강교(淥江橋)는 예릉-평향(萍鄕)간의 대도(大道)인데 송(宋) 보우(寶祐: 1253~1258)년간부터 민국에 이르기까지 이미 22차나 붕괴되었다. … 민국 7년 병란(兵亂) 이후에 여러 번 수복(修復)을 논의하였는데 큰 비용이 쉽게 모이지 않아 중지하였다. 성방이 이에 재산을 팔아 은폐(銀幣) 5만원(元)을 기부하니 무리가 기뻐하며 곧 20여만을 모아 성방에게 공사를 총괄하게 하였다. …

또 사자파(獅子坡)에 혼자 힘으로 동방중학(東方中學)을 설립하여 땅 2,000여 장(丈)을 마련하고 교실 백수십영(楹)을 건설했다. … 또 전조(田租) 1,050석을 기부하여 학교 기금으로 삼았다. 교육부에서 그의 연자흥학(捐貲興學)을 가상하게 여겨 1등장장(獎狀)을 부여하였고, 또 부(部)에서 상신하여 국민정부에서 표창하게 하였다.[21]

진성방(陳盛芳)은 인물 열전에도 기록 내용이 너무 많아 사료를 다 옮기기

---

21) 民國 37年刊 『醴陵縣志』 人物志, 人物傳7.

어렵다. 또 예릉 현지 여기저기서 입체적으로 그의 행적이 드러나고 있다.
그는 처음에 미장공으로 일하다가 평향안원매광국(萍鄕安源煤鑛局)의 집사
가 됨으로써 성공적인 길을 시작했다. 그런데 그의 모친 안(晏)씨의 열전에
보면 아들 성방이 공업으로 집안을 일으켰다고 하고 있다.[22] 그리고 민국
33년(1944) 일본군의 침입으로 폐허가 된 동방중학을 재건하는 데 진력하고
공사가 끝난 후 친히 장사(長沙)에 나아가 재산을 팔아 체납된 것을 모두
상환하였다. 이것을 보면 장사 성내에 많은 점포(店鋪)를 소유하고 있었던
것으로 추정된다. 예릉현지에 보면 교량(橋梁), 의도(義渡) 조항에 그가 등장
하고 우정(雨亭)도 다수 건립한 것으로 되어있다. 동치 말에 건립된 양가교(楊
家橋), 소석교(小石橋)를 민국 초에 석교(石橋)로 개량했고, 관선교(觀仙橋)는
같은 시기에 직접 건립하였다. 숭덕도(崇德渡), 뇌가도(賴家渡), 보구도(普口
渡)에는 각기 우정(雨亭)을 건립하였고, 민국 초에 다정(茶亭)과 관음묘(觀音
廟)도 건설하였다.[23] 민국 32년에는 구제원(救濟院)의 부원장이 되었고 후에
고아교양소(孤兒敎養所) 소장이 되기도 했다.[24]

〈표 1〉, 〈표 1-1〉, 〈표 1-2〉에 나타난 내용 중 상당수는 전통시대 신사의
공익 활동과 유사하다. 즉, 도로, 교량의 수축, 의도(義渡)의 설치, 육영당(育嬰
堂) 등 각종 선당(善堂)의 기부, 빈민(貧民)구제, 의창(義倉)의 기부, 의산(義山)
의 설치와 시관(施棺), 구생선(救生船) 제공, 석자회(惜字會) 등이 그렇다.[25]
청말민국기 상인의 공익 활동에 나타나는 특징은 이들을 계승하면서 기존의
목판교(木板橋)를 석교(石橋)로 개량하는 사업, 또 기존의 의도(義渡)에 교량
을 설치하는 등으로 한 단계 진보적 측면을 보이고 있다. 근대적 모습으로서
는 동인의약국(同仁醫藥局), 동인의원(同仁醫院)의 설립으로 빈민 환자에 대

---

22) 民國 37年刊『醴陵縣志』淸 義行, 晏氏陳嘉祥妻.
23) 民國 37年刊『醴陵縣志』交通志, 橋梁, 津渡.
24) 民國 37年刊『醴陵縣志』政治志, 救濟.
25) 惜字會는 글자를 쓴 종이를 허술하게 하지 않는 것으로 조직한 회. 이 회에서는
글씨를 쓴 종이를 모아서 불태워 버리는데 敬惜字會라고도 한다. 문자를 존중하는
구습이다.

한 치료가 좀더 체계화되었고 신식 학교 설립에도 나서고 있는 것이다.
서포현(溆浦縣)의 동정한(董正漢)은 광서년간에 소학(小學) 교사(校舍)를 수
축하고, 성구(城區)학교를 설립한 바 있다.[26] 홍강(洪江)의 양죽추(楊竹秋)도
민국 시기에 홍달중학(洪達中學)을 설립하였다.[27] 진성방(陳盛芳)의 동방중
학 설립도 그런 경우이다. 왕영진(王榮晋)처럼 전보 철도 등 신사물(新事物)의
수입에 기여한 것도 새로운 측면이다. 구양진(歐陽辰)의 우두(牛痘) 시행
역시 근대적인 면모다.[28] 무엇보다 전통시대 공익 활동을 주도한 신사
층을 대신해서 상인이 공익 활동을 선도해 가는 것이 청말민국기의 변모된
양상이라고 생각된다.

2. 신상(紳商)의 공익 활동

광서년간에 간행된 『상담현지(湘潭縣志)』를 보면 "시관(市官)이 폐지된
지 오래되었고 신사(紳士)와 상인이 서로 섞여 구별되지 않으니 '억말(抑末)'
을 말하고자 하는 것은 현실에 우매한 것이다"[29]라고 되어있다. 신사와
상인이 서로 섞였다는 것은 신사 신분을 가진 상인 즉 신상(紳商)이 증가했다
고 추정할 수 있다. 1898년 장사에서 발행된 신문『상보(湘報)』를 보면
"상학당지상(商學堂之商) 명상야실사야(名商也實士也)"라고 하고 있다.[30] 상
학당의 상인이 이름은 상인이지만 실제는 신사라는 것 역시 신사가 상인이
된 신상의 존재를 엿볼 수 있다.
　같은 『상담현지』 사료를 하나 검토해 보겠다.

---

26) 民國 10年刊 『溆浦縣志』 권22, 列傳 善行.

27) 王賢輝, 『明淸洪江商帮』, 黑龍江敎育出版社, 2013, p.152.

28) 光緖 15年刊 『湘潭縣志』 권153, 列傳.

29) 光緖 15年干 『湘潭縣志』 권11, 貨殖.

30) 『湘報』 1898年 5月 2日, 「中國自救莫如大開通商口岸說」.

가경 6년(1801) 기근이 들자 신사와 상인(士商)이 정청(呈請)하여 기부금을 거두어 진휼(賑恤)하고자 하였다. … 도광 29년(1849) 호북과 원강(沅江)의 기민(饑民) 수만이 현경(縣境)에 먹을 것을 구하러오자 사민(士民)들이 재물을 기부하여 진휼(賑恤)을 도왔다.31)

여기서 사상(士商)은 신사와 상인의 각자 신분을 지칭한다고 생각된다. 『영향현지(寧鄉縣志)』에 보면 동치 3년(1864) 뇌양(耒陽) 훈도(訓導)를 지낸 주배무(周培茂)가 영향(寧鄉) 미곡수출의 기지였던 장사 정항(靖港) 행호(行戶)의 행패가 심해 상인들의 곤란을 해소하고자 신상을 모아 대부(大府: 知府 彭慶鍾)에게 청해 팔원당(八元堂)을 세워 '숙폐(宿弊)'를 해결했다는 기록이 있다.32)

이것은 검토한 많은 호남 지방지(地方志) 중에서 직접적 '신상' 표현으로서 처음 등장하는 것이다. 정항에 상인들의 공익시설인 팔원당을 설치한 것으로 보아 신사 신분을 가진 상인 즉 '신상'임이 분명해 보인다.

『상보』의 다른 기록 하나를 검토해 보면 다음과 같다.

광서 24년(1898) 4월 24일 상유(上諭)를 받들어 특별히 상무대신(商務大臣)을 설치하고 … 각 성회(省會: 성의 수도)에 상국(商局)을 설립, 은실(殷實) '신상(紳商)'을 추천하여 국동(局董)으로 삼고 장정(章程)을 의정(議定)한다. … 상인의 실정을 연락하여 상하를 소통시키기 바라고 (상유에)헛되이 응하지 말기 바란다.33)

이 기사에는 당시 호남순무(湖南巡撫) 진보잠(陳寶箴)이 장덕균(蔣德鈞)에게 지시하여 성성(省城)에 상무총국(商務總局)을 설치하고 각 부두에 분국(分

---

31) 光緖 15年刊『湘潭縣志』권3, 事紀, 12, 13.
32) 民國 30年刊『寧鄉縣志』故事篇, 第3, 財用錄.
33) 『湘報』1898年 9月 15日, 本省公牘.

局)을 설치하게 하였던 사정이 나오고 있다. 『상보』의 기사 내용에 '신사(紳士)', '사신(士紳)'의 용어는 흔하게 보이나 '신상(紳商)'이라고 직접 쓴 것은 매우 드문 사례이다. 『상보』에 수록된 보위국(保衛局) 관련 기사를 보면 이것은, 이름은 보위국이지만 '신상합판지국(紳商合辦之局)'이라한 데서 알 수 있듯이 실은 '신(紳)'과 '상(商)'의 연합체였다.[34] 같은 기록에 보위국의 동사(董事) 4인을 추천하는데 혹은 '신(紳)'이거나 혹은 '상(商)'을 추천할 수 있다 하고 있으니 이 경우도 신사와 상인의 양측을 가리키고 있다.[35]

그런데 민국시대 호남 장사에서 발행된 신문인 『장사대공보(長沙大公報)』에는 '신상'이란 용어가 빈번하게 등장한다. 내용으로 보아 양측이 아니라 신사 신분을 가진 상인으로서 합체된 실체가 분명해 보이는 경우가 많다. 『공보』에 상회(商會)가 신상을 소집하여 난표(爛票: 떨어진 지폐)를 회수하는 문제에 대한 토론회를 열었다는 것도 하나의 용례이다.[36] 또 장사 신상들이 기민(饑民) 구제를 위한 회의를 상회에서 열고 상회 회장이 보고를 행하였다는 것에서도 신상의 존재를 확인할 수 있다.[37] 민국 16년(1927)에 장사현에서 신상에게 차관(借款)을 구할 때도 상민협회장(商民協會長) 좌익제(左益齊)와 총상회(總商會)의 왕윤형(王尹衡)을 상대로 교섭한 것을 보면 신사 신분을 가진 상인으로서의 신상이라 볼 수 있다.[38]

민국 초기 신상 계층은 점차 사라지고 사인(士人)은 치부(致富) 뒤에 관리로 돌아가거나 다른 직업을 모색했다는 마민(馬敏)의 주장[39]이나 신식 상업이 발전하면서 1917년 새로운 상업 경영의 상인이 상회 회장으로 당선되었고, 상회는 신상이 아닌 신식 상인이 지배하는 기구로 변했다는 주장[40]과 호남지

---

34) 『湘報』 1898年 3月 14日, 「湖南保衛局章程」.

35) 『湘報』 1898年 4月 2日, 「保衛局公啓」.

36) 『長沙大公報』 1918年 11月 2日, 「商會召集紳商討論收回爛票之大會議」.

37) 『長沙大公報』 1922年 4月 25日, 「長沙紳商與救饑問題」.

38) 『長沙大公報』 1927年 1月 24日, 「長沙縣向紳商借款」.

39) 馬敏 저, 신태갑 옮김, 『中國近代의 신상』, 신서원, 2006, p.629.

40) 李丙仁, 「商會, 商會네트워크와 近代 中國의 政治變遷」 『中國近現代史研究』 44, 2009.

역은 서로 부합되지 않는다. 호남은 민국기에 신상의 활동이 더욱 활발하다. 이런 차이는 상해, 천진 등의 경제적 선진지대에 비하여 개항(開港) 시기가 늦었던 호남의 지역성 때문일 수도 있다고 생각된다. 다만 '신상'이란 용어가 19세기 이전에는 역사문헌에 거의 사용되지 않았다는 마민의 주장과는 사뭇 부합하고 있다.[41]

민국 6년(1917) 10월에 상회 회장 좌림창(左霖蒼)이 성장(省長)의 지시를 받아 각 상인들을 모아 금융 유지 방법을 의논하기 위해 재정청에서 관상(官商)회의를 개최했다는 사례나[42] 익년(益年) 10월에 장사총상회가 금융 유지의 책임은 관(官)과 상(商)이 함께 지고 있다고 천명하는 것을 보면 달라진 '관'과 '상'의 관계를 엿볼 수 있다.[43]

이러한 상인 지위의 상승은 상인의 경제력 증가와 더불어 신사의 직위를 가진 신상들이 상회를 주도하면서 나타난 현상이라 볼 수 있다. 장사총상회의 최초 임원은 총리(總理) 시용지부(試用知府) 진문위(陳文瑋), 협리(協理) 이달장(李達璋), 회판(會辦) 양수영(楊壽英), 좌판(坐辦) 우공지현(優貢知縣) 주성양(周聲洋) 등이다. 임원들은 신사층에 거의 독점되었다. 호남신정(湖南新政) 시기를 배경으로 호남의 근대적 공광업은 호남성 당국과 더불어 다른 성(省)에 유례가 없을 정도의 세력을 가진 호남의 유력 향신(鄕紳)들이 주로 투자하고 있었던 특징과 관계있다고 생각된다.[44] 호남신정 추진 당시 순무(巡撫) 진보잠(陳寶箴)의 촉구에 의하여 화풍화시공사(和豊火柴公司)를 설립한 장조동(張祖同), 양공(楊鞏)이나 보선성제조공사(寶善成製造公司)를 설립한 왕선겸(王先謙), 황자원(黃自元) 등이 모두 신사(紳士)였던 것을 고려하면 신해혁명 당시 신사는 새로운 신상(紳商) 계층을 형성하여 부르주아와 섞여 갔다는 시각과 호남성의 사정은 일치한다.[45]

---

41) 馬敏 저, 신태갑 옮김, 앞의 책, p.174.

42) 『長沙大公報』 1917年 10月 20日, 「官商會議維持金融辦法」.

43) 『長沙大公報』 1918年 10月 29日, 「長沙總商會爲維持市面金融呈省長文」.

44) 曾田三郎, 「辛亥革命前の諸改革と湖南」, 横山英 編, 『中國近代化と地方政治』, 東京: 勁草書房, 1985, pp.57~62.

〈표 2〉 신상(紳商)의 공익 활동

지역	시기	인명	신분	내용
長沙	淸末民國	陳文瑋	試用知府	明德學堂, 商辦鐵路有限公司, 湖南電燈股份有限公司
〃	〃	龍璋	知縣	明德學堂, 湖南瓷業公司
〃	〃	朱昌琳	候選道員按察使銜	長沙부두건설, 湖南官錢局
〃	〃	左宗澍	紳士	光華電燈公司, 빈민구제
醴陵	〃	袁家譜	擧人	醴陵平民工廠, 煤鑛瓷業各公司, 도로, 교량수축, 團防, 賑災
〃	光緒宣統	陽順藻	例授州同	慈善堂, 恤無告堂, 思豫堂, 普濟堂, 棲流所, 교량, 도로수축
〃	淸末民國	蕭鎭奎	增生	소학설립, 醫業學堂설립, 樹藝公司, 育嬰堂
〃	〃	謝寅杰	廩貢生	模範瓷廠, 編爆講習所
〃	〃	李秀枬	擧人, 州同	恤孤寡, 社倉, 공업, 義學, 도로, 減糶濟貧
〃	〃	朱大亮	候選道	漢口萍醴碼頭, 水災民구제
〃	〃	文俊鐸	擧人	湖南磁業學堂, 瓷業公司, 교원양성소장
〃	〃	王學澐	例授湖南候補巡檢	同德堂, 同仁醫院, 고아원
寧鄕	同治	周培茂	耒陽訓導	紳商모아 靖港에 八元堂설치
汝城	淸末民國	何朝欽	廩生	縣의회 의장, 대리縣長, 商務회장, 치안유지
〃	〃	朱映霞	生員	縣의회 의장, 縣교육회장, 縣商務會長, 신식교육
桂陽直隷州		魯士龍	例貢	歲給棺衣棺槨, 貧者구제
慈利	淸末民國	李德灼	諸生	漁捕學校설립
〃	〃	姚生范	擧人	長沙, 津市, 慈里에 광산공사, 團練
鳳凰, 醴陵	〃	熊熙齡	民國總理, 翰林院庶吉士	湖南磁業學堂설립, 湖南瓷業有限公司

出典: 湖南 각 지방지

〈표 2〉는 청말민국기에 주로 간행된 호남성 지방지(地方志)를 중심으로 신상의 공익 활동을 정리한 것이다. 신사로서 공익 활동을 했으나 상인이 아니거나 신상인데 공익 활동의 흔적이 없는 경우도 있어 관련 사료를 찾기는 쉽지 않다. 전후 맥락을 보면 신상의 공익 활동이 맞다는 심증은 가지만 명백히 신사 직함(職銜) 표시가 없는 경우도 제외하였다.

해당 시기를 보면 시기가 불명확한 계양직례주(桂陽直隷州)의 노사룡(魯士

---

45) Joseph W. Esherick, "Reform and Revolution in China -The 1911 Revolution in Hunan and Hubei"(University of california Press, 1976), pp.68~69.

龍)을 제외하고 동치년간의 주배무(周培茂) 이외에는 모두 광서 이후 청말민
국기의 활동이다. 전술한대로 광서년간에 상부(商部)가 설치되고 호남성에
는 상무국(商務局)이 설치되었다. 상회도 조직되었다. 순무 진보잠을 중심으
로 1895년부터 호남신정(湖南新政) 운동이 추진되었다. 청말에 호남의 상업
이 대단히 발전했던 것은 각 지방지 여기저기서 쉽게 확인된다. 여성현(汝城
縣)에서는 광서 말년에 포행(布行), 곡행(穀行), 우행(牛行) 등 8행세(行稅)를
납부하기 위해 읍(邑) 사신(士紳)들이 납세 기금을 모으고 기금 중 일부를
유학(儒學) 학사(學師)의 수고비로 기부한 일도 있다.[46] 여기서 신사가 상인
이 아니라면 8행세 납부에 나설 이유가 없다. 신정(新政) 운동시에 호남
신사가 신식 기업의 경영에 참여함으로서 신상화(紳商化) 한 것도 같은
맥락이다.[47]

청말민국기에 신상의 공익 활동이 증가한 것은 호남에서 근현대적인
새로운 양상이다. 종래 공익 활동의 영역이 신사(紳士) 계층에 거의 독점되었
던 것과는 분명히 다른 측면이다.

〈표 2〉에 각 신상들의 공익 활동 내역을 간략하게 제시하였다. 내용
검토 전에 우선 대표적인 신상 몇 사람의 개별 활동을 좀 더 자세히 살펴보겠
다. 진문위(陳文瑋), 주창림(朱昌琳), 용장(龍璋)은 장사부(長沙府) 장사현(長沙
縣) 출신이고, 원가보(袁家譜), 문준택(文俊鐸), 양순조(陽順藻), 주대량(朱大
亮)은 모두 장사부 예릉현(醴陵縣) 출신이다. 이들을 제시한 것은 열전(列傳)
기록 등이 풍부하기 때문이다.

① 진문위(陳文瑋)

장사총상회의 최초 총리(總理)로서 시용지부(試用知府), 호북보용도(湖北補
用道) 직함을 가지고 있으나 모두 연납(捐納)에 의한 직책이다.[48] 상판호남

---

46) 民國 21年刊『汝城縣志』권13, 政典志, 財政上.
47) 전형권,「淸末民國期 湖南의 商人과 地方權力」『中國史硏究』 97, 2015.
48) 曾田三郞, 앞의 논문.

전성철로유한공사(商辦湖南全省鐵路有限公司)의 결성을 추진하였으나 장지동(張之洞)의 반대로 실패하였다. 신사(紳士)와 상인 사이에 갈등이 있을 때 상인의 편에 섬으로써 상인의 정체성을 분명히 하였다. 호남 최초의 사립학교인 명덕학당(明德學堂)의 창설에 관여하였다. 1909년 호남 두 번째 전등회사인 호남전등고분유한공사(湖南電燈股份有限公司) 설립을 주도하였다.[49]

② 주창림(朱昌琳)

잡화, 식미(食米), 염(鹽), 차, 무역으로 치부했다. 풍부한 재력으로 관부(官府)와 결합, 광서 3년(1877) 섬서(陝西), 산서(山西)의 진재(賑災) 사무를 수탁하고 그 공로 포상으로 도원안찰사함(道員按察使銜)을 받았다. 유신(維新)운동 중 호남신정을 적극 지지하고 지방 공익사업을 대거 진행하여 후에 내각학사함(內閣學士銜)까지 받았다.[50] 호남순무(湖南巡撫) 진보잠(陳寶箴)이 광서 21년(1895) 호남관전국(湖南官錢局)을 설립할 때도 후보도(候補道) 주창림(朱昌琳)으로 주관하게 했는데 '은실염정(殷實廉正)하고 오랫동안 향망(鄕望)이 있으며 상인의 사정을 잘 아는' '신사(紳士)'로서 발탁된 것이었다. 같은 해에 설립된 광무총국(鑛務總局)도 주창림이 주관케 했는데 그가 경영한 건익호(乾益號)에서 3만량(兩)을 내어 광무총국의 설치비로 하였다.[51] 호남신정 초기인 광서 23년(1897) 순무 진보잠이 주창림에게 장사 북문외(北門外) 항구를 준설하여 큰 선박이 진출할 수 있게 하라 했는데 신정(新政) 실패로 공정이 3/10에 그쳤다. 선통 원년(1909) 주(朱)씨가 7만여 량(兩)을 기부하여 계속 공사를 하여 마침내 완성함으로써 장사 번영의 기초를 만들었다.[52]

---

49) 張朋園, 『中國現代化的區域硏究 -湖南省, 1860~1916』, 臺北: 中央硏究院近代史硏究所, 1988, p.328.
50) 劉泱泱, 『湖南通史』 近代卷, 湖南出版社, 1994, p.281.
51) 張朋園, 앞의 책, p.256, pp.262~263.
52) 張朋園, 위의 책, p.385.

③ 용장(龍璋)

호남 유력 관료 용잠림(龍湛霖)의 아들로 강소성(江蘇省) 태흥현(泰興縣) 지현(知縣)을 지낸 인물이다. 일본 유학생 호원담(胡元倓)을 초청하여 호남 최초의 사립학교인 명덕학당(明德學堂)을 설립했다. 웅희령(熊希齡)이 설립한 호남자업공사(湖南磁業公司)를 인수했고 홍안삼북상륜유한공사(鴻安三北商輪有限公司)도 설립했다. 진문위를 뒤이어 호남상무총회(湖南商務總會)와 농무총회(農務總會)의 총리로서 활약했다.53)

④ 원가보(袁家譜)

원가보의 부친은 상인이었다. 원(袁)은 녹강서원(淥江書院) 수학을 거쳐 일본 와세다 대학에 유학하였다. 귀국하여 정시(廷試) 법정과(法政科) 거인(擧人)이 되었다. 운남재정청장과 호남재정청장을 지냈다. 호남제일방사창(湖南第一紡紗廠) 설치에 관여하였다. 민국 10년(1921) 호남성 수한재(水旱災) 피해가 50여 현(縣)에 미치고 유민(流民)이 100만을 초과하자 상신(湘紳) 뇌비붕(雷飛鵬), 사국조(謝國藻)와 서인(西人) 임수본(任修本), 요백사(饒伯師)등과 함께 호남화양주진회(湖南華洋籌賑會)를 조직하여 여경호남주진회(旅京湖南籌賑會)와 연합으로 급진(急賑)에 주력하였다. '이공대진제(以工代振制: 노동 대가로 진휼)'를 채택하여 상담(湘潭)-보경(寶慶)간 도로를 건설하였다. 만년에 사회 공익사업에 더욱 힘써서 예릉평민공창(醴陵平民工廠), 매광자업각공사(煤鑛瓷業各公司) 설립, 녹강교(淥江橋) 수축, 진재구황(振災救荒), 교육, 단방(團防)등에 노력하였다.54)

⑤ 문준택(文俊鐸)

광서 신묘과(辛卯科, 1891) 거인(擧人)이며 지현후보(知縣候補)였다. 1895년 을미(乙未) 대한(大旱)에 문준택이 외부에 도움을 청하여 강소(江蘇)

---

53) 曾田三郞, 앞의 논문, 『湖南實業志』, p.261.
54) 民國 37年刊 『醴陵縣志』 권3, 人物志, 人物傳7, pp.404~408.

엄작림(嚴作霖)이 와서 진휼(賑恤)함으로써 10여만명을 구제하였다. 예부시에 응시하였을 때 강유위(康有爲)의 공차상서(公車上書)에 제일 먼저 서명한 바 있다. 웅희령(熊希齡)과 함께 예릉 강만(姜灣)에 자업학당(磁業學堂)을 설립하였고, 호남자업공사(湖南瓷業公司)를 설립했다. 읍중(邑中)에 자업공사의 모방 경쟁으로 산업이 크게 발달하였다. 교원양성소장을 지냈다. 전(全) 현에서 600여명을 교원으로 양성하자 그 후 성향소학(城鄉小學) 300개가 갑자기 불어났다.[55]

⑥ 양순조(陽順藻)

『예릉현지』인물 열전에 의하면 양순조는 상인으로 집안을 일으켰고 거부(巨富)가 되었으나 스스로에 인색하고 베풀기를 좋아하였다. 광서(1875~1908), 선통(1909~1911)간에 예릉의 공익 자선사업이 실로 그에 의존한 바가 컸다. 원례수주동(援例授州同)인데 동치 10년(1871)에는 비적(匪賊) 토벌의 공으로 염제거함(塩提擧銜)를 더하였다. 휼무고당(恤無告堂), 사예당(思豫堂), 보제당(普濟堂), 공의약국(公醫藥局), 서류소(棲流所), 난민소(難民所)에 기부하였고, 교량 건립과 도로 수축 등 공익 자선사업에 양순조가 관여 안한 것이 거의 없고 그 단독 기부가 반을 차지하였다. 광서 21년(1895) 대한(大旱) 시에 제전(制錢) 2,000민(緡)을 기부하여 순무(巡撫) 오대징(吳大澂)으로부터 제자(題字)로 마을 표창을 받았다.[56]

⑦ 주대량(朱大亮)

홍다업(紅茶業)에 종사하여 강한(江漢)에서 명성을 떨쳤다. 호남인이 추대하여 장군(長郡)회관을 주관하게 하였는데 적폐(積弊)를 청산하여 업적이 뚜렷하였다. 한구(漢口)의 평례(萍醴) 부두가 호북 신사(紳士)들에게 강점(强占)되었는데 그가 호북 관부(官府)에 소송을 제기하여 3년만에 판결로

---

55) 民國 37年刊 『醴陵縣志』 권3, 人物志, 人物傳6, pp.365~368.
56) 民國 37年刊 『醴陵縣志』 권3, 人物志, 人物傳5, p.362.

반환받았다. 상인들이 이를 편하게 여겼다. 광서 병오(丙午)년(32년, 1906)에 상수(湘水)가 범람하여 민가가 침수되었는데 주대량이 기부하여 진휼하여 살린 자가 극히 많았다. 증기수(曾紀壽)가 강남 진무(振務)를 주관할 때 주대량이 다시 거금을 내어 도왔다. 증기수가 상세히 아뢰어서 후선도(候選道)로 기용되었다. 이어 한구(漢口)상회의 대표가 되니 관신(官紳)이 기뻐하였다고 한다.[57)]

〈표 2〉와 위에 제시한 개별 사례를 종합해서 보면 우선 〈표 2〉의 사례 19명 중에 정도(正途) 출신자로 볼 수 있는 인물이 과반수가 넘는 것이 특징이다. 청말민국기의 신상이 주로 연납(捐納)에 의한 것이 많다는 것에 비추어 보면 공익 활동 참여의 호남 신상 가운데는 정도(正途) 출신자가 상당히 다수이다. 순무(巡撫) 진보잠(陳寶箴)에 의해 1895년부터 호남신정(湖南新政) 운동이 전개된 것이 큰 계기가 되었다고 생각된다. 신상의 공익사업이 활발했던 것도 이때 전후부터 시작되었다고 여겨진다.

공익사업의 내용을 보면 전통시대에 신사들의 주된 사업이었던 감조제빈(減糶濟貧), 사창(社倉), 의학(義學), 도로, 교량 수축, 진재(賑災), 육영당(育嬰堂)과 같은 선당류(善堂類)의 기부 지원도 계속되고 있다.

그러나 신정(新政) 운동의 영향으로 호남광무총국(湖南鑛務總局), 호남관전국(湖南官錢局), 자업유한공사(磁業有限公司), 모범자창(模範磁廠), 매광자업각공사(煤鑛磁業各公司), 호남전등고분유한공사(湖南電燈股份有限公司), 광화전등공사(光華電燈公司) 등 신식 기업이 등장하고 있다. 이것은 근대화 과정에서 호남의 신상(紳商)이 단순 유통상인이 아닌 상공인, 기업가로 전화되고 있었던 것을 보여준다.

또 하나의 특징은 신식 학교 설립운동이다. 문준택이 교원양성소 소장을 맡아 교원을 대량으로 배출하자 소학(小學)이 급증하였다는 것은 전술한

---

57) 民國 37年刊 『醴陵縣志』 권3, 人物志, 人物傳5, p.358.

바 있다. 예릉에 설립된 호남자업학당(湖南磁業學堂)은 일본인 기술자를 교사로 초빙하였고 호남 최초의 사립학교인 명덕학당(明德學堂)도 일본 유학생을 초빙하였다. 신상이 학교를 설립하고 현(縣) 교육회 회장이 되는 등 교육 현대화에 기여하였다.

또 구제원(救濟院)이 설립되어 예릉현 내의 자선 단체를 그 휘하에 통합하거나 고아교양소(孤兒敎養所) 설치 등은 조직화 체계화를 보여준다. 동인의원(同仁醫院)의 설치도 전통사회와는 다른 면모를 보인 것이다.

또 호남 출신의 걸출한 정치가, 교육가, 자선사업가, 기업가로서 후에 민국 총리를 지낸 웅희령(熊希齡)도 1905년 일본 상공업계를 시찰하고 돌아온 뒤 예릉에 호남자업학당(湖南磁業學堂)과 자업공사(磁業公司)를 설립했다.[58] 원가보(袁家譜)도 와세다대학을 유학하고 돌아와서 호남재정청장을 지내면서 호남방사창(湖南紡紗廠)을 건설하였으며 각종 공익사업에 앞장섰다. 용장(龍璋)이 일본 유학생을 초빙하여 명덕학당(明德學堂)을 만드는 것 등 일련의 행동을 보면 이때 호남 신사(紳士)의 신상화(紳商化)는 내셔널리즘에 고무된 애국운동의 일환이었던 측면이 있다고 생각된다.

3. 상회(商會)의 공익 활동

광서 29년(1903) 청조(淸朝) 상부(商部)가 상회장정(商會章程) 16조를 마련하여 각 성에 상회를 조직하라고 독려하였다. 이에 따라 호남에서도 상회가 조직되기 시작하였다. 선통 원년(1909) 9월에 개최된 호남성 자의국(諮議局) 의안(議案) 중에 각지에 상무분회(商務分會)를 조직하여 상업을 촉진하게 하는 안건이 제기되었다.[59] 예릉현에서도 동년에 현(縣) 상회가 설립되었다.[60] 1922년 당시 상덕상회(常德商會)가 장사총상회에 보낸 전보에 의하면

---

58) 唐金龍, 『天下湘商』, 北京: 知識産權出版社, 2011, p.26.
59) 張朋園, 『中國現代化的 區域研究-湖南省 1860~1916』, 1988, p.148.

호남성 각 현 상회가 이미 성립된 것이 100곳 이상이라고 한다.[61]

　　상회의 주요 활동에 대해서는 대외 연락, 상업 조사, 상학(商學) 진흥, 시장 유지, 납세 협조, 치안 및 기업의 등록 사무 지원 등과 상공업자의 이익 대변이라는 것이 지적되고 있고[62] 호남 상회 역시 상업 조사와 납세 협조, 물가조절 등 다양한 역할을 하고 있다. 여기서는 민국시대 장사에서 발행된 신문인『대공보』를 중심으로 호남 상회의 공익 활동으로서 구제(救濟) 활동과 공공질서 유지를 살펴보도록 하겠다.

1) 구제(救濟) 활동

　　민국 7년(1918) 6월에 장사(長沙) 성성(省城)에 곡미(穀米)가 결핍되어 민간 식량이 공황 상태에 이르렀고 장사총상회가 정강(靖江), 남화(南華), 익양(益陽) 상회 등에 서신을 보내 특별히 사람을 파견하여 곡식을 구매해 와 구제를 할 것이라 밝히고 있다. 특히 호조(護照: 허가증)를 발행하니 통과 지점의 관잡(關卡)이나 군대도 수시로 조사하되 통행을 보호하여야 한다. '일은 공익'에 관련된 것이다라고 명시하고 있다.[63]

　　동년 7월의 기사를 한 건 검토해 보겠다.

　　　형양 상류의 각 지에 작년 수확이 흉년이다. 금년에 더욱이 다수 군대가 채매(採買: 국가기관의 곡식 구매)를 하여 (저장이) 텅 비게 되었다. 미가(米價)가 이상 앙귀하여 두미(斗米)가 2,000에 이르렀다.
　　　이래도 오히려 구매할 곳이 없다. 각 향(鄕)의 참상은 말로 하기 어렵다. 형양 상회가 대신해서 각 처 채미(採米)를 해 오는데 호조(護照)가 이미

---

60) 民國 37年刊『醴陵縣志』食貨志, 工商.

61)『長沙大公報』1922年 2月 26日,「發起全省商會聯合會」.

62) 朱英,「淸末民初 商會의 지역적 발전 및 변화-상해·소주·天津 商會를 중심으로-」『중국상업관행의 근현대적 전개』, 박기수 외, 한국학술정보, 2011.

63)『長沙大公報』1918年 6月 10日,「商會派員往下游辦米」.

백수십 장이다. …

형양상회 회장 호춘생(胡春生)이 한구상회(漢口商會) 왕금보(王琴甫) 회장에
게 즉시 전보 쳐서 윤선(輪船)으로 (곡식을) 운반해 줄 것을 청하였다.
생각건대 한구는 큰 통상 항구이니 액수만큼 구매하기 어렵지 않을 것이다.
이로부터 형양 사람들이 희망을 갖게 되었다.[64]

이것을 보면 형양상회(衡陽商會)가 한구(漢口)에서 곡식을 구매하여 민간
식량의 곤란을 해결하고자 노력하고 있다. 동년 10월 호남의진회(湖南義賑會)
보고서를 보면 예릉(醴陵)의 화재 후 성(城) 밖 40리까지 인적이 없고 주린
개 몇 마리만 다니는 상황에서 상회가 엄매대(掩埋隊: 시신수습매장팀)를
조직하여 방치된 시체들의 수습 작용을 하고 있다.[65] 동년 12월에는 상회가
화재 이재민들을 구호하기 위한 기금을 모금하여 구호 활동을 하고 있다.
기부자 명부 중에 남양연초공사(南洋煙草公司) 연전(捐錢) 500천문(串文),
이창상(怡昌祥) 연표양(捐票洋) 35원(元), 표전(票錢) 130천문(串文)이 기재되
어 있다. 이것을 보면 근대적 기업과 상점의 기부가 드러나고 있다.[66]
민국 8년(1919) 1월에도 성성의 곡미 결핍으로 민간 식량이 공황상태에
이르자 상회가 호북에서 곡식을 채매(採買)해 와 평조(平糶: 시가 보다 저렴한
가격에 판매함)를 행할 것을 제의하고 있다.[67] 같은 시기에 상담(湘潭)상회의
기사 중 민국 2년(1913) 상담의 신상학(紳商學) 각 계가 빈민공예창(貧民工藝
廠)을 개설하였는데 상회 회장 소원요(蕭遠耀)와 상인들이 중요 역할을 한
사실을 알 수 있다.[68]
동년 1월 24일 기사 한 건을 검토해 보겠다.

---

64) 『長沙大公報』 1918年 7月 11日, 「衡陽救濟米荒辦法」.
65) 『長沙大公報』 1918年 10月 17日, 「湖南義賑會報告書」.
66) 『長沙大公報』 1918年 12月 7日, 「商會代收火賑之尾數」.
67) 『長沙大公報』 1919年 1月 13日, 「總商會提議接辦平糶」.
68) 『長沙大公報』 1919年 1月 23日, 「潭商會函述貧民工藝廠之經過」.

장사총상회가 정항상회(靖港商會)에 서신을 보내 이르기를 삼가 알림. 지난
번 귀처(貴處) 화재에서 모든 피해 입은 호업(戶業)에 귀처의 조사 보고에
의해 장부에 등재하였고 이에 자선 단체를 파견하였다. 주(周)군 복송(福松)
과 구(仇)군 봉달(鳳達)을 통해 광양(光洋) 48원, 표전(票錢) 1,836천(串)을
휴대케 하고 귀처에 가서 나누어 지급하도록 하였다. … 진관(賑款)은
비록 많지 않으나 이재민들이 실제 혜택을 볼 수 있기 바란다.[69]

이것을 보면 장사총상회가 정항(靖港)상회의 보고에 의하여 구제 지원을
하고 있다. 같은 시기에 적선소보당(積善小補堂)이 상회에 요청하여 극빈
호(戶)에게 소금을 배급하도록 조치한 일도 있다.[70]

민국 9년(1920) 5월에는 상회가 민간 식량의 공황 사태를 맞아 곡식의
외부 유출을 완전히 중지하는 조치를 하고 있다.[71] 곡식의 외부 유출 중지는
미곡 상인의 이해관계와 충돌하는 일임에도 공익을 위한 조치였다고
생각된다.

동년 7월에는 안화(安化) 남전상회(藍田商會)의 정문(呈文)을 받고 장사총
상회가 이재민 구호를 청하는 정문(呈文)을 성장(省長)에게 올리고 있다.
장경요(張敬堯)의 부하 여장(旅長) 유진옥(劉振玉)과 왕기삼(王記三) 등이 방
화, 살인, 약탈을 자행한 것이 전년의 예릉보다 더 심하다고 호소하고
있다.[72]

민국 10년(1921) 4월 기사 한 건을 검토해 보겠다.

살피건대 호남성이 전년(前年)에 수재로 진관(賑款) 마련이 어려워 부득이
안휘(安徽), 호북, 절강(浙江), 하남(河南) 등 성(省)의 성안(成案)을 모방하여

---

69) 『長沙大公報』 1919年 1月 24日, 「總商會散放靖港火賑」.
70) 『長沙大公報』 1919年 1月 29日, 「積善小補堂購塩放賑」.
71) 『長沙大公報』 1920年 5月 10日, 「商會維持民食辦法」.
72) 『長沙大公報』 1920年 7月 10日, 「總商會爲藍田災黎請賑」.

신상(紳商)이 유장채권(有獎彩券)을 마련하고 잉여로서 구제하는 것을 발기
하였다. …

이어 상해(上海)상인 고개인(高介人) 등이 위탁 받아 처리하게 되었는데
잘못하여 장애가 발생했고 발행 1기(期)에 급히 정지되었다. 호남성 신상들
이 차마 방기(放棄)하지 못하고 작년 봄에 의결하여 장관(長官)에게 정문(呈
文)을 올려 본회(本會)가 담당하기로 하였다. 종전의 사무와 장비는 본회가
접수하였다. 마침 호남성 정국(政局)이 변경되어 능히 때맞춰 시행하지
못했고 금일에까지 방치되었다. 이에 회의를 거쳐 일이 공익에 관계 되니
급히 처리하지 않을 수 없다.[73]

이것과 관련된 내용 보면, 발행 기간을 10기(期)로, 매 기(期) 금액을
12만원으로 하고 권액(券額)은 3만 장, 장당 판매 가격은 4원으로 정하고
있다. 여기에 수재 구호 자금 마련을 위해 복권 판매라는 신식 기법이
동원되고 있다.

동년 5월 기사 한 건을 더 검토해 보자.

상회가 근일 미황(米荒)으로 특별히 회동(會董) 회의를 개최하였는데 각
미업(米業), 양잔(糧棧)이 참석한 자가 심히 많았다. 먼저 상회 회장의
보고가 있었는데 대략 이르기를 근일 미가(米價)가 폭등하여 황상(荒象)이
이미 현저하다. 정부(政府)가 본회에 급진회(急振會)를 조직할 것을 청하였
다. 신기(紳耆)를 책임자로 추대하여 상해(上海)와 한구(漢口) 각 부두에
각각 인원을 파견하여 대량 미석(米石)을 구매하여 평조(平糶)를 처리하게
하였다. …
본회에서 각 자선기관 및 은실(殷實) 신부(紳富)를 소집하여 연석회의를
개최하고 자본을 모아서 급히 성(省)을 나가서 곡미를 구매해 와 개판평조

---

73) 『長沙大公報』1921年 4月 24日, 「商會續辦水災獎券」.

(開辦平糶)하여 급진회(急振會)의 부족한 것을 보충한다.[74]

성(省) 정부가 급진회(急振會)의 조직을 상회에 청하였다는 것은 수재 구제를 상회에 전적으로 의존하는 모습이다. 상회가 주도하여 각 자선기관 연석회의를 개최하고 자금을 모아 외부에서 곡식을 구매해 오는 전 과정에 상회가 주도적 역할을 하고 있다. '평조(平糶)'란 곡식을 시중 가격보다 훨씬 저렴한 가격으로 이재민에게 판매하는 것이다. 동년 6월 화양주진회(華洋籌賑會)가 성성(省城)의 6단체와 체류 중인 각국의 관료, 상인, 선교사 연합으로 성립되었다. 이 단체도 상회가 중심이고, 상회 회장 좌익제(左益齊)가 주도적으로 참여하고 있다.[75]

민국 11년(1922) 2월 기사 한 건을 검토해 보겠다.

> 상회가 어제 관신상계(官紳商界)를 소집하여 민간 식량 유지를 위한 회의를 진행하였다. 먼저 상회 회장 좌익제(左益齊) 군이 보고를 하였는데 대략 이르기를 전일 신상(紳商)회의에서 의결을 하여 경찰청, 장사현, 자선공소 및 본 회가 성구곡미전운처(城區穀米轉運處)를 조직하고 군민양서(軍民兩署)에 정청(呈請)하였다. 이에 이금을 면제하는 호조(護照)를 발급케하고 아울러 포고를 청하여 군인들이 연도(沿途)에서 가격을 낮추어 강제 매입하거나 대량 군미(軍米)를 구매하지 못하게 하고 성(省)에서는 단지 소규모 군미(軍米)만 구매하는 것을 허가하여 민간 식량을 유지하게 하였다.[76]

이것을 보면 민간 식량문제 해결을 상회가 주도하고 있고 관청이 오히려 보조적인 역할을 하고 있다. 동년 3월에 열린 성성(省城) 민식유지회(民食維持

---

74) 『長沙大公報』 1921年 5月 20日, 「商會維持民食之會議」.
75) 『長沙大公報』 1921年 6月 7日, 「華洋籌賑會之會議」; 『長沙大公報』 1921年 6月 24日, 「華洋籌賑會之成立會」.
76) 『長沙大公報』 1922年 2月 22日, 「商會維持民食之會議」.

會)의 긴급회의에서도 각 공단(公團)회의를 소집하고 회의의 보고자로서 주도적 역할을 한 것은 상회 회장 좌익제(左益齊)였다.[77]

동년 4월 관련 기사를 보면 기근과 재난이 심해 사망자가 속출하고 심지어 자식을 팔아 허기를 채우거나 사람이 서로 잡아먹는 참극까지 벌어지고 있다. 이재민이 너무 많고 재난 기간도 너무 길다는 사실이 지적되고 있다.[78] 이어지는 4월 23일 기사에 보면 기부금 모금에 있어 잠정 결정으로 상업계에 보통권(普通券) 2만원을 할당하고 회상공소(淮商公所)에 별도로 3,000원을 할당하였다. 학계(學界) 3,000원, 중화공회(中華工會) 200원(元), 율사공회(律士公會) 200원인 데 비하여 상인들은 보통권 2만원 외에 다시 대공사(大公司)나 양행(洋行), 회관(會館) 등은 특별권(券)을 추가로 할당받고 있다.[79] 주진회(籌賑會)에서 오직 상회가 각 방(帮)에 소권(銷券) 즉 복권 판매 분담 회의를 열 때 사람을 따로 2명을 파견하여 간절하게 호소함으로써 과감하게 인수하도록 기대한다고 하고 있으니 부담액의 대부분을 상회에 의존하고 있다.

동년 5월 기사 한 건을 검토해 보자.

> 상회가 전체 상업계에 통고하여 이르기를 … 안화(安化), 신화(新化), 보경(寶慶), 상향(湘鄉) 등지의 기민(饑民)이 취식(就食)하러 온 자가 수만이다. 목격한 참상은 다 말할 수 없다. 전에는 화양주진회가 응대를 맡았는데 근래에 오는 자가 더욱 많으니 그 회(화양주진회)가 날마다 두루 미칠 수가 없다. 이에 신상(紳商)회의를 소집하여 임시기민구호대(臨時饑民救護隊)를 조직하여 한편으로 모아 급양(給養)하고 한편으로 방법을 마련하여 자금을 주어 귀농하게 한다. …
> 본 회는 부득이 어제 각 행(行) 동수(董首)를 소집하여 방법을 상의하였고

---

77) 『長沙大公報』 1922年 3月 15日, 「省城民食維持會之緊要會議」.

78) 『長沙大公報』 1922年 4月 12日, 「籌賑會之募捐通電」.

79) 『長沙大公報』 1922年 4月 23日, 「賑災會之派券會議」.

모두의 의결을 거쳐 모연법(募捐法)으로 권비(券費)의 부족을 보충하기로
하였다. 주지하듯이 금일의 경기가 좋지 않고 상정(商情)이 곤란한 처지에
어찌 감히 기부를 말하겠는가? 그러나 황민(荒民)이 이처럼 많은데 만약
방법을 내어 구휼하지 않으면 반드시 서로 이끌고 거리에서 걸식하며
우리 상장(商場)을 괴롭힐 것이다.[80]

이것을 보면 화양주진회(華洋籌賑會)의 구호 활동만으로 몰려드는 이재민
을 감당할 수 없어 상회가 임시 기민(饑民)구호대를 조직하였다는 것과
한편으로 급양을 하고 한편으로 돈을 주어 귀농시키는 정책을 펴고 있다.
상인들 역시 경기불황과 각종 기부로 곤란한 처지였지만 기민(饑民)을 방치
하면 결국 상업 활동에 지장이 있을 것이라는 현실 인식도 보여주고 있다.
　민국 13년(1924) 7월의 기사를 보면 장사수재구제단(長沙水災救濟團)이
성립한 것을 알 수 있다. 장사수재구제단은 상회, 회상공소(淮商公所), 자선총
공소(慈善總公所), 구제회(救濟會), 각화자선당(覺化慈善堂), 적선소보당(積善
小補堂) 6단체가 조직하였다. 전날 장사총상회를 빌려서 성립대회를 열었고
상회 부회장이었던 왕윤형(王尹衡)을 주석(主席)으로 추대하였다. 총무, 조
사, 채매(採買), 모연(募捐), 방진(放賑) 등 부서를 정하였는데 총사무소는
상회에 설치하였다.[81] 주석이 상회 부회장이고 총사무소가 상회에 설치된
점, 또 6단체 중 상회와 회상공소(淮商公所) 두 곳의 상인단체를 제외하면
나머지는 순수자선단체였다는 점을 보면, 자금을 공급하는 주된 주체는
상회와 상인이었다고 볼 수 있다.
　동년 7월에 있었던 수재구제단(水災救濟團)의 모금대회에서 주포공소(綢
布公所)가 양(洋) 1,000원(元), 전업공소(錢業公所)가 양 1,000원, 화실공사(華
實公司)가 양 500원과 연매(捐煤) 50톤, 각 상점이 양 500여원을 기부하였다.
교통은행에서 1,000원, 덕창화(德昌和) 500원 등 내역을 보면 거의 대부분이

---

80) 『長沙大公報』 1922年 5月 4日, 「商會爲荒民請命」.
81) 『長沙大公報』 1924年 7月 5日, 「長沙水災救濟團之成立大會」.

상인과 상인단체이다. 화실공사와 같은 근대 기업체와 교통은행 등의 존재도 단순 상인이 아니라 근대적 상공인 기업가의 기부 사실을 보여준다.[82] 동년 7월 10일 기사 한 건을 검토해 보자.

> 어제 이미 신상(紳商)대회를 열어 각 단체 개인의 흔쾌한 기부가 있었다. 다만 재해 지역이 너무 넓고 수요 자금이 너무 많아 금일 제군을 참석하도록 한 것이다. … 다만 개인 명의로 기부하는 것은 액수에 한도가 있으니 회에서 기부금 장부를 각 행업(行業)에 보내어 각 행업 총관치년(總管値年)이 패(牌)를 살펴서 기부를 권고하는 것이 쉬울 것 같다.[83]

이것을 보면 재해 지역이 너무 넓고 자금 수요가 너무 많아 개인별 기부로는 한계가 있다는 것, 그리하여 상회 조직망을 이용하여 각 행업(行業) 별로 기부금을 독려했다는 것을 알 수 있다. 과거에 비해 조직화, 체계화를 추구했다고 생각된다.

민국 14년(1925) 5월에도 상회가 자금을 마련하여 외부에서 곡식을 구매해 온다는 내용이 있다. 이때 상회도 자금이 궁핍하여 은행과 전점(錢店)에서 대부를 20~30만원 받았다고 되어 있다.[84] 이러한 자선사업은 상인이 감당해야 할 의무라는 것이 회의 결론으로 도출되고 있다.

동년 5월 30일에도 수재주진회(水災籌賑會)가 상회에게 대양(大洋) 50만원의 긴급한 대부를 요청하고 있다.[85] 작년의 재해 피해로 저장 곡식이 텅 빈 상황에서 현재의 재해가 심각하니 긴급히 자금을 마련하여 외부에서 곡식을 구매해 와야 한다는 것이다. 1925년은 호남에서 기록적인 한발(旱魃) 이 있었던 해로 전체 75현 중에 57현이 피해 지역이었다.[86]

---

82) 『長沙大公報』 1924年 7月 9日, 「水災救濟團開會籌款」.
83) 『長沙大公報』 1924年 7月 10日, 「商會昨日之籌賑大會」.
84) 『長沙大公報』 1925年 5月 26日, 「商會昨日籌款購穀之大會議」.
85) 『長沙大公報』 1925年 5月 30日, 「水災籌賑會向商會借款五十萬」.

동년 7월 12일에는 성성(省城)의 민간 식량 유지를 위해서 총상회가 한구(漢口)에 가 미곡을 구매해 와 평조(平糶)를 실시하였다. 이때 공조국(公糶局)을 설치하고 매일 200석(石)을 판매 한도로 정하였다. 매 호(戶)의 판매 한도는 5두(斗)이고 매 석 가격은 11원이었다. 공조국의 소재지는 겸선당(兼善堂) 안에 두었다.[87] 동년 11월 23일에는 상회가 각 행업(行業)에 서신을 보내어 호남에 연년 재해가 계속되고 흉년으로 민간 식량이 긴박하니 각 상점이 곡식을 구매하여 저장하라는 지시를 하고 있다.[88] 민국 15년(1926) 1월에는 전년도 한황(旱荒)이 가장 심한 곳이 악주(岳州), 임상(臨湘), 상음(湘陰) 3현이었는데 작년 9월 11일부터 금년 1월 11일까지 돌려보낸 황민(荒民)이 21만이 넘었다는 것과 관신상(官紳商)회의에 양(洋) 2만원 할당액 중 총상회 6,000원, 회상공소(淮商公所) 5,000원으로 된 사정이 있었다. 자금 대부분을 상회와 상인 단체에 의존하고 있다.[89]

동년 7월 2일 기사를 보면 장사수재급진분회(長沙水災急賑分會)가 조직되었다. 여기서도 총상회와 회상공소(淮商公所)를 제외하면 모두 자선단체로서 자금 기부는 상인단체에 주로 의존하고 있다.[90] 동년 7월 4일 기사에도 총상회가 수재민(水災民) 구호 대책회의를 하고 있고 역시 기부금 장부를 총상회에서 마련하여 각 행업(行業)에 보내 기부를 독려했다는 사실이 나와 있다.[91]

『장사대공보』는 민국 16년(1927) 1월에 기사가 끝나고 있다. 민국 37년(1948) 간행의 『예릉현지』를 보면 민국 30년(1941)에 설립된 호남공의원(湖南

---

86) ANGUS. W. MCDONALD.Jr, "The Urban Origins of Rural Revolution-Elites and the masses in Hunan Province, CHINA, 1911-1927" (University of california Press, 1978), pp.231~232.

87) 『長沙大公報』 1925年 7月 12日, 「關於維持省城民食之各方面消息」.

88) 『長沙大公報』 1925年 11月 23日, 「商會再推各業儲穀備荒」.

89) 『長沙大公報』 1926年 1月 22日, 「官紳商遣散來省荒民之內容調查」.

90) 『長沙大公報』 1926年 7月 2日, 「長沙水災急賑分會昨日成立大會記」.

91) 『長沙大公報』 1926年 7月 4日, 「總商會昨日之重要會議」.

公醫院)이 민국 33년(1944) 예릉으로 이전되었을 때 부흥은행(復興銀行)과 함께 현(縣) 상회가 기부금을 내어 건립하게 된 사정이 나와 있다.[92] 이것을 보면 민국시대 최후까지 상회의 공익 활동이 지속되고 있었다는 것을 알 수 있다.

이상을 종합해 보면 청말에 성립된 상회가 민국시기에는 호남의 구제활동을 주도하였음을 알 수 있다. 해마다 재해가 되풀이 되는 상황에서 국가 공권력이 제 역할을 못했고 군벌 간의 혼전(混戰)도 반복되어 악재를 더하였다. 관신상(官紳商)의 연계가 있었지만 주도한 것은 상인단체인 상회였다. 종래 개인적인 기부 행위에서 진일보하여 상회가 조직적인 기부 활동을 하였다. 또 의진회(義賑會), 화양주진회(華洋籌賑會), 수재구제단(水災救濟團) 등 구제 전문단체가 조직되었지만 이것을 주도하고 주요한 자금원이 된 것도 상회였다. 상회에 의한 조직화 체계화된 구제 활동이 민국시기의 특징이라 생각된다.

2) 공공질서(公共秩序) 유지

1917년 남쪽에 손문(孫文)의 광동(廣東)정부가 수립되어 중국이 남북으로 대치한 국면에서 호남은 지리적인 이유로 남북 대결의 장이 되었다. 이 대치에서 북군이 승리함으로써 1918년 북양계 군벌 장경요(張敬堯)가 북경정부에 의해 호남독군(湖南督軍) 겸 성장(省長)으로 임명되었다.[93]

민국 8년(1919) 1월 7일의 기사를 검토해 보겠다.

호남 장사 총상회가 통고하여 이르기를 호남성은 금년에 남군이 퇴주한 뒤로부터 본회가 이후 질서 유지를 담당하였다. 북군(北軍)이 도착하여

---

92) 民國 37年刊『醴陵縣志』政治志 救濟, p.554.
93) 塚本元,『中國における國家建設の試み－湖南, 1919~1921』, 東京大學出版會, 1994, pp.23
~43.

　… 군대가 다수인데 상대하는 관속(官屬)의 모든 호로(犒勞: 군대 접대) 비용 및 대신 처리하는 물품의 각 비용이 셀 수 없을 정도이다. … 무릇 호남성 인민은 마땅히 공동으로 부담해야 바야흐로 결손을 메우고 결말에 보탬이 될 것 같다. 어제 신상(紳商)을 소집하여 공동으로 회의를 하고 공익연(公益捐)을 거두어서 충당할 것을 계획하였다.[94]

　이것을 보면 남군이 퇴주(退走)한 뒤에 상회가 성성(省城)의 질서유지를 담당하였다는 것을 알 수 있다. 또 당도한 군대의 접대비용과 물품 공급 등을 상회가 부담하면서 공공질서 유지비용이기 때문에 '공익연(公益捐)'이란 명목으로 각 행업(行業)별 상점에서 징수한다는 것이다. 동년 1월 17일에도 총상회에서 음력 연말이라 자금 사정이 긴박하다고 하면서 공익연(公益捐) 징수를 독촉하고 있다.[95] 동년 1월 20일에는 총상회가 공익연을 징수하는 방법으로 각 업(業)의 회동(會董) 및 총관치년(總管値年)에게 적극 권장하고 만약 불응하는 자가 있으면 명단을 관청에 통보하여 강제 징수하겠다고 하였다.[96]

　민국 8년 5월 1일 기사 한 건을 검토해 보자.

　남전(藍田) 부두에서 상회가 공익연을 거두기 시작하였는데 백화이금(百貨釐金)에 비교하여 2~3% 더 징수하였다. 다만 질서가 처음 회복되고 공익연 징수가 처음 시작되니 마땅히 극히 가벼워야 한다. 징수국(徵收局)의 백화이율(百貨釐率) 표준에 비해 단지 1/10만 거두는 것으로 한다. 이렇게 하면 상민(商民)들 영업에 크게 방해되지 않을 것이다. 신화(新化)상회에서 경리(經理) 2명을 더 두어 본성(本城) 이금 징수국과 분국(分局)에 주재하면서 징수하려고 한다. … 성장(省長)과 재정청장에 서신을 보내 청하는 것

---

94) 『長沙大公報』 1919年 1月 7日, 「總商會勸募公益捐之進行」.

95) 『長沙大公報』 1919年 1月 17日, 「總商會募捐之急迫」.

96) 『長沙大公報』 1919年 1月 20日, 「總商會催收公益捐之辦法」.

외에 상응 서신을 총상회에 보내니 비준하여 시행하게 해 줄 것을 청한다.[97]

　이것은 신화상회(新化商會)에서 총상회에 보낸 서신이다. 공익연 징수를 이금의 1/10만 거두겠다는 것이고 상회 경리(經理) 2명을 이금(釐金) 징수국과 분국(分局)에 주재하면서 징수하게 한다는 것이다. 여기서는 총상회와 현(縣) 상회의 수직적 통속관계가 명확하지 않은 것 같다. 총상회를 통하지 않고 성장(省長)에게 서신을 직접 보내고 있고 공익연 징수 방식도 총상회와 다르다.

　민국 9년(1920) 6월 12일 장경요(張敬堯) 정권이 축출된 뒤 담연개(譚延闓) 정권 성립 직후 행정기구가 미정비된 상황에서 장사총상회 중심으로 행정기관 대신 어느 정도 도시 행정을 대행하였다. 장사총상회는 신상회의를 소집하고 수백명의 보위대를 편성하여 장사시(長沙市)의 치안유지를 담당하였다.[98]

　민국 10년(1921) 8월 30일 기사를 보면 신상유지회(紳商維持會)가 조직되고 사무소는 지장암(地藏菴)에 두되 판사처(辦事處)는 상회에 설치하였다. 이덕제(李德齊)를 회장으로 추대하고 부회장으로 좌림창(左霖蒼), 진국균(陳國鈞)을 추대하였다. 장사현 지사(知事)가 공석(空席)인 가운데 질서유지를 위해 신상유지회(紳商維持會)가 성립되었고 경찰 경비를 마련하기 위해 애호연(挨戶捐)을 거두기로 하였다.[99]

　민국 10년(1921) 8월 31일 기사에 보면 경찰의 급여가 5~6개월이나 체납되어 경찰의 사기 저하로 치안을 보장할 수 없었다는 것과 이에 신상유지회가 중심이 되어 애호연을 징수한다고 밝히고 있다. 판사처를 상회에 설치하고 애호연을 1원에서 10원까지 징수하기로 하였는데 우선 상회가 경찰의 급식비를 대신 마련하는 것으로 결정하고 있다.[100]

97) 『長沙大公報』 1919年 5月 1日, 「新化商會籌收公益捐」.
98) 塚本元, 앞의 책, p.98.
99) 『長沙大公報』 1921年 8月 30日, 「紳商維持會組織成立」.

민국 12년(1923) 9월 3일 기사를 검토해 보겠다.

> 총상회가 어제 각 가단(街團) 단총(團總)에게 서신 보내 이르기를 현재
> 성성(省城)의 질서는 유지(조치)를 긴급히 기다리는데 우리 상인은 마땅히
> 자위를 도모해야 한다. 어제 신상(紳商)회의를 거쳐 임시보안대(臨時保安隊)
> 를 조직하고 이미 본회에서 휘장(徽章)을 발급하였다. … 이미 수령한
> 자는 즉일로 진정(眞正) 상인을 소집하여 거리를 순찰하고 군경(軍警)의
> 미치지 못하는 바를 보조해야 한다. 유민비당(遊民痞黨)이 풍조를 타고
> 일을 만들고 치안 교란을 꾀하는 자를 만나면 수시로 제지하고 혹은 관청
> 및 군대에 보고하고 청해서 조사 처리해야 한다. 이것은 공공의 안녕을
> 보전하는 것과 관계되니 오히려 각기 힘써서 진행하고 조금이라도 소홀히
> 하면 안 된다.[101]

이것을 보면 성성(省城)의 질서유지를 위해 총상회가 임시 보안대를 조직
한 것을 알 수 있다. 이 시기 1923년 7월부터 11월까지는 담조(譚趙)전쟁,
즉 담연개(譚延闓)와 조항척(趙恒惕) 세력이 남북 대결을 벌이는 와중이었다.
이 질서 혼돈 시기에 총상회가 치안 공백을 메우고 있다. 같은 9월 3일의
보도에는 전일(前日) 총상회가 치안유지를 위하여 각 공단(公團) 연석(聯席)
회의를 소집하였고 조항척 도주 후의 사태에 대해 논의하였다. 이때 성원(省
垣) 245단(團) 단총(團總)에게 서신을 보내 각기 해당 가단(街團)회의를 소집
하게 하고 질서 유지를 촉구하고 있다.[102]

민국 12년(1923) 9월 6일 기사에 보면 호남성 경찰청장이 소속 각 경찰서
급식 경비가 없음을 이유로 상회를 빌려 신상회의를 소집한 것이 보도되고
있다. 경찰 제복조차 단 한 벌밖에 없어 세탁이 곤란한 지경이라는 것을

---

100) 『長沙大公報』 1921年 8月 31日, 「商會代籌警餉之會議」.
101) 『長沙大公報』 1923年 9月 3日, 「商會維持治安規則」.
102) 『長沙大公報』 1923年 9月 3日, 「昨日各公團之聯席會議」.

밝히고 있다. 소래생(蕭萊生)은 상회가 해마다 많은 비용 부담 때문에 괴로운 사정을 설명하였으나 경찰의 비용은 마땅히 부담해야 한다는 결론을 내고 있다.[103]

동년 9월 15일에는 총상회가 외국 영사까지 끌어들여 특별회의를 개최하고 한창 담조(譚趙)전쟁 중인 양 측 군대에게 장사성(長沙城) 주위 30리 이내 중립 구역을 설치해 줄 것을 요청하고 있다.[104] 9월 17일에는 교육회와 총상회가 단결하여 양 측의 교전을 만류하는 조치를 하고 있다.[105]

민국 14년(1925) 12월 21일 기사에는 각 행업(行業)이 보상단(保商團)을 조직하여 상품 운송을 보호하게 한다는 내용이 보도되고 있다.[106]

민국 15년(1926) 7월 12일에는 당섭(唐葉)전쟁 후에 치안 공백을 메우기 위한 조치를 상회가 주도한 사실이 나와 있다.[107] 북벌군인 당생지(唐生智)와 오패부(吳佩孚) 계열 군벌 섭개흠(葉開鑫) 사이의 전쟁 와중에 일어난 일이다. 섭군(葉軍) 퇴각 후 성성의 치안을 상회, 장사단방국(長沙團防局), 장사현(長沙縣), 경찰청이 회동하여 전야(前夜)에 4기관이 부대를 파견하여 거리를 순찰하였다. 전일(前日) 오전 9시에 상회가 특별히 신상(紳商) 요인(要人) 사춘정(史春庭), 주계형(周季衡), 이달장(李達璋) 등 및 경찰청, 현서(縣署), 단방국 수장(首長)을 소집하여 회의를 개최하였다고 한다. 등장한 신상 중에 이달장은 호남상회 성립시 최초의 신상 임원 중 한명인데 이때까지 역할을 하고 있다. 호남에서는 민국 중기 이후에도 신상의 활동이 굳건함을 알 수 있다. 성성의 치안 공백 해결을 위해 상회가 경찰과 현서 대표를 소집하고 있으니 상회의 역할이 주도적임을 알 수 있다. 국가기관의 역할 부족을 상회가 메우고 있었다고 생각된다.

---

103) 『長沙大公報』 1923年 9月 6日, 「警廳召集紳商會議記」.
104) 『長沙大公報』 1923年 9月 15日, 「昨日總商會之中西士紳大會議」.
105) 『長沙大公報』 1923年 9月 17日, 「敎商兩會發起之和平會議」.
106) 『長沙大公報』 1925年 12月 21日, 「各行業組織保商團籌備大會」.
107) 『長沙大公報』 1926年 7月 12日, 「昨早紳商維持會開會情形」.

즉 상회는 치안유지를 위해 신상유지회를 조직하거나 공단(公團) 연석회의를 조직하여 기획 총괄 역할을 하고 있다. 또 직접 임시보안대와 보상단(保商團) 등을 조직하여 경찰 업무의 부족을 보충하고 있다. 다음으로 경찰의 급식 경비 등을 부담함으로써 치안 유지에 필요한 재정을 담당하고 있다.

소결(小結)

주지하다시피 전통시대 공익사업의 영역은 신사층이 주도하였다. 그러나 청(淸) 후기 이후 상인 가운데서 공익 활동에 두각을 드러내는 인물이 나오기 시작하였다.

호남 각 지방지에서 조사한 바에 의하면 연대가 분명한 기록 중에서 상인들의 공익 활동은 주로 도광(道光)시기 이후 나타나고 있다. 청말로 갈수록 상인들의 공익 활동이 증가하는 추세이다. 특히 광서(光緖)·선통(宣統)년간에는 공익 활동이 급증하고 있다. 청말에 선당류(善堂類)가 급증하는 것과 상인들의 활동도 상관관계가 있다고 여겨진다. 이 시기 개항 이후 외국과의 교역이 급증하고 경제 규모가 확대되었고 따라서 상인의 상업 활동도 활발해졌던 것이다.『호남상사습관보고서』에 나타난 각 행(行)의 조규(條規)도 광서·선통 시기에 집중되고 있다.

공익 활동의 내용은 전통시대 신사(紳士)의 공익 활동과 유사한 도로, 교량의 수축, 의도(義渡) 설치, 각종 선당(善堂)의 기부, 빈민(貧民)구제, 의창(義倉)의 기부 등이다. 한편 목판교(木板橋)를 석교(石橋)로 개량하거나 의도(義渡)에 교량을 설치하는 진일보한 모습도 있다. 또 신식 의원(醫院)이나 신식 학교의 설립 같은 근대적 모습도 나타나고 있다.

'신상'이란 용어는 호남에서는 청말에 처음 등장하고 있다. 호남신정(湖南新政) 운동의 과정에서 호남의 많은 신사들이 적극 참여함으로써 신사가 근대적 상공인으로 변신하고 있다. 이들은 단순한 유통상인은 아니었다.

이들은 전통적인 신사의 공익 활동인 도로, 교량, 감조(減糶), 제빈(濟貧), 사창(社倉), 의학(義學) 등을 계승하면서 한편으로 호남자업학당(湖南磁業學堂), 명덕학당(明德學堂) 같은 신식 학교 설립에 적극적이었다. 이들 신상 가운데는 상회 회장, 교육회 회장 등의 역할을 수행하는 사람이 많다. 이들 신상 중에는 단순한 연납(捐納)에 의한 직함 취득자보다 오히려 정도(正途)출신 신상이 더 많은 것도 호남의 특징 중 하나이다. 호남의 신상은 근현대에 나타난 새로운 개혁 엘리트였다. 웅희령(熊希齡)이나 용장(龍璋), 문준택(文俊鐸) 등에서 보듯이 동일인이 기업가, 교육가, 정치가를 겸하는 경우가 많다. 호남의 근대 신상들이 행한 공익 활동 중 상당수는 내셔널리즘과 애국운동에 고무된 것이었다.

상회는 청말에 조직되기 시작하여 민국시대 호남에는 장사총상회(長沙總商會) 외에 각 현(縣)과 중요 부두에 설치된 하급 상회가 100여 곳이 넘었다. 『장사대공보』의 보도에 의하면 상회는 빈번한 이재민 구제 활동을 벌이고 있다. 1925년의 기록적인 한발(旱魃)은 전체 75현 중에 50여 곳이 피해지역이었고 1926년 홍강(洪江) 한재(旱災)는 백년만의 참상이라는 기록도 있다. 이외에도 거의 해마다 재해의 연속이라거나 피해지역이 60여 현, 이재민 수가 100만을 넘었다는 기록도 있다. 빈번한 수한재(水旱災)와 장기지속적이고 광범위한 재해에 임하여 상회는 호북 등지에서 곡식을 구매하여 와서 평조(平糶)를 행하거나 아니면 이재민에게 급식을 하고 돈을 지급하여 귀농시키는 조처를 취하고 있다. 잦은 군벌 전쟁이나 정치적 혼란으로 이재민이 발생하기도 하였으며, 어느 때나 공권력이 제대로 된 역할을 수행하지 못하는 상황에서 상회가 그 공백을 메우고 있다. 전통시대와 달리 상회가 조직적인 모금과 진휼을 하고 있고 의진회(義賑會), 화양주진회(華洋籌賑會) 등 조직체를 구성 운영하기도 한 점이 근대적 특징이다.

상회는 이재민 구제뿐 아니라 군벌전쟁 과정에서 생겨난 일시적 공황 상태에서 보안대를 조직하여 치안 유지를 담당하였고 일부 행정까지도 수행하였다.

이상에서 살펴보면 종래 전통시대 공익 활동을 신사가 담당하던 현실에서 청 후기에 상인들이 관여하기 시작하고 청말에 상인들의 활동이 현저해졌다. 민국시대에는 신상과 상회 등이 관(官)과 신(紳), 민(民)을 소집하여 연석회의를 조직하는 등 빈민구제 활동과 공공질서 유지에 선도적 역할을 하고 있다.

이러한 상인, 신상, 상회의 공익 활동 증가를 살펴보면 경제적 부(富)가 신사(紳士) 지주 계층에서 상공인으로 넘어가고 있던 것을 알 수 있다. 신상회의의 소집에서 상인이 아닌 신사도 참가자가 될 수 있겠으나, 신상회의를 소집한 자가 상인이고 회의 장소가 상회인 점 등을 보면, 상인인 신상이 모든 것을 주도하고 있다. 봉건국가가 유교적 이데올로기에 의해 움직이고, 그 지배계층인 신사가 그 이념과 안정적 질서 유지를 위해 공익 활동을 했다면, 이제 사회적 지배계층이 신사가 아닌 상인계층으로 변화되고 있는 과정으로 파악할 수 있다. 상회가 주도한 기부금 모금에는 남양연초공사(南洋烟草公司), 화실공사(華實公司) 등 근대적 기업이 참여하고 있다. 이것은 현대사회에서 기업이 행하는 공익 활동의 선구에 해당한다고 볼 수 있을 것이다.

제4장 청말민국기 호남의 상인과 상인정신

1. 상인정신의 탐색

1) 인물 열전(列傳)

역사적으로 태평천국을 진압한 상군(湘軍)을 조직하였던 호남은 근대 이래 중국사의 흐름에 주도적 역할을 해왔다. 증국번(曾國藩)과 좌종당(左宗棠)이 양무(洋務)운동에 앞장섰고 변법유신을 거쳐 모택동(毛澤東)에 의한 인민공화국 수립까지 달성한 바 있다.

이 과정에서 호남인의 정치 군사적 역할은 단연 선도적이었으나 상업면에서는 별다른 주목을 받지 못하였다. 그리하여 전통적으로 거론되는 10대 상방(商幇)조직 안에 포함되지 못하였다.[1] 그러나 청말시기에는 호남상인이 상당한 두각을 나타내고 있다. 청말민초(淸末民初)의 상방(商幇)이 언급된 문헌에 모두 호남방(湖南幇)이 거론되고, 한양(漢陽)의 앵무주상(鸚鵡洲上)에 거민(居民)이 만을 넘었는데 그중 과반이 호남인이었다고 한다. 보경(寶慶)을 포함하여 장사(長沙), 형주(衡州), 상덕(常德), 진주(辰州) 등 5부(府) 18방(幇)이 호남상인이었다. 호남의 상업 거점도시인 홍강(洪江)에서도 형주(衡州)회관, 보경(寶慶)회관, 진원(辰沅)회관, 상향회관(湘鄕會館), 칠속(七屬)회관 등

---

1) 福建, 廣東, 陝西, 山東, 寧波, 晋商, 徽商, 龍游, 洞庭(太湖의 洞庭東山, 洞庭西山), 江西商人을 10대 商幇이라 칭함.

회관의 반수가 호남상인이 건립한 것이었다.[2]

현대 중국에서도 호남상인의 활약이 주목되고 있다. 2007년 9월 호남성 장사(長沙)에서 제1회 호남상(湖南商)대회가 개최되었고 2009년 상담(湘潭)에서 개최된 제3회 호남상대회에서는 호남상이 전국 10대 상업조직으로 편입된 것이 확인되었다.

호남상인에 대한 연구는 어느 정도 축적되고 있으나 상인정신에 대한 연구는 거의 찾아보기 어렵다.[3] 상인정신에 대한 연구는 휘주상인(徽州商人)에 대한 것이 있고[4] 산서상인에 대한 것도 있다.[5] 중국의 사상적 근원에 착안하여 자본주의 정신을 출현시키기가 불가능했다고 하는 Max Webber의 주장에 대한 반론으로서 쓰여진 여영시(余英時) 선생의 상인정신에 대한 연구가 주목할 만하다.[6] 또 중국의 상인정신이 유교사상에 토대를 두고 있다는 시각에서 다양한 연구들이 나오고 있다.[7]

---

2) 唐金龍,『天下湘商』, 北京: 知識産權出版社, 2011.

3) 李華,「淸代湖南城鄕商業의 發達及其原因」『中國社會經濟史硏究』1991-3;「淸代湖南商人 的經商活動」『中國社會經濟史硏究』, 1992-1; 伍繼延·徐支頻,『湖南商人』, 東京: 僑報社, 2012; 田炯權,「淸末民國期 湖南商人과 商品流通」『中國史硏究』91, 2014;「淸末民國期 湖南商人과 地方權力」『中國史硏究』97, 2015;「淸末民國期 湖南의 物價와 商人」『中國史 硏究』101, 2016.4;「1918-1927 湖南의 物價變動」『中國史硏究』103, 2016.8;「淸末民國期 湖南商人의 公益活動」『中國史硏究』114, 2018.6.

4) 臼井佐知子,「휘주상인의 경영형태와 상업윤리」『중국 전통상인과 근현대적 전개』, 서울: 학술정보, 2010; 唐力行,「徽州商人의 紳士風度」『史學月刊』, 2003.11; 胡中生, 「徽商的人文精神與明淸徽州社會」『安徽大學學報』33-4, 2009.7.

5) 이화승,「關公信仰과 산섬상인의 발전」『중국상업관행의 근현대적 전개』, 서울: 한국학술정보, 2011; 樊笛·沈義雙,「晋商溫州商及松商的比較硏究」『韓中社會科學硏究』제5권 2호, 2007.

6) 余英時, 정인재 역,『中國近世宗敎倫理와 商人精神』, 대한교과서주식회사, 1993.

7) 施祖軍,「中國近代商業倫理精神的形成與發展」『湖南社會科學』, 2003.5; 段江波·張厲氷, 「明淸商人倫理形成之內在衝突及其特徵」『倫理學硏究』, 2003.4; 劉甲明,「試論硏究儒商及 儒商精神的意義」『山東工商學院學報』28-1, 2014.2; 戴月,「儒家思想在中國商品活動中的 地位及其積極影響」『當代敎育理論與實踐』5-9, 2013.9; 吳慧,「和協: 商業文化歷史考察之 二一以明淸晋徽兩大商帮爲例」『商業經濟硏究』, 1994.10; 彭正穗,「儒家經濟倫理與中國古 代商人精神」『江漢論壇』, 1996.4; 焦艷·朱慧芳,「論關公信仰對晋商精神的影響」『山東工會 論壇』20-2, 2014; 李岸,「明淸之際漸趨完善的商人形象與商人精神」『哈爾濱師範大學社會

호남상인이 진상(晋商)이나 휘상(徽商) 등에 비하여 후발주자이기는 하지만 근현대에 특히 활약이 두드러지고 있는데 이들에게도 상도(商道)가 없을 수는 없다. 호남상인에게도 상인정신이 있는가. 있다면 다른 지역 상인들과 유교사상을 매개로 한 보편성을 가지고 있는지 호남상인에게만 보이는 차별적인 특성이 있는지도 의문이다. 근대에 파악되는 호남상인의 정신이 있다면 그것이 현대 중국에도 접맥될 수 있다고 생각된다.

호남상인의 개념은 호남에서 출생하고 성장하여 호남에서 상업을 영위하거나 여타 지역에 진출한 상인이 기본이다. 그러나 호남은 이주민이 많은 지역이다. 타지에서 호남으로 이주하여 상업에 종사하는 상인도 포함해야 하는 개념이다. 근대 중국에서 상인이란 개념은 유통업 종사의 상인만이 아니라 기업가도 포함하는 상공인의 뜻이라는 것도 주지해야 한다.

접근 방법은 각 지방지 등에서 인물 열전을 조사하고 다음에 청말에 주로 제정된 상인들의 각종 행규(行規)를 검토한다. 또 1930년대 조사된 호남지역 각종 상호(商號)를 분석해 보겠다. 여기서 호남의 상인정신을 탐색하고 나아가 호남인의 인문정신으로 간주되는 호상(湖湘)정신이 상인정신으로 어떻게 구현되고 있는지 검토해 보겠다.

(1) 근검 절약

근검은 동서양을 막론하고 상인정신의 공통점이라고 할 수 있다. 호남상인들도 근검에 대한 서술이 적지 않다. 도광(道光: 1821~1850)시대 서포현(漵浦縣)의 상인 장덕주(張德周)는 열전에 '이근검치부(以勤儉致富)'라는 서술이 분명하다.[8] 장덕주는 근검한 이유로 차부하였다. 소양현(邵陽縣)의 백마산로(白馬山路)와 검양현(黔陽縣)의 신로(新路)를 수축하는 등 여러 가지 공익

科學學報』, 2018.1; 薛金成, 『儒學民間轉向與明代商人精神』, 哈爾濱工程大學法學碩士學位論文, 2016.6.

8) 民國 10年刊 『漵浦縣志』 권22, 列傳, 善行.

활동을 하고 있으나 자신은 근검하였다. 광서선통(光緖宣統)년간에 활동한
예릉현(醴陵縣)의 양순조(陽順藻), 소유위(蕭有爲), 반필균(潘必筠) 등은 고을
의 공익 자선 활동에 헌신하였으나 자신들은 검소하였다. 열전에는 이들을
'색어자봉이호시여(嗇於自奉而好施與)'라 표현하고 있다.[9] 자신에게는 인색
하였으나 베풀기를 좋아한다는 말이다. 같은 예릉현에서 역시 자선을 많이
베풀었던 유가감(劉家鑑)도 열전에 '자봉심박(自奉甚薄)'이라 표현하고 있어
극히 검소했음을 알 수 있다.[10] 호북과 호남에서 '명고(名賈: 유명 상인)'로
알려졌던 허창진(許昌振)도 '자봉극색(自奉極嗇)'이라 쓰고 있다.[11]

예릉현 출신으로 청말민국기에 자선가로 유명한 진성방(陳盛芳)의 모친
안(晏)씨의 열전을 잠시 인용해 보면 다음과 같다.

> 아들 다섯을 낳고 남편이 사망하였다. 집이 대단히 가난하여 베를 짜서
> 먹고 살았다. 궁핍하여 다른 사람에게 빌리면 반드시 갚았다. 빌려주지
> 않아도 원망하는 말을 하지 않았다. 아들 성거(盛擧), 성방(盛芳)이 공업으로
> 집안을 일으켜 점차 부유해졌지만 씨(氏)는 근검하기가 예전과 같았다.
> 오직 자선을 베푸는 데는 인색하지 않았다. 후에 아들 성방이 교량을
> 수축하고 학교를 설립한 것은 씨가 실로 가르친 것이다.[12]

위에서 보는 바와 같이 열전에 소개된 많은 인물들이 자신에게는 지극히
검소하고 인색하였으나 공익 자선사업에는 재물을 아끼지 않았다는 것이
공통적이다. 예릉현에서 많은 교량의 수축, 다정(茶亭)의 건립뿐 아니라
동방중학(東方中學)을 건립했던 진성방(陳盛芳)도 모친의 훈육 때문인지 본
인은 극히 검소하였다. 같은 예릉현의 이신전(李莘田)은 어릴 때 가난하여

---

9) 民國 37年刊『醴陵縣志』人物志, 人物傳5.
10) 民國 37年刊『醴陵縣志』人物志, 人物傳7.
11) 民國 37年刊『醴陵縣志』人物志, 人物傳5.
12) 民國 37年刊『醴陵縣志』人物志, 人物傳7.

공부를 포기했는데 나중에 공익 자선사업에 헌신하였다. 이신전은 입는 것과 먹는 것을 아껴 공익사업을 하였다.[13]

일찍이 증국번(曾國藩)은 8덕(德: 근(勤), 검(儉), 강(剛), 명(明), 충(忠), 서(恕), 겸(謙), 혼(渾)) 중에 근검이 제일 으뜸이라고 하였다. '일생지계재어검(一生之計在於儉)'을 인용하면서 일관되게 근검을 강조하고 있다.[14]

증국번은 동치 7년(1868) 5월 24일 일기 중에 16자(字) 구결(口訣)로 '집이 부지런하면 흥(興)하고 사람이 부지런하면 건강하다. 능히 부지런하고 검소할 수 있으면 영원히 빈천할 수 없다.'[15]라고 근검을 강조하고 있다. '일생의 계획은 부지런함에 있다.'라는 말은 공자삼계도(孔子三計圖)에 나오는 말이니 유교의 근본 사상 중 하나이다. 근대에 호남의 주요 정신적 지도자였던 증국번이 근검을 강조한 것은 이 당시 호남상인들의 주요한 덕목을 대변한다고 생각된다.

(2) 인의(仁義)

공익 자선 활동에 참여하고 있는 상인들의 행위가 사상적으로 인의(仁義)에 기반하고 있는 것으로 심증은 충분하다. 그런데 사료에서 직접 표현되고 있는 부분을 검토해보자. 영현(酆縣) 소속의 가초원(賈超元)의 기록은 다음과 같다.

사람됨이 의(義)에 의지하고 재물을 멀리하였다. 항상 악주(岳州)에서 활동하였는데 호남부두를 설치하는 데 앞장섰다. (관청에) 안건을 올리고 규정을 제정하였는데 뒤의 목상(木商)들이 이롭게 여겼다. 집이 본래 부유하였고 성품이 베풀기를 좋아하였다. 힘으로 할 수 있는 바의 선(善)한 일을

---

13) 民國 37年刊 『醴陵縣志』 人物志, 人物傳7.
14) 王開林, 『百年湖南人』, 南京: 江蘇文藝出版社, 2013, pp.210~212.
15) 家勤則興 人勤則健 能勤能儉 永不貧賤.

만나면 모두 의(義)로운 일에 나아가기를 목마른 것과 같이 하였다.[16]

　가초원(賈超元)은 형주부(衡州府) 영현(酃縣) 사람이지만 악주(岳州)에서 활동하는 상인이다. 자선 사업에 돈을 아끼지 않았다는 기록이 있는데 '의(義)'를 강조하고 있다. 이것은 '인의(仁義)'임에 다름없다. 상향현(湘鄕縣) 의 상인 주증화(朱增華)도 문창각(文昌閣) 건축과 동고(東皐),쌍봉(雙峯)서원 건립에 대한 기부, 빈흥당에 토지 기부 등을 하고 있다. 성품은 '호의경재(好義 輕財)'라 하고 여러 자선사업을 '의거(義擧)'라 표현하고 있으니 이 역시 '인의'이다.[17]

　부점오(傅占鰲)는 국자감생(國子監生)이었는데 부친을 따라 고장평(古丈 坪)에 와서 상업에 종사하다가 입적(入籍: 현지 호적 등재)하였다. 부친을 이어 경영하였는데 십년이 되지 않아 수만금을 축적하였고 강 2천리를 분주히 내왕하였다. 교량과 도로의 수축이나 자선을 많이 베풀어 '낙선호시 (樂善好施)'라는 현판을 하사 받기도 했다. 논찬(論贊)에 보면 그의 선행(善行) 이 인심(仁心)이 두드러진 것이고 '인속의장(仁粟義漿)'이라고 하고 있다.[18] 이것을 보면 그의 정신이 '인의'임이 분명하다. 예릉현의 정명보(丁明甫)는 가난한 병자(病者)들에게 약과 식량을 지급하고, 구실(求實)·차성(佽成) 두 의학(義學)을 설치하였다. 고아원을 설립하였고 적십자 활동도 관여하였다. 제민이물(濟民利物)로서 자임(自任)하였다고 하는데 그의 정신은 '인의'에서 비롯된 것이다.[19]

　예릉(醴陵)의 반극무(潘克武)는 석여업(席餘業)에 종사하였는데 '의(義)로 운 일을 하는데 특히 용감하였다.'고 한다.[20] 평향(萍鄕)과 예릉의 기민(饑民)

16) 同治 12年刊『酃縣志』권15, 人物, 篤行.
17) 同治 13年刊『湘鄕縣志』권17, 人物.
18) 光緒 33年刊『古丈坪廳志』권14, 人物, 孝義列傳.
19) 民國 37年刊『醴陵縣志』권3, 人物志, 人物傳 7.
20) 民國 37年刊『醴陵縣志』권3, 人物志, 人物傳5.

들을 진휼하고 예릉 선원(善園) 기금의 조성을 비롯한 다수의 공익 자선
사업에 종사하였다. 그의 정신도 '인의'라고 보아야 한다.

홍강(洪江)의 유상(儒商)으로 유명하였던 양죽추(楊竹秋)는 청(淸)의 수재
(秀才) 출신이었는데 부친 사후(死後)에 관직 권유를 뿌리치고 상업에 투신하
였다. 그가 경영한 지 10년 미만에 자금이 분업시 4만원(元)에서 25만원으로
증가한 바 있다. 그도 공익 자선사업에 열중하였는데 민국 15년(1926) 홍강
(洪江) 부근 각 현에 백년 만에 대한재(大旱災)가 났을 때 1만원을 기부하였다.
홍달중학(洪達中學)을 설립하여 교사(校舍), 토지, 설비 등을 기부하였다.
그 또한 '인의'를 숭상하였다.[21]

지방지의 인물 열전 중에 의행(義行), 독행(篤行), 선행(善行) 등의 조에서
상인들의 공익 자선활동을 파악할 수 있다. 여기서 '의(義)'란 선행을 베푼
'인의'를 뜻한다고 여겨진다. 〈표 1〉은 상인들의 인의관련 활동을 찾아본
것이다. 통상 활동 내용은 비교적 상세하나 행위의 근본인 상인 정신의

〈표 1〉 호남상인의 인의(仁義) 관련 활동

人名	성격, 정신	관련내용	지역
梁煥南	席業行義, 和	公益사업, 婚嫁지원	藍山縣
石吉芳	慷慨	棺·藥,의복지원,채권소각	邵陽縣
郭永吉	義擧	빈곤일족에 자본제공	邵陽縣
禹心田	義山	棺, 義山, 救生船	邵陽縣
謝宗學	義渡	藥, 殮	邵陽縣
蕭祈高	義渡	義渡田설치	永順縣
劉純望	爽直	부채로 처 매매 중단시킴	漵浦縣
荊廷瑚	仁厚	동업공정, 채권소각	漵浦縣
湯如郭	廉幹	減糶濟民	醴陵縣
王之爕	恭謹整肅	魚捕學 설립, 교량건립	慈利縣
蕭方直	尤嚴義利之辨	實業진흥, 학교	醴陵縣
朱增爵	質直好義	빈곤한 동료 棺葬제공	湘鄕縣
朱增華	好義輕財	文昌閣서원 育嬰, 賓興堂	湘鄕縣
程景益	慷慨好義	義山, 棺木	湘鄕縣
王命新	仁厚	妻매매자 구제, 棺제공	湘鄕縣

---

21) 王賢輝, 『明淸洪江商帮』, 哈爾濱, 黑龍江敎育出版社, 2013, pp.148~152.

陳德理	慷慨好義	빈민구제, 도로, 교량수축	湘鄕縣
朱章煜	正直尙義	약제공, 河公度에 교량건립	汝城縣
徐德剛	慷慨好義	流民에 의복제공, 장례원조	益陽縣
羅忠毫	慷慨好施,急公杖義	長沙義度수축	益陽縣
梁竹秋	仁, 義, 信, 禮, 德	旱災빈민구제, 洪達中學설립	洪江

* 民國 21年刊『藍山縣圖志』; 光緖 33年刊『邵陽縣鄕土志』
; 民國 19年刊『永順縣志』; 民國 10年刊『漵浦縣志』
; 民國 37年刊『醴陵縣志』同治 13年刊『湘鄕縣志』
; 民國 21年刊『汝城縣志』; 同治 13年刊『益陽縣志』

표현은 극히 빈약하다. 그중에 '강개호의(慷慨好義)'란 표현이 많은데 내용은
자선을 베푸는 것이다. 나충호(羅忠毫)의 경우 '강개호의 급공장의(慷慨好義
急公杖義)'라 적고 있다. 자선과 공익에 베풀면서 '의(義)'를 추구한다는 것은
유교사상의 근본인 '인의'가 분명하다. 표에 제시된 상인들의 시기는 기록상
분명히 명시되지 않은 경우가 많다. 대개 청말민국기에 편찬된 지방지를
이용하였는데 내용상 문맥이나 열전 전후 서술 등을 참고할 때 도광(道光)
이전으로 간주되는 경우는 거의 없는 것으로 생각된다.

(3) 적선(積善) 응보

유교 사상에서 '인(仁)'을 베푸는 행위는 보상을 바라고 하는 행위는 아니
다. 그러나 상인들의 자선 공익사업에 대한 기부 등은 현실적으로 '의서(議敍)'
등에 의해 관품(官品)을 하사받는 보상을 받기도 한다. 상인들의 정신세계에
도 의식·무의식적인 보상에 대한 생각이 있었는지 알아볼 필요가 있다.

영향현(寧鄕縣)의 사람인 증정련(曾貞漣)은 선을 즐기고 베풀기를 좋아하
였다(낙선호시: 樂善好施). 면양(沔陽)상인 이홍(李洪)이란 사람이 500량(兩)
으로 미곡(米穀)을 사서 동정호를 지나가다 배가 전복되어 곡식을 다 잃어버
리자 정련이 다시 돈을 돌려주었다. 이듬해 정련이 한수(漢水)를 지나가다
배가 전복되었는데 이홍이 구원해 주었다. 이것을 보고 사람들이 '호시지보
(好施之報)' 즉 많이 자선을 베푼 것에 대한 응보라고 하였다.[22]

여성현(汝城縣)의 상인 증기찬(曾紀燦)은 다음과 같은 기록이 있다.

석(石)씨성을 가진 사람이 그에게 빚을 져서 아내를 팔아 갚고자 했다. 그가 깨닫고 채권문서를 돌려주니 석(石)씨가 감격하여 눈물을 흘렸다. 일찍이 침주(郴州)에 무역하러 갔다가 돌아오는 길에 양산(梁山)에 이르러 날이 저물고 어둑한데 갑자기 뒤에 따라오는 사람이 있었다. 스스로 왕기(王琪)라 말하면서 대신 짐을 지고 함께 가기를 청하였다. 산골짜기를 지나는데 호랑이가 사람을 무는 것을 보고 찬(燦)이 크게 놀랐다. 왕(王)이 말하기를 호랑이가 해치는 것은 의(義)를 저버린 사람이다. 그대는 두려워 말라. … 석씨 처 왕씨이니 왕기(王琪)는 죽은 그의 부친이다. 어찌 결초(結草)의 보답이 없겠는가.[23]

이것을 보면 '의(義)'를 베풀면 뜻밖의 보답이 있다는 이야기이다. 뇌양현(耒陽縣)의 진종벽(陳鎭璧)은 베풀기를 좋아하였다. 아들 이선(二善)이 상업에 종사하여 큰 부자가 되었는데 사람들이 이르기를 '적선지보(積善之報)', 선행을 베푼 보답이라 하였다.[24]

영흥현(永興縣)의 상인 유도란(劉道蘭)은 약사(藥肆)를 열고 가난한 사람에게 약을 나누어 주고 약값을 받지 않았다. 그의 조카와 자식들이 연이어 생원(生員)이 되었는데 사람들이 이를 '적덕지보(積德之報)'라 하였다.[25] 서포현(漵浦縣)의 상인 장덕주(張德周)는 소양현(邵陽縣)의 백마산로(白馬山路)와 검양현(黔陽縣)의 신로(新路) 수축과 서호구(西湖口)에 의도(義渡)를 설치하는 등 선행을 베풀었고 지현(知縣) 용광전(龍光甸)은 그 집에 '선유여경(善有餘慶)'이란 액자를 하사하였다.[26] '적선지가 필유여경(積善之家 必有餘慶)'이란

---

22) 民國 30年刊『寧鄉縣志』故事篇, 先民傳 57.
23) 民國 21年刊『汝城縣志』권24, 人物, 賢達, 義行.
24) 光緒 11年『耒陽縣志』권6, 인물, 篤行.
25) 光緒 9年『永興縣志』권39, 인물, 義行.
26) 民國 10年刊『漵浦縣志』권22, 列傳, 善行.

말은『주역』이 출전이다. 지현(知縣)도 유교사상으로 무장된 관료라는 점에서 선행에 대한 보상의 관념을 유교사상이 아니라고 하기 어렵다. 예릉현의 상인 반극무(潘克懋)는 예릉과 평향(萍鄕)에 걸쳐 빈민구제와 선당(善堂) 설치 등 여러 가지 공익 자선사업에 종사했다. 민국 16년(1927) 폭민(暴民)이 난을 일으켰을 때 서로 경계하여 그의 집을 습격하지 않았다. 이 또한 선행에 대한 응보라고 볼 수 있다.[27]

예릉현의 신상이라 볼 수 있는 이수남(李秀枬)의 기록을 보면 다음과 같다.

> 광서 경자(庚子) 신축(辛丑)년 거인(擧人)이 되어 호북 직례주동(直隸州同)이 되었다. 혁명 후에는 독서를 낙으로 삼았다. … 고아와 과부를 돌보는 데 힘쓰고 사창(社倉)을 충실하게 하고 공업을 일으키고 도로를 수축하였다. 곡식 가격을 내려 팔아 빈자를 구제하였다.(감조제빈: 減糶濟貧) … 민국 19년 비란(匪亂)이 창궐하였다. … 수남(秀枬)이 체포되었는데 마을사람들이 약속도 없이 천여 명이 모여 눈물을 흘리며 석방을 청하였다. 비적(匪賊)이 감동하여 가마를 태워 돌려보냈다.[28]

이것 역시 선행에 대한 보상이었다고 생각된다. 지방지의 서술을 담당한 사람은 거의 예외없이 신사층이다. 유교사상이 핵심 정신인데 이들 역시 적선응보의 개념이 있었다고 생각된다.

같은 예릉현의 상인 유가감(劉家鑑)에 대한 기록을 보자.

> 자(字)는 경생(慶生), 호(號)는 낙진자(樂眞子)인데 정가방(丁家坊) 사람이다. 명(明)의 예릉 교유(敎諭) 유가성(劉可成)의 20세손(世孫)이다. 널리 경서(經書)와 역사책을 섭렵하였다. 특히 불경을 읽는 것을 좋아하였고 '인과설(因

---

27) 民國 37年刊『醴陵縣志』권3, 인물지, 인물전5.
28) 民國 37年刊『醴陵縣志』권3, 인물지, 인물전7.

果說)'을 돈독하게 믿었다.[29]

예릉현은 인구가 조밀하고 극빈자도 많았다. 그는 동인국(同仁局)을 설치하여 의약을 베풀고 동덕당(同德堂)을 만들어 빈자에게 관(棺)을 제공하기도 했다. 의도(義渡)의 설치와 도로의 수축 등 많은 자선을 베풀었다. 유가감은 유교 경전만 읽은 게 아니라 불경을 읽고 불교의 인과(因果)응보 사상에 매료된 것으로 보인다. 적선(積善)에 응보가 있다는 생각은 유교와 불교에 공통된 생각으로 보인다.

여성현의 하건중(何建中)이 작성한 대련(對聯)에 보면 '털끝만한 의롭지 못한 재물을 취해도 어두운 데는 귀신이 있고 밝은 데는 왕법(王法)이 있다. 반 점의 마음에 거리끼는 일도 멀리는 자손에 미치고 가까이는 자신에 미친다'라고 되어있다.[30] 이 내용은 자허원군(紫虛元君) 성유심문(誠諭心文)과 재동제군수훈(梓潼帝君垂訓)에서 따온 것이다. 곧 도교(道敎)사상이다.[31] 결국 적선(積善)응보 사상은 유교, 불교, 도교사상에 공통된 보편적 신념이라 볼 수 있다.

(4) 신의(信義)·정직

안화현(安化縣)의 상인 장등운(蔣登運)은 '성품이 청렴결백하여 의롭지 않은 재물을 추호라도 취하지 않았다'고 한다.[32] '비의지재(非義之財)'를 추호도 취하지 않는다는 것이다. 그는 장사(長沙)에서 100여량(兩)을 주워 주인에게 돌려주고 사례금도 받지 않았다.

영수청(永綏廳)의 상인 양가종(楊嘉鐘)에 대한 기록은 다음과 같다.

29) 民國 37年刊 『醴陵縣志』 권3, 인물지, 인물전7.
30) 民國 21年刊 『汝城縣志』 권24, 인물지, 義行.
31) 『明心寶鑑』 正己篇, 省心篇.
32) 同治 10年刊 『安化縣志』 권26, 인물, 善行.

본청인(本廳人)이다. 유학(儒學)을 공부하였으나 성취하지 못하였다. (유학을) 버리고 장사를 배웠다. 성품이 청렴결백하여 의롭지 않은 재물을 취하지 않았다. … 큰길에는 다정(茶亭)을 지어 지나가는 행인(行人)을 쉬게 하고 그 가운데 다수(茶水)를 두어 목마른 자가 먹게 하였다. 지금껏 왕래하는 자들이 칭송한다.[33]

'비의지재(非義之財)'를 취하지 않는 것을 말하고 있다.

상담(湘潭)현 상인 여대치(黎大熾)의 기록을 보면 다음과 같다.

처음에 장사를 배웠다. 진실하고 온화하며 신중하였다. 여러 객상(客商)들이 대부분 의지하고 신임하였다. 때문에 점차 부자가 되었다. 이에 대개 축적을 하였고 싸게 사고 비싸게 팔았다. 베풀기를 좋아하였고 비록 천금을 빌려주어도 일찍이 갚기를 요구하지 않았다. 사람들이 좋게 여겼다.[34]

객상(客商)들이 여대치를 신임함으로써 점차 부자가 되었다는 것이다. 신의(信義)가 거래의 기본 덕목인 만큼 상인들 사이에 존중받는 가치였을 것이다.

기양현(祁陽縣)의 상인 소효장(蕭孝章)의 기록은 다음과 같다.

나이 70이 넘었는데 작은 목선(木船)으로 호북 신제(新堤)에 이르렀다. 모(某) 전포(錢鋪)에서 은(銀)을 교환하였는데 포주(鋪主)가 잘못하여 은 100여량(兩)을 더 많이 주었다. 장(章)이 숙소에 도착하여 많이 받은 것을 알고 전보로 급히 알리고 그 돈을 되돌려 주었다. 이에 각 상인들이 그가 충신(忠信)함을 높이 평가하였다. 마침내 상인으로서 치부(致富)하였다. 나이가 90에 이르렀다.[35]

---

33) 宣統 元年 『永綏廳志』 권23, 인물문, 5.
34) 光緖 15年刊 『湘潭縣志』 篤行列傳49.

의롭지 않은 재물은 가격이나 품질을 속여서 얻은 재물일 것이다. 상업상
거래는 신의(信義)와 정직이 생명이다. 소효장은 잘못 받은 돈 100여량을
돌려줌으로서 상인들 사이에 신의 있는 사람으로 존중을 받고 이로 인하여
부자가 되었던 사정을 알 수 있다.

서포현(溆浦縣)의 상인 동정한(董正漢)도 비슷한 기록이 있다.

상업으로 집안을 일으켰다. 성품은 청렴 근면하였다. 일찍이 한진(漢鎭)에
무역하였는데 감춘복(甘春福)이란 사람이 계산을 잘못하여 정한(正漢)에게
전(錢) 300여천을 더 주었다. 정한이 배에 돌아와서 장차 출발하려 할
때 갑자기 그 착오를 알게 되어 급히 육지에 올라 돌려주었다. 또 일찍이
덕성행(德盛行)의 흘린 돈 30량(兩)을 주워서 돌려주었다. 이것 때문에
자못 상인들 사이에 신뢰를 얻었다. 후에 현시(縣市)에서 점포를 열고 영업하
였는데 동업자와 수십만금을 선후로 나누었으나 시종 잡음이 없었다.[36]

이 내용을 보면 동정한은 정직하고 신의가 두터운 사람이다. 상인들
사이에 신뢰를 얻은 것이 성공의 이유로 생각된다.

영향현(寧鄕縣)의 상인 장국찬(張國贊)은 자금을 가지고 성도(省都)인 장사
(長沙)에서 전상(典商)이 되었는데 '인의'로 당시의 인망을 모았다고 한다.[37]
그도 의도(義渡)의 건설이나 빈민 구제와 같은 공익 자선사업에 많은 기부를
하였다. 서포현(溆浦縣)의 상인 진조형(陳朝亨)은 상업 경영에 재능이 있어
처음에 가난하였으나 거부(巨富)가 되었다. 그의 성품은 '평생공직무사(平生
公直無私)'하여 호모(胡某), 공모(龔某)와 수십년간 동업하였으나 조금도 잡음
이 없었다.[38] 계양직례주(桂陽直隷州)의 상인 구중륭(邱中隆)은 전상(典商)으

35) 民國 20年刊 『祁陽縣志』 권75, 任呬傳.
36) 民國 10年刊 『溆浦縣志』 권22, 열전, 善行.
37) 民國 30年刊 『寧鄕縣志』 故事編, 行誼傳.
38) 民國 10年刊 『溆浦縣志』 권22, 列傳.

로 치부하여 의창(義倉)의 건립, 도로와 교량의 수축, 빈민 구제 등 많은
공익 자선사업에 기부하였다. 그의 성품은 '효우신의 호시여(孝友信義 好施
與)'라고 표현되고 있다.[39] 영흥현의 상인 이화점(李華漸)도 주운 돈 은(銀)
60원을 오래 기다린 끝에 주인에게 돌려주고 사례를 받지 않았다.[40] 서포현
의 상인 당사괴(唐思魁)도 길에서 지폐 수십천(千)을 주워서 정직하게 돌려주
었다.[41] 영순현(永順縣)의 상인 주조항(周朝恒)은 대수(大水)에 떠내려온 궤
짝을 주웠는데 그 속에 표전(票錢) 200천(串)이 들어 있었다. 역시 주인에게
돌려주고 사례를 받지 않았다.[42]

주운 돈을 정직하게 반환하거나 신의를 지킨 상인들의 기록은 다 열거하기
어려울 정도로 열전에 빈번하게 등장한다. 의행(義行), 선행(善行) 등 조문의
성격상 한 곳에 채록된 이유라고 볼 수도 있지만 호남상인들이 신의(信義)와
정직을 가치로서 존중했다고 생각된다.

(5) 박리다매·경영

호남에서 장사(長沙)에 필적할 만한 상업 거점 홍강(洪江)의 유명한 유호(油
號)였던 경원풍유호(慶元豊油號)의 경리(經理) 황원창(黃昌元)은 홍유(洪油)통
을 개량하여 매 통(桶) 60근(斤)들이를 61근으로 만들었다. 중량이 늘었는데
도 가격을 안올려 박리다매(薄利多賣) 전략을 취하였다. 또 직원 대우를
향상시켜 직원 경조사(慶弔事)에는 액외 보조금을 지급하였고 학도(學徒)에
대해서는 저녁 일과 후 스스로 공부를 허용하였다. 심지어 주인이 직접
문화, 주산 등을 교육하기도 하였다.[43]

---

39) 同治 7年刊 『桂陽直隸州志』 권17, 인물, 孝義.
40) 光緒 9年刊 『永興縣志』 권39, 인물, 義行.
41) 民國 10年刊 『漵浦縣志』 권22, 列傳, 善行.
42) 民國 19年刊 『永順縣志』 권28, 인물, 篤行.
43) 王賢輝, 『明淸洪江商帮』, 하얼빈: 黑龍江敎育出版社, 2013, pp.153~158.

홍강의 또 다른 거상 양죽추(楊竹秋)의 부친은 광서 20년(1894) 부성재(傅成
齋)와 홍강 대부두에서 항원영유호(恒源永油號)를 설립하였다. 사업은 번창
하였으나 양(楊)의 부친이 조기 사망하고 그의 모친이 사업을 계승하였다.
선통 원년(1909)에 합자 경영이 종료되었을 때 양죽추의 모친은 유능한
사람을 경리(經理)로 초빙하여 전권을 위임하고 높은 급여를 지불하였다.
이익금의 10%를 장려금으로 지급하였고 직원의 고용과 해고, 급여의 인상,
직무 분담 등 전권을 위임하고 일체 경영에 간섭하지 않았다. 이것은 서방자
본주의에서 소유와 경영의 분리와 같다.[44] 양죽추는 민국 초년 호남도독이
관직을 제의했으나 거절하고 가업을 계승하였다. '기관경상(棄官經商)'이라
부른 것이다.

상담현의 상인 구양진(歐陽辰)은 일찍이 과거시험 준비를 하다 생원시험
에 불합격하여 상업에 나섰는데 치부의 비결은 '인기기취(人棄己取)'였다.
즉 다른 사람이 버릴 때 자신이 취하는 것이었다. 앞을 내다보는 선견지명이
있었다.[45] 영순현(永順縣)의 상인 장응도(張應道)는 자금이 없었는데 어머니
가 비녀를 전당 잡혀 마련한 돈으로 소금 장사를 시작하였다. 자금이 조금
모이자 시장에 나가 병든 소와 돼지를 사서 산록에 방목하였다. 돈적(囤積)으
로 후리(厚利)를 얻었다고 하는데 보통사람과 다른 안목이 있었다고 생각된다.

자리현(慈利縣)의 상인 우효의(于孝義)의 기록을 보면 다음과 같다.

우효의(于孝義)는 선세(先世)가 금계인(金鷄人)이다. 대대로 계구시(溪口市)
에서 상업에 종사했다. 효의(孝義)가 장사를 할 때 시쾌(市儈: 물건 흥정을
붙이는 사람)가 속임수를 부리는 것을 부끄럽게 생각하였다. 이에 온갖
물건의 가격을 조사하여 적절한 값을 한도로 정하고 한도에 넘거나 모자라
면 모두 거래를 거절하였다. 이로 말미암아 사람들이 존경하고 신임하였다.
하루는 점원이 포필(布疋)을 가지고 효의(孝義)에게 말하기를 값을 조금

44) 王賢輝, 위의 책, pp.148~150.
45) 光緒 15年刊 『湘潭縣志』, 人物列傳153.

올려 팔아도 안 팔리지 않습니다. 어찌 수주(守株)만 하겠습니까 하였다.
(효의가) 답하기를 모전(母錢)이 천(千)인데 자전(子錢)이 40이며 번갈아
출입하면 이익이 진실로 많다. 지금 공급과 수요의 차이가 있어 따라서
가혹하게 벌어들이는 것은 의(義)가 아니다. 내가 스스로 한도를 정하고
스스로 무너뜨리는 것이다. '신(信)'이 아니면 안된다. 효의가 마침내 상업으
로 치부하였다.46)

이것을 보면 우효의는 최고 이윤을 추구하지 않고 적정한 이윤을 추구하고
있다. 서구 자본주의가 이윤의 극대화를 추구하는 것과는 분명한 차이가
있다. 그럼에도 우효의는 신용을 얻은 탓에 상업으로 치부하고 있다.

강서(江西) 신간현(新干縣) 출신으로 홍강(洪江)에 와서 정착한 상인 서동보
(徐東甫)는 민국 4년(1915)에 영창상포점(榮昌祥布店)을 개설했고 민국 10년
(1921)에는 서영창유호(徐榮昌油號)를 개설하였다. 서영창(徐榮昌)은 홍강(洪
江) 8대 유호(油號) 중 제2위 업체를 경영했다. 그런데 그의 경영 종지(宗旨)는
"행선제인 부득모리(行善濟人 不得牟利)"였다. 사업 목적은 자선을 베풀어
사람들을 구제하고 맹목적 이익을 탐하지 않는 것이었다.47) 서동보도 앞의
우효의와 마찬가지로 이윤 극대화보다는 사람이 우선이라는 사고방식을
가지고 있다. 이 상인정신은 민국시대 서구와 통상이 전개된 시점에도
유지되고 있다. 인간 중심의 자본주의의 원형이 여기에 있다고 생각된다.

2) 행규(行規)

선통(宣統) 3년(1911)에 편찬된『호남상사습관보고서(湖南商事習慣報告書)』
에 수록된 상업조규(商業條規)는 특허상, 통화상(商) 등 12개 분류에 271건
조규(條規)가 수록되어있다. 그중에 시기가 명시된 것은 176건인데 광서(光

---

46) 民國 12年刊『慈利縣志』권16, 인물13.
47) 王賢輝, 앞의 책, pp.162~166.

緒: 1875~1908), 선통(宣統: 1909~1911)년간의 것이 전체의 85.79%, 도광(道光: 1821~1850) 이전의 것은 7.38%에 불과하다.[48] 그중에서도 광서말년(光緒末年) 1900년대 이후가 대부분이다. 상부(商部)가 설치되고 상회(商會)가 조직된 시점에서도 이러한 행규(行規)는 호남상인들의 규범으로 작동되고 민국 이후에 영향력이 지속되었다고 생각된다. 행규(行規)는 구성원의 단결을 유지하고 공동의 이익을 추구한다는 전제하에 상법에 대신하는 규범이었다고 생각된다. 복잡한 내용은 차치하고 상인 정신과 관련된 것은 두 부분으로 설명할 수 있다.

(1) 성신(誠信)거래

광서(光緒) 17년(1891)의 조규(條規)를 보면 다음과 같다.

> 종래 조정에 법이 있어 천하가 태평을 누렸고 행점(行店)에 조규(條規)가 있어 장사에 속이는 것이 없었다. 지금 우리 장사(長沙)·선화(善化)의 양행(糧行)이 장정(章程)을 참작하여 정하는데 함께 공의(公議)를 따른다. 혹은 옛 법을 참조하고 혹은 새로운 규정을 정한다. 모두 성신통상(誠信通商)을 으뜸으로 삼고 속이지 말 것이며 강한 것을 믿고 횡포를 부려서도 안 된다. 하여금 풍속이 순박하게 하고 재원(財源)이 번성하도록 해야 할 것이다.[49]

여기서 보면 성실과 신의로 통상을 해야 한다는 것이 핵심 개념임을 알 수 있다. 비슷한 시기의 조규(條規) 하나를 더 인용해보면 다음과 같다.

> 지금 동행각호(同行各戶)가 장정(章程)을 더하여 정하고 있다. … 한결같은 덕(德)을 같은 마음으로 하여 뒤의 규정을 확대하고 종전의 고루한 습관을

---

48) 彭澤益 主編, 『中國工商行會史資料集』, 北京: 中華書局, 1995, pp.199~527.
49) 위의 책, pp.216~217, 「糧食行條規(省城)」.

청산해야 한다. 간상(奸商)이 풍속을 파괴하는 것을 용납하지 말고 이익을
쫓아서 거짓말하지 못하게 해야 한다. 처음은 있으나 끝이 없는 것을
못하게 하고 다른 사람에게 손해를 끼쳐 자기를 이롭게 하는 것을 못하게
하여야 한다. (이리하면) 상인과 민(民)이 함께 편해질 것이다.[50)]

이것을 보면 간상(奸商)이 가격이나 물건을 속이는 행위가 있었음을 알
수 있다. 그러나 호남상인의 가치 지향은 정직하고 성실한 거래 질서 확립이
었다고 생각된다. 대부분의 조규가 비슷한 내용들이 있지만 안화(安化)의
「흑다조규(黑茶條規)」, 상담(湘潭)의 「어하행조규(魚蝦行條規)」 등을 보면 공
평 교역을 강조하고 도량형을 속이면 안 된다는 내용을 게시하고 있다.[51)]
파릉(巴陵)의 「포업조규(布業條規)」에는 다음과 같은 내용이 있다.

포업(布業)상점들은 반드시 공평교역을 해야 하고 훔치거나 빼앗아서는
안 된다. … 포백(布帛)은 모두 악주(岳州)의 토산품인데 한결같이 공적으로
합의된 정척(正尺)을 사용하여 어린애와 노인이라도 속여서는 안 된다.
(이리하여) 고객을 광범위하게 불러모아야 한다.[52)]

공평교역을 하여야 하고 도량형을 합의된 정품으로 사용해서 '동수무기
(童叟無欺)' 즉 어린애와 노인이라도 속여서는 안 된다는 것이다. 이렇게
성실 거래를 하는 것이 궁극적으로 많은 고객을 유치할 수 있다는 인식이
반영되어 있다. 무릉(武陵)의 「향점조규(香店條規)」를 보면 상덕부(常德府)는
8성(省)으로 통하는 교통 요지이고 중외(中外)의 교역이 활발하다는 것과
당시 재료비, 인건비 등이 몇 배로 올라 장정(章程)을 새로 정했다고 되어
있다. 사상(士商)들이 이를 기준으로 하고 '성신불기(誠信不欺)' 해야 한다는

---

50) 위의 책, p.233, 「錢店公議條規(省城)」.
51) 『湖南商事習慣報告書』彭澤益, 앞의 책, pp.203~204, p.225.
52) 위의 책, p.265.

것을 강조하고 있다. 상품의 품질을 유지하고 질 나쁜 것을 섞어 팔아
부당 이익을 노려서 안 된다는 것도 명시하고 있다.[53]

장사(長沙)의 「장선감주분관동행공의조규(長善酤酒粉館同行公議條規)」를
보면 행규를 영원히 준수해야 한다는 말 뒤에 「서기공평교역즉생재유도의
(庶幾交易公平則生財有道矣)」라는 문구가 있다.[54] '바라건대 공평한 교역을
한다면 생재(生財)에 도(道)가 있을 것이다'라는데 즉 장사를 하는 상도(商道)
가 있다는 것이고 이것이 상인정신이라 할 것이다. 장사의 「야방가목(冶坊價
目)」에는 '성실무기객상(誠實無欺客商)'이라 하여 객상을 속이지 말고 성실
거래를 해야 한다는 것을 강조하고 있다.[55] 신화(新化)의 「매탄행조규(煤炭行
條規)」에도 공평한 교역을 강조하고 있다.[56] 파릉(巴陵)의 「미업조규(米業條
規)」에도 속임수로 부당한 이익을 도모해서는 안 되고 공정거래를 하여
'신수(信守)', 즉 신용을 지킨다는 것을 분명하게 밝혀야 한다고 적시하고
있다.[57]

무강(武岡)의 「칠점조규(漆店條規)」를 보면 다음과 같은 기록이 있다.

매매를 할 때는 반드시 공평하게 하여야 하고 마땅히 상품은 진품이고
가격도 성실하도록 힘써야 한다. 자기를 이롭게 하려고 타인에게 손해를
끼쳐서는 안 된다.[58]

이 조규는 광서 32년(1906) 12월 15일 제정된 것이다. 물건의 품질이나
가격을 속여서는 안 되고 반드시 성실하고 공평한 교역을 해야 된다는
것을 강조하고 있다.

---

53) 위의 책, p.312.
54) 위의 책, pp.419~421.
55) 위의 책, pp.466~468.
56) 위의 책, p.471.
57) 위의 책, p.478.
58) 위의 책, pp.482~483.

익양의 「우피방조규(牛皮坊條規)」를 보면 다음과 같은 기록이 있다.

이에 동행(同行)들은 두 번 세 번 확실하게 의논하였다. … 무릇 왕래하며 교역하는 것은 공의(公議)에 따라서 도량형은 표준형을 사용하여야 하고 팔 때는 가벼운 것을 쓰고 살 때는 무거운 것을 사용하여 객상(客商)을 속여서는 안 된다. 외관상 명령을 받드는 것처럼 하고 몰래 어겨서 스스로 해쳐서는 안 된다. 바라건대 행규를 함께 잘 지켜서 무역이 번창하기를 바란다.59)

위 내용을 보면 정직하고 성실한 거래, 즉 공평교역을 했을 때 무역이 번창할 수 있다는 인식이 있다. 간상(奸商)들이 객상(客商)을 속이면 그것이 궁극적으로 스스로를 해치는 자해(自害) 행위가 된다는 것도 알고 있다.

휘주상인과 일본 오오미(近江) 상인의 상인정신을 비교한 연구에서도 공통된 미덕으로 성실과 신용이 지적되고 있다.60) 휘주상인뿐 아니라 진상(晋商)과 온주상(溫州商), 심지어 한국의 개성상인들까지 신의·성실은 기본적인 미덕이었다.61) 거래의 성실, 신용 등은 광동상인이나 산동상인의 경우에도 마찬가지였다.62) 신뢰가 없으면 교환 자체가 불가능하고 윤리는 경제 행위 자체를 성립시키는 필수 요소라는 주장은 당연한 말이다.63) 성신(誠信)은 유가(儒家)에서 위인처세(爲人處世)의 기본 도덕 표준이고 각 상방(商幫)은 유가 경전을 중시하여 후대 교육을 해왔다는 지적도 있다.64)

59) 위의 책, p.502.
60) 臼井佐知子, 「휘주상인의 경영형태와 상업윤리」 『중국전통상인과 근현대적 전개』, 서울: 한국학술정보, 2010.
61) 樊笛, 沈義雙, 「晋商溫州商及松商的比較硏究」 『韓中社會科學硏究』 제5권 2호, 2007.
62) 劉季佟, 「一個外國人眼中的嶺南商業文化精神」 『民俗風情』, 2013年 4期; 楊秉强, 「齊魯文化與中國商人精神」 『山東商業職業技術學院學報』 12-5, 2012, 10), 胡廣洲, (『明淸山東商賈精神硏究』, 2007.10, 山東大學博士學位論文.
63) 홍성화, 「明代후기 客商의 倫理의식」 『중국전통상인과 근현대적 전개』, 서울: 한국학술정보, 2010.

그럼에도 불구하고 현실에서는 눈앞의 이익이나 더 큰 이익을 위하여 물건의 품질이나 가격을 속이는 간상(奸商)이 존재했던 것도 사실이다. 많은 행규(行規)가 이런 행위를 금지하고 있던 것이 그것의 반증이다. 사례로 제시하지 않은 행규의 경우에도 기본적으로 상거래 질서를 확립하는 규범적 성격이었기 때문에 대부분 공평교역과 성실 거래를 강조하고 있다. 적어도 호남상인들의 기본적 가치지향은 '성신(誠信)'거래였다고 보아야 할 것이다.

(2) 제사·신앙

휘주상인을 연구한 우스이 사치코(臼井佐知子)는 일본의 상업경영에서는 정토진종(淨土眞宗)의 영향을 받아서 상업적 성공은 자신의 노력 외에 타자와 종교적인 존재의 힘에 있다고 하는 사고방식이 있다. 반면 중국에서는 '이의생리(以義生利)'즉 의(義)로써 이(利)를 추구한다는 사고방식이 일반적인데 여기에 타자의 덕택이라는 사고방식은 찾기 어렵다고 보고 있다.[65] 관공(關公)신앙에 대한 논고 가운데 소개된 한구(漢口)의 산섬(山陝)회관 대련(對聯)에는 '돈을 벌고 그 흐름을 조절하는 것은 모두 주재자(관우)의 신공(神功)에 의해 결정되는 것이므로 잘 따라야 한다. 높은 자리에 오르거나 많은 돈을 버는 것은 덕을 가진 자의 향내가 널리 퍼지는 것이다.'로 되어 있다.[66] 이것을 보면 중국 상인의 경우에도 상업적 성공이 개인의 노력의 결과만이 아니라 재물신의 덕분이라는 사고방식이 확인된다.

호남상인의 경우에도 재물신(財物神)에 대한 숭배뿐 아니라 많은 행업신(行業神)을 섬기고 있는 것이 확인된다. 〈표 2〉와 〈표 3〉은 호남상인이 제사를 지내는 재물신과 행업신에 대한 내용을 정리한 것이다.

---

64) 梁小民, 『走馬看商幫』, 上海書店, 2012, p.154.
65) 臼井佐知子, 앞의 논문; 『徽州商人の硏究』, 東京: 汲古書院, 2005, pp.153~163.
66) 李和承, 「關公신앙과 산섬상인의 발전」 『중국상업관행의 근현대적 전개』, 서울: 한국학술정보, 2011.

〈표 2〉 호남상인의 재신(財神)

行規	제사대상	시기
西貨氈毯扇業條規(省城)	財神	탄신일
盆花簪店條規(省城)	財神	3月15日, 탄신축일
占翠條規(省城)	文武財神, 炎帝	탄신일,中元백중제사
眼鏡店條規(省城)	財神, 女媧	3月15日, 8月10日
古玩玉器店條規(省城)	財神	탄신일
烟店條規(安化)	財神	탄신일
戒烟店條規(省城)	財神, 藥王	
錫店條規(省城)	財神, 師祖	3月15日, 2月15日
炭圓店條規(省城)	財神	3月15日
碓坊條規(省城)	財神, 雷祖, 神農	탄신일
菜園條規(省城)	城隍福王趙公元帥	탄신일
芽菜條規(省城)	財神	3月15日
鷄鴨燒臘條規(省城)	財神, 雷祖, 城隍列神	3月, 5月, 6月 탄신일
伙店條規(客棧·武岡)	財神	

出處: 『湖南商書習慣報告書』「行規」

〈표 3〉 호남상인의 행업신(行業神)

제사대상	시기	해당 條規
雷祖	6月 24日	南貨店條規(武岡), 裱店條規(省城)
		紙盒店條規(省城), 飯店條規(省城)
		長善飯店客師公議條規(省城), 茶館條規(省城)
		碓坊(省城), 糖坊(省城), 糧食槽坊(武岡)
		芽菜(省城), 鷄鴨燒臘(省城)
太上老君	10月 15日	白鐵帮(省城), 銅業筆筒(省城)
天師老君	3月 18日	漆店(益陽)
天師	5月 20日	漆鋪(省城)
老君	2月 15日	包金擔公義(省城), 銅貨店(武陵), 洋鐵手藝(武岡)
魯班	5月 7日	木行(省城), 鋸行(省城)
杜康	8月 18日	米業(巴陵), 糧食槽坊(武岡), 槽坊(益陽)
杜康仙娘	12月 26日	糖坊(省城)
后稷	3月 18日	米業(巴陵)
祝融		編爆店(省城), 烟匠(晉陵), 紙燭店(邵陽)
文昌帝君	2月 3日	刻子店(省城)
伏羲聖帝	8月 25日	棕繩條規(省城)
諸葛武侯	7月 23日	紙札店(省城)
軒轅皇帝	9月 16日	成衣店(邵陽), 成衣店(新寧)
炎帝	7月 15日	点翠(省城)
梅葛	9月 9日	染坊(安化)
藥王		戒烟店(省城)

城隍列神	6月	菜園條規(省城), 鷄鴨燒臘條規(省城)
女媧	8月 10日	眼鏡店條規(省城)

出處: 『湖南商書習慣報告書』「行規」

장사의 「점취조규(占翠條規)」에 보면 문무재신(文武財神)에 대한 제사와 염제(炎帝)에 대한 제사, 그리고 중원(中元: 백중, 7월 15일) 제사들을 규정하고 있다.[67] 제사가 행업(行業) 구성원의 단결을 유지하기 위한 형식적인 의식화(儀式化)한 측면도 없지 않다.

그러나 익양(益陽)의 「연장조규(烟匠條規)」를 보면 후한 덕(德)과 은혜를 입어 사업이 번창한다는 내용이 있다.[68] 장사(長沙)의 「동업필통조규(銅業筆筒條規)」의 기록에 다음과 같은 것이 있다.

삼가 우리 동업(銅業)의 유래는 고전을 살펴 보건대 태상노군(太上老君)이 창시한 것이다. 고금(古今)세월을 겪으면서 앞에서 전하고 뒤에서 헤아리는 것은 선사(先師)의 도덕을 잊지 않는 것이다. 이에 동행인(同行人) 등을 모아 각기 은원(銀元)을 기부하게 한다. 조사(祖師) 탄신일을 맞으면 치년(值年)과 함께 정성을 다해 의관(衣冠)을 정제하고 표(表)를 올려 신(神)을 공경한다. 이로서 선사(先師)의 도(道)를 천명하는 것이다.[69]

여기서 보면 행업(行業)의 창시조인 태상노군(太上老君)에게 제사 지내는 것은 신(神)에 대한 공경과 감사로 생각된다. 일반적으로 재물신이나 행업신(行業神)에 대한 제사는 재물운이나 사업운이 번창하기를 기원하는 것임에 틀림없다.

장사의 「당방조규(糖坊條規)」에 다음과 같은 기록이 있다.

---

67) 彭澤益, 앞의 책, p.391.
68) 彭澤益, 위의 책, pp.434~435.
69) 위의 책, p.461.

매년 6월 24일에 뇌조(雷祖)성탄을 삼가 받든다. 치년인(値年人: 당해년 담당자) 등이 기일에 앞서 제사에 필요한 각종 물품을 준비하고 무릇 우리 동인(同人)들은 기일에 맞춰 목욕재계하고 향(香)에 불을 붙이고 표(表)를 올린다. 이로써 정성과 공경을 밝히니 <u>복(福)이 돌아가는 곳이 있을 것이다.</u>

매년 12월 26일 두강선랑(杜康仙郎)의 서탄(瑞誕)을 만나서 치년인(値年人) 등이 정성을 다해 제사를 올린다. 스스로 <u>신령(神靈)이 비호함이 있을 것이고 복(福)을 얻는 것이 무궁할 것이다.</u>[70]

이것을 보면 제사의 목적이 신(神)의 비호와 복(福)의 획득이라는 것이 분명하다. 또 장사(長沙)의 「서화전담선업조규(西貨氈毯扇業條規)」에 다음과 같은 기록도 있다.

광서 21년(1895) 장사현 금수도(錦綉都) 2갑(甲) 4구(區)에 민전(民田) 3석(石)을 설치하고 책명(冊名)은 '적복성경(積福成慶)'이라 한다. 공동의 사산(社産)으로 하여 영원히 팔지 못하게 하고 매년 신(神)의 탄신을 맞아 소작료 곡식을 비용으로 쓰게 한다.[71]

이 기사의 앞부분에 재물신에 대한 제사를 거론하고 있다. 즉 재물신에 대한 제사가 복을 쌓아서 경사(慶事)를 이룰 것이라는 기대가 깔려 있다. 무강(武岡)의 「남화점조규(南貨店條規)」에 보면 뇌조(雷祖)와 오곡신(五穀神)에 제사 지낼 때 아낌없이 주머니를 털어 성대한 의식을 올리는 것은 상무(商務)를 위한 것이 아닌 게 없다고 되어 있다.[72] 즉 상업의 번창을 기원하는

---

70) 위의 책, p.481.
71) 위의 책, p.272.
72) 위의 책, p.246.

것이다.

소양(邵陽)의 「지촉점조규(紙燭店條規)」를 보면 행업신인 축융(祝融)에게 제사지내는 모임의 명칭을 '복우사(福佑祀)'라고 하고 있다.[73]

장사의 「채원조규(菜園條規)」와 「아채조규(芽菜條規)」를 보면 매년 성황복왕(城隍福王)과 조공원수(趙公元帥)의 성탄 시기를 맞아 제사를 지내고 연극 상연으로 경축한다는 내용이 나와 있다. 「계압소랍조규(鷄鴨燒臘條規)」에는 3월, 5월, 6월에 걸쳐 재신(財神) 뇌조(雷祖) 성황열신(城隍列神) 탄신일에 제사를 지내는 것이 나오고 있다.[74]

관우(關羽)는 청대(淸代)에 관성대제(關聖大帝)로 추존되었고 각지에 관제묘(關帝廟)가 조성되었다. 무재신(武財臣)으로 숭배되었는데 산섬상인뿐 아니라 전국적으로 광범위하게 확산되었다고 한다. 유교, 불교, 도교에서도 각기 관우를 추앙하였다.[75] 그런데 호남에서는 특이하게 관우신앙이 확산되지 못한 것 같다. 「채원조규(菜園條規)」에 조공(趙公)원수라고 분명히 밝히고 있는 것 외에 〈표 2〉의 호남 재신(財神)을 보면 탄신일이 모두 3월 15일로 되어 있다. 관우의 탄신일은 5월 13일이기 때문에 〈표 2〉의 재신은 조공명(趙公明)이 분명하다. 행업신으로서 광범위한 분야의 신이기도 한 관우는 〈표 3〉에서도 보이지 않는다. 뇌조(雷祖)가 11개 행업(行業)의 신(神)으로서 가장 광범위한 영향력을 보이고 있다. 아무튼 재신과 행업신에 대한 제사의 목적은 재물운과 사업의 번창을 기원하는 것이다. 호남상인 역시 사업상 성공이 개인의 노력만으로 이루어지는 것이 아니라 타자의 도움이나 신(神)의 축복이 필요하다고 생각했던 것이다.

각지에서 광범위하게 재신으로 숭배된 관우가 호남에서는 그러지 못했던 이유는 무엇일까. 여기에 대한 정확한 고증은 없다. 다만 추측해 볼 수 있는 것은 삼국시대 호남은 오(吳)나라의 강역이었고 관우가 속한 촉(蜀)과는

---

73) 위의 책, p.314.
74) 위의 책, pp.493~495, pp.504~506.
75) 이화승, 앞의 논문.

접전지역이었다. 동정호변 악양루 곁에는 오나라 대도독이었던 주유의
부인이며 절세미인인 소교(小喬)의 무덤이 있다. 거슬러 올라가면 한고조
유방과 천하를 다투었던 초패왕 항우의 거점이기도 하다. 이런 것이 혹
관우를 회피한 이유일지도 모른다. 이 점 추후 연구가 필요하다.

3) 상호(商號)·대련(對聯)

상업에 종사하는 상인이 상호(商號)를 작명할 때는 나름의 고민 끝에
선택을 할 것이다. 타인이 작명해 주는 경우도 마찬가지일 것이다. 1930년대
호남성의 각종 상호 1,635건을 분석하여 가치지향적인 것을 빈도수로 조사
하였다.[76] 이것을 인근의 호북과 사천, 귀주 일대의 경우와 함께 제시한
것이 〈표 4〉이다. 유교적인 덕목(德目)인 화(和), 신(信), 의(義), 겸(謙), 인(仁),
덕(德)이 포함된 상호가 252건으로 전체의 15.41%이다. 이것은 호북이나
사천 서부, 사천 동부, 귀주(貴州)와도 거의 비슷한 비율이다. 호남의 경우
풍(豊), 유(裕), 안(安), 길(吉), 경(慶), 리(利), 복(福) 등 풍요와 경사를 바라는
의미의 상호가 219건이었다. 또 현대적인 신식 상호가 111건이었다. 나머지
는 인명(人名)을 사용한 것과 기타였다. 장사(長沙)만을 보면 인명을 사용한
상호는 전체의 약 31%정도였다.

〈표 4〉를 보면 '화(和)'와 '겸(謙)'의 상호가 다른 여러 지역에 비해 호남이
1위인 부분이다. '인(仁)'과 '덕(德)'이 포함된 상호도 호남이 각각 2위로서
타 지역에 비해 빈도수 높은 부분이다. '신(信)'과 '의(義)' 부분은 타 지역보다
호남이 낮은 편이지만 편차는 크지 않다.

'화(和)', '신(信)', '의(義)', '겸(謙)', '인(仁)', '덕(德)'의 가치가 모두 유교
사상의 덕목이라는 점에서 인근 각 성(省)의 상인들과 공통적인 측면이
강하다. 진상(晋商)이나 휘상(徽商)들의 상인정신에서도 그들이 유상(儒商)

---

76) 交通部編, 『中國通郵地方物産誌』, 1935年刊, 華世出版社, 1988年再刊, pp.21~40.

〈표 4〉 행호(行號)의 가치관련 상호

	호남		호북		사천·西川		사천·東川		貴州	
	빈도	비율	빈도	비율	빈도	비율	빈도	비율	빈도	비율
和	135	8.26	169	7.51	83	5.09	148	6.15	68	7.91
信	11	0.67	19	0.84	14	0.86	27	1.12	7	0.81
義	38	2.32	77	3.42	65	3.99	91	3.78	27	3.14
謙	14	0.86	6	0.27	7	0.43	8	0.33	2	0.23
仁	25	1.53	21	0.93	20	1.23	21	0.87	14	1.63
德	63	3.85	56	2.49	62	3.80	100	4.16	29	3.37
소계	252	15.41	348	15.46	251	15.39	395	16.42	147	17.09
行號총계	1635		2251		1631		2405		860	

이라는 점에서 공통점을 많이 보이는 것과 다르지 않다.

'화(和)'의 상호는 인화상(仁和常), 인화순(仁和順), 인화창(仁和昌), 덕인화(德仁和), 동의화(同義和), 의화상(義和祥) 등 다양한 상호가 있다. 그중에 빈도수 가장 높은 것은 의화(義和)로서 총 9회, 인화(仁和)가 8회로 다음이다. 인화(人和)도 2회 등장한다. 인화(仁和)나 인화(人和)는 미맥잡량(米麥雜糧)이라는 양곡상인인 경우가 더러 있지만 꼭 업종에 한정되어 사용되지는 않고 있다.

'신(信)'의 경우는 신기(信記), 소신(昭信), 신의창(信義昌), 민신창(民信昌), 신의륭((信義隆) 등 다양한 표시가 있다. 신의(信義)가 포함된 것이 총 9회, 신기(信記)가 2회, 신창(信昌)이 2회 등인데 특정 업종과의 연관성은 한정하기 어렵다. '의(義)'에 대해서 보면 인의(仁義)가 3회, 의창(義昌)이 5회, 의풍(義豐)이 3회, 의흥(義興)이 2회 등 다양하게 나타난다.

'겸(謙)'에 대해서 보면 겸태(謙泰), 겸화(謙和), 겸익상(謙益祥), 겸길리(謙吉利) 등 다양한 명칭이 있다. 그중에 겸태(謙泰) 5회, 겸익(謙益) 5회, 겸화(謙和) 3회, 겸길리(謙吉利) 1회, 겸기(謙記) 1회이다.

'인(仁)'의 경우 전술한 인화(仁和)가 다수이고 그 외 인기(仁記), 인창(仁昌) 등 다양한 표시가 있다. 인의(仁義)가 포함된 것이 3회 등장한다.

'덕(德)'의 경우는 덕기(德記)가 12회로 가장 많다. 그 외 덕화(德和) 4회, 덕흥(德興) 4회, 덕대(德大) 7회, 덕후(德厚) 4회 등장한다.

상호 중에 인명을 사용하거나 단순하게 사업 번창이나 풍요를 바라는 것은 별다른 가치 지향성은 보이지 않는다. 전체 상호의 16%에 못 미치는 정도이지만 화(和), 신(信), 의(義), 겸(謙), 인(仁), 덕(德)은 유교사상의 주요 덕목이다. 1930년대 전반의 시점에서 상인정신은 유교사상에 토대를 두고 있다고 해도 과언이 아닐 것이다. 종전에 과거에 실패한 사대부가 유학을 버리고 상업에 종사한다는 '기유경상(棄儒經商)'의 풍조가 있었지만 1905년 과거제 폐지 이후는 불가피하게 사인(士人) 계급의 상공업 참여가 조류가 되었다. 무술변법 시기에 상학당(商學堂)의 상(商)이 이름은 상이지만 실은 사(士)였다는 지적이 있는 것에 보듯이 신상(紳商)의 대두가 뚜렷했다. 1930년대 전반이면 중국에도 자본주의화가 진행되던 시기이다. 이때 호남의 상인들은 가치지향을 여전히 유교적 덕목에 두고 있었던 것을 상호 분석을 통해 추정할 수 있다.

근대 상인정신을 '경세제민(經世濟民)'의 토대 위에 '인(仁)'의 정신으로 화상(華商)끼리 단결한다는 것으로 해석하는 주장도 있다.[77] 또 진상(晋商)의 상인정신으로 '화협(和協)', '화기생재(和氣生財)'를 지적하기도 한다.[78] 휘주 상인의 연구에서도 '이성대인(以誠待人)', '이신접물(以信接物)'과 함께, '인(仁)'과 '인화(仁和)'의 중시가 있었던 것을 확인할 수 있다.[79] 1930년대 서구적 영향을 받고 서구 윤리를 도입했던 중국의 현대적 은행 지도자들도 직원교육에서 유교적 가치인 '신(信)'과 '예(禮)', '의(義)', '인(仁)'을 강조했다.[80]

청말민국기 동안 호남의 양대 상업 거점의 하나였던 홍강(洪江)에는 과거의 상점 건물과 거리 등이 그대로 보존되어 있어 중국 제일의 고상성(古商城)이라는 칭호를 받고 있다. 이들 상점과 거리에 쓰여진 대련(對聯)으로 호남의 상인정신을 탐색한 연구가 있다.[81] 홍강상방(洪江商帮) 중 하나인 진영신상

77) 施祖軍, 「中國近代商業倫理精神的形成與發展」 『湖南社會科學』, 2003.5.
78) 吳慧, 앞의 논문.
79) 臼井佐知子, 앞의 책, pp.152~163.
80) Andrea·McElderry, *Confucian Capitalism, Corporate Values in Republican Banking, Modern China Vol.12*, NO.3, 1986.

행(陳榮信商行)의 대문 왼편 담 위에 양주팔괴(揚州8怪)의 하나인 정판교(鄭板橋)가 쓴 '끽휴시복(喫虧是福)'이란 글자가 있다. 밑에 쓰인 제기(題記)는 '만자손지기(滿者損之機) 휴자영지점(虧者盈之漸) 손우기즉이우피(損于己則利于彼) 외득인정지평(外得人情之平) 내득아심지안(內得我心之安) 기평차안(旣平且安) 복즉시의(福卽是矣)'가 써져 있다. 풀이하면 '가득찬 것은 줄어들 시기이고 부족한 것은 차기 시작하는 조짐이다. 자기에게 손해가 되면 다른 사람에게 이익이 된다. 밖으로는 사람들의 좋은 평판을 얻고 안으로는 내 마음이 편안하다. 이미 평판도 얻고, 마음도 편안하면 복이 곧 이것이다.'로 해석된다. 자기에게 손해가 되고 타인에게 이익이 되는 것은 완전히 나쁜 일은 아니다. 실패를 하면 지혜가 늘어난다. 정직하게 성신(誠信)으로 장사를 하면 손해 보더라도 다른 상인이나 고객에게 신망을 얻게 된다. 이것이 토대가 되어 나중에 성공하게 된다. 이런 사례는 앞서 인물 열전에서도 검토한 바 있다.

또 홍강고성(洪江古城)의 경원풍유호(慶元豊油號)의 문설주 위에 '이인위미(里仁爲美)'라는 글씨가 씌어 있다. 인덕(仁德) 있는 사람을 이웃으로 선택해야 된다는 말이다. 청 말에 이성(李姓) 상인이 장사가 잘 안되어 자신의 집 한 채를 유성(劉姓) 상인에게 팔았다. 유성(劉姓) 상인이 집 정돈 시 땅 밑에 금덩어리가 든 궤짝을 발견하였다. 유(劉)씨는 집을 산 것이지 금을 산 것은 아니라고 하여 금덩어리를 원 주인에게 돌려주려 하였으나 이성(李姓) 상인은 집에 부속된 것이니 당신 것이라 하여 받지 않았다. 관청에 판결을 구해도 안 되니 누가 교량, 도로 수리에 그 돈을 쓰자고 하여 그렇게 되었다. 파총(把總: 현지 지방무관)이 두 사람의 미덕을 칭찬하는 뜻으로 '이인위미(里人爲美)'라는 현판을 하사하였다. 이 두 사람은 신망이 크게 높아져 이에 따라 사업이 날로 번창하였다. 홍강(洪江)상인이 불의한 재물을 취하지 않고 양심에 어긋난 일을 하지 않는다는 상인정신을 보여주고 있다.[82]

---

81) 王賢輝, 앞의 책, pp.137~207.
82) 위의 책, pp.197~198.

홍강의 서영창유호(徐榮昌油號)에서 일했고 후에 신창유호(新昌油號)를 설립했던 정질생(鄭瓞生)은 민국 31년(1945)에 사망하였다. 상업계에서 존경 받던 상인이었던 그의 장례식에서 친지들이 쓴 애도의 대련(對聯) 중에 이런 것이 있다.[83] '사기이인(舍己利人) 상장감칭진군자(商場堪稱眞君子) 급공호의(急公好義) 향리쟁송노선생(鄕里爭頌老先生)'인데 풀이하면 '자기를 버리고 다른 사람을 이롭게 하였으니 상업계에서 참된 군자라 칭한다. 공적인 일에 앞장서고 의로운 일을 좋아하였으니 향리에서 노선생(老先生)이라 앞 다투어 칭송하네.'로 해석된다. 앞서의 '끽휴시복(喫虧是福)'이란 의미와 상통한다. 앞서 행규(行規) 등에서도 '손인이기(損人利己)'하면 안 된다고 하였으니 호남의 공통된 상인정신이었다고 생각된다.

또 홍강 원래의 파총서(把總署) 건물에 쓰인 6구문(句文)이 있다. 그것은 '대천물기(對天勿欺), 망담피단(罔談彼短), 무긍기기(毋矜己奇), 대인이서(待人以恕), 불거불비(不倨不卑), 거인유의(居仁由義)'이다.[84] 원래 관료의 자세를 지칭한 것으로 '위관지도(爲官之道)'라 불렸다. 그런데 홍강의 저명 상인 서영창(徐榮昌)이 건물을 매입하여 상업용으로 쓰면서 이 글귀는 홍강상인들의 상도(商道)가 되었다. 마지막의 '거인유의(居仁由義)'는 안으로는 인애(仁愛)의 마음을 품고 일을 행할 때는 의리(義理)를 따른다는 것이다. 첫 구는 하늘을 속이지 말라는 말이니 타인을 속이면 하늘은 반드시 안다는 뜻이다. 정직하고 성실한 마음가짐이 상인정신으로 확립되었다고 생각된다.

2. 호상(湖湘)정신

호남상인의 상인정신은 호남인의 고유한 기상이나 정신세계로부터 완전히 분리될 수는 없다. 오랫동안의 역사문화적 전통 속에서 형성된 기질과

---

83) 위의 책, pp.142~145.
84) 위의 책, pp.203~204.

특성이 상인정신에도 용해되어 있을 것이다.

현대 호남의 상인, 기업가에 대한 연구를 통해 상상(湘商)은 호상(湖湘)인 문정신의 계승자이고 상상(湘商)이 갖고 있는 상도(商道)는 수천년래 내려온 호상(湖湘)인문정신이라는 주장이 있다.[85] 『상상(湘商)선언』 중 호상(湖湘) 문화의 우량 전통 귀결은 '심우천하(心憂天下), 감위인선(敢爲人先), 경세치용 (經世致用), 겸용병축(兼容幷蓄), 실사구시(實事求是)'의 다섯 개 방면이고, 이에 기초한 현대 상상(湘商)정신은 '책임, 창신(創新), 무실(務實), 화해(和諧), 성신(誠信)'이라고 천명하고 있다. '상이재도(商以載道)'이고 여기서 도(道)는 인도(人道)라는 것이다.

호상(湖湘)문화의 기원은 고대 초(楚)나라 굴원(屈原)에까지 소급하는 경 우도 있으나 대체로 북송(北宋) 때 주돈이(周敦頤)에서 비롯되어 명말청초의 왕부지(王夫之)를 거쳐 근대 호상학(湖湘學)은 위원(魏源)에게서 완성되었다 고 한다.[86] 논자에 따라서 호남인의 정신으로서 '패만(霸蠻)정신'을 특징으로 잡기도 하고 근대 호상사인(湖湘士人)의 정신은 '여시구진(與時俱進)'이며 이것은 위원(魏源)의 주장 '오랑캐의 좋은 기술을 배워서 오랑캐를 제압한다.' 는 내용으로 파악하고 있다.[87]

본 장은 현대 호남 기업가의 연구 분석을 의도하지 않고 있다. 청말민국기 에 한정하여 호남상인의 상인정신을 파악하는 것이 주안점이다. 그리고 엄격히 당시의 상인들 관련 기록에 입각하여 추적 가능한 소론을 전개해야 하기 때문에 다음의 세 가지 부분만을 이야기할 수 있다.

1) 제민이물(濟民利物)

『해국도지(海國圖志)』의 저자로 유명한 위원(魏源)은 호남 소양현(邵陽縣)

---

85) 唐金龍, 『天下湘商』, 北京: 知識産權出版社, 2011, pp.66~68.

86) 蔡棟, 『湖湘文化訪讀』, 長沙: 湖南人民出版社, 2005, pp.3~9.

87) 위의 책, pp.32~40, "師夷之長技制夷".

출신이다. 근대 호상학(湖湘學)을 완성한 사람이라는 평가도 받고 있다.
그의 학문에 대한 개괄을 보면 다음과 같다.

> 선생의 학(學)을 말하면 치용(致用)을 숭상하고 금문(今文)을 숭상하였다.
> '치(治)'를 말하면 변법을 숭상하고 옛것에 집착하는 것이 아니었다. 또
> 그 학(學)은 곧 '치(治)'를 말하는 것이다. 그 '치(治)'를 말하는 것은 곧
> '이민(利民)'을 하는 것이다. '경세이민(經世利民)'으로서 주로 하였으니 이것
> 은 선생의 뜻이다.[88]

이 내용을 보면 '경세치용(經世致用)', '경세제민(經世濟民)', '경세이민(經世
利民)'이 거의 같은 개념임을 알 수 있다.

호남 봉황(鳳凰) 출신으로서 청말민국기에 학자, 관료, 정치가로서 맹활약
하였던 웅희령(熊希齡)은 호남의 대표적 근대 애국 신상(紳商)이라 할 수
있다. 만년에 학교 설립, 난민 구제 등 자선사업에 주력하였는데 그의
사망 후 호적(胡適)이 평한 글에 '시우종정(始于從政) 종우종선(終于從善) 겸제
천하위기임(兼濟天下爲己任)'이라 하였다.[89] 이 역시 통하는 의미는 전자와
다르지 않다.

여성현(汝城縣)의 상인 하건중(何建中)은 집에 있을 때 항상 '제인이물위념
(濟人利物爲念)'하여 돈을 빌려갔다가 갚기 어려운 사람이 있으면 곧 채권
문서를 불태워 버렸다.[90] 사람을 구제하고 만물을 이롭게 하는 것을 항상
염두에 두었다고 하니 '경세제민(經世濟民)'사상이 상인의 열전에 직접 나타
나고 있다.

예릉현의 상인 정명보(丁明甫)의 기록을 보면 다음과 같다.

---

88) 『魏源全集』20冊, p.721, 「魏源與晚淸學風」.
89) 王開林, 『百年湖南人』, 南京: 江蘇文藝出版社, 2013, pp.225~227.
90) 民國 21年刊 『汝城縣志』 권24, 인물지, 善行.

… 유교의 바른 의리를 지키는 데 열심이었다. 광서갑진(光緖甲辰: 1904)
이래 세상의 변화를 두렵게 보았으나 의연하게 도(道)를 지키고 풍속을
바로잡았고 제민이물(濟民利物)로서 자임(自任)하였다.[91]

그는 선원(善園)을 만들어 빈자(貧者)에게 약과 양식을 배급하였고 의학(義
學)도 설치하였다. 고아원도 설립하였고 후에 적십자 활동에도 가담하였다.
'제민이물(濟民利物)'로서 자임(自任)하였다는 표현 역시 '경세제민(經世濟民)'
이나 '천하위기임(天下爲己任)'의 의미와 같다고 여겨진다.

같은 예릉현의 근대 신상(紳商)이라 할 수 있는 이수남(李秀枏)에 대한
기록을 검토해보면 다음과 같다.

혁명 후에 영화를 버리고 은거하는 것을 선(善)으로 여겼고 독서를 즐거움으
로 삼았다. 변란이 연거푸 일어나서 향곡(鄕曲)의 소민(小民)들이 도탄에
빠졌는데 능히 스스로 해결할 수 없었다. 수남(秀枏)은 고아와 과부를
돌보는 데 힘쓰고 사창(社倉)을 충실하게 하고 공업을 일으키고 의학(義學)
을 설치하였다. 도로를 수축하고 곡식가격을 내려 팔아 가난한 사람들을
구하였다.(감조제빈: 減糶濟貧)[92]

이것을 보면 수남(秀枏)이 베푼 공익 자선사업의 성격 역시 '제민이물(濟民
利物)'정신이다. '제빈(濟貧)'은 '제민(濟民)', '제인(濟人)'과 동의어이다.

민국시대 장사총상회의 관련 기록에도 이와 비슷한 표현이 있다.

우리 호남의 신상들은 '이물제인(利物濟人)'하는 것이 오랫동안 우리 고향이
맡긴 바의 사명이다.[93]

---

91) 民國 37年刊 『醴陵縣志』 권3, 인물지, 인물전7.
92) 民國 37年刊 『醴陵縣志』 권3, 인물지, 인물전7.
93) 『長沙大公報』 1919年 1月 19日, "吾湘巨紳利物濟人久爲桑梓所托命".

민국시기 장사총상회에서 빈민구제를 위하여 곡식을 구매해온 뒤 값을 내려 판매하는 '평조(平糶)'를 촉구하며 나온 말 가운데 '이물제인(利物濟人)'이라는 표현이 직접 등장한다.

1922년에도 호남상인들이 안화(安化), 신화(新化), 보경(寶慶), 상향(湘鄉) 등지에서 밀려든 기민(饑民)들을 위해 신상(紳商)회의를 소집하고 임시 구호대를 조직했던 일이 있다. 이때 상인들이 기민 구제를 하는 일은 호남 상업계가 대의(大義)를 분명히 밝히는 일이라 했다.[94]

1925년에도 상회(商會)가 빈민구제를 위해 자금을 마련하고 '평조(平糶)'를 행하고 있는데 이때도 토론 결과 일치된 주장으로 '이런 자선사업은 우리 상인이 감당해야 할 의무이다. 비단 상업계의 치안을 보전할 뿐 아니라 기민(饑民)의 생명을 구할 수 있다.'고 하고 있다.[95] 자선이 의무라는 것은 '제민이물(濟民利物)'을 자임한다는 것과 동일한 의미로 생각된다. 구체적 사료에 입각한 상인들의 행적에서 '경세치용(經世致用)', '천하위기임(天下爲己任)'의 정신을 엿볼 수 있다.

2) 실업구국(實業救國)

근대의 유상(儒商)정신은 상업 활동에 민족구망(民族救亡) 부국강병(富國强兵)과 결합된 민족주의와 애국주의 정신에서 표현된다. 자신의 상업 이익과 민족, 국가 이익을 긴밀히 결합한 것이 실업구국(實業救國)의 정신이다. 정관응(鄭觀應), 장지동(張之洞), 장건(張謇) 등이 선구적인 인물들이다.[96] 1904년 이후 중국은 중상주의 경향이 두드러졌다. 중상주의는 일종의 경제 민족주의이다. 대내적으로는 실업진흥, 경제의 근대화 추진이고 대외적으로는 경제침략에 저항하고 경제 이권회수운동이 고조되었다.[97] 실업구국이

---

94) 『長沙大公報』 1922年 5月 4日, 「商會爲荒民請命」.
95) 『長沙大公報』 1925年 5月 26日, 「商會昨日籌款購穀之大會議」.
96) 施祖軍, 앞의 논문.

비단 호남만의 일은 아니다. 그러나 호남의 경우 이런 실업구국의 정신이
훨씬 투철하였다. 양도(楊度)의 「호남소년가(湖南少年歌)」에는 '만약 중국이
망한다면 호남사람이 다 죽고 난 뒤가 아니면 안 될 것이다.'는 말이 있고
진독수(陳獨秀)는 이를 받아서 호상(湖湘)정신을 찬양하였다.[98] 상군(湘軍)
이후에는 '호남인(湖南人)이 없으면 군(軍)을 이루지 못한다.'는 말이 있을
정도로 호남 사람들은 용맹을 과시하였다.

상군(湘軍)이 태평천국(太平天國)을 진압한 이후로 증국번(曾國藩), 좌종당
(左宗棠) 등이 부국강병(富國强兵)의 깃발로 양무(洋務)운동을 전개했다. 무술
변법(戊戌變法) 시기에는 담사동(譚嗣同)이 있었고 혁명기에는 황흥(黃興),
채악(蔡鍔)과 같은 영웅이 있었다. 중화인민공화국 수립 후에는 모택동(毛澤
東), 유소기(劉少奇) 등 5대 서기 가운데 3인이 호남인이었고 10대 장군
중의 6인이 호남사람이었다. 중국의 근현대사를 주도한 세력이 호남인이라
해도 과언이 아니다.[99]

호남상인이 산서상인, 안휘상인과 다른 것은 상업 이윤 추구를 하고
있지만 마음속에 언제나 국가와 민족을 생각하고 있다는 것이었다. 호남상
인의 대의는 실업에 의한 구국(救國)으로부터 실업(實業)에 의한 흥국(興國)
까지를 추구하였다.[100]

호남에서는 순무(巡撫) 진보잠(陳寶箴)에 의해 1895년부터 적극적으로
호남 신정(新政)운동이 전개되었다. 시무학당(時務學堂)을 만들고 양계초(梁
啓超)를 초빙하여 새로운 풍조를 보급하였다. 남학회(南學會)가 조직되고
『상보(湘報)』가 발행되기도 하였다. 1896년에는 왕선겸(王先謙), 장조동(張祖
同), 웅희령(熊希齡) 등이 중심이 되어 보선성기기제조공사(寶善成機器製造公
司)가 설립되었다. 여기서 전등과 발전 장치 등이 생산되었다. 1897년에는

97) 馮篠才, 『在商言商』, 上海社會科學出版社, 2004, pp.42~44.
98) 唐金龍, 앞의 책, pp.341~342.
99) 伍繼延·徐志頻, 『湖南商人』, 東京: 日本僑報社, 2012, pp.31~33.
100) 위의 책, pp.8~10.

장조동(張祖同), 유국태(劉國泰) 등에 의해 화풍화시공사(和豊火柴公司)가 설립되었다. 제국주의의 중국 광산 자원의 약탈을 막기 위해 왕선겸(王先謙)과 용잠림(龍湛霖) 등이 주도하여 호남매광총공사(湖南煤鑛總公司)도 설립되었다. 이것들 모두 외국 기업의 침투에 대항하고자 하는 의도에서 추진되었다.[101]

문준택(文俊鐸)도 예릉 사람인데 광서 신묘과(辛卯科: 1891) 거인(擧人)으로 강유위(康有爲)의 공차상서(公車上書)에 동조한 인물이다. 장사(長沙)에서 남학회(南學會)를 조직하고 상보(湘報) 발행에 앞장서는 등 애국 활동에 종사하였다. 일본 유학 후 돌아와 예릉에 일본인 기사를 초빙하여 호남자업학당(湖南磁業學堂)을 설립하였다. 그 후 호남자업제조공사(湖南磁業製造公司)를 만들어 우수 제품을 생산하였다.[102] 문준택도 전통 사대부(士大夫)였던 사람이다. 앞의 왕선겸(王先謙)과 같이 애국심과 민족주의에 고무되어 기업인이 된 전형적인 근대 신상(紳商)이라고 할 수 있다. 같은 예릉현의 사인걸(謝寅杰)도 청(淸)의 늠공생(廩貢生) 출신으로서 1905년 일본에 유학하였다. 중국동맹회에 가입하였고 상해(上海)에 중국공학(公學)을 설립하였다. 후에 기업 경영에 투신하여 모범자창(模範瓷廠)을 설립하고 편폭업(編爆業: 폭죽 제조)도 경영했다. 사인걸도 문준택과 마찬가지로 혁명가, 애국자, 교육가, 실업가 등으로 칭할 수 있다.[103] 기업 자체의 경영보다는 애국심의 수단으로 기업가가 된 것이다.

『상보(湘報)』의 기사 하나를 검토해보면 다음과 같다.

처음에 신상(紳商)들을 불러모아 처리를 의논하였는데 재적(在籍) 강서보용도(江西補用道) 주창림(朱昌琳)이 즉시 먼저 상평은(湘平銀) 1만량(兩)을 기부하여 선후국(善後局)에 보존하게 하였다. 우리 호남의 풍속은 충의(忠義)를

---

101) 黃林,「王先謙在湖南近代化過程中的作用」『湖南師範大學社會科學學報』32-2, 2003.3.
102) 民國 37年刊 『醴陵縣志』, 인물지, 인물전6.
103) 위의 책, pp.402~403.

숭상한다. 가난한 사람은 노동력을 내고 부자는 재물을 내어 놓는 것이
다.104)

이 글의 제목이 「상신선수보국(湘紳先輸報國)」이다. 호남 신상(紳商)이
먼저 나라에 보답한다는 내용이다. 또한 충의를 숭상한다는 것이니 애국심
의 전통적 용어가 충의이다. 전술한 왕선겸(王先謙)의 관련 기사를 보면
다음과 같다.

비상한 변국의 시기에는 보통의 이치로서 능히 제어할 수가 없다. 비록
옛날 성인이 오늘날 계셔도 그 법은 바꾸지 않을 수 없다. 과연 공정(工政)이
외인(外人)을 이긴다면 저들의 상품이 저절로 막힐 것이고 우리의 재물이
흘러나가지 않을 것이다. 한 성(省)에서 시행한다면 한 성이 보전될 것이고
천하에 행한다면 천하가 보전될 것이다.105)

왕선겸이 기업을 일으키려는 것은 외국의 경제침략에 대항하기 위한
것이었다. 그가 만든 화풍화시공사(和豊火柴公司)도 일본 제품의 범람을
막기 위한 것이었다. 다업공사(茶業公司) 설립에 관한 기사를 보면 '호남은
본래 공상업은 양인(洋人)이 이권(利權)을 빼앗지 못하게 하려는 것이다.'라
되어있다.106)

중국 민족화학공업의 아버지로 불리는 범욱동(範旭東)이 1936년 제정한
회사의 신조에 사회봉사가 중요 지표로 되어있다. 호남상인은 사업보국(報
國)이 중요한 신념이었다.107)

---

104) 『湘報』 41호, 1898년 4월 22일 「湘紳先輸報國」.
105) 王先謙, 『虛受堂文集』, pp.36~37, 「工商論」.
106) 『湘報』 70호, 1898년 5월 26일 「勸茶商歌」, "湖南本是工商也 莫使奪利權".
107) 伍繼延·徐志頻, 앞의 책, pp.35~36.

3) 실사구시(實事求是)

실사구시가 내포하고 있는 개념은 실용, 개방, 기술, 혁신이라고 볼 수 있다. 호상(湖湘)정신의 근대적인 모범으로서 위원(魏源), 증국번(曾國藩), 곽숭도(郭嵩燾), 담사동(譚嗣同) 등을 들 수 있다. 위원은 '오랑캐의 좋은 기술을 배워서 오랑캐를 제압한다.'는 구호를 내걸어 실용과 개방의 정신을 천명했다. 곽숭도(郭嵩燾)는 영·불 공사를 역임하면서 서방 견문을 넓혀서 서학(西學) 전파에 힘쓰고 중국 근대화의 선구자가 되었다. 담사동(譚嗣同)은 중국 전통사상에 서학(西學)을 받아들여 '인학(仁學)'사상 체계를 완성했고 변법유신에 매진했다. 증국번(曾國藩)은 양무(洋務)운동의 단초를 열었다. 모두들 전통적인 중화사상에 매몰되지 않고 개방과 실용의 노선을 추진했다.[108]

보수적인 신사(紳士)로서 중체서용론(中體西用論)을 벗어나기 어려웠지만 왕선겸(王先謙)은 '상공업이 경쟁하는 시기에 우리는 오직 저들의 장기(長技)를 취하여 우리의 기술과 지혜를 넓혀 나라의 근본을 보존해야 한다.'라고 하여 적극적 양무운동을 주장했다.[109] 왕선겸은 스스로 신식기업 경영에 적극 참가한 근대적 신상이므로 위원 등과는 다른 상인의 가치관이라 할 수 있다.

『상보(湘報)』에 게재된 「상무평론(商務評論)」에 보면 당시 중국의 홍차 수출이 인도, 스리랑카, 일본 등지에 밀리는 상황을 인식하고 상업경영의 도(道)는 공사(公司)만큼 편한 게 없고 제조업만큼 급한 것이 없다고 되어있다.[110] 상무(商務)학당 설립의 필요성과 상전(商戰)이 병전(兵戰)보다 급하다는 주장도 하고 있다. 외국 상품과 경쟁을 위해서는 근대적인 회사 체제와 제조업 발달이 필요하다는 인식이 분명하다. 같은 『상보』에 실린 「중외통상

---

108) 蔡棟, 앞의 책, pp.20~23.
109) 王先謙, 『虛受堂文集』 권6, 「西被考略序」.
110) 『湘報』 13호, 1898년 3월 21일.

이해론(中外通商利害論)」을 보면 통상과 자유무역을 강조하고 있다. 소통을
하는 것이 하늘의 뜻이고 이를 어기는 자가 망할 것이라 보고 있다.[111]
『상보』에 실린 「중국자구막여대개통상구안설(中國自救莫如大開通商口岸說)」
에 보면 역시 고루한 관습을 버리고 개방과 자유무역을 확대해야 한다는
주장이 나와 있다.[112] 『상보』의 필자들이 대부분 호남의 신상들이기에
이 당시 호남의 상인정신을 반영하고 있다 생각된다.

마지막으로 『상보』의 기사 하나를 검토해보면 다음과 같다.

> 이번에 설립되는 회사(公司)는 사상(士商)들의 마음을 다 모아 의논을 거쳐
> 적습(積習)을 청산하고 실사구시(實事求是) 정신으로 먼저 기계를 구입하고
> 다시 공소(公所)를 세우고 석탄을 운반해 온 뒤 직공을 모집한다. 차례로
> 거행을 하면 속히 효과가 나는 것을 기대할 수 있을 것이다.[113]

이것은 용양상회(龍陽商會)가 신식 수리공사(水利公司)를 만들기 위해 촉구
하는 내용이다. 1100마력짜리 양수기를 구입하면 중국의 수차(水車)와는
비교도 되지 않는 효율성이 있는 것을 지적하고 있다. 사상가의 주장이
아니라 당시 상인의 입으로 '실사구시(實事求是)'라는 말을 들을 수 있다.
즉 실사구시는 실용, 개방, 기술혁신, 융합 등의 개념과 통할 수 있다.

이상에서 보면 호상(湖湘)정신이 상인정신으로서 사료상 분명히 파악되
는 것은 '제민이물(濟民利物)', '실업구국(實業救國)', '실사구시(實事求是)'이다.
내포된 것을 확장하면 '경세치용(經世致用)', '천하위기임(天下爲己任)'도 충분
히 확인된다. '감위인선(敢爲人先)'의 분투정신과 '창신(創新)'도 내포되어있
다 해도 과언은 아니다.

---

111) 『湘報』 44호, 1898년 4월 26일.
112) 『湘報』 46호, 1898년 4월 28일.
113) 『湘報』 103호, 1898년 7월 5일, 「龍陽商會水利公司集股章程」.

소결(小結)

호남의 상인정신을 탐색하기 위하여 지방지의 인물 열전과 주로 청말에 편찬된 상인들의 각종 행규(行規), 다음에 1930년대 전반 호남 전역의 상호(商號)를 분석해보았다. 인물 열전을 통해서는 근검 절약, 인의(仁義), 적선(積善) 응보, 신의(信義)·정직, 박리다매·경영에 대한 것들을 파악할 수 있었다.

근검 절약은 다수의 열전에서 확인할 수 있는데 타인에게 베푸는 것은 잘하지만 자신에게는 인색하다는 취지가 대부분이다. 주로 '자봉심박(自奉甚薄)'이나 '자봉극색(自奉極嗇)'이란 서술이 많지만 일부는 '이근검치부(以勤儉致富)'라 하고 있다. 근검 절약으로 부자가 되었다는 것이다. '인의(仁義)'는 인물 열전의 편명이 대부분 '의행(義行)'이 많은 것에서 추측할 수 있다. 내용은 여러 가지 공익 자선사업에 대한 기부와 헌신이다. 여기서 의로운 일은 '인의(仁義)'이다. 적선응보의 사상은 불교의 인과설(因果說)만이 아니라 도교(道敎), 유교에 공통적으로 포함된 사상이다. 자선 기부행위의 대가로 '의서(議敍)'에 의한 관품을 하사받는 경우도 있다. 선한 행위의 보답으로 유형·무형의 복이 온다는 사상이고 현실에서 상업적 성공과 치부를 결과로 여기기도 한다. 신의(信義)와 정직은 상인으로서 당연한 미덕이고 신의를 지킨 결과 상인들의 존경과 신뢰를 받아 사업이 성공한 경우도 볼 수 있다. 박리다매와 경영에서 소유·경영의 분리 등은 민국시기 새롭게 나타난 근대적 측면이다.

행규의 분석을 통해서는 거의 대부분의 내용이 성신(誠信)거래, 공평교역을 강조하고 있다. 물건이나 도량형을 속이는 간상(奸商)들에 대해서는 경고와 벌칙을 규정하고 있는 것이 다수이다. '성신(誠信)'은 유가 도덕의 기본적 표준이었다. 또한 행규에는 재신(財神)에 대한 제사와 행업신에 대한 제사에 대해 상세하게 규정하고 있다. 대표자가 사전에 제수 음식을 준비하였다가 제삿날 행사를 거행하며 그 후에는 연극 공연으로 경축하는 것이 보편적이다. 재물신의 경우 호남에서는 관우가 아니라 조공명(趙公明)

을 숭배하고 있는 것이 특징이다. 행업신의 경우 노반(魯班)보다 뇌조신(雷祖神)을 숭배하는 경우가 더 많았다. 재물신이나 행업신에게 제사를 지내는 목적은 동업인의 상호 단결을 위한 의식으로서의 측면도 있으나 근본적으로는 재물운이나 사업운의 번창을 기원하는 것이었다.

상호(商號)를 분석해보면 인명을 상호로 사용하거나 풍요를 기원하는 의미의 상호가 많았다. 1930년대인 만큼 가치 기준보다는 지역과 제품명을 결합한 신식 상호도 많이 있었다. 여기서 관찰의 대상이 된 것은 가치지향적인 상호들이다. '화(和), 신(信), 의(義), 겸(謙), 인(仁), 덕(德)' 등이 포함된 상호를 조사하고 인근 각 성(省)과도 대조해보았다. 호북과 사천 서부, 사천 동부, 귀주 등과 비교해본 결과 호남의 상호(商號)는 '화(和)'와 '겸(謙)'이 단연 으뜸이었다. '인(仁)'과 '덕(德)'도 비교 대상 중 2위를 차지하고 있다. 1930년대 전반까지도 호남의 상인들은 '화(和)', '겸(謙)', '인(仁)', '덕(德)', 과 같은 유교적 이상을 가치 지향으로 삼고 있었다. '신상(紳商)'이 아시아적 자본주의의 원형이었다고 생각된다.

호상(湖湘)정신은 호남에 고유한 호남의 인문정신인데 그것이 현대 호남인의 정신이라는 전제를 하고 '심우천하(心慢天下)', '감위인선(敢爲人先)', '경세치용(經世致用)', '겸용병축(兼容幷蓄)', '실사구시(實事求是)'라는 지적이 있었다. 사상가의 생각이 아니라 상인들의 기록에 입각해서 이 호상(湖湘)정신에 포섭되는 내용을 찾아보았다. 그것은 '제민이물(濟民利物)', '실업구국(實業救國)', '실사구시(實事求是)'였고 내포된 개념을 확장하면 '경세치용(經世致用)'이나 '감위인선(敢爲人先)' 등도 가능한 생각이었다. 이러한 개념들 역시 호남에만 있는 고유한 생각이라고 할 수는 없다. 그러나 태평천국군(太平天國軍)을 진압한 상군(湘軍) 이후 호남 사람이 없으면 군대가 구성이 되지 않는다는 말이나 중국이 망하려면 호남 사람이 다 죽고 난 뒤가 될 거라는 말 등에서 호남인의 남다른 애국심과 민족주의가 느껴질 수 있다.

우스이 사치코의 주장처럼 중국 상인은 상업적 부의 획득이 개인의 노력에만 의존한다고 믿고 신(神)이나 타자의 도움에 대한 고마움이 없다고 한 것은 맞지 않다. 호남상인 역시 재물신과 행업신에게 빌고 감사를 드렸다. 박리다매의 내용도 중국 상인에게는 찾을 수 없다는 주장도 사실에 부합하지 않는다.

호남상인의 상인정신은 '인의(仁義)'를 강조하는 것이었다. 열전 등에서 보면 호남상인은 상행위를 통해 이윤을 극대화하려고 한 것이 아니라 적정 이윤을 얻으려고 노력했다. 사업의 궁극적인 목적은 '경세제민(經世濟民)'이나 '사업보국(事業報國)'의 이상이었다. 이 점은 서구자본주의와 확실히 차이나는 점이다. '신상(紳商)'이 근대 기업가로 전화한 것이 전제로 되면 아시아적 자본주의는 인간중심의 자본주의이고 단순한 물신(物神)주의와는 구별된다. 중국의 근대화 공업화를 추진한 선구자들이 신상(紳商)이었고 이들의 핵심 사상 역시 유교사상이었다. 유교사상이 근본적으로 인간 중심의 사상이기 때문에 아시아 자본주의도 인간중심의 지향점이 있었다고 생각된다. 그러나 가치지향이 현실의 자본주의 자체와 완전히 동일한 것은 아닌 점은 분명하다. 호남상인의 상인정신 역시 근본이 유교사상인 점에서 휘주상인이나 산서상인 등과도 커다란 차별성을 보이지는 않는다. 진상(晉商)이나 휘상(徽商), 온주(溫州)상인들 그들 상호간의 차이점 역시 크지 않다. 근본적 사상의 공통분모 위에 호남상인의 작은 특징들을 찾아낸 것이 본 장의 성과이다. 이 초보적 연구를 토대로 이후 좀 더 심화된 연구가 필요하다고 생각된다.

제2편
물가변동과 호남상인의 대응

제1장 청말민국기 호남 여성현(汝城縣)의 상품유통과 물가변동

1. 시장과 상품유통

가격의 변화는 경제 현상의 변동을 추상적으로가 아니라 구체적 수치를 통해 체계적으로 보여준다는 점에서 매우 주목되는 항목이다. 그런데 중국 물가사 연구는 구미(歐美)나 일본 등에 비해 현재까지 그다지 활발한 편은 아니다.

충분하지 못한 중국 물가사 연구에서도 양적으로는 강남지방을 소재로 한 것이 많다. 팽신위(彭信威)는 명청(明淸)의 미가(米價)자료를 수집해서 10년 단위로 평균치를 산출하였는데『실록(實錄)』『동화록(東華錄)』『청사고(淸史稿)』 등에서 추출한 미가자료 약 900건을 지역을 묻지 않고 10년 단위로 평균하여 물가변동을 구성하고 있다. 왕업건(王業鍵)의 물가 그래프는 17세기 후반은 상해 미가, 18세기 후반은 광동 생사(生絲) 수출가격, 19세기 전반은 하북의 농산물 가격으로 나타내고 있다.[1] 주로 청대 전기 강남의 물가변동을 중심으로 중국 물가사를 연구한 기시모토 미오(岸本美緒)는 물가사 연구 성과와 구체적 소개를 '물가사 연구의 현상과 과제'라는 절로서 잘 요약하고 있다.[2]

---

1) 岸本美緒,『淸代前期の物價と經濟變動』, 東京, 1997, p.17.
2) 岸本美緒, 위의 책, 제1장.

중국에서 출판된 담문희(譚文熙)의 『중국물가사』도 각 지역의 지방지나 기타 일기류 등 자료에서 가격을 추출하고 지역간 차이를 무시한 채 시(時)계열의 물가사를 구성하고 있다.[3] 예를 들면 송강부(松江府), 한양(漢陽), 사천, 강안(江安), 파주(巴州), 중경(重慶), 성도(成都) 등 다양한 지역의 물가를 무차별로 종합하고 있는 것이다.

물가사의 자료로 주로 이용되는 것은 관(官)에 의한 보고인 양가청단(糧價淸單: 주현(州縣)단위로 정기적으로 조사되고 황제에게 사적 상주(일명 奏摺)형태로 보고되는 곡물가격), 양가세책(糧價細冊: 각 성마다 매월 전 성(省) 각 주현의 보고를 종합해서 호부(戶部)에 보내는 것) 등이 있다. 또 17세기 후반 상해인 섭몽주(葉蒙珠)의 「열세편(閱世編)」이나 18세기 후반 소산현인(蕭山縣人) 왕휘조(汪輝祖)의 「병탑몽흔록(病榻夢痕錄)」, 19세기 전반 상숙현인(常熟縣人) 정광조(鄭光祖)의 「일반록잡술(一斑錄雜述)」 같은 수필, 일기류가 있고 장부(帳簿: 상점 혹은 종족)도 이용되는 자료이다.

그러나 비교적 신빙성이 있는 양가청단의 경우에도 지방관의 열의에 따라 개별적인 차이가 많이 날 수밖에 없는 것이 한계로 지적된다.

게다가 화폐와 도량형의 불통일은 계통이 다른 자료에서 추출된 가격 자료 상호간 비교를 불가능하게 하고 있다. 화폐의 경우 민국시대에도 국폐(國幣)제도가 시행되었지만 여전히 은량(銀兩), 은원(銀元), 동원(銅元), 동전(銅錢) 등 다양한 화폐가 쓰이고 있고 각지 은량은 72곳의 다른 표준이 있었다.[4] 스페인 화폐인 본양(本洋), 멕시코 화폐인 응양(鷹洋) 등은 각각 1억원, 4~5억원이 수입되어 통용되었고 1887년 장지동(張之洞)이 광동에서 외국 은화를 모방하여 은원을 주조한 후 각지에서 모방이 행해졌다.[5] 도량형의 경우도 제가의 연구서가 상이한 표준들을 제시할 뿐 개별 지역으로 들어가면 환산 가능한 계산표를 만들지 못하고 있다.[6]

---

3) 譚文熙, 『中國物價史』, 武漢, 1994.

4) 章有義, 『中國近代農業史資料』 3, p.289.

5) 邱思達, 『中國近現代鑄幣圖說』, 北京, 1989. p.1.

이런 자료의 한계에도 불구하고 호남과 관련된 물가 연구도 일부 행해지고 있다. 청초 양자강 중류 지방의 미가변동에 대한 연구가 있고[7] Wong & Perdue의 호남 곡물가격 연구[8]가 있다. Perdue의 연구에서는 18세기 전 기간 호남의 미가가 거의 변함이 없는 것으로 되어 있어 이용되고 있는 양가청단의 신빙성이 의심되는 정도이다. 양가청단 작성을 위해서는 대량의 인력, 물력, 지방관의 열의가 필요한데 이것이 제대로 되었는지 의문이라는 문제 제기 아래 근대 양식 상업조직 및 통계기구의 기록을 이용하여 미가변동을 장강 중하류 지역에서 조사한 논고도 있다.[9]

또 도량형문제, 곡미절산(穀米折算)문제, 은전절산(銀錢折算)문제, 미가 대표치 등 여러 가지 한계를 고려하면서 18세기 양호(兩湖)지역 미가의 변동을 정리한 것이나[10] 미가변화를 통해서 청대 양호의 인지(人地)관계와 농업경제의 발전을 추적한 것도 있다.[11]

그러나 호남의 개별 현을 단위로 물가변동에 대한 연구를 진행한 것은 거의 눈에 띄지 않는다. 통상 지방지의 물가 기재는 풍흉(豊凶)에 따른 것, 천재(天災)에 관한 비통상적인 것이 대부분이다. 그런데 민국 여성현지(汝城縣志)에는 「근년물가표(近年物價表)」를 작성하여 60여 년간 변동 추세를 적시하고 있어 매우 드문 자료가 되고 있다. 현 지사인 진필문(陳必聞)은 호남 뇌양인(耒陽人)으로 북경대학 상과(商科)를 초창기에 졸업한 인물이다. 민국 18년에 부임하여 바로 물가조사에 착수하여 21년 10월에 물가표가 작성되고 있다.[12]

여성현은 호남성 침주(郴州)지구 동남단에 위치하고 동쪽은 강서(江西)

---

6) 吳承洛, 『中國度量衡史』, 北京, 1993; 梁方仲, 『中國歷代戶口田地田賦統計』, 上海, 1980.
7) 鄭哲雄, 「淸初揚子江 三省지역의 미곡 유통과 가격구조」 『歷史學報』 143, 1994.
8) 岸本美緒, 앞의 책, p.52.
9) 侯揚方, 「長江中下流地區米穀長途貿易 1912~1937」 『中國經濟史硏究』, 1996年 2期.
10) 龔勝生, 「18世紀 兩湖糧價時空特徵硏究」 『中國農史』, 1995-3期.
11) 龔勝生, 『淸代兩湖農業地理』, 武昌, 1996, pp.270~287.
12) 民國, 『汝城縣志』 권22, 人物志 職官.

숭의(崇義), 남은 광동의 인화(仁化) 낙창(樂昌), 서쪽은 의장(宜章), 북쪽은
자흥(資興), 계동(桂東)과 인접하고 있다. 면적은 2,341㎢이고 지형은 구릉과
산지가 많고 지세가 비교적 높으며 평균 해발은 600m전후이다. 연평균 기온은
16.6℃(1월 평균 6.3℃, 7월 평균 25.4℃)이고 연강수량은 1,578.3㎜이다.[13]

　호남미의 유통에 주목한 논고가 많이 있지만[14] 호남 내부에서도 주요
미곡 시장은 주로 동정호(洞庭湖) 부근 상덕부(常德府) 예주부(澧州府) 악주부
(岳州府), 상강(湘江) 유역의 장사부(長沙府) 형주부(衡州府) 소속의 일부 주현
에 한정된다는 것이 밝혀지고 있다.[15]

　호남은 모두 동정호(洞庭湖)에 연결되는 예강(澧江) 원강(沅江) 자강(資江)
상강(湘江)의 4대 강과 수많은 지류가 분포하고 있다. 그중 상강은 호남
양식 운반의 중요 통로이다. 청 전기에는 상강 주변 각 현(縣)의 양식이
상담(湘潭)에 집중되고 한구(漢口)에 전달되며 한구에서 호남에 구입되는
상품은 회염(淮塩), 형주(荊州)와 면양(沔陽)의 콩, 양양(襄陽)과 하남의 맥(麥)
이었다. 지류 뇌수(耒水)는 침주(郴州)에 통하고 침주에서 육운(陸運)으로
의장(宜章)에 이르고 다시 광동에 이른다. 호남미와 광동 상품의 교류도
이 노선상에 있다.[16] 상강 상류는 바로 광서에 도달하는데 작은 선박으로
전주(全州), 계림(桂林)간에 교역이 이루어진다. 주요한 남북 교역로인 광주
(廣州)－소관(韶關)－의장(宜章)－상담－동정호－한구－개봉(開封)－북경
루트상 의장현이 여성현과 인접하고 있다. 강서(江西)에 이르는 길은 상담에
서 상강 동부 지류인 녹수(淥水)에 진입, 강서 평향(萍鄕)에 이른다. 평향과
만재(萬載) 사이에는 짧은 수륙(水陸) 교체를 거쳐 선풍진(宣風鎭)에서 감수

13) 『湖南省地理志』, pp.102~103.

14) 鄧亦兵, 「淸代前期的粮食運銷和市場」『歷史硏究』, 1995-4; 重田德, 「淸初における湖南米市
　　場の一考察」『淸代社會經濟史硏究』, 東京, 1975; 侯楊方, 「長江中下流地區米谷長途貿易
　　1912~1937」『中國經濟史硏究』, 1996-2; 鄭哲雄, 「淸初揚子江三省지역의 미곡유통과
　　가격구조」『歷史學報』143, 1994.

15) Worg & P.C. Perdue, Grain Markets and Food Supplies in Eighteenth Century Hunan-T.G.
　　Rawski, "Chinese History in Economic Perspective"(California Univ. Press, 1992).

16) 注 14)와 같음.

(贛水) 유역에 진입한다.[17)]

민국시기에 호남의 3대 미시(米市)는 상담의 역속하(易俗河), 장사(長沙)의 정항(靖港) 상덕(常德)의 창구(滄口)가 있는데 30년대 중기 이후는 장사가 유일한 대미시(大米市)가 되었다. 호남 중부지방 생산은 장사, 노림담(蘆林潭)을 거쳐 한구에 운반하고 호남 남부지방 생산은 침현을 거쳐 광동·광서지역에 운반하고 또 예릉(醴陵)을 거쳐 강서에 운반한다. 호남미 95% 이상은 장강 하류지구에 운반하는데 광동성 수요는 장강을 경유하여 상해에서 전달 운송한다. 대부분 윤선(輪船)을 통한 수상 운송이며 육로 운송은 30%에 불과하다.[18)] 1932~1934년 매월 미가에 대한 상관계수 조사에 의하면 상해와 장사, 구강(九江), 한구간의 계수가 0.9보다 크다.[19)] 고도의 상관관계가 있음을 알 수 있다. 호남의 매출상품은 미곡 외에도 죽목(竹木), 매탄(煤炭), 동유(桐油) 등이 있었다.[20)] 매입상품은 소금, 구리, 전피(氈皮), 기타 잡화가 있다.[21)]

호남미의 유출이라는 면에서 볼 때 그 주요 생산지역이 아닌 호남 남부의 주변부인 여성현이 이러한 전반적 유통 흐름 속에 어떤 특색과 내용이 있는지 검토해 보자. 여성현의 상품수출로는 대략 세 가지가 있다. 하나는 광동의 낙창(樂昌) 및 인화(仁化)의 성구부(城口埠)·장강허(長江墟)를 거쳐 소주(韶州)·광주에 운송 판매되는데 그 주요 화물은 종이(紙)이다. 다음은 미(米), 그 다음은 오사(鎢砂: 텅스텐), 가축, 당면(粉條, 속칭 剪粉 또는 豆根), 향고(香菇: 표고버섯), 토약(土藥: 중국산 아편), 백화(百貨)가 있다. 여성현은 통과하나 여성 생산품이 아닌 것으로 다유(茶油), 특화(特貨: 아편)가 있다.

---

17) 劉秀生, 「淸代中期湘鄂贛棉布産銷与全國棉布市場格局」『淸代區域社會經濟史硏究』下, 北京, 1992.

18) 侯楊方, 위의 논문. 1936년 粤漢철로 개통이전에는 주로 水運.

19) 注 18)과 같음. 상관계수 -1에서 1까지 범위.

20) 關文發, 「試論淸代前期漢口商業的發展」『淸代區域社會經濟史硏究』上, 北京, 1992; 吳量愷, 「淸代湖北沿江口岸城市的轉運貿易」『淸代區域社會經濟史硏究』下, 北京, 1992.

21) 鄭哲雄, 「淸代 揚子江 中流지역의 상품생산과 시장구조」『明淸史硏究』4, 1995.

하나는 여성현의 집룡(集龍) 열수(熱水)에서 출발 운송하여 강서의 당강(塘江) 감주(贛州), 남안(南安)으로 향하는 것이다. 그 주요 상품은 삼목(杉木), 오리, 여성 산품이 아닌 것으로 특화(아편)가 있다. 하나는 자흥(資興)의 황초평(黃草坪)에서 출발하여 자영(資永) 주주(株州) 상담으로 가는 것으로, 그 주요 화물은 삼목 그 다음은 텅스텐, 여성 산품이 아닌 것은 소금이다. 이밖에 북구의 전장(田莊) 서구의 문명(文明)은 비록 영세한 화물이나 외부 현에 판매하는데 또한 많지 않다.[22]

상품 수입로 역시 세 가지이다. 첫째 광주 불산(佛山)에서 소주(韶州) 낙창(樂昌) 혹 성구(城口)지방으로 수입되는 것, 그 주요 화물은 소금이다. 그 다음은 양유(洋油), 양사(洋紗), 양화(洋貨), 광화(廣貨), 고의(故衣) 등이다. 둘째는 강서의 당강(塘江) 감주 등지를 거쳐 집룡 경유 수입되는 것으로, 화물은 포필(布疋), 전(靛), 오색지장(五色紙帳), 그릇, 당(糖), 두분(豆粉: 콩가루), 과자(瓜子: 해바라기씨) 등이다. 셋째 상담, 형양(衡陽), 보경(寶慶), 침현(郴縣), 계양(桂陽) 등지에서 황초평 혹 문명을 거쳐 수입되는 것으로 주요 상품은 콩, 다유, 다음은 포필, 주단(綢緞), 모건(帽巾), 서적, 약재, 해채(海菜: 미역), 주식(酒食), 날랍(辣臘), 아편이다. 전 현의 수입 상품 총액을 대략 계산하면 현의 일용 수요품은 광동에서 수입되는 것이 6/10을 점하고 호남에서 수입되는 것 3/10, 강서에서 수입된 것이 1/10을 차지한다.[23]

농산품 가운데서 도미(稻米)는 현 생산의 주종으로서 풍년에 1/4의 생산액을 수출하는데 광동의 성구, 낙창, 강서의 숭의(崇義), 호남의 자흥 등에 판매한다.[24] 옥수수, 수수, 고구마 등은 자급할 정도이고 밀, 콩은 수입하는데 특히 콩은 상담이나 강서의 당강(塘江)에서 수입하며 현 수입품의 주종이다. 삼목(杉木)은 호남·호북·강서·안휘 등으로 판매한다.

소금은 침주 의장 영흥(永興), 흥령(興寧)은 광동 낙창현 서하부(西河埠)에

---

22) 民國『汝城縣志』권18, 政典, 商業.
23) 民國『汝城縣志』권18, 政典, 實業.
24) 民國『汝城縣志』권18, 政典, 實業.

서, 계양주(桂陽州) 임무(臨武) 가화(嘉禾) 등은 연주(連州)에서 구입하고 여성
현(청대 계양현) 계동(桂東) 영현(酃縣)은 광동 인화현 성구부(城口埠)의 소금
을 구입한다. 청말 조사에 의하면 성구에 운송 판매되는 종이가 거의 6만
담(擔)으로 '화거염회(貨去塩回: 상품을 가져와서 소금으로 바꿔 돌아간다)'로
교역이 이루어졌다는 것을 알 수 있다.25) 즉 여성에서 광동으로 종이를
수출하고 대신 소금을 구입한 것이다. 이외에도 회염(淮塩)이 사염(私塩)으로
일부 진입하였다.26)

여성현에서 상품의 유통로를 보다 자세히 검토하면 다음과 같은 경로가
있다.27)

동쪽　집룡(集龍)→ 숭의로(崇義路)

　　*馬坎嶺→ 忠心亭(5里)→ 糞箕壟(10里)→ 五里廟(15里)→ 松樹坳(20里)→
　　破石界(25里)→ 木蘭隘(30리)→ 臘嶺坳(35里)→ 益將市(40里)→ 天子江(50
　　里)→ 集龍(60里)→ 集溪口(65里): 豊州75里, 崇義125里.

동남　열수(熱水)→ 남안로(南安路)

　　*馬坎嶺 … 同上 … 益將市(40里)→ 穿風坳(50里)→ 熱水(60里)→ 塘口:
　　文英90里, 南安150里.

동북　영풍(永豊)→ 상유로(上猶路)

　　*馬坎嶺→ 上淳亭(5리)→ 土橋壚(10리)→ 南子坳(15리)→ 石門山(20리)→
　　永豊(25리)→ 社溪(30리)→ 高原(35리)→ 朱子塘(45리)→ 白石坳(55리):
　　上堡70리, 上猶180리.

남쪽　태평애(太平隘)→ 인화로(仁化路)

　　*上黃門→ 擔塩坳(5리)→ 泰來壚(10리)→ 銅皮店(15리)→ 太平壚(20리)→
　　太平隘(30리)→ 高排(40리)→ 新橋(45리): 城口60리, 仁化120리.

---

25) 民國 『汝城縣志』 권13, 政典, 財政 上.
26) 民國 『汝城縣志』 권13, 政典, 財政 上.
27) 民國 『汝城縣志』 권9, 交通志.

동남　동령(東嶺)→ 인화로(仁化路)

　　*上黃門→ 同上→ <u>太平墟(20리)</u>→ 山口廟(30리)→ 三江口(50리)→ <u>東嶺坳</u>
　　<u>(80리)</u>: 長江95리, 仁化140리.

서남　용호동(龍虎洞)→ 낙창로(樂昌路)

　　*上黃門→ 城頭寨(8리)→ 三步橋(15리)→ 白泉橋(20리)→ 下靑山(25리)→
　　古塘(30리)→ 龍虎洞(45리)→ 分界嶺(65리): 董塘墟80리, 樂昌150리.

서　　문명(文明)→ 의장로(宜章路)

　　*西關→ 四拱橋(2리)→ <u>外沙(10리)</u>→ 磻溪(20리)→ <u>山店鋪(30리)</u>→ 小浙鋪
　　(40리)→ 驢鞍鋪(50리)→ 百丈嶺(55리)→ <u>文明市(60리)</u>→ 山佃鋪(65리)→
　　界牌嶺(70리): 里田80리, 宜章140리.

서남　연수(延壽)→ 낙창로(樂昌路)

　　*西關→ 同上→ 外沙亭(12리)→ 梓嶺(20리)→ 珠目(25리)→ 鍾家(35리)→
　　延壽墟(50리)→ 磚頭坳(60리)→ 分水坳(70리): 九峯85리, 樂昌140리.

서북　마교(馬橋)→ 자흥로(資興路)

　　*西關→ 予樂亭(2리)→ 高村(7리)→ <u>揶木店(12리)</u>→ <u>馬橋墟(15리)</u>→ 雙魚嶺
　　(20리)→ 石嶺脚(30리)→ 何家山(35리)→ 竹篙嶺(40리)→ 白牛塘(50리):
　　黃草坪60리, 資興150리.

북　　전장(田莊)→ 계동로(桂東路)

　　*橫黃門→ 豊谷亭(7리)→ 新鋪前(10리)→ 銀嶺脚(20리)→ 暖水墟(25리)→
　　新橋(30리)→ 新墟(33리)→ 田莊墟(40리)→ 開山鋪(50리)→ 界牌塘(65리):
　　沙田墟80리, 桂東140리.

서북　남동(南洞)→ 사도로(四都路)

　　*橫巷門→ 同上→ <u>新墟(33리)</u>→ <u>南洞墟(60리)</u>→ 龍王廟(80리): 四都墟100
　　리, 桂東160리.

동북　호두(濠頭)→ 계동로(桂東路)

　　*馬坎嶺→ 永安村(5리)→ <u>土橋墟(10리)</u>→ 羊石巷(15리)→ 南子坳(20리)→
　　澗布店(25리)→ 永豊坳(30리)→ 下濛橋(35리)→ 濠頭墟(45리)→ 石壁下

(65리): 沙田85리, 桂東145리.

다음으로 시장의 발달에 대해서 살펴보기로 하자.
여성현의 허시(墟市)를 정리한 것이 아래 〈표 1〉이다.[28]

〈표 1〉 허시(墟市)

墟市名	區域	距離(城)里	集期日	비고
泰來墟	中區 제8段	10	5·10	
敎場墟	東一區 제1段	30	2·7	今廢
土橋墟	東一區 제2段	8	3·8	
濠頭墟	東一區 제8段	40	2·7	
益將墟	東二區 제1段	40	4·9	
集龍墟	동이구 제2단	60	1·6	
熱水墟	동이구 제3단	60	2·5·8	
盧陽墟	남일구 제1단	12	3·8	新增
泉水墟	남일구 제1단	13	1·6	新增
白泉墟	남일구 제1단	15	3·8	
龍阪墟	남일구 제1단	15	4·9	
太平墟	남일구 제3단	20	2·7	
井坡墟	남일구 제2단	25	5·10	
龍虎洞墟	남일구 제2단	40	4·9	
東嶺墟	남이구	60	4·9	新增
外沙墟	서일구 제2단	10	今廢	
抑木坳墟	서일구 제5단	10	今廢	
太坪墟	서일구 제4단	17	4·9	新增
山店墟	서일구 제4단	28	2·7	
馬橋墟	서일구 제7단	15	4·9	
延壽墟	서일구	40	5·10	
文明墟	서이구	60	4·7·10	
暖水墟	북구 제1단	30	2·7	新增
田莊墟	북구 제2단	40	4·9	
南洞墟	북구 제3단	60	5·10	

〈표 1〉과 지도상에 표시된 허시는 25곳이다. 이러한 시장이 대부분 전술한 교통로상에 위치하고 있다(위 교통로상 밑줄친 부분은 주로 허시). 현지(縣

---

28) 民國『汝城縣志』, 建置志 卷9, 交通, p320.

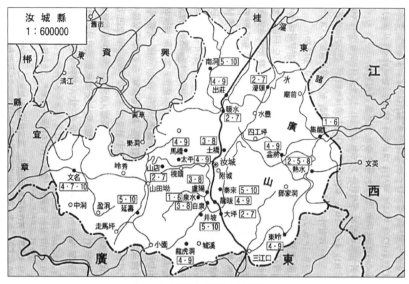

〈도 1〉 여성현 허시(墟市) 開市日
(『湖南省地理志』, p.103. 民國『汝城縣志』에서 재구성)

志)의 관련 서술을 보면 다음과 같다.

　　여성현의 허시(墟市)를 살펴보면 남 1구 1단이 가장 조밀하고 동 1구의
토교허(土橋墟)가 최대이다. 동구의 집룡(集龍)·열수(熱水), 남구의 태평(太
平)·용호(龍虎), 서구의 문명(文明)·마교(馬橋), 북구의 전장(田莊)은 모두
호남 광동 강서간의 왕래 요충지이므로 내왕객이 자못 많다.29)

　　즉 남 1구 1단이 밀도가 제일 조밀하고 동 1구 토교허(土橋墟)가 최대규모임
을 알 수 있다. 동구의 집룡 열수, 남구의 태평(太平) 용호(龍虎), 서구의
문명 마교, 북구의 전장(田莊)이 호남 광동 강서로 향하는 요충지로 내왕객이
매우 많았다는 것이다.

---

29) 民國『汝城縣志』권9, 交通, 墟市, "按汝城墟市 以南一區一段爲最密 東一區土橋墟爲最大
　　其東區之集龍熱水 南區之太平龍虎 西區之文明馬橋 北區之田莊 皆當湘粤贛往來要衝 故行
　　旅頗盛".

〈표 2〉 민국 18년(1929)의 조사보고

* 全縣 戶: 34,959, 口: 153,038 각 區別로 分數는 다음과 같다.

區域	戶	口	비율(口/戶) 4.35
中區	4,661	20,871	4.48
東一區	6,034	26,455	4.38
東二區	2,787	10,875	3.90
南一區	7,402	33,549	4.53
南二區	949	4,008	4.22
西一區	3,344	14,308	4.28
西二區	6,141	27,474	4.47
北區	3,641	15,498	4.26

*嘉慶時와 비교: 戶 增 230, 口 增 7,433

남 1구는 〈표 2〉에서와 같이 호구가 가장 많고 인구 밀도가 높은 곳이며 현 내에서 비교적 평원이 많고 미곡 생산이 풍부한 곳이다. 남 1구는 세로 17.5㎞ 가로9㎞ 정도이며 제1단은 65개 촌이 포함되어 있다.[30] 동 1구 2단은 20개 촌으로 구성되어 있으나 토교허는 교통의 요충지로서 최대 규모가 되고 있다. 특히 남 1구 1단 지구에서는 시장이 증가하면서 서로 다른 개시일(開市日)이 연속되어 거의 상설시장화의 효과를 거두고 있다.

시장 수 25개는 동치(同治) 전후 강서 중부지구 시장수 매 현 평균 21.18개, 광서년간 강서성 매 현 평균 21.15개에 유사하다.[31] 인근 계동현의 15곳,[32] 뇌양현의 24곳,[33] 다릉주(茶陵州)의 32곳 등에[34] 비추어 볼 때 일반적 수준이라 할 수 있다.

청대 중엽 집시(集市) 밀도는 대체로 매 100㎢에 1~2집(集), 평균 매 집 교역 면적은 60~90㎢, 그중 평원은 40~60㎢, 산악지역은 대부분 100㎢이상, 매 집 교역 반경은 평원은 3~5㎞ 산악 지구는 대부분 5~7㎞ 평균 4~6㎞로

---

30) 民國 『汝城縣志』 권3, 鄕區, pp.103~130.

31) 曾學優, 「淸代贛江中流地區農村市場初探」 復印報刊資料, 『經濟史』 1996년 5기.

32) 同治刊 『桂東縣志』 권3, 彊域 墟市.

33) 光緖 『耒陽縣志』 권1 墟市.

34) 同治 『茶陵州志』 권4, 市墟.

알려지고 있다.35) 감강(贛江) 중류인 세 곳은 용천현(龍泉縣: 197㎢, 3748戶, 20851口) 길수(吉水) 동수향(同水鄕: 90㎢, 2381戶, 10376口) 하서방곽향(河西坊郭鄕)(34㎢, 769戶, 3186口)의 밀도를 보이고 있다.36) 그런데 여성현의 경우 단순 계산상 93㎢당 허시 하나의 밀도이다. 위의 세 지역 중 분지 평원 구역인 길수현 동수향과 유사하다. 남 1구의 허시당 평균 인구는 1057호 4792.7구이고 서 2구의 것은 6141호 27474구에 하나의 허시가 대응한다. 남 1구 1단에만 4개의 허시가 있어 이곳만의 교역 범위는 훨씬 좁을 것으로 생각된다.

여성현 허시의 개시일(開市日)은 1·6(2), 2·7(5), 3·8(3), 4·9(7), 5·10(4), 2·5·8(1), 4·7·10(1), 미상(2) 등이다. 이 중 4·9일의 빈도가 가장 높고 2·7, 5·10일이 그 다음이다. 인근 계동현의 허시 개시일(開市日)도 1·4·7, 3·6·9와 1·6, 2·7, 3·8, 4·9, 5·10 등이 조합되고 있다.37)

청 후기로 갈수록 집시 수량 증대, 개시 날짜 증대, 규모 확대 등이 각지에서 확인되는 것이 빈번하다.38) 강한(江漢) 평원의 각지에서도 동치·광서년간에 시진(市鎭) 발전이 현저하게 나타나고39) 감강(贛江) 중류 각 현에서도 동치년간 이후 민국초에 걸쳐 지방 소시장이 집중적으로 발생하고 있다.40) 영파(寧波) 주변의 봉화현(奉化縣), 여요현(余姚縣)에서도 광서년간 새로운 집시가 두드러지게 나타난다.41)

그런데 여성현의 경우도 청말민국기에 걸쳐 허시의 증가가 두드러졌다고 생각된다. 조신교(趙申喬)의 자치관서(自治官書)(1709) 단계, 시집(市集) 기재

---

35) 許檀, 「明淸時期農村集市的發展」復印報刊資料, 『經濟史』, 1997년 5기.

36) 注 31)과 같음.

37) 注 32)와 같음. 加藤繁, 「淸代における村鎭の定期市」『支那經濟史考證』, 東京, 1953 결과와도 유사.

38) 王興業, 「淸代河南集市的發展」復印報刊資料, 『經濟史』, 1996년 3기.

39) 張家炎, 「明淸江漢平原的農業開發對商人活動和市鎭發展的影響」(復印報刊資料), 『經濟史』, 1996년 2기.

40) 注 31)과 같음.

41) 樂承耀, 「明淸寧波集市的變遷及其原因」『浙江學刊』, 1996년 2기.

의 10현[상담, 형양, 장사, 선화(善化), 상음(湘陰), 형산(衡山), 파릉(巴陵),
예주(澧州), 무릉(武陵), 도원(桃源)] 그 이후 호남성례성안(湖南省例成案)(1753)
에 추가된 7현[익양(益陽), 상향(湘鄕), 임상(臨湘), 화용(華容), 원강(沅江),
용양(龍陽), 안향(安鄕)]이 보이지만 영흥, 흥령, 의장, 계동, 계양은 "무성시진
집(無城市鎭集: 도시와 시장이 없음)"으로 되어 있다.[42] 즉 여성현(계양현:
여성현의 청대 명칭)은 18세기 중반까지 시장의 존재가 파악되지 않고
있다. 〈표 1〉에서 보면 남 1구 1단의 노양허(盧陽墟), 천수허(泉水墟), 남
2구의 동령허(東嶺墟) 서 1구 4단의 태평허 북구, 1단의 난수허(暖水墟) 등이
'신증(新增)'으로 표시되고 있어 민국 21년 당시 시장이 증가되는 것을 알
수 있다. 따라서 18세기 중반까지 시장의 무존재에서 타 지역의 추세와
같이 청말민국기에 걸쳐 시장이 급격히 증가했음을 알 수 있다.

이들 허시의 개별 거래 내용이나 상품의 거래량 등에 대해서는 자료가
없어 밝힐 수 없다. 그러나 시장의 증가는 인구증가나 구매력의 상승을
예상하지 않고는 설명하기 어렵다.

2. 물가변동

〈표 3〉 여성현 물가표[민국 21년(1932) 10월]

物別	數量	近年物價			附記
		同光時期(元)	光宣時期(元)	民國時期(元)	
穀	1石	大洋 1.5	小洋 3	小洋 7	同光時期의 小洋은 아직 통행하지 않았다.
米	100斤	大洋 2	小洋 4	小洋 8	光宣時期는 大洋小洋이 크게 차이가 없다.
豆	1石	大洋 6	小洋 12	小洋 24	
玉蜀黍	1石	大洋 2	小洋 4	小洋 8	
番薯	100斤	大洋 1.2	小洋 2.5	小洋 5	
茶油	100斤	大洋 8	小洋 16	小洋 40	

---

42) 重田德,「淸初湖南米市場の一考察」『淸代社會經濟史硏究』, 東京, 1975.

鹽	100斤	大洋 2.5	小洋 4	小洋 11	
柴	100斤	銅錢 150文	小洋 0.4	小洋 0.8	동광시기 柴價는 錢으로 단위
肉	100斤	大洋 8	小洋 16	小洋 40	
土布	100尺	大洋 1.5	小洋 2.5	小洋 5	
洋紗	100捆		小洋 3	小洋 7	同光時期 洋紗가 오히려 통행되지 않음
竹布	100尺	大洋 8	小洋 15	小洋 32	
桐油	100斤	大洋 7	小洋 15	小洋 36	
洋油	1瓶		小洋 1.5	小洋 7	同光時期 洋油가 오히려 未盛行
上等 水牛	1頭	大洋 25	小洋 50	小洋 100	
次等 水牛	1頭	大洋 20	小洋 25	小洋 50	
上等 黃牛	1頭	大洋 18	小洋 35	小洋 70	
次等 黃牛	1頭	大洋 8	小洋 16	小洋 22	
猪	100斤	大洋 8	小洋 16	小洋 40	
雞	100斤	大洋 8	小洋 16	小洋 40	
鴨	100斤	大洋 7	小洋 14	小洋 32	
蛋	100個	大洋 0.8	小洋 1.2	小洋 2.5	
魚	100斤	大洋 6	小洋 12	小洋 28	
水酒	100升	銅錢 600文	小洋 1.2	小洋 2.5	
菸	100斤	大洋 10	小洋 20	小洋 40	
條木	圍碼 1兩	大洋 8	小洋 12	小洋 22	
磚	1筒	大洋 1.2	小洋 2.5	小洋 5	磚一筒計二百皮
瓦	萬皮	大洋 10	小洋 20	小洋 45	
鐵	100斤	大洋 5	小洋 10	小洋 20	
山貝紙	1擔	大洋 4	小洋 8	小洋 16	
高封紙	1擔	大洋 5	小洋 10	小洋 18	
上等田	1工	大洋 40	小洋 80	小洋 120	
中等田	1工	大洋 25	小洋 50	小洋 80	
次等田	1工	大洋 12	小洋 25	小洋 40	
木工	1日	銅錢 60文	小洋 0.15	小洋 0.3	光宣時期土木等工價均
土工	1日	銅錢 60文	小洋 0.15	小洋 0.3	以錢爲單位
雇農	1日	銅錢 40文	小洋 0.1	小洋 0.25	
夫役	10里	銅錢 100文	小洋 0.2	小洋 0.4	

위 물가표는 동치 정묘지(丁卯志: 1867) 편찬후 약 60여년간을 세 시기로 나누는데 동치 말년에서 광서 초년을 동광시기(同光時期), 광서 중년에서 선통 말년을 광선시기(光宣時期), 민국초에서 21년까지를 민국시기로 하였다. 가격은 매월 매년에 따라 상이하기 때문에 매 시기의 중간가격을 채택하였다고 여성현지 편찬자인 현 지사 진필문(陳必聞)이 밝히고 있다.[43] 또한

제시된 상품들은 사치품, 장식품 등을 제외한 일상 수요품에 국한되고 있다.

그런데 화폐와 도량형의 불통일은 물가 수준의 입체적 이해를 어렵게 하고 있다. 민국시대에도 중국은 은량(銀兩), 은원(銀元), 동전(銅錢), 동원(銅元) 등 다양한 화폐가 쓰이고 있고 각지의 계량은 같지 않았다.[44] 은량은 72곳의 다른 표준이 있고 은과 각(角)의 태환율도 일정치 않았다.[45] 위 물가표의 화폐는 대양(大洋) 소양(小洋)으로 표시되고 있고 이것은 광서 13년(1887)을 전후해 확산되는 양원(洋元)으로 짐작된다.[46] 대양 소양 역시 각지에 따라 내용이 차이가 있으므로 타 지역과의 명확한 비교는 곤란하다. 주어진 한계 안에서 여성현의 물가수준과 추세를 검토해 보겠다.

1) 곡물류

(1) 미곡

미가와 곡가는 동광시기의 가격에서 민국시기에 300%, 366% 상승하였다. 미 100근(斤)에 대양(大洋) 2원에서 민국시기 소양(小洋) 8원으로 변하고 있는데 부기(附記)에 광선(光宣)시기 대양 소양이 크게 차이가 없다고 밝히고 있다. 곡가는 1석 대양 1.5원에서 민국시기 소양 7원으로 366% 상승하고 있다. 중국에서 '곡이미일(穀二米一: 곡의 양은 미의 2배)'의 절환율이 일반적으로 사용되고 있었고,[47] 호남 안향현(安鄉縣)에서도 1934년 당시 곡 1담(擔)에 3원, 미 1담에 6원인 것을 보면 여성현의 사정도 미루어 짐작할 수

---

43) 民國 『汝城縣志』 권18, 政典, 實業.

44) 譚文熙, 『中國物價史』, 武漢, 1994. p.282.

45) 章有義, 『中國近代農業史資料』 3집, p.289.

46) 邱思達, 『中國近現代鑄幣圖說』, 北京, 1992. p.1; 趙仁平, 「從雲南的半開銀元看近代中國的幣制」 復印報刊, 『經濟史』, 1997년 3기.

47) 馬立博, 『淸代區域社會經濟史硏究』 下, 北京, 1992. p.1036.

있다.[48] 즉 곡가와 미가의 비율을 생각하면 미 1석은 150근으로 산출되는 것이다. 각지에 따라 1석의 근수도 다르지만 심지어 동일 현에서도 시기에 따라 150근(斤), 160근, 170~180근 등 다양한 변화를 보이고 있는 것 보면[49] 이 시기 여성현의 미 1석은 150근으로 추정된다.

호남 안향현의 미가 1담 6원은 여성현의 민국시기 미가 소양(小洋) 8원과 외관상 유사하다.[50] 타 지역과의 미가의 직접 비교는 전술한대로 도량형 화폐 등의 불통일로 아주 곤란하다. 단지 변화추세는 비교가 가능할 것이다. 우선 범위를 넓혀서 양호(兩湖)지역 미가 변화와 비교해 보자.

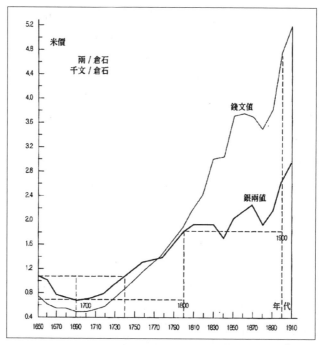

〈도. 2〉청대 양호(兩湖) 미가 변화 추세도
(『清代兩湖農業地理』, P.280)

---

48) 民國 『安鄕縣志初稿』, 권11, 食貨, p.232.
49) 譚文熙, 『中國物價史』, 武漢, 1994. p.440. 奉賢縣의 경우 1911~1949 사이 斤數 變化.
50) 1担=100斤, 그러므로 汝城縣 米價와 비교 가능.

양호(兩湖)지역 미가의 변동 추세를 그래프로 대략 짐작할 수 있다. 은량치를 기준으로 하면 1890년부터 1910년까지 20년간 약 82.7% 상승을 보이고 있다. 비슷한 기간 여성현의 경우 약 100% 상승하고 있다. 그래프에 나타나는 양호미가는 지역과 시간대가 광범위한 점을 고려하면 여성현의 미가 상승은 비교지역 전체와 보편적인 궤적을 그리고 있거나 약간 상회하는 수준이다. 또 민국시대 최대의 미곡 소비지인 상해와 장사가 미가변동상 고도의 상관성을 보이고 있다는 점을[51] 고려하면 상해 미가변동과도 연관시켜 볼 수 있을 것이다. 강남의 미가 동향으로서 순치기(順治期)의 고미가(高米價), 순치말(順治末)의 급락, 강희(康熙)대 이래 점진적 상승(漸騰)의 궤적이 지적되고 있는데 앞의 양호 미가 추세와 대세는 비슷하다.[52] 청대 미가의 장기 추세를 보면 전체로서 상승세 중에 17세기 후반, 19세기 2·4분기, 19세기 70~80년대의 하락기를 보이고 있는데 양호 미가도 같은 추세이다.[53] 1912년에서 1928년까지 상해의 미가 상승은 40.7%, 연평균 지수는 2.5정도 상승하고 있다. 여기에 비하면 여성현의 미가 상승률은 대단히 높은 편이다. 여성현은 대상 시기 65년간 약 300% 미가가 상승하여 단순 수치로서는 기준년도에 비해 지수는 매년 4.6 이상 상승한 편이다. 그러나 상해의 경우에도 1931년은 1929년에 비해 일반 물가지수가 21.2% 상승했으므로 짧은 시기만의 물가상승률과 바로 대비하기는 어렵다.[54] 1912년에서 1932년까지 20년간 미가 상승폭을 보면 천진(天津) 81.73%, 항주(杭州) 55.43%, 영파(寧波) 47.3%, 광주(廣州) 26.8%, 중경(重慶) 177.56%, 강소(江蘇) 무진(武進)의 경우 백미 55.55%, 갱도(粳稻) 131.8%로 나타난다.[55] 지역별로 다양한 편차가 있음을 알 수 있다. 표에서 확인되는 대로 호남 여성현의 미가는

51) 徐正元,「上海近代稻米市場價格變動之分析」『中國經濟史硏究』, 1996年 2기, 上海와 長沙는 0.7~0.9까지 높은 상관성.
52) 岸本美緒,『淸代中國の物價と經濟變動』, 東京, 1997. 제3장.
53) 위의 책, p.51.
54) 注 51)과 같음.
55) 譚文熙,『中國物價史』, 武漢, 1994. p.356.

1870년대 이후 가파른 상승세로 지수상 매년 4~5씩 증가했다고 여겨진다.

(2) 콩, 옥수수, 고구마

시게타 아쓰시(重田德)의 주장대로 호남미 시장이 지주적 시장이기 위해서는 소작료가 현물지대일 것이고 소작인의 주식은 미라는 것이 전제가 되어야 한다. 그러나 타 지역에서도 그렇겠지만 호남에서도 잡량(雜粮)을 식량으로 사용하는 사례가 흔히 보이고 있고[56] 침주에서도 옥수수로 양식을 보충하는 것이 보인다.[57]

콩은 여성현 수입품의 주종이고 옥수수와 고구마는 자급품인데 시기별 가격 상승폭은 유사하다. 콩은 1석당 민국시기 24원인데 옥수수는 8원으로 3배의 가격차를 유지하고 있다. 옥수수는 여성현 서 1구의 재동(梓洞), 마교(馬橋), 서 2구의 연수(延壽)·문명 등에 생산액이 풍부하나 현 내의 자급에 그치는 정도이다. 고구마도 식량 보충에 활용하지만 현내 수요에 그치는 정도이다.[58] 내부에서 생산되지 않는 콩의 가격이 수출용의 곡 1석(石) 가격보다 3~4배 비싼 것이 주목된다.

2) 기타 물가

다유(茶油), 동유(桐油)는 다 같이 광선(光宣)시기에서 민국시기에 걸쳐 상승률이 2.5배로 전시기 보다 현저하게 높아지고 있다. 동유는 100근당 15원에서 36원으로 상승하고 다유는 같은 기간 100근당 16원에서 40원으로 상승하였다. 동치년간 이전에는 주로 내수 위주의 동유는 광서 2년 이후 수출을 개시하였고 1차 대전 후에도 각 참전국 동유 수요량이 급증하였다.

---

56) 光緒 『零陵縣志』 권5, 學教 風俗.

57) 龔勝生 『淸代兩湖農業地理』, 武漢, 1996, p.134.

58) 民國 『汝城縣志』 권18, 政典, 實業, p.815.

한구(漢口)는 매 담(擔) 은 5량 정도이던 것이 1911년 8~9량 전후 수준으로 상승했고 중경(重慶)은 1922년 이전 9량 전후에서 1929년 23.41량으로 상승하였다.[59] 이것을 보면 여성현의 동유 가격 상승은 타 지역과 같은 맥락에 있다고 생각된다.

토포(土布) 가격은 광선시기에서 민국시기에 걸쳐 100척(尺) 2.5원에서 5원으로 100% 상승했다. 표의 물목에서 양포(洋布)는 보이지 않고 같은 기간 양사(洋絲)의 가격 상승률과 유사한 것을 알 수 있다. 청말민국기에 걸쳐 양사, 양포가 중국 농촌시장에 진입하지 않았거나 하더라도 토포와 평화 공존한 것이라든지[60] 양포 수입 후에도 토포 가격이 비교적 안정했다는 지적[61]과 여성현의 사실도 부합된다. 양사의 가격 상승률은 광선시기에서 민국시기에 걸쳐 배 이상 증가했다. 동광시기에 아직 양사가 유행하지 않았던 것에 비해 볼 때 청말민국기에 양사의 급격한 수요 증대를 짐작할 수 있다. 같은 시기에 양유(洋油)의 가격 상승률은 4배를 초과한다. 이를 보면 급격한 양유 수요가 있었을 것이다.

상해에서 양유 양연(洋烟: 양담배) 양조(洋皂: 비누), 양촉(洋燭: 양초) 등 서양 상품 전문상점이 생겨난 것에 비하거나[62] 상담현에서도 서양상품이 상대적으로 많이 보급된 것에 반하여[63] 여성현 물가표상 양화(洋貨)는 별로 보이지 않는다.

토지가격을 보면 우선 단위가 「공(工)」으로 나타난다. 호북, 호남 등지에서는 「석(石)」「두(斗)」로서 면적 표시 단위가 많이 나타나는데[64] 여성현에서와 같이 「工」의 표시는 극히 드문 현상이다. 여성현지에 "토지의 단위명칭은

59) 譚文熙, 『中國物價史』, 武漢, 1994. p350.
60) 史建運, 「淸代華北平原農村綿紡織業商品生産」 『淸代區域社會經濟史硏究』, 北京, 1992. p.166.
61) 譚文熙, 『中國物價史』, 武漢, 1994. p.372.
62) 謝國權, 「近代長江中下遊沿岸中等城市商業硏究」 復印報刊資料 『經濟史』, 1996년 6기.
63) 李文治, 『中國近代農業史資料』 제1집, p.492.
64) 吳承洛, 『中國度量衡史』, 北京, 1937(1993 影印版), p.311.

무(畝)라 하지 않고 공(工)이라 한다. 매 토지 1.5공을 1무에 준한다."[65]라
되어 있어 1.5공이 1무임을 알 수 있다. 동광(同光)시기에서 광선(光宣)시기에
걸쳐서는 미가 상승폭과 토지가격 상승폭이 같은데 그 후 광선시기에서
민국시기에 걸쳐서는 토지가격 상승률이 미가 상승률 보다 저하되고 있다.
민국 전기에 지주계급 특히 신흥군벌이 다투어 토지를 매입함으로써 토지가
격이 상승하는 추세였다가 민국 중기에는 지주 자본가의 투자 방향이 상공업
으로 향하여 토지가격 상승률이 둔화된 것에 원인이 있다고 여겨진다.[66]

　임금을 검토해 보면 목공(木工), 토공(土工)의 경우 광선시기에서 민국시기
에 걸쳐 명목소득의 증가율은 미가 상승률과 비슷하다. 실질임금 추정을
위해 구매 가능 미를 계산해 보면 광선시기 1일 노임 0.15원으로 미 3.75근을
구입할 수 있다. 같은 방법으로 하면 민국기에도 1일 임금 0.3원으로 미
3.75근을 구입할 수 있어 이 기간 목공, 토공의 실질임금은 변동이 없음을
알 수 있다. 고농(雇農)의 경우 청말민국기에 2.5배 명목 소득이 상승했다.
고농의 1일 임금 0.1원으로는 미 2.5근을 살 수 있고 민국기 임금 0.25원으로
는 미 3.125근을 살 수 있어 실질임금은 오히려 증가하고 있다.[67] 전한승(全漢
昇)에 의하면 1875~1925년에 걸쳐 사천성 합강현(合江縣)의 임금과 물가와의
변동 추세가 거의 일치하고 있던 것이 보고되고 있는데[68] 여성현의 경우에도
경향은 비슷하다.

　소금(塩價)가격은 각 시기에 걸쳐 가격 상승폭이 최고에 가까운 품목이다.
즉 동광시기에서 광선시기에 2.5배, 광선시기에서 민국시기에 2.75배씩
증가하고 있다. 청말 특히 광서 중후기는 청대 전중기에 비해 소금가격은
대체로 5~10배 상승하였다. 생산지의 성격상 연해에서 멀어질수록 소금
가격이 높아지는 것이 일반적인데 봉현현(奉賢縣)의 소금가는 1912년 0.008

65) 民國 『汝城縣志』 권13, 政典, 財政 上. "田之稱名也 不曰畝而曰工 每田一工半 準一畝之數".
66) 譚文熙, 『中國物價史』, 武漢, 1994. p.384.
67) 岸本美緒, 앞의 책, p.51 참조.
68) 위의 책, p.28.

원이다가, 1926년 0.02원, 1931년 0.05원, 구지현(丘池縣)은 민국 5년에 60~100문(文), 민국 15년에 400~600문(文)이 되었다. 민국초기의 소금가 상승은 보편적 현상이었다.[69]

전체적 물가동향을 보면 상해에서와 마찬가지로[70] 미가의 변동 추세와 일반 물가변동 추세가 대단히 유사하다. 가격 상승폭이 보다 현저한 것은 양유(洋油), 양사(洋絲)를 비롯하여 소금, 다유(茶油), 동유(桐油), 목공(木工), 토공(土工), 고농(雇農)의 임금도 여기에 해당된다. 청대 18세기 전후 약 100년간 가격 총 수준이 300% 증가한 것에 비해[71] 65년간에 300% 이상 증가한 것을 보면 청말민국기에 여성현의 물가 수준이 급격히 올라간 것을 알 수 있다.

3. 물가상승의 원인

침주부(郴州府) 여성현의 경우 2절에서 살핀바와 같이 1867년에서 1932년 사이의 기간에는 미가를 비롯한 기타 물가가 지수상 평균 매년 4~5씩 상승하였다. 여성현지 물가표에도 가격이 매월 매년 다르기 때문에 각 시기의 중간 값을 적는다고 되어 있어 대체적인 추세 파악을 할 수 있을 뿐이다. 계절간의 변동도 당연히 심하여 호남은 6월에서 10월, 호북은 5월에서 9월이 가격이 낮은 시기이고 12월에서 5월, 11월에서 4월이 가격이 높은 계절이다. 안향현(安鄕縣)의 경우 3월에 10일간 미가가 25% 하락한 사례에 보이듯이[72] 매일의 시장가격도 변동이 많았을 것이다.

이러한 가격변동 물가상승의 원인에 대하여 다양한 해석이 있고 또 여러

---

69) 譚文熙, 『中國物價史』, 武漢, 1994. p.364.
70) 注 51)과 같음.
71) 郭成康, 「18世紀中國物價問題和政府對策」『淸史硏究』, 1996년 1기.
72) 民國 『安鄕縣志初稿』 권10, p.226.

요소가 복합적으로 작용했다고 할 수 있을 것이다. 몇 가지를 검토해 보기로
하자.

우선 토지·인구 문제에 대해서 검토해 보겠다.

청대 양호 지역의 농업에 대해 고찰한 공승생(龔勝生)은 가경(嘉慶: 1796~
1820)년간 이후 호남·호북의 인구 압력이 날로 증가하고 매 인(人)당 경지
2무(畝)이하, 매 경(頃)경지의 부하량이 50인을 초과하였다는 것을 밝히고
인지(人地)관계 변화가 미가 상승 원인이라고 지적한다.[73] 호남 영릉현(零陵
縣)에서도 "고을의 미곡 생산이 예전에는 인구가 적고 식량 소비도 적어
혹 여유가 있으면 외부를 구제할 수 있었다. 근래 인구가 증가하였는데
농민은 늘어나지 않고 식량 소비는 날로 증가하였다. 상강(湘江) 하류지역
이 모두 흉년이 들어 타 고을에서 곡식을 구매하러 오니 이 지역 곡가가
곧 급등하였다. …"라 한 것을 보면[74] 인구 증가가 미가 상승의 일부
원인이 되고 있음을 알 수 있다. 근대 중국은 토지 생산력 하강과 인구
증가로 미가의 지속적 상승은 피할 수 없는 추세였다는 조사도 있다.[75]

그런데 여성현의 경우 경지와 인구의 관계는 어떤 변화 추세를 보이고
있을까. 청대는 정확한 토지 측량이 거의 행해지지 않았으므로 실제 경지
면적을 알기 어렵다. 특히 좁은 현의 단위에서는 면적 표시가 드물고 여성현
이 소속해 있는 침주부의 토지면적이 제시되어 있다.[76]

〈표 4〉는 호남·호북의 실제 경지면적 변화 추세이다. 여기서 여성현의
물가 분석대상 시기와 유사한 1873년에서 1932년의 호남 경지 변화를 보면
총 13.01%증가이고 매년은 기준년을 100으로 했을 때 증가 지수는 매년
0.22 정도이다.

---

73) 龔勝生, 『淸代兩湖農業地理』, 武漢, 1996, pp.281~282.

74) 光緖 『零陵縣志』 권5, 風俗, 生計. "通邑米粟所入 昔時人少食寡 或有餘可以濟外 近來戶口繁
    庶 農不加多 而食者日增 遇湘江下流 均有荒歉 他邑時來就糴 則本境穀價 立致翔貴".

75) 徐正元, 「上海近代稻米市場價格變動分析」 『中國經濟史硏究』, 1996년 2기.

76) 注 73)의 책, p.98.

〈표 4〉 청대 양호 실제경지 추계(萬頃)

年代	湖南	湖北	兩湖
原額	29.5	54.7	84.2
順治一八 (公元1661년)	-	-	58.7
康熙二四 (公元1685년)	14.0	48.7	62.7
雍正二 (公元1724년)	30.0	50.0	80.0
乾隆一八 (公元1747년)	31.5	51.6	83.1
乾隆四九 (公元1784년)	35.1	54.7	89.8
嘉慶二五 (公元1820년)	38.6	56.4	95.0
同治一二 (公元1873년)	43.8	59.4	103.2
光緒一九 (公元1893년)	45.7	61.3	107.0
(公元1913년)	47.6	63.2	110.8
(公元1932년)	49.5	66.2	115.7
(公元1957년)	62.9	70.5	133.4

* 『淸代兩湖農業地理』, p.81

〈표 5〉 호남 여성현 인구

시기	戶	口	備考
嘉慶 21年(1816年)	33,850	141,770	*각주 참고
民國 18年(1929年)	34,959	153,038	
1947年	32,933	144,445	
1953年	46,525	175,929	

民國 『汝城縣志』, 『湖南省地理志』, p.240. *77)

　여성현의 경지 변화추세는 명확하지 않다. 민국 여성현지에 기재된 원액 전지(原額田地)는 155,457.56무(畝)이지만 이것이 실제 전지(田地)라고 보기는 어렵다. 1949년의 매 인당 경지가 1.71무인데 이것은 1947년의 인구 144,445명으로 곱하면 247,000무가 나온다. 민국 21년(1932)에서 1949년 사이가 현격한 경지 증가가 없었다면 민국시대 여성현의 경지는 247,000무 이하에서 가까운 어떤 실수(實數)로 생각된다.

　1816년에서 1929년의 인구 차이는 11,268명으로 총 증가는 7.94%이다. 113년간의 간격에서 기준년을 100으로 했을 때 매년 증가 지수는 0.07정도

---

77) 이 수치는 『嘉慶通志』에 기재된 것이고 『汝城縣志』에는 戶 34,729, 口 145,605로 되어 있어 誤差가가 있다.

수준이다. 전술의 약 60년간 경지의 매년 증가 지수 0.22에 비하여 낮은 수치이다. 1947년 인구는 1929년보다 오히려 감소하고 있는데 이것이 전쟁, 혼란 등으로 인한 실제 감소를 나타내는지는 알 수 없다. 인구 밀도도 가경 25년(1820) 침주부 전체가 ㎢당 80.6인인 데 비해 여성현은 1816년 60.6/㎢, 1929년 65.4/㎢로 나타난다. 따라서 여성현이 인근 현에 비해 인구 압력이 두드러지게 높았다고 보기는 어렵다.

그런데 여성현의 수전(水田) 비율은 99.2%이고 한지(旱地)가 0.8%에 불과하다. 인근의 계동현과 자흥현(興寧)도 수전이 98%이상이다.[78] 해발 600m 전후의 구릉과 산지가 많은 곳으로서는 의외로 수전 비율이 높다.[79] 또 1800~1899년 사이 호남·호북지역 도곡(稻穀) 무당 생산량 조사에 의하면 여성현(청대 계양현)은 무당 4석(石)으로 호남의 평균 3.19석보다 훨씬 높고 거의 최고 수준에 속한다.[80] 청대 호남의 주요 미곡 수출구에 포함되지 않는 주변부인 침주부 여성현이 전체 현으로 계산하여 1/4의 생산액이 여유가 있다는 것, 그 잉여미가 광동 성구(城口), 낙창(樂昌)지방, 강서의 숭의(崇義), 호남의 자흥(資興) 등지로 수출되었다는 것은 분명 이 지역 미곡 생산의 발전을 표시한다고 보아야 할 것이다.[81] 타 지역에서는 보충 식량으로 쓰이는 옥수수는 현내의 오리 먹이로 쓰인다는 것도 생활수준을 가늠할 수 있는 것은 아닐까 한다. 18세기 전반까지 이 지역에는 재배가 없던 밀의 생산도 농업 생산력의 발전이다. 고구마, 번저(番藷) 일명 감저(甘藷)는 식량 보충의 잡량으로 생산량이 많고 이 지역민의 큰 이익원이 되고 있음이 확인된다.[82] 따라서 이 지역 미가 상승은 단순한 인구 압력만은 아니라고 여겨진다. 오히려 농업생산력의 발전과 이에 따른 소비 수준

---

78) 龔勝生, 『淸代兩湖農業地理』, 武漢, 1996, p.62.
79) 『湖南省地理志』, p.102.
80) 注 78)의 책, p.116.
81) 民國, 『汝城縣志』, p.815, 농업개황.
82) 위의 책,

향상이 원인이 아닐까 한다.

미가 상승의 원인으로 흔히 채매(採買)가 지적된다.[83] 여성현의 경우 현지에 보면

> 동치 13년에 관찰 주명량(朱明亮)이 의거 권모(勸募)를 제창하여 각 향단 향족이 전무(田畝)를 기부 설치하게 하고 평년에 군량 900여석을 내게 하여 주둔 녹영에 공급한다. 오로지 양호 채매(糧戶 採買)에 해당하게 한다. … 정향(正餉) 외에 채매 명목을 폐지한 지 이미 40년이 되었다.[84]

라고 한 것을 보면 동치 13년(1874)에 이미 채매가 폐지되고 있다. 이것을 보면 분석대상시기인 1867년 이후 1932년까지 사이에 여성현에서는 채매가 미가 상승의 원인이 아님을 알 수 있다.

국가의 물가조절 정책으로 직접 양가(糧價)에 관여하거나 알적(遏糴: 곡식의 대규모 매입금지), 양식 해외수출 금지, 수입세의 면제 등 여러 가지 정책이 있으나 중요한 것의 하나가 창저(倉儲)제도이다.[85]

청 후기 각지에서 창저제도가 문란해지지만 여성현에서도 가경 4년 이후 창정(倉政)이 붕괴되기 시작하였다. 동치년간 태평천국란 이후 다시 창저의 필요성을 절감해 정비를 시도했으나 분식 보고가 대부분이고 조사를 나가면 부호의 창고를 거짓으로 가리키는 사례가 왕왕 있을 정도였다.[86] 이것은 지방 단위의 물가조절 기능을 일부 상실한 것으로 볼 수 있다. 이것이 물가상승의 한 원인일 수도 있다.

---

83) 郭成康, 앞의 논문; 鄭哲雄, 「淸初 揚子江 三省지역의 미곡유통과 가격구조」 『歷史學報』 143, 1994.

84) 民國 『汝城縣志』 권14, 財政 下, "… 於同治十三年 經朱觀察明亮 提唱義擧勸募 各鄕團族捐 置田畝 常年出兵穀九百餘石 輸供駐境綠營 專抵糧戶採買一項之徵納 業經稟奉請督撫批准 在案 正餉之外 取消採買名色 已四十年於玆矣 … 汝邑則照無採買之處 一六徵收 …".

85) 譚文熙, 『中國物價史』, 武漢, 1994, p.287.

86) 民國 『汝城縣志』 권13, 政典, 財政 上.

청말민국기에 세금의 가중은 여성현에서도 확인할 수 있다. 국가 잡세표를 보면 도재세(屠宰稅), 연주세(菸酒稅) 등은 광서 말년에 새로운 세금으로 등장하고 있고 인계세(印契稅)는 세율이 3%에서 6%로 배로 증가한다. 지방공용전부부가일람표(地方公用田賦附加一覽表)에는 무연(畝捐), 험계부가(驗契附加), 군용부가(軍用附加), 단련부가(團練附加), 학관부가(學款附加) 등 16개 항목의 부가세가 있다. 지방경비세입개산표(地方經費歲入槪算表)에는 지방전부부가(地方田賦附加), 교육전부부가(敎育田賦附加), 계세부가(契稅附加), 계지부가(契紙附加), 연주부가(菸酒附加) 도재절류정세(屠宰截留正稅), 경기연(經紀捐), 팔행다유산세(八行茶油山稅), 용호동백화연(龍虎洞百貨捐), 오사출산연(鎢砂出産捐) 등 22개 항목이 있다.[87]

계세(契稅), 계지(契紙) 등 거래상의 부가세나 경기연(經紀捐) 등 거래 중개인에게 부과되는 세금, 또 술이나 다유, 백화(百貨) 등 상품에 부과되는 세금 등은 모두 상품가격에 전가되기 마련이고 이것이 물가상승에 직간접의 영향을 줄 것은 분명하다. 민국 18년의 여성현 지방경비 세입은 125,229원, 19년 예산은 153,821원로 22.83% 증가치를 보이고 있다. 각종 부가세 항목 증설뿐 아니라 예산도 1년 사이에 큰 폭으로 상승되고 있다.

〈표 6〉 지방경비 세입개산표 (단위: 원)

科目	歲入經常門		
	18年度 決算數	19年度 豫算數	20年度 豫算數
地方田賦附加	25,989	21,433	29,227
敎育田賦附加	4,872	7,794	9,742
團款田賦附加	49,618	77,937	77,937
契稅附加	961	500	700
契紙附加	136	200	200
菸酒附加	120	120	120
屠宰截留正稅	1,208	1,208	1,208
東西河木捐	16,918	17,000	17,000
高批八坧田捐	2,776	2,752	2,752
龍虎洞百貨捐	658	656	656

87) 위의 책.

經紀捐	1,846	1,846	1,846
城市鋪租捐	130	1,200	1,000
財局田租款	1,638	1,755	1,355
教育局田租款	950	897	897
鋪房租金	135	160	160
土地稅	20	30	30
八行茶油山稅	13	13	13
春秋屠帮款	425	420	420
田賦逾眼息金	580	800	1,300
鎢砂出産捐	300	600	570
合計	109,293	137,321	147,133
臨時門			
教育費特商捐	3,500	3,000	3,200
團款特商捐	12,436	13,500	10,600
合計	15,936	16,500	13,800
總計	125,229	153,821	160,933

＊민국『汝城縣志』, p.588

　다음으로 국제 교역과 관련하여 생각해 보겠다. 전한승(全漢昇)은 18세기 중국 물가상승을 아메리카 은에 의한 세계적 물가 혁명이라 보고 있다. 팽신위(彭信威)도 건륭(乾隆)년간 물가상승 기본 원인을 외국 은의 유입에서 찾고 있다.[88] 18세기 약 100년간 수억 원의 외국 은이 도입되어 통화 팽창, 물가상승을 가져왔다는 지적도 있다.[89]

　그런데 19세기 후반에서 20세기에 걸쳐 제국주의 침략이 고조된 시점에서 국제교역과 물가변동에 대한 시각은 위와 조금 다르다. 추대범(鄒大凡)은 1895년 이후 급속한 물가 등귀를 제국주의 침략 강화와 계급모순의 격화에서 원인을 찾는다.[90] 담문희(譚文熙)도 "동치 이후 제국주의 침략이 날로 강화되고 청대 경제는 날로 쇠퇴, 물가상승폭은 날로 커지고 인민생활은 더욱 빈곤해졌다"고 한다. 그러나 그가 인용한 자료는 민국 지방지 중에 주로 '대한(大旱)' '대기(大飢)' '불수(不收)' 등 자연재해 관련 미가 기록이다.[91]

---

88) 岸本美緒, 앞의 책, 제2절.
89) 郭成康, 앞의 논문.
90) 岸本美緒, 위의 책, p.23.

비관론자들의 주장이 주로 1920~1930년대 수집된 데이터에 의해 주장된 것이고 정밀한 논증이 아니라는 비판을 가하는 것은 David Faure이다. 그는 청말의 통화 평가절하에 의해 시작된 인플레이션하에서 생사(生絲), 면화 등 상업 작물, 미곡 양쪽에서 농민은 부(富)를 축적할 수 있게 되었다고 한다. 또 1870~1929년까지 강남과 주강(珠江) 삼각주 지역이 무역확대에서 이윤을 취했다는 것이다.[92] E. S. Rawski도 18세기 호남을 사례로 시장의 확대라는 좋은 조건에 농민이 적극적으로 대응하여 농업발전이 이루어졌다고 이해하고 있다.[93] 왕업건(王業鍵)에 의하면 1880~1920년대에는 양자강 델타지대의 물가가 매년 3.3%씩 상승했고 1930년에 총 화폐 보유고는 60억 원에 달했다고 밝히고 있다.[94] 반세기간 화폐 공급은 8~10배 증가 매년 4.2~4.7% 성장했다. 콩, 동유(桐油) 등은 세계시장에 판로를 얻었고 기선, 철로는 수송비용을 절감하였다. 남개대(南開大) 자료에 의하면 1881년에서 1930년 사이에 수출 수입이 3배나 증가했다. 각 성(省)간의 교역도 19세기 후반보다 1920년대 3배나 성장했다.

호남 여성현의 사정은 어떠한가. 전술한 대로 18세기 중반까지 이 지역에는 '무시진집(無市鎭集)'이라 할 정도로 상업 발전이 미미했다. 그런데 이 시기 성시(城市)의 점포가 300~400집이 되고 형방(衡幇), 보방(寶幇), 광방(廣幇: 嘉應, 新寧 등), 서방(西幇: 吉安, 贛縣 등)상인들이 현 성에 주재하고 동향회관을 설립할 정도가 되었다. 또 민국 6년에 텅스텐 광산이 개발되어 상업 활성화에 기여하였다. 다엽의 경우 남 1구의 인화다(仁化茶), 서산다(西山茶), 남 2구의 후계다(厚溪茶) 구룡강모다(九龍岡毛茶), 서 2구의 연수다(延壽茶) 등이 생산되었는데 광동상인이 와서 구매하여 운송 수출하였다. 가격이 날로 오르고 본지의 소비도 많아지고 있다는 것이 민국시기의 사정이다.[95]

---

91) 譚文熙, 『中國物價史』, 武漢, 1994, p.256.

92) David Faure, The Plight of the Farmers, Modern China Vol.11, No.1, 1985.

93) 岸本美緒, 앞의 책, p.23.

94) Yeh-Chien Wang, *Secular Trends of Rice Prices in the Yangzi Delta, 1638~1935* (California Univ. Press, 1992).

여성현의 외부와 교역은 광동과의 것이 60%, 호남이 30%, 강서가 10% 정도이다. 이 시기 국제교역과 통화량의 팽창이 여성현 물가에도 영향을 미치고 있다고 할 것이다. 그러나 MV=PT[M(화폐량) V(화폐유통속도) P(가격) T(거래량)]의 공식에 대입할 수 있는 구체적 수치는 확보할 수 없다.

민국시기에서 중일전쟁 이전까지는 대체로 물가가 안정 중에 상승세가 있는 것이 기본적 흐름이다.[96] 여성현의 1867~1932년까지 물가가 기준년 대비 매년 지수 4~5씩 상승하는 추세였다는 것도 이런 흐름에 크게 벗어나지 않는다고 생각된다.

강희년간에 물가가 극히 싼데도 불구하고 구매자는 도리어 감소하고 사람들의 생활은 여유가 없고 상인은 손실을 입는다는 사실에서 강희기는 불황이었고 물가가 비싼 18세기 시기는 오히려 호황이었던 것이 지적되고 있다.[97] 광서 9년(1883)에 상해지역에서 상품가격이 하락했는데도 불구하고 도산 점포가 속출하고 거래가 부진한 불황이 발생한 일도 있다.[98] 이를 보면 물가가 상승한다고 해서 생활수준의 후퇴가 초래된다고 보기 어렵다. 앞서 물가표에서 보면 미가 상승과 관련 목공, 토공 등의 실질임금이 유지되고 있고 고농(雇農)의 실질임금이 오히려 상승한 것을 알 수 있다. 농민의 구매물가와 판매물가가 모두 상승률을 비슷하게 유지하는 현상도 보였다. 이런 견지에서 보면 이 시기 여성현의 물가상승이 농민이나 민중의 생활수준 침체를 초래했다고 생각되지 않는다.

개항지의 주요 교통로에 편리한 접근이 어려워서 인지 서양 상품인 양화(洋貨)는 상담현보다 덜 유행하였다. 양사(洋絲)와 양유(洋油) 정도가 두드러질 뿐이다. 이로 볼 때 제국주의 침략의 경제적 침투 현상은 여성현에서는 크게 가시적이지 않았다.

---

95) 民國, 『汝城縣志』 권18, 政典, 商業.

96) 譚文熙, 『中國物價史』, 武漢, 1994. p.429.

97) 岸本美緖, 위의 책, 7장, p.245.

98) 위의 책, p.438.

소결(小結)

이상에서 간단한 고찰을 통하여 청말민국기 여성현의 물가변동에 대해 살펴보았다.

미가를 중심으로 이 60여 년간 물가는 매년 지수상 4~5 정도 상승 추세이다. 이것은 중일전쟁, 세계대전 등 혼란한 시기인 민국 후기에 비해서 상대적으로 안정속의 상승이라고 할 수 있다. 물가상승 원인으로 흔히 지적되는 인구의 폭발적 증가와 경제개발의 둔화 등의 이유는 적어도 이 지역의 통계 수치상으로는 확인하기 어렵다. 인구의 완만한 성장과 농업 생산력의 성장이 물가상승폭을 어느 정도 안정시키고 있는지도 모른다.

또 다른 원인으로 채매(採買)가 지적되지만 여성현에서는 동치 13년(1874)에 채매가 중단되었다. 세금에서는 전부(田賦)외에 지방경비 조달 차원에서 각종의 잡세가 신설되거나 증가되는 것이 확인된다. 더욱이 계세(契稅), 계지세(契紙稅), 경기연(經紀捐), 백화연(百貨捐), 연주세(菸酒稅) 등 상업활동과 관련 각종 부가세가 무수히 신설되는 것 등은 직간접으로 가격에 전가되기 때문에 물가상승에 기여하였다고 생각된다. 창저(倉儲)제도 역시 청 후기 다른 지방과 마찬가지로 가경년간 이후 붕괴됨으로서 국가 차원의 가격 조절 기능이 쇠퇴하였다. 이것도 물가상승의 한 원인이 되었을 것이다.

국제교역이 직접적으로 이 지역에 미치는 영향은 수치상 불명확하다. 「근년물가표」에 거래량이 명기되어 있지 않다. 동유가 외국 시장에 수출됨으로서 가격이 상승했다는 것이 지적되고 있고 여성현지에도 차의 수출을 위해 광동상인이 여성현에 매집(買集)차 내왕하는 것이 확인된다. 또 여성현의 대외거래 중 60%가 광동을 통한 것이며 그 루트로 서양 상품이 들어온 것은 분명히 확인된다. 양사(洋絲), 양유(洋油)의 가격이 등귀하는 폭은 일반 물가상승폭을 앞지르고 있으나 양포(洋布)가 물목에 빠져있어 토포의 존재가 어느 정도 경쟁력을 가지고 있었다고 여겨진다. 양사, 양유 외에 양화(洋貨)의 물목은 「물가표」에 보이지 않는다. 그러므로 민국 21년 단계까지도

호남 여성현에는 제국주의의 경제적 침략이 구체적으로 왕성한 것 같지
않다. 양사의 도입은 토포 생산을 자극했을 것이고 실제 토포 가격의 상승률
도 일반 물가상승률을 밑돌지 않는다.

중국학계에서는 이 시기 국제교역은 제국주의의 상품시장인 동시에 원료
수탈시장으로 중국을 규정하는 것이라 본다. 결과 중국 농민의 생활은
더욱 곤궁하고 비참해졌다는 것이다. 그러나 이 여성현의 경우 청 전기
18세기 전반까지 맥작(麥作)도 행해지지 않았고 시집(市集)도 존재하지 않는
산읍(山邑))이었다. 호남의 미곡산지로 보면 양식결핍지구에 해당한다. 그
런데 청말 이후 맥작(麥作)이 보급되고 고구마 등 재배가 확대된다. 미곡은
단위당 무산(畝産)도 호남성 각 현 가운데 최고 수준 4석/무(石/畝)가 되고
생산액의 1/4은 광동이나 인근 자흥현 등지로 수출되기에 이르렀다. 타
지역에서 양식 보충 자료인 옥수수는 오리 먹이용으로 제공되고 고구마는
양식 보충으로 사용되었다. 미곡의 생산량 증가, 잡량의 확대 등은 농민의
미곡 상품화를 가능하게 해주는 것이다. 이런 배경하에 각지에 시집(市集)이
발전하고 현성에는 300~400집의 점포가 등장하였다. 뿐만 아니라 각지의
상인 즉 형방(衡帮: 형양상인), 보방(寶帮: 보경상인), 광방(廣帮: 광동상인),
서방(西帮: 강서상인) 등 외지 상인이 와서 여성현에 상주하며 회관까지
설립하기에 이르렀다. 민국 초에는 텅스텐 광산이 개발되어 인구유입과
경기 부양을 도왔다.

농민의 판매 물가와 구매 물가는 명확히 구분할 수 없으나 「물가표」의
물목 거의 대부분이 비슷한 상승폭을 보이고 있다. 목공, 토공 등의 실질임금
은 물가상승에 따라 감소하지 않았고 고농(雇農: 고용농업노동자)의 실질임
금은 오히려 상승하고 있었다. 이런 면에서 볼 때 민국 21년(1932)까지의
호남 여성현의 물가상승에서 제국주의 침략의 영향으로 농민이 더욱 곤궁해
지고 비참해졌다고 보기는 어렵다고 생각된다.

그런데 「물가표」의 사료는 매년 매월의 상세한 항목이 없고 장기 추세를
알려줄 뿐이다. 또 화폐의 환산치도 끝내 정확히 밝히지 못하여 타 지역과의

물가의 직접 비교도 할 수 없었다. 중국 물가 연구의 일반적 문제, 자료의
한계 등은 앞으로 극복되어야 할 과제이다. 다만 이제까지 물가사가 전국적
인 이론으로 구성되면서 실제 자료는 여기 저기 상이한 지역의 자료를
무차별 종합을 했다는데 대해 한 개의 현을 단위로 당시인의 시각에서
시(時) 계열로 정리된 물가사를 재구성해 보려한 데 의의가 있다고 여겨진다.

제2장 청말민국기 호남 장사(長沙)의 미가와 물가동향

1. 미가와 물가변동

1) 미가변동

(1) 단기 변동

본 장(章)을 구성하게 된 동기는 장사에서 발행된『상보(湘報)』에서 1898년 당시 매일의 물가기록을 발견하게 된 것이다.[1]

매일의 물가기록은 청말에는 거의 찾아보기 어려운 희귀한 자료이다. 여기에 지방지와 기타 사료를 종합하여 대체로 청말민국기 그중에서 주로 동치(同治: 1862~1874) 이후 민국 25년(1936)까지를 분석대상으로 한 물가사를 구성해 보고자 한다.

본 장의 문제의식은 이 시기 물가변동의 궤적은 어떠하였으며 어떤 특징인가를 알아보는 것이다. 또 통설과 같이 이 시기에 제국주의 침략이 날로 심화되었으며 물가상승폭이 날로 증대되어 인민생활은 더욱 빈곤하게 되었는가.[2] 근대 농산 상품화의 발전이 도리어 농촌의 빈곤을 가중시켰는지를 탐색해 보는 것이다.[3]

---

1)『湘報』, 北京: 中華書局, 2006.
2) 譚文熙, 앞의 책, p.256.

물가사가 일차적으로 물가의 등락 변동을 추적하는 것이지만 단순하게 명목 수치만을 제시하는 데 그칠 것이 아니라 상대 물가를 파악하여 실질적 변화를 알아보고자 한다. 또 기시모토 미오(岸本美緒)의 경제 변동론적 관점을 시야에 넣고서 이 시기 물가변동의 의미를 파악하고자 하는 것이 본 장의 문제의식이다.

미가의 단기 변동은 우선 계절 변동을 생각할 수 있다. 전한승(全漢昇)과 Kraus는 소주(蘇州) 직조(織造) 이후(李煦)의 주접(奏摺)에서 추출된 1713~1719년의 소주 미가와 1913년~1919년의 상해의 매월 미가를 비교하여 200년의 간격에도 불구하고 양자의 계절 변동폭이 유사하다는 것을 밝힌 바 있다.[4] 진춘성(陳春聲)은 1751~1770년의 광주(廣州) 미가와 1931~1936년의 광주 미가의 계절 변동폭을 비교한 끝에 전자의 계절 변동폭이 후자보다 약간 적다는 결론을 내고 있다.[5] 이들 소론은 18세기 미량 교역망과 시장 통합성을 높이 평가하고 있는 것이 특징이나 어떤 측면에서는 교통과 수송수단의 발달, 상업의 발달이라는 역사의 전진 방향과는 맞지 않는 결론이라 생각된다. 호남지역에서도 건륭(乾隆: 1736-1795)시기에 비하여 동치(1862~1874), 광서(光緒: 1875~1908)시기의 계절 변동폭이 크다고 하고 그 이유는 인구 증가와 더불어 상인 작용의 차이가 있었다는 지적도 있다.[6] 이 역시 청 말에 미곡 장거리 무역 종사의 상인 활동이 18세기보다 미약해졌다는 인식인데 쉽게 수긍하기는 어렵다.

〈표 1〉과 〈도 1〉은 『상보(湘報)』에 수록된 1898년 장사의 미가 변화를 나타낸 것이다.[7]

---

3) 徐正元, 「中國近代農産商品化的發展與米市的形成」『復印報刊經濟史』, 1997-3.
4) 岸本美緒, 앞의 책, pp.31~32.
5) 위의 책, p.33.
6) 張麗芬, 『湖南省米糧市場産銷硏究(1644~1937)』, 台北, 1990, pp.241~242.
7) 『湘報』, 「長沙各物時價表」.

〈표 1〉 1898년 장사 미가(3~7월)

	上白米 石/155斤		次白米 石/152斤		中米 石/150斤	
	1石価	1斤価	石価	斤価	石価	斤価
~3/10	3000(文)	19.35(文)	2900(文)	19.08(文)	2800(文)	18.67(文)
3/11~3/20	〃	〃	〃	〃	〃	〃
3/21~3/31	3005	19.38	2902	19.12	2800	18.67
4/01~4/10	3070	19.81	2970	19.54	2810	18.74
4/11~4/20	3240	20.90	3140	20.66	3040	20.27
4/21~4/30	3450	22.26	3350	22.04	3250	21.67
5/01~5/10	3660	23.61	3560	23.42	3450	22.99
5/11~5/20	3620	23.37	3522	23.17	3422	22.82
5/21~5/31	3630	23.42	3530	23.22	3430	22.87
6/01~6/10	3425	22.10	3325	21.88	3225	21.50
6/11~6/20	3456	22.30	3356	22.08	3256	21.71
6/21~6/30	3500	22.58	3400	22.37	3300	22.00
7/01~7/10	3631	23.43	3531	23.23	3431	22.87
7/11~7/20	3881	25.04	3775	24.84	3681	24.54

　3월부터 7월까지 약 140일간의 매일 물가 변화를 10일간씩 평균하여 제시한 것이다. 미곡 1석(石)의 근(斤)수가 '장사는 ○○斤'이라는 통념은 성립되기 어려운 것 같다. 여기에 제시하지 않은 곡가는 하동곡(河東穀)과 하서곡(河西穀)으로 나뉘어 1석의 근수가 서로 다를 뿐 아니라 시기에 따라 수시로 1석의 근수가 바뀌고 있다.[8]

　미가도 상백미(上白米), 차백미(次白米) 등 품질에 따라 1석의 근수가 서로 다르게 나타나고 있다.

　〈도 1〉은 〈표 1〉을 그래프로 바꾼 것이다. 이것을 보면 미가는 5월 10일경에 가장 높고 6월 10일경에 급락했다가 그 후에 상승하고 있다. 〈도 1〉에서 보면 3월에 낮았던 미가가 4월부터 상승하여 5월 초순에 최고가에 도달하고 5월말의 고가(高価)를 거쳐 6월 초순에 급락하고 있다. 6월 중순부터는 다시 상승 궤도를 그리고 있다. 6월 초순의 급락은『상보』에

---

8)　하동곡은 3/5~5/15일은 1石=124斤, 5/16~6/13일은 1石=120斤, 6/14~7/19일은 1石=116斤임. 하서곡은 3/5~3/27일은 1石=100斤, 3/28~4/11일은 1石=126斤, 4/12~5/15일은 1石 100斤, 5/16~6/13일은 1石=124斤, 6/14~7/19일은 1석=120斤임.

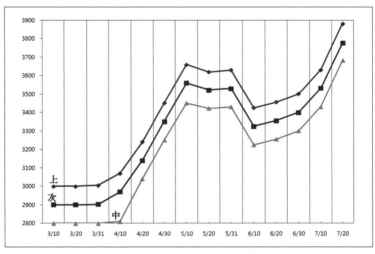

〈도 1〉 장사 미가(長沙米價) 석/문(石/文)

실린 6월 9일 기사와 관련성을 생각해 볼 수 있다. 무한(武漢)에서 미가가 공급 부족으로 갑자기 올랐는데 호남미가 도착하여 산처럼 쌓였다는 것과 그후 하류지역으로 미곡 방출을 금지하니 미가가 급락하였다는 사정이 나타나고 있다.9) 이 시기는 잡량의 등장 시기와도 맞물리고 있지만 6월 중순 이후의 미가 상승을 설명하기는 어렵다. 동치 9~10년의 장사의 미가변동은 4→5→6월은 상승하고, 6→7→8→9월은 하락, 9·10·11·12·1·2월은 평온, 2→3→4월은 상승 기조를 보이고 있다. 동치 9~13년의 장사 미가는 2→3→4→5월은 상승하고, 5→6월은 하락, 6→7→8월은 맹렬 하락, 9·10·11·12·1·2월은 평온을 나타내고 있다.10) 동치 2년(1863) 장사부 지부(長沙府知府) 정보정(丁宝楨)이 마련한 '적곡수방진차장정(積穀收放賑借章程)'에 의하면 5월 모일(某日)에 곡식을 대여하고 8월 모일에 거두어들인다고 되어 있다.11)

---

9) 『湘報』, 光緒 24年 4月 21日(6月 9日) 米價跌落, "現今湘米到漢 聚積成山 一律禁止出運下遊 米商業已停辦 所以米價跌落".
10) 張麗芬, 앞의 책, pp.244~246.
11) 同治 10年刊 『安化縣志』 권33, 時事記.

호남성 경제조사소의 조사에 의하면 장사부 각 현의 중도(中稻) 수확 시기는 장사현의 8월 하순을 비롯하여 대부분 8월 이후이다. 조도(早稻)도 장사현의 7월 중순을 시작으로 거의 7월 중하순에 집중된다.[12] 드물게 6월초에 조곡(早穀)의 등장을 알리는 기사가 있지만 보편적인 것은 아니었다고 생각된다.[13]

『상보』의 물가 기록은 매일을 기록 대상으로 하였지만 아쉽게도 7월 20일까지만 기록되어 있다. 따라서 1년 전체의 변동 내용은 알 수 없다. 3월에서 7월까지의 변동폭을 보면 상백미(上白米)는 3월 1석당 3,000문(文)에서 7월 3881문으로 편차는 29.4%, 차백미(次白米)는 3월 2,900문에서 7월 3,775문으로 편차는 30.2%, 중미(中米)는 3월 2,800문에서 7월 3,681문으로 편차는 31.5%이다. 3월에서 7월간의 변동폭은 중미의 31.5%가 가장 크고 전체로서는 대략 30% 내외이다. 1월에서 12월까지를 고려하면 이 계절 변동폭은 이보다 훨씬 더 클 것이라 생각된다.

수확 시기의 다양화와 잡량 재배의 확대 등은 미곡 수확의 계절적 차이만으로는 정형화된 미가변동을 확정 짓기 어렵게 하는 요인이었다고 생각된다. 『상보』에 실린 같은 해의 사정을 보면 전년의 추수가 평상년이었는데 동년 봄에 곡가가 갑자기 올랐다 곧 다시 평온을 되찾았다고 한다.[14] 1927년의 호남 미가가 수확 이전에는 1석당 13원이었는데 수확 후 5원으로 하락하여 61.5% 변동폭이었다는 보고도 있다.[15] 『호남의 곡미』에 의하면 민국 17년 (1928) 이전에는 신뢰성 있는 기록이 드물다고 하면서 민국 17년(1928)부터 24년(1935)까지 8년간 매월의 미가 기록을 제시하고 있다.[16] 그 내용을 보면 민국 17년은 5.20(1월), 8.27(12월)로 변동폭 59.0%, 민국 18년은 7.22(7),

12) 張人价 編, 『湖南の穀米』 9, 東京: 生活社, 1940, pp.13~21.

13) 同治 10年刊 『攸縣志』 권53, 祥異.

14) 『湘報』 89號, 長沙縣 職員 常達邦 呈批, "且上年秋收 尚得中稔 本年春間 穀価偶張 旋卽平減".

15) 章有義, 『中國近代農業史資料』 제2권, p.520.

16) 張人价, 앞의 책, pp.89~96.

9.70(12)로 34.3%, 민국 19년은 7.19(11), 12.64(7)로 75.8%, 민국 20년은 8.54(1), 11.94(9)로 39.8%, 민국 21년은 6.27(12), 12.94(2)로 106.4%, 민국 22년(1933)은 5.22(8), 6.74(1)로 29.1%, 민국 23년(1934)은 5.31(3), 9.16(9)로 72.5%, 민국 24년(1935)은 9.16(12), 11.18(6)으로 22.1%의 변동폭을 보이고 있다. 미가 최저 월은 1, 7, 11, 1, 12, 8, 3, 12월이고 최고 월은 12, 12, 7, 9, 2, 1, 9, 6월로 매우 다양하다.

민국 17년(1928)은 59.0%로 변동폭이 크다. 이 해는 군벌 당생지(唐生智)의 군대가 양자강을 따라 남하하여 장사로 향하고 남경 정부는 이종인군(李宗仁軍)이 북상하여 남북군이 대결한 전쟁 상황이었다.[17] 민국 19년(1930)은 모택동군(毛澤東軍)이 7월 27일 장사를 점령, 장사소비에트를 건설한 해이다. 이 해 7월이 최고가를 보이고 변동폭이 75.8%나 된 것은 까닭이 있었던 셈이다. 민국 21년(1932)은 6월부터 4차 위초전(圍剿戰)이 전개되었고 7월에는 대풍년이 되었다. 변동폭이 106.4%나 된 것도 원인이 있었다. 민국 23년(1934)은 역시 홍군(紅軍)과 국민당군의 국지적 대결이 고조된 시기였는데 72.5%의 변동폭을 보이고 있다.[18] 이상을 종합해 보면 전쟁 상황과 같은 특수한 사정의 해를 제외한 평상년에서는 대략 20%에서 30%대의 변동폭을 보이고 있다. 그러면서 미곡 수확 시기와 관련된 정형화된 패턴이 약화되고 있다.

앞서 〈표 1〉과 〈도 1〉 등에서 본 1898년의 변동폭이 3월→ 7월까지만의 기간이라 전년(全年) 기준으로는 31.5%보다 훨씬 클 것이라는 추론을 해 보았다. 그렇다면 민국시기 평상년의 변동폭 20~30%는 종전에 비해 감소된 것이 아닐까 생각해 볼 수 있다.

계절 변동폭을 줄이는 요인 중 하나는 잡량 재배의 확대라고 생각된다. 호남 성보현(城步縣)에서 지현(知縣) 성일원(盛溢源)이 잡량 재배를 장려하여 미가를 내리려고 했던 것은 동치년간의 일이다.[19]『양호농업지리(兩湖農業

---

17) 民國 30年刊『寧鄕縣志』故事篇, 歷年記.
18) 民國 30年刊『寧鄕縣新志』권1, 歷年記.

地理)』를 보면 고구마 재배 확대를 알리는 부현지(府縣志) 35개 중에 27곳이 동치년간 간행 지방지이다. 옥수수는 51개 중에 27곳이 동치년간 지방지이다.[20] 호남 일대에서 잡량 재배의 확대는 19세기 후반의 일이다. 이것을 보면 18세기의 미가 계절변동보다는 청말민국기의 편차가 적어야 할 것이다. 잡량은 가정의 자급용이거나 지방 소시장의 교역품이라는 통념과 달리 민국시기에는 한구(漢口)에 수출되는 장거리 상품량(商品糧)이 되고 있다.[21] 다음으로 양미(洋米) 수입 증가를 생각할 수 있다. 미가변동에 양미 수입 증가가 영향을 주었다는 연구 결과가 있다.[22] 또 양미 수입이 거의 3~6월에 집중되고 특히 4월에 고조되며 7월 이후 국산미의 지속 등장시에는 수입량이 격감했다는 조사도 있다.[23] 양미 수입 증가가 이 시기 미가의 계절 변동폭을 18세기보다는 축소할 수 있는 이유가 된다고 생각된다.

　청말민국기에는 철도 윤선(輪船) 등 수송수단의 발달, 시장과 상업의 발달로 상인의 능력은 강화되었다고 여겨진다. 추수기에 상인이 대량 매입을 하고 단경기(端境期)에 비싸게 팔려고 하는 것은 상인 개인을 위한 이윤 추구 활동이다. 미가의 계절 편차는 곧 바로 전부 상인의 이익은 아니다. 매입가에 보관비용, 손실비용, 금융비용 등 부대비용을 제외한 것이 이윤 범위이다. 상인의 매점 행위는 넓게 보아서는 미곡의 수급관계 조절 작용이라고 볼 수도 있다. 따라서 정치, 군사적 이유나 특별한 천재(天災) 상황이 아니라면 미가의 계절 변동폭은 18세기보다 근현대에 축소되는 방향으로 전개되었다고 보는 것이 타당하다고 여겨진다.

---

19) 李文治, 『中國近代農業史資料』 권1, p.538.
20) 龔勝生, 앞의 책, pp.143~145, pp.135~137.
21) 田炯權, 「清末民國期 湖南의 米穀市場과 商品流通」 『東洋史學研究』 74, 2001.
22) 徐正元, 「中國近代農産品化의 發展與米市的 形成」 『復印經濟史』, 1997年 3期.
23) 呂紹理, 「近代廣東與東南亞的米糧貿易(1866~1931)」 『政治大歷史學報』 12, 1995.

(2) 장기 추세

청대 미가는 장기 추세에서 상승세인데 그 가운데 17세기 후반, 19세기 2·4분기, 19세기 7·80년대 3회의 하락기가 있다는 조사가 있다.[24] 19세기 전반 특히 2·4분기에는 일반적으로 극심한 디플레이션 시기여서 급격한 하강 국면이고 태평천국 시기는 급격한 요동이 뒤따른다. 1875년에서 1911년까지는 가장 인플레이션이 심한 단계로 그중 1875~1885년 사이는 안정속의 상승이고 그 후 혁명전야까지 지속 상승 추세라는 파악도 있다.[25]

18세기 건륭년간(1736~1795)에도 소주의 미가가 60년간 3배 상승했다는 조사도 있는데,[26] 비슷한 기간 장사부 상음현(湘陰縣)도 300% 상승한 것으로 되어 있다.[27] 18세기 전후 약 100년간 가격 수준이 300% 상승했다는 당시인의 인식도 있다.[28]

동치 이후에 제국주의 침략이 날로 강화되고 청대 경제가 쇠퇴하였으며 물가상승폭이 날로 커졌다는 인식[29]이 있지만 18세기 물가상승을 고려하면 제국주의 침략과 상관없이 물가상승이 지속되었던 것을 알 수 있다.

민국시기에는 1920년대까지 미가가 지속 상승하고 인플레이션이 심해 매년 3.3% 비율로 상승했다는 조사가 있다.[30] 민국 전기는 비교적 안정속의 상승세이고 민국 중기는 역시 기본상 상승이지만 1932~1935년 사이는 하강하고 있다는 견해도 있다.[31]

---

24) 岸本美緖, 앞의 책, p.17.

25) Yeh-chien Wang, *Secular Trends of Rice in the Yanzi Delta, 1638-1935* (California Univ. Press, 1992).

26) 위의 논문.

27) E. S. Rawski, *Agricultural Change and the Peasant Economy of South China* (Harvard Univ. Press, 1972).

28) 郭成康, 「18世紀中國物價問題和政府對策」『淸史硏究』96-1.

29) 譚文熙, 앞의 책, p.256.

30) Yeh-chien Wang, 앞의 논문.

31) 譚文熙, 앞의 책, p.302, p.356.

호남 내부 각 지역의 미가도 상호간에 긴밀한 연동관계를 보이고 있는 것이 확인되었고,[32] 상해와 장사 사이에도 고도 상관있는 것이 파악된 바 있다. 그러나 공간을 달리 하면 도량형이나 화폐 종류 등의 차이로 정확한 변화를 파악하기 어렵다. 되도록 좁은 범위의 지역을 연구대상으로 할 때 상대적인 정밀도가 높을 것이라 생각된다. 그래서 본 장에서 장사현을 중심으로 같은 장사부 내의 몇 개 현을 관찰하여 청말민국기 특히 동치(1862~1874) 이후 민국 중기인 1936년까지를 주 대상으로 물가변동을 살펴보려 한다.

『양호농업지리』에서는 호남·호북의 미가를 세부 지역 구분 없이 종합하고 있는데 예시 가격의 시기 역시 일정하지 않다. 따라서 정밀성이 떨어진다고 볼 수 있다. 〈표 2〉와 〈표 3〉은 장사부『예릉현지(醴陵縣志)』에 기재된 것으로 해당 지역 상인의 장부와 현 상회(縣商會) 조직에 의한 기록을 토대로 한 것이다.[33] 당시인의 물가변동에 대한 인식이라 비교적 정확하다고 생각된다. 같은 장사부 영향현(寧鄕縣)에서도 광서 7년 곡가가 1석당 600문이라는 기록이 있는데 〈표 2〉의 예릉현 광서 4년(1878) 기록과 근접하고 있다[34] 장사를 중심 시장으로 하여 같은 부 내의 시장 통합성이 큰 것은 이미 확인한 바 있다.[35]

〈표 2〉와 〈도 2〉를 보면 장사부의 미가는 광서 4년(1878)부터 광서 19년까지 비교적 낮은 채로 있다가 그 이후 급등하여 청말에서 민국 전기까지 상승세를 보이고 있다. 〈표 3〉과 〈도 3〉을 보면 민국 15년(1926)에서 민국 27년(1938)까지 비교적 안정속의 상승세를 보이다가 그 후에 급등하고 있다. 본 장에서 주요 분석대상으로 하는 것은 민국 중기인 1936년까지이다. 항일전쟁 발발과 국공(國共) 대립 등으로 극도의 혼란기인 민국 후기는 특히 경제면에서 역사적 실체를 파악하기가 매우 어렵다.

---

32) 民國 37年刊『醴陵縣志』食貨志, 物価.

33) 民國 30年刊『寧鄕縣志』故事篇, 歷年記.

34) 전형권, 「淸末民國期 湖南의 米穀市場과 商品流通」『東洋史學硏究』74, 2001.

35) 張麗芬, 앞의 책, p.197.

〈표 2〉예릉현 곡가(a) (私家數簿에 의함)

시기	단위	가격(文)	米価
광서4년(1878)	石	680	1360
광서14년(1888)	〃	780	1560
광서19년(1893)	〃	680	1360
선통원년(1909)	〃	2000	4000
민국원년(1912)	〃	2800	5600
민국5년(1916)	〃	2800	5600
민국10년(1921)	〃	3800	7600

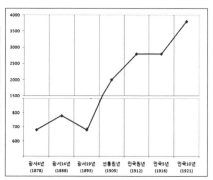

〈도 2〉예릉현(醴陵縣) 곡가(a) 석/문(石/文)

附記 : 前淸通行制錢文으로써 단위. 민국초년에는
비록 銅元을 사용하나 관습상 1銅元은 10文에 해당

〈표 3〉예릉현 곡가(b) (縣商會 조사)

시기	단위	가격(元)	米価
민국15년(1926)	石	1.60	3.2
민국20년(1931)	〃	2.40	4.8
민국25년(1936)	〃	2.50	5.0
민국27년(1938)	〃	2.80	5.6
민국28년(1939)	〃	5.00	10.0
민국29년(1940)	〃	8.00	16.0
민국30년(1941)	〃	30.00	

*〈표 2, 3〉民國 37年刊 『醴陵縣志』食貨志, 物価

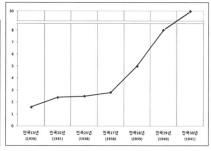

〈도 3〉예릉현 곡가 석/원(石/元)

〈표 4〉는 주로 장사부 내의 현지를 이용하여 미가를 정리한 것이다.
흉년시의 특별한 가격이 아니라 평상년 가격 위주로 작성한 것이다. 풍년시
의 가격도 있으나 수년간 풍년이 지속되었다면 평상년 가격에 준한다고
생각된다. 함풍 3년(1853)의 미가는 『양호농업지리』에 인용된 증국번(曾國
藩) 상주(上奏)시의 미가와 동일하다. 같은 자료를 더 이용하면 함풍 7년
(1857)에는 『낙문충공유집(駱文忠公遺集)』 1석당 3,200~3,500문의 기사가
있다. 역시 증국번의 상주문에 동치 2년은 1석당 3.0량인데 당시의 은전비가
(銀錢比價)로 환산하면 3900문이므로 〈표 4〉상 동치 원년 4,000문과 거의
유사하다. 동치 7년(1868)은 이한장(李翰章)의 상주문에 4,000문 전후로

되어 있어 표의 내용과 거의 일치한다. 이것들을 짜 맞추어 보면 위 지방지 기록이 상당한 신뢰성이 있다고 여겨진다. 〈표 4〉의 내용에 장사부 『예릉현지』의 물가표상 광서 4년, 14년, 19년을 포함하여 구성해 본 것이 〈도 4〉이다.

〈표 4〉 장사부 현지(縣志)등 미가 기록

時期	銀価(兩/石)	錢価(文/石)	出典
道光 16年(1836)	1.0	1400	民國『寧鄕縣志』古事篇, 縣年記
道光 25年(1845)	0.5	1000	同治『長沙縣志』권33. 祥異, 光緒『善化縣志』
咸豊 元年(1851)	0.8	1600	民國『寧鄕縣志』古事篇, 縣年記
함풍 3年(1853)	0.5	1000	同治『湘鄕縣志』권5, 祥異
함풍 6年(1856)	0.7-0.8	1400-1600	同治『安化縣志』권34, 五行
同治 元年(1862)	3.08	4000	同治『瀏陽縣志』권14, 祥異
同治 9年(1870)	2.96-3.70	4000-5000	〃
光緒 7년(1881)	0.8-2.66	1200(4000)	民國『寧鄕縣志』古事篇, 縣年記
光緒年間	1.25-1.88	2000-3000	*『長沙日報』宣統2年2月
선통 32年(1906)	2.5	4000	〃
선통 2年(1910)	4.12	7000	〃

* 『長沙日報』는 『兩湖農業地理』, p.274에서 재인용.

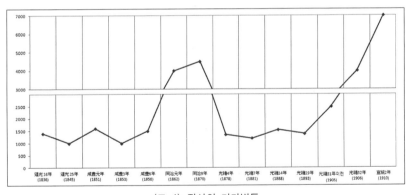

〈도 4〉 장사의 미가변동

* 광서 4년 14년 19년은 예릉현지 물가표 기재 이용
* 광서 7년은 민국 영향현지 기록 가을 이전의 평상 가격 이용
* 광서 32년은 水災시의 가격 예릉현 물가표상의 광서 기록을 보충하여 수정한 결과

이것을 종합하여 보면 도광 16년(1836) 이후 함풍 6년(1856)까지는 비교적 저렴한 미가가 유지되다가 함풍 7년(1857) 이후 미가가 급등한 것으로 생각 된다. 동치년간은 동치 원년(1862) 4,000문에서 동치 2년 3,900문,

동치 7년 4,000문 전후, 동치 9년 4,000~5,000문으로 계속 고미가(高米価)가
유지된 시기였다. 그런데 은전비가치는 동치 2년 1,300문, 동치 7년 1,300~
1,400문으로 도광말·함풍초보다 오히려 안정되어 있다. 청말 이 지역의
지방지를 검토하면 거의 모두 가경(嘉慶) 이전은 미가를 은량으로 표시하다
가 도광 이후는 전문(錢文)으로 표시하고 있다. 따라서 도광 이후 청말은
미가도 전문가(錢文價)가 실제 시장가치를 잘 반영하고 있다고 생각된다.
동치년간 상당히 고미가가 유지되었지만 도광말·함풍초와 같은 '은귀전천
(銀貴錢賤)' 현상은 보이지 않기 때문에 미가 상승이 농민에게 어느 정도
유리했다 여겨진다. 〈도 4〉를 보면 광서 전반에는 미가가 상대적으로 하락하
고 있다. 광서 19년(1893)까지는 하락 안정세를 보이다가 그 후에 급등하고
있다. 호남성 수확기의 중미(中米) 가격조사에서도 비슷한 경향이 보인다.36)
중미 가격도 광서 22년(1896)부터 대체로 상승추세인데 광서 34년(1908)에
급등하고 있다. 앞서 팽신위(彭信威)가 연구한 강절(江浙) 미가변동에 19세기
2·4분기와 19세기 7·80년대가 미가 하락기에 해당된다고 하는데,37) 이것과
유사한 면을 가지면서 약간의 편차가 있다. 즉 동치년간(1862~1874) 70년대
전반까지는 대체로 고미가가 유지되었고 광서 전반의 하락은 90년대 전반까
지인 것으로 생각되는 것이다. 청말 상해의 미가 조사도 1862~1871(2.13),
1872~1881(1.28), 1882~1891(1.42), 1892~1901(2.07)로 되어 있어 위 호남
장사의 미가변동과 비슷한 궤적을 그리고 있다.38)

〈표 1〉에 제시된 광서 24년(1898)의 장사 미가도 3,000~4,000문 사이에
형성되어 상당한 고미가이다. 같은 『상보』에 실린 내용에 악주(岳州)에
집결된 호남미가 한구(漢口)에 운송 판매되는데 미가는 3,700~800문 또는
4천 수백문에 이른다고 되어 있다.39) 대략 광서 20년(1894) 이후부터 청말까

---

36) 岸本美緒, 앞의 책, p.19.
37) 同上, p.443.
38) 『湘報』 76號, p.676.
39) 李文治, 『中國近代農業史資料』 제1집, p.561; 岸本美緒의 해석. 앞의 책, pp.442~443.

지 고미가가 지속되었다고 생각된다. 『송강부속지(松江府續志)』의 기록을
이용하여 광서년간 저미가와 그로 인한 장기 불황이라는 해석은 장사부
일대에서는 드러나지 않는다.[40] 저미가는 광서년간(1875~1908) 전체는
아니고 광서년간의 거의 전반에 해당하는 1893년 이전의 일로 생각된다.
후반에서 청말까지는 급등에 가까운 고미가의 변동을 보여주고 있다.

예릉현 물가표를 보면 민국 시기에도 대체로 안정속의 상승세가 지속된
다. 청말에서 1921년까지 미가가 급등한 것으로 보이지만 1926년에서 1936
년까지는 안정 속 상승의 추세이다. 양 도(兩圖) 사이에는 가격 단위의
차이가 있어 직접 접속은 곤란하지만 흐름은 그렇다고 여겨진다. 호남성경
제조사소의 조사에 근거한 민국 17년(1928)부터 민국 24년(1935)까지의
8년간 미가 기록을 제시한 것이 〈표 5〉이다.[41]

〈표 5〉 장사의 미가(石/元)

	機米		河米		糯米		총 평균	
	가격	지수	가격	지수	가격	지수	가격	지수
1928	6.52	75.64	5.03	70.65	8.05	90.15	6.53	79.44
1929	8.62	100.00	7.12	100.00	8.93	100.00	8.22	100.00
1930	10.03	116.36	8.62	121.07	10.37	116.13	9.67	117.64
1931	10.02	116.24	8.45	118.68	10.20	114.22	9.56	116.30
1932	10.08	116.94	8.17	114.75	9.47	106.05	9.24	112.41
1933	5.94	68.68	5.04	70.79	7.57	84.77	6.18	75.25
1934	6.71	77.84	5.90	82.87	8.12	90.93	6.91	84.06
1935	10.04	116.47	8.10	113.76	10.12	113.33	9.42	114.60

이것을 보면 등락은 있지만 비교적 미가가 안정되고 있던 것을 알 수
있다.

상해의 미가도 1912~1928년 사이 40.7% 상승하였는데 1921~1928년 사이
에는 15.4% 상승하였다.[42] 호남성의 미가는 선통(宣統) 2년~민국 원년의

---

40) 張人价, 앞의 책, pp.93~96.
41) 徐正元, 「上海近代稻米市場價格變動分析」 『中國經濟史硏究』, 1996年 2期.
42) 張人价, 앞의 책, p.87.

3개년 평균가와 민국 21~23년 3개년 평균가를 비교했을 때 86% 상승이라는 조사도 있다.[43] 대체로 청말에서 민국 전기까지는 가격이 급등하고 민국 중기에는 안정 속의 상승이 추세였다고 생각된다.

호남성 여성현의 물가변동을 보면 우선 지방지 편찬자의 시기 구분이 의미있다고 생각된다. 동치 정묘지(丁卯志) 편찬 이후부터라고 명시하고 있는데 정묘년은 동치 6년(1867)이다. 이후부터 민국 21년(1932)까지를 세 시기로 구분한다.[44] 동광(同光)시기, 광선(光宣)시기, 민국시기이다. 즉 동치 후반에서 광서 전반, 광서 후반에서 선통년간이니 광서 후반부터 물가상승이 컸던 것을 반영한다고 여겨진다. 여성현 물가표상 미가변동을 단순 비교하면 지수는 100, 200, 400으로 변한다. 1930년대 전반의 미가는 동치 후기에 비하여 약 65년만에 300% 상승한 것이다. 이것을 신뢰하더라도 앞서 18세기 전후 백년간 물가가 300% 상승하였다는 당시인의 인식과 상승률은 거의 비슷하다.[45] 장사부 상음현에서도 18세기 중후반 67년간 미가가 300% 상승한 바 있다. 예릉현 물가표상 1878년에서 1921년까지는 미가는 약 458% 상승하였지만 1926년에서 1936년까지 10년간은 약 56.3% 상승에 그쳤다. 민국 중기는 비교적 안정속의 상승을 보여주고 있다. 〈표 5〉에 제시된 장사 기미(機米)의 8년간 가격도 54% 정도 상승으로 나타난다. 그런데 미가의 명목 수치상 등락을 파악하는 것도 중요하지만 실질 가치를 알아보려면 상대 물가 즉 미 1석가의 구매력이 얼마인지를 보아야 한다.

1935년의 장사 미가는 『통우지방물산지(通郵地方物産誌)』의 장사 정항(靖港)의 미 1담가(擔價)를 이용하였다. 실제 석은 담보다 크므로 미가는 여기서 잡은 5원을 상회할 것이라 생각된다.[46] 같은 자료의 물가를 이용하여 제시한 〈표 6〉을 보면 돼지고기 값은 1898년의 30근에서 1935년은 25~35근 사이이

---

43) 전형권, 「淸末民國期 湖南 汝城縣의 商品流通과 物価變動」 『明淸史硏究』 9, 1998.
44) 郭成康, 앞의 논문.
45) 張麗芬, 앞의 책, p.270, 각주7)에 보면 호남성 1担価는 140~150斤 1898年 長沙 米価는 1石당 150~155斤임.
46) 劉泱泱, 『湖南通史』 近代卷, 長沙: 湖南出版社, pp.487-488.

〈표 6〉 장사 중미(中米) 1석가의 구매력 변동

	1898年		1935年		
소금	56文/斤	57斤			
洋油	50文/斤	64斤			
돼지고기	105文/斤	30斤	0.15-0.20元/斤	25-33斤	
鷄肉	123文/斤	26斤			
羊肉	117文/斤	27斤			
茶油	100文/斤	32斤	0.19-0.24/斤	21-26斤	瀏陽가격
면화(中棉)	217文/斤	15斤	0.3-0.5/斤	10-17斤	湘陰가격

* 1898年 中米1石価(『湘報』소재 1石 3193文 적용)
* 1935年 長沙米価 民國 25年刊『通郵地方物産誌』湖南의 長沙靖港米価(担 4.0-6.0元의 중간 값. 이용)
　1石은 1担보다 크므로 실제 米価는 이보다 높을 것임.

다. 그 범위 안에 있는 것을 보면 미가의 실질 구매력은 유지되고 있다. 다유(茶油)는 다소 하락하였지만 면화도 유지 또는 상승이라 볼 수 있다.

예릉현 미가의 구매력 변동을 보면 돼지고기는 상승 추세 속에 일부 하락년이 있다. 선통 원년과 민국 원년에 수치가 상승한 것은 미가의 폭등이 기타 물가를 크게 앞지른 것으로 여겨진다. 민국 중기에 약간 하락하였지만 1935년의 돼지고기 구매력은 광서 4년(1878)에 비해 67%정도 상승하고 있다. 다유의 경우도 민국 10년(1921)까지 미의 상대 구매력이 대폭 상승하고 있다. 이것을 보면 청말민국기에 미가변동을 통해 농민 소득이 하강했다고 여겨지지 않는다.

호남 여성현(汝城縣)의 곡 1석가의 구매력 변동을 보면 고기는 광선(光宣)시기에 유지되다가 민국시기에 약간 하락하였으나 근소한 수치이다. 소금 (鹽)의 구매력은 광선시기에 대폭 올랐다가 민국시기에 하락하였으나 동광 (同光)시기보다는 높은 수치이다. 양사(洋紗)에 대한 구매력은 광선시기에서 민국시기에도 계속 유지되고 있다. 다유는 고기와 같은 변화이다. 토포(土布)에 대해서는 구매력이 계속 증가한다. 양유(洋油)에 대해서는 민국시기에 구매력 감소를 보이고 있다. 청말민국기에 호남의 대외무역은 외국의 공업품과 농부산품, 원료를 교환하는 것인데 고가의 공업품 대신 강제 저가의 수단으로 호남의 농산품을 약탈한다는 견해[47]는 약간의 재검토가 필요하다고 생각된다. 공업상품 가격의 전도차(顚刀差)에 대해서도 양사(洋紗)의 경우를 보면 나타나지 않고 있다.[48]

〈표 7〉 예릉현 미가의 물품구매력 변동추세(米1石의 구매력)

	광서 4년 1878	광서 14년 1888	광서 19년 1893	선통 원년 1909	민국 원년 1912	민국 5년 1916	민국 10년 1921	민국 15년 1926	민국 20년 1931	민국 25년 1936
猪肉	15斤	25斤	22斤	36斤	35斤	23斤	27斤	16斤	28斤	25斤
草魚	34斤	39斤	38斤	57斤	62斤	35斤	-	20斤	32斤	33斤
茶油	12斤	23斤	25斤	27斤	-	-	25斤	-	?①	-
鹽	23斤	26斤	22斤	33斤	62斤	-	42斤			
棉花	7斤	16斤	5斤	-	-	-	-	-	?②	
洋紗	-	-	-	-	-	-	-	?③	?	?
煤油	-	-	-	-	-	-	-	1.5병	2병	1.1병
雞	17斤	22斤	20斤	33斤	22斤	19斤	21斤	-	-	-

*史料上 穀価를 '1米2穀'의 원칙에 따라 米価로 환산하였음
① 민국 15년(1926)부터는 茶油의 단위가 石으로 되어 있어 비교 곤란
② 민국 15년(1926)부터는 棉花의 단위가 石으로 되어 있어 비교 곤란
③ 민국 15년(1926)부터는 羊紗의 단위가 件으로 되어 있어 이해 곤란

〈표 8〉 호남 여성현(汝城縣)의 곡 1석가의 구매력 변동

품목	시기 단위	同光 (1870-1890)	光宣 (1890-1911)	民國 (1912-1932)	
肉	斤	18.8	18.8	17.5	
鹽	斤	60	75	63.6	
洋紗	捆		100	100	同光시기 洋紗통행안함
土布	尺	100	120	140	
洋油	瓶		2.0	1.0	同光시기 洋油 未 盛行
茶油	斤	18.8	18.8	17.5	
桐油	斤	21.4	20.0	19.4	
柴			750	875	

* 同治丁卯志(1867) 편찬 이후라 되어 있어 대략 70년부터 잡은 것이다.

이상을 종합하면 동치년간의 고미가, 광서전반(1875~1891)까지의 상대적 저미가, 광서 후반~선통까지의 고미가 급등, 민국 전기의 계속 상승, 민국

47) 李金錚, 「二十年來 中國 近代 鄕村 經濟史的 新探索」『歷史硏究』, 2003年 4期.
48) 譚文熙, 앞의 책, pp.298~299.

중기(1926~1936)까지 안정이라는 미가변동의 궤적을 확인할 수 있고 그 기간 동안 미가의 실질 구매력은 유지 또는 상승하는 것이 대체적 추세였다 생각된다.

2) 물가변동

(1) 단기 변동

『상보』에 수록된 광서 24년(1898)의 장사 물가변동을 표시한 것이 〈표 9〉와 〈도 5〉이다.

일반적으로 미가와 물가는 상호 연동적이라 생각되지만 여기서 물가의 단기 변동은 미가와는 다소 다른 모습을 보여주고 있다. 대체로 등락폭이 크지 않다. 양유(洋油), 양면(洋麵), 동유(桐油) 등의 변동폭이 크지 않다. 면화만 4월 10일, 20일 사이에 상승이 있지만 5월부터는 하락하고 있다.

〈표 9〉 1898년 3~7월간 장사 물가

品目	洋麵	准鹽	茶油	桐油	洋油	猪肉	雞	鴨	烟煤	柴煤
단위 시기	包	斤	100斤	100斤	箱2桶 (50斤)	斤	斤	斤	100斤	衡斗
3/1-3/10	2.6兩	56文	7.3兩		1.9兩	104文	112文	88文	320文	24文
3/11-3/20	2.6兩	〃	7.3		1.9	104文	128文	88文	320文	24文
3/21-3/31	2.6兩	〃	7.3	6.25兩	1.89	108文	128文	88文	320文	252
4/1-4/10	2.6兩	〃	7.28	6.28	1.86				320文	240
4/11-4/20	2.7兩	〃	7.28	6.26	1.83				254	228
4/21-4/30	2.9兩	〃	7.2	6.16	1.81				314	260
5/1-5/10	2.93兩	〃	7.11	6.06	1.78				310	240
5/11-5/20	2.74	〃	7.1	6.0	1.83				314	240
5/21-5/31	2.6	〃	7.1	6.0	1.85				314	229
6/1-6/10	2.6	〃	6.99	6.0	1.85				299	219
6/11-6/20	2.31	〃	7.34	6.1	1.84				320	255
6/21-6/30	2.2	〃	7.54	6.2	1.83				311	254
7/1-7/10	2.2	〃	7.74	6.49	1.83				310	250
7/11-7/19	2.18	〃	7.68	6.31	1.81				318	265

*면화는 上棉, 中棉, 下棉의 가격이 제시되고 있으나 여기서 생략함.

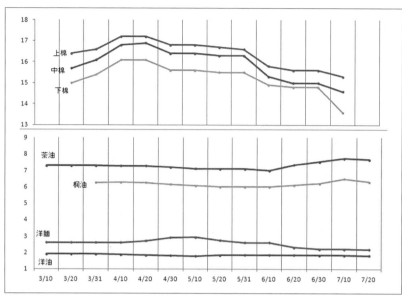

〈도 5〉 1898년 3월~7월 장사물가
洋麵은 包당 가격, 茶油·桐油·洋油는 100斤당 가격, 棉花 100斤당 가격

회염(淮鹽) 가격은 근당 56문으로 3월에서 7월 사이에 전혀 변동이 없다. 장사지역은 원래 회염(淮鹽) 관할 구역이었으나 태평천국 시기에 교통 두절로 천염(川鹽: 사천 소금) 소비지역이 되었다. 태평천국 후 증국번(曾國藩)이 이 지역을 회염(淮鹽) 소비지역으로 회복하기 위해 여러 가지 개혁 조치를 행하고 독소국(督銷局)에서 가격을 조사 결정하여 고시하는 패가(牌價)제도를 시행한 바 있다. 일종의 통제 가격제도에 의해 가격 상승이 억제되고 있었던 것이다. 직례(直隷)의 경현(景縣)의 소금 값은 1890년에 근당 46문, 1900년에 근당 68문이라는 조사도 있다.[49] 장녕현(長寧縣)에서는 광서 29년(1903)에 소금값이 근당 55문이라는 보고도 있는데 이것은 장사의 1898년의 가격과 유사하다.[50]

전란 후에 청조 정부의 회염(淮鹽) 소비지 회복 정책에도 불구하고 사천염

---

49) 李文治, 앞의 책, p.562.
50) 譚文熙, 앞의 책, pp.267~268.

이 계속 사염(私鹽)으로 침투하였기 때문에 장사의 회염가를 저렴한 통제
가격하에 두고 있었다고 생각된다.[51] 〈도 6〉에 표시하지는 않았으나 시매(柴
煤)는 미가와 같이 5월 10일에 최고가에 가깝고 6월 10일에 하락하고 그후에
상승하고 있다. 연매(烟煤)의 경우에도 비슷한 궤적을 그리고 있다. 이것은
미가와의 연동관계가 비교적 분명하다.

1935년의 장사 물가의 단기 변동폭을 알 수 있는 것이 〈표 10〉이다.
여기서 보면 변동폭이 100% 이상인 것은 면포 하포(夏布), 사선삼각(絲線三
角), 모필(毛筆), 면분(麵粉) 등이다. 또 50% 이상인 것은 압륭(鴨絨: 가공오리
털) 66.7%, 흑연 69.2%, 화시(火柴: 성냥) 66.7%, 파리기(玻璃器: 유리그릇)
50%, 국산 전지(電池) 50% 등이다. 비누는 40%, 조요기(粗窯器)는 40%이다.
면사(棉紗) 22.2%, 모니혜(毛呢鞋)는 11.1%, 돼지 33.3%이다. 단기 변동폭이
미가보다 대체로 크다고 생각된다. 이것은 이런 물품이 미곡보다 수요

〈표 10〉 장사 물가(『通郵地方物産志』)

品目	單位	최고가	최저가	時期	유통량	행선지
鴨絨	斤	5.00	3.00	冬		上海 北平 天津 南京
黑鉛	石	22.00	13.00	全年	50,000石	漢口上海
棉紗	件	220.00	180.0	〃	24,000件	本省
棉布	疋	12.0	1.50(?)	〃	1,000,000	漢口
麵粉	袋	5.0	2.50	〃	140,000	〃
線襪	雙		1.06	〃	6,000,000	本省
毛呢鞋	〃	2.00	1.80		400,000	
夏布	疋	10.00	2.00	夏	20,000	上海漢口
火柴	箱	50.0	30.0	全年	10,000	本省
刺繡				〃		國內 및 外洋. 매년 産量 약50만元
玻璃器	件	30.0	20.0	〃	9,000	本省
肥皂	箱	7.0	5.0	〃	30,000	〃
絲綿三角	兩	0.40	0.20	〃	40,000	〃
國貨電池	打	0.60	0.40	〃	200,000	〃
猪	斤	0.20	0.15	〃	50,000只	漢口上海
猪毛	担	60.00	50.00	〃	4,000kg	〃
粗窯器	卡	3.50	2.50	〃	100,000套	長江 연안
毛筆	支	0.50	0.20	〃		本省 및 황하 각성

---

51) 佐伯富, 『中國史硏究』 第1卷, 京都: 同朋舍, 1978, pp.340~366.

탄력성이 크기 때문이라 여겨진다. 그런데 1898년의 경우는 다유(茶油), 양유(洋油) 등 물품의 가격 변동폭이 적은 것은 무엇 때문일까. 어쩌면 당시의 시장 가격 조사가 부정확했는지도 알 수 없다.

1935년의 물가에서 면사(綿紗)의 변동폭이 적은 것은 당시 항상적인 수요가 있었기 때문이 아닐까. 비누의 변동폭도 40%로 비교적 적은데 생필품으로 수요가 지속 증대된 까닭이 아닐까 한다. 『통우지방물산지(通郵地方物産誌)』에 기재된 예릉현 하포(夏布) 가격은 4.0원~10.0원 사이인데 민국 『예릉현지(醴陵縣志)』의 물가표상에는 7.0원(1938)이라 되어 있다. 『물산지』 가격은 1935년의 것인데 예릉현지의 가격이 그 범위 안에 있어 서로 다른 자료간에도 상호 부합되고 있는 것을 알 수 있다.[52] 『물산지』 상 상담주주(相潭株洲)의 다유 값 매 석 16.0~24.0원(1935)은 예릉현지 물가표의 민국 20년(1931) 다유 매 석 24.0원과 일치하고 있다. 〈표 12〉에 1936년 매유(煤油) 값은 병당 4.4원이다. 그런데 민국 『안향현지(安鄕縣志)』에서도 1934년 매유 값은 병당 3.8원으로 되어 있어 양자 사이에 유사성을 보여주고 있다.[53] 그러므로 『예릉현지』 물가의 종적 비교도 신뢰성이 있다고 여겨진다.

(2) 장기변동

장사의 물가변동을 보려면 『상보』 수록의 광서 24년(1898) 물가와 민국 24년(1935)의 『통우지방물산지』 기록을 직접 비교하는 것이 좋다. 그러나 양 자료 사이에 화폐와 단위가 서로 달라 직접 비교할 수가 없다. 그래서 당시인의 물가변동 기록인 장사부 예릉현 물가표를 이용하는 것이 파악 방법이 될 것이다.

〈표 11, 12〉와 〈도 6, 7〉을 보면 개별 물품에 따라 차이는 있지만 대체적인

52) 交通部郵政總局 編, 『中國通郵地方物産誌』, 華世出版, 1988.
53) 民國 『安鄕縣志』 권11, 食貨.

흐름은 미가변동과 유사한 궤적을 보여주고 있다. 즉 광서 전반에 비교적
안정적이다가 광서 후반부터 급상승하여 민국 전기까지 상승하고 있다.
1926년부터 1936년까지는 가격 안정세를 보여주고 있다.

〈표 11〉 예릉현 물가표 (a) (私家數簿에 의한 것)

품명	단위	민국 15년 (1926)	민국 20년 (1931)	민국 25년 (1936)	민국 27년 (1938)	민국 28년 (1939)	민국 29년 (1940)	민국 30년 (1941)
猪肉	百斤	20.0원	17.0	20.0	36.0	40.0	56.1	130.0
草魚	〃	16.0	15.0	15.0				
茶油	石		24.0		29.0	56.0	76.0	200.0
鹽	石	12.0	14.0	15.0	16.0			200.0
洋紗	件	220.0	220.0	240.0	2000	2500	1500	
土布	匹				2.7	7.0		
夏布	〃				7.0	7.0	14.0	
竹布	〃	10.0	10.0					800.0
棉花	石		20	25	40	100	200	400
煤炭	石		0.20	0.30	0.40	0.50	2.30	7.0
煤油	瓶	2.20	2.40	4.40	9.0	30.0	46.0	200
毛邊紙	石				19.8	43.2	120.0	
黑靛粉	桶10斤				100	200	1500	2000
赤金	兩	50	70	80	90	500	560	1600

〈표 12〉 예릉현 물가표 (b) (商會조사)

품명	단위	광서 4년 (1878)	광서 14년 (1888)	광서 19년 (1893)	선통 원년 (1909)	민국 원년 (1912)	민국 5년 (1916)	민국 10년 (1921)
猪肉	斤	88文	63	62	112	160	240	280
雞	斤	80	72	68	120	250	300	360
雞蛋	個	2	2	3	4	10	15	20
草魚	斤	40	40	36	70	90	160	
茶油	斤	116	69	54	150			300
鹽	斤	60	60	63	120	90		180
煤	石	50	120	50				
苧蔴	斤	270	99	170				
棉花	斤	200	96	280				
竹布	尺	70	62	60	60	90		
靑洋布	尺	55	50	50	70			
白蓮紙	刀	40	82		80		100	

附記 : 前淸 통행 制錢文으로써 단위. 민국 초년에는 비록 銅元을 단위 사용하나 관습상 매
   1銅元은 錢10文에 해당.

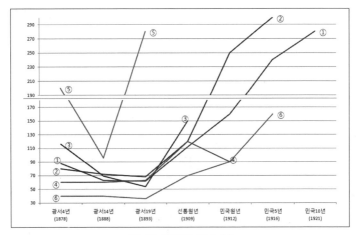

〈도 6〉 예릉현 물가 (a)

① 豬肉 斤당 가격 ② 雞肉 斤당 가격 ③ 茶油 斤당 가격
④ 鹽 斤당 가격 ⑤ 棉花 斤당 가격 ⑥ 草魚 斤당 가격

〈도 7〉 예릉현 물가(b)

① 豬肉 百斤당 가격 元 ② 草魚 百斤당 가격 元 ③ 茶油 石당 가격 元
④ 鹽 石당 가격 元 ⑤ 洋紗 件당 가격 元 ⑥ 棉花 石당 가격 元 ⑦ 煤油 甁당 가격 元

미가가 물가와 연동되는 것에 대해서 강도현(江都縣) 사료를 보면 "산미(産
米) 구역에서 연말에 미가가 상승하니 백물이 앙귀(昻貴)했다."[54]라고 되어

────────────

54) 李文治, 앞의 책, p.470, "江都爲産米區域 年末米価騰踊 百物因以昻貴".

있다. 호남지역 미가 연구 자료에도 미가 추세는 거의 물가 수준과 같다는
주장이 있다.[55]

광서말 선통년간의 물가상승을 나타내는 사료를 보면 다음과 같다.

이제 각종 악정(惡政)의 결과로 백물의 등귀를 초래했는데 소민(小民)의
일용 수요 음식은 그 가격이 십년 전에 비해 두 배이다. ··· 의복과 가옥,
가재도구, 음식의 비용 소, 종자, 거름의 비용도 예전보다 두 배이다.
··· 미가도 비록 동일 비례로 함께 올랐으나 이미 넉넉하지 못해 괴롭다.[56]

이것을 보면 미가와 물가가 연동하고 있다는 것을 알 수 있다. 청말
특히 광서 후반 이후에 각종 물가가 두 배 올랐다는 사정을 알 수 있다.
상해의 물가도 같은 시기에 상승하고 있다.[57]

〈표 11, 12〉와 〈도 6, 7〉을 검토해 보면 돼지고기 값은 광서 14년, 광서
19년까지는 다소 하락세를 보이다가 선통 원년(1909)부터 급격히 상승하고
있다. 민국 원년(1912)의 가격은 160문으로 1878년의 88문에 비해 거의
두 배에 해당한다. 위에 인용한 선통 2년 8월, 『국풍보(國風報)』의 물가
두 배 인상과 정확하게 부합되고 있다. 민국 전기인 1926년까지 계속 상승하
고 있지만 1926년에서 1936년까지는 안정세를 보이고 있다.

돼지고기 값은 1878~1909년 사이 27.3% 상승했고 1912~1921년 사이에
75% 상승했다. 닭은 각기 50%와 44% 상승했다. 계란은 100%, 100% 상승이었
다. 청말 비교 시기는 31년간인 데 비해 민국 전기는 9년간에 불과하다.
청말보다 민국 전기에 물가가 급등한 것은 충분히 알 수 있다. 1926년에서
1936년 10년간 돼지 값은 변동이 없다. 초어(草魚)도 거의 같은 수준이다.

양사(洋紗)는 1931년까지 변동이 없다가 1936년에 약간 상승하고 있다. 민국 중기의 물가는 상대적 안정이었다.

　민국『예릉현지』에도 "신해혁명이전에는 물가가 심한 등락이 없었는데 민국 후에 들어와서 차츰 상승했다"라는 기록이 있다.[58] 〈도 6〉을 보면 닭고기도 비슷한 궤적을 보이고 있다. 초어의 경우도 청말 민국 전기는 상승이 주요 동선이고 민국 중기(1926~1936)까지는 안정세를 보이고 있다. 담문희(譚文熙)의 『물가사』에는 민국 전기는 안정속의 상승세로, 민국 중기는 파동속의 상승으로 정리를 하고 있는데, 여기와는 약간의 차이를 보이고 있다.[59] 〈표 11〉과 〈표 12〉 사이의 화폐 단위 차이로 인한 연속적 파악에 다소 어려움이 있으나 대체의 추세는 짐작할 수 있다. 또 품목에 따라 공란이 있어 연결 관계가 애매한 부분이 있다. 1936년 이후는 중일전쟁의 혼란과 불환지폐의 강제 통용 등의 사정으로 본 장에서는 분석대상 범위에서 제외하고자 한다.

2. 물가변동의 원인

1) 수요 측면

　미가와 물가가 상호 연동관계에 있고 넓은 의미에서는 미가도 물가의 일부이다. 미가 및 물가의 상승은 우선 수요의 증가에 원인이 있다고 할 것이다. 수요증가는 일반으로 인구 증가이다. 호남의 인구는 가경(嘉慶) 21년(1816) 18,754,259명에서 1898년 21,174,000명으로 다시 민국 17년(1928)에는 31,501,212명으로 비약적 성장을 하였다.[60] 약 110년 동안 인구가

58) 民國 37年刊『醴陵縣志』, 食貨志, 工商, 物價.
59) 譚文熙, 앞의 책, pp.302~307. 여기서는 민국 전기는 1912~1927년 민국 중기는 1927~1937년으로 구분하고 있다.

1300만 가까이 증가하였고 비율로는 67.9%가 증가하였다. 장사부의 인구도 가경 25년(1820)에서는 4,290,086명이었는데 민국 23년(1934)에는 8,421,330명으로 약 400만명 이상 증가하여 96.3% 상승을 보이고 있다.[61]

　인구의 증가가 수요 증대를 초래하는 일반 요인이지만 호남의 미곡 송출이 해당 지역 민중의 식량을 제외하고 남는 잉여 미(米)만은 아니다. 구매력을 가진 유효 수요의 증대가 더 중요한 요인일 것이다. 청말에 와서 새로운 생업을 통해 구매력을 가진 비농업 인구가 많이 증가하고 있는데 예릉현 사례를 한번 검토해 보겠다. 사료는 다음과 같다.[62]

　　동치지(同治志)에 이르기를 예릉의 풍속은 '안토중천(安土重遷)' … 상인이 외지에 나가 장사하는 이가 적었다. 배를 이용하여 외부 상업을 하는 것은 녹구(淥口) 부근의 미곡상일 뿐이었다.
　　광서초에 홍차업이 일어나 읍인(邑人)들이 차 제조로 무한(武漢)에 판매하는 자가 이익이 배가 되었다. 이때부터 용문(龍門) 일대에 매양 봄에 차를 제조하고 가리는 창(廠)이 항상 수십이었다. 광서 말년에는 도자기업, 하포(夏布), 편폭(編爆)이 일어나서 대신하였다. … 이를 믿고 생계를 삼는 자가 무려 십만인이다.

　동치지(同治志) 편찬 단계만 해도 사람들이 토착 안주하여 멀리 이동하는 것을 어렵게 여겼는데 광서 초에 홍차업이 일어나 큰 이익을 보고 그 후 도자기업, 하포, 편폭 제조에 종사하여 생계를 유지하는 자가 십만 인이나 되었다는 것이다. 이들이 구매력을 가진 비농업 인구의 성장을 보여주는

60) 『湖南省志』「地理志」, 長沙: 湖南人民出版社, 1982, pp.230~238.
61) 전형권, 「淸末民國期 湖南 長沙府의 농업생산과 상품유통」『明淸史硏究』25, 2006.
62) 民國 37年刊 『醴陵縣志』, 食貨志, 工商, "同治志云 醴俗安土重遷 … 商賈外貿者少 … 揚帆外貿則 僅淥口附近之穀米商而已 光緖初 紅茶業興 邑人製茶販運 漢皐者 獲利倍蓰自是 來龍門一帶 每屆春日 製茶揀茶列廠恒數十 訖於光緖末年 則有瓷業及夏布編爆起而代之 … 恃以爲生者 無慮 十萬人".

것이다. 장사의 빠른 도시화도 주목된다. 『장사일보(長沙日報)』에 실린 내용
을 하나 검토해 보면 다음과 같다.[63]

> 광서 32년(1906)에 화재 조사시에 성상(城廂) 내외가 매일 식량으로 곡
> 5,000석이 필요하였다. 지금 교통이 편리하고 상인 여객(旅客)이 배로
> 증가하였으니 매일 마땅히 1~2,000석을 더해야 한다(선통 2년(1910) 2월
> 17일 『장사일보』).

이것을 보면 광서 32년(1906)에서 선통 2년(1910)은 불과 5년이 채 되지
않는데 상인 집단이 배로 증가하였다니 성내외의 유동인구 급증을 짐작할
수 있다. 장사성(長沙城)의 인구는 1916년에 177,882인이었고 1931년은
385,514인으로 증가하였다. 불과 15년 사이에 116.7% 증가이다. 배 이상이
증가하였으니 장사의 도시화도 급속히 진전되고 있다.[64]

민국 10년의 『호남실업잡지(湖南實業雜誌)』 보도를 보면 당시 장사에 석공
(蓆工) 500인, 각자공(刻字工) 300인, 방직공 3,200인, 이발공 800인, 향공(香工)
400인, 합계 5,200인이 있었다. 「장사대공보(長沙大公報)」에 의하면 민국
9년(1920)에 장사에는 부두공 2,600인, 분부(糞夫) 500인, 교부(轎夫) 1,300인,
차부(車夫) 2,300인으로 합계 7,000인 정도가 있었다.[65] 같은 시기 호남성의
광부가 160만인이고 여기에 수예공, 고력(苦力)을 합치면 190만 전후였다고
한다. 예릉현에서는 동향 일대에서 편폭업(編爆業) 종사자가 수만이고 동북
양향에서 자창(磁廠)의 여공(女工)도 수천이나 되었다는 기록도 있다.[66]
호남 소양현(邵陽縣)에서도 청말에 공장(工匠)이 5만, 상인이 12만 정도였다
는 통계도 있다.[67] 이렇게 비농업 인구가 다른 생업을 통해 구매력을 가진

---

63) 李文治, 앞의 책, p.551.
64) 張朋園, 『中國現代化的區域研究 -湖南省』, 台北, 1998, p.376.
65) 위의 책, pp.412~413.
66) 民國 37年刊 『醴陵縣志』 食貨志, 農業經濟.

유효 수요로 증가하고 있던 것이 확인된다. 이런 유효 수요 증가를 설명해 주는 다른 사료 하나를 검토해 보면 다음과 같다.[68]

어째서 미곡이 날로 적어지고 날로 비싸지는가. 어떤 사람이 말하기를 수한재가 날로 많고 농사짓는데 날로 게으르기 때문이라고 한다. 이 말은 진실로 일리가 있는데 다 그런 것은 아니다. … 선교사, 양상(洋商), 양관(洋官), 양병(洋兵)은 증가한 것이 외국에서 온 사람이다. 교민(敎民), 유민(游民), 도민(賭民), 도민(盜民)은 내지에서 증가한 자이다. 무릇 농사짓는 사람은 하나인데 먹는 자는 헤아릴 수가 없다. 미곡이 어찌 비싸지 않을 수 있겠는가?

광서 후기의 사정을 전하고 있는 위 사료를 보면 외국에서 온 선교사, 상인, 군인, 관리 등도 미가 상승의 원인으로 지목되고 있다. 국내외를 막론하고 비농업 인구의 급격한 성장이 미가 상승의 원인이라 생각된다.

호남과 장사의 미곡은 해당 지역 안에서 소비되는 것보다 양자강 하류 지역으로의 송출이 많다. 청말민국기에도 지속적인 호남미의 송출이 있었던 것은 이미 밝힌 바 있다.[69] 동치『장사현지』에 보면 곡미가 등귀한 이유가 외성(外省)의 채판(采辦)이 많은 때문이라고 하고 있다.[70] 상담현에서도 동치 4년(1865) 이전에 해마다 풍년이었는데 곡가가 까닭 없이 등귀한 것은 강남이 처음 회복되어 미곡의 운송판매가 많아진 때문이라고 하고 있다.[71] 1898년에도 장사에서 미곡의 원거리 송출을 바라는 지주 부호와 주민의 갈등 관계가 노출되고 있다.[72] 선통 2년(1910)의 기록에도 호북의

---

67) 光緒 33年刊『邵陽縣鄕土志』권2, 인류, 실업.
68) 李文治, 앞의 책, p.771.
69) 田炯權,「淸末民國期 湖南의 米穀市場과 商品流通」『東洋史學硏究』74, 2001;「淸末民國期 湖南 長沙府의 농업 생산과 상품유통」『明淸史硏究』25, 2006.
70) 同治 10年刊『長沙縣志』권20.
71) 光緒 6年刊『湘潭縣志』권29, 災祥志.

흉년으로 출경(出境) 미곡이 과다하여 미가가 급등했는데 작년 말에는 1석 5,000문이었다가 금년에는 1석 8,000문에 이르렀다는 내용이 있다.[73] 같은 자료에 호남미가 당도하지 않으면 무한(武漢)에서 변란이 일어난다고 할 정도이다.

하류의 상해는 한적한 어촌에서 근대에 대도시로 성장하였다. 무한, 상해 등의 도시화와 상공업 발전, 인구 집중은 장사미의 급격한 수요 증가로 나타나고 있다. 선통년간에 장사가 전국적인 4대 미곡시장의 하나로 성장한 것은 우연한 일은 아니다.[74]

근대에 대외교역 증가가 물가상승의 한 원인이 되고 있다고 생각된다. 1873년에서 1930년 사이에 농산물 수출 통계는 1910년을 100으로 했을 때, 1873년은 1.2, 1893년은 12.3, 1903년 38.6, 1920년은 132.4, 1930년은 270.9로 급상승하고 있다.[75] 농산물의 수출은 해외 수요의 증가이다. 이런 교역상 수요 증대는 가격의 등귀뿐 아니라 작물 재배면적의 확대에도 기여하고 있다.

선통 2년(1910) 장사에 영국 상인이 출현하여 미곡 구매를 단행하자 미가가 하루에 여러 번 급등하는 일이 발생하기도 하였다.[76] 호남에서는 또 광동상인의 영향을 받아 홍차 제조법을 습득하여 홍차를 대량 생산하여 구미에 수출하였다. 19세기 60년대부터 20세기 초에 특히 호남 차 생산 판매가 극히 발달하였다.[77] 주요 산지 중에는 장사, 상담(湘潭), 안화(安化) 등이 손꼽히고 있다.

동유(桐油)의 수출 또한 괄목할 만한 것이다. 호남의 동유 수출은 1922년 전국의 33.36%, 1923년은 37.2%로 성장하였다. 1929년에는 전 성(全省)

---

72) 『湘報』 89號, 「長沙縣職員常達邦呈批」.

73) 李文治, 앞의 책, p.381.

74) 徐正元, 「中國近代農産商品化的發展與米市的形成」 『復印報刊經濟史』, 1997年 3期.

75) 章有義, 『中國近代農業史資料』 권2, p.146.

76) 李文治, 앞의 책, pp.550~551.

77) 劉泱泱, 앞의 책, p.46.

수출 총액의 45% 정도를 차지하였고, 동유 상품화율 80%에 달하였다.[78]
대외교역을 통한 농산품의 해외 수요 증가는 직간접으로 물가상승에 작용하
고 있다.

2) 화폐 문제

물가와 화폐의 관계는 불가분의 관계이다. 통상 화폐 수량의 증가가
생산총량의 증가보다 초과할 때, 물가상승이 일어난다.[79] 보통 청 후기에는
아편무역에 따른 은의 해외 유출과 그 결과 야기된 '은귀전천(銀貴錢賤)'
현상 통화 팽창에 의해 물가가 상승한 것으로 알려지고 있다.[80]

실제 청말민국기에 걸쳐 통화 팽창과 물가상승에 대한 기록을 찾는 것은
어렵지 않다. 왕업건(王業鍵)에 의하면 청말 특히 1875년부터 1911년까지는
인플레이션이 가장 심한 단계였다고 한다.[81]

민국『영향현지(寧鄕縣志)』에 보면 "광서 29년(1903)에 처음으로 당십동원
(當十銅元)을 주조하여 전국에 통용시켰는데 물가의 등귀가 이때부터 시작되
었다."는 기록이 있다.[82] 예릉현에서는 광서 32년에 당십동원을 주조하여
제전(制錢)과 병행시켰고 선통 원년에 은원(銀元)이 이미 성행하였다. 민국
원년에는 당이십동원(當二十銅元)을 주조하였는데 쌍동원(雙銅元)이라 칭하
였다.[83] 영향현에서도 광서말에 사주전(私鑄錢)인 모전(毛錢)이 나오고 지폐
가 통용되는 등 통화 팽창이 상업을 일변시켰다고 한다.[84]

78) 宋斐夫 主篇,『湖南通史』現代卷, 長沙: 湖南出版社, p.5, p.276.
79) 陳民,「法幣發行制度與通貨膨脹」『復印報刊經濟史』, 2001-1.
80) 龔勝生, 앞의 책, pp.275~280; 岸本美緒, 앞의 책, p.444; 張麗芬, 앞의 책, p.217.
81) Yeh-chien Wang, *Secular Trends of Rice in the Yanzi Delta, 1638-1935* (California Univ. Press, 1992).
82) 民國 30年刊『寧鄕縣志』故事篇 歷年記, "光緒 二十九年 … 始鑄當十銅幣 通行全國 物価之踊 始此".
83) 民國『醴陵縣志』食貨志 金融.
84) 民國 30年刊『寧鄕縣志』故事篇 財用錄, 상업.

종전에 비해 실질 가치가 열악한 당십(當十), 당이십(當二十) 등 동원(銅元)
의 남발과 초표(鈔票)의 성행은 화폐 시장의 과잉을 초래하였다. 정식의
초표 이외도 각 현 발행의 사초(私鈔)와 전장(錢莊)에서 발행한 시표(市票)
등 유사 화폐가 시중에 범람하는 현상이 나타났다. 민국시대에는 화폐
남발이 더욱 심하였다. 호남은행을 비롯한 저축은행, 농업은행 등이 각기
각종 지폐를 발행하여 혼란이 가중되었다. 1915년에 호남의 은행은 33개인
데 그중 장사현 7개, 상담현이 7개였다.[85]

군벌들이 은행을 개설하거나 질 낮은 화폐 통용을 강제하는 등의 혼란이
민국시기 특징 중의 하나이다.[86] 화폐 시장에는 은원(銀元), 은각(銀角),
동원(銅元) 지폐와 초표(鈔票), 시표(市票) 등 유사 화폐까지 복잡·혼란의
양상이 나타나고 결과적으로 물가상승을 피할 수가 없었다.

선통 2년(1910) 격렬한 미가 급등이 있었고 장사에서 대규모 창미(搶米)
폭동이 일어났는데 이것은 단순한 흉년 때문이 아니고 동원 남발 등 화폐제도
혼란에 기인한 것이었다.[87] 1880년대 초부터 1920년대까지는 인플레이션이
가장 심한 시기로 매년 3.3% 비율로 상승하였으며 1930년 총 화폐보유고는
60억 원에 달했다. 반세기간 화폐 공급은 8~10배 증가하였다.[88]

그런데 아편전쟁 전후 은의 과도한 해외 유출로 '은귀전천(銀貴錢賤)'
현상이 초래되고 이것이 물가상승의 주요인이라 생각되고 있는 데는 약간의
재검토가 필요하다. 〈표 13〉을 보면 은전비가가 일시적으로 상승하였다가
다시 하강하고 있는 것을 알 수 있다. 은전비가는 지역에 따라 차이가
있지만 호남, 장사를 위주로 정리한 것이 〈표 13〉이다.[89]

주목되는 것은 도광말(道光末)에서 함풍초(咸豊初)에 일시적으로 상승하

---

85) 張朋園, 앞의 책, pp.258~259.
86) 宋斐夫, 앞의 책, pp.10~12.
87) 岸本美緖, 앞의 책, p.517.
88) Yeh-chien Wang, 앞의 논문.
89) 邱思達, 『中國近現代鑄幣圖說』, 北京: 中國書店, 1991, p.109 참조.

〈표 13〉 호남의 은전비치(銀錢比値)

時期	銀(兩)	錢(文)	出典
乾隆·嘉慶년간	1.0	1000	駱秉章「歷陳湖南籌餉情形折」
道光 初(1821)	〃	1300-1400	〃
〃 18年(1838)	〃	1400	林則徐『湖廣奏橋』권3
〃 25年(1845)	〃	2000上下	*光緒 3年刊『善化縣志』권33 祥異
〃 末年(1850)	〃	2000	駱秉章「歷陳湖南籌餉情形折」
咸豊 元年(1851)	〃	2000	*民國『寧鄕縣志』古事篇, 歷年記
咸豊 初	〃	2300-2400	同治 10年刊『長沙縣志』권8, 부역
〃 3年(1853)	〃	2000	曾國藩「籌議京倉需米疏」
〃 5年(1855)	〃	2000	駱秉章「歷陳湖南籌餉情形折」
〃 6年(1856)	〃	2000	『湖文忠公遺集』권12
〃 7年(1857)	〃	1600	『駱文忠公奏議』권7
〃 8年(1858)	〃	1400	『胡文忠公遺集』권85
〃 10年(1860)	〃	1300-1400	『胡文忠公遺集』권70
同治 2年(1863)	〃	1300	曾國藩「籌議京倉需米疏」
〃 7年(1868)	〃	1300-1400	李瀚章「歷陳湖北等省漕務」
〃 10年(1871)	〃	1600-1700	*同治 10年,『長沙縣志』권8 부역, 錢法
光緒32年(1906)	〃	1600	『長沙日報』宣統 2年 2月 27日
선통 2年(1910)	〃	1700	『國風報』宣統 2年 3月 21日

* 표 지방지에서 직접 採錄
* 제외는 龔勝生,『淸代兩湖農業地理』, pp.270~277에서 湖南부분을 발췌하여 再引用한 것임

였지만 청말의 비가가 낮은 편에 속하는 현상이다. 청말에 은전비가가
비교적 안정되고 있는 것이다. 아편전쟁 후 5항 개항으로 교역이 확대된
상황에서 아편무역 증대에도 불구하고 차와 실크 수출에 힘입어 은의 순유입
이 오히려 증가되는 현상이 나타났던 것이다.[90] 또 광서 17년(1891) 이후
세계 은가 하락 현상으로 은 유입이 증가되었다.[91] 19세기 후반 중국이
세계 사회에 연결되면서 중국의 무역 적자에도 불구하고 청 정부에 대한
대량 차관과 자본 투자를 통해서 거대한 양의 은이 중국에 유입되었다.
1871년에서 1913년 사이 은의 순 수입은 2억 4천만 해관량(海關兩) 혹은
3억 6천만 은 달러로 추정되고 있다. 세계 시장의 은가 하락과 은의 대량
유입은 중국의 국내 시장에서 물가상승을 유도한 것이다.[92] 이런 배경으로

90) Yeh-chien Wang, 앞의 논문.
91) 邱思達, 앞의 책, pp.92~93.

'은귀전천(銀貴錢賤)' 현상은 일시적인 것이고 청말민국기 전체를 설명하는 것은 아니다.

그런데 민국시기에는 은원(銀元)과 전(錢)의 교환비율이 문제가 되고 있다 은의 유입 현상에도 불구하고 선통 원년 1 : 1150문의 비율에서 민국 6년 2250문, 민국 11년 2840문, 민국 17년 3500문, 민국 22년 7200문까지 급등하고 있다. 예릉현의 기록이지만 이것으로 청말 보다 민국시기에 통화 팽창 현상이 극심하다는 것을 알 수 있다.[93]

은과 전(錢)이 주요 화폐이고 그 환율이 항상 문제가 되고 있지만 주로 청 후기 이후는 전문(錢文) 위주의 경제로 바뀌고 있다고 생각된다. 장사부의 여러『현지』를 검토해 보면 대부분 도광 이후는 화폐를 전문(錢文)으로 표시하고 있다. 청 전기는 미가를 은으로 표시하던 것과는 대조적이다.[94] 예릉현에서는 민간에서 세금을 납부하거나 주요 무역을 할 때를 제외하고 문은(紋銀) 사용자가 거의 없다. 도광 이후 교역시 대부분 전문을 사용했다는 기록을 보면 청 후기는 전(錢) 경제 위주로 넘어간 것 같다.[95] 세금을 낼 때 외에 은이 필요 없는 일반민은 전문(錢文) 사용권에 포함되어 있는 것이 너무나 당연하다.

함풍 4년에 장사에서 대전(大錢)을 주조하여 통용시켰으나 결국 시장의 신뢰를 얻지 못하여 퇴출되고 말았다. 1854년 7월에 주조를 시작하여 1855년 4월에 주조를 정지하였다.[96] 이것을 보면 통화 남발도 결국 시장의 제약을 받고 있다.

민국 7년(1918) 3월 장경요(張敬堯)가 유상은행(裕湘銀行)을 개설하여 은원 표(銀元票) 1,000만원(元) 동원표(銅元票) 3,000만원을 발행하였다. 그 결과

---

92) Yeh-chien Wang, 앞의 논문.
93) 民國 37年刊『醴陵縣志』食貨志 金融.
94) 同治 10年刊『長沙縣志』, 光緖 3年刊『善化縣志』, 同治 13年刊『湘鄕縣志』, 光緖 15年刊『湘潭縣志』, 民國 30年刊『寧鄕縣志』, 民國 37年刊『醴陵縣志』.
95) 龔勝生 앞의 책, p.279.
96) 劉泱泱, 앞의 책, pp150~155.

시장은 혼란에 빠지고 시중금융은 마비 상태가 되었으며 결국 유상은행
발행의 악폐(惡幣)는 폐지와 같이 되었다.[97] 권력에 의하여 통화 팽창이
시도되더라도 시장이 감당할 수 없는 지경이 되면 중단될 수밖에 없다.
과도한 통화 팽창은 시장 질서에 의해 어느 정도 제약되고 있다고 생각된다.

예릉현에서도 광서년간에 전장(錢莊) 24곳이 출현하여 성업을 누렸는데
민국 7년(1918) 병화(兵禍)로 영업을 정지하는 곳이 많아졌고 정부의 통화
남발, 화폐가치 하락, 금융혼란 현상이 나타났다.[98] 민국 18년(1929) 이후는
정국이 안정되고 교통 편리로 백업(百業)이 진흥되고 은행이 역할을 하게
되었다.

이상에서 보면 청말까지는 은전비가 안정되고 통화 관리가 어느 정도
성공하고 있다고 여겨진다. 광서·선통시기에 은원의 주조, 외국 은화의
대량 유입, 당십동원(當十銅元) 등 주조로 통화 팽창이 많이 되었고 이 시기
물가상승과 연관되고 있다. 민국 초기에도 정국 혼란과 무계획적 통화
남발로 물가의 급등을 초래하였다. 민국 중기에는 비교적 안정세를 보이고
있는 것 같다.

영향현에서도 민국 21년(1932) '곡천전황(穀賤錢荒)'의 현상까지 나타나고
있다.[99] 청말민국기에 전반적으로 화폐량의 증가가 현저했던 것은 사실이
다. 다양한 화폐의 등장, 은량(銀兩), 은원(銀元), 동전(銅錢), 동원(銅元) 외에
외국 은원의 유입, 그 외 초표, 시표 등 유사 화폐가 출현하였으며 양적인
팽창도 분명하다. 하지만 대외교역 증가와 경제활동 인구의 증가, 유통상품
의 양적 증가에 의해 시장의 화폐 수요가 증대된 것도 사실이다. 통화
발행은 일차적으로는 경제 주체의 수요에 부응하는 것이지만 그것이 과도할
때 문제가 발생한다.

97) 宋斐夫, 앞의 책, pp10~11.
98) 民國 37年刊『醴陵縣志』食貨志 金融.
99) 民國 30年刊『寧鄕縣新志』전1, 歷年記.

3) 공급·기타 요소

물가는 기본적으로 수요·공급의 관계에서 결정되는 것이 원칙이다. 청말민국기에 걸쳐 인구가 급증하여 물가가 상승한 것은 자연스런 일이다. 그러나 물가상승률 면에서 청말의 경우가 18세기의 증가율에 비해 지나치게 크다고 할 수는 없다. 물가상승률을 억제하면서 비교적 안정 속의 상승을 할 수 있었던 것은 공급의 증가를 고려하지 않을 수 없다.

청말민국기에 호남미의 하류지역으로의 송출 현상이 지속된 배경에 비약적인 경지면적 확대와 새로운 품종 개량, 시비법 발전 등 농업 생산 증대가 있었다는 것은 이미 밝혀진 바 있다.[100] 미곡 공급의 증대가 물가상승을 완화할 수 있었던 것이다. 잡량 재배가 동치(1862~1874)년간에 광범위하게 보급되어 민중의 식량 문제 해결에 기여하고 미가를 억제하는 역할을 하고 있던 것을 성보현(城步縣) 지현, 성일원(盛溢源)을 통해서 알 수 있다.

양미(洋米) 수입이 국산미의 보충 역할을 했다는 지적이 있지만 결국 시장에 대한 미곡 공급을 증대시켜 가격 안정에 기여했다고 생각된다.[101] 민국시대 관련 사료를 하나 검토해 보면 다음과 같다.[102]

> 금일 정세를 보면 국내 미가의 등락은 결코 국산미의 생산량이 많고 적음으로 판단하는 것이 아니라 외국 미곡생산 구역의 풍년 여부에 따라 영향이 대단히 크다.

이것을 보면 양미 수입이 국산 미가를 조절한다고 볼 수 있다. 비슷한 시기 상해에서도 호남미가 수입 미곡의 영향으로 가격이 약간 적게 올랐다는

---

100) 田炯權, 「淸末民國期 湖廣地方의 農業生産力과 生産關係」『慶南史學』7, 1995; 田炯權, 「淸末民國期 湖南의 米穀市場과 商品流通」『東洋史學硏究』74, 2001; 田炯權, 「淸末民國期 湖南 長沙府의 농업 생산과 상품유통」『明淸史硏究』25, 2006.

101) 王良行, 「淸末對外貿易的關聯效果(1860~1911)」『近代中國對外貿易史論集』, 1997.

102) 章有義, 『中國近代農業史資料』권3, p.413.

사료도 있다.103) 『상보』에도 일본 미곡이 수입되어 중국의 미가가 차츰 내려갔다는 기록이 있다.104) 같은 『상보』에 보면 "외국물산이 날로 풍부하여 중국 상품의 판로를 막는데 서양 상품의 가격이 낮으면 중국 상품 가격이 홀로 증가할 수 없다"라는 기록이 있다.105) 결국 양화(洋貨)도 중국에서는 시장에 대한 상품 공급의 증가이고 이것이 상품 가격 상승을 억제하고 있는 것이다. 같은 자료에 중국의 토약(土藥: 국산 아편)이 널리 판매되니 외래 양약(洋藥)의 가격이 폭락한 사정도 소개되고 있다.106)

또 양랍(洋蠟)의 수입으로 국산 백랍(白蠟) 가격이 매 100근 200원에서 100원으로 폭락한 일도 있었다.107) 1921년 독일 면화가 대량 수입되어 중국의 면화 가격이 하락한 일도 있다.108) 광서년간부터 중국이 면사(綿紗) 생산을 개시하자 중국 상인과 서양 상인 사이에 가격 경쟁이 시작되었다. 수입 면포(綿布)도 서양 상인이 국산 포와 경쟁하기 위해 가격을 낮추어 공급하였다.109)

상인의 가격 조종이 물가변동에 하나의 요소는 될 수 있다. 예릉현의 토착 자기 판매에 있어 객상의 가격 조종에 저항하기 위해 주민들이 공사(公司)를 조직하여 가격을 바로잡았다는 기록도 있다.110) 지주·부농·미곡 상인 등의 매점매석에 의한 가격 조종 사실은 흔히 발견된다.111) 추수기에 시장에 대량 방출된 곡식을 저렴한 가격에 매입하여 단경기(묵은 쌀이 떨어지고 햅쌀이 나오기 전의 시기)에 되팔아 이익을 남기는 것은 상인의 오래된 관행이다. 이윤 추구를 위한 개인의 행위지만 넓게 보면 시장의 수요와

---

103) 위의 책, p.416.
104) 『湘報』 제45호, p.1419.
105) 『湘報』 제13호, "外洋之出産日盛 足以抵華貨之銷路 洋価低則華貨不能獨增".
106) 『湘報』 제162호, p.1608.
107) 章有義, 앞의 책 권3, p.662.
108) 譚文熙, 앞의 책, p.342.
109) 譚文熙, 위의 책, p.368, p.374.
110) 民國 37年刊 『醴陵縣志』, 食貨志, 工商.
111) 李文治, 앞의 책, p.559.

공급을 조절하는 행위이기도 하다. 각지 농산품 가격변동 조사에서 원인이
밝혀진 10건 가운데 전쟁이 2건, 풍흉, 수한재(水旱災)가 7건, 상인 조종은
단 한 건뿐이었다.[112] 제국주의 상인에 의한 가격 조종이라는 것도 결국
중국 상인의 이윤 추구 행위와 본질에서 크게 다르지 않다.

『상보』의 기록을 보면 다음과 같은 기록이 있다.[113]

> 윤선이 이미 통행하고 있고 철로가 이미 만들어졌다. 제조업이 날로 번성하
> 고 통상조약이 행해지니 상인이 계속 내왕하고 온갖 상품이 유통된다.
> 사계절 틈이 없으니 일용 각 물품이 그 가격이 반드시 저렴할 것이다.

이것을 보면 통상 개시 후 교통이 발달하고 상품 교역이 증대된다는
것과 그 결과 일용품의 가격이 저렴해졌다는 것을 당시인이 인식하고 있다.
청말민국기에 서방 각국과의 무역 증대는 상품 공급의 증가이고 가격 경쟁을
통해 물가상승을 완만하게 할 수 있었다고 생각된다.

3. 물가와 경기(생활)

1) 곡천상농(穀賤傷農)과 불황

물가 문제를 단순히 등락의 흐름에만 주목하기보다 경기변동론적 입장에
서 호황, 불황의 문제로 연관시켜 보는 것은 매우 의미 있는 일이다. 기시모토
미오(岸本美緒)는 강희년간의 '곡천(穀賤)' 현상이 불황과 연결되어 있고 광서
년간 소주(蘇州)의 불황도 '곡천'이 원인이었음을 지목하고 있다.[114]

---

112) 『湘報』 제49號, "輪船旣行 鐵路旣造 製造日盛 商約可行 商賈絡繹 百産流通 歲時無間
    則日用物品 其価必廉".
113) 安本美緒, 앞의 책, 제7장, pp.239~288; 제12장, pp.431~455.

제2장 청말민국기 호남 장사(長沙)의 미가와 물가동향 307

그런데 장사부 중심의 호남의 사정을 검토해 보면 '곡천' 관련 기록이 도광·함풍시기와 민국 중기에 집중되고 있다.

동치 『장사현지(長沙縣志)』에 보면 다음과 같은 기사가 있다.[115]

도광 25년(1845) "곡식이 싸서 한 말에 전 50문이다. … 곡식 값이 싸고 전(錢)의 가치도 낮으니 백성들이 대단히 고통스럽다."

장사현과 현청 소재지를 장사성(長沙城) 내에 같이 두고 있는 선화현(善化) 에서도 같은 해에 비슷한 기록이 있다.[116]

도광 25년 곡식 값이 싼데 (도광)15년부터 해를 연이어 곡식 값이 쌌다. … 중하호들이 고통을 겪었다.

함풍 5년(1855) 곡식 가격이 쌌다.

장사현 기록을 보면 곡가도 싸고 전가(錢価)도 싸서 민이 고통 받는다 했으니 이 당시 은의 해외 유출과 은전비가 문제로 민중이 고통 받은 사실을 알 수 있다. 선화현은 장사현과 연접하고 통합과 분리가 단속되었던 거의 동일 지역이다. 선화현 기록을 보면 도광 25년의 '곡천'이 해당년도만의 일이 아니고 도광 15년(1835)부터 계속된 현상임을 밝히고 있다.

인근의 영향현(寧鄕縣)에서 보면 "도광 26년(1846) 풍년이 들어 곡식가격 이 급락하자 농민이 손해를 본다. 소작농들도 곡가 하락으로 크게 곤란을 겪고 있다."라는 기사가 있다.[117] '곡기천(穀奇賤)'이라 하였으니 평상시 보지 못한 하락이었다고 생각된다. 더구나 소작료 납부가 대부분 현물지대

---

114) 同治 10年刊 『長沙縣志』 권33, 祥異.
115) 光緖 3年刊 『善化縣志』 권33, 祥異.
116) 民國 30年刊 『寧鄕縣志』 古事篇, 歷年記.
117) 李文治, 앞의 책, p.557.

이기 때문에 대부분의 전농(佃農)은 미곡의 상품화 과정에서 배제되었다는 종전의 통념과 달리 소작농도 곡가 하락으로 심한 고통을 겪고 있다는 것이다. 같은 기록에 함풍 원년에도 "풍년이 들었다. … 향민들이 곡가 하락에 조절(漕折)의 부담 가중으로 고통을 겪는다."라 하고 있어 역시 곡가 하락으로 세금 납부에 곤란을 겪고 있던 것을 알 수 있다.

장사부 내의 여러 『현지』를 검토해 보아도 동치년간에는 '곡천(穀賤)' 기재가 보이지 않고 전술한 도광·함풍년간에 집중되고 있는 것을 알 수 있다. 그 이후의 기록을 찾아 제시해 보면 다음과 같다.

호남은 여름가을 이래 비가 때에 맞춰 많이 내려 평지와 고지 논을 막론하고 모두 대풍을 이루었다. … 미곡 가격이 심히 쌌다. … 도리어 수입이 지출을 감당하지 못하는 실정이다.(『익문록(益聞錄)』 69호, 광서 6년, 8.28)[118]

(장사농촌) 근년래 … 미곡을 팔려고 해도 가격이 너무 싸다. 각 일용품은 또 극히 비싸다. 수확 소득은 그 밑천을 채울 수가 없다. 다수가 경작할 수 없는 지경에 이르렀다.(『신청년』 7권 6호, 1920년 5월)[119]

호남은 근년래 천재와 인화(人禍)가 많다. … 천재는 수확량을 감소시키기에 족하다. 지방 치안이 안정되지 못하니 생산품 판매가 적체되어 가격이 또 하락하였다. … 그런데 생활비는 날로 상승하고 인건비 및 일용품 가격은 날로 상승한다. 수입과 지출이 균형을 이루지 못해 항상 괴로워한다. … (『중국면산개진통계회의전간(中國棉産改進統計會議專刊)』, 1931)[120]

호남성은 미곡 생산이 풍부한 지역이다. … 근년의 수확은 여러 해 풍년이

---

118) 章有義, 앞의 책 권2, p.432.
119) 章有義, 앞의 책 권3, p.795.
120) 章有義, 위의 책, p.620.

들었는데 장강 유역 역시 풍년을 만났다. 또 대량의 양미(洋米)의 운송
판매가 있으니 호남 미곡은 갑자기 시장을 상실하였다. … 미곡의 가격
하락은 농촌경제를 절망에 빠뜨릴 뿐 아니라 시중의 금융도 크게 타격을
입게 하였다.(『은행주보(銀行週報)』 18권 9기, 1934.3.13)

이외에도 1936년의 사실로 호남의 무강(武岡) 동안(東安) 일대에서 '풍년곡
천(豊年穀賤)'으로 성성(省城)에 운반할 때 운송비와 각종 연세(捐稅)부담을
감당할 수 없어 미곡을 불태웠다는 기록이 있다.

이것을 보면 주로 1930년대에 '곡천'과 불황이 집중 묘사되고 있는 것을
알 수 있다. 곡천 즉 불황이라고 하면 도광·함풍초의 곡천과 불황, 동치광서
선통기(同治光緒宣統期)의 '곡귀(穀貴)' 즉 호황, 다시 민국 전기의 호황, 민국
중기의 불황으로 자리매김을 할 수 있을 것이다.

그러나 일반적으로 물가의 상승기가 호황적 국면이라는 것은 알려져
있지만 이것은 전체 물가의 문제이다. 위 자료를 보면 1920년 장사 농촌에서
는 곡가는 싼데 일용품 가격은 극히 높다고 하고 있고 1931년의 기록도
인건비와 일용품 가격이 계속 상승하는 것을 지적하고 있다. 농민이 다수를
점하기 때문에 미곡가의 하락은 농민 수입 감소와 구매력 저하를 가져오고
이것이 농촌 불황의 한 요인이 될 수 있다. 그러나 인건비와 일반 물가가
상승하는 것은 시장의 한계 안에서의 일이다. 또한 실업률과 고용 지표
등도 고려되어야 하는데 만족할 만한 통계의 부족으로 명확한 답을 얻기는
어렵다.

그런데 미가와 물가는 개별 년도나 시점에서 서로 상이한 궤적도 있지만
〈도 2, 3, 6, 7〉을 보면 대체적으로는 비슷한 흐름을 보이고 있다. 예릉의
미가의 구매력 변동을 보면 광서 4년(1878)에 비하여 선통 원년(1909) 민국원
년(1912)에는 현격한 상승세였다가 그 후에 등락을 거듭하고 있지만 민국
25년(1936)의 경우는 광서 4년보다는 높거나 유사한 경우가 많다.

2) 생활·경기의 발달

당시인들이 체감하던 생활·경기의 수준이 어떠했는지 알아볼 필요가
있다. 광서간(刊) 『선화현지(善化縣志)』를 보면 다음과 같다.[121]

옛사람들은 술과 고기로 노인을 부양하였는데 지금은 어린아이도 술과
고기를 먹지 않는 이가 없다. … 요사이 미곡과 소금이 비쌀 뿐 아니라
술과 고기가 모두가 비싸니 좋아하고 싫어하는 것을 알 수 있다. … 지금
향간에 시탄(柴炭)이 그 값이 예전보다 수배인데 하천 근처 사람은 매(煤)를
때지 않는 사람이 없다.

동치 『유현지(攸縣志)』에도 다음과 같은 기사가 있다.[122]

예전에 사대부도 집에 있을 때 엄동이 아니면 가죽옷을 입지 않았다.
지금 관중(關中)의 가죽옷 상인이 유현에 와서 1년에 은 만여 냥을 얻을
수 있다. 기타 비단 옷은 소주(蘇州) 항주(杭州) 및 영남(嶺南)에서 오는
것이 또 배가 되니 1년에 수만금을 소비한다.

예릉현에서도 비슷한 인식을 볼 수 있다.[123]

---

121) 光緒 3年刊 『善化縣志』 권16, 풍속 附論, "古人 酒肉以養老 而今則黃口稚子 無不酒肉之人
    … 近日不旦穀貴鹽貴 而酒肉皆貴 則好惡可知矣 一今鄕間柴炭 其價數倍於昔日 瀕河之地
    莫不燒煤".
122) 同治 10年刊 『攸縣志』 권18, 풍속 衣服, "衣服 昔時 士大夫 家居非嚴冬不御裘 今關中裘商來
    攸 歲可得銀萬餘兩 其他錦繡之運自蘇杭及嶺南者 則又倍之 計一歲之戶 所費數萬金".
123) 民國 15年刊 『醴陵縣鄕土志』 제4장 풍속 생활, "旧俗民樸 … 鄕民非令節不食肉 非慶弔不置
    酒 款客止於殺鷄 鮮味止於草魚 縣城食肆 止於飽麵茶館 無以酒席爲業者 今則酒樓菜館
    遍於街市 中人之家酬酢往還 爭奢鬪靡 … 旧時士類大半 集於淥江書院 一院之中 著緞鞋者
    不過數人 襲羊裘者 不過 一二人 今則絲履皮袍殆成常服 日用之品 多自帕來".

예전 풍속이 검소 질박하여 … 향민이 명절 아니면 고기를 먹지 않고
경조사가 아니면 술을 베풀지 않고 손님 접대는 닭 잡는데 그치고 선미(鮮味)
는 생선에 그쳤고 현성의 식당은 포면다관(飽麵茶館)에 그치고 주석(酒席)으
로 업을 삼는 자가 없었다.

지금은 술집과 식당이 거리에 가득차고 중인의 집에도 술자리가 베풀어지
고 사치를 다툰다. …

예전에 사대부 대부분이 녹강서원(淥江書院)에 모이면 그 가운데 비단신을
신은 자가 불과 수인이었고 양가죽 옷을 입은 자가 불과 1·2인이었다.

지금은 비단신과 가죽옷이 거의 평상복이 되었고 일용품은 수입품이 많다.

이 내용을 보면 예릉현의 생활수준이 급격히 향상된 것을 알 수 있다.
『예릉현지』 기록에는 부인들이 상해의 유행을 쫓아 사치를 추구한다는
내용도 있고 청말부터 외국 상품을 서로 자랑한다는 내용도 있다. 종전에
채유(菜油), 면유(棉油)로 등을 켜다 집집마다 매유(煤油)를 사용한다거나
세탁시 다고험수(茶枯鹼水)를 쓰다가 대부분 비누를 사용하는 일상의 변화가
나타나고 있다.124)

또 영향현에서도 "동치·광서년간에 지방이 편안하여 집집마다 넉넉하고
사람마다 풍족하였다. 현성의 상업은 이에 번성하였다."이라 하고 있어,
동치(1862~1874)·광서(1875~1908)시기가 호황이었음을 알 수 있다.125)『상
보』에도 "민간에서 서양 상품을 애용하는 것이 날로 심해진다."라 하고
있어 양화(洋貨) 사용의 확대를 짐작할 수 있다.126)

광서년간 무역이 확대되고 여기에 대해 유익하다는 인식의 기록이『상보』
에 나오고 있다.127)

---

124) 民國 37年刊『醴陵縣志』食貨, 工商; 民國 15年刊『醴陵縣鄉土志』제6장 실업.
125) 民國 30年刊『寧鄉縣志』財用錄, 民業.
126)『湘報』제13호, 1898年 3月 21日.
127)『湘報』제162호, 1898年 9月 23日.

윤선(輪船)과 철로가 개통되고 항구 개항이 증가되는 것은 실로 중국에 유익하고 손해가 없다. 저 눈이 콩만큼 큰 자가 걸핏하면 통상이 중국에 해가 된다고 하니 어찌 심히 어리석지 않은가.

무역 확대를 지적하고 통상이 유익하다는 인식을 하고 있다. 『예릉현지』에도 동치지(同治志)에는 풍속이 '안토중천(安土重遷)'하고 상인이 외부 활동하는 자가 적었는데 광서초에 홍차업이 일어나고 광서말에 도자기 하포(夏布), 편폭업(編爆業)이 일어나 융성하여 이에 생계를 유지하는 자가 십만인이 넘는다고 하고 있다.[128] 『예릉향토지』에도 상인의 왕래가 예전보다 10배라는 서술이 있다.[129]

장사시의 행업(行業) 발달 상황을 보면 민국 5년(1916)에서 민국 22년(1935) 사이에 식품업은 281→ 2124, 사치품은 171→ 1128, 복장은 43→ 2028, 농광(農礦)은 621→ 1156, 양화(洋貨) 127→ 233, 금융 130→ 164, 공예 2121→ 3344, 문구 17→ 355 등 비약적인 성장을 보이고 있다.[130]

이것은 장사의 생활수준 향상을 반영하고 있다고 생각된다. 당시에 통상의 확대 주장도 『상보』에 심심찮게 등장하고 있다.[131]

이상에서 보면 청말민국기에 대체적인 추세는 호황이었다고 생각된다. 생활수준의 향상이 눈에 띄고 미가와 물가도 연동되면서 상승하는 추세였다 미가의 상승이 구매력 수준의 제고가 되기 때문에 미곡 생산 중심지역에 상인들의 행호(行號)가 집중되는 것이 보였다.[132] 임금의 경우에도 호남 여성현에서 실질임금이 유지 또는 상승하는 것을 확인한 바 있다.[133] 전한승

---

128) 民國 37年刊 『醴陵縣志』 食貨志, 工商.
129) 民國 15年刊 『醴陵鄕土志』 제6장 실업.
130) 張朋園, 앞의 책, p.387.
131) 『湘報』 44호, 「中外通商利害論」; 『湘報』 67号, 「論湖南茶務急宜整頓」.
132) 田炯權, 「淸末民國期 湖南의 米穀市場과 商品流通」 『東洋史學硏究』 74, 2001; 「淸末民國期 湖南 長沙府의 농업 생산과 상품유통」 『明淸史硏究』 25, 2006.
133) 田炯權, 「淸末民國期 湖南 汝城縣의 商品流通과 物價變動」 『明淸史硏究』, 9, 1998.

(全漢昇)도 1875년부터 1925년까지에 걸쳐 사천 합강(合江)현의 임금과 물가
변동의 추세가 거의 일치하고 있다는 것을 밝힌바 있다.[134] 앞서 인용한
1931년 「중국면산개진계획(中國棉産改進計劃)」에도 임금과 일용품 가격이
함께 오른다고 하고 있어 임금이 물가에 연동되고 있던 것을 알 수 있다.

생활수준 향상을 기록하고 있던 지방지에도 빈부 격차를 암시하는 내용이
있고 물력(物力)이 날로 쇠퇴한다든지 하는 기록이 있다. 대외무역이 적자라
하더라도 차관, 원조뿐 아니라 외국 상인의 진출이 자본 투자를 수반하기
때문에 호황을 가져올 수 있다고 생각된다.

소결(小結)

이제까지 청말민국기 특히 동치(1862~1874) 이후 민국 중기인 1936년까지
를 주요 분석대상으로 하여 미가와 물가변동, 물가변동의 원인, 물가와
생활·경기에 대하여 살펴보았다.

미가변동은 단기 변동에 있어서 전쟁이나 천재(天災) 등의 특수한 사정의
해를 제외하고는 광서년간에 비해 민국 중기의 계절 변동폭이 축소되는
방향으로 진행되고 있는 것 같다. 미가의 계절 변동을 완화시켜 주는 잡량의
재배가 호남지역에서는 대부분 동치년간에 보급 확대가 되고 있다. 교통과
상업 발달 등의 이유로 청말에서 민국기로 갈수록 계절 변동폭을 축소할
수 있었을 것으로 생각된다.

장기변동에서는 장사부현의 물가변동, 예릉현 물가변동 등을 살펴볼
때 전체로서는 상승 추세 중에 도광·함풍시기의 저미가, 동치년간의 고미가,
광서 전반의 저미가, 광서 후반에서 선통년간의 고미가, 민국 전기의 고미가,
민국 중기의 저미가의 등락을 보이고 있다.

---

134) 安本美緒, 앞의 책, p.27.

민국 중기의 미가는 장사 8개년 미가 추세에서도 안정속의 상승세를 보이고 있다. 명목상 수치뿐 아니라 미가의 상대 물가로 보는 실질 구매력도 선통 민국 원년에까지 급상승하였다가 민국시기 등락을 거듭하지만 민국 25년(1936)까지 광서 4년(1878) 대비 유지 또는 상승 추세였다.

물가변동은 개별 상품에 따라 편차가 있고 미가와는 전혀 상이한 궤적을 그리는 경우도 있으나 대체적으로는 미가와 연동 관계를 보이고 있다. 1898년 물가의 단기 변동은 이상할 만큼 변동폭이 크지 않다. 당시 물가조사 자의 보고가 정확했는지 의심될 정도이다. 1935년의 장사 물가에서 단기 변동을 보면 변동폭이 100%이상인 하포(夏布), 모필(毛筆), 면분(麵粉), 면포(棉布) 등을 비롯하여 50% 이상인 오리털, 흑연, 성냥, 국산 전지 등과 40% 이상인 비누 등에서 알 수 있는 바와 같이 단기 변동폭이 미가보다 대체로 크다. 이것은 이런 물품들이 미곡보다 수요 탄력성이 크기 때문이라 생각된다.

물가의 장기변동은 전술한 바와 같이 미가와 대체로 비슷한 궤적을 보이고 있다. 청말에서 민국 전기에 걸쳐 물가상승폭이 두드러지고 있다. 세부적으로 보면 청말보다 민국 전기에 물가상승폭이 더욱 크다. 돼지고기 값을 예로 들면 1878년에서 1909년 사이에 27.3% 상승했고 1912~1921년 사이에 75% 상승했다. 같은 기간 닭은 각 50%와 44% 상승했다. 청말은 31년간의 수치이고 민국 전기는 9년간이니 물가의 상대적 급등을 알 수 있다. 1926년에서 1936년까지 10년간 돼지고기 값은 변동이 없다. 초어(草魚)도 같은 수준이다. 양사(洋紗)는 1931년까지 변동이 없다가 1936년에 약간 상승하고 있다. 민국 중기의 물가는 상대적 안정세를 보이고 있다. 민국 중기의 미가가 일부 '곡천(穀賤)' 현상을 보인 것과 맥을 같이하고 있다.

다음으로 물가변동의 원인에 대해서는 군벌간의 전쟁이나 정치적 혼란 등 정치 군사적 요인을 제외하고 대체로 검토해 보았다.

수요 측면에서는 호남미의 유통이 호남 내부의 인구 증가에도 불구하고 양자강 하류지역으로의 송출이 지속된 것이 미가 상승의 한 원인이었다.

상해나 무한(武漢) 등의 도시화와 인구 집중은 이들 지역 양식 수요를 폭증시켰다. 일부 양미(洋米) 수입에도 불구하고 호남미에 대한 수요도 증가함으로써 미가를 상승시켰다. 또 장사를 비롯한 각지의 새로운 수공업 산업의 발달로 비농업 인구가 증가하고 이들이 구매력을 가진 유효 수요로 성장하여 미가 상승을 유도하였다. 양식의 송출은 해당 지역 인구 식량을 전부 제외한 나머지 잉여가 수출되는 것이 아니라 구매력이 높은 쪽으로 이동하는 것이다. 청말민국기에는 호남의 내부 외부에서 미곡에 대한 유효 수요가 증가하였고 이것이 미가 상승의 한 요인이었다.

화폐 문제에 있어 화폐 수량의 증가가 물가상승을 초래한다는 것은 상식이다. 종래 아편전쟁 전후 은의 해외 유출 증가가 '은귀전천(銀貴錢賤)' 현상을 초래하여 물가상승과 인민의 빈곤을 가져왔다고 알려져 있다. 그런데 지방지 등의 사료에서 검토한 결과 은전비가는 도광·함풍초의 일시적 상승 후에 함풍 7년 이후는 도리어 하락하고 있다. 동치년간에 대부분 1량 1300문 수준에서 안정되고 있다. 광서말·선통년간에도 1600~1700문 수준으로 도광·함풍초보다는 낮은 편이다. 청말민국기에 화폐의 남발이 시도되고 있으나 한계를 넘었을 때 시장의 통용 거부로 마침내 중단되고 있다. 청말민국기에 외국 은원의 유입과 국내의 은원 주조, 동원(銅元), 지폐 외에 초표(鈔票), 시표(市票) 등 화폐 시장에 투입된 화폐량은 엄청나게 증대된 것은 사실이다. 그럼에도 전체로서는 어느 정도 시장질서가 유지되고 있었다고 생각된다. 대외교역과 상품량의 증대, 경제 활동 인구의 증대, 미곡 생산 및 농산품 생산의 증대로 화폐에 대한 수요도 급증하고 있다. 이것이 화폐량의 막대한 증가와 유통 속도의 진전에도 불구하고 물가상승폭을 어느 정도 완화시킬 수 있었다고 생각된다. 즉 안정 속의 물가상승이 유도된 것이다.

공급면에서 보면 대외교역을 통한 서양 상품의 수입은 전체로서는 물가상승을 견인하고 있으나 한편에서는 물건의 공급 증가를 통해서 혹은 국내 상품과의 경쟁 때문에 물가상승을 완화시키는 작용도 있었던 것을 확인할 수 있었다. 제국주의 침략과 물가 폭등이라는 도식적 견해와 달리 현실에서는 물가 억제 작용도 있었던 것이다.

물가와 경기면에서 보면 물가가 비쌀 때 호경기가 많은 것은 사실이다. 그런데 '곡천(穀賤)' 현상이 불황이라는 지적이 있었던 것을 고려하면서 장사 지역의 경우를 검토해 보았다. 도광·함풍년간까지 '곡천' 현상과 불경기적 상황에 대한 사실은 분명히 드러난다. 동치·광서년간에는 미가가 등귀한 시점인데 이 시기는 홍차업의 번성이나 각종 수공업의 번성으로 호황의 면모가 보이고 있다 민국 시기에는 민국 중기에 '곡천'의 현상이 드러나고 있다. 사료 상에 민국 중기의 '곡천'은 임금이나 다른 물가가 상승하고 있는 것과 대조되고 있다. 물가상승기와 호황이 맞물리고 있는 것은 사실인데 민국 중기는 '곡천' 현상과 서로 어긋나는 것이다. 이 시기의 불황 서술은 농촌의 농민소득 감소에 대한 우려 표시이다.

생활수준에 대한 지방지 기록 등을 보면 청말민국기에 주민들의 서양 상품 사용이 보편화되고 의복, 음식, 주거 등의 생활수준이 향상된 것을 지적하고 있다. 물가는 상승하였지만 동치 이전에 비하여 분명히 사치품의 소비 증대와 중인의 집도 소비 수준이 제고된 것이 드러나고 있다. 민중의 빈곤은 있으나 이 시기 빈부 격차가 커지고 생활수준의 격차가 커진 것이 사실이라 생각된다.

제3장 청말민국기 호남의 물가와 상인

1. 물가상승의 원인

1) 화폐 남발

기왕의 연구를 통해 분명한 것은 청말민국기에는 물가 폭등이라 할 정도로
종전과는 다른 양상을 보인다는 것이다. 왕업건(王業建)의 추계에 의하면
호남의 미가는 1895~1910년 사이 은가(銀價) 기준으로 67% 상승했다고 한다.[1]
18세기 전후 중국 물가는 약 100년간 300% 상승했다는 인식이 있는 반면,[2]
호남 여성현에서는 청말민국기 약 60년간 미가(米價)가 300% 상승하고 있다.[3]
근현대 격동기에 물가급등이 현저했던 것은 분명해 보인다.

본 장의 문제의식은 물가변동 자체는 아니고 이러한 물가급등 국면에서
상인의 역할과 대응이 어떠했던가를 탐색해 보는 것이다. 직접적으로 이
시기 물가와 상인의 관계에 관한 연구는 현재 발견하지 못하였다. 다만
연관 논저 가운데서 이런 물가급등의 원인으로는 주로 '간상(奸商)'에 의한
물가 조작이라 보거나 혹은 제국주의 침략이라는 측면에서 외국 상인의

---

[1] Joseph W. Esherick, *Reform and Revolution in China: The 1911 Revolution in Hunan and Hubei* (California Univ. Press, 1976), p.117.

[2] 郭成康, 「18世紀中國物價問題和政府對策」『淸史硏究』, 1996-1.

[3] 전형권, 앞의 논문, 1998.

시장 지배와 가격 조작 탓으로 돌리는 경우가 많다. 직접적으로 물가를 올리는 것은 상인인 경우가 많지만 상인이 근본적 책임을 져야 하는가는 생각해 볼 문제이다.

본 장에서는 『장사대공보(長沙大公報)』와 지방지(地方志) 등을 주요 사료로 하여 당시인의 인식을 중심으로 물가상승의 원인에 대해 고찰해 보고자 한다. 또 이른바 '간상'의 활동을 포함하여 물가급등 국면에서 상인의 대응이 어떠했는가를 밝히려 한다. 궁극적으로는 청말민국기 특히 1936년 이전까지의 한정된 기간 상인의 활동에서 약간의 시대상을 살펴보고자 하는 것이다.

1911년 호남의 재정 보고에 의하면 1908년 이전 개혁과 신군(新軍)을 위한 모든 재정은 새 동전 주조로부터 나왔다. 소금세의 증가와 인플레이션이 수입의 주요한 새 원천이었다.[4] 화폐 남발, 인플레이션 조장에 의한 수입 의존은 공화국 시대에도 지속 되었다.[5] 호남은행의 연혁을 보면 당시 혼란한 정국(政局)으로 정비(政費), 군비(軍費)를 지폐 발행에 의존하고 있다. 이 당시 은행은 명의상 비록 은행이나 실은 성(省) 당국의 지폐 발행기관이었다는 평가를 받고 있다.[6] 민국 이후 2년 사이 호남성 지폐 발행은 1,000만원(元)을 초과하였고, 민국 3년에는 이미 2,600만원을 초과하였다. 지폐의 대량 발행으로 액면 1원(元)은 실제 가치 4각(角)에 불과하였다.[7]

청말 호남관전국(湖南官錢局) 발행 은량표(銀兩票)는 202만 7,600량, 은원표(銀元票) 37만 5,700원, 동원표(銅元票) 480만여천(串)인데, 민국 2년(1913) 시 발행액은 은량표 449만여량, 은원표 90여만원, 동원표 1,100여만여천(串)으로 청대 보다 배 이상 증가하고 있다. 민국 5년 5월에는 은량표 594만 8,600량, 은원표 343만 8,111원, 동원표는 급증해서 5,884만 1,945천으로 증가하고 있다.

---

4) Joseph W. Esherick, 앞의 책, pp.115~116.
5) 위의 책, p.248.
6) 『湖南實業志』(二), 湖南人民出版社, 1935; 2008, p.1296.
7) 張朋園, 『中國現代化的區域研究-湖南省 1860~1916』, 台北, 1988, pp.260~261.

민국 7년 4월에는 은량표 711만 3,000량, 은원표 712만 9,000원, 동원표 7,578만여 천으로 가히 폭발적으로 증가하고 있다.[8] 호남은행에서 은량표, 유통은표(流通銀票), 은원표, 동원표를 발행하였는데 민국 7년 3월 도산하고 말았다. 도산 후 호남은행 청리처(淸理處)에서 호남은행 명의로 동원신표(銅元新票) 25,100,000천(串)을 또 발행하였다.[9]

탕향명(湯薌銘) 정권(1913.10~1916.7) 시기의 재정청장 호서림(胡瑞霖)은 동원(銅元)지폐 40여만천(串)을 발행하고 전 도독(都督) 담연개(譚延闓) 명의를 도용하여 은표(銀票) 수백만원을 발행했다. 일종의 유통 지폐를 발행했는데 단지 숫자만 기입하여 시중 통용을 강제했다. 현금 태환을 허락하지 않아 호남성은 지폐 범람 현상이 초래되었다.[10]

제2차 담연개 정권(譚延闓政權)(1916.8~1917.8) 시기의 상황을 검토해 보겠다. 『장사대공보』의 기록 하나를 보면 다음과 같다.

근일(近日) 동원(銅元)의 첩수(貼水: 화폐교환 수수료)는 매 100매(枚)에 400여 문(文)을 필요로 한다. 은원 매 원은 전(錢) 2,200여 문이다. 호남은행 발행의 동원 표폐(票幣) 가치가 하락하여 거의 6절(折)(40% 할인)에 이르렀다. 다수 상점들이 양마(洋碼: 아라비아숫자)를 고쳐 사용하였고 물가가 몇 배나 폭등하였다.[11]

이어지는 내용을 보면 불량 지폐를 남발하여 자살적 정책을 실행하고 있다는 비판이 가해진다.

동년 3월 2일의 기사를 보면 다음과 같다.

8) 張家驤, 『中華幣制史』 上, 北京: 知識産權出版社, 2013, pp.224~225.
9) 『湖南實業志』(二), 湖南人民出版社, 1935(2008), p.1294.
10) 劉泱泱 主編, 『湖南通史』 近代卷, 湖南出版社, 1994, p.741.
11) 『長沙大公報』 1917年 2月 5日, 「近日之金融」.

처음에 모두 호남은행에 주의해서 생각하기를 지폐 남발은 정비(政費)가 적절하지 않은 까닭이다. 정부가 은행을 인쇄기관으로 여기지 않았다면 결코 여기까지 이르지는 않았을 것이다. 이에 개조를 건의, 독립적으로 영업하고 정부의 외부(外府)가 되지 않게 해야 한다. 일면으로 자금 마련하여 구폐(舊幣)를 회수하고 경제 사회에 독이 퍼지지 않게 해야 한다. … 정비(政費) 부족으로 인해 일차 증발의 3,000만천(串) 동원 표폐(票幣)는 마침내 시중에 강제 통용시켰다. 경화(硬貨)는 자취를 감추고 태환이 통하지 않게 되었다. 허지(虛紙)로서 실은(實銀)을 바꾸니 당연히 현저한 가격차가 발생하였다. … 고통 받는 것은 우리 민이다.[12]

이것을 보면 지폐 남발로 대중이 고통 받고 있는 사정과 해결책으로 구폐 회수책이 제시되고 있다.

동년 3월 12일 보도된 성장(省長)의 금융 유지를 위한 포고문에도 지폐 회수책이 논의되고 있는데, "지폐 가치가 하락하고 환수수료가 급등하였으며 물가가 상승하여 민생이 고통을 겪는다."라 되어 있다.[13] 지폐 가치 하락이 물가상승의 원인임이 지적되고 있다.

동년 3월 24일 보도를 보면 다음과 같다.

근래에 전가(錢價)가 날로 하락하니 물가가 저절로 앙등한다. 지난 윤(閏)월 1일(음력) 각 행(行)에서 값을 올리는 자가 있다.[14]

이것을 보면 화폐 가치 하락이 물가상승의 원인이고 여기에 따라 상인이 가격을 올리고 있는 사정을 알 수 있다.

1917년 6월 6일 기사를 보면 다음과 같다.

---

12) 『長沙大公報』 1917年 3月 2日, 「湘省金融救濟策」.
13) 『長沙大公報』 1917年 3月 12日, 「省長維持金融之布告」.
14) 『長沙大公報』 1917年 3月 24日, 「各行又有加價者」.

호남성 정부는 신해혁명 이래로 지폐가 가득 찬 까닭으로 회수(匯水: 환수수료)가 폭등하고 물가가 급등하는 현상이 초래되었다. … 지폐는 은량, 은원(銀元), 동원(銅元) 3종으로 나누는데 은원표 발행액이 많지 않아 오히려 가격 유지하는 것 제외하고 은량표 발행액이 약 600만 량, 동원표 발행액 약 5,000만 천(串), 액수가 과다하여 모두 금융상 일대 폐해가 되었다.[15]

담연개 정권은 지폐 남발의 문제 해결을 위해 회수 노력을 시도하였지만 성공을 거두지 못하고 얼마 안 있어 물러나고 말았다.

그 후 등장한 장경요(張敬堯) 정권(1918.3~1920.6) 시기는 화폐 남발이 더욱 가중된 기간이었다. 장경요는 화폐제에 있어 거의 무정부상태를 초래했다는 평가를 받고 있다. 그는 대량의 구리 동원(銅元)을 수출하고 상해에서 지폐를 인쇄해 왔다.[16]

1918년 3월 장경요는 유상(裕湘)은행을 개설하여 은원표 1,000만원, 동원표 3,000만원을 발행하였다. 전부(田賦)와 세수(稅收)는 현금 납부를 강제함으로써 유상은행 지폐는 폐지와 같았다. 또 호남은행 채권 해결 명목으로 동원신폐(銅元新幣) 2,500만천(串)을 발행하였다.[17]

1918년 6월 13일 보도를 보면 상해에서 운반해 온 동원신표는 원래 구표(舊票)를 교환하고자 한 것인데 실제는 떨어진 난표(爛票)도 상민(商民)이 임의로 폐기하지 못하게 하여 사실상 사용을 강제하고 있다.[18]

동년 9월 25일 기사를 검토하면 다음과 같다.

구표(舊票)가 유통한 이래로 식량 등의 가격이 비상하게 앙등하였는데 모두 상인 조종으로 말미암은 것이다. … 근일에 현양(現洋)은 전 수일은

---

15) 『長沙大公報』1917年 6月 6日, 「省長收回銀兩紙幣之理由」.
16) Angus W. McDonald, JR., *The Urban Origins of Rural Revolution-Elites and the Masses in Hunan Province China, 1911-1927* (California Univ. Press, 1978), p.33.
17) 宋斐夫 主編, 『湖南通史』現代卷, 湖南出版社, 1994, pp.10~11.
18) 『長沙大公報』1918年 6月 13日, 「省長整理票幣之布告」.

법정가격 1,300~1,400문을 초과했는데 지금은 2,400~2,500문을 초과했다.
일반 전상(錢商)들의 말에 의하면 얼마 지나지 않아 9,000지표(紙票)로
현양 1원을 바꾸는 형세가 될 것이라 한다. … 지폐가 하락하고 현화(現貨)가
상승하였는데 인민의 일용과 임금이 모두 지폐라는 것을 알지 못한다.
… 이전의 10천(千)으로 계산하면 지금은 겨우 동원(銅元) 180~190매(枚)에
지나지 않는데 식량 등 가격은 8~9배 폭등하였다.[19]

이 기사의 소제목을 보면 물가 폭등의 원인이 구태표(舊台票) 하락의
결과임을 명시하고 있고 본문의 맥락도 상인 조종보다는 지폐 가치 하락을
중시하고 있다.

동년 9월 28일 보도에도 지폐 가치 하락이 물가 폭등의 원인임을 지적하고
있다.[20] 상인들이 물가를 올릴 수밖에 없는 사정을 설명하는 내용이 동년
10월 23일 보도에 나오고 있다.

장독군(張督軍)이 와서 금융에 대해 착수하기 어려워 … 법가(法價)를 정해
사용하였다. 태환할 현금이 없어 폐단이 백출하였다. … 호남에 현금이
결핍되었는데 상인들이 상품 판매시의 수입은 지폐이다. 다시 물건을
들여올 때는 모두 현양(現洋)이 필요하였다. 법가로 광양(光洋)을 구매할
수가 없다. 이는 암암리에 비싼 가격으로서 광양을 구입하게 된다. 이렇게
비싸게 광양으로 구매한 상품은 형세상 값을 올려 판매하여 자본금을
견고하게 하지 않을 수 없다. 이것이 물가급등의 원인이다.[21]

장경요는 지폐와 광양의 교환 비율을 법가로서 강제하려 했지만 시장
시세는 암거래로 결정되었다. 상인은 불가피하게 상품 가격을 올릴 수밖에

---

19) 『長沙大公報』 1918年 9月 25日, 「物價飛漲之市面觀」.
20) 『長沙大公報』 1918年 9月 28日, 「紙幣稍通物價暴漲」.
21) 『長沙大公報』 1918年 10月 23日, 「平一貨幣物價大會詳情」.

없었던 것이다.

1918년 11월 2일 보도에 따르면 상회(商會)가 신상(紳商)들을 소집하여 난표(爛票) 회수를 위한 토론회를 개최하고 있다. 여기서도 지폐 하락이 이미 극점에 도달했다는 것을 지적하고 떨어진 지폐 난표 회수 문제를 논의하고 있다.[22]

익일에 개최된 재정토론회에서도 호남은행 지폐 남발을 논하고 있는데 발행액을 8,000만원으로 제시하고 있다.[23]

1918년 11월 30일 보도를 참고하면 다음과 같다.

> 계축정변(癸丑政變, 1913) 이후 혼란이 가중되었다. … 소소한 80만량 현은 (現銀) 자본의 호남은행이 수천만원 거액의 지폐를 발행하였다. … 마침내 금일 난표가 가득하여 백성이 안심하고 살 수 없는 참극을 조성하였다. 본 성장(省長)이 부임하여 성의 금고가 텅 비었는데 …
> 잠정적으로 이전 호남은행이 미리 인쇄해 두었던 신동원표(新銅元票)로 태환하게 하였다. 표가(票價)가 날마다 … 하락하는 까닭으로 마침내 법가로 서 유지시켰다. … 이번 혜민표(惠民票)의 발행은 오로지 구폐(舊幣)를 회수해서 민생을 이롭게 하려는 것이다.[24]

지폐가치의 폭락 상황에서 장경요는 법가를 강제하였다. 동원표 6,000원을 은량 1원과 교환하고 은량표 12량은 광양(光洋) 1원과 교환, 동원표 2,000은 은원표 1원과 교환하도록 규정하였다. 혜민표 200만장 계 1,000만원을 구폐(舊幣) 회수의 명목으로 발행하였지만 실은 매 권(券) 은원(銀元) 5원을 상민(商民)에게 강제 할당하였다.[25]

---

22) 『長沙大公報』 1918年 11月 2日, 「商會召集紳商討論收回爛票之大會議」.

23) 『長沙大公報』 1918年 11月 3日, 「財政討論會第一次議案」.

24) 『長沙大公報』 1918年 11月 30日, 「張督軍維持金融之布告－勸募惠民有奬票」.

25) 宋斐夫, 『湖南通史』 現代卷, p.10.

1919년 1월 10일 보도를 보면 다음과 같다.

> 또 유상은행이 규정한 15천(千)을 광양(光洋) 1원과 교환한다는 패가(牌價:
> 고시 가격)는 시가(市價)와 차이가 현저하다. 물가가 날마다 상승하는데
> 또 그렇게 되는 것이 어찌 이상하겠는가.
> 금융이 문란해질수록 물가는 더욱 상승하니 인민의 생계는 더욱 곤란하
> 다.[26]

이 기사의 소제목은 "금융유란(金融愈亂) 물가유고(物價愈高)"로 되어 있다.
유상은행 규정의 법가는 시가와 전혀 맞지 않다는 것, 지폐 가치 하락이
물가상승의 주된 원인임을 알 수 있다. 지폐뿐만 아니라 장경요 정권은
저질 동원을 대량 주조하였다. 민국 6년(1917) 이전에 호남 주조의 동원은
매일 수천 천(串)에 불과하였는데 민국 7년 이후에는 매일 6만천(串) 이상을
주조하였다.[27]

조항척(趙恒惕) 정권(1920.12~1926.3)은 성립 당초에는 제3차 담연개 정권
(1920.6~1920.11)의 방침을 이어 받아 신폐(新幣)의 태환에 의한 가치 유지를
시도하였다. 그러나 연말의 군사비 지출이 다급하자 장사총상회를 통한
태환을 중지하거나 축소하게 되었다.[28] 또 군사비 충당을 목적으로 상인들
을 압박하여 호남통상은행을 개설하였다. 호남통상은행은 1원표 100만장,
5원표 10만장, 20매(枚) 동원표 100만장, 30매(枚) 동원표 100만장, 100매(枚)
동원표 200만장 합계 약 300여만 원을 발행하였다.[29] 그 결과 지폐가 폭락하
고 1년이 채 되지 않아 은행이 도산하였다. 1922년 6월 호남조폐창은 관독상
판(官督商辦)으로 고쳤으나 여전히 화폐를 남발했다. 1921년 조항척은 원악

---

26) 『長沙大公報』 1919年 1月 10日, 「近日省垣金融之狀況」.
27) 張家驤, 『中華幣制史』 下, pp.36~37.
28) 塚本元, 『中國における國家建設の試み―湖南 1919~21年-』, 東京大學出版會, 1994, pp.206
　　~208.
29) 『湖南實業志』(二), p.1295.

자치(援鄂自治: 호북자치원조)의 군사비 수요로 470만원의 공채(公債)를 발행
하기도 했다.[30]

1922년 5월 26일 보도를 보면 다음과 같다.

> 호남성은 지난 여름 상군(湘軍)의 호북 원조 전쟁 이후 호북성에서 악폐(鄂
> 幣)가 가득 찬 이유로 호남 화폐의 호북 진입을 금지시켰다. 전에 매
> 양(洋) 1원은 동원 160여 매(枚)와 교환했는데 지금은 1,970여문과 바꾼다.
> 동원은 반출을 못하는데 도리어 주조액은 증가하였다. 이래서 호남성
> 화폐는 구제 방법이 없다. 근일 주조의 당(當) 20문 동원은 그 형식은
> 비교해서 크지만 단 시험해 보면 단동원(單銅元) 1천(串)은 쌍동원(雙銅元)
> 1천(串)에 비해 무게가 3~4량 무겁다. 정부가 만약 취체하지 않으면 장래
> 단과 쌍의 구별이 없어질 것이다.[31]

호북성으로의 반출이 막힌 상태에서 저질의 쌍동원 주조 남발은 통화
팽창을 초래하고 있던 것을 알 수 있다. 동년 6월 20일 보도에도 저질
쌍동원 주조에 대해 "동원의 가치가 날로 하락하여 물가급등을 초래한다"라
하고 있어 당(當) 20문 동원의 남발과 물가 폭등을 전하고 있다.[32]

1923년 1월 6일의 보도에는 중교표(中交票) 문제가 대두되고 있다.

> 근일 성의 수도 시중에는 금융이 긴박하여 현화(現貨)가 종적을 감추었다.
> 그 까닭을 살펴보면 실로 지폐가 과다한 것이다. 지폐가 많으면 현화가
> 구축되는 것은 천고불변의 정례이다. 호남민은 선후로 관전국(官錢局)
> 대청(大淸)은행, 호남은행, 유상(裕湘)은행, 신폐경리처(新幣經理處) 통상은
> 행 등의 지폐 남발의 화를 입어 거의 우리 민은 회복되기 어려운 처지에

---

30) 宋斐夫, 앞의 책, p.11.
31) 『長沙大公報』 1922年 5月 26日, 「湘省銅元之實質」.
32) 『長沙大公報』 1922年 6月 20日, 「無法救濟之湘銅」, "以致銅元日見跌價 物價飛騰".

빠졌다.

숙청된 지 오래지 않아 마침내 호남통상은행 보다 심한 중국·교통 양 은행이 계속해서 일어나 본받아 현금을 유혹하였다. 성 내외를 계산하면 수천만원 이상에 달한다.[33]

호남은행들의 지폐 발행이 중단된 상태에서 중국·교통 두 은행의 초표(鈔票)가 호남에 수천만원 공급되었고 이런 화폐의 태환을 거절하고 있는 상황을 서술하고 있다.

동년 2월 3일에도 중교초표(中交鈔票) 수천만원 유통으로 화폐가치가 하락하고 물가상승의 원인이 된 것을 지적하고 있다.[34]

1925년 11월 9일의 「공보(公報)」 기사를 보면 중국은행 초표(鈔票)가 시중에 가득 찼다는 것과 금융계 소식에 따르면 중국은행 발행 초표(鈔票)의 3/4이 호남에 유통되고 있다. 화폐가치가 날로 하락하고 물가는 날로 상승된다는 것을 지적하고 있다.[35]

하건(何鍵) 정권(1929~1938) 시기에도 통화 팽창은 지속된다. 호남성은행(전의 호남은행과 다름)은 1929년 1월에 성립되었다. 호남성은행 발행의 지폐만 1929년에서 1935년 사이 2,700여만 원이었다. 1935년 추계에 의하면 전 성의 은원(경화(硬貨)) 유통액만 777만여 원이었다.

정식의 화폐 외에도 호남성 당국과 각 현 소속기관 현 정부, 현재정국, 교육국, 공로국(公路局) 등은 모두 스스로 지폐를 발행하여 재정 곤란을 해결하였다. 유통권(流通券), 저차권(抵借券), 태환권(兌換券), 은원권(銀元券), 동원권(銅元券), 기표(期票), 수표(手票) 등 다양한 명칭의 것을 시표(市票)라고 통칭하였다. 이런 유사화폐의 범람도 통화 팽창과 물가상승에 한 원인을 이루고 있다. 이런 시표는 성 정부의 금지와 정돈을 거쳐 1932년

---

33) 『長沙大公報』 1923年 1月 6日, 「中交票兌現之請願」.
34) 『長沙大公報』 1923年 2月 3日, 「中交票價尙未規復之原因」.
35) 『長沙大公報』 1925年 11月 9日, 「長沙金融前途之危機-中行抄票充斥市場」.

11월 성 정부의 발행금지 조치가 행해졌다. 하지만 1936년 11월까지도 각 현의 시표 발행이 완전히 금절되지 않고 있다.[36] 당시인의 인식에도 통화 팽창이 물가상승의 주요 원인으로서 각인되고 있음이 여러 자료에서 확인된다.

2) 상세(商稅) 증가

농업국가였던 청조(淸朝)는 토지세 중심의 국가였다. 청말에 상업세 중심으로 재정 구조가 변환된 이래로 백여 년 동안 관료와 서리의 수취는 상업에 집중되고 유해한 영향은 오로지 상인과 교역자들에게 전가되었다.[37] 1753년의 토지세 비율은 73.5%였는데 1908년에는 35.1%로 하강한 것도 상업세 중심의 전환을 말해준다.

호남성 선통(宣統) 3년(1911)의 예산 세목을 보면 염과세리(鹽課稅釐) 32.1%, 다과세리(茶課稅釐) 5.6%, 이금(釐金) 18.6%로 계 56.3%인데 반하여 전부(田賦) 21.1%, 조량(漕糧) 5.6%로 토지세는 26.7%에 지나지 않는다.[38] 민국 초기인 1916년 예산 세목을 보면 화물세(貨物稅) 36%, 정잡(正雜) 각세(稅) 7.3%, 정잡각연(正雜各捐) 5.8% 계 49.1%로 역시 상업세 비중이 토지세 44.9%보다 높게 나타난다.[39]

1927년부터 1936년까지 국민당 정부의 세입 중 관세(關稅), 염세(鹽稅), 통세(統稅)의 3종 세가 국가세 비중의 90%이상을 차지하였다. 이금 철폐 뒤 화물통세(貨物統稅)가 생겨났는데 증가된 세 부담은 중소업자와 민족상공업자에게 전가되었다.[40]

---

36) 宋斐夫, 앞의 책, pp.260~264.

37) Susan Mann, *Local Merchants and the Chinese Bureaucracy 1750-1950* (Standford Univ. Press, 1987), p.16.

38) 張朋園, 『中國現代化的區域研究－湖南省 1860~1916』, 1988, p.249.

39) 위의 책, p.254.

40) 宋斐夫, 앞의 책, pp.254~256.

대표적인 상업세인 이금은 결국 상품에 대한 과세이다. 상품에 대한 과세는 가격 상승을 의미한다. 상인은 세 부담을 소비자에게 전가하는 것이다.[41]

『호남통지(湖南通志)』 기록을 보면 다음과 같은 것이 있다.

> 호남 전체 잡국(卡局)을 헤아리면 불과 수십 곳인데 서로 편안한 지 이미 오래 되었다. 상인과 민이 함께 이의가 없다.
> 만약 일률로 철폐를 논한다면 좌고(坐賈)는 따라서 옮길 것이고 행상(行商)은 반드시 요월(繞越: 관소를 우회하여 세금을 피함.)을 할 것이다. 다만 총국(總局) 총잡(總卡)이 헛되이 설치된 것이 될까 염려될 뿐이 아니다. 이금의 있고 없고 차이는 곧 물가의 경중이 서로 다르다.[42]

이것을 보면 이금의 유무가 가격의 경중과 서로 관련 있다는 것에서 이금 부담이 물가에 전가되고 있는 것을 알 수 있다. 이금은 생산자, 소비자와 밀접한 세수(稅收)이고 비록 상인에게 징세하지만 상인은 상품 구매가격을 낮추거나 상품 판매가격을 제고(提高)시키고 있다.[43]

생활필수품에 대한 과세는 당연히 절대 다수의 노동자 농민 대중과 민족상공업자에게 부담이 가중되는 것이었다.[44]

나옥동(羅玉東)의 연구에 의하면 호남에서 함풍(咸豊) 5년(1855)에 이금국(厘金局)이 설치된 이래 동치 10년(1871)에는 28국(局), 분국분잡(分局分卡) 108곳, 선통 3년(1911)에는 36국, 분잡(分卡) 172곳이었고 민국시대에는 계속해서 증가 추세였다.[45]

『예릉현지(醴陵縣志)』 기록을 하나 검토해 보겠다.

<hr>

41) Susan Mann, 앞의 책, pp.101~102.
42) 『湖南通志』 권59, 食貨志5, 権税.
43) 劉泱泱, 『湖南通史』 近代卷, p.155.
44) 宋斐夫, 『湖南通史』 現代卷, p.259.
45) 張朋園, 앞의 책, pp.226~229.

호남광복(湖南光復)(신해혁명) 후 여전히 이금을 믿어 주요 경상 수입으로 삼았다. 민국 10년(1921) 예릉의 이금 비액(比額)은 75,000원이었다. 민국 18년(1929) 12월 당국이 이금의 중간 수탈 폐단을 막기 위해 통세(統稅)로 고쳤는데 세입은 종전보다 더욱 배가되었다.[46]

이것을 보면 민국시대에도 이금이 중요 수입원이었고 후에 통세로 개정된 뒤에도 수입은 배가 되었다는 것이다. 상인에 대한 수취 증가는 근현대 백여년간 계속되었던 것이다. 자리현(慈利縣) 사례를 보더라도 민국 10년경 (1921) 이금이 종전보다 20배 증가했다는 것을 알 수 있다.[47] 1923년 호남성 이금 수입은 331만 은원, 1929년 통세 전환 후에 600여만 은원으로 늘어났다. 1931년 이후 개정된 산소세(産銷稅)는 화물통세(貨物統稅) 폐지 후에 부활한 변모된 이금이다. 1932년 징수액은 382만 은원, 1934년은 400여만 은원을 징수하고 있다.[48] 공식적인 이금 수입이 증가 추세였던 것뿐 아니라 이금과 관련한 중간 수탈도 항상 문제였다.

『대공보』 기록 하나를 검토해 보면 다음과 같다.

> 하류일대 염리관잡(鹽厘關卡) 즙사국소(緝私局所) 순사(巡司) 각 역(役) 등이 … 교묘한 명목 만들어 험단(驗單) 후에 소비(小費)를 요구한다. 매 단(單)에 최소 동원 20문 혹은 30~40문, 50문이다.
> 저희 상인들은 매 선(船)에 황(磺) 백 수십석(石), 빙단(憑單) 백 수십장 돈을 뜯기는 비용이 적으면 2,000~3,000문, 많으면 4,000~5,000문이다. 침현(郴縣)에서 성성(省城) 도착시까지 매 선박당 매 차에 총 뜯기는 비용은 수십 천문(千文)을 밑돌지 않는다.[49]

46) 民國 30年刊 『醴陵縣志』 賦役志, pp.413~414.
47) 民國 12年刊 『慈利縣志』 권7, 建置策4.
48) 宋斐夫, 앞의 책, pp.258~259.
49) 『長沙大公報』 1923年 4月 2日, 「厘卡苛索之又一案」.

황광(磺礦)상인들의 호소인데 이는 하나의 사례에 지나지 않는다. 이런 중간 수탈 비용도 결국은 상품가격에 전가될 수밖에 없었을 것이다. 소금세의 증가에 대해서 보면 호남은 청말의 배상금 부담을 위해 염근가가(鹽斤加價)를 시도하였다. 호남뿐 아니라 전국적으로도 소금세는 1900년의 2,400만량에서 1911년 4,000만량으로 증가하고 있다. 민국시기에 소금세는 계속 증가 추세였다. 이런 세입의 대부분은 소비자에 대한 고물가 부담으로 이루어졌다.[50]

염근가가(鹽斤加價)는 경자(庚子)(1900)배상금 70만량 부담을 위해 매 근 구연(口捐) 4문, 가가(加價) 4문, 사범학당 건설을 위해 다시 1문을 추가 부과하였고 1908년에는 철로구연(鐵路口捐) 4문을 더 부과하여 수년 사이 십수 문이 증가했다. 청말에 추가된 염과세리(鹽課稅厘)만 25종에 이른다. 이러한 많은 종류의 부가세 증가는 소금 값의 악성 팽창을 초래했다.[51] 1928년 호남 염세부가(鹽稅附加)는 매 100근에 5.16원이었다. 1930년 호남 판매의 회염(淮鹽)은 매 100근에 정세(正稅) 4.5원인데 부가세는 정세의 2.38배였다. 1933년 매 100근의 부가세는 13.3원에 이른다. 호남 징수의 염세(鹽稅)는 1929년 1,120.4만 은원, 1934년 1,412만 은원, 1936년에는 1,539.6만 은원이었다.[52] 민국 예릉현의 소금세 증가 사례를 보면 다음과 같다.

동치 3년(1864) 회염 소비를 회복하였다. 사상(私商)이 표(票)를 받는데, 매 표 500인(引)을 정하였다. 매 인(引)은 668근이다. 전의 과세에 비하면 50%를 더해야 세금을 완납할 수 있다.

이후에 계속하여 부가연세(附加捐稅)가 있어 명목이 복잡하였다.

민국 3년(1914) 일률로 폐지하고 정하기를 매 염(鹽) 100근에 고평은(庫平銀)

3량을 징수하는데 양은(洋銀) 4원(元) 5각(角)에 해당한다.

후에 계속하여 군사구연(軍事口捐) 등이 증가하여 5원 1각 6분(分)이 부가되었다.[53]

이어지는 기사를 보면 1934년 세율을 개정하였는데 소금 매 석(石)에 정세(正稅) 1원 5각인데 부가세가 9원 9각(角)이나 되었다. 『예릉현지』 기록을 보면 호남에서 청말민국기를 거치면서 지속적으로 소금세와 부가세가 증가된 사정을 알 수 있다. 이런 부가세 징수가 소금값에 전가된 것은 너무나 당연하다.

소금세와 각종 부가세뿐 아니라 상인에 대한 차관(대부) 요구가 소금값에 전가된 사례도 찾을 수 있다. 민국 8년 7월 1일의 기사는 다음과 같다.

지난달에 독군(督軍)이 염상(鹽商)에게 차관(대부) 20만원을 구했다.

주국존(朱菊尊)의 승인을 거쳐 이미 액수대로 교부되었다. 근래 독군(督軍)이 신부포호(紳富舖戶)에게서 공채표압관(公債票押款) 40만원을 요구했다. 신상(紳商)이 의결하여 염근(鹽斤)상 값을 올려 대금을 회수하기로 하고 바로 계획 실행 간에 있는데 비로소 다 알게 된 것이다. 염상(鹽商) 등이 결국 사인(私人) 채무로 독군에게 교부했던 20만원을 인민에게 통지하지 않고 이미 사사로이 염근(鹽斤)상에 매포(每包) 양 4각(角)을 더하여 20만원 회수의 자금으로 삼았다. 살피건대 지난달 교부한 액수는 독군이 오로지 염상(鹽商) 사인(私人)에게 빌린 것으로 인민과 상관이 없다. 어찌 능히 함부로 값을 올려 인민에게 취상(取償)할 수 있는가.[54]

이것을 보면 독군(督軍)이 염상(鹽商)에게 요구한 차관(借款)도 일종의 준조세로 생각하여 상인들이 임의로 소금값에 전가하고 있다. 소금을 둘러

---

53) 民國 37年刊 『醴陵縣志』 賦役志 鹽稅, p.422.

54) 『長沙大公報』 1919年 7月 1日, 「鹽稅竟私加鹽價耶」.

싼 공식 비공식의 각종 수취는 결국 가격 상승을 초래하고 있는 것이다.

기타 잡세를 살펴보면 우선 아행세(牙行稅)도 결국 상품가격에 전가되고 있다.[55] 남산현(藍山縣)의 잡세안(雜稅案)을 보면 청말에 연주(煙酒), 인화(印花), 도재(屠宰) 각 세(稅)가 시행되어 이를 잡세라 칭했다 하고 민국 10년 (1921)에는 잡세국(雜稅局)이 설치되었다.[56] 『예릉현지』에도 도재세(屠宰稅), 인화세(印花稅), 계세(契稅), 방연(房捐), 아세(牙稅), 토초세(土硝稅), 연주세(煙酒稅), 영업패조세(營業牌照稅) 등 각종 상세(商稅)에 대해 자세히 서술하고 있다.[57] 영향현(寧鄉縣)에서도 청대(淸代)에 아주 낮은 상업세가 청말민국기에 급격히 증가한 사정을 찾아볼 수 있다.[58] 청말민국기에 군사비 각종 개혁 경비 등을 마련하기 위해 상업세 수취가 증가하는 추세 속에 잡세가 창안되어 시행되었다. 이것 역시 상인의 부담 가중과 물가상승으로 이어졌을 것이다.[59]

3) 수요 증가

물가의 상승은 기본적으로 수요 공급과 밀접한 관련이 있다. 근현대의 물가급등은 다른 요인과 함께 수요의 급격한 증가를 예상할 수 있다. 광서간(刊) 『선화현지(善化縣志)』 기록을 보면 다음과 같다.

옛 사람은 술과 고기로 노인을 부양하였는데 지금은 어린아이까지 술과 고기를 먹지 않는 사람이 없다. … 근일에 곡식 값도 비싸고 소금 값도 비싸고 술과 고기가 모두 비싸니 사람들이 좋아하는 바를 알 수 있다.

---

55) Susan Mann, 앞의 책, pp.185~186.
56) 民國 21年刊 『藍山縣圖志』 권18, 賦役, 雜稅案, p.297.
57) 民國 37年刊 『醴陵縣志』 賦役志.
58) 民國 30年刊 『寧鄉縣志』 古事篇, 財用錄 商稅, pp.267~271.
59) 전형권, 「淸末民國期 湖南의 商人과 地方權力」 『中國史研究』 97, 2015. 화폐 남발과 상업세 증가 부분 참조.

… 지금 향간에 시탄(柴炭)도 그 가격이 예전보다 몇 배이다. 하천 주변 지방에서는 매탄(煤炭)을 때지 않는 사람이 없다. 집들이 조밀하고 인구가 날로 증가한 때문이다.[60]

이것을 보면 청말에 인구 증가와 소비 수준의 향상으로 수요가 증대되었다는 것과 그로 인한 물가상승을 엿볼 수 있다. 신해혁명 후 호남에서 혁명의 가시적 영향의 하나로 도시 시장의 가파른 팽창이 지적되고 있다. 장사(長沙)는 성(省)의 허브로서 급격히 성장하였다. 군인·학생·정치인·의회 개설 등으로 새로운 인구가 밀집하였다. 이에 따라 외국 상품 수입도 급증하였다.[61]

민국 6년 여성현(汝城縣)에서는 텅스텐 광산이 발견됨으로써 인구가 급증하였다. 이러한 인구 급증이 상업 발달과 물가급등을 가져온 사실을 알 수 있다.[62] 민국 6년 11월 9일의 『대공보(大公報)』를 보면 물가급등의 원인으로 상인들은 군대의 대량 소비를 지적하고 있고 병참총감(兵站總監)은 이것을 반박하는 내용이 게재되어 있다.[63]

미업(米業) 사서화(謝瑞和) 등이 상회(商會)에 정청(呈請)하여 이르기를 추수 후에 곡미가격이 앙등하여 대단히 위태로운 상황이니 유지 방법을 마련하여 치안을 보장하고 시황을 온전하게 하여 줍시사. 저희 상인들의 영업은 백성의 식량에 관계되고 그 가격의 상승하락은 자연 풍흉으로 전이되는 것이다. 유무다과(有無多寡)는 백화(百貨)보다 더욱 중요하다. 호남성은 평소 잉여 미곡의 고장으로 종전에 인근 성(省)에 공급하였다. … 추수 후에도 창고가 텅 비고 곡가가 이상 앙등에 이르지 않았다. 근래에는

---

60) 光緖 3年刊 『善化縣志』 권16, 風俗.
61) Joseph W, Esherick, 앞의 책, p.246.
62) 전형권, 「淸末民國期 湖南 汝城縣의 商品流通과 物價變動」 『明淸史硏究』 9, 1998.
63) 『長沙大公報』 1917年 11月 9日, 「兵站總監聲明物價昻貴與軍需無關」.

그렇지 않다. 창고가 비었고 곡미 또한 결핍되었다. 등귀의 원인은 몇 가지가 있는데 우리 회장이 상세하게 진술하였다. 성 내외 인민이 해를 연이어 성시(城市)에 집결한 것이 왕년에 비해 배로 증가하였고 군량미와 진휼미가 수시로 요구된다. 수요가 이미 많으니 공급 상품은 반드시 적다.[64]

이것을 보면 장사현 도시의 인구가 왕년에 비해 배로 증가한 것과 군량미와 진휼미의 수시 요구 등 수요의 급격한 증가가 물가상승의 원인으로 지목되고 있다.

민국 9년 4월15일 보도에 따르면 근래에 성성(省城)의 미가가 급등하였는데 원인은 봄부터 강의 수량이 풍부하니 곡식을 싣고 외부 판매하는 선박이 줄을 잇고 거기에 외성(外省)에서 사람을 파견해 와 군량미를 구매하는 경우가 심히 많기 때문이라 하고 있다.[65]

민국 11년 3월 20일의 기사를 보면 다음과 같다.

미업(米業) 황의화(黃義和) 진륭유(陳隆裕) 등이 장사현공서(長沙縣公署)에 아뢰기를 … 그러나 성의 수도(장사)는 중심지로서 인민이 고기비늘처럼 밀집해 있는데 창잔(倉棧)의 곡미는 많지 않다. 근일 내지의 유통은 호남서부 호남남부가 분분하게 성성(省城)에 와서 구매 운송한다. 더하여 4향의 송출 금지로 래원(來源) 고갈을 초래하였다. 그러므로 미가는 날로 상승하는데 근일은 더욱 앙등하였다. … 만약 싸게 사들이면 싸게 팔고 비싸게 사들이면 비싸게 파는 것이다. 미가의 등락은 순전히 곡가를 보아 전이되는 것인데 알지 못하는 사람이 이르기를 미가상승은 함부로 민(民) 등에게 죄를 뒤집어씌운다.[66]

---

64) 『長沙大公報』1918年 9月 16日,「米商呈請維持民食」.
65) 『長沙大公報』1920年 4月 15日,「省垣米價陡漲」.
66) 『長沙大公報』1922年 3月 20日,「米價騰貴中之米商呼籲」.

여기서도 성성(省城) 장사의 인구 밀집을 지적하고 있다. 미가가 급등한 것에 대해 미곡 상인이 호소를 하고 있다는 것이 흥미롭다. 미가 상승의 원인은 수요에 대한 공급의 부족임을 지적한 것이다.

민국 14년 1월 10일의 보도를 보면 다음과 같다.

> 연일이래 성의 수도의 미곡 가격이 폭등하였다. 미곡 상인은 시장에 응할 곡식이 없다. 민중은 크게 공황이 일어났다. … 그 원인을 살펴보면 한 가지 원인은 갈수기에 수량이 적어 내원(來源)이 왕성하지 않고 또 호북의 미가가 호남성보다 높다. 하류의 미곡 상인들이 많이 운송하여 미곡을 외부로 반출한다. 상류로 운송 판매하는 자가 희소하다. 더하여 성(省)에서 떨어진 각 향이 수확이 부족하여 성성(省城)으로 운송해 오는 미(米)가 없다. 소비량이 많은 장사는 양식 1일 수요가 많다. 공급이 수요에 미치지 못한다.[67]

장사 도시 내의 인구 밀집으로 1일 식량 수요가 많은데 공급 부족이 미가 급등 원인으로 지목된다. 호북성으로의 미곡 수출이 호남성 식량 소비를 제외한 잉여 미곡의 방출만은 아니라는 점도 드러난다.

동년 7월 13일 보도에는 미업공소(米業公所)의 뇨조(鬧糶: 곡식을 시가보다 저렴하게 판매하는 평조를 둘러싼 소요) 원인에 대한 보고에서 장사 시내의 매월 곡식 수요량이 10여만 석(石)이라는 것을 밝히고 있다. 이때도 공급 부족으로 민중의 소요사태까지 야기된 것이다.[68]

호남성의 전 성 인구는 민국 원년에 27,616,408인이었는데 민국 21년(1932)에는 성 정부 통계상 30,236,247인으로 262만여 인이 증가하였다. 이런 급격한 인구 증가는 기본적으로 수요 증대 현상으로 이해해야 할 것이다.[69]

---

67) 『長沙大公報』 1925年 11月 10日, 「穀米連日暴漲恐慌」.

68) 『長沙大公報』 1925年 7月 13日, 「米業公所呈報鬧糶原因」.

69) 張人价 編, 『湖南の穀米』, 東京: 生活社, 1940, p.87.

다음으로 근현대는 대외 개방과 통상 증대의 시기였다. 대외 수출은 종래에 없던 해외 수요의 증가이고 또 외국 상품 양화(洋貨)의 대량 수입은 국내에 새로운 수요를 발생시켰다. 민국 『자리현지(慈利縣志)』의 사료를 보면 다음과 같다.

청(淸) 함풍(咸豊)·동치시대(1851~1874)에는 동유(桐油)의 시가(市價)가 100근에 민전(緡錢) 3,000 혹은 4,000에 그쳤다. 대외 수출 이후부터 액수가 차츰 상승되니 현 사람들이 동(桐)을 심고 초(草)를 제거하였다. 유(油)의 질이 더욱 좋아지니 매 100근에 전 60민(緡) 혹은 80민(緡)이 되었다. 이는 20배가 오른 것이다.[70]

동유 수출이 본격화 되니 가격이 20배나 올랐다는 것이다. 대외시장 개방과 수출 증대는 전통시대에 없던 새로운 대량 수요의 창출이었다. 민국 19년(1930)에 간행된 『영순현지(永順縣志)』에도 동유는 왕년에 가격이 다유(茶油)보다 저렴하였는데 근래에는 가격이 비싸고 수출품의 주요 품목 이라는 사실이 기록되어 있다.[71]

민국 21년 간행 『남산현도지(藍山縣圖志)』에도 다음과 같은 기사가 있다.

중국과 외국이 통상 개방된 뒤부터 일상생활의 자료를 또 해외에 의존한다. 양유(洋油) 수입은 해마다 항상 2만여 원이다. 풍속이 점차 사치해져서 베옷을 천하게 여기고 비단옷을 귀하게 여긴다. 땅에 면화를 심지 않고 여인은 방차(紡車)를 그만두었다. 양사(洋紗)가 해마다 4~5만원 팔리고 주단포필(綢緞布疋)은 해마다 10여만 원이다. 다른 소모도 모두 날마다 많아지고 있다. 한쪽 지방이 이와 같으니 한 나라의 사정을 가히 알 수 있다.[72]

---

70) 民國 12年刊 『慈利縣志』 권6, 實業.
71) 民國 19年刊 『永順縣志』 권11, 食貨.

『상보(湘報)』에도 상무평론(商務評論)에서 "민간에서 서양 상품을 애용하는 것이 날로 심해진다."라 하여 대중의 양화(洋貨)에 대한 선호, 수요의 증가를 말하고 있다.[73] 같은 『상보』 기사에는 중외통상(中外通商)이 유리하다는 주장을 제시하고 있다.[74] 심지어 양화의 수입으로 부를 축적할 수 있다는 것이다. 즉 호남에 철도를 개통하면 양화가 홍콩에 도착하여 육로로 호남에 들어올 수 있다. 그러면 상해 일대의 부가 호남으로 전이될 수 있다고 하고 있다.[75]

또 민국 6년의 『대공보(大公報)』 기사에는 다음과 같은 것이 있다.

수개월 이래 매양 음력 초하루가 되면 성성(省城) 각 행(行)의 상가(商家)가 반드시 서로 이끌고 가격을 올리고 있다. 우리 소민(小民)은 머리 아프고 이마를 찌푸리지 않을 수 없다. 목을 길게 늘여 물가의 안정을 바라는데 지금의 현상은 바라는 대로 안 될 뿐 아니라 도리어 날마다 증가하는 추세이다. 오호라 세계대전으로 날마다 물자 수요가 더욱 증가하니 물가는 이미 자연히 증가하는 것인데 전가(錢價)도 또 날마다 하락하고 있다.[76]

이것을 보면 1차 세계대전으로 물자 수요가 증가한 것을 전가(錢價) 하락과 더불어 물가급등의 원인으로 지목하고 있다. 근현대 중국 호남의 물가급등에는 종래에 보지 못하던 대내, 대외적 수요 증대가 분명한 하나의 원인으로 생각된다.

---

72) 民國 21年刊 『藍山縣圖志』 권21, 食貨志, 第9上.
73) 『湘報』 1898年 3月 21日, 「商務評論」, "民間之喜用洋貨日甚一日".
74) 『湘報』 1898年 4月 26日, 「中外通商利害論」; 同 1898年 5月 2日, 「中國自救莫如大開通商口岸說」.
75) 『湘報』 1898年 3月 28日, 「論湘粵鉄路之益」.
76) 『長沙大公報』 1917年 3月 24日, 「物價又漲矣」.

2. 상인의 물가대응

1) 간상(奸商)의 활동

(1) 돈적거기(囤積居奇)

돈적(囤積)은 물품을 쌓아두는 매점(買占)이고 거기(居奇)는 더 오를 때를 기다려 판매를 하지 않는 매석(賣惜)행위이다. 물가가 오르는 국면에서 더 많은 이익을 얻기 위한 상인의 활동이다. 이러한 돈적거기는 '간상(奸商)'의 악행으로 수시 비난의 대상이 되고 있다.

광서 3년 『선화현지(善化縣志)』에 다음의 기사가 있다.

돈적(囤積)의 금령(禁令)에 있어서는 분명하게 밝히기 어려운 것 같다. 대개 돈적은 비단 상인뿐 아니라 향간에서도 판매를 저지하여 또 돈적을 더한다. 이는 신유년(辛酉年: 1861) 창겁(搶劫)사태 발생의 원인이다. 전에 왕제군(汪制軍)이 출시(出示)하기를 '쌀 판매를 막는 자는 몰수를 하고 강제로 사려는 자는 목을 벤다.'라 했는데 이 여덟 글자가 부자를 안정시키고 빈자(貧者)를 구하는 방법이다. 그렇지 않으면 가격이 오를 경우 먼 곳의 미곡 공급 상인을 오게 하여 미곡이 많으면 가격이 싸지고 돈적하는 자는 거기(居奇)할 수 없게 하는 것이다.[77]

이것을 보면 돈적거기의 주체는 상인 외에 향간에도 있다는 것이고 궁극적으로 공급을 늘려야 한다는 시각을 보이고 있다. 광서 33년(1907) 간행 『고장평청지(古丈坪廳志)』에도 유상(油商)이 돈적돈매(囤賣囤買)하여 치부한 사실이 기재되어 있다.[78]

---

77) 光緖 3年刊 『善化縣志』 권16, 風俗.
78) 光緖 33年刊 『古丈坪廳志』 권11, 商業誌略.

1906년은 장사 일대에 대홍수로 사망자가 3~4만인이고 피해자 30~40만으로 미가가 폭등하였다. 200년래의 재해 앞에서 지방 열신(劣紳: 나쁜 신사)들이 돈적했다는 사실이 있다. 1910년 장사 창미(搶米) 폭동의 배후에는 왕선겸(王先謙)과 섭덕휘(葉德輝)와 같은 신상(紳商)들이 미곡을 매점한 것이 이유였다.79) 이 중 섭덕휘는 1927년 농민운동 세력에 의해 처형되기도 했다.80) 민국 7년 9월 16일의 보도에 다음과 같은 기사가 있다.

올해의 곡식이 이미 익었는데 미가가 날로 계속 상승세이다. 이 원인은 세 가지이다. 하나는 각 향 토비(土匪)의 겁약(劫掠) 때문이고, 하나는 향단(鄕團)의 파지(把持: 움켜쥐고 내지 않음) 때문이고, 하나는 미곡 상인의 거기(居奇) 때문이다. … 미곡 상인은 거기를 할 수 있다. 지금 다만 미곡 상인의 가격 올림을 금하고 운수 접제(接濟)의 방법을 꾀하지 못하는 것은 저 미곡 상인의 은닉이 치밀하여 구실을 잡을 수 없다. 그는 또 시장에 내어 놓을 물건이 없다라고 계속 핑계를 댄다. … 금일의 곡가는 지주와 부호가 모두 내다 팔고자 하는 욕구가 있으니 반드시 환영, 고무한다면 미가는 안정을 기대하지 않아도 저절로 안정될 것이고 간상(奸商)은 금령을 기다리지 않아도 스스로 금지될 것이다.81)

여기서도 '간상(奸商)'의 거기(居奇)를 물가상승의 원인으로 지목하고 있지만 공급의 확대가 근본 해결책으로 생각되고 있다. 동년 10월 15일 신문에도 미가 상승이 간상의 돈적 때문임을 지목하고 있다.82)
민국 11년 2월 21일 보도기사는 다음과 같다.

---

79) 劉泱泱, 『湖南通史』 近代卷, pp.637, 644~649.
80) Joseph W. Esherick, 앞의 책, pp.125~126.
81) 『長沙大公報』 1918年 9月 16日, 「時評~民食」.
82) 『長沙大公報』 1918年 10月 15日, 「穀價以行情爲轉移」.

지난번 장사지사(長沙知事)가 귀 회(상회)에 보낸 공문을 보면 근일 곡미 급등을 폐업(敝業: 米業)과 모 업의 돈적거기라고 하는데 가격 상승 원인에 오해를 면하지 못하였다. … 가격 상승은 실은 매출과다에 있다. 오히려 돈적거기가 초래한 것이 아니다. 폐 행(敝行)의 영업 성질은 퇴잔(堆棧)의 한 축으로 타인을 위해 화물을 위탁 보관하는 책임을 지고 있다. 실로 처분권은 없다. 돈적은 할 수 있는 힘이 없고 거기(居奇)는 특히 권한 미치는 바가 아니다. 지금 공서(公署)가 가격 상승을 폐 업(敝業)의 허물로 돌리는 것은 아마 이러한 사정에 대해 잘 모르는 탓일 것이다.[83]

양업공소(糧業公所)가 상회(商會)에 보낸 서신의 내용이다. 장사 지사가 미가 급등 원인으로 미곡 상인들이 돈적거기(囤積居奇)를 하고 있다는 데 대한 해명을 하고 있다.

민국 11년 3월 19일의 기사에도 다음과 같은 것이 있다.

상덕(常德) 진주(辰州) 보경(寶慶) 일대의 곡미 가격이 성성(省城)보다 높으니 이른바 높은 가격이 먼 곳의 객상을 불러온다고 미곡 영업하는 자가 모두 가격 높은 곳으로 달려간다. 성성(省城)에서 싼 값으로 팔려고 하지 않는다. … 성성(省城) 낮은 가격의 곡미를 그곳으로 운반해서 이익을 얻는다. 이것이 성성(省城)에서 내려가는 미곡을 날로 많이 보게 되는 이유이다. 일반 돈호(囤戶)가 고가(高價)로 거기(居奇)를 하니 각 대호(碓戶)가 돈이 있어도 구매할 곳이 없어 부득이 비싼 값으로 매입할 수밖에 없다. 자본금에 따라 매출을 하니 수일 사이에 미가는 8원 2각(角)에서 급등하여 1석에 9원 전후가 되었다.[84]

여기서 돈호(囤戶)가 성성(省城)의 공급 부족을 이용하여 돈적거기(囤積居

---

83) 『長沙大公報』 1922年 2月 21日, 「糧業公所聲明米漲之原因」.
84) 『長沙大公報』 1922年 3月 19日, 「米價飛漲之原因」.

奇)를 하고 있는 것을 볼 수 있다. 1923년 9월 담연개와 조항척 사이의
담조(譚趙) 전쟁 동안 장사에서 미곡상들의 매점매석이 행해졌고 물가폭등
을 기록한 사실이 있다.[85]

미곡 가격의 급등에 대해 관청의 시각은 '간상(奸商)'의 돈적거기 탓이라고
보는 경우가 많다. 여기에 대해 상인들의 시각은 다른 것 같다.
1926년 7월 5일 기사를 보면 다음과 같다.

> 모두 말하기를 미가의 상승은 곡가로부터 유래되는 것이다. 근래 하수(河水)
> 가 크게 범람하여 성밖의 양식행(糧食行)들이 매몰되어 거의 다 없어졌다.
> 돈이 있어도 구매할 곡식이 없다. 미업(米業)은 다만 문시(門市)를 온전하게
> 하기 위해서 부득불 비싼 값으로 곡식을 구매할 수밖에 없다. 곡가가
> 높으면 미가가 따라서 높아지는 것이지 전혀 조종 거기(居奇)가 아니다.
> 외행(外行)이 살피지 못하고 오해하는 바이다.[86]

장사총상회에서 미업(米業), 양잔업(糧棧業), 양식업(糧食業) 등을 소집하
여 연석회의를 개최한 내용이다. 미가 급등의 원인이 미곡 상인들의 가격
조종이나 돈적거기가 아니라는 주장을 담고 있다.

호남성 경제조사소의 조사를 보면 호남성 미곡 문제 해결 방안 중에
간상(奸商)의 매점 저장, 투기 매매, 시장 교란을 금지해야 한다고 하고
있어 1930년대까지 이러한 '간상'의 존재와 활동은 충분히 인지된다. 미곡의
최고 최저가를 규정하자는 제안 속에 가격 변동은 수급 관계를 주 요인으로
하지만 때로 폭등 폭락이 있는 것은 간상이 투기를 행하기 때문이란 인식을
보이고 있다.[87]

---

85) Angus W. McDonald. JR. *The Urban Origins of Rural Revolution-Elites and the masses in Hunan Province China, 1911-1927* (California Univ. Press. 1978), p.57.
86) 『長沙大公報』 1926年 7月 5日,「商會爲民食問題之聯席會議」.
87) 『湖南の穀米』, p.124, p.135.

(2) 미금(米禁) 위반 밀수출

호남은 평소 미곡 생산지이고 대외 송출이 많은 곳이지만 재해 등의
이유로 수시로 미금(米禁) 조치가 실시되었다. 호남 내부의 미곡 결핍과
이로 인한 미가 급등을 해결하기 위해 미금 조치를 채택한 것이지만 현실에서
는 미금을 위반한 미곡 상인의 밀수출이 지속되었다.

『상보』1898년 9월 21일 기사를 보면 기양현(祁陽縣)에서 미금 실시를
요청하는 공문 가운데 간상(奸商)의 미곡 수출이 미가 상승의 원인으로
지목되고 있다.[88] 민국 7년 보도를 인용하면 다음과 같다.

> 근래에 간상(奸商)들이 이익추구를 위해 호조(護照: 허가증)를 거짓으로
> 만들어 비싼 값으로 미곡을 구매 운송한다. 그 지방 곡식 있는 집들이
> 또한 상인의 중리(重利)를 이용하여 이에 거기(居奇)를 행한다. 군중(軍中)에
> 구매할 쌀이 없다.[89]

남현(南縣) 화용(華容) 안향(安鄕) 일대가 평소에는 미곡 생산이 풍부한
지역이나 지난해 홍수로 수확이 평년의 1/3에 불과하게 되었다는 것으로
미금(米禁)을 강화하였다. 이 국면에 간상(奸商)은 이익 추구를 위해 호조(護
照)를 위조해서 미곡 송출을 단행하고 있다.

민국 10년 11월 11일의 보도를 보면 다음과 같다.

> 악양민식유지회(岳陽民食維持會)의 보고에 따르면 정항(靖港)의 후대순양
> 행(侯大順糧行)이 한구(漢口) 미곡 상인과 계약하여 호남미 1만석을 송출하
> 기로 하고 먼저 미가를 교부받았다. 그 미(米)는 악양 사재(卸載)에서 한상용
> (漢商用) 외륜(外輪: 기선)으로 수송한다는 것이다. 살피건대 미곡의 대외

---

88) 『湘報』1898年 9月 21日,「請嚴禁販運穀米稟并批」.
89) 『長沙大公報』1918年 6月 29日,「南華安一帶禁止穀米出口」.

방출은 민간식량에 영향이 심히 크다. 이미 본 서(署)에서 각 현국(縣局)에 지시하여 절실하게 조사하여 금지하라는 명령이 있었다. 이번 각 정(情)의 보고에 의하면 금령(禁令)을 크게 위반한 것이다.[90]

이것을 보면 미금 조치 기간에 미곡 상인이 한구의 미곡 상인과 계약을 맺고 1만석이나 되는 거액을 기선으로 수송하고 있는 것을 알 수 있다. 동년 12월 4일의 보도에도 예릉(醴陵) 간상(奸商)들이 호조(護照)를 가지고 미(米) 150석을 강서(江西)로 몰래 밀반출하려 한 사건이 게시되어 있다.[91] 민국 11년 1월 10일 자료를 인용해 보면 다음과 같다.

호남은 본래 미곡 생산 풍부한 지역이라 일컫는데 이 기재(奇災)로 인해 마을 저장이 십실십공(十室十空)이다. 현재 아직 동절기라 다음 추수 시기와 심히 멀다. … 마땅히 속히 거금을 마련하여 장강 하류로 내려가 대량 곡미를 구입하여 평조(平糶)에 제공해야 한다. 어찌 여유 곡식이 있어 외부로 수출하겠는가. 근래 직례군(直隷軍)이 호남에 와서 군량미를 구매하고 간상(奸商)이 몰래 밀수출하는 까닭으로 외부인이 호남의 재해에 대해 마침내 의문을 품는다.[92]

상인은 호남의 재해로 인한 위급 상황에도 미금(米禁)을 어기고 미곡의 밀수출을 단행하고 있다. 동년 2월 16일 보도에는 예릉현 간상들의 미곡 밀수출 사실이 전해지고 있다.[93] 동년 5월 22일에는 남현(南縣) 대표 팽적농 (彭迪農) 등이 당 현의 魯瑜□가 간상(奸商)을 비호하여 미곡 밀수출을 방조한 것을 고발하고 있다.[94] 앞서 미곡 1만석을 윤선(輪船)에 실어 밀수출한

90) 『長沙大公報』 1921年 11月 11日, 「省長嚴禁奸商運米」.
91) 『長沙大公報』 1921年 12月 4日, 「醴陵電告奸商運米赴贛」.
92) 『長沙大公報』 1922年 1月 10日, 「時評-論米禁問題」.
93) 『長沙大公報』 1922年 2月 16日, 「醴陵米禁肅清之佳耗」.
94) 『長沙大公報』 1922年 5月 22日, 「飭拿包庇奸商運米犯」.

것에서 보듯이 미곡 밀수출에는 수많은 비호세력이 있었다고 생각된다. 민국 12년 12월 19일 보도는 다음과 같다.

삼가 제가 지난달 28일부터 세금 징수를 시작했는데 하류 미곡 선박이 합계 30여척이었습니다. 미연국(米捐局) 상류에 정박한 지 지금 10여일이 되었습니다. 이미 개표(開票)한 것은 겨우 선박 2척이고 나머지는 모두 연세(捐稅) 납부를 미루고 있습니다. 그 내막을 살펴보니 미금(米禁) 기간 안에 이곳은 미(米)를 수출하고 대부분 개표(세금 납부)를 안했습니다. 관(官)과 상(商)이 함께 작당을 하였고 더하여 미연(米捐)을 미루었는데 적습(積習)이 이어져 왔습니다. … 매 미 100석에 개표한 것은 불과 40~50석이고 나머지 50~60석은 상인이 반을 점하고 국내(局內)가 1반을 점하였습니다. … 직(職)이 목도하고 난 후 계징원(稽徵員) 오산(吳山), 순사(巡査) 사지기(謝知己) 등을 시켜 흑막을 파헤치고 포고를 내어 회인전(灰印錢) 등 일체 누규(陋規)를 취소, 상인의 어려움을 체휼하였습니다. 마땅히 세금 납부 잘할 것이라 여겼는데 뜻밖에 상인이 일면 은혜에 감사하지 않을 뿐 아니라 도리어 원망을 품고 있다. 그들이 생각하기를 성장(省長) 포고 미 1석에 완연(完捐), 양(洋) 8각(角) 7분(分)은 부담이 너무 무겁다 여기고 누차 각 방면으로 운동하여 경감을 요구하고 있습니다.[95]

이것은 형하뇌(荊河腦) 미연국장(米捐局長) 이절(李節)이 양호미연총처(兩湖米捐總處)에 올린 정문(呈文)의 내용이다. 미금(米禁) 기간에도 상인들의 미곡 밀수출이 지속된 것을 알 수 있다. 미금 기간에 아예 세금 납부를 안 하거나 하더라도 100석을 40~50석으로 줄여 했다는 것이다. 해당 관원과의 결탁 정황을 알 수 있다.

민국 13년 1월 14일의 보도는 다음과 같다.

---

95) 『長沙大公報』 1923年 12月 19日, 「米捐局揭破奸商把持之黑幕」.

근래에 간상(奸商)이 군대와 내통하여 군량미라 허위 칭탁하여 많은 이익을 도모하는 자가 있다. 자주 여러 신문 보도를 보는데 엄하게 처벌하지 않은 까닭으로 간인(奸人)들이 더욱 거리끼는 것이 없다.[96]

이것을 보면 간상이 군대 간부와 결탁하여 군량미라 거짓 칭탁한다는 것이다. 이렇게 하여 연세(捐稅)를 납부하지 않고 세관을 통과한다는 것을 말하고 있다.

민국 14년 6월 17일에도 곡미 방출을 금지하는 성장(省長)의 포고가 내려지고 있는데 여기서도 간상이 많은 이익을 탐하여 미곡을 밀수출하고 있는 사실을 적시하고 있다.[97]

동년 6월 23일에도 간상 장덕운(張德雲)이 군대와 내통해서 미곡 밀수출을 보호받았다는 것과 이미 미금국(米禁局)을 매수하여 밀수출이 감행되었던 사실을 밝히고 있다. 현재 선박 9척에 나누어 실린 3,000여석이 적발되었으며 미금국 병사가 총을 메고 보호하고 있다는 사실을 알리고 있다.[98] 이 사건과 관련하여 동년 7월 7일에 조항척 성장(省長)이 미금(米禁) 포고를 거듭하여 내리고 악양 주둔군을 시켜 무력 제지를 명하고 있다.[99] 동년 7월 10일에 성장(省長)은 미곡 밀수출하는 간상들이 호북으로부터는 소금을 밀수해 온다는 사실을 밝히고 거듭 금령을 내리고 있다.[100]

1926년 12월경 역시 미금(米禁)이 실시 중이었는데 간상들은 세관의 외국인 조사관들에게 뇌물을 주고 그들의 미곡을 외국 증기선에 실어 물가가 급등하고 있는 상해 시장에 내다 팔았다. 성 정부는 외국 증기선을 조사할 수 없었다.[101]

---

96) 『長沙大公報』 1924年 1月 14日,「省長電請鄂督嚴辦奸商」.
97) 『長沙大公報』 1925年 6月 17日,「省長嚴令禁止穀米出省」.
98) 『長沙大公報』 1925年 6月 23日,「省長電令提充奸商出口穀米」.
99) 『長沙大公報』 1925年 7月 7日,「省長重申米禁之布告」.
100) 『長沙大公報』 1925年 7月 10日,「省長嚴禁私運米塩」.
101) Angus W. McDonald. JR., 앞의 책, pp.254~255.

민국 18년(1929) 3월에도 성 정부는 미금을 실시했다. 이 기간에도 밀수는 많이 이루어졌고 남화(南華), 예안(醴安) 일대는 밀수가 가장 많았다. 동정호 연안 여러 현에서는 보존 미곡이 많았는데 미곡 부족 지방과 마찬가지로 일률로 금지되었다. 호남성 경제조사소의 조사를 토대로 이러한 미금 정책은 실효성도 부족하고 체계성이 결여되었다는 비판이 내려지고 있다. 지역상, 시간상 수급 조절의 실패라는 것이다.102)

각종 자료를 보면 미금 기간에도 간상의 미곡 밀수출은 꾸준히 지속된 것을 알 수 있다. 상인은 이윤 추구를 위해 가격이 높은 쪽으로 이동하는 시장 지향성을 보이고 있다.

(3) 가격 조종

상인의 가격 조작에 대한 사료는 극히 찾기가 어렵다.

양상(洋商)들이 중국시장을 장악하고 가격 농간을 부렸다는 시각도 있지만 호남성에서 사례를 쉽게 발견할 수 없다. 『상보』『지방지』『장사대공보(長沙大公報)』 등에서도 상인의 가격 조작에 대한 자료를 쉽게 찾지 못하는 것으로 봐서 이 시기 호남에서 상인의 가격 조작 문제가 심각하게 인식된 것 같지는 않다.

『호남실업지(湖南實業志)』 자료에 다음의 기사가 있다.

> 토착 자기의 교역은 모두 각 토자(土磁) 판매상인을 통해 판매된다. 다만 각 창주(廠主)가 매양 먼저 각 판매상에게 대금을 빌린 후 상품을 인도하는 자가 많다. 각 창(廠)에서 자본이 결핍되어 부득이 그렇게 하는 것이지만 간상(奸商)의 조종 받는 것을 면치 못한다.103)

---

102) 張人价, 앞의 책, pp.116, 121~128.
103) 『湖南實業志』(二), p.983.

이것은 예릉 자기업에 대한 설명이다. 제조업자들이 자금 결핍으로 상인에게 먼저 대금을 차관 형식으로 빌리게 됨으로써 결국 상인의 조종을 받는다는 것이다. 같은 예릉현 사실을『예릉현지』에서 보면 다음과 같다.

> 광서 말년에 토착자기의 판로가 번창할 때 산호(山戸)가 객상(客商)의 가격 조종을 분하게 여겨서 마침내 자금을 모아 화창공사(華昌公司)를 조직하였다. 모든 상품은 화창공사가 수매하여 가격을 책정하고 객상은 공사(公司)로부터 간접으로 구매하게 하였다.[104]

전술한 바와 같이 상인의 가격 조종에 대한 자료를 찾기가 쉽지 않다. 이 부분은 추가적 자료 조사가 필요하다고 생각된다.

(4) 금융 조종

전상(錢商)의 금융 조종에 대한 문제는 도처에서 발견된다. 민국시기 지폐의 남발은 경화(硬貨)와의 환율문제를 야기했다. 이 과정에서 전상(錢商)은 환율을 조작하여 폭리를 취함으로써 '간상(奸商)'으로 비판받고 있다. 민국 6년 9월 7일의 보도에 의하면 상담(湘潭) 간상이 은전(銀錢)을 돈매(囤買)하여 회수(匯水: 환수수료)를 좌우하고 있다. 상담 간상이 호남성 금융을 조종하고 있다는 것이다.[105] 전상(錢商)의 '간상(奸商)'적인 행위는 환율조작인 암반(暗盤), 공반매매(空盤買賣)와 동원(銅元)의 외부 유출로 대별할 수 있다. 민국 6년 10월 19일 기사에 의하면 전상(錢商)이 호남은행으로부터 공식 환율 명반(明盤)으로 표전(票錢) 400천(串)을 태환해 와서 민간에는 암반(暗盤)으로 운영했다.[106]

---

104) 民國 37年刊『醴陵縣志』食貨志, 土瓷銷售業.
105)『長沙大公報』1917年 9月 7日,「湘潭奸商之操縱金融」.
106)『長沙大公報』1917年 10月 19日,「錢商可以照常議價矣」.

민국 6년 11월 12일 기사는 다음과 같다.

상담의 전가(錢價)는 은행과 상점이 불일치하고 상점 또한 각기 다르다. 특히 은원(銀元) 1항은 심하다. 교활한 상인이 그 전가(錢價)를 패상(牌上)에 매양 현양지양(現洋紙洋)을 분별하여 놓지 않고 다만 은원자양(銀元字樣)을 섞어서 써 놓았다. 만약 표양(票洋) 가지고 태환하면 현양(現洋) 가격을 가리키며 임의로 저감(低減)시킨다. 저감의 수는 절대 은행 고시가격과 서로 부합하지 않는다. 만약 현양(現洋) 가지고 태환하면 또 여러 방면으로 트집을 잡는다. … 반드시 억제를 힘써서 저들이 내건 패가(牌價)보다 낮게 한 다음에야 그친다. 상업도덕의 타락은 가히 극점에 달했다고 할 수 있다.[107]

이것을 보면 전상(錢商)들이 패가(牌價)를 걸어 놓고도 환율을 속이고 있다. 은행 환율과 다른 것은 물론이다. 민국 7년 7월 13일 보도에 의하면 성장(省長)이 법가(法價)를 결정하여 광양(光洋) 1원(元)은 표전(票錢) 6천(串)으로, 광양(光洋) 1원은 표양(票洋) 3원으로 강제 통용시켰다. 그런데 간상(奸商)이 암반(暗盤)을 조종하여 광양 1원에 표전(票錢) 6,700~6,800문을 받고 있다. 간상(奸商)의 이러한 환율 조작을 엄금하는 성장(省長)의 포고가 거듭되고 있다.[108]

민국 7년 8월 17일의 기사는 다음과 같다.

상담의 시중 금융 문란은 성성(省城)에 비해서도 심하다. 각종 화폐의 고저가 날마다 다르다. 법가(法價)와 차이가 현격하다. 지난달 암반(暗盤) 극성시에 전가(錢價) 4량 5~6전(錢), 시황 교역 은표(銀票)는 겨우 200여문 가치이다. 각 포점(鋪店)은 지양(紙洋)을 받으려 하지 않는다. 지양(紙洋)은

---

107) 『長沙大公報』 1917年 11月 12日, 「評論-湘潭錢價」.
108) 『長沙大公報』 1918年 7月 13日, 「省長令嚴禁奸商操縱金融」.

매원(元) 불과 1천(串) 700~800문, 현양(現洋)은 파격 상승하여 시황 절전(折
錢) 계산으로 매 원 7천(串) 100~200문 전후이다. 양(洋)을 가지고 환전하면
또 겨우 6천(串) 300~400문에 해당한다. 임의로 출입을 증감하니 전상(錢商)
에게 조종되지 않는 것이 없다.[109]

여기서도 전상(錢商)의 환율 조작이 문제되고 있다.

그런데 이러한 전상의 환율 조작에 대해 약간의 다른 시각도 있다. 민국
7년 7월 4일 기사를 보면, 현재 호남성에 더 이상 지폐 발행이 없는데
화폐가치가 날로 하락하는 이유를 전상의 조종이라는 측면 외에 근본적으로
현금 결핍이 원인이라는 것이다. 다만 전상의 조종이 그것을 급격하게
할 뿐이라는 의견이다.[110]

민국 7년 8월 27일 기사를 보면 다음과 같다.

장사총상회가 성장공서(省長公署)에 올린 정문(呈文)에 이르기를 "호남성은
금융이 문란하고 화폐제도가 복잡합니다. 전에 성장공서(省長公署)의 각종
표폐(票幣) 가액(價額)을 규정한 것을 받들어 상민(商民)에게 포고하여 상호
유통시키고 있습니다. 수개월 이래 시중 변화가 무상하고 현금 결핍이
더욱 심해져서 각종 표폐(票幣)를 정부가 태환할 수 없습니다. 시중은
유통이 곤란하여 수요 공급의 관계로 암반(暗盤)이 발생합니다. 정가(定價:
법정 가격)와 맞지 않으니 대세를 막을 수 없습니다. 상민(商民)이 교역하는
데 법가를 따르고자 하면 장애가 많고 암반(暗盤)을 따르면 금령(禁令)을
어기는 것이니 진퇴양난입니다. 법을 두려워하는 자는 영업을 정지하고
시중의 변화를 기다리고 있습니다."[111]

---

109) 『長沙大公報』 1918年 8月 17日, 「湘潭警察廳整頓金融之現狀」.
110) 『長沙大公報』 1918年 7月 4日, 「湘省最近之金融狀況」.
111) 『長沙大公報』 1918年 8月 27日, 「附錄長沙總商會呈文」.

장사(長沙)총상회는 전상(錢商)만의 대표가 아니다. 그럼에도 전상의 환율 조작 암반에 대하여 비난 일변도가 아니라 시중의 현금 결핍이 근본 원인이라 지적하고 있다. 성(省) 정부의 법가(法價)는 시장의 시세와 맞지 않아 암반(暗盤)이 대세라는 것이다. 성 정부가 전상의 암반을 막기 위해 전상 10여인을 체포 구금하는 사태가 벌어지자 후에 전상들은 폐업을 많이 했다. 그 후 양행피발처(洋行批發處), 비조공사(肥皂公司), 양행회태처(洋行匯兌處) 등 명의를 빌려서 편법 영업을 개시했다.

1918년 9월 5일 기사에 보면 암반으로 전표(錢票)가 명목의 40~50% 할인되어 매매되는 현상이 나타났는데 이를 모두 간상(奸商)의 조종 탓으로 돌릴 수 없다는 것과 법가 유지가 불가능한 원인은 따로 찾아야 된다는 인식을 보여주고 있다.112)

다음으로 전상의 행위는 공반(空盤) 매매를 들 수 있다.

민국 6년 3월 12일의 성장(省長) 포고에는 화폐를 돈적(囤積)하여 조종거기(居奇)와 공반(空盤) 매매를 하는 것은 도박과 같고 실로 금융을 교란시키는 행위로 일률 엄금한다는 내용이 있다.113)

민국 6년 4월 28일 보도를 보면 다음과 같다.

호남은행 지폐 남발로 가격 등락이 무상하여 마침내 투기에 광분하게 만들었다. 공상(空商)이 비상한 이익을 널리 바라 은점(銀店)을 개설한 것은 금융을 조화롭게 하고 산업을 발달시키는 직무를 다할 수 있는 것이 아니다. … 이익을 취득할 목적으로 겨우 공반(空盤) 매매 하는 것을 유일의 영업으로 삼는다. 복록궁(福祿宮)으로써 도박장을 삼을 뿐이다. 그러므로 자본이 최소인데 영업 최대인자가 얼마인지 모른다. 전상(錢商)이라 일컫지만 실은 공점(空店)인 것이 얼마인지 모른다. 아침에 명패(名牌)를 걸고 저녁에 소멸하는 것이 얼마인지 모른다. 금융을 교란시키고 물가를 격변시

---

112) 『長沙大公報』 1918年 9月 5日, 「錢商暗盤愈做愈奇」.
113) 『長沙大公報』 1917年 3月 12日, 「省長維持金融之布告」.

키고 상인의 투기심을 자극하며 사회의 부화습(浮華習)을 조장하는 것이
모두 이 탓이다.114)

이것은 성(省) 의회가 호남성 전업(錢業)취체안을 만든 내용이다. 공반(空
盤) 매매가 금융 교란과 물가급등의 원인임을 지적하고 있다.

민국 6년 6월 14일 성장(省長)이 금융 유지를 위해 내린 훈령을 보면
간상(奸商)의 공반 매매가 심해 수차례 금령을 내렸으나 근절되지 않고
있다는 것을 말하고 현재의 금융공황은 실로 간상의 조종이 초래한 것이라
하고 있다.115)

동년 10월 1일에도 성장이 지폐 하락과 회수(匯水: 환수수료) 상승에
대해 간상의 공반 매매를 지목하고 상회(商會)로 하여금 전상의 회수를
감축케 유도하라는 지령을 내리고 있다.116)

민국 13년 9월 7일의 기사를 보면 다음과 같다.

장사 금융이 근일에 이같이 긴박한데 …
그 내용을 살펴보면 실로 그 전점(錢店) 도공매공(賭空賣空)의 소치이다.
살피건대 왕년에 장사 상인들이 한표(漢票) 마련한 것은 반드시 실재 상품이
있었다. 혹은 곡미, 두맥(豆麥), 주단(綢緞), 남화(南貨) 등의 상품을 담보로
하고 상품판매를 기다려서 즉시 한표(漢票)의 돈을 돌려준다. 이것은 실매
실매(實買實賣)이다. 이 때문에 한표(漢票)는 커다란 등락이 없었다. 지난
겨울이래 일반 전상(錢商)이 한구(漢口)에서 기일이 먼 양원(洋元)을 헐값에
팔고 한표(漢票)를 거두어 호남에 돌아왔다. 호남상인 중에 한표 필요로
하는 자는 반드시 먼저 광양(光洋)을 교부해야 바야흐로 한표 급부가 있었
다. … 매 비(比)에 이르러 걸핏하면 한표가 수백만원에 거래된다. 호남성

---

114) 『長沙大公報』 1917年 4月 28日, 「省議會提議取締湖南錢業案」.
115) 『長沙大公報』 1917年 6月 14日, 「省長維持金融之訓令」.
116) 『長沙大公報』 1917年 10月 1日, 「督令商會開導錢商縮減匯水」.

외행상가(外行商家)는 이런 거대한 한표가 필요 없다. 실제 한표 구매수요는 100분에 1-2, 그러나 전업(錢業) 중의 사람은 이것을 계기로 도공매공(賭空賣空)할 따름이다. … 그런데 호남성 시황은 여러 전업인(錢業人)들이 가혹하게 이익을 추구하기 때문에 큰 영향을 받는다. 물가가 급등하고 백행(百行)이 가격을 올렸다.[117]

이것을 보면 공반(空盤) 매매란 실제 대응 상품이 없이 과도하게 공수표를 남발하는 것과 같다. 이것이 물가급등 원인으로 지적되고 있다.

1917년 10월 1일 보도기사는 다음과 같다.

기자가 오히려 당국에 바라는 것은 공반(空盤)을 금하고 회수(匯水)를 안정시키는 것은 한가지 일 같은데 실은 한가지로 볼 수 없다는 것이다. 공반은 회수 등락에 영향을 주는 것이 상대적이고 절대적 관계는 아니라는 것이다. 겨우 인위적 한 방면에 있다. 무릇 수요 공급으로 이루어지는 것은 자연의 추세이다. 다 간상(奸商)의 탓으로 돌릴 수는 없다. 공반 매매를 금하는 것은 단지 회수의 폭등폭락을 면하게 할 것이고 반드시 안정시킬 수는 없을 것이다. 혹시 관(官)의 힘으로 일시 조금 억제하더라도 얼마 안 있어 회복될 것이다.[118]

성장(省長)이 상회(商會)에게 전상(錢商)을 인솔 지도하도록 한 데 대하여 『장사대공보』의 논평 일부이다. 물가급등의 원인이 간상의 공반 매매라는 관청의 시각에 대해 모두 간상의 탓이 아니다. 정치력으로 시장을 억압하더라도 어쩔 수 없다는 인식을 보이고 있다.

전상의 간상 행위로 마지막으로 들 수 있는 것은 현금의 외부 유출이다. 민국 13년 9월 16일 조(趙) 성장은 금융 유지를 위한 지시에서 간상이

---

117) 『長沙大公報』 1924年 9月 7日, 「長沙金融問題之黑幕-錢商賭空賣空之所致」.
118) 『長沙大公報』 1917年 10月 1日, 「評論空盤與匯水」.

현양초표(現洋鈔票)를 사익 추구를 위해 외부로 반출한다는 지적을 하고 있다. 시황 유지를 위해 개인 휴대 한도로 현양(現洋) 300원을 넘지 못한다는 제한을 가하고 있다.[119]

민국 6년 3월 13일 기사에도 간상이 동원(銅元)을 강서(江西)로 밀반출하는 사례가 나오고 있다.[120] 동년 2월 17일 보도에는 간상이 동원을 밀반출하는 것을 재정청에서 엄금한다는 내용이 있다.[121]

금융 문란과 물가 폭등의 주범으로 관청에서 지목하는 것은 간상의 환율 조작, 암반과 공반 매매, 동원 유출 등이다. 그러나 장사총상회의 입장이나 언론의 견해는 시장 시세의 불가피한 측면으로 이해되고 있다. 단기 국면에서 환율의 급등 급락에 부분적으로 간상이 작용하지만 근본적인 것은 시장의 흐름이라는 것이다.

2) 물가조사

『호남상사습관보고서(湖南商事習慣報告書)』를 보면 주로 청말에 제정된 각종 행규(行規)가 수록되어 있다. 이 내용 중에는 백행(百行) 물가가 급등하여 동행(同行)의 가격을 올릴 수밖에 없다는 내용이나[122] 판매가격은 자본에다가 이익을 더해 결정하고 함부로 가격을 올리거나 내려서는 안 된다는 규정이 나오고 있다.[123] 개별 사례를 적시할 것도 없이 대부분 동업간의 이익 보호를 위해 가격을 통제하려는 것이 주된 내용이다. 시가에 따라 가격을 조정하거나 의논하여 협정가를 정하는 것을 보면 물가조사가 전제가 되어야 할 것이다. 그러나 청말의 각종 행규(行規)에서는 구체적

119) 『長沙大公報』 1924年 9月 16日, 「趙省長維持金融近訊」.
120) 『長沙大公報』 1917年 3月 13日, 「嚴禁私運銅元」.
121) 『長沙大公報』 1917年 2月 17日, 「財政廳嚴禁私運銅元」.
122) 『湖南商事習慣報告書』 「包金担同行公議條規(省城)」, 「整容店條規(益陽)」, 「檳榔店條規(武陵)」.
123) 『湖南商事習慣報告書』, 「藥店條規(益陽)」.

물가조사를 언급한 것은 보기 힘들다.

『상보』1898년 9월 25일자 일부를 보면 다음과 같다.

> 각 성회(省會: 성의 수도)에 상무국(商務局)을 설립하고 각 상(商)들이 성실하고 평소 신망 있는 신상(紳商)을 천거하게 하여 국동(局董)으로 삼고 국(局)에 상주하며 사무를 처리하게 한다. 해당 성(省)의 물산행정(物産行情), 손익에 관한 것을 자세히 강구하고 양상(洋商)과 어떻게 대적할 수 있는지 사다(絲·茶)에 대한 장단점, 판로를 어떻게 확대할지 확실히 파악하면 총독순무에게 아뢰게 한다. 다시 각 부주현 수륙 요충지에 통상공소(通商公所)를 설립, 분동(分董)을 천거하여 각지의 물산 가격 등락, 시황(市況)에 대해 분동(分董)으로 하여금 총세무사 무역총책을 모방하여 계절마다 성국(省局)을 통해 보고하게 한다.[124]

호남순무 진보잠(陳寶箴)이 장덕균(蔣德鈞)에게 상무총국(商務總局) 설치를 지시한 가운데 이전에 어사(御史) 왕붕운(王鵬運)이 주청(奏請)한 내용을 추가한 것이다. 상무국 설치와 상세한 물가조사를 지침으로 하고 있지만 이러한 조치는 즉각적으로 실시된 것은 아닌 것 같다. 선통(宣統) 연간에 제정된 각종 행규(行規)에도 상회(商會)의 물가조사 사실은 나오지 않고 있다.

민국 『자리현지(慈利縣志)』 인물지에 다음의 기사가 있다.

> 또 우효의(于孝義)가 있는데 조상은 금계인(金谿人)이고 대대로 계구시(溪口市)에서 상업에 종사했다. 효의(孝義)가 장사하는데 시쾌(市儈)에게 속임을 당하는 것을 수치스럽게 여겨 백화(百貨)의 가격을 상세히 조사하여 적정한 한계를 정하고 한도를 넘거나 한도에 미치지 못하면 모두 거절하고 거래하지 않았다. 이로 말미암아 사람들이 신망하였다.[125]

---

124) 『湘報』1898年 9月 25日, 「摘錄總署議奏原摺」.
125) 민국 12년刊 『慈利縣志』 권15, 人物志 下.

이것을 보면 우효의(于孝義)란 상인이 중개인에게 잦은 속임을 당하는 것을 분하게 여겨 스스로 물가조사를 행했다는 것이다. 그 결과 적정 가격을 정하고 공정거래를 했다는 것이다.

이러한 상인 스스로의 개별적인 물가조사는 수시로 행해졌던 것으로 생각된다. 호남성 예릉현의 물가조사를 보면 광서 4년(1878), 광서 14년(1888), 광서 19년(1893), 선통 원년(1909), 민국 원년(1912), 민국 5년(1916), 민국 10년(1921)까지는 상인들이 사적으로 작성한 물가 장부를 제시하고 있다. 반면 민국 15년(1926), 민국 20년(1931), 민국 25년(1936), 민국 27년(1938), 민국 28년(1939), 민국 29년(1940), 민국 30년(1941)의 기록은 상회(商會)에 의한 물가조사 장부이다.126) 이것은 상인들의 개별적이고 산발적인 물가조사에서 상회에 의한 체계적이고 조직적인 물가조사로 진행하는 방향성을 제시하고 있다고 생각된다. 다만 상회에 의한 조사로의 전환 시기는 예릉현의 1926년 보다 장사성성(長沙省城)의 경우 더 빨랐을 것으로 여겨진다.

민국 9년 3월 3일 보도는 다음과 같다.

> 농상부 총무처에서 장사총상회에 공문을 보내 이르기를 본 부(部)가 물가조사를 이미 시행하고 있다. 지난달에 부령(部令)으로 시행하였다. … 관계가 대단히 중하니 귀 회에서 열심히 진력해 줄 것을 당부한다. 연구를 다해서 본 부 총장이 실업(實業)을 정리하려는 지극한 뜻에 부응해 주기 바란다. 조사 보고의 각 수속에 관해서는 전에 반포한 표단(表端)방법이다.127)

농상부가 장사총상회에 물가조사를 의뢰하고 있는데 세부 내용을 보면 매년 3, 6, 9, 12월 마다 조사 내용을 농상부에 보고하도록 하고 있다. 동년 5월 11일에는 실업청(實業廳)에서 상회(商會)에 서한을 보내서 호남의 차 가격조사를 의뢰하고 있다.128) 이것을 보면 상회가 물가조사의 핵심

---

126) 전형권, 「淸末·民國期 湖南長沙의 米價와 物價動向」 『中國史硏究』 79, 2012.
127) 『長沙大公報』 1920年 3月 3日, 「調査物價之辦法」.

주체로 부상하고 있다.

동년 3월 7일의 보도를 보면 다음과 같다.

> 호남고등재판소가 근래 전가(錢價) 소송으로 호남총상회에 공문을 보내
> 민국 모 년의 전가(錢價)를 매월 절합(折合)액을 조사하여 재판에 준거로
> 사용, 공평을 기한다고 하였다. 전가(錢價)는 총상회가 판단해 내니 스스로
> 반드시 하나의 풍조를 이루었다. 만민이 승복하였다.129)

장사, 영향(寧鄕), 익양(益陽) 3현은 경계를 맞대고 있어 자주 왕래하며
통상하는데 3현의 전가(錢價)가 서로 달라 자주 분쟁이 발생하였다. 재판
과정에 준거가 되는 전가(錢價)를 총상회의 조사에 의존하고 만민이 이에
승복하였다고 하니 상회의 물가조사는 상당한 신뢰성이 있었다고 생각된다.

민국 11년 2월 28일 보도를 보면 다음과 같다.

> 정부가 폐단해결을 위해 이금을 통세(統稅)로 고치고자 한다. … 세율
> 수정은 상품가격을 조사하지 않으면 안 된다. 이에 표식(表式)을 특정해서
> 각 행(行)에게 나누어 주었다. 청컨대 귀 공회(公會)에서 적절한 사람을
> 천거해서 본업(本業), 모든 진출입 상품 종류, 장구(莊口) 및 산지(産地)
> 가격, 판매지 가격을 표 형식에 따라 상세하게 기입하여 본회로 발송하기
> 바란다.130)

이것은 총상회가 각 행점(行店)에 통지하여 가격조사를 당부한 것이다.
이금 폐지와 통세(統稅) 추진을 위한 사전 조치로 상세한 물가조사를 시행하
고 있다. 이때 시행하는 물가조사에 대해서는 상인들이 상세한 보고를

---

128) 『長沙大公報』 1920年 5月 11日, 「實業廳調査茶價」.
129) 『長沙大公報』 1920年 3月 7日, 「錢價參差之呼籲」.
130) 『長沙大公報』 1922年 2月 28日, 「商會通知修改稅率情形」.

꺼렸다는 내용도 있다. 즉, 물가가 높으면 통세(統稅) 세율을 가중시킨다는 것이다. 상회는 통세로 바뀌더라도 이금보다 부담이 무거워지지 않는다는 것을 강조하고 있다.[131]

1922년 5월 8일의 「호남상회통칙초안(湖南商會通則草案)」을 보면 제10조 7항, 상공업자의 위탁을 받아 상업 시황(市況) 조사 혹은 상품 산지 및 가격의 증명, 10항 상공업 상황 조사 및 통계 등의 항목이 제시되고 있다.[132] 상회의 역할 가운데 시황과 가격조사가 분명히 대두되고 있다.

민국 15년 1월 기사에는 성장공서(省長公署)가 상회에 역년(歷年) 은전(銀錢) 태환 가격을 조사하여 열표(列表)를 만들게 하고 이미 전년 4월 17일부터 각 현 지사와 사법기관에 통지하여 판결 표준으로 삼게 한 일도 있다.[133]

이상에서 보면 1920년 전후에는 상회의 물가조사가 일반화되었다고 생각된다. 종전에는 상인의 개별적인 그리고 산발적인 물가조사가 이루어졌지만 민국 중기에 접어들면서 상회(商會)에 의한 체계적이고 조직적인 물가조사가 시행되기 시작하였다. 정부기관도 상회를 매개로 물가조사와 시황 파악을 하였던 것이다. 상회의 물가조사는 상인들의 합리적 시장거래를 도와주는 조치였다고 생각된다.

3) 물가조절

상인의 물가조절에 대해서 첫째로 들 수 있는 것은 청말의 각종 행규(行規)에 드러나는 것이다.

광서 30년(1904) 화혜점조규(靴鞋店條規)는 다음과 같다.

상품에는 고저가 있고 가격은 비싸고 싼 것으로 나누어지는데 원래 정해진

---

131) 『長沙大公報』 1922年 5月 13日, 「商人與稅率」.
132) 『長沙大公報』 1922年 5月 8日, 「湖南商會通則草案」.
133) 『長沙大公報』 1926年 1月 28日, 「政府維持銀銅兩幣市價」.

규정이 있었다. 그러나 근래 재료값이 날로 비싸져서 옛 가격으로 판매할
수가 없다. 공동으로 회의를 열어 연극 한 편 상연하고 작정하여 이달
10일부터 가격을 규정하여 손해를 막고 밑천을 보전하게 한다. 우리 동행(同
行)은 이익을 노려 사사로이 값을 내리지 말라. 어기는 자는 중한 처벌을
할 것이다. … 이후에 재료값이 내려가면 마땅히 회의를 열어 값을 내림으로
써 공평을 기할 것이다.[134]

이것을 보면 상인의 동업조합이 행규(行規)로서 가격을 조절하고 있다.
재료비의 상승에 따른 영업이익 보전이 목적이지만 재료비가 내리면 다시
가격을 인하하겠다는 것이다.

광서 34년의 화혜중정규(靴鞋重整條規)는 다음과 같다.

하물며 근래 물건 값의 상승이 비상한데 가격의 고저가 안정되지 않으니
어떻게 공평을 기하고 분쟁을 종식시킬 것인가. 이에 동인(同人)을 모아
행규를 의논하여 정해 통일을 기한다. 만약 감히 어기면 벌로 연극을
상연하게 하여 징계를 보일 것이다.[135]

이 「조규(條規)」에는 구체적으로 물건가격을 제시하고 있다. 「약점조규(藥
店條規)」에도 자본에다 이익을 더하여 가격을 산정한다는 것과 함부로 값을
낮추어 팔지 못하게 하고 있다.[136] 「약재점조규(藥材店條規)」에도 상품가격
을 동업조합에서 의논해서 정하고 함부로 가격을 올리거나 내리지 못하게
하고 있다. 이때 사리(私利)만 추구하는 간교한 무리가 상민(商民)을 침해하
는 사례가 있으면 상회에 보고하여 엄히 조사 처리하도록 하라는 내용이
있다.[137] 상회가 물가조절의 후견인으로 등장하고 있다. 재료비 상승으로

---

134) 『湖南商事習慣報告書』「北帮靴鞋店條規(省城)」.
135) 『湖南商事習慣報告書』「乾濕靴鞋重整條規(省城)」.
136) 『湖南商事習慣報告書』「藥店條規(益陽)」.

물가 조정을 한다는 조규 내용은 매우 빈번하다.[138)

「묵점조규(墨店條規)」를 보면 다음과 같다.

우리 묵업(墨業)은 … 근래 온갖 재료가 계속 상승하였다. 비록 광서 31년
(1905) 조금 시가를 증가시켰으나 오히려 밑천에 부합되기 어려웠다. 겸하
여 이금과 식량비용이 전보다 상승하였다. … 이에 동인을 모아 의논하여
매 근당 다시 가격 160문을 증가시킨다. 의논 후에 성(省) 소속 성향(城鄉)
각 부두에서는 새 규정에 따라 판매하고 임의로 값을 올리거나 내려서는
안 된다.[139)

여기서는 재료비뿐 아니라 이금(釐金) 비용, 식량 비용 가격 등의 상승
때문에 가격을 조정한다는 것을 밝히고 있다.

「미업조규(米業條規)」에도 미가(米價)는 동업조합에서 수시로 참작하여
정한다는 사실과 함부로 가격을 등락시키지 못하도록 규정하고 있다.[140)

「행규」의 가격 조절은 동업자간 경쟁을 방지하고 공동이익 확보를 위한
것이 주요한 목적이지만 개별 상인의 준수 여부는 분명하지 않다.[141) 「행규」
의 제시 가격은 일종의 기준가격이었다고 생각된다.

둘째는 상인의 채매평조(採買平糶) 활동이다. 곡식의 결핍으로 미가(米價)
가 급등한 상황에서 상인이 자금 마련하여 곡식을 구매해 와 저렴한 가격으로
판매하여 물가를 조절하는 활동이다.

민국 7년 6월 10일의 보도는 다음과 같다.

총상회에서 정강(靖江), 남현(南縣), 화용(華容), 익양(益陽) 등 상회(商會)에

---

137) 『湖南商事習慣報告書』「藥材店條規(巴陵)」.

138) 『湖南商事習慣報告書』「銅業筆筒條規(省城)」.

139) 『湖南商事習慣報告書』「墨店條規(省城)」.

140) 『湖南商事習慣報告書』「米業條規(巴陵)」.

141) 方志遠, 『明淸湘鄂贛地區的人口流動與商品經濟』, 北京: 人民出版社, 2001, pp.658~660.

공문을 보내 이르기를 … 성성(省城)이 곡미 결핍으로 민간의 식량사정이
공황상태이다. 특별히 사람을 파견하여 정강(靖江), 익양, 남현, 화용 일대에
서 미곡을 구매해 와서 구제하려 한다. … 마땅히 호조(護照: 허가증)를
발행하여 즉시 그곳에 가서 곡식을 구매해 성성(省城)에 돌아오게 한다.
… 일은 공익에 관계되니 통과하는 지역의 세관과 군대는 수시로 조사하여
청컨대 통행을 보호하게 하여 주시기 바란다.[142]

동년 10월 27일에도 운미상(運米商) 진운경(陳雲卿), 정업(鄭業) 등이 상회
에 올린 글을 보면 성성(省城)의 미곡 가격이 지나치게 높아 상인들이 거금(巨
金)을 모아 하류지역에서 대량 미곡을 구매해 민간의 식량 문제를 해결한다
는 내용이 있다.[143]

동년 11월 보도를 보면 상인들이 마련한 기금으로 쌀과 소금을 확보한
다음 미염영매처(米鹽零賣處)를 만들고 쌀은 1인 5승(升), 소금은 1인 반근으
로 한정하여 저렴하게 팔고 있다. 당시 난표(爛票) 만연으로 물가 문제가
심각하였는데 서민에게 쌀과 소금 판매시 난표를 회수하는 계기로 활용하였
다.[144]

민국 7년 12월 14일 보도를 보면 다음과 같다.

장사총상회가 독군(督軍)에게 정문(呈文)을 올려 이르기를 폐회(敝會)의
회동(會董) 장춘잔주(長春棧主) 왕윤형(王尹衡)이 공문에 폐 잔(棧)이 미업영
매국(米鹽零賣局) 구제미 마련을 위해 채판원(採辦員) 왕혜거(王惠渠)를 이미
파견하여 안향(安鄉) 일대에 곡(穀) 3,000석 마련, 급히 성성(省城)에 운반
구제가 필요한데 연도(沿途)에 장애가 발생할까 염려하여 호조(護照: 허가

---

142) 『長沙大公報』 1918年 6月 10日, 「商會派員往下遊辦米」.
143) 『長沙大公報』 1918年 10月 27日, 「米商請稅關發還台票」.
144) 『長沙大公報』 1918年 11月 4日, 「長沙總商會維持市面生計大會議」; 1918年 11月 12日,
     「米鹽零賣處成立再誌」.

증)를 발급하여 줄 것을 청합니다. 이에 회장께 청구하니 성장(省長)께
전정(轉呈)하여 호조를 발급받게 하여 줍시사.[145]

미곡상이 채판원(採辦員)을 안향 일대에 보내 3,000석을 구매해 와서
미염영매국(米鹽零賣局)에서 평조(平糶: 시가 보다 싸게 팔아 가격을 조절하
고 민생을 구제하는 일)한다는 내용이다.

민국 10년 5월에도 상회가 성성(省城)의 민간의 식량을 유지하기 위해
곡식을 대량 구매해 온다는 것과 대호(碓戶) 등이 가격을 함부로 올리지
못하게 하였다. 매월 3일에 대호 등이 상회에 이르러 공동으로 가격을
의논하여 정함으로써 공평을 기하고자 하였다.[146]

민국 14년 7월에도 장사의 미가가 폭등하여 뇨미(鬧米) 풍조가 발생하였
다. 무호미(蕪胡米)를 운반해 와서 공조국(公糶局)에서 평조(平糶)를 행하였
다. 매일 판매는 200석으로 한정하고 매 호(戶)는 5두(斗)로 한정하였다.
또 각 행업(行業)이 한구(漢口)에 가서 미(米)를 구매해 오는 데 필요한
호조(護照)는 총상회에서 책임지고 처리한다는 내용이 나오고 있다.[147]

이상을 보면 상인들은 특히 민간 식량이 결핍되는 상황에서 채매평조(採買
平糶)란 방식으로 물가조절에 적극 개입하였다.

근현대에 두드러진 특징의 하나가 상회의 조직과 활동이다. 청말까지
동업조합 중심의 움직임이 있었던 반면 민국시기는 상회가 상인활동을
조직적 체계적으로 만들고 있다. 마지막으로 상인의 물가조절 행위로 들
수 있는 것은 상회의 빈번한 물가회의이다.

민국 6년 11월 9일의 보도는 다음과 같다.

… 또 아울러 상회회장은 즉시 따라서 각 상호(商號)를 소집하여 지도를

---

145) 『長沙大公報』 1918年 12月 14日, 「商會請督軍發護照購零賣局穀米」.
146) 『長沙大公報』 1921年 5月 24日, 「維持省城民食」.
147) 『長沙大公報』 1925年 7月 12日, 「關於維持省城民食之各方面消息-總商會方面」.

하고 매(煤) 미(米) 유(油) 염(鹽) 및 각 항 잡화의 매매에 있어 가격을
경감하고 공평교역을 힘쓰라. 시가를 올리는 것을 허락하지 않는다. 이익
노려 가격을 폭등시키거나 혹은 매점매석을 하여 시황을 교란시키는 것은
안 된다. 해(該)회 회장은 상무(商務) 유지의 책임이 있다. 매일 수시로
조사하여 가격 폭등을 막아 백성의 곤란을 해소하라. … 상회에서 전달
소집, 유염매미(油鹽煤米) 각 업에게 적절히 권유 지도하여 각 상점의 가격인
하 공평교역을 촉구하였다.[148]

이 내용은 성장(省長)이 상회에게 물가조절을 촉구한 내용의 일부이다.
상회가 상무(商務) 유지의 책임이 있다는 것을 강조하고 있다.

동년 11월 9일에는 미상(米商) 왕춘화(王春和), 양동태(楊同泰) 등이 곡가
조절을 요구하고 있다.[149] 미가는 곡가에 연동되는데 지금 곡의 결핍으로
곡가가 폭등하고 있으니 성장(省長)이 곡가를 안정시켜 줄 것을 호소하고
있다.

민국 7년 10월 23일 보도를 보면 다음과 같다.

먼저 상회 회장 장선찬이 보고를 행하였는데 금일 전체 특별 대회를 개최한
것은 화폐와 물가를 안정시키기 위한 것이다. … 법가(法價)를 정하여
인민 사용의 표준으로 삼았는데 태환할 현금이 없어 고통을 받고 폐단이
백출하는데 이르렀다. … 호남에 현양(現洋)이 결핍되어 상가(商家)는 상품
을 판매하고 거두는 수입은 다 지폐이다. 다시 물건을 들여올 때는 모두
현양(現洋)을 필요로 한다. 법가(法價)로는 결국 광양(光洋)을 마련 못한다.
이는 반드시 높은 암시세로 광양을 취해야 한다. … 이 비싸게 구입한
광양으로 들여 온 상품은 형세상 부득불 값을 올려 팔아 밑천을 견고하게
할 수밖에 없다. 이것이 물가급등의 원인이다. … 호남 금융을 정돈하기

---

148) 『長沙大公報』 1917年 11月 9日,「督軍省長令商會減平物價」.
149) 『長沙大公報』 1917年 11月 9日,「米商求減平穀價」.

위해서는 현금을 많이 준비하는 외에 별도의 좋은 방법이 없다. 목전의
계책은 각 신상(紳商) 모두에 의뢰하여 각 행(行)에 권고, 한구시가(漢口市價)
를 표준으로 삼아 암반(暗盤: 암시세)으로 하지 말고 모란신구(毛爛新舊)를
구분하지 않고 일률로 사용한다면 금융은 저절로 활발해질 것이다.[150]

화폐 물가를 안정시키기 위한 상회의 특별대회 대용의 일부이다. 성
정부의 법가 정책이 현실 시장에 맞지 않다는 것과 근본적으로 현금을
준비해야 된다는 것이다. 아울러 한구(漢口)의 환율에 따라 가자는 것이다.
장사총상회의 요청이 일부 받아들여져 유상은행(裕湘銀行)이 한구의 행정(行
情)에 따라 10일에 한번 광양행정(光洋行情)을 고시하도록 하고 있다.[151]
민국 9년 12월 4일의 보도는 다음과 같다.

> 본회(상회)가 이미 물가를 급등시키지 말라 통고하였다. … 이미 본회가
> 통고한 것은 우선 각 상점은 마땅히 본회의 통고를 따라 상점의 신용을
> 유지해야 한다. 만약 고의로 위반하면 군경에 체포될 것이고 혹은 사람에게
> 고발당할 것이다. 본회는 비록 상점의 마음을 유지해야 하나 말하지 않을
> 수 없다. 현재 임(林)·조(趙) 2인이 군민분치(軍民分治)를 하고 있는데 이
> 항 표폐(票幣)는 계속 유효하다. … 긴급히 물가를 안정시키고 표폐(票幣)를
> 태환하여 일률로 유통하게 해야 한다.[152]

이것도 상회가 물가안정 회의를 개최한 내용이다. 상회가 각 상점에
물가를 상승시키지 않도록 회의 결과로 통보하고 있다.
민국 11년 2월에도 상회에서 미가 안정을 위한 회의를 개최하여 방안을
강구하고 있다.[153]

---

150) 『長沙大公報』 1918年 10月 23日, 「平一貨幣物價大會詳情」.
151) 『長沙大公報』 1918年 10月 23日, 「裕湘銀行標示光洋價格」.
152) 『長沙大公報』 1920年 12月 4日, 「商會減平物價會議」.

민국 15년 7월 5일에도 민간의 식량 문제 해결을 위한 장사총상회 주도의 미업(米業), 양식업(糧食業), 양잔업(糧棧業)의 연석회의가 소집되었다. 회의 결과는 미업(米業) 관련 상인들이 5일마다 한번씩 공동으로 가격을 의논하여 정한 뒤 상회에 보고하게 하였다. 7월 7일에도 장사 선화(善化)의 미업(米業)들이 비슷한 결의를 하고 있다.154)

민국 14년 4월 15일에는 전등공사(電燈公司)와 단무총공소(團務總公所)의 가비(加費)문제에 대한 분쟁에서 상회가 거중 조정에 나서고 있다.155)

이상에서 본 대로 상회가 수시로 물가회의를 열어 물가조절에 나서고 있는 것이 민국시기의 하나의 특징으로 볼 수 있다.

다음으로 금융 유지 방면에서 상인의 활동을 찾아볼 수 있다. 전술한 대로 민국기 물가급등의 가장 큰 원인은 지폐 남발이었다. 이런 국면에서 상인은 물가 안정을 위해 지폐의 태환 요구, 지폐의 수용 거부, 유통권(流通券) 등의 발행 반대로 악성 통화 팽창 저지를 위해 노력했다.

민국 7년 7월 16일 보도에 의하면 상회가 성장(省長)에게 정청(呈請)하기를 호남은행청리처(湖南銀行淸理處)에 지시하여 난표(爛票)를 교환하게 해달라고 하고 있다.156) 동년 8월 20일에도 상회는 같은 난표 교환 요청을 계속하고 있다.157) 동년 10월 19일에는 유염점(油鹽店) 상인들이 상회를 통해 난표를 신표(新票)로 교환해 줄 것을 요청하고 있다.158) 장경요(張敬堯) 정권은 상해에서 신표를 인쇄해와 구표(舊票)를 회수하겠다고 했지만 실제는 소수의 은표(銀票)만 교환해 줄 뿐 다수의 구표를 교환해 주지 않았다. 통화 팽창은 가중되고 시장질서는 문란하여 상회가 거듭하여 난표 회수를 요청하

---

153) 『長沙大公報』 1922年 2月 18日, 「商會減平米價之會議」.
154) 『長沙大公報』 1926年 7月 5日, 「商會爲民食問題之聯席會議」; 1926年 7月 7日, 「長善米業公議門市米價情形」.
155) 『長沙大公報』 1925年 4月 15日, 「商會調停'電燈加價問題'之最後辦法」.
156) 『長沙大公報』 1918年 7月 16日, 「商會請省長飭湖南銀行對換爛票」.
157) 『長沙大公報』 1918年 8月 20日, 「商會再請發換爛票」.
158) 『長沙大公報』 1918年 10月 19日, 「油鹽店請換爛票之結果」.

고 있다.

동년 10월 27일에는 상회가 직접 구표 태환소를 설치하고 호남은행청리처에서 신표를 받아와서 직접 태환해 주기에 이르렀다.[159] 같은 해 11월 14일에는 성장(省長)이 기존 회수된 은원표(銀元票) 300여만과 파란표(破爛票) 등을 여러 신상(紳商)을 초청한 가운데 소각하는 행사를 가지기도 했다.[160] 이런 호남은행 발행의 구표 정리 시도는 상회의 거듭된 요구의 결실이라 해야 할 것이다. 동년 11월 12일에는 성장이 상회에 요청하여 우선 기금 마련으로 난표를 회수하게 하였다.[161] 또 성(省) 정부가 상회로 하여금 영주신폐(永州新幣)를 대신 회수하게 하였는데 상회가 대양표(大洋票) 5만여원(元), 소양표(小洋票) 1만원 정도를 회수하여 소각한 일도 있다.[162] 민국 12년 1월 6일 보도를 보면 다음과 같다.

근일 성성(省城)의 시황에 금융이 긴박하고 현금이 종적을 감추었다. 그 까닭을 살펴보니, 실로 지폐 과다로 인한 것이다. 지폐가 많으면 현금이 구축되는 것은 천고불변의 정례(定例)이다. 호남민이 선후로 관전국(官錢局), 대청(大淸)은행, 호남은행, 유상은행(裕湘銀行), 신폐경리처(新幣經理處)의 화를 입어 우리 민(民)을 거의 영원히 회복되기 어려운 처지에 빠뜨렸다. 정리한 지 오래지 않아 호남·통상은행보다 심한 중국·교통 양 은행이 계속해서 일어나 본받아 현금을 흡수하였다. 성(省) 내외로 계산하면 수천만원 이상에 달한다. 액수 큰 것은 사람을 놀라게 한다. 그 두 은행은 무슨 특권을 가졌는지 모르겠는데 명백히 현금 태환을 거부한다. 이유를 물으니 호남 시황 유행이 이미 오래되어 태환하나 안하나 그 가치는 서로 같다고 한다.[163]

---

159) 『長沙大公報』 1918年 10月 27日, 「朱知事維持幣政之方法」.
160) 『長沙大公報』 1918年 11月 14日, 「定期焚燬票幣」.
161) 『長沙大公報』 1918年 11月 12日, 「責令商會收回爛票」.
162) 『長沙大公報』 1922年 6月 30日, 「商會截止收新幣」.
163) 『長沙大公報』 1923年 1月 6日, 「中交票兌現之請願」.

이어서 현금 태환이 안 되면 지폐가 폐지와 다름없다 하고 태환을 하여 은행 신용을 회복할 것을 상인들이 강력히 요구하고 있다.

지폐 가치 하락과 물가급등으로 어려운 상황에서 성(省) 정부는 법가(法價)를 강제하였다. 현금 결핍으로 발생한 지폐 하락을 법가로 통제하는 것은 시장의 대세를 무시하는 것이었다. 상인들은 법가를 반대하고 한구(漢口)의 행정(行情)을 따를 것을 요구하고 있다.164)

동년 9월 6일 보도를 보면 유상은행이 한구의 전가(錢價)를 따라 현금 태환한다는 사실로 보아 상인들의 요구가 부분적으로 수용되고 있다.165) 민국 7년 10월 24일 보도를 보면 다음과 같다.

> 광양(光洋) 가격은 10일마다 1차 표시(標示)한다. 정부 징수기관은 실로 이와 같이 처리 가능하다. 그러나 시중교역은 이 중에 장애가 없지 않다. 가격의 등락은 대개 수요 공급 관계로 정해지는 것으로 하루 중에도 변하고 혹 10일에도 여러 번 변한다. 단지 시세 흐름에 따라야지 구속해서는 안 된다. 청컨대 한구(漢口) 시세에 따라 신축하게 하여 날마다 표시하게 하여 진정한 행정(行情)이 출현하고 암반(暗盤)이 발생하지 않도록 하여 주십시오. 아니면 비록 금령(禁令)이 엄해도 전철을 답습하는 것을 면할 수 없습니다.166)

앞서 상회의 요청에 따라 법가를 양보하고 한구 환율에 따르게 되었지만 유상은행이 10일에 한번씩 고시하는 것이었다. 이것 역시 시장의 시세를 반영 못해 암거래가 발생한다는 것이다. 한구 환율을 즉각 반영하여 시장시세를 따르라는 것을 장사총상회가 요구하고 있다. 물가 안정에는 금융 유지가 필수적이다. 민국 12년 10월 31일에는 상회가 금융회의를 개최하였

---

164) 『長沙大公報』 1918年 8月 27日, 「附錄長沙總商會呈文」.
165) 『長沙大公報』 1918年 9月 6日, 「湘省最近之金融與財政」.
166) 『長沙大公報』 1918年 10月 24日, 「長沙總商會爲維持市面金融呈省長文」.

다. 장사총상회가 각 행업(行業) 임원들을 소집하였는데 지나치게 높은
이자율을 논의하였다. 전업(錢業)에서도 시황 유지를 원하고 척식(拆息:
일 이자율)이 지나치게 높아 시황에 악영향을 끼치는 것을 바라지 않았다.
논의 결과 제한을 엄하게 하면 금융에 도리어 장애가 될 수 있으니 척식(拆息)
을 매 비(比) 12원(元) 이내에서 신축적으로 정하도록 하였다.[167]

통화량과 물가 안정을 위해 끊임없이 태환 요구와 법가 폐지, 환율의
자유화 등을 위해 노력한 것이 상회와 상인들이었다.

저질 화폐의 범람에 대해 일부 상인들은 수용 거부로 맞서기도 했다.
청말에 호남에서 당(當)10, 당50, 당100 대전(大錢) 주조로 통화가 팽창하고
물가가 폭등했을 때 대다수 상점이 대전 수용을 거부한 전례가 있다. 장사상
인의 파시(罷市) 풍조까지 이르자 당국이 수습 조치를 취한 바 있다.[168]
민국 7년 10월 24일 보도에도 상점에서 난표(爛票) 수용을 거절한 사실이
나오고 있다.

민국 8년 1월 9일 보도는 다음과 같다.

> 또 공의(公議)로 호남은행의 동원표(銅元票), 지양(紙洋), 지은(紙銀)을 수용
> 거절하고 그 거절의 이유는 말하기를 성정청(省政廳)이 발행한 표폐(票幣)는
> 반드시 태환 부담기관이 있어야 한다. 이에 신용이 있을 수 있는데 지금
> 상덕(常德) 호남분(分)은행은 이미 사무 정지했고 또 호남총은행도 도산했
> 다. 이 호남은행 발행의 표폐(票幣)는 어떤 기관이 태환을 책임을 질 것인가.
> 전혀 명료하지 않다. 혹 폐지가 될지 모르니 마땅히 거절하고 받지 않아야
> 한다.[169]

이것을 보면 개별 상점에 의한 지폐 수용 거절이 아니라 '공의(公議)'의

---

167) 『長沙大公報』 1923年 10月 31日, 「昨日商會之救濟金融大會議」.
168) 劉泱泱, 앞의 책, pp.153~156.
169) 『長沙大公報』 1919年 1月 9日, 「常德最近金融情形」.

결과 집단행동을 취하고 있다.

민국 12년 1월 6일 기사는 다음과 같다.

> 상인들이 의혹하여 생각하기를 중교표양(中交票洋)이 신용을 잃었다고 여긴
> 다. 궁구하건대 실로 현양(現洋) 결핍과 관계가 있다. 미곡 상인은 표양(票洋)
> 을 사용하지 않는다. 향인(鄉人)이 미(米)를 운반하여 성성(省城)에 오면
> 지양(紙洋)보기를 뱀과 전갈 같이 여겨 모두 수수(收受)하지 않는다.[170]

이상을 보면 곳곳에서 신용 잃은 지폐 수용을 거절하는 사례가 있음을
알 수 있다.

또 통화 팽창의 한 갈래로 유사 화폐인 유통권(流通券) 발행이 있는데
상인들은 이것도 강력히 반대하고 있다.

민국 8년 9월 25일에는 국고(國庫) 유통권의 정기 발행을 극력 반대하고
있다. 신상(紳商)회의를 소집하여 성장(省長)에게 중지를 요청하고 있다.[171]
민국 12년 10월 29일에는 군용권(軍用券) 발행 계획에 대해 상회가 일치단결
하여 반대하고 있다. 상인들이 자금을 마련하여 담보를 제공하기도 어렵고
그것이 화폐 신용을 더욱 떨어뜨릴 것이라는 견지에서 백해무익하다고
하고 있다.[172]

소결(小結)

청말민국기의 호남에서 물가상승 원인을 찾으면 가장 큰 것이 화폐 남발로
인한 통화 팽창이다. 성(省) 정부는 각종 개혁에 필요한 신정(新政) 비용과

---

170) 『長沙大公報』 1923年 1月 6日, 「省城現洋漲價原因」.
171) 『長沙大公報』 1919年 9月 25日, 「商民對於金融之意見」.
172) 『長沙大公報』 1923年 10月 29日, 「商界對於發行軍用券之懷疑」.

막대한 군사비의 재원 조달의 상당 부분을 화폐 남발로서 충당하였다. 청말의 관전국(官錢局)과 대청(大淸)은행, 민국기의 호남은행, 유상은행, 호남통상은행 등이 은행 기능 보다는 단순한 지폐 인쇄기관이라는 평가를 받고 있다. 민국기의 두드러진 특징이 은원표, 동원표 등 각종 지폐의 남발이었다. 태환 불가능한 지폐 남발이 물가 폭등을 초래한 것은 분명하다.

다음으로 물가상승 원인은 상업세의 증가이다. 청말에 고안된 이금은 대표적인 상업세로서 1931년 폐지시까지 호남상인들에게는 큰 부담이 되었다. 이금 징수를 위한 국잡(局卡)은 나날이 증가하였고 관련 검문소에서 정규 외의 부가적인 수탈도 자행되었다. 이금의 폐단 해소를 위해 고안된 통세(統稅)도 결국 이금보다는 세금부담이 가중된 것이었다. 이금 외에 아세(牙稅), 도재세(屠宰稅), 연주세(煙酒稅), 인화세(印花稅), 영업패조세(營業牌照稅) 등 각종 잡세는 역시 상인에게 과도한 부담이었다. 청대의 토지세 중심에서 상업세 중심으로 재정구조가 바뀐 것은 이 기간 상공업의 발전과 궤를 같이 하는 것이지만 산업의 발전은 부진한 가운데 과도한 상업세 징수는 상공업 발전에 장애가 되었다. 또 당시인의 인식으로도 상업세의 부과가 물가에 전이된다는 것을 알고 있었다.

수요의 증대도 물가상승의 원인이다. 청말민국기에 수요의 급증은 우선 인구 증가를 원인으로 들 수 있다. 호남성의 인구는 민국 원년(1912)에서 민국 21년(1932)까지 약 262만이 증가하였다. 자연적인 인구 증가 외에도 상품에 대한 구매력을 지닌 유효수요도 증가하였다. 일상생활에 술과 고기 소비량이 증가하고 사치품 수요도 증가하였다. 무엇보다 대외 개방과 통상 확대로 해외시장과 소통하게 되어 수출 위주의 농산품, 차나 동유 등의 재배가 확대되었다. 반면 외국상품인 양화(洋貨)에 대한 수요도 급증하였다. 이러한 수요 증가는 물가급등과 무관하지 않다.

상인이 물가상승의 주범이라 보기는 어렵다. 상인이 이러한 물가급등 국면에서 어떻게 대응하였는가. 흔히 '간상(奸商)'이 물가상승을 주도한다는 지적이 있다. 이른바 '간상'이라 지목되는 상인의 활동으로 주목되는 것은

첫째 '돈적거기(囤積居奇)'라 부르는 매점매석이다. 물가가 오르거나 오르는
것이 예상될 때 미곡을 돈적거기하는 사례는 흔하게 발견된다. 장사총상회
와 미업(米業)상인들간의 연석회의 내용을 보면 돈적거기가 미가 급등 원인
이 아니라 근본적인 것은 공급 결핍임을 주장하고 있다. 호남성 경제조사소
의 조사에 의하면 1930년대까지 간상의 매점 저장이 지적되고 있다. 둘째는
미금(米禁)을 위반한 미곡 상인의 밀수출 행위이다. 미금 기간에도 미곡
상인들은 관소(關所)의 관리나 군대와 내통하여 대규모 밀수를 지속적으로
행하고 있다. 호남성 경제조사소 조사에 의하면 수시로 내려진 미금은
정확한 조사를 토대로 한 금령(禁令)이 아니었다는 것과 호남성 내의 미곡
여유지역은 오히려 수출 불가로 농촌경제가 쇠퇴하게 된다는 지적을 하고
있다. 현실에서 금령이 지켜지지 않고 밀수가 횡행하였고 호남지역 내의
수급 조절도 되지 않았다는 것이다. 미곡 밀수출의 상인은 결국 가격이
높은 곳을 향하여 미곡을 수송했던 것이다. 셋째는 상인의 가격 조종이다.
이윤을 극대화하기 위한 상인의 가격 조작은 예릉현 자기업에서 나타난다.
의외로 기타 자료에서는 구체적 사례가 흔하지 않다. 금융부분에서 전상(錢
商)의 조작은 크게 문제시 되고 있다. 지폐 범람과 현금 부족 상황에서
성(省) 정부는 법가를 강제하였다. 현실 시황과 맞지 않으므로 전상(錢商)은
암반(暗盤: 암시세)을 적용한다. 이때 환율 조작을 감행하여 이익을 얻는다.
다음으로 공반(空盤) 매매를 들 수 있다. 실물 상품을 전제로 한표(漢票)를
발행하던 전상(錢商)이 상품이 없이 공수표를 남발한 것이 공반 매매이다.
그 다음은 성 정부의 포고를 위반하고 동원(銅元)을 외부로 밀반출하는
것이다. 상인은 이익을 향해 상업 활동을 하는 것이다. 법가의 강제는
정치력으로 시장을 억압한 것이다. 상인은 충실하게 시장논리를 따르고
있었던 것이다.

물가조사는 상인의 물가에 대한 합리적 대응이다. 민국 10년 전후로
호남에서는 상회에 의한 체계적이고 조직적인 물가조사가 행해진다. 청말에
각종 동업조합의, 「행규」에 가격 고시가 있는 것을 보면 나름의 조사가

있었다고 생각된다. 예릉현에서 보면 민국 10년 이전까지는 상인들이 개별적으로 작성한 물가 장부이다. 민국 15년 이후는 상회에 의한 조사로 나누어진다. 실제 사례로 보면 상인이 중개인의 가격 농간에 속임을 당하지 않기 위해 물가조사를 하고 있다. 상회에 의한 물가조사는 판매 상인 상호간에뿐 아니라 구매자에게도 공정한 기회 보장의 수단이었다고 생각된다.

　상인의 물가조절 부분을 보면 첫째는 채매평조(採買平糶)를 들 수 있다. 성성(省城) 지방 등이 미곡 공급 부족으로 미가 폭등을 맞았을 때 상인들이 사람을 파견하여 곡식을 구매해 와 저렴한 가격으로 판매한 것이다. 이것을 상인들 스스로 공익적 활동이라 생각하고 있다. 또 매(煤), 염(鹽), 미(米), 유(油) 등 일용 필수품에 대한 물가조절을 위해 상회가 수시로 물가조절 회의를 개최하고 있다. 성 정부도 물가급등에 대한 조치로 상회에 시황 유지 책임을 강조하고 있다. 또 금융부분에서 지폐 남발과 통화 팽창이 물가급등의 주범임을 인식하고 수시로 성 정부에 태환 유지 요구를 하고 악성 지폐의 수용 거부를 하고 있다. 또 성 정부나 각종 기관이 발행하는 유통권, 군용표 등 유사 화폐의 발행을 반대함으로써 물가 안정을 추구하려 노력했다.

　이상에서 보면 청말민국기의 호남에서 상인은 상회를 중심으로 성 정부의 부패와 무능에 저항하면서 시장경제를 지향하고 있었다. 통화 팽창과 물가 급등 국면에서 성 정부의 행정력 부재를 보충하면서 물가 안정에 기여하고 있었다.

제4장 1918~1927년 호남의 물가변동

1. 물가변동

1) 미가(米價)

청말민국기의 근현대는 제국주의 침략이 중요한 전제가 되고 있고 제국주의 침략의 심화로 중국 경제는 침체되었으며 물가상승과 인민생활의 빈곤이 초래되었다는 것이 기본적인 인식이다.[1] 엄중평(嚴中平)도 통계 자료 제시를 통해 제국주의 침략의 결과가 대외무역의 신속한 발전임을 밝히고 있다.[2] 1차 세계대전 기간에는 제국주의 열강의 일시적 후퇴를 틈타 중국의 민족 상공업이 조금 발전하였으나 전후에는 열강의 재 도래로 제국주의 경제침략이 대대적으로 심화되었다는 것이 정설이다.[3]

본 장의 구성 동기는 『장사대공보(長沙大公報)』에 게재된 매일의 물가 기록을 발견한 데서 비롯된다. 물가 기록을 발견하는 것은 매우 드문 일이다. 이 자료는 1918년 11월부터 1927년 2월 사이의 기간 기록이다. 이 시기는 1차 세계대전이 종전된 이후이다. 또 1920년대 호남의 지방세력을 중심으로 연성자치(聯省自治) 운동이 고조되고 남북대립의 심화, 군벌간의 혼전, 국민

---

1) 譚文熙, 『中國物價史』, 武漢, 1994, p.256.

2) 嚴中平, 『中國近代經濟史統計資料選輯』, 北京: 科學出版社, 1955, pp.63~64.

3) 宋斐夫 主編, 『湖南通史(現代卷)』, 長沙: 湖南出版社, 1994, pp.6~8.

혁명운동의 고양(高揚)이라는 정치사적 배경을 갖고 있다.[4]

본 장의 문제의식은 제국주의 침략의 고조가 물가급등과 민중 빈곤화의 근본 원인인지 탐색해 보는 것이다. 문제를 좁혀 보면 1차 세계대전 기간 열강의 일시적 후퇴와 중국 민족경제의 상승으로부터 전후(戰後)에 열강의 재 도래와 침략의 심화가 물가급등이나 경제불황을 야기했는지 호남이라는 한정된 공간을 중심으로 검토해 보는 것이다.

『장사대공보』에 게재된 물가자료도 불완전한 면이 많다. 1919년은 기록이 통째로 누락되어 있다. 기록된 연도도 월별 누락이 있는 해가 많다. 그러한 한계를 감안하면서 가능한 결론을 추구해 보고자 한다. 몇 개월의 기록이 존재하더라도 각년별 동일 월별의 물가추세를 확인하는 데 유용하기 때문에 버리지 않고 활용하는 쪽으로 가닥을 잡았다. 물가분석의 대상으로 미가 소금가 면화 다유(茶油) 동유(桐油) 양유(洋油) 임금 등을 선택한 것은 그것이 당시 필수적인 일용품일 뿐 아니라 신문에 게재된 기록 자체도 가장 충실하기 때문이다. 여타 물가에 대해서는 자료가 부실하여 채택하지 않았다.

『장사대공보』에 게재된 매일의 미가를 월별로 평균하여 작성한 것이 〈표 1〉이다. 1918년 11월부터 1927년 2월까지 기록인데 1919년은 통째로 빠져 있다. 누락의 이유는 분명하게 알 수가 없다.

〈표 1〉 미가(米價) 변동(단위: 担, 石)

년＼월		1	2	3	4	5	6	7	8	9	10	11	12	평균
1918	上米											4.32	4.36	4.34
	中米											4.12	4.21	4.17
1920	上米				4.80	5.00								4.90
	中米				4.60	4.60								4.60
1921	上米				5.53	6.00	7.21	7.70	6.28	6.11	5.38			6.31
	中米				5.29	5.74	6.85	7.25	5.85	5.50	5.02			5.92
1922	上米		8.20	8.63	8.05	7.69	7.83	6.10	5.22	5.11	5.63	5.85	6.71	6.82
	中米		7.95	8.33	7.70	7.39	7.48	5.50	4.85	4.60	5.39	5.50	6.40	6.46

4) 笹川裕史, 「1920年代 湖南省の政治變革と地方議會」 『史學研究』 171, 1986.

1923	上米	7.05	7.37	7.08	6.83	-	5.98	5.29	-	-	5.84	5.90	-	6.41
	中米	6.77	7.00	6.58	6.36	-	5.60	4.75	-	-	5.34	5.40	-	5.97
1924	上米								6.23	6.23	6.13	5.72	5.81	6.02
	中米								5.56	5.56	5.52	5.36	5.41	5.48
1925	上米	5.89	-	6.00	6.38	8.52	9.04	-	-	-	6.00	9.90	9.99	7.71
	中米	5.45	-	5.67	5.95	8.06	8.33	-	-	-	5.45	9.45	9.48	7.23
1926	上米	9.92												
	中米	9.45												
1927	上米	9.42	9.00											
	中米	7.02	6.56											

* 1918년 단위는 担.
1920~1925년 10월은 石, 1925년 11월~26년까지 担.
1927년은 다시 石으로 표시.

다만 일부 연도의 누락된 월들에 대해서는 추정 가능한 보도기사들을 찾을 수 있다. 1920년 4월 15일 보도를 보면 외성(外省)으로의 미곡유출이 증가한 탓에 미가가 상승하여 4원(元) 8-9각(角)에 이르렀다고 하고 있다.[5] 〈표 1〉의 1920년 5월 가격이 4.8원인 것과 내용이 일치하고 있다. 1921년 5월 9일 보도에는 미가가 급등하고 민간 식량이 공황 상태여서 일시 미금(米禁: 미곡의 방출 금지)이 실시된 정황이 소개되고 있다.[6] 〈표 1〉의 당해년 6월 미가가 6원으로 상승하고 있다. 〈표 1〉에 보면 1921년 11월과 12월 다음해인 1922년 1월이 공란으로 기록이 없다. 『공보』기사를 보면 이 기간 미곡 부족으로 미금이 지속된 것이 확인된다.[7] 기록 누락의 이 3개월간은 심각한 미곡 결핍으로 정상적인 시장거래가 어려웠던 것으로 생각된다. 1922년 2월에는 보경(寶慶)의 미가가 상승하여 3주 만에 1승(升) 120문(文)에서 180문으로 올랐다. 같은 시기 상덕(常德)의 미가도 상승하여 1승 170문이 되었다.[8] 보경 미가의 급등 원인으로는 익양(益陽)일대 하천 운송로의 운송

5) 『長沙大公報』 1920年 4月 15日, 「省垣米價陡漲」.
6) 『長沙大公報』 1921年 5月 9日, 「商會之米照會議」.
7) 『長沙大公報』 1921年 11月 11日, 「省長嚴禁奸商運米」; 1921年 12月 4日, 「醴陵電告奸商運米赴贛」; 1922年 1月 10日, 「請米禁問題」.
8) 『長沙大公報』 1922年 2月 15日, 「寶慶米價之奇漲」.

장애 때문이라 하고 있다. 이때 미가 안정을 위한 상회(商會)의 대책 회의를
보면 작년 즉 1921년이 흉년이라 공급 부족임을 지적하고 있고 양업공소(糧業
公所)의 성명 내용에도 미가 급등 원인은 수요공급의 불균형 때문임을
밝히고 있다.[9]

1922년 3월에는 작년 즉 1921년이 흉년이라 창고가 텅 비었는데 호남
서부, 호남 남부에서도 성성(省城)에 와서 곡식을 구매하여 간다는 것과
더하여 성성 인근 4향에서도 저금(阻禁: 미곡 방출 저지)을 하여 공급 부족이
가격 상승을 야기한다고 보도한다.[10] 3월 19일에는 수일 사이에 미가가
급등하여 1석(石) 8.2원에서 9원으로 상승하였다.[11] 동년 3월 25일 보도에도
재작년(1920)은 수재(水災)였고 작년(1921)은 대한(大旱)으로 모두 흉년이었
다는 것과 당시의 미가가 1승에 150~160문, 1석에 9원임을 밝히고 있다.[12]
〈표 1〉의 기록은 2월에서 3월 사이에 미가가 급등하고 있어 위의 내용과
부합하고 있다. 동년 4월에는 성성에 곡미가 운집하여 미가가 9원에서
8원 3~4각(角)으로 하락하고 있다.[13]

4월 6일 기사에는 대량 미곡을 외부에서 채매(採買: 관청에 의한 미곡의
대량 구입)하여 오고 군인들의 강제 매입을 금지하며 연도(沿途)의 미곡
이금을 면제하는 등의 조치로 미가가 하락하였다고 한다.[14] 이때 미가
약 8원은 〈표 1〉의 당월 8.05원과 일치한다. 1922년 5월 22일에는 미가
하락의 원인으로 작년(1921)은 흉년이었고 그 후 농가에서 대맥(大麥) 소맥
(小麥)을 많이 심어 식량을 보충하게 되었고 또 호남성 미가가 비싸니 상인들
이 각지에서 미곡을 많이 운반해 온 것을 지적하고 있다.[15]

---

9) 『長沙大公報』1922年 2月 18日,「商會減平米價之會議」; 1922年 2月 21日,「糧業公所聲明米
　　漲之原因」.
10) 『長沙大公報』1922年 3月 20日,「米價騰貴中之米商呼籲」.
11) 『長沙大公報』1922年 3月 19日,「米價飛漲之原因」.
12) 『長沙大公報』1922年 3月 25日,「鄕民爲穀米陡漲之呼籲」.
13) 『長沙大公報』1922年 4月 5日,「穀米近又跌價」.
14) 『長沙大公報』1922年 4月 6日,「穀米落價之原因」.

동년 5월 30일 기사에는 마양(麻陽)에서도 신맥(新麥)의 등장으로 미가가
하락한 사정이 나와 있다.[16] 〈표 1〉의 동년 5월 미가가 하락하는 흐름과
상응하고 있다. 동년 6월에는 신맥 등장에도 불구하고 미가가 다시 조금
오른 것은 갑자기 비가 연속되어 맥(麥)이 변질된 것이 원인임을 밝히고
있다.[17] 동년 7월 22일에는 호남성 하류 각지에서 조도(早稻: 조기 수확벼)가
이미 등장하여 미가가 하락한 것이 보도되고 있다.[18] 〈표 1〉을 보면 동년
7월부터 미가가 급격히 하락하고 있다.

〈표 1〉에 보면 1923년 8월과 9월은 공란으로 기록이 없다. 이 해 9월
1일부터 4개월간은 담연개(譚延闓)와 조항척(趙恒惕) 사이의 담조(譚趙)전쟁
이 벌어진 기간이다. 9월 13일부터는 상강(湘江)을 사이에 두고 장사(長沙)는
포위하에 있어 매점매석이 극심하였고 시민들은 백년 동안 겪어 보지 못했던
곤경을 당하였다.[19] 〈표 1〉에 동년 8, 9월의 기록 누락은 이 담조(譚趙)전쟁의
영향으로 정상적인 시장 거래가 없었던 탓으로 생각된다.

〈표 1〉에 보면 1925년은 미가가 대체로 상승하고 있다. 이 해는 호남이
기록적인 한재(旱災)로 전 성(全省) 75현(縣) 중에 57현이 피해 지역이었다.[20]
『대공보』의 6월 23일 보도에도 이 해가 춘황(春荒: 봄흉년)으로 미가가
급등했다는 것과 미곡을 채매(採買: 관청의 필요로 곡식을 대량 구매하는
것)해 와서 평조국(平糶局: 곡식을 민간에 시가보다 저렴하게 판매하는
기구)을 설치한다는 내용이 나오고 있다.[21] 동년 7월 12일 보도에는 민식유
지회(民食維持會), 장사총상회(長沙總商會)등이 무호미(蕪湖米)를 채매해 와

---

15) 『長沙大公報』 1922年 5月 22日, 「近來穀米未漲之所聞」.
16) 『長沙大公報』 1922年 5月 30日, 「麻陽糧價日見跌落」.
17) 『長沙大公報』 1922年 6月 9日, 「麻陽耒陽之糧價」.
18) 『長沙大公報』 1922年 7月 22日, 「近日各縣之糧價」.
19) Angus. W. McDonald Jr., *The Urban Origins of Rural Revolution - Elites and the Masses
    in Hunan Province China, 1911-1927* (California Univ. Press), pp.57~58.
20) 위의 책, pp.231~232.
21) 『長沙大公報』 1925年 6月 23日, 「省城穀米有出無入之警耗」.

서 공조국(公糶局)을 통해 평조(平糶)를 하고 있다. 미가가 1승에 280문까지 오르고 있다. 이때 성의회도 미황(米荒: 미곡 결핍사태) 문제를 토론하고 있다.[22]

당시 미황 문제의 심각성을 보여주는 한 사건을 소개하면 다음과 같다.[23]

> 15도(都)에 왕모(王某) 부부 2인이 살았는데 가난하였다. 왕모가 비록 간혹 밖에 나가 잡일을 하였으나 이때 가뭄이 들어 일을 구하지 못해 항상 밥을 굶었다. 전날 왕모가 모처(某處)에서 쌀 두 되를 구해서 귀가하였다. 그 처가 이웃집 60세의 고독한 노파가 굶고 있는 것을 보고 쌀 한 되를 주었다. 노인이 쌀을 끓여 죽이 익었는데 왕모가 자신의 처가 쌀을 노인에게 준 것을 알고 대판 부부싸움을 하였다. 옆집 노파가 듣고 있다가 부끄럽게 여겨 다 된 죽을 돌려주러 왔다가 근처 당(塘: 작은 못)에 빠져 익사하였다. 왕모의 부인이 자신이 준 쌀을 먹지 못하고 되려 죽음을 맞이한 이웃집 노파를 생각하며 죄책감에 자신도 근처 당(塘)에 빠져 죽었다. 남편 왕모가 그 사실을 알고 자신의 노여움 때문에 무고한 두 인명을 해쳤다는 것을 자책하여 자신도 따라 죽었다.

신문 기사에는 이 사건 외에도 쌀 문제로 시비가 붙어 살인을 저지른 동서지간 이야기도 싣고 있다. 이런 사정을 반영하여 1925년 7, 8, 9월에는 미가 기록이 아예 없다. 동년 10월부터 미가 기록이 나오고 있다. 11월 11일 기사에는 미가 폭등 사실이 나와 있는데 이때 하미(河米) 1석 9.8원은 〈표 1〉의 가격과 거의 같다.[24] 같은 날 이어지는 기사에는 그 해의 수확이 풍년인 곳은 호남 75현 중에 안향(安鄕), 화용(華容), 남현(南縣) 겨우 세 곳이고 50~60% 수확은 장사, 영향(寧鄕), 상담(湘潭), 예릉(醴陵) 네 곳뿐인

22) 『長沙大公報』 1925年 7月 12日, 「關於維持省城民食之各方面消息」.

23) 『長沙大公報』 1925年 8月 8日, 「湘潭人因食米演出兩件慘劇」.

24) 『長沙大公報』 1925年 11月 10日, 「穀米連日暴漲之恐慌」.

것을 지적하고 있다.[25)]

〈표 1〉에 보면 1926년은 1월 기록만 있고 1927년은 1, 2월 기록이 있다. 1926년 3월 당생지(唐生智)가 조항척(趙恒惕)을 몰아내는 전쟁에서부터 남북 군벌간의 혼전(混戰)이 연속되고 1926년 7월부터 북벌전(北伐戰)의 개시라는 특수 상황으로 미가 기록이 제대로 안되었다고 생각된다.[26)] 전쟁 상황과 겹쳐 1925년은 흉년이었는데 1926년도 춘황(春荒: 봄흉년)이었던 것을 밝히 고 있다.[27)] 〈표 1〉에는 나오지 않지만 1926년 7월 7일의 미가는 상미(上米) 1석에 11.8원, 미 1승(升)에는 350문의 고가로 나오고 있다.[28)]

〈표 1〉의 물가 기록 누락에는 사건 배경이 있는 경우가 많았다. 가격의 상승 하락에도 원인이 있었다. 그런데 월별 변동의 특징을 보면 비교적 기록이 충실한 1922년과 1923년 경우를 검토할 수 있다. 1922년은 2~6월의 상반년 가격이 높고 7~12월의 하반년 가격이 낮다. 1923년은 1, 2, 3, 4, 6월이 높고 7, 8, 10, 11월의 하반년이 역시 낮다. 1922년은 최저 월인 9월은 5.11원, 최고 월인 3월은 8.63원으로 가격차는 3.52원으로 68.9% 편차이다.

1923년도 최저 월인 7월은 5.29원, 최고 월인 2월은 7.37원인데 2.08원 차이로 39.3% 편차이다. 1925년은 최저 월인 1월은 5.89원, 최고 월인 12월은 9.99원, 차이 4.1원으로 69.6% 편차이다. 미곡의 수요탄력성은 크지 않다. 미가의 변동폭이 크면 상인의 투기적 이익 증대가 예상된다. 각 년 6월 가격의 변화를 보면 1921년은 전년 대비 44.2% 상승했고 1922년도 전년 대비 8.6% 상승했다. 반면 1923년은 전년 대비 23.6% 하락했다. 한 해 건너 1925년 6월은 1923년 대비 51.2% 상승하였다. 각 년 10월 가격 변화를 보면 1922년은 전년 대비 4.6% 상승했고 1923년은 전년 대비 3.7%

25) 『長沙大公報』 1925年 11月 11日, 「穀價暴漲之原因」.
26) Angus W. McDonald Jr., 앞의 책, pp.232~236.
27) 『長沙大公報』 1926年 4月 15日, 「省長令米商向外埠採米二百萬」.
28) 『長沙大公報』 1926年 7月 7日, 「長善米業公議門市米價情形」.

상승했다. 1924년은 전년 대비 4.96% 상승했는데 1925년은 전년 대비 2.12% 하락했다. 이것을 보면 비수확기인 6월 가격의 변동폭이 수확기인 10월의 변동폭보다 훨씬 큰 것을 알 수 있다.

장기변동 추세를 알아보려면 각년 평균 미가의 변화를 보아야 할 것이지만 누락된 월이 많아 다소 어려움이 있다. 그래서 각년 6월의 미가를 비교한 것이 〈도 1〉이다. 상미(上米)와 중미(中米) 평균 가격차는 0.44원이다. 전반적으로 상승 추세인데 1922년에서 1923년은 하락세를 보여주고 있다.

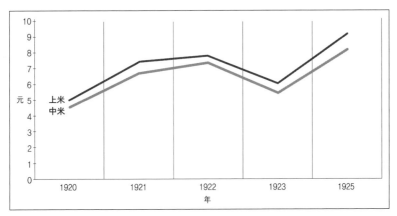

〈도 1〉 각년 6월 미가변동 (단위: 石)

1918년 11월에는 1담(担)에 4.32원이었으나 1925년 11월에는 1담에 9.90원으로 올라 차액은 5.58원이며 상승률은 129.2%이다. 1918년 12월에서 1925년 12월은 4.36원에서 9.99원으로 차액 5.63원, 129.1% 상승이다. 1926년 1월 1담 가격은 9.92원이고 1927년 1월의 1석 가격이 9.42원인 것으로 보아 〈표 1〉의 담(担)과 석(石)은 유사한 용량으로 생각된다.

1918년 11월 1담(担) 4.32원에서 1926년 1월 1담 가격 9.92원은 차액 5.60원으로 129.6% 상승이다. 각년 평균가격을 비교하면 1920년은 1918년 대비 12.9% 상승이고 1921년은 전년 대비 28.8% 상승, 1922년은 전년 대비 8.1% 상승, 1923년은 전년 대비 6% 하락이고 1924년은 전년 대비 6.1%

하락이다.

반면 1925년은 전년 대비 28.1% 상승이다. 비교적 상세한 자료가 제시되고 있는 1928년도부터 1935년 자료를 비교해 보자.[29] 하미(河米)의 평균가를 기준으로 할 때 1929년은 전년 대비 41.6% 상승이고 1930년은 전년 대비 21.1% 상승이다.

1931년과 1932년은 각각 전년 대비 2.2%, 3.08% 하락이다. 1933년은 38.3% 하락이다. 1934년은 17.1% 상승, 1935년은 37.3% 상승이다. 1918년에서 1925년 기간 보다 1928~1935년의 매년 가격 변동폭이 훨씬 크다. 『호남의 곡미』 연구에 의하면 1909~1912년의 평균 미가 1석당 4.0원에서 1932~1934년의 평균 미가는 7.44원으로 86%가 상승한 것으로 되어 있다.[30]

〈표 1〉에서 1921~1923년의 평균가를 구하면 미 1석당 6.51원이 된다. 이것을 1909~1912년 평균 석당 4.0원과 비교하면 62.75% 상승이다. 1932~1934년의 평균 7.44원은 6.51원 대비 14.29%가 상승한 것이다. 1921~1923년 평균 미가가 1909~1912년에 비해 62.75% 상승했는데 1932~1934년의 미가가 1921~1923년 미가에 비해 14.29% 상승했다. 1930년대 전반보다 1920년대 전반의 미가 상승이 현저했던 것을 알 수 있다.

장사부(長沙府) 예릉현(醴陵縣)의 곡가 변동을 보면 청말부터 민국 10년 (1921)까지 가파른 상승을 보이고 있다. 1926년부터 1936년 사이에는 안정속의 미미한 상승을 나타낸다.[31] 그런데 1921년에서 1926년의 변화는 공란으로 되어 있는 것이 문제이다. 다만 1930년대에 미가 상승이 미미했던 것은 장인가(張人价)의 조사 결과와 부합된다.

그런데 〈표 1〉에 제시된 미가는 장사(長沙) 성성(省城)의 미가이다. 미가는 매일 변동할 뿐 아니라 지역에 따라서도 다양한 편차가 있다는 것을 인식해야 한다.[32] 〈표 2〉에 제시된 것의 총평균은 6.77원이다. 7원(元) 이하 25곳의

---

29) 張人价 編, 『湖南の穀米』, 東京: 生活社, 1940, pp.87~96.
30) 위의 책, p.88.
31) 田炯權, 「淸末民國期 湖南 長沙의 米價와 物價動向」『中國史硏究』 79, 2012.

〈표 2〉 각 현(縣)별 미가(米價) (단위: 100근, 1922년 5월)

현별	가격(원)	비고	현별	가격(원)	비고
麻陽	11.0	中米	桂陽	9.20	
寶慶	7.02		沅陵	7.60	
安化	5.20		永順	8.80	
大庸	6.26	上米	甯鄕	5.00	
臨澧	6.00		益陽	7.80	
永明	5.20		茶陵	6.00	
永興	6.50		平江	6.34	
漵浦	7.50		華容	5.80	
鳳凰	10.60		漢壽	6.00	
安仁	5.20		慈利	9.68	
東安	6.60		安鄕	5.19	
嘉禾	7.06		南縣	5.44	
長沙	5.12	粘米	常德	6.30	
瀏陽	6.10		祁陽	6.40	
衡陽	6.00		甯遠	6.30	

평균은 6.16원이다. 장사부내의 장사 5월 9일 가격 5.12원은 〈표 1〉의 1922년 5월 평균 가격 상미(上米) 1석 7.69원 중미(中米) 7.39원보다 낮다. 장사부(長沙府)내의 안화(安化)는 5.20원, 영향(寧鄕)은 5.00원, 익양(益陽)은 7.80원, 다릉(茶陵)은 6.00원, 유양(瀏陽)은 6.10원으로 동일 부(府)안이라도 가격이 다르다.

익양의 7.80원이 현저히 높은 것을 제외하고는 거의 비슷한 경향을 보이고 있다. 미가가 가장 높은 지역은 원주부(沅州府)의 마양(麻陽)으로 귀주(貴州) 와 접경지인 이곳은 11원, 서북 변경의 봉황청(鳳凰廳)은 10.6원, 남부 변경의 계양(桂陽)은 9.20원이다.

예주부(澧州府)의 예강(澧江) 경로인 자리(慈利)가 9.68원이다. 다음으로 보경부(寶慶府)의 보경(寶慶) 7.02원, 진주부(辰州府) 서포(漵浦)가 7.50원, 서남 변경의 가화(嘉禾)가 7.06원, 진주부(辰州府) 원릉(沅陵)이 7.60원, 서북

---

32) 『長沙大公報』 1922年 5月 7日, 「各縣最近糧價調查記」; 『長沙大公報』 1922年 5月 8日, 「各縣最近糧價調查記」; 『長沙大公報』 1922年 5月 9日, 「各縣最近糧價調查記」. 3일치 기록 중 米 100斤價 해당한 것만 발췌. 보경은 1石 135斤을 100斤 가격으로 환산한 것.

변경의 영순(永順)이 8.80원, 장사부 익양이 7.80원이다. 익양을 제외하고 대개 서북, 서남 등의 변경지역으로 미곡 생산 중심 지역이 아닌 곳이 많다.

〈표 2〉는 미(米) 100근(斤)을 기준으로 표시된 것을 추린 것이지만 각지 미가의 단위는 제 각각이다. 또 같은 석(石)이라도 용량이 달라 단순 비교는 오해의 소지가 있다.

〈표 2-1〉 미(米) 1석가(石價)의 구매력

	연도	米	소금가	근수	洋油(老牌)가	근수
①	1921년	6.31	0.1075	58.7	0.120	52.6
②	1922년	6.82	0.1107	61.6	0.111	61.4
③	1923년	6.41	0.1077	59.5	0.092	69.7
④	1925년	7.71	0.1214	63.5	0.090	85.7

1920년 3월 미연처(米捐處)가 미 1석을 145근으로 분명하게 한정하고 매 포(包)도 145근을 넘지 못하게 하고 있다.[33] 이것을 보면 〈표 1〉의 장사 1석은 145근으로 생각된다. 같은 장사지만 『상보(湘報)』에 실린 1898년 미가에는 상백미(上白米) 1석 155근, 차백미(次白米) 1석 152근, 중미(中米) 1석 150근으로 되어 있다.[34] 1920년대 1석이 145근이면 광서선통(光緒·宣統) 년간의 미가와 상호 비교할 때 액면 차이보다 실제 더 많이 상승했다고 생각된다. 같은 장사부 안이지만 안화현(安化縣)은 상미(上米) 1석은 180근, 중미(中米) 1석은 170근이다.[35] 계양(桂陽)은 매 석 170근이고 뇌양(耒陽)은 180근이다.[36] 또 보경(寶慶)은 1석당 135근이다.[37]

다음으로 미 1석가(石價)의 구매력 변동을 검토해 보겠다.

---

33) 『長沙大公報』 1920年 3月 20日, 「米捐處明定米石斤數」.

34) 『湘報』 「長沙各物時價表」 河東穀, 河西穀 등은 수시 변동 100斤에서 124斤까지 편차.

35) 『長沙大公報』 1922年 5月 26日, 「各縣糧價調査」.

36) 『長沙大公報』 1922年 6月 1日, 「各縣糧價調査記」; 『長沙大公報』 1922年 6月 9日, 「廠陽耒陽之糧價」.

37) 『長沙大公報』 1922年 5月 7日, 「各縣最近糧價調査記」.

1921년에서 1925년 사이 미가는 22.2% 상승했는데 소금은 같은 기간 12.9% 상승했다. 미(米)의 소금 구매력이 큰 것이다. 1923년은 1922년 대비 약간 하락했지만 1921년보다 구매력이 크다. 양유(洋油)가격은 지속적으로 하락하여 미(米)의 구매력은 계속 상승하고 있다. 미가는 농민의 판매 물가이고 소금과 양유(洋油)는 대표적인 구매 물가이다. 1920년대 전반에 미가 상승이 이들 구매 물가를 앞질렀다는 점에서 농민 소득과 구매력이 높았음을 알 수 있다. 미가의 여타 물가에 대한 구매력 상승은 예릉현의 조사에서도 이미 확인된 바 있다.[38]

미가와 물가가 연동한다는 것을 보여주는 사료를 보면 다음과 같다.[39]

> 곡미 한 가지는 농가의 피땀이다. 교역하는 바의 가치는 마땅히 행정(行情)으로서 전이(轉移)해야 한다. 대개 인공(人工)과 비료는 농가의 자본이다. 만약 물가가 앙귀(昻貴)한다면 그 자본 또한 앙귀한다. 생산된 미곡은 그 값이 저절로 올라갈 것이고 물가가 하락하면 그 자본도 따라서 하락하니 생산된 미곡은 그 값이 저절로 내려갈 것이다.

민국기에 미곡 가격이 장기 상승 추세인 가운데 그 원인으로서는 인구 증가와 생산비 상승이 지적되고 화폐 구매력 저하와 일반 물가의 상승이 지목된다.[40] 앞서 서술한 〈표 1〉의 보충 설명을 보면 수요 공급의 불균형이 주요 원인이다. 수재(水災) 한재(旱災)와 같은 풍흉의 요소가 가장 중요하다. 다만 미(米)의 비수확기인 5~6월에 신맥(新麥)의 등장이나 혹은 비싼 가격으로 수익을 노리는 미곡 상인의 장거리 운송 등이 가격 하락에 영향을 주고 있다. 특기할 것은 미가의 폭등이나 미황(米荒) 등의 정황에도 제국주의 경제침략을 언급하는 신문 보도는 전혀 없다는 점이다.

---

38) 전형권, 「淸末民國期 湖南長沙의 米價와 物價動向」 『中國史硏究』 79, 2012.
39) 『長沙大公報』 1918年 10月 15日, 「時評·穀價」.
40) 長人价, 앞의 책, p.87.

2) 소금가

『장사대공보』에 게재된 소금가 기록 역시 1918년 11월부터이다. 그런데 1918년부터 1921년 6월까지는 단위가 석당 가격으로 표시되어 있다. 1921년 6월 이후 근가(斤價) 변동을 정리한 것이 〈표 3〉이다. 자염(子鹽)과 동염(東鹽)의 가격이 별도로 표시되고 있지만 상호 가격이 동일하거나 차이가 있더라도 근소하기 때문에 정염(精鹽)의 가격 변동을 보면 추세를 아는 데는 지장이 없다고 생각된다.

1918년 11월의 자염(子鹽) 포(包)당 가격은 광양(光洋) 11원(元)인데 12월말까지 가격 변동이 없다. 괴염(塊鹽)은 포당 10원으로 표시되고 있다. 1920년 5월 자염 포당 광양(光洋) 10원으로 6월 6일까지 가격이 동일하다. 1921년 4월 자염 포당 10원, 정염 포당 11원인데 4월 7일부터는 자염과 정염이 동일하게 11원이다. 1921년 5월 17일까지 가격이 동일하다가 5월 18일 이후 자염 10.15원, 정염 11원이 되어 6월 22일까지 동일 가격이다. 1918년 11월부터 1921년 6월 22일까지 3년간 자염, 정염 모두 포당 11원 전후 가격을 유지하고 있다. 자염 기준으로 하면 1920년 포당 10원으로 1918년 대비 10% 정도 하락하고 있다. 약 1년간 이 가격이 유지되다가 1921년 5월 18일부터 포당 10.15원이 되고 있다. 자염 기준 1920, 1921년은 1918년 대비 10% 가까이 하락하고 있다.

1921년 6월 이후 정염 근당 가격 변동을 정리한 것이 〈표 3〉이다. 1922년 5월 6일은 동염(東鹽), 정염(精鹽) 모두 근당 212문이다. 당일 환율 광양(光洋) 1원대 전(錢) 1915문(文)으로 환산하면 근(斤)당 광양 0.1107원이 된다. 포(包)=100근으로 환산하면 포의 가격은 11.07원이다. 1921년 10월 26일 자염 근 198문, 정염 근 196문인데 당일 환율 1772문으로 환산하면 정염의 근가 196문은 광양으로 0.1106원에 해당한다. 포=100근이라면 포당 가격은 11.06원이다. 약 반년 기간에 정염의 은원(銀元) 가격은 0.0001원이 상승했다.

1921년 6월 근가 가격 표시 이후 1927년 1월까지 소금 값은 꾸준히

〈표 3〉 정염(精鹽)의 가격변동(단위: 斤)

年	月	錢文	환율	銀元	年평균(文)	年평균(元)
1921	6	176	1654	0.1062	185	0.1064
	7	180	1678	0.1072		
	8	184	1732	0.1062		
	9	188	1763	0.1066		
	10	196	1776	0.1103		
1922	2	207	1881	0.1100	222	0.1108
	3	210	1889	0.1111		
	4	210	1901	0.1104		
	5	214	1940	0.1103		
	6	220	1975	0.1113		
	7	223	2004	0.1112		
	8	228	2052	0.1111		
	9	230	2082	0.1104		
	10	233	2089	0.1105		
	11	236	2117	0.1114		
	12	232	2109	0.1100		
1923	1	222	2068	0.1073	235	0.1079
	2	216	1983	0.1089		
	3	232	2459	0.0943		
	4	236	2118	0.1114		
	6	236	2195	0.1075		
	7	239	2201	0.1085		
	11	245(東)	2179	0.1124		
	12	259(東)	2220	0.1116		
1924	1	262	2249	0.1164	296	0.1165
	2	263	2274	0.1156		
	5	270	2314	0.1116		
	8	282	2414	0.1168		
	9	299	2556	0.1169		
	10	329	2659	0.1237		
	11	332	2827	0.1174		
	12	331	3021	0.1095		
1925	1	346	2893	0.1195	378	0.1213
	2	354	2890	0.1224		
	4	358	2973	0.1204		
	11	418	3341	0.1251		
	12	416	3483	0.1194		
1926	1	419	3355	0.1248	419	0.1248
1927	1	465	3331	0.1395	474	0.1394
	2	478	3468	0.1378		
	3	479	?			

상승 추세이다. 1925년 4월부터 광양으로 가격 표시가 바뀌고 있다. 지폐
남발로 인한 인플레에 대항하기 위해 소금 상인들이 거래에 은각(銀角)의
사용을 요구한 것으로 생각된다. 1925년 11월과 1926년 1월은 은각 표시는
동일하지만 당시 환율로 따진 동원(銅元)은 404문에서 406문으로 증가하고
있다. 1927년 1월과 2월 은원은 0.14원에서 0.138원으로 내렸으나 동원
계산은 465문에서 478문으로 상승하고 있다. 1927년 2, 3월 은원은 같은
0.138원이지만 환율 계산 동원은 478문에서 479문으로 상승하고 있다.
〈표 3〉을 기초로 작성한 〈도 2〉를 보면 전문치(錢文値)는 1921년부터 1927년
까지 가파른 상승세이지만 은원치(銀元値)는 1925년까지 비교적 안정세를
보여주고 있다. 전문(錢文)의 통화 팽창의 결과로 보여진다. 1921년 6월
23일 이후 자염은 근당 176문인데 1927년 3월은 근당 479문이다. 303문이
증가하여 172%가 상승한 셈이다. 1921년 6월 23일 환율 1656문으로 은가(銀

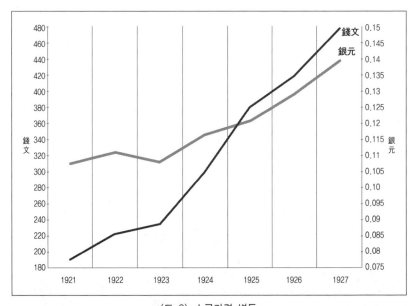

〈도 2〉 소금가격 변동

* 錢文과 銀元의 가치는 정밀 대응 관계는 아님
* 주로 精鹽을 기준으로 함

〈표 4〉 광양(光洋) 1원(元)과 동원(銅元) 환율변동

	1	2	3	4	5	6	7	8	9	10	11	12	평균
1918											1460	1460	1460
1920				1591	1600								1595
1921					1654	1678	1732	1763	1776				1737
1922		1881	1889	1901	1940	1975	2004	2052	2082	2089	2117	2109	2003
1923	2068	1983	2459	2118	-	2195	2201	-	-	-	2179	2220	2177
1924	2249	2274	-	-	2314	-	-	2414	2556	2659	2827	3021	2539
1925	2893	2890	-	2973						3341	3483		3116
1926	3355												3355
1927	3331	3468											3400

價)계산하면 176문은 0.106원에 해당한다. 1927년 3월의 0.138원은 0.032원
이 증가하며 30.19%가 상승했다.

1918년의 포당 11원을 포=100근 전제하에 근가(斤價)로 계산하면 근당
0.11원이다. 1927년 1월의 0.14원과 비교하면 0.03원이 상승하여 비율로는
27.3% 증가이다. 본위 화폐인 은원으로 계산할 때 상승폭은 그렇게 크지
않다.

장사부(長沙府) 예릉현(醴陵縣)의 물가표를 보면 민국 원년(1912)의 소금의
근가는 90문이고 1921년의 근가는 180문으로 100% 상승을 보여주고 있다.[41]
선통(宣統) 2년(1910)의 환율 1량 1700문을 1원당 0.75량 기준으로 환산하면
1원은 1275문이 된다.[42] 1912년의 소금 1근 90문은 은원으로 0.0706원이다.
1921년 예릉현 물가표에는 근당 180문인데 『장사대공보』 기록에는 근당
187문으로 되어 있어 두 표가 거의 같다.

따라서 두 자료의 신뢰성이 높다고 생각된다. 180문으로 계산하면 당년
환율 1737로 할 때 0.1036이 된다. 양자의 차이는 0.033원, 비율로는 46.7%
상승이다. 예릉현 물가표에는 1921년까지의 기록과 1926년 이후 기록으로
나뉘고 중간이 누락되어 있다. 『장사대공보』 물가 기록이 이 공백을 보충해
주고 있다. 은원치(銀元値) 계산시에는 1921년 6월부터 1927년 3월까지

---

41) 전형권, 「淸末民國期 長沙의 米價와 物價動向」『中國史硏究』 79, 2012.
42) 長人价, 앞의 책, p.88.

30.19% 상승이다. 이것을 보면 1912년부터 1921년까지보다 1921년에서 1926년 사이의 소금가격 상승폭이 낮았던 것을 알 수 있다. 그러나 전자는 9년간, 후자는 5년간의 간격을 고려하면 상승률은 후자가 더 높다. 이 기간 미가(米價)의 상승이 소금 값보다 앞질렀던 것은 전술한 바대로이다.

〈도 2〉를 보면 은원치의 경우 1921년부터 1925년까지는 거의 안정된 약간의 상승세를 보여주고 있다. 소금 값의 월별 변동을 보면 1921년, 1922년, 1924년은 10월이 최고치이다. 1923년과 1925년은 11월이 최고치이다. 이것을 보면 10~11월이 소금 수요가 많았던 시기로 생각된다. 민국시기 1인당 소금 소비량이 얼마인지는 정확히 알 수 없다. 의장현(宜章縣)의 기록을 보면 "한 사람당 소금 11근을 주는 것을 기준으로 한다"란 것이 있어 1인당 연간 11근 약 6.6kg 정도가 아닐까 추정해 본다.[43] 매 포의 용량은 서포현(漵浦縣) 기록에는 100근(斤)임이 명시되고 있다.[44] 1920년대 전반 소금가격이 상대적으로 안정된 것은 외국 소금의 수입과 무관하지 않다고 생각된다. 봉천(奉天)의 대련(大連), 여순(旅順), 장춘(長春) 등은 일본 소금, 훈춘(琿春), 연길(延吉)은 조선 소금, 만주 일부 지역은 러시아 소금, 진남관(鎭南關), 몽자(蒙自)지역은 프랑스 소금 등이 도입되었다.[45] 회상(淮商)들이 구대정염공사(久大精鹽公司)에 제한을 가해야 된다는 주장 가운데 구대공사(久大公司)가 양염(洋鹽)에 대항하기 위해 세워졌다는 것을 지적하고 있다.[46]

3) 면화(棉花)

『장사대공보』의 매일 물가 기록을 토대로 작성한 면화가격의 변동이

---

43) 民國 30年刊 『宜章縣志』 권10, 「食貨志」, 鹽法, "每口授鹽十一斤爲標準".
44) 民國 10年刊 『漵浦縣志』 권8, 鹽法.
45) 譚文熙, 앞의 책, pp.265~266.
46) 『長沙大公報』 1922年 2月 12日, 「淮商公所條陳整頓鹽稅辦法」.

〈표 5〉이다. 『호남실업지(湖南實業志)』의 기록에 의하면 장사의 수입 양화(洋貨: 서양상품)의 주종은 면제품이고 거의 전부 통상 항구로부터 수입되었다. 최다 시기는 수입액이 연 550만 해관량(海關兩)에 도달하였다.[47] 수입되는 국산품의 주종도 면사(棉紗)였다. 여성현(汝城縣) 물가표를 보면 양사(洋紗)가 중요 수입품이다.[48] 『호남실업지』의 관련 사료 연결 부분에 보면 악주(岳州)의 주요 수출품으로 면화가 제시되어 있다. 호남 전체로서는 면화는 일부는 수출되고 일부는 성(省)내 유통상품이었던 것을 알 수 있다. 다만 장사지역은 면화의 주요 소비지역이었다고 생각된다.

〈표 5〉 면화(捲花) 가격변동

月＼단위	1	2	3	4	5	6	7	8	9	10	11	12	평균
1918 包											40元	30元	35元
1920 石				42元	36元								39元
1921 石/斤		28元	29元	27元		0.381	0.369	0.397					28/0.376
						640文	640	700					660
1922 斤		0.390	0.417	0.441	0.436	0.445	-	0.448	0.419	0.379	0.387		0.418
		735	789	840	847	880		920	873	793	820		833
1923 斤		0.524	0.448	0.52		0.459	0.457	-	-	-	0.646	0.638	0.527
		1040	1102	1102		1008	1008				1409	1391	1151
1924 斤								0.632	0.625	0.601			0.619
								1528	1600	1600			1576
1925 斤				0.591						0.56元			0.575
				1760	1760					1870			1796
1927 斤	0.48元	0.48元											0.48
	1599	1664											1621

면화가격의 변화를 보면 1918년 11월 포(包)당 40원에서 12월에는 포당 30원으로 하락하고 있다.[49] 1918년 11월 기준 포 40원과 1920년 6월 석(石) 36원을 동일한 용량으로 간주하면 1920년 6월에는 1918년 대비 10% 하락을

---

47) 『湖南實業志』, p.192.
48) 전형권, 「淸末民國期 湖南 汝城縣의 商品流通과 物價變動」 『明淸史硏究』 9, 1998.
49) 『長沙大公報』 1922년 5월 17일, 「糧食業種類産銷價格調査記」. 여기에 보면 中包=100斤, 매 石 100斤 계산으로 하고 있음. 大包=160斤, 小包=56斤.

보여준다. 석으로 표시된 경우에도 1920년 5월 석당 42원에서 6월 석당 36원으로 하락하고 있다. 1921년 6월은 석당 27원으로 전년 6월보다 25% 감소하고 있다. 1918년 11월부터 1921년 6월까지는 가격이 비슷하거나 하락하는 것이 추세이다. 면화의 수확기가 9월경인 것을 고려하면 비수확기인 5~6월에 가격이 하락한 것은 국제적 수요 변동과 관련 있을 것으로 추정된다.

1921년 7월부터는 근당 문 가격으로 표시가 바뀌고 있다. 1921년 7월의 근당 640문은 7월의 평균 환율 1678로 계산하면 0.38원에 해당한다. 1924년 10월의 1600문은 평균 환율 2659로 계산하면 0.60원이다. 1921년 7월의 근당 640문에서 1924년 10월의 1600문은 150% 증가이다. 이것을 원 가치로 환산한 0.38원에서 0.60원의 변화는 57.9% 증가이다. 1925년 4월의 1760문을 평균 환율 2973으로 계산하면 0.59원이다. 이것과 1921년 7월 가격을 대비하면 문 가치는 175% 증가이고 원 가치는 55.3% 증가이다. 1924년 10월의 0.60원에서 1925년 10월의 0.56원은 0.04원 하락이다. 그런데 문 가치는 1600문에서 1870문으로 상승하고 있다. 1925년 10월에서 1927년 1~2월은 0.56원→0.48원으로 14.3% 하락했다. 이 시기는 문 가치도 1870문에서 1599문, 1664문으로 동반 하락하고 있다.

전체적으로 보면 1918년 11월부터 1920년까지는 면화가격이 비슷하게 유지되거나 하락하고 있다. 반면 1921년부터 1925년까지는 지속적인 상승 추세이다. 1926~1927년은 상승세가 둔화하거나 하락하고 있다. 1922년은 원(元)가치로 1921년 대비 11.1% 상승했고 1923년은 전년 대비 26% 상승, 1924년은 전년 대비 17.4% 상승했다. 반면 1925년은 전년 대비 7.1% 하락했고 1927년은 16.5% 하락을 보여준다. 그런데 문(文)가치로는 1922년은 전년 대비 26.2% 상승하고 1923년은 전년 대비 38.1% 상승, 1924년은 36.9% 상승, 1925년은 13.9% 상승했고 1927년은 전년 대비 9.7% 하락을 보여준다. 원(元)가치로 1925년 조금 하락했으나 당년 가격은 1921~1923년 가격보다 높은 수준이다. 『호남실업지』에 실린 1934년경 장사현 수입품 가운데 면화는 포당 40원 수준으로 나와 있다.[50] 이것을 보면 1934년경 장사의 면화가격은 1918년 11월의 가격과 동일하다. 1921년에서 1927년 사이보다 1930년대 면화가격이 하락했다고 생각된다.

〈표 5〉에서 면화가격의 월별 변화를 보면 1월과 12월이 누락된 1922년의 경우 8월에 정점을 찍고 9월부터 하락을 시작하고 있다. 1924년도 8월 이후 9, 10월로 갈수록 가격이 하락하고 있다. 면화의 생장 기간이 4월에서 9월이고 수확기인 9월 이후 가격 하락과 관계있다고 여겨진다. 이것과 1921년의 가격 흐름은 예외적이어서 국제수요의 변동이나 다른 요인을 찾아야 한다고 생각된다.

4) 다유(茶油)

『장사대공보』에 게재된 물가 기록에서 다유 부분을 추출한 것이 〈표 6〉이다. 호남성 다유는 대부분 장사관(長沙關)에서 수출되는 것으로 동유(桐油)가 악주관(岳州關)을 통해 대부분 수출되는 것과 다르다.[51] 다유(茶油)는 등촉용(燈燭用)이나 요리 등에 주로 쓰이는 것으로 내수와 수출 양 측면을 가지고 있다. 1921년 6월부터 근가(斤價)로 표시하고 있는데 당일 다유 1근 288문을 당시 환율 1651문으로 환산하면 0.174원이다. 1담(擔) 가격 15.6원에 0.174원을 나누면 89.66으로 당시 1담은 약 90근으로 추산된다. 『장사대공보』기사를 보면 다유 1석은 90근, 1922년 5월 13일 가격은 1석 16.8원으로 나와 있다.[52] 이것을 보면 다유는 장사의 경우 1석과 1담이 모두 90근으로 추정된다.

다유의 가격변동 추세를 보면 1918년 11월 13.8원/담, 12월 14.0원/담에서 1920년 5월, 6월에는 21원/담, 20원/담 수준으로 상승하고 있다. 그런데

---

50) 『湖南實業志』, p.197, 「長沙縣進出口貨物數量總值表」.

51) 『湖南實業志』, p.304, 「油行」.

52) 『長沙大公報』 1922年 5月 13日, 「商人與稅率」.

〈표 6〉 다유(茶油) 가격변동(단위: 元/文)

	月 / 단위	1	2	3	4	5	6	7	8	9	10	11	12	평균
1918	擔											13.8	14.0	13.9
1920	擔				21.0	20.0								20.5
1921	擔/斤				15.6	15.6	15.6/288	303	355	370	322			15.6/328
							0.174	0.181	0.205	0.209	0.181			0.190
1922	斤		329	344	330	333	366	410	399	359	347	346	333	354
			0.175	0.182	0.174	0.172	0.185	0.205	0.194	0.172	0.166	0.163	0.158	0.176
1923	斤	342	354	385	400	-	420	416	-	-	-	440	511	409
		0.165	0.179	0.157	0.189		0.191	0.189				0.202	0.230	0.187
1924	斤	540	540	-	-	480		-	550	566	621	641	603	568
		0.240	0.237			0.207			0.228	0.221	0.234	0.227	0.200	0.224
1925	斤	607	620	-	620	-					-	777	738	672
		0.210	0.215		0.209							0.233	0.212	0.215
1926	斤	760												760
		0.227												0.227
1927	斤	608	700											654
		0.183	0.202											0.192

1921년 4~6월은 15.6원/담 수준으로 다소 하락한다. 1921년 6월 15일부터 근가(斤價)기준으로 표시가 바뀌고 있다. 1918년 12월 14원과 1921년 4~6월의 15.6원은 1.6원이 증가된 것이다. 2년 6개월간 11.4% 증가이다. 1921년 6월 근당 288문에서 1926년 근당 760문은 472문 증가로 약 163% 상승이다. 같은 기간 원화 가치상으로는 근당 0.174원에서 근당 0.227원으로 30.5% 상승이다. 문(文)가치로 1921년부터 1926년까지 지속적인 상승 추세이다. 원 가치로는 1922년은 전년 대비 약간 하락했고 1925년과 1927년도 전년 대비 다소 하락하고 있다. 액수로는 1927년 가격은 1921년 가격보다 높은 편이다. 1918년부터 1927년 2월까지 다유 가격은 대체로 상승세가 주된 흐름으로 생각된다. 원화 가치상의 변동은 1922년은 전년 대비 7.4% 하락, 1923년은 6.3% 상승, 1924년은 19.8% 상승, 1925년은 4.0% 하락, 1926년은 5.6% 상승, 1927년은 15.4% 하락을 보여주고 있다.

예릉현 물가표에 기록된 다유 가격을 보면 1921년은 근당 300문으로 나와 있어 〈표 6〉의 근당 328문과 유사하므로 두 자료의 상호 신뢰성이 높다고 생각된다.[53] 예릉현 물가표를 보면 1909년 다유 1근은 150문으로

1921년의 근당 300문과 비교하면 기간 내 100% 상승을 보이고 있다. 1909년의 150문을 1910년 환율 1275문과 환산하면 은원으로 0.1176원이다. 300문은 1921년 환율 1737문 계산시 0.1727원이다. 양자를 비교하면 46.85% 상승이다. 전문(錢文)치의 상대적인 급등을 알 수 있다.

『호남실업지』를 보면 호남 내 다양한 지역의 다유 가격이 기록되어 있다.[54] 이것을 보면 다유 1석의 가격은 14원~20원 사이이고 평균은 16.4원이다. 1담(擔)의 평균은 17원이다. 『통우물산지(通郵物産誌)』의 조사에는 매 담가격은 최저 15.7원에서 최고 19.0원 사이이다.[55] 1934년 전후 장사의 다유 가격은 석당 15원으로 나오고 있다.[56] 1930년대 전반 다유의 석당 가격은 1931년 예릉현 물가표상의 24원이 피크이고 그 후는 하락하여 석당 15원까지 내려간 것으로 생각된다.

다유는 송출시기가 대개 가을, 겨울에서 봄까지이다. 단 10월 8일 한로(寒露) 후에 기름을 짜는 것으로 되어 있다. 월별의 가격 변화는 1922년을 보면 전반부는 상승 추세이고 7월에 최고, 8월 이후 하락세로 돌아서 후반부는 대체로 하락이 지속된다. 1921년은 문가(文價), 원가(元價) 모두 10월부터 하락세이다. 1924년은 9월부터 하락세를 보여주고 있다.

5) 동유(桐油)

『장사대공보』의 매일 물가 기록 중 동유 가격변동을 표시한 것이 〈표 7〉이다. 동유는 다유가 요리와 등촉(燈燭)의 용도로 많이 사용되는 것과 달리 피혁(皮革)과 목재에 칠하는 용도로 많이 쓰이며 옥벽(屋壁)이나 선판(般板)에도 효율적인 도료(塗料)로 알려져 있다.[57]

---

53) 전형권, 「淸末民國期 湖南 長沙의 米價와 物価動向」 『中國史硏究』 79, 2012.

54) 『湖南實業志』, pp.197~246, 「湘省各縣進口貨物數量總値表」.

55) 交通部郵政總局 編, 『中國通郵地方物産誌』, 華世出版社, 1988, pp.7~17.

56) 『湖南實業志』, p.304.

57) 民國 15年刊 『醴陵鄕土志』, 제6장 實業, 油業.

〈표 7〉 동유(桐油)의 가격변동(단위: 元, 文)

	월 단위	1	2	3	4	5	6	7	8	9	10	11	12	평균
1921	担/斤				16.8	16.8	16.9/ 295	291	311	310	340			16.8/ 309
							0.178	0.173	0.180	0.176	0.191			0.179
1922			328	353	341	374	389	394	420	418	436	442	420	392
			0.174	0.187	0.179	0.193	0.197	0.197	0.205	0.201	0.209	0.209	0.199	0.195
1923		444	453	524	564		550	550	-	-	-	604	623	539
		0.215	0.228	0.213	0.266		0.251	0.250				0.277	0.281	0.247
1924		640	640	-	-	600	-	-	596	588	619	696	726	638
		0.285	0.281		0.259				0.247	0.230	0.233	0.246	0.240	0.252
1925		740	720	-	680	-	-	-	-	-	-	777	751	733
		0.256	0.249		0.229							0.233	0.216	0.236
1926		740												740
		0.221												0.221
1927		900	900											900
		0.270	0.260											0.265

『장사대공보』의 물가 기록에는 동유 물가가 1918년부터 1920년까지는 아예 누락되어 있다. 1921년 4월 4일부터 비로소 동유 기록이 존재한다. 그 이전에도 물론 동유의 시장 거래가 있었지만 1921년 4월 이후 본격적인 주요 상품이 되었을 것으로 추정되는 부분이다.

1921년 6월은 1담(担) 16.9원으로 4~5월의 1담 16.8원에 비해 상승하고 있다. 1921년 6월 근당 295문은 원 가치로는 0.178원인데 1927년 2월 근당 900문은 원(元)가치로는 0.260원이다. 295문에서 900문의 변화는 205.1% 상승이다. 이 기간 원화(元貨)로는 46.1% 상승이다. 1922년 2월 근당 328문 0.174원은 1927년 2월 근당 900문 0.260원과 비교할 때 문(文)가치는 174.4% 증가이고 원(元)가치로는 49.4%증가이다. 1922년 6월 389문에서 7월 394문으로 문 가치는 상승했으나 원화(元貨)로는 0.1969원에서 0.1966원으로 근소한 하락을 보인다. 1922년 10월과 11월은 문가(文價)는 436문에서 442문으로 상승했으나 원화(元貨)는 0.2087로 양월이 동일하다.

1921년부터 매년의 변화를 보면 1922년은 전년 대비 26.9% 상승, 1923년은 37.5% 상승, 1924년은 18.4% 상승, 1925년은 14.9% 상승, 1926년은 0.9%

상승, 1927년은 21.6% 상승이 문가(文價)의 변동추세이다. 이 기간 원가(元價)
의 변화를 보면 1922년은 8.9% 상승, 1923년은 26.7% 상승, 1924년은 2.0%
상승, 1925년은 전년 대비 6.3% 하락, 1926년은 6.4% 하락, 1927년은 19.9%
상승을 나타내고 있다. 문 가치로는 1921년부터 1927년까지 지속적 상승
추세이다. 원 가치로는 1925년과 1926년 다소 하락세를 보이다가 1927년
다시 상승하는 것을 〈도 3〉에서도 확인할 수 있다.

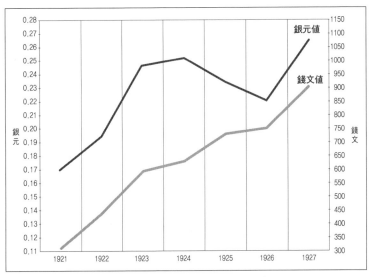

〈도 3〉 동유(桐油) 가격변동(단위: 斤)
* 銀元値와 錢文値는 정밀한 대응관계는 아님

『호남실업지』의 조사를 보면 호남의 동유 수출액은 민국 원년(1912)에
전성(全省) 수출액의 10.66%이다가 민국 5년(1916)에는 줄어서 2.13%로
하강했다. 민국 10년(1921) 다시 증가하여 17.98%가 되었다. 〈표 7〉에
1921년부터 동유 가격 기록이 등장하는 것과 상관성이 있다고 생각된다.
민국 15년(1926)에는 33.56%가 되고 민국 18년(1929)에는 44.93%로 증가하
였다가 1930년대 전반에 40% 전후가 된 사정과 가격 상승과는 연관성이
있다고 보여진다.[58] 1차 대전 기간인 1916년에는 동유 수출액이 감소했다가

민국 10년(1921)부터 다시 증가하고 1929년까지도 가격 상승세 유지의
여건이 되었다고 생각된다.

1934년의 가격 조사인 『호남실업지』에 실린 지역별 동유 가격을 보면
영수(永綏)의 13.3원에서 회동(會同)의 20원 범위가 펼쳐 있고 평균의 1담
가격은 16.1원이다. 〈표 7〉에 나오는 장사의 1담 가격 16.8원에 비하면
1934년경은 오히려 하락한 것이다. 근(斤) 가격으로도 0.15원에서 0.20원
범위인데 1934년의 0.15, 0.16, 0.20원은 〈표 7〉의 1920년대 가격보다 낮은
수준이다.[59] 1934년경 장사의 동유 가격은 1석당 16원으로 담과 석이 거의
같다고 보면 1921년의 16.8원보다 하락한 것이다.[60] 비슷한 시기의 조사인
『통우물산지(通郵物産誌)』 조사에도 1석당 가격은 13.9원에서 20.1원 사이이
다. 1담의 평균가격은 14.4원에서 19.9원 사이이다. 1근의 가격은 0.16원에서
0.21원 사이이다. 실업지의 조사와 비슷한 결과이다.[61] 1930년대 전반은
1920년대에 비해 동유 가격의 다소 하락을 확인할 수 있다.

동유는 대개 10월 23일 상강(霜降) 후에 착유(榨油)하는 것으로 알려져
있는데 홍유방(洪油幇) 상인들은 입추(立秋)시에 산지(産地)에 가서 동자
(桐子)를 구매하는 것으로 되어 있다.[62] 월별 가격동향을 보면 1922년
2~7월 전반은 비교적 낮고 8~12월 후반은 비교적 높다. 최고는 11월이고
최저는 2월이다. 1923년도의 경우 전반은 낮고 후반으로 갈수록 점차
높아져서 12월이 최고, 1월이 최저이다. 1924년은 12월 최고 9월 최저,
1925년은 11월이 최고로 나타나고 있다. 통상적으로 수확기에 가격이
내려가는 것이 정상인데 동유 가격이 후반에 더욱 높은 것은 무엇 때문일까.
수요의 급증이 예상되는 대목이다.

---

58) 『湖南實業志』, p.805 제2장 桐油공업.
59) 『湖南實業志』, pp.218~246.
60) 『湖南實業志』, p.304.
61) 『中國通郵地方物産誌』, pp.7~17.
62) 『湖南實業志』, p.812 제2장 桐油공업.

6) 양유(洋油)

『장사대공보』에 게재된 양유(洋油)의 가격 변동을 정리한 것이 〈표 8〉~〈표 11〉이다. 양유는 민국시기 대표적인 수입상품이다. 앞서 인용한 여성현 물가표에 의하면 양유는 동치·광서시기에는 아직 성행하지 않았고 광서·선통시기에 통용되기 시작했다고 한다. 통계자료에 의하면 1891~1893년 사이에는 공백이 되어 있고 1909~1911년, 1919~1921년, 1929~1931년까지는 수입액이 계속 증가하고 있다.[63] 『장사대공보』 물가 기록을 보면 1918년까지는 유염매미(油鹽煤米)라 하여 시매(柴煤)가격이 등장하지만 1920년부터 시매가 빠지고 양유 브랜드가 10개나 등장한다. 『호남실업지』를 보면 장사 수입 양화(洋貨) 중에서 면제품 다음으로 양유가 비중이 크고, 최다시 수입액이 200~300만 해관량(海關兩)이었다는 것이 밝혀지고 있다.[64] 같은 기록에 장사현의 수입품목 중 양유가 첫째가 되고 있어 민국시대 양유 사용의 보편화를 짐작할 수 있다.

양유 가격표시는 1918년부터 1921년 6월까지는 단위가 상(箱)으로 되어 있다. 1918년의 상(箱)당 6.4원에서 1920년 5~6월에는 상당 5.6원으로 하락하고 있는데 12.5% 하락이다. 1920년 5월에는 〈표 8〉에 제시된 다섯 가지 상표 외에 노어패유(老魚牌油), 노철착유(老鐵錨油), 철착산유(鐵錨散油), 십자산유(十字散油), 응산유(鷹散油) 등 총 10개 브랜드가 등장한다. 수입액의

〈표 8〉 양유(洋油)의 가격변동(단위: 箱, 元) Ⅰ

	1918/11	1918/12	1920/5	1920/6	1921/4	1921/5	1921/6
老牌	6.4	6.4	5.6	5.6	6.8	6.8	6.65
虎牌	6.3	6.3	5.5	5.5	6.65	6.65	6.65
鷹牌	6.0	6.0	5.2	5.2	6.4	6.4	6.25
十字牌	5.58	5.58	4.98	4.98	6.2	6.2	6.2
散油	4.78	4.78	4.33	4.33	5.8	5.8	5.6

63) 嚴中平, 『中國近代經濟史統計資料選輯』, 科學出版社, 1955, p.75.
64) 『湖南實業志』, p.192.

〈표 9〉 1921년 양유(洋油) 가격변동 II

		7月	8月	9月	10月	전체평균
老牌洋油	병	0.34元	0.34	0.33	0.33	
	斤	210文	210	210	220/210	210
		0.125	0.121	0.119	0.118	0.1207
新牌洋油	병	0.32元	0.32	0.315	0.318	
	斤	190文	190	200	201	195
		0.113	0.1096	0.1134	0.1131	0.1122
평균환율		1678	1732	1763	1776	

증가와 경쟁의 격화가 가격 하락과 관련 있다고 생각된다. 1921년 4~5월은 상당 6.8원으로 상승하였는데 1918년 대비 0.4원 인상되어 6.25% 상승이다. 1921년 6월에는 다시 상당 6.65원으로 감소, 1918년과 대비하면 0.25원 상승으로 3.9% 증가에 해당한다.

1921년부터는 매 병은 광양(光洋)으로 표시하고 매 근은 원전(元錢)으로 표시하고 있다. '노패(老牌)' 기준으로 근 가격은 210문을 거의 변함없이 유지하고 있으나 환율에 따라 은원(銀元) 가격으로는 7월에서 10월까지 계속 하락세를 보이고 있다.

'신패(新牌)'는 근(斤)가격이 문가(文價)는 7~8월에 190문이다가 9~10월에 200문으로 오르고 있지만 은원 가격은 8월은 7월 대비 하락했고 9월에 다소 상승했지만 10월에는 다시 하락하고 있다. 은원 가격을 대비하면 1병의 용량은 약 3근 정도 될 것으로 판단된다. 병의 가격도 7~8월보다 9~10월에 하락하고 있다.

1922년은 2월에서 12월까지 1월을 제외하고 월별 변동이 자세히 표시된 경우이다. 근 가격만 추려 제시한 것이 〈표 10〉이다.

2월 11일 '노패(老牌)' 양유는 240문이다가 12일부터는 230문으로 하락하였다. 11일 환율은 1840문, 12일 환율은 1850문으로 오르고 18일 이후는 거의 1890~1900문 수준의 환율인데 근 가격은 230문을 계속 유지하고 있다. 그 이전에 비해 양유 가격 하락은 분명하다. 병의 은원(銀元) 가격은 액면가를 유지하나 문(文)으로 환산하면 도리어 하락한다. 4월 30일의 환율은 1906문

〈표 10〉 1921년 양유(洋油) 가격변동 III(단위: 斤)

月	2	3	4	5	6	7	8	9	10	11	12	평균
老牌	232	232	220	220	230	229	220	220	220	220	224	224
	0.123	0.122	0.115	0.113	0.116	0.114	0.107	0.105	0.105	0.103	0.106	0.1117
新牌	226	226	210	210	210	229	200	200	200	209	224	213
	0.120	0.1196	0.110	0.108	0.106	0.114	0.097	0.096	0.0957	0.0987	0.106	0.1063
평균환율	1881	1889	1901	1940	1975	2004	2052	2082	2089	2117	2109	2003

으로, 220문은 0.1154원에 해당한다. 5월 29일 환율은 1955문으로 230문은 0.1176문에 해당한다. 230문으로 올린 것은 환율 때문이고 원가격은 거의 오르지 않았다. 7월은 변동이 빈번하다. 5일부터 240문에서 230문으로 낮아지고 그 후 비교적 내림세를 유지한다. 단 이 기간 환율은 계속 올라 7월 31일은 2054문에 달한다. 환율이 오르는 데도 근 가격 문가(文價)가 하락한 것은 실제적인 물가 하락이다. 7월 평균 환율은 2004문이고 8월 평균 환율은 2052문이다. 7월 1~4일은 240/220문, 5~16일은 230/210문, 17~19일 224문, 20~22일은 226문, 23일 222문, 24일 224문, 25~31일은 226문의 변화를 보이고 있다. 7월의 229문은 0.114원, 8월의 220문은 0.107원으로 원가, 문가 모두 하락하고 있다. 9월의 환율은 2082문, 8월과 문가는 220문으로 동일하나 은원(銀元) 가격은 하락이다. 10월의 문가는 220/200으로 전월과 거의 같으나 하락세이다. 11월의 문가 220/209문은 환율 2117로 계산할 때 '노패(老牌)'는 하락이고 '신패(新牌)'는 근소하게 오르고 있다. 12월은 '노패'나 '신패' 모두 근당 224문으로 평균 환율 2109문으로 계산하면 은원은 0.106원으로 11월 대비 조금 상승하고 있다. '노패'의 은원 가격을 기준으로 할 때 2월에서 5월까지 하락세이다가 6월에 조금 상승했다. 6월부터 11월까지는 계속 하락하다 12월에 조금 반등한다. 액수로 보면 2~3월이 제일 높다. 11월이 최저로 나타난다.

1921년부터 1927년까지 양유 가격 변동을 '노패'와 '신패'의 근가(斤價)로 제시한 것이 〈표 11〉이다.

〈표 11〉 양유(洋油) 가격변동 Ⅳ(단위: 斤, 文/元)

	1921	1922	1923	1924	1925	1926	1927
老牌	210	224	200	230	281	300	380
	0.120	0.111	0.092	0.089	0.090	0.089	0.110
新牌	195	213	183	198	261	280	360
	0.112	0.106	0.084	0.079	0.083	0.083	0.105

'노패'의 경우 문 가격은 1923년을 제외하고 1927년까지 계속 상승 추세이다. 1921년 대비 1927년은 170문이 상승하여 80.95% 증가를 보이고 있다. 광양 원 가격은 1921년부터 1924년까지 계속 하락 추세를 보이다가 1925년은 약간 오름세를 보이지만 1923년보다 낮은 수준이다. 1926년은 다시 하락하여 1924년과 동일한 수준이다. 1927년의 오른 가격도 1921년 수준보다 낮다.

'신패'의 1926년 문가는 원문에 208로 되어 있으나 '노패' 근당 300문 병당 2.38원, '신패' 병당 2.28원으로 되어 있어 이것을 환산하면 208문은 280문의 오기(誤記)로 생각된다. '신패' 역시 '노패'와 마찬가지로 1923년의 약간 하락을 제외하고는 문 가격은 계속 상승세이다. 은원 가격은 1925년에 약간 반등했지만 1923년보다 낮은 수준이다. 1927년은 다소 상승했지만 1922년보다 낮다. 양유의 가격변동을 보면 앞서 살펴본 미가와 다유(茶油), 동유(桐油) 등과는 달리 문가(文價)의 상승폭도 크지 않고 은원 가격으로는 하락하거나 현상 유지의 측면을 강하게 보여주고 있는 것을 알 수 있다. '노패' 기준 1921년 7월 근당 210문/0.125원은 1925년 4월 281문/0.090원과 비교하면 문 가격은 33.3% 상승했으나 은원 가격은 28% 하락이다. 1921년 7월과 1927년 2월을 비교하면 210문에서 380문으로의 변화는 80.9% 인상된 것이고 은원 0.125원에서 0.110원으로 변화는 12.8% 감소에 해당한다. 이러한 변화를 그래프로 표시한 것이 〈도 4〉이다.

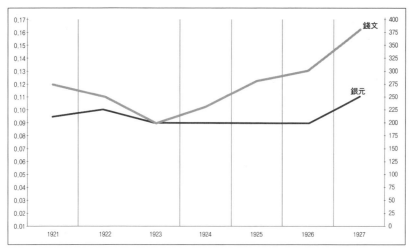

〈도 4〉 양유(洋油) 1근의 가격변동 (老牌 기준)
* 銀元과 錢文의 눈금은 정확하게 일치하는 것은 아님

2. 임금 수준

『장사대공보』에 게재된 물가 기록과는 달리 임금은 1922년에 국한되어
자료가 제시되고 있다. 1918년부터 1927년까지의 종적 변화를 일목요연하게
볼 수는 없다. 그러나 임금은 물가와 달리 매일 변동하는 것이 아니고
계단식 변화를 보이는 것이 통상적이기 때문에 1922년의 자료는 1920년대
전반의 임금 수준을 보여준다고 생각된다.

〈표 12〉는 『장사대공보』에 게재된 호남 각 현의 임금조사이다. 식사
제공을 하는 경우 일급(日給)을 중심으로 정리한 것이다. 평균 임금을 업종별
로 보면 고농(雇農)과 양주(釀酒)가 0.11원으로 가장 적다. 상대적으로 고액인
것은 소사(繰絲)와 금은기(金銀器) 제조의 0.16원이다. 가장 빈도수 높은
것은 0.13원~0.14원이다. 범위는 최저 0.11원에서 최고 0.16원 사이이다.
월급(月給)을 제외한 27개 분야의 평균 임금은 0.13원이다. 〈표 12〉의 목장(木
匠) 임금 평균 0.13원과 동일하다. 즉 목장(木匠)의 임금 생활이 여타 노동자의

<표 12> 호남 각 현의 임금조사

	衡陽	寶慶	東安	江華	甯遠	安化	城步	零陵	平江	安鄉	永明	최저	최고	평균
農作, 年給	45	26	15	24	16	25	28	28	30	30		15	45	24
農作, 日給	0.17	0.08	0.05	0.08	0.06	0.07	0.10	0.13	0.20	0.14		0.05	0.20	0.11
繰絲	0.14	0.14						0.20		0.16		0.14	0.20	0.16
織工(男)	0.14	0.14	0.10	0.12	0.08	0.11		0.18	0.20	0.12		0.10	0.20	0.13
織工(女)	0.12	0.08		0.08	0.06	0.08		0.16		0.10		0.06	0.16	0.10
彈棉	0.22	0.14	0.06	0.12	0.08	0.10	0.10	0.20	0.22	0.16		0.06	0.22	0.14
染坊	0.19	0.13	0.09	0.10	0.06	0.10	0.10	0.18	0.20	0.15		0.06	0.20	0.13
成衣	0.17	0.09	0.06	0.08	0.06	0.10	0.10	0.18	0.16	0.15		0.06	0.18	0.12
製帽	0.16	0.10	0.07	0.12	0.06	0.10		0.18	0.20	0.15		0.06	0.20	0.13
製靴鞋	0.17	0.10	0.06	0.12	0.06	0.10	0.12	0.20	0.20	0.15		0.06	0.20	0.13
碾米	0.14	0.09	0.07	0.08	0.08	0.08	0.09	0.18	0.20	0.15	0.10	0.07	0.20	0.12
磨坊	0.19	0.09	0.14	0.08	0.08	0.12		0.16		0.14	0.10	0.08	0.19	0.12
釀酒	0.12	0.09		0.12	0.06	0.11	0.09	0.16	0.24		0.05	0.05	0.24	0.11
醬園	0.13	0.09	0.07	0.12		0.10		0.14	0.20	0.15		0.07	0.20	0.13
製茶製煙	0.13	0.11	0.08	0.08	0.08	0.08		0.18	0.18	0.13		0.08	0.18	0.12
木匠	0.11	0.09	0.09	0.12	0.08	0.12	0.10	0.22	0.20	0.17	0.12	0.08	0.22	0.13
瓦匠	0.12	0.09	0.18	0.12	0.08	0.11	0.10	0.22	0.17	0.16		0.08	0.22	0.14
石匠	0.11	0.09	0.12	0.16	0.10		0.14	0.24	0.22		0.12	0.09	0.24	0.14
製磚匠	0.13	0.09	0.18	0.10	0.06		0.11	0.24	0.20	0.17		0.06	0.24	0.14
木器家具	0.19	0.09	0.10	0.17	0.08		0.10	0.18	0.15	0.16		0.08	0.19	0.13
金銀器제조	0.20	0.10		0.16	0.08		0.13	0.26	0.24	0.18	0.15	0.08	0.26	0.16
銅錫器제조	0.13	0.09	0.10		0.08		0.12	0.25	0.22	0.16	0.10	0.08	0.25	0.14
鐵匠	0.11	0.09	0.16	0.08			0.12	0.24	0.20	0.17		0.06	0.24	0.13
造紙	0.15	0.09	0.12	0.12			0.11	0.22	0.18		0.10	0.09	0.22	0.14
榨油匠	0.12	0.09	0.11		0.08		0.12	0.18	0.20	0.14		0.08	0.20	0.13
油漆匠	0.13	0.09	0.11		0.08			0.22	0.18	0.26※		0.08	0.22	0.14
인쇄	0.12	0.10	0.39*	0.12	0.08			0.20	0.20	0.14	0.10	0.08	0.20	0.13
製蓆	0.11	0.06	0.10	0.10	0.08			0.16	0.19		0.12	0.06	0.19	0.12
男僕(月)	1.00	1.95	0.04*	2.0	3.0		2.0	3.4	3.0	0.30※	3.0	1.0	3.4	2.42
女傭(月)	0.60	1.0	0.02*	1.50	2.0		1.2	1.0	1.8	0.15※	1.5	0.6	2.0	1.33
夫役	0.30	1.50※	0.23	0.20	0.12		0.2	0.3	0.2	0.24	0.30	0.12	1.50	0.23

○ 식사 제공의 경우만 추림. 단, 夫役은 식사 비제공의 경우임
○ 모두 日給만 선택, 단 男僕과 女傭은 月給임
○ 보통 가격을 선택, 단 최저 최고가만 있을 경우 둘을 평균한 것
* 東安의 男僕과 女傭은 日給임
* 東安 인쇄 0.39는 식사 제공 안한 경우임
※ 안향 男僕 女傭은 日給
※ 안향의 釀酒와 油漆匠은 식사 제공 안한 경우
※ 보경의 夫役 1.5는 지나치게 높고 日給이 명시 안 됨. 따라서 제외

대표치로 볼 수 있다. 고농(雇農)의 일급(日給)은 동안(東安)의 0.05가 최저이
고 평강(平江)의 0.20원이 최고이다. 평균 0.11원으로 여타 분야보다 낮은

편이다. 이 경향은 여성현(汝城縣) 물가표상의 임금 상대 수준과도 비슷하다. 목장은 영원(甯遠)의 0.08원이 최저이고 영릉(零陵)의 0.22원이 최고이다. 평균은 0.13원이다. 최고가 수준인 금은기(金銀器) 제조는 영원의 0.08원이 최저이고 영릉의 0.26원이 최고, 평균은 0.16원이다. 임금 수준이 최고로 높은 곳은 평강(平江)과 영릉이 두드러진다. 비교적 낮은 곳은 영원, 강화(江華)가 현저하다. 총 27건 중에 최고는 평강이 13건, 영릉이 12건, 형양(衡陽)이 2건이다. 최저는 영원이 14건, 동안(東安) 8건, 보경(寶慶) 3건, 형양이 1건이다. 그런데 영주부(永州府) 내의 중심인 영릉현은 최고가 많은 반면 같은 부내(府內)의 서쪽 변방인 동안은 최저가 많다. 같은 부내의 영원은 최저가 제일 많다. 이것을 보면 임금의 지역적 편차가 심하다는 것을 알 수 있다.

비슷한 시기 자리현(慈利縣)의 경찰서 임금 내역을 보면 순경 월급(月給) 3원, 간수(看守) 월급 3원, 요리사와 잡역부가 월 2.5원 수준이다. 〈표 12〉의 남자 하인의 월급이 평균 2.42원이고 최고 3.4원 사이인 것을 보면 순경의 월급도 매우 열악한 편이었음을 알 수 있다.

〈표 12〉에서 노동자의 평균 임금 대표치 0.13원은 어느 정도 수준일까. 『장사대공보』 1922년 6월 1일 상담(湘潭)의 중미(中米) 가격은 100근에 5.05원이다. 근당 0.0505원인데 약 0.05원으로 계산하면 0.13원으로 2.6근 구매가 가능하다. 농공(農工)과 목장(木匠)의 일급(日給)으로 구매 가능한 미(米), 소금(塩)의 근수(斤數)를 표시한 것이 〈표 13〉과 〈표 14〉이다.

〈표 13〉 농공 일급(農工日給)의 구매 가능 미(米), 염(塩) (斤)

지역	日給(元)	米價/斤	塩價/斤	구매가능米(斤)	구매가능塩(斤)
東安	0.05(6/12)	0.066(5/8)	0.11元(6月)	0.78	0.45
衡陽	0.17(6/8)	0.060(5/9)	0.11元(6月)	2.83	1.55
甯遠	0.06(6/16)	0.063(5/9)	0.11元(6月)	0.95	0.55
安鄕	0.14(8/9)	0.052(5/9)	0.11元(6月)	2.69	1.27
零陵	0.13(7/26)	0.075(5/11)	0.11元(6月)	1.73	1.18
安化	0.07(6/19)	0.055(5/26)	0.11元(6月)	1.26	0.64
城步	0.10(7/20)	0.049(6/8)	0.11元(6月)	2.04	0.91
平江	0.20(7/29)	0.063(5/9)	0.11元(6月)	3.15	1.82
평균	0.115	0.060	0.11	1.93	1.05

〈표 14〉 목장(木匠)의 구매가능 미, 염(1922)

지역	日給	米價(斤)	塩價(斤)	구매가능 米	구매가능 塩
衡陽	0.11(6/8)	0.060(5/9)	0.11	1.83	1.00
寶慶	0.09(6/11)		0.11		0.82
東安	0.09(6/12)	0.066(5/8)	0.11	1.36	0.82
江華	0.12(6/14)		0.11		1.09
甯遠	0.08(6/16)	0.063(5/9)	0.11	1.27	0.73
安化	0.12(6/19)	0.055(5/26)	0.11	2.18	1.09
城步	0.10(7/20)	0.049(6/8)	0.11	2.04	0.91
零陵	0.22(7/26)	0.075(5/11)	0.11	2.93	2.00
平江	0.20(7/29)	0.063(5/9)	0.11	3.17	1.82
安鄕	0.17(8/9)	0.052(5/9)	0.11	3.27	1.55
永明	0.12(6/28)	0.061(5/23)	0.11	1.97	1.09
永興	0.12(6/28)	0.076(6/8)	0.11	1.58	1.09
평균	0.13	0.062	0.11	2.16	1.17

* 塩價는 1922年 6月 220文 가격을 당시 평균 환율 1975文으로 환산시 0.11元 적용. 각종 임금은 식사 제공시의 임금 기준임

〈표 12〉에 제시된 임금은 대부분 식사 제공의 경우이다. 형양(衡陽)의 경우 식사 제공과 비제공의 임금 격차는 평균 0.07이고 보경(寶慶)은 0.08원 차이이다. 영명(永明)과 화용(華容)은 0.10원 차이이다. 안화(安化)와 영릉(零陵)은 0.11원 차이이다. 안향(安鄕), 영원(甯遠), 무강(武岡)은 0.12원 차이이다. 평강(平江)은 가장 높아 0.14원 차이이다. 일당이 식비보다 많은 경우는 영릉(零陵), 평강(平江), 안향(安鄕), 화용(華容) 등 대체로 임금 수준이 높은 지역들이다. 나머지 지역은 대체로 하루 일급과 하루 식비(食費)가 비슷한 경향을 보이고 있다.

임금의 장기변동을 알려주는 여성현(汝城縣) 물가표를 보면 고농(雇農)의 1일 임금은 0.1원으로 미(米) 2.5근을 구매할 수 있고 민국시기 임금 0.25원으로는 미(米) 3.125근을 살 수 있어 고농(雇農)의 실질임금이 민국시기에 상승했음을 알 수 있다. 목공(木工)의 경우는 광선(光宣)시기 1일 임금 0.15원으로 미(米) 3.75근이 구입 가능한데 민국시기에 임금 0.3원으로 역시 미(米) 3.75근이 구입 가능해 실질임금이 유지되고 있는 것을 확인한 바 있다.[65] 〈표 13〉에서 농공(農工)의 일급(日給)은 0.05원에서 0.20원으로 평균은 0.115

원이다. 이는 민국시기 여성현 임금 0.25원보다 낮은데 여성현은 1932년경의 것을 반영하고 있어 〈표 13〉의 조사와는 10년 간격이 있는 것을 감안해야 한다. 구매 가능 미(米)는 0.78~3.15근 평균은 1.93근이다. 농공의 일급으로 구매 가능한 소금은 0.45~1.82근으로 평균은 1.05근이다.

목장(木匠)의 일급으로 구매 가능한 미는 1.58~3.27근으로 평균은 2.16근이다. 구매 가능한 소금은 0.73~2.00근으로 평균은 1.17근이다. 이 목장의 일급이 〈표 12〉에 나오는 노동자 임금의 대표치이다. 『장사대공보』의 임금 조사에는 장사시(長沙市)의 것은 게재되어 있지 않지만 도시인 만큼 여타 지역보다는 높은 수준이었을 것으로 추정된다.

그런데 〈표 12〉의 작성 과정에서 검토한 자료에는 6월 12일의 동안(東安)의 통장(桶匠: 통 제조), 6월 14일 강화(江華)의 연미(碾米: 방앗간), 6월 28일 영명(永明)의 착유(搾油: 기름짜는 일), 유칠장(油漆匠: 옷칠장인), 6월 28일 영흥(永興)의 동석기(銅錫器: 구리등그릇), 7월 20일 성보(城步)의 염방(染坊: 염색), 양주(釀酒: 술제조), 7월 26일 영릉(零陵)의 제모(製帽: 모자), 양주(釀酒), 제전와(製磚瓦: 벽돌 기와), 7월 29일 평강(平江)의 소사(繰絲: 고치로 실 뽑는 일), 직공(織工), 죽류종등(竹柳棕藤), 안향(安鄉)의 제석(製席: 돗자리) 등의 경우는 '공자동전(工資同前: 임금은 전과 동일)'이라 적혀 있고 가격 표시가 없다. 여타 항목은 임금을 표시하고 있는데 '전(前)'은 바로 위 항목의 동일 표시가 아니고 종전의 시간적 의미로 생각된다. 이 항목은 임금에 변동이 없다는 의미이다. 여타 항목은 대체로 임금이 상승되고 있다 생각된다.

임금과 물가에 대한 『대공보』 기사 하나를 검토해 보겠다.[66]

물가의 상승하락은 시황 금융을 보아 전이(轉移)되는 것이고 임금의 하락상 승은 생활 정도를 표준으로 삼는다. 이것은 일정불변의 이치이다. 살피건대 지금 물가의 등귀와 전조(田租)의 증가는 현양(現洋)을 본위로 삼지 않는

65) 田炯權,「淸末民國期 湖南 汝城縣의 商品流通과 物價變動」『明淸史硏究』 9, 1998.
66) 『長沙大公報』 1918年 9月 21日,「泥木兩行仍求漲價」.

것이 없다. 생활 정도도 또한 즉시 이에 따라서 계속하여 상승한다. 폐행(敝行)도 국민 분자로서 우러러 섬기고 아래로 부양하니 모두 그렇지 않은 것이 없다. 만약 제공(諸公)의 환심을 유지하면서 가족이 굶주려 죽는다면 이것은 이 기술을 배워 생계를 도모하는 것이 아니다.

이것은 니목(泥木) 양행(兩行)이 임금 인상을 요구하는 내용이다. 생활 정도와 물가에 따라 임금을 인상하지 않으면 안 된다는 것이다. 며칠 뒤의 보도에는 화폐 팽창으로 식료품의 가격이 8~9배 상승했다는 기사도 있다.[67] 1920년 5월의 보도에도 임금이 미가와 연동된다는 내용이 나오고 있다. 관련 사료를 제시하면 다음과 같다.[68]

살피건대 농공(農工)은 백공(百工)의 근본인데 공가(工價)의 등락은 곡미가격을 보아 전이(轉移)된다. 지금의 공가(工價)는 왕년에 비교하면 배 이상뿐이겠는가, 그 원인은 실로 곡미의 급등에 있다. 공가(工價)의 미지급은 본속(本屬) 향간의 관습이다. 현재 미가가 날로 상승하는데 공장(工匠)이 미(米)를 받는 것을 원치 않으면 미가(米價)를 동원으로 절합(折合)하는 것을 허가한다. 혹 미가(米價)가 하락하면 동원(銅元) 5매(枚)를 한도로 하여 월말에 결산하도록 하여 공가(工價)를 보호하게 한다.

이것은 장사지사(長沙知事)의 비답문(批答文) 일부이다. 장사 일대의 향간에서 과거에는 농공(農工)의 일급(日給)을 미곡으로 주던 관습이 있었으나 현재는 화폐로 지불한다는 내용이다. 미가(米價)의 상승에 따라 공가(工價)도 연동하여 배 이상 올랐다는 사실을 알 수 있다.

1922년 6월 노계현(瀘溪縣) 자료를 보면 다음과 같다.[69]

---

67) 『長沙大公報』 1918年 9月 25日, 「物價飛漲之市面觀」.
68) 『長沙大公報』 1920年 5月 11日, 「工價給米問題」.
69) 『長沙大公報』 1922年 6月 19日, 「勞動工資調査記」.

살피건대 노계현(瀘溪縣) 각 항의 노동 임금은 민국 기원전에는 매인(每人) 일급(日給)은 식사제공 외에 많아야 원전(元錢) 100문을 넘지 않았다. 민국 성립 이래 각 노동자의 생활 정도가 점차 향상되었다. 현재 보통의 임금으로 비교하면 실로 종전보다 1배 이상 초과되었다.

위 기사를 보면 민국 성립 후에 생활 정도의 향상으로 노동자의 임금도 배 이상 상승했던 것을 알 수 있다. 임금 인상에는 앞서 보았던 니목(泥木) 양행(兩行)의 임금 인상 요구와 같은 노동자의 각성과 투쟁이 작용한 면도 있다. 평강현(平江縣)에서는 1918년부터 일본에서 귀국한 유학생들이 현 노동연맹을 조직했고 현공회(縣工會)와 현농공회(縣農工會)를 조직하여 노동운동을 전개하였다.[70] 〈표 12〉에서 평강현의 임금이 높은 편에 속하는 것도 이것과 관련 있을 것으로 생각된다.

중국의 노동운동은 1922년 1월부터 1923년 2월까지 제1차 고양기(高揚期)를 맞이하였다. 1923년의 2·7참안(慘案)으로 한풀 꺾이지만 호남에서는 봄과 여름에 걸쳐 지속되었다. 1923년 4월에는 장사(長沙)의 납 정련 노동자들이 임금 인상을 요구했고 7월에는 장사의 석공(石工)과 목장(木匠)들이 들고 일어났다. 8월에는 악주(岳州)의 석공(石工)과 목장(木匠)의 파업에 의한 임금 인상 성취가 성공하였다.[71] 1924년 4월에는 장사의 방사창(紡紗廠) 노동자들이 파업으로 임금 인상을 요구하였다.[72] 노동자의 임금은 물가와 달리 매일 변동하지는 않는다. 그런데 대개 한 번 인상이 되면 일정 기간 지속되는 것이다. 드물게 하락하는 경우도 있는데 하나의 사료를 보겠다.[73]

근래 노동 임금은 대부분 하등 임금이다. 지난 가을 대한(大旱)으로 한재(旱

---

70) Angus W. McDoNald, JR., 앞의 책, pp.241~143.

71) 위의 책, pp.199~200.

72) 『長沙大公報』 1924年 4月 17日, 「昨日紡紗廠工人罷工詳情」.

73) 『長沙大公報』 1922年 6月 14日, 「勞動工資調査記」.

災) 피해 입은 지역은 사농공상(士農工商)을 막론하고 임금은 피해가 클수록 더욱 적다. 또 일자리가 없으니 이것이 노동 임금이 하락하는 하나의 큰 원인이다.

강화현(江華縣)의 1922년 6월의 사정이다. 재해가 심한 지역은 일자리가 없어 임금이 하락한다는 것이다. 임금의 지역간 격차는 경제력의 정도와 더불어 노동시장의 수요 공급 원리가 작용하고 있는 것으로 생각된다.

그런데 민국시기 각지의 노동자 임금은 대부분 동원(銅元)으로 계산되었고 동원 가치 폭락으로 인민생활 부담이 가중되었다는 지적이 있다.[74] 〈표 12〉의 호남성 각 현 임금조사는 전부 광양(光洋)으로 표시되고 있다. 여성현 물가표에서 광선(光宣: 광서 후반에서 선통년간)시기와 민국시기는 모두 광양(光洋)으로 적혀있다. 전술한 니목(泥木) 양행(兩行)의 임금 인상 요구 가운데도 모두 현양(現洋)을 본위로 하고 있다는 것을 보면 담문희(譚文熙)의 주장과는 부합되지 않는 것을 알 수 있다.

3. 무역과 물가·경기

1) 무역과 물가

중국학계의 기본적인 시각은 청말민국기가 제국주의 경제침략으로 물가 폭등과 민중생활의 부담 가중을 초래했다는 것이다. 또 제국주의 경제침략의 결과가 대외무역의 신속한 발전임을 지적하고 있다.[75] 그렇다면 대외무역의 발전이 물가급등을 초래했다는 논리로 이해할 수 있다.

그런데 무역과 물가에 관한 사료 하나를 검토해 보겠다.[76]

---

74) 譚文熙, 앞의 책, pp.303~305.
75) 嚴中平, 앞의 책, pp.63~64.

윤선(輪船)이 이미 통행하고 철로가 이미 조성된 뒤 제조업이 날로 번성하고 상약(商約)이 시행될 수 있고 시장이 번화하고 상고(商賈: 상인)가 줄을 잇고 백가지 상품이 유통되어 쉴 틈이 없게 된다면 일용 각 물건은 그 가격이 반드시 저렴해질 것이고 신기한 제품도 날을 헤아려 얻을 수 있을 것이니 민생의 편리함은 이보다 더할 수 없다.

『상보』에 게재된 남주(南州)인 웅숭후(熊崇煦)의 주장이다. 이미 1898년 시기에도 무역이 진행되면 일용품 가격이 저렴해질 것이라는 예상을 하고 있다. 무역을 행하면 수입품 가격과 수출품 가격은 서로 다를 수 있다. 수입품 가운데 큰 비중을 차지하는 것이 양유(洋油)이다.

양유 수입 전에는 채유(菜油)나 면유(棉油) 등으로 등(燈)을 켜다가 민국시기 집집마다 양유를 사용한다는 장사부(長沙府) 예릉(醴陵)의 기록을 비롯하여 각 지방지에서도 비슷한 기사를 발견할 수 있다.[77] 『호남실업지』를 보면 장사는 면제품 다음으로 양유를 많이 수입하고 있는데 최다시에 연 200~300만 해관량(海關兩)을 수입하고 있고 악주(岳州) 역시 면포(棉布) 다음으로 양유를 많이 수입하고 있다.[78]

통계자료를 보면 양유의 수입은 1901~1903년 기간에 비해 1909~1911년은 거의 배 가까이 증가했다. 1919~1921년과 1929~1931년 기간은 지속적 상승세를 보이고 있다.[79] 1920년 5월 양유 브랜드가 다섯 개에서 갑자기 열 개로 증가한 것은 공급자의 경쟁 심화와 공급 증가를 보여준다고 생각된다. 거기에 맞추어 1918년 대비 1920년 5월에는 양유 가격이 하락한 바가 있다. 『호남실업지』자료를 보면 장사현의 수입품 1위가 양유인데 내원(來源)은 영국과 미국으로 되어 있다. 제국주의는 단일한 결사체가 아니라 영국과

---

76) 『湘報』 제49호, 1898年 5月 2日, 「中國自救莫如大開通商口岸說」.

77) 전형권, 「清末民國期 湖南 長沙의 米價와 物價動向」 『中國史研究』 79, 2012.

78) 『湖南實業志』, pp.192~194.

79) 嚴中平, 앞의 책, p.75.

미국 등 상호 치열한 경쟁 관계에 있는 세력들이다. 동일 국가라 하더라도 개별 상인이나 회사는 각자의 이윤 추구를 위해 경쟁할 수밖에 없다. 이것이 양유 가격의 하락이나 안정에 영향을 준다고 여겨진다. 다른 물가와 달리 양유 가격도 〈도 4〉에서 보는 대로 1921년부터 1927년까지 거의 안정 또는 하락세를 보이고 있어 수입상품의 특성을 드러내고 있다. 상식적으로도 수입상품은 수입이 증가할수록 공급이 증가하는 것이므로 가격의 안정이나 하락에 영향을 준다고 생각된다.

다음으로 양염(洋鹽)의 수입이 1920년대 소금 가격의 상대적 안정에 기여한 것도 수입 무역의 가격에 대한 영향으로 생각된다. 일본염(日本鹽), 조선염(朝鮮鹽), 러시아염(鹽), 프랑스염(鹽) 등의 수입이 시장에 대한 소금의 공급량을 증가시킨 것은 틀림없다.[80] 이러한 양염(洋鹽)에 대항한다는 명목으로 구대정염공사(久大精塩公司)가 성립하고 그 결과 호남시장에 정염(精鹽)이 판매되자 기존 회상(淮商)들이 반발했던 것도 공급자간의 경쟁 심화이다.[81]

미곡에 대해서도 양미(洋米: 바다를 통해 수입된 쌀)의 수입은 호남미(湖南米)의 가격에 영향을 미쳤다고 생각된다. 『호남실업지』 조사에 의하면 조사 당시 양미가 가득차서 가격이 하락했다는 것과 평상시 장사의 돈적(囤積) 미곡이 최다 불과 백여만 석이었는데 1933년에는 200만 석을 초과했다는 것을 밝히고 있다.[82] 비슷한 시기의 조사를 토대로 하고 있는 『湖南の穀米』에도 양미가 가격이 저렴하고 품질이 양호하여 대도시 시장을 획득한 반면 국내미(國內米)는 생산비가 높고 품질조차 양호하지 않아 시장이 더욱 좁아졌다는 것과 역년(歷年)의 호남 잉여미(米)는 상해(上海), 한구(漢口)를 최대의 시장으로 했지만 최근 몇 년간 외미(外米)수입에 의한 배척으로 판매가 심히 곤란해졌다고 하고 있다.[83]

---

80) 譚文熙, 앞의 책, pp.265~266.

81) 『長沙大公報』 1922年 2月 12日, 「淮商公所條陳整頓塩稅辨法」.

82) 『湖南實業志』, p.302.

83) 張人价, 앞의 책, pp.123~124.

결국 수입의 증대는 시장의 상품 공급 증가이다. 공급 증가는 가격 하락을 가져오거나 안정에 기여하는 측면이 많다. 제국주의 각국의 상품시장화와 무역 증대가 적어도 가격의 급등을 야기한다는 것은 신뢰하기 어렵다.

수출상품의 경우는 수출량이 증가할수록 해외시장 수요가 확대되는 것이고 국내 시장의 공급량은 감소한다. 그러므로 가격이 상승하는 것이 자연스럽다.

호남의 주요 수출품인 동유(桐油)에 대해서도 보면 악주(岳州)에서 가장 번성했던 때에는 연 1000만 해관량(海關兩) 이상을 수출하였고 1930년대 전반에 감소하여 400~500만 해관량을 수출하였다.[84] 상덕(常德) 동유행(桐油行)도 민국 원년(1912) 이래 영업이 극히 발달하였고 1933년 해외 수출량은 17만담(擔)으로 나오고 있다.[85] 〈표 7〉과 〈도 3〉을 보면 1921년부터 동유 가격은 가파른 상승세를 보이고 있다. 1925년과 1926년 조금 하락하였지만 1927년 다시 상승하고 있다. 동유의 수출과 물가상승에 관한 지방지의 기록을 검토해 보겠다.[86]

> 부로(父老)에게 들으니 함풍(咸豊)·동치(同治)시기에는 동유(桐油)의 시가(市價)가 100근에 민전(緡錢) 3000 혹은 4000에 그쳤다. 해외 수출이 시작된 뒤부터 가격이 해마다 상승하니 현인(縣人)들이 초송(草鬆)을 제거하고 동(桐)을 심는다. … 매 100근에 전(錢) 60민(緡) 혹 80민(緡)을 받으니 이는 20배가 오른 것이다.

이것을 보면 청말에는 동유 가격이 낮았는데 민국시기 해외수출로 재배가 확대되고 가격은 20배 올랐다는 것이다. 수출 증대가 가격 상승을 초래하고 그것이 농가의 재배 확대로 이어진 것을 볼 수 있다.

---

84) 『湖南實業志』, p.194.
85) 위의 책, pp.330~331.
86) 民國 12年刊 『慈利縣志』, p.196.

민국시기 『영순현지(永順縣志)』의 기록을 하나 검토해 보겠다.[87]

> 동유(桐油) … 오동나무 열매의 기름을 짠 것이다. 상강절(霜降節)(10/23) 후에 열매에서 기름을 짠다. 예전에는 다유(茶油)보다 가격이 낮았는데 근일에는 다유보다 비싸다. 수출 상품의 주종이다.

여기서도 동유의 해외 수출이 가격 상승으로 이어지고 있음을 밝히고 있다.

다음으로 예릉현의 편폭(編爆: 폭죽) 사료를 보겠다.[88]

> 편폭(編爆)의 생산은 민국 10년(1921)부터 15년(1926)사이가 최성시기였다. 매년 생산은 모두 100여만원에서 200만원 정도였다. 그 당시 인민생활은 자못 여유가 있었다. 최근 몇 년이래 국내외 판로가 정체되었고 가격이 이에 따라 하락했고 생산량도 따라서 감소하였다.

예릉 편폭(編爆)의 판로는 광동, 복건, 홍콩 등지뿐 아니라 남양(南洋), 싱가포르, 베트남, 러시아 등 각국에 수출되었다. 그런데 수출 감소가 가격 하락을 초래했다는 것이다.

면화의 경우 민국 원년 이후에 수출이 본격화 되었다. 민국 원년(1912)부터 민국 14년(1925) 사이에 민국 9년(1920)이 수출 조금 낮은 것을 제외하고는 무역액은 지속적 상승 추세였다. 통계에 의하면 민국 13년(1924)에서 1925년은 1담(担) 가격이 30.66원에서 31.35원으로 상승하였는데 1925년은 전년 대비 수출량이 증가하였다. 1926년은 1925년보다 수출량이 감소하였는데 1담 가격도 29.50원으로 하락하였다. 1927년은 수출량이 증가했는데 전년 대비 1담 가격은 29.19원으로 비슷한 수준을 보인다.[89] 1928년은 전년

---

87) 民國 19年刊 『永順縣志』 권11, 食貨, p.276.
88) 『湖南實業志』, pp.475~476.

대비 수출량 감소와 가격 하락의 대응 관계를 보여준다. 수출량과 가격의 대응 관계는 1924년부터 1928년 사이에는 대체로 수출 증가와 가격 상승이 주류를 이루고 있다.

광산물 가격 변화를 보면 호남성 광물의 수출 가치는 1912년 2.89만 관평량(關平兩)에서 1916년 1054.34만(萬) 관평량으로 363배 증가하였다. 전쟁 종료 후에 호남 광업이 쇠퇴하고 제가(銻價: 안티몬가격)가 급락하여 제가(銻價)는 1918년 상반년에 매 톤 900원에서 1919년 봄에는 매 톤 90원으로, 다시 1920년에 매 톤 50원으로 하락하였다. 1919년 호남성의 제(銻: 안티몬)생산은 1차 대전 전 1912년에 비해 44.4%가 감소하였다. 1919~1923년 5년간 전성(全省) 수출 순제(純銻)는 가치 459.4만 관평량으로 전시(戰時) 평균 수출가치의 1/4 수준이었다.[90] 제업(銻業)이 다시 회복되자 1926년 장사(長沙) 순제(純銻)의 매 톤 가격은 90원에서 450원으로 다시 상승하였다. 오업(鎢業: 텅스텐)도 1920년부터 다시 소생을 시작하여 1926년은 수출이 급증하였다. 1929년 여름 이후에는 세계 경제위기 영향으로 텅스텐 생산이 줄곧 하강하였다.[91] 광산물의 경우 수출이 잘되면 해외 수요가 많을 것이고 이것은 가격 상승으로 연결되지만 반대로 수출이 격감하면 가격도 하락할 수밖에 없다.

무역과 물가는 수입상품의 경우 수입량이 증가할수록 물가는 하락하고 수출상품의 경우 수출량이 증가할수록 물가가 상승하는 궤적을 보인다. 이러한 물가변동은 제국주의 열강의 가격 조작보다는 국제시장의 수요 변동에 의한 측면이 강하다.

---

89) 위의 책, pp.554~555.

90) 宋斐夫, 『湖南通史』(現代卷), 湖南出版社, 1994, p.12.

91) 위의 책, p.97.

2) 무역과 경기

1차 세계대전 기간에는 제국주의 열강의 일시적 후퇴와 수출 증대 등으로 다소 호황적 측면이 있었지만 전후(戰後)에는 제국주의 열강세력 재 도래와 경제침략으로 불경기였다는 것이 중국학계의 정설이다. 그런데 호남성의 무역 추세에 대한 통계를 살펴보기로 하자. 〈표 15〉는 1912년부터 1928년까지 호남성의 외양(外洋)무역 통계이다.[92]

〈표 15〉 호남성 외양무역 통계(단위: 海關兩)

	洋貨入口			土貨出口			합계
	長沙	岳州	계	長沙	岳州	계	
1912	372,941	7,271	380,312	571	-	571	380,883
1913	1,490,357	6,200	1,496,557	1,072	3,747	4,819	1,501,376
1914	2,355,117	12,041	2,366,158	897	550	1,447	2,367,605
1915	855,463	5,117	860,580	1,826	88	1914	862.494
1916	1,153,118	12,042	1,165,160	2,158	22,694	24,852	1,190,012
1917	1,357,024	6,789	1,363,813	1,858	23,730	25,588	1,389,401
1918	2,028,971	4,895	2,033,866	1,248	-	1,248	2,035,114
1919	2,566,711	3,097	2,569,808	1,617	-	1,617	2,571,425
1920	1,884,521	8,402	1,892,923	2,750	-	2,750	1,895,673
1921	1,350,948	11,128	1,362,076	4,157	-	4,157	1,366,233
1922	1,164,516	19,435	1,183,951	7,299	-	7,299	1,191,250
1923	1,131,124	22,367	1,153,491	19,743	-	19,743	1,173,234
1924	1,448,402	21,750	1,470,152	23,581	-	23,581	1,493,733
1925	1,143,323	7,530	1,150,853	44,777	-	44,777	1,195,630
1926	1,370,410	1,128,986	2,499,396	20,674	-	20,674	2,520,070
1927	139,084	583	139,667	2,025	-	2,025	141,692
1928	349,023	1.309,455	1,668,478	15,142	-	15,142	1,683,620

〈표 15〉에서 수입액의 증가를 보면 1912년 약 38만에서 1913년 149만으로 급증했다. 1914년에는 236만으로 증가했다가 1915년 86만으로 격감했다. 1916년 다시 116만으로 회복되고 1917년에는 136만으로 상승했다. 1918년에는 203만으로 급증했다. 1차 대전의 종전은 1918년 11월 11일이므로 이

---

92) 『湖南實業志』, pp.188~189에서 재구성함.

해 수입액 증가가 종전 효과는 아니라 생각된다. 1919년에는 256만으로 증가하여 종전 효과와 관련 있는 것 같지만 1920년에는 189만으로 다시 감소한다. 1921년에 136만, 1922년에 118만, 1923년 115만으로 계속 감소한다. 1920년에서 1923년까지 연속 감소를 보인다. 1924년에는 147만으로 상승했으나 1925년에는 115만으로 하락했고 1926년에는 249만으로 상승하고 1927년 13만으로 격감했다. 1928년에는 166만으로 상승하고 있다. 1차 대전 기간인 1914년부터 1918년까지 5년간 수입액은 대략 777만 해관량(海關兩)이었고 1919년부터 1923년까지 전후(戰後) 5년간은 814만 해관량으로 양자의 차이는 4.8% 증가 수준에 그친다.

〈표 15〉의 수입액은 외양(外洋)에서 호남에 직수입되는 것으로 전체 무역 수입액은 아니다. 그러나 변동 추세의 자료는 될 수 있다. 이것에 의하면 1차 대전 기간 제국주의의 일시적 후퇴와 전후(戰後)의 제국주의 침략 강화, 그 결과 무역의 신속한 발전이라는 전통적인 해석과는 부합되지 않는다. 전후 몇 년간 수입액의 증감이 있는 것을 보면 제국주의 열강의 재침이라는 획일적 해석은 곤란하다. 각국의 수입 무역액 중 비교를 보면 1909~1911년 기간부터 영국의 비중이 감소하고 일본과 미국이 부상하고 있다.[93] 일본과 미국은 1차 대전 상당 기간 주요 전쟁 당사국이 아니어서 전쟁 기간이나 전후(戰後)나 지속적인 교역국으로 있었던 것을 생각하면 호남의 1차 대전 전후 무역액에 큰 변동이 없는 것과 상관성이 있는지도 모르겠다.

〈표 16〉은 『호남실업지』에 게재된 장사관(長沙關)의 수출입 내용이다.[94] 〈표 15〉에 실린 것은 외양(外洋) 직수입액만 제시된 것으로 이것은 통상 항구를 통해 수입되는 것의 10~20%밖에 안 된다. 〈표 16〉에 실린 내용이 호남의 실제 수출입 액수에 가까운 것이지만 여기에는 1925년부터 1934년까지 내용만 있다. 『호남실업지』의 연결되는 자료에는 악주관(岳州關)의 10년

---

93) 嚴中平, 앞의 책, p.65.

94) 『湖南實業志』, p.191.

간 수출입 무역도 제시되어 있다. 이 두 가지 자료를 종합하여 만든 것이
〈표 17〉이다.

〈표 16〉 십년래 장사관(長沙關) 진출구(進出口) 무역표(단위: 海關兩)

	進口由			出口往			復進口
	外洋	通商口岸	합계	外洋	通商口岸	합계	
1925	1,143,323	15,806,498	16,949,821	44,777	16,019,630	16,064,407	212,966
1926*	1,370,410	3,480,992	22,851,402	20,674	15,376,428	15,397,102	246,887
1927	139,084	9,004,965	9,144,049	2,025	13,977,944	13,979,969	663,126
1928	359,023	21,915,249	22,274,272	15,142	16,475.636	16,490,778	69,240
1929	651,473	23,647,936	24,299,409	12,117	13,764,315	13,776,432	198,501
1930	1,120,620	22,727,472	23,848,092	16,192	13,082,265	13,098,457	1,049,679
1931	1,934,421	23,893,564	25,827,985	13,822	10,598,981	10,612,803	128,342
1932	3,143,140	7,239,894	10,383,034	1,106,629	6,856,063	7,962,692	16,290
1933	2,824,790	4,718,891	7,543,681	7,780	6,981,827	6,989,607	14,848
1934	2,659,437	7,341,759	10,002,196	340	9,753,991	9,754,331	25,239

* 1926년 進口 합계는 4,851,402로 위 표의 수치가 오류
  1934년 進口 합계 10,001,196으로 약간 오차 있음

〈표 17〉 10년래 호남의 수출입 무역(단위: 海關兩)

	수입			수출		
	長沙	岳州	계	長沙	岳州	계
1925	1,6949,821	7,156,589	24,106,410	16,064,407	15,501,753	31,566,160
1926	22,851,402	7,619,339	30,470,741	15,397,102	12,516,522	27,913,624
1927	9,144,049	4,122,502	13,266,551	13,979,969	9,878,321	23,858,290
1928	22,274,272	11,044,459	33,318,731	16,490,778	13,787,203	30,277,981
1929	24,299,409	6,208,175	30,507,584	13,776,432	15,081,818	28,858,250
1930	23,848,092	5,513,400	29,361,492	13,098,457	14,227,621	27,376,078
1931	25,827,985	6,085,203	31,913,188	10,612,803	7,796,305	18,409,108
1932	10,383,034	4,403,681	14,786,715	7,962,692	7,508,929	15,471,621
1933	7,543,681	5,810,444	13,354,125	6,989,607	6,291,556	13,281,163
1934	10,002,196	2,518,219	12,520,415	9,754,331	4,248,655	14,002,986

이것을 보면 수입액은 1925년 2,400만 수준에서 1926년 3,000만 수준으로
급상승한 뒤에 1927년의 1,300만 수준으로 급감하였다. 1927년의 수입
감소는 북벌(北伐)전쟁과 같은 중국의 내전이 영향을 미쳤는지도 모른다.
1928년에는 3,300만 수준으로 최고에 도달한다. 1931년까지는 거의 3,000만

해관량(海關兩) 수준에서 평형을 유지하다가 1932년에 1,400만 수준으로 급감하여 1933년, 1934년은 지속적으로 하락하고 있다.

수출입의 균형을 보면 1925년 출초(出超)(7,459,750), 1926년 입초(入超) (2,557,117), 1927년 출초(10,591,739), 1928년 입초(3,040,750), 1929년 입초 (1,649,334), 1930년 입초(1,985,414), 1931년 입초(13,504,080), 1932년 출초 (684,906), 1933년 입초(72,962), 1934년 출초(1,482,571)의 현상을 보이고 있다. 1927년은 전년 대비 수입이 대폭 감소하였는데 수출도 크게 감소하였다. 1928년 수입액이 1926년도 이상 회복되었는데 수출도 역시 비슷하게 증가하였다. 1930년은 전년대비 수입도 감소하고 수출도 감소하였다. 1932년과 1934년은 출초 현상을 보이고 있고 1933년의 입초는 겨우 72,962 해관량(海關兩)으로 극히 미미하다. 그런데 1930년대 세계 경제위기와 호남 지역의 농촌 생산의 감소를 고려하면 불황형 흑자라고 할 수 있다.

교역 총액을 고려하면 1925년 55,672,570 해관량에서 1926년은 58,384,365 해관량으로 증가하였고, 1927년은 37,124,841로 격감하였다가 1928년에는 63,596,712로 급증하였다. 1929년은 59,365,834로 감소하고 1930년 56,737,570 으로 약간 감소, 1931년은 50,322,296으로 대폭 감소, 1932년은 30,258,336으로 격감하였다. 1933년은 26,635,288로 급감, 1934년은 26,523,401로 감소하고 있다. 1925년에서 1928년은 1927년의 비정상적 급감을 제외하고 계속 상승 추세이다. 1931년 이후의 불황을 고려하면 적자 여부가 중요한 것이 아니라 전체 교역량의 감소가 더 중요한 요소로 생각된다. 즉 무역량이 증가하고 활발할수록 호황이라는 것이다.

당시인의 인식을 통해 호황·불황 상황을 검토해보겠다.[95]

> 민국 7년(1918)에서 민국 12년(1923)까지 상장(商場)은 오히려 안정이라 칭한다. 민국 13년(1924) 후 민국 16년(1927) 사이에 비환(匪患: 비적들의

---

95) 위의 책, p.254.

반란)이 안정되지 않았는데 그때 전부(田賦), 염세(鹽稅), 이금(厘金)이 해마
다 증가하였다. 후에 무한(武漢)정부가 현금을 끌어 모으고 지폐를 남발하
여 물가가 급등하였다. … 농산품을 수출할 수 없으니 외화(外貨)의 수입도
또한 감소하였다. 이에 경제가 쇠락하고 상장(商場)이 조폐(凋敝)되었다.
민국 19년(1930) 장사(長沙)가 함락되자 상업이 유린을 당하여 다시 진흥하
지 못하였다.

이것은 장사시(長沙市)에 대한 서술이다. 1918년에서 1923년까지 1차
대전 종전 후에 오히려 호황이었던 것을 알 수 있다. 불황의 원인은 내부적
문제로 비환(匪患)의 연속, 세금의 가중, 무한(武漢)정부의 통화 팽창 등이
원인임을 밝히고 있다. 농산품의 수출이 감소하니 외화(外貨) 수입도 감소한
다는 대응 관계가 나오고 있다. 또 무역량 감소가 경제불황이라는 인식도
제시되어 있다.

장사의 장거리 수송사업을 담당하는 장도전운공사(長途轉運公司)는 민국
9년(1920)에 시작되어 처음에는 불과 2~3가(家)였는데 민국 11년(1922),
민국 12년(1923)에는 증가하여 11~12가(家)가 되었다. 그 영업은 민국 15년
(1926) 이전에 가장 발달하였다.[96] 1920년에서 1926년 사이에는 물동량이
많고 호황이었다는 것을 알 수 있다. 전술한 바 있는 예릉현의 편폭(編爆)사업
도 1921년부터 1926년까지가 번성시기였는데 1930년대 국내외 판로 부진으
로 불경기가 되고 있다. 같은 자료를 보면 예릉에는 주평(株萍: 株洲-萍鄕)철로
개통 이후 성시(城市)무역이 번영을 구가했는데 근년(1934년 이전) 농촌
파산으로 경기불황이 되었다고 한다.[97]

호남의 면화 수출 상황을 보면 민국 13년(1924)부터 1929년까지 수출량이
대개 3~4만담(担) 전후이고 가격도 30원 전후를 유지한다. 1929년 이후
급격히 수출량이 감소하고 가격도 하락하고 있다.[98] 소양현(邵陽縣) 상업에

---

96) 위의 책, pp.268~269.
97) 위의 책, p.465.

대한 설명 가운데도 "해금(海禁)이 개방되어 사치품 수입이 급증하고 민간 풍속이 사치해졌지만 금융 상태가 비상하게 활발하고 시황이 이 때문에 번영하였다는 것, 민국 16년, 17년까지 각 업(業)이 이익이 많았고 연간 면화 소비량이 3만포(包)에 달했으며 양사(洋紗)는 만여 상자(箱)에 달했다. 그런데 '근년래'(1934년 이전) 면화 소비량이 감소하여 1/3에 이르렀다. 농촌경제가 파산에 가까워 인민의 구매력이 격감하였다"는 내용이 나오고 있다.[99] 여기에도 무역량 증가는 경제 번영이고 구매력 감소와 무역 축소는 불황이라는 인식이 대두된다. 호남 동유(桐油) 공업의 설명 가운데 동유가 호남 굴지의 수출상품으로 민국 초년에 해외수출로 번성했으나 지금은 불경기 관계로 영업이 쇠퇴했다고 하고 있다.[100] 동유의 수출 부진은 불경기 와 관련 있는 것이다. 장사(長沙) 염방(染坊)도 민국 7년(1918)부터 민국 13년(1924)까지가 가장 전성기였다는 것이 밝혀지고 있다.[101] 단행(蛋行: 계란업)의 영업 상황은 민국 10년(1921)부터 14년(1925)까지가 영업이 가장 번성하였다. 이때 양장(洋莊)이 운송판매에 가담하였다.[102]

형양(衡陽)의 사정에 대한 기록을 검토해 보겠다.[103]

형양의 전업(錢業)은 민국 원년(1912) 전에 단지 10가(家)였고 민국 원년 후에 비로소 발달하였다. 민국 16년(1927)시에 증가하여 20여가(家)가 되었다. 형양 전업(錢業)의 최성시대였다. 민국 19년(1930) 농촌이 파산으 로 인해 금융 조절이 곤란해지고 전업(錢業)의 영업이 축소되어 민국 20년 (1931) 겨울에 전업(錢業)이 거의 전부 폐업이나 정업(停業)하였다.

---

98) 위의 책, pp.554~555.
99) 위의 책, p.389.
100) 『湖南實業志』, p.801.
101) 위의 책, p.279.
102) 위의 책, p.306.
103) 위의 책, p.463.

이것을 보면 형양의 금융은 1927년경이 가장 번성한 시기였다. 민국 19년(1930) 농촌 파산으로 금융 곤란과 불경기가 되었던 것을 알 수 있다. 남산현(藍山縣)에서도 중외(中外)무역의 증가로 양유(洋油)와 양사(洋沙)의 수입이 증대되고 생활수준 향상으로 사치 풍조가 만연하였다고 한다.[104]

『장사대공보』에 게재된 이자율 척식(拆息: 半月이자로 명시)을 보면 1921년 0.38, 1922년 0.44, 1923년 0.463, 1924년 0.685, 1925년 0.6, 1926년 0.4, 1927년 1.6%로 1926년 1월의 다소 하락을 제외하면 대체로 상승 추세이다. 동유 가격은 1921년에서 1924년까지 지속적 상승 추세이다. 여타 물가의 경우도 분석대상 시기에 상승이 주류를 이루고 있다. 이자율의 상승과 물가의 상승은 반대의 경우보다 경제적 호경기인 경우가 많다는 사실과 부합된다고 생각된다.

『호남실업지』나 민국시기 지방지(地方志) 등을 참고하면 호남에서는 1921년에서 1927년 사이에는 대부분 무역 증대로 호황(好況)이었다는 인식이 주를 이루고 있다. 이 시기는 제1차 세계대전 후 제국주의 열강세력의 재 도래와 침략 가속화라는 때이다. 거의 대부분의 사료에서 민국 19년(1930)에 농촌 구매력 감소로 경기불황이었다는 지적을 하고 있다. 무역 관계를 보면 수출 증가와 수입 증가가 대응되는 반면, 수출 감소와 수입 감소가 대응 관계를 이루고 있다.

〈표 17〉을 토대로 보면 1932~1934년 사이는 출초(出超)가 주조인 흑자이지만 교역량의 축소로 불황형 흑자를 나타내고 있다. 이상을 보면 1차 대전 후 제국주의 침략 강화와 신속한 무역 발전이 물가급등과 인민부담 가중을 초래했다는 주장은 재고되어야 한다고 생각된다.

---

104) 民國 21年刊 『藍山縣圖志』 권21, 「食貨」, p.311.

소결(小結)

　물가변동에서 기본이 되는 것은 미가(米價)이다. 미가는 1918년부터 1927년까지 대체로 상승 추세이다. 1918년 11월 1담(担) 4.32원에서 1925년 11월은 1담 9.90원으로 129.2% 상승했다. 1921~1923년의 평균 미가는 1석에 6.51원이다. 1909~1912년의 석당 평균 4.0원과 비교하면 62.75% 상승이다. 1932~1934년의 석당 평균 7.44원은 1921~1923년 기간 대비 14.29% 상승했다. 이것을 보면 1920년대 전반의 미가 상승이 1930년보다 현저했다는 것을 알 수 있다.

　미가의 상대 물가를 알기 위해 소금 값을 비교해 보면 1921년에서 1925년 사이 미가는 22.2% 상승했는데 소금은 같은 기간 12.9% 상승했다. 양유(洋油) 가격은 지속적으로 하락 추세인데 미가는 지속적으로 상승하고 있어 농민 소득과 구매력이 향상되고 있었다고 생각된다.

　소금 가격은 1921년에서 1927년까지 전문치(錢文値)는 가파른 상승세를 보여주고 있지만 기축(基軸) 통화인 은원(銀元) 가격은 1926년까지 안정 속의 상승세를 유지하고 있다. 염가(鹽價)의 안정에는 양염(洋鹽) 수입의 증가와 정염공사(精鹽公司) 설립 등이 기여하고 있다고 여겨진다.

　면화 가격은 1918년 11월부터 1920년까지는 비슷하게 유지되거나 하락하고 있다. 반면 1921년부터 1925년까지는 지속적인 상승 추세이다. 1926년과 1927년은 상승세가 둔화되거나 하락하고 있다. 1934년경 장사(長沙)의 면화 가격은 1918년 11월 가격과 동일하다. 1920년대 전반보다 1930년대 면화 가격은 하락하고 있다. 다유(茶油) 가격도 1918년 11월부터 1927년까지 지속적인 상승 추세가 주된 흐름이다. 전문치(錢文値)는 가파른 상승률을 보인 것은 통화 팽창의 결과이다.『장사대공보』에 동유 가격은 1921년부터 등장한다. 이 시기 동유 수출액의 증가와 관련 있다 생각된다. 동유는 전문치로는 1921년부터 1927년까지 가파른 상승세를 지속한다. 은원(銀元) 가격은 1925년과 1926년에 부분 하락세를 보이다가 1927년에 다시 상승한다.

1934년경 동유 가격은 역시 1920년대보다 하락하고 있는데 이것은 동유 수출의 감소와 관련 있을 것이다.

양유(洋油)는 대표적인 수입상품이다. 전문(錢文)으로서는 대체로 상승세이지만 은원은 하락 안정세이다. 계속 내리다가 1927년에 부분적으로 반등했지만 1921년 수준보다 낮다.

화폐 남발에 의한 혼란 속에서도 은원이 기축통화 역할을 하였다. 상인들이 은원 결제를 요구하거나 가격 표시를 은원으로 하는 등으로 시장경제를 유지하였다. 1921년에서 1927년 사이에는 은원 가격 기준으로 안정 속의 상승세가 주조이다. 이것은 1930년대 전반보다 상승률이 높은 것이었다.

임금 수준에 대해서는 일급(日給)을 기준으로 각 현(縣)의 27개 업종의 평균 임금은 0.13원(元)이었다. 이것은 목장(木匠)의 평균 임금과 일치한다. 고농(雇農)의 일급은 0.11원으로 상대적으로 낮은 편이었다. 고농의 일급으로 구매 가능한 염(鹽)은 1.05근(斤), 구매 가능한 미(米)는 평균 1.93근이었다. 목장의 경우에 구매 가능한 소금은 평균 1.15근, 구매가능 미는 평균 2.16근이었다. 식사 제공의 임금을 기준으로 했는데 비(非)식사 제공의 경우 임금은 이보다 높다. 임금 수준이 높은 지역은 일급이 식비보다 많은데 그렇지 않은 지역은 하루 일급과 식료품비가 비슷한 경우를 보이고 있다. 임금의 장기변동 추세를 보면 물가상승과 함께 상승하고 있다. 여성현(汝城縣)에서 임금의 미(米) 구매력을 비교하여 민국시기에 실질임금이 상승한 것을 밝힌 바 있다. 『호남실업지』와 지방지 등에서 임금이 물가와 연동된다는 것이 확인되고 있고 노동자의 임금 인상 요구도 목격되고 있다. 1922년 이래 고조된 전국적 노동운동이 호남에도 영향을 주고 있다 생각된다.

무역과 물가에 대해서 종래 제국주의 침략 고조는 무역의 신속한 발전을 가져오고 서양 상인들의 농간으로 물가는 급등했다고 인식해왔다. 그런데 수입품 물가는 무역 촉진으로 수입량이 증가할수록 가격 하락에 영향을 주고 있다. 양유(洋油)의 공급 증가가 가격 하락을 가져온 것이 대표적인 실례이다. 수출품의 경우 무역 확대로 수출이 증가하면 물가가 상승한다.

대표적 수출품인 동유(桐油)의 경우 1차 대전 이후 1921년부터 1927년 사이에는 지속적 수출 증가로 가파른 가격 상승을 나타낸다. 반면 1930년대 수출 부진으로 가격이 하락하였다. 광산물도 1차 대전 기간 수출 증가로 가격이 상승했다가 전후 수출 부진으로 가격 폭락을 경험했고 이후 점차 수출 회복과 가격 상승으로 이어지고 있다.

무역과 경기에 대해서 살펴보면 1차 대전 후 제국주의 열강의 재 도래와 침략 강화로 물가급등과 인민생활의 부담 가중이라는 도식과 호남의 현실은 부합되지 않는 것 같다. 관련 사료를 검토하면 대부분 1921년에서 1926년 또는 1928년까지도 호황(好況)임을 지적하고 있다. 거의 공통적으로 민국 19년(1930) 이후 경제불황을 논하고 있다. 호남의 수출입 동향을 보면 1925년에서 1928년까지는 교역량이 많지만 적자, 즉 입초(入超)가 많다. 그런데 1932년에서 1934년은 출초(出超), 즉 흑자무역이지만 1920년대에 비해 교역량은 급감하고 있다. 이를 보면 경기는 무역의 적자보다는 교역량의 증감과 더 밀접한 관련이 있는 것 같다. 대부분의 사료가 1930년 이후 불황을 지적하고 있는 것을 보면 무역량과 상황에서 나타나는 1930년대는 불황형 흑자무역이었다고 생각된다.

1차 대전의 기간 제국주의 열강의 일시적 후퇴와 전쟁 수요 증가로 중국은 상대적으로 호황을 누렸지만 종전(終戰)후 제국주의 열강의 재 도래와 침략 고조, 이로 인한 신속한 무역의 발전이 물가급등과 중국 인민의 부담 가중을 초래했다는 주장에는 문제가 있다. 적어도 호남을 소재로 실증 연구를 해보면 1921년부터 1927년 사이는 무역이 증대되고 물가는 안정 속의 상승세였고 상업이 번성했다. 당시인 스스로 상대적인 호경기로 인식하고 있었던 것이다. 제국주의 열강은 단일한 결사체가 아니라 상호 경쟁 관계의 독립체이고 동일 국가 안의 개별 상인들 역시 무한경쟁 상태에 있었다. 그렇기 때문에 제국주의 경제침략의 구체 상황을 분석할 때 민족주의 감정의 과잉은 자제하는 것이 타당하다고 생각된다.

【부록】

청 후기~민국기 호남의
천변재이(天變災異)·지방지 기록과 수한재(水旱災)

1. 천변재이(天變災異) 기재

청 후기 이후 호남지역에 빈번한 수재가 발생한 사실은 주지의 사실이다. 이러한 잦은 수재 발생의 원인으로써 종래에 많이 주장되어 온 학설은 호수나 하천 주변의 저습지를 무분별하게 개발하여 유수지(遊水地)를 축소시켰다는 것이다. 또 이 시기 폭발적인 제완(堤垸) 개발 증가가 사회문제화하고 '폐전환호(廢田還湖: 개간토지를 다시 호수로 만듦)' 논의까지 불러일으켰다는 것이다.1) 이것은 일정 부분 타당성이 있는 견해이다. 그러나 수재의 일차적 원인은 강우(降雨)이다. 매년 항상 일정한 강우량의 비가 동일한 형태로 내린다면 이것만으로 수재 빈발의 원인 설명은 가능하지만 시대에 따라 강우량과 강우 형태가 변화하고 있다. 즉 기후변화의 관점으로 시야를 확대해 볼 필요가 있다고 생각된다. 최근 호남의 자연재해 관련 연구도 더러 제출되고 있지만 본 장의 연구대상 지역을 중심으로 기후변화의 관점에서 이 문제를 다루고 있는 것은 거의 없다.2)

---

1) 張家炎, 「十年來兩湖地區暨江漢平原明淸經濟史硏究綜述」『中國史硏究動態』1997年 1期; 梅莉·張國雄, 『兩湖平原開發探源』, 南昌: 江西敎育出版社, 1995, pp.202~213; 張麗芬, 『湖南省米糧市場産銷硏究(1644~1937)』, 臺灣大學碩士論文, 1990, pp.104~106.

기후학자들은 대부분 중국 역사상 정치의 안정과 동란 및 왕조의 교체는 모두 기후변화와 밀접한 관계가 있다고 인정한다. 삼번(三藩)의 난도 기후의 악화와 관계가 있다는 것이다.[3] 이와 같이 역사적 사건이나 사실에 기후 변화의 관점을 도입하는 것은 매우 흥미롭고 가치 있는 일로 생각된다.

기후 문제에 관심을 가지고 보니 소빙기(小氷期) 이론과 관련 연구 성과들을 접하게 되고 매우 신선한 충격을 받게 되었다. 즉 16세기에서 19세기는 세계적인 소빙기 기후의 기간이고, 이 시기 역사 현상은 이런 기후 조건의 영향을 많이 받고 있다는 것이다.[4] 이러한 소빙기의 원인에 대해서는 화산폭

2) 楊鵬程,「簡論古代湖南自然災害發生的原因」『船山學刊』, 2002-4;「古代湖南虫災, 風災,雹 災, 冰凍, 地震, 疫災簡論」『湖南工程學院學報』13권 4기, 2003;「淸季湖南自然災荒與民變」 『株江工學院學報』18권 4기, 2004;「淸朝後期湖南水災硏究」『湖南工程學院學報』14권 3기, 2004;「晩淸湖南旱災硏究」『湖南科技大學學報』9권 1기, 2006;「晩淸湖南自然災害及 荒政硏究」『湖南城市學院學報』30권 4기, 2009; 鍾啓順,「民國時期湖南自然災害原因探析」 『湖南省社會主義學院學報』, 2006-5; 李伯重,「"道光蕭條"與"癸未大水": 經濟衰退·氣候劇變 及19世紀的危機在松江」『社會科學』, 2007-6.

3) 劉昭民 지음, 박기수·차경애 옮김, 『기후의 반역』, 성대출판부, 2005, p.196.

4) 金蓮玉,「역사 속의 小氷期」『역사학보』149, 1996; 김연옥,「한국의 小氷期 기후」 『지리학과 지리교육』14, 1984; 김연옥,「古日記에 의한 古氣候 연구: 眉巖日記를 중심으로」『논총』58, 이화여대 한국문화연구원, 1990; 나종일,「17세기 危機論과 한국사」『역사학보』94·95, 1982; 박근필,「17세기 小氷期 氣候연구의 현황과 과제」 『대구사학』80, 2005; 박근필,「氣候와 農業의 微視分析(1653~1655)을 통해 본 『農家集 成』編纂의 背景」『農業史硏究』4-2, 2005; 김문기,「17세기 江南의 氣候와 農業-『歷年記』 에 대한 분석을 중심으로」『동양사학연구』99, 2007; 김문기,「17세기 江南의 氣候變動과 明淸交替」, 부경대학 박사논문, 2008; 이태진,「소빙기(1500~1750) 천변 재이연구와 『조선왕조실록』」『역사학보』149, 1996; 이태진,「외계충격 대재난설 과 인류역사의 새로운 해석」『역사학보』164, 1999; 김민수,「19세기 후반 氣候 변동과 農業生産力」『한국사론』53, 2007; 소광섭,「역사와 과학의 학제적 연구에 부쳐」『역사학보』149, 1996; 전성호,「18-19세기 조선의 기후, 작황, 가격의 변동에 관한 연구」『농촌경제』25-2, 2002; 배재홍,「18세기 말 정조 연간 강원도 삼척지방 의 이상기후와 농업」『대구사학』75, 2004; 이호철·박근필,「19세기 초 조선의 기후변동과 농업위기」『朝鮮時代史學報』2, 1997; Wenjun Qu, Relationships between dust storms and dryness-wetness in middle-eastern china during 1470-1950 (China Particulogy vol.4, No.1, 2006; Bao Yang, Dust storm frequency and its relation to climate changes in Northern China during the past 1000years (Atmospheric Environment, 2007; T. Jiang, Yangtze Delta floods and droughts of the last millenium: Abrupt changes and long term memory (Theoretical and Applied Climatology. 2005;

발설, 태양의 흑점활동설, 운석충돌설, 대기순환이론 등이 제시되고 있다. 각각이 그럴듯한 이론 구성을 갖추고 있어 나름의 설득력이 있어 보이지만 그중에 대기순환이론이 학계의 많은 지지를 받고 있다고 한다. 필자로서는 매우 흥미롭고 지적 호기심을 자극하는 주제이지만 이 문제 해결에 도전할 능력은 없다. 다만 주된 연구대상 지역인 호남지역에서 청 후기 이후 빈번한 수재 발생의 원인이 기후변화와 어떤 연관성을 갖고 있지 않을까 하는 문제의식에서 본 장을 작성하게 되었다.

연구대상 지역은 호남 중에서 주요한 미곡 생산 중심지대로 동정호(洞庭湖)를 둘러싸고 있는 4개 부(府), 즉 장사부(長沙府)와 상덕부(常德府), 악주부(岳州府), 예주(澧州)이다. 4부주 중에 청말민국기의 지방지 입수가 용이한 지역을 한정하니 장사부(長沙府)의 12현(縣) 전부와 악주부(岳州府) 4속(屬) 가운데 3현, 상덕부(常德府) 4속 가운데 3현(縣), 예주(澧州) 6속 가운데 2현(縣), 도합 20개 현이 주된 분석대상이다. 기본 자료는 이들 20개 현과 관련된 부현지(府縣志)가 주종이다. 본 장은 이 지역을 대상으로 하여 수리(水利)개발 문제를 탐구한 앞 논문들의 후속 편이라 할 수 있다.[5]

대상 시기는 청 후기~민국기이지만 민국시대 지방지는 풍부하지 않고 주로 청말 지방지가 많은 관계로 청 후기가 중점적인 내용을 이루고 있다. 청 후기 이후의 기후가 그 전 시기에 비하여 어떤 변화 양상을 보이는가에 관심을 가진 결과 자연히 청 전기의 기후나 재해에 대해서도 검토하지 않을 수 없었다.

소빙기 이론과 연구 성과를 인식하고 전제로 하고 있지만 본 장애서는 소빙기 이론 자체를 정면으로 취급하지는 않는다. 다만 청 후기의 기후 변화를 추적하는 가운데 파악한 사실들을 제시하는 수준이다.

지방지 기록의 정확도가 개별 지방지에 따라 다르고 일부 지방에서 일식

브라이언 페이건 지음, 윤성옥 옮김, 『기후는 역사를 어떻게 만들었는가』, 중심, 2002; H. H. 램 지음, 김종규 옮김, 『기후와 역사』, 한울, 2004.

5) 전형권, 「淸 後期~民國期 湖南의 水利開發과 農業生産」『東洋史學硏究』102, 2008.

(日食) 기록은 관측 기록이 아니라 정사(正史)에서 초록한 경우도 있다.[6) 또 기상에 따라 관측 여부가 다른 경우도 있어 기록의 한계성을 인정해야 한다. 그러나 대체적 경향성을 파악하는 데는 큰 무리가 없다고 생각된다. 농업 생산과 기후는 밀접한 관련이 있다. 자연과학과 재해 극복 기술이 발달한 현대에도 그러하지만 전근대사회에서 기후와 농업 생산은 불가분의 관계이다. 이번 고찰을 계기로 역사 현상의 이해에 기후학적 요소를 가미하여 인식의 심화를 기대할 수 있을 것으로 생각된다. 덧붙일 것은 이 연구는 호남의 일부 지역에 한정된 것이다. 지역사 연구의 일반적 한계이지만 어떤 지역의 사례 보고의 성격이다. 중국사 전체에 일반화하려는 성급한 의도가 없음을 밝혀둔다.

지방지의 천변재이(天變災異) 기재는 주로 상이지(祥異志) 또는 오행지(五行志)에 서술되어 있다. 지방지에 따라 상세한 정도가 다르다. 어떤 현(縣)은 대단히 상세한 반면 일부 현은 거의 소략하여 변화를 파악하기가 쉽지 않다. 장사현(長沙縣)은 선화현(善化縣)에 비하여 이 부분 서술이 비교적 간단하다. 장사현과 선화현은 원래 하나였는데 송(宋) 철종(哲宗) 때(1098) 분리되었다가 민국 원년에 다시 선화현이 장사에 병합되었다. 선화현의 치소(治所)는 장사현과 마찬가지로 장사성(長沙城) 안에 두어졌다.[7) 수한재 (水旱災)의 기록도 장사와 선화는 거의 유사하다. 따라서 기록이 상세한 선화현의 경우를 적시해 보면 〈표 1〉과 같다.

『호남통지(湖南通志)』 기록에는 ○○현(縣) 혜성(慧星), ○○현 유성(流星) 등 구체적 지명과 관련 사실을 서술하고 있는데 아무 표시 없이 '칠월(七月) 태백주현(太白晝見)'이나 '장성현서북방(長星見西北方)' 등의 기재가 있다. 이런 무표시 서술의 경우 『선화현지(善化縣志)』 기재와 동일한 것이 14건이나 발견되었다. 즉 이것은 『호남통지』 서술자의 관측 지점이 선화현과 유사할 가능성을 시사한다. 선화현서(善化縣署)가 장사성(長沙城) 안에 있어 『통지』

---

6) 馬莉萍, 「清代日食的地方性記錄」 『復印報刊 明清史』, 2004-6.

7) 『湖南省志』 「地理志」 (長沙: 湖南人民出版社, 1982, p.539.

<표 1> 선화현(善化縣) 각종 재이(災異)

	順治	康熙	雍正	乾隆	嘉慶	道光	咸豊	同治	~光緖2年
혜성		1(3)		3(1)	1	(5)	3(5)	2	
유성	3(3)		(1)	1	(1)	3(1)	(6)	2(4)	
금성 낮 출현						(1)	1(2)	(1)	1
日變						1(3)	(1)	1	
지진						1		2	
유색 눈비								1	
우박	1							2	
大風	1	1					1		
疫	1					1			
雷電							(3)	1	
계	6(9)	2(5)	(1)	4(5)	1(2)	6(16)	5(22)	11(16)	1
빈도(年/1次)	9.8(5.6)			19.4(12.1)			2.4(0.9)		

* 光緖 3年刊 『善化縣志』 권33, 祥異
* 光緖 14年刊 『湖南通志』 권243, 祥異志.
* ( ) 안은 『通志』 자료에 의한 보충 수정치.

서술자의 관측 지점과 거의 같았다고 생각된다. 따라서 이런 『통지』 기술 중에 『선화현지』와 중복되지 않는 것을 보충한 것이 〈표 1〉 중의 ( ) 안의 수치이다. 이것을 합산하면 도광(道光: 1821~1850) 이후의 재이(災異) 건수는 빈도수가 더욱 격증한다. 『선화현지』 자체만으로도 이런 재이 빈도의 추세는 동일하다.

혜성이나 유성 일변(日變) 등의 천문(天文) 현상은 기상 여건에 따라 관측이 될 수도 있고 그렇지 못할 수도 있다. 『선화현지』 기재 중에 타현과 중복되거나 독립적인 천문현상 사례를 몇 가지 찾아보면 다음과 같다.[8]

    康熙 19年 庚申 大飢 冬長星見西南數十日(『장사현지』 기재 동일)

    乾隆 6年 冬慧星見西南隅 至次年二月乃止(독립기사)

    乾隆 8年 癸亥 慧星見室壁間經月(장사현, 상향현 동일)

    乾隆 35年 庚寅 慧星見東方 長約四丈許(상향현 동일)

---

8) 光緖 3年刊 『善化縣志』 권33, 祥異.

嘉慶 17年 壬申 大有年 八月 慧星見(장사현 동일)

道光 23年 癸卯 二月初八日夜 有白氣斜貫東北隅(상향, 상음과 동일)

咸豊 2年 八月 有長星見西指南 太白經天(장사 동일)

咸豊 11年 六月 長星見于天市垣(장사 동일)

同治 5年 丙寅 九月初七夜 流星西隕 有聲如雷(장사 동일)

同治 6年 丁卯 九月 雨黑子如菽(상향현 동일)

同治 8년 己巳 二月二十八日 辰刻晝天日晦逾時(장사 동일)

同治 11年 壬申 慧星見北指南(독립기사)

光緒 2年 丙子 太白晝見(독립기사)

이것을 보면 선화현과 인접한 장사현뿐 아니라 상당히 떨어진 상향현(湘鄕縣)에서도 혜성·유성이 동일하게 관측되는 경우도 적지 않다.[9] 천변재이(天變災異) 현상을 조선왕조실록에서 분석한 논고에 의하면 하늘의 이상 현상, 혜성·유성·일변(日變) 등과 기상적 재변(災變), 지진·우박·뇌전(雷電), 인간 사회에 직접 닥친 재해, 수재·한재 등으로 분류하고 있다.[10] 여기서는 그 분류에 구애받지 않고 대강을 정리하고 있다. 혜성·유성·금성의 대낮 출현·성변(星變)·일변(日變)·지진·뇌전(雷電)·우박·대풍(大風)·유색눈비·충해(蟲災)·역(疫) 등이 거의 모든 지방지에서 주요 기재 대상이 되고 있다.

선화현에서 동쪽으로 인접하고 있는 유양현(瀏陽縣) 경우를 정리한 것이 〈표 2〉이다.

유양현지의 기재도 비교적 충실한 편이다. 여기에서도 도광(道光) 이후에 혜성·유성의 출현·지진이나 우박·유색 눈비 등 기이한 천변재이(天變災異)가 집중적으로 발생한 것을 쉽게 알 수 있다. 옹정(雍正)~가경(嘉慶)기의 중기는 물론이지만 순치(順治)~강희(康熙)기의 전기에 비해서도 파격적인 증가 현상을 보이고 있다.

---

9) 同治 10年刊 『長沙縣志』 권33, 祥異; 同治 13年刊 『湘鄕縣志』 권5, 兵防, 祥異.

10) 이태진, 앞의 논문, 1996.

<표 2> 유양현(瀏陽縣) 각종 재이

	順治	康熙	雍正	乾隆	嘉慶	道光	咸豊	同治12年
혜성		3				1	3	
유성				1	1	3	2	2
금성 낮 출현, 星變						1	2	
日變						2		2
지진	1					1		1
雷電						1		6
우박	3				1	1	4	7(1)
大風	2	1			1		2	2
유색 눈비								2
蟲災	1					4	2	
疫	1					1	1	
계	8	4		1	3	15	16	22(23)
빈도(年/1次)		6.5			24.3			0.98

* 同治 12年刊 『瀏陽縣志』 권14, 祥異
* 光緒 14年刊 『湖南通志』 권243, 祥異志.
* ( ) 안은 『通志』 자료에 의한 보충 수정치.

상담현과 상향현은 인접한 곳인데 편의상 이 두 현의 내용을 함께 정리한 것이 〈표 3〉이다.

<표 3> 상담현(湘潭縣)·상향현(湘鄕縣) 각종 재이

		順治	康熙	雍正	乾隆	嘉慶	道光	咸豊	同治	~光緒14年
혜성	상담	1								
	상향		1		2	1				
유성	상담							1	1	
	상향						2	1		
금성 낮 출현	상담									
	상향									
日變	상담								1	
	상향									
지진	상담									1
	상향									
雷電	상담									
	상향		1					1		
유색 눈비	상담								1(1)	
	상향						1	1	3	
우박	상담	1			1	1		1		1
	상향						1	3	1	

大風	상담	1			1	1	2		3	1
	상향		2					1		
蟲災	상담	1					1	1		
	상향		3		1	1	2	1	1	
疫	상담	1		1	1	1	3		1	1
	상향	1		1						
계	상담	5		1	3	2	6	3	7(8)	4
	상향	1	7	1	3	2	6	8	5	
빈도 (년/1차)	상담	15.6			16.2			3.4		
	상향	9.8			16.2			*2.8		

* 光緒 15年刊 『湘潭縣志』 권9, 五行.
* 光緒 14年刊 『湖南通志』 권243, 祥異志.
* 同治 13年刊 『湘鄕縣志』 권5, 兵防, 祥異.
* 상향현은 동치 13년까지 빈도수.

개별 항목에 대해서는 기재 내용이 상이한 경우가 있지만 전기·중기·후기별 변화 추세는 비슷한 양상을 보이고 있다. 역시 연구대상시기인 청 후기이후에 집중적인 재이(災異) 발생 추세를 보이고 있다. 그런데 『상담현지(湘潭縣志)』에는 순치 5년 이후 성변(星變)에 대해 잘 기록하지 않았다는 것, 또 함풍 초에 유성이 비 오듯 하였으나 이것 역시 한 지방의 문제만이 아니므로 제대로 기록하지 않았다고 밝히고 있다.[11] 그러므로 지방지에 따라서 구체 사실은 기재에 누락된 경우가 있음을 인지해야 한다.

장사현과 서쪽으로 인접한 영향현(寧鄕縣)과 선화현과 동쪽으로 인접한 예릉현(醴陵縣)의 내용을 정리한 것이 〈표 4〉이다.

중국의 소빙기(小氷期) 시기구분에 대한 것은 여러 가지가 있으나 이것을 참고로 여기서는 순치(順治)~강희(康熙)를 1기(期)로, 옹정(雍正)~가경(嘉慶)을 2기(期)로, 도광(道光)~동치(同治)·광서(光緒) 전기를 3기로 대략 구분하고 있다.[12] 영향과 예릉은 민국기의 편찬 지방지로서 민국기의 변화를 파악할 수 있는 자료이다. 앞의 자료와 마찬가지로 영향과 예릉 역시 비슷한 추세의

---

11) 光緒 15年刊 『湘潭縣志』 권9, 五行.
12) 쓰可楨을 비롯한 諸家의 구분에 대해서는 김문기, 앞의 박사논문, p.23; 유소민, 앞의 책, pp.188~189 참고.

〈표 4〉 영향(寧鄕)·예릉(醴陵) 각종 재이

		順治	康熙	雍正	乾隆	嘉慶	道光	咸豊	同治	光緒·宣統	民國
혜성	영향		2								
	예릉							1			
유성	영향	1				1					3
	예릉										
星變	영향										
	예릉										1
日變	영향							1	1		
	예릉								1		
지진	영향						2		1	1	1
	예릉		1				2	1			2
유색 눈비	영향		1					1	1		2
	예릉								1		
우박	영향	1						2	3	1	1
	예릉			1				2		1	2
大風	영향				1			1	2		
	예릉		1					1		1	2
雷電	영향	3							1		
	예릉										
蟲害	영향		2		1		1	1	1		3
	예릉	1	1					2		1	3
疫	영향				1		1				
	예릉	1			1						
계	영향	5	5		3	3	3	6	9	2	10
	예릉	2	3	1	1		3	6	2	3	10
빈도 (년/1차)	영향	7.8			16.2			2.9		5.5	
	예릉	15.6			48.5			4.8		5.6	

* 民國 37年刊 『醴陵縣志』「大事記」.
* 民國 30年刊 『寧鄕縣志』 故事編「歷年記」淸.

변화를 보여주고 있다. 즉 청 후기에 각종 재이(災異)의 파격적 증가가 나타난다. 특기할 것은 통상 소빙기가 끝나고 온난기로 전환했다고 하는 민국시기에도 여전히 재이가 빈번하다는 점이다. 이것을 어떻게 설명해야 할까. 이것을 보면 소빙기 기후와 천변재이 현상 사이에는 명확한 인과관계가 있어 보이지 않는다. 현재로서는 단순한 통계 결과의 의미밖에 없을지 모른다. 그럼에도 소빙기라 간주되는 시기에 호남지역에 천변재이 현상이 집중적으로 발생하고 있는 것도 사실이다. 따라서 이러한 천변재이 현상의 다발성 집중을 설명해 주는 차후의 연구를 기다릴 필요가 있다. 여기서는 현상의 사례 보고에 그친다.

　그 외에 유현(攸縣)의 경우는 재이 기재에 도광 이후 것만 나타나고 있다.[13] 도원현도 도광 이후 기재만 있다.[14] 화용현(華容縣)은 옹정(雍正)년간의 2건 외에는 도광·함풍·동치기의 기록이다.[15] 파릉현은 강희·옹정·건륭의 수재(水災)외에는 도광·함풍·광서의 기록이다.[16] 석문(石門)현도 수한재(水旱災)외에는 주로 함풍이후 기록이다.[17] 다릉주(茶陵州)와 안향현(安鄉縣)은 관련 기록이 소략하다.[18] 기록이 비교적 상세한 상음현의 경우도 도광·함풍·동치년간에 파격적인 천변재이 현상이 목격된다.[19] 안화현(安化縣)도 표를 작성해 보면 역시 도광·함풍·동치기의 재변(災變) 격증 현상을 알 수 있다.[20] 번거로운 이유로 표를 제시하지는 않았으나 전술한 각 현들과 큰 차이가 없다. 익양현도 도광이후 재이 기재가 급증한다.[21] 임상현(臨湘縣)도 역시 도광·동치시기가 주목되는 재이 증가 시기이다.[22] 용양현(龍陽縣)도 같은 경향을 보여주고 있다.[23] 원강현(沅江縣)은 가경 15년 발행의 『현지(縣志)』라 후기 사정을 알 수 없다.[24] 분석대상 현지 거의 모두에서 청 후기에 혜성의 출현·유성의 낙하·일변(日變)·지진·우박·대풍(大風) 등 재이 현상이 집중되는 것을 확인할 수 있다.

---

13) 同治 10年刊 『攸縣志』 권53, 祥異.

14) 光緖 18年刊 『桃源縣志』 권12, 災祥考.

15) 光緖 8年刊 『華容縣志』 권13, 祥異.

16) 光緖 18年刊 『巴陵縣志』 권16, 政典志, 蠲卹.

17) 光緖 15年刊 『石門縣志』 권6, 水利.

18) 同治 10年刊 『茶陵州志』 권24, 雜志; 民國刊 『安鄕縣志』 권10, 田賦.

19) 光緖 6年刊 『湘陰縣圖志』 권29, 災祥.

20) 同治 10年刊 『安化縣志』 권34, 五行.

21) 同治 13年刊 『益陽縣志』 권25, 祥異.

22) 同治 11年刊 『臨湘縣志』 권2, 方輿志, 祥異.

23) 光緖 元年刊 『龍陽縣志』 권11, 食貨3, 災祥.

24) 嘉慶 15年刊 『沅江縣志』 권22, 祥異.

『호남통지』의 내용은 본 장의 고찰 대상 20개 현이 아니라 호남 전역의
재이 정황을 알 수 있는 것이다.[25] 참고로 이것을 검토해 보면 유색 눈비가
가경 이전에는 순치·강희 각 1건, 가경 시기 4건으로 6건뿐이다. 도광
이후에는 도광 12년(1832)을 시작으로 총 22건이 기재되어 있다. 도광(道光)~
동치(同治)까지는 53년간이고 앞의 순치(順治)~가경(嘉慶)까지는 176년간이
다. 176년간에 6건과 53년간에 22건을 대비하면 가히 그 집중도를 알 수
있다. 유색 눈비는 화산 폭발과 관련 있을 것이라는 이론이 있지만 명확히는
알 수 없다.[26]

청 후기 이후에 각종 천변재이가 집중되고 급증하였다는 것은 위 고찰을
통해 알 수가 있다. 그런데 이것이 전 시기와 어떤 변화 양상을 갖고 있는지
알기 위해 그 추세를 표로 작성한 것이 〈표 5〉이다.

〈표 5〉 호남 각 현 재이 빈도 추이

년/ 1차	① 順治·康熙	② 雍正·乾隆·嘉慶	③ 道光·咸豊·同治	④ 光緒·宣統·民國
長沙縣	11.1	24.3	3.4	
善化縣	9.8(5.6)	19.4(13.6)	2.4(0.9)	
瀏陽縣	6.5	24.3	0.98	
湘潭縣	15.6	16.2	3.4	
湘鄕縣	9.8	16.2	2.8	
寧鄕縣	7.8	16.2	2.9	5.5
醴陵縣	15.6	48.5	4.8	5.6
湘陰縣	19.5	13.9	1.4	
安化縣	19.5	12.1	1.5	
益陽縣	11.1	24.3	2.6	
龍陽縣	26	48.5	6.6	
臨湘縣	39	97	5.1	
沅江縣	10.6	7.5		
桃源縣			4.8	2.0
攸縣			6.2	

* 善化縣 ( )안은 『通志』 자료를 보충한 수정치.

25) 光緒 11年刊 『湖南通志』 권243, 祥異志.

26) 박근필, 앞의 논문, 2005.

20개 현 중에 자료가 비교적 풍부한 15개 현의 내용을 정리한 것이다. ③시기 즉 도광 이후에 파격적으로 재이가 증가한 것을 일목요연하게 알 수 있다. 앞선 시기에 비해 보통 5배 이상, 심지어 10배, 20배로 폭증하고 있다. 도원과 유현(攸縣)은 도광 이후 기재만 보이고, 화용현도 도광·함풍 이후 기재가 중심인 것은 이 시기 재이 격증이 당시인에게 주목된 탓으로 생각된다. 민국기를 보여주는 예는 영향과 예릉밖에 없어 일반화하기는 어렵지만 소빙기가 끝나고 온난기로 전환하였다는 시기에도 여전히 재변이 빈번하게 발생하고 있다.

재이의 빈도 추이가 ②→①→③ 순으로 증가한 경우는 장사현·선화현·유양현·상담현·상향현·예릉현·익양현·영향현·용양현·임상현 등 10곳이다. ①→②→③의 증가 추세는 상음·안화현뿐이고, ③시기 자료가 없는 원강(沅江)현을 포함해도 3곳에 불과하다. 이것을 보면 대체적인 추세는 ②→①→③기의 증가현상이 더욱 전형적으로 생각된다. 이것은 유소민의 시기구분대로 청 중기가 소빙기 가운데서도 상대적으로 온난한 겨울과 온난 다습한 기후였다는 상황과 어떤 연관성이 있을지 모르겠다.[27]

수한재(水旱災)도 각종 재이 중의 하나이다. 지방지의 상이(祥異)조에도 다른 천변(天變) 현상과 함께 기재하고 있다. 그러나 수한재는 농업 생산에 가장 직접적인 타격을 가하는 중요 사항이라 다음 절에 집중적으로 논하려고 한다. 다만 여기서는 각종 재변 발생 추세와 수한재 발생 추세가 어떤 상관이 있는지 검토해 보기 위해 변화 추세를 작성한 것이 〈표 6〉·〈표 7〉이다.[28]

전술한 재이 빈도 변화는 ②→①→③기 순서로 증가 추세가 대세였다. 그런데 수재 빈도 변화가 ②→①→③기로 부합되는 것은 상담현·예릉현·유양현·유현(攸縣)·임상현(臨湘縣)·안향현(安鄕縣) 등 6곳이다. 상향현·익양현·장사현·선화현·영향현·용양현 6곳은 재이 변화상 ②→①→③의 순서였지만 수재는 ①→②→③기로 갈수록 증가 추세였다.

27) 유소민, 앞의 책, p.189.
28) 전형권, 앞의 논문, 2008.

〈표 6〉 호남 각 현 수재(水災) 빈도(년/1次)와 추이

縣＼時期	順治~康熙	雍正~嘉慶	道光~淸末	民國
長沙縣	78	10.8	4.4	
善化縣	78	10.8	4.6	
湘鄉縣	26	13.9	7.6	
湘潭縣	19.5	48.5	4.6	
湘陰縣	39	13.9	2.95	
益陽縣	8.7	6.9	4.8	
寧鄉縣	39	32.3	10.9	5.8
瀏陽縣	13	32.3	3.3	
攸縣	19.5	32.3	16.3	
醴陵縣	19.5	32.3	12.4	4.4
安化縣	15.6	10.8	4.9	
茶陵縣	78	32.3	43.5	
華容縣	15.6	12.1	6.7	
巴陵縣	78	48.5	1.9	
臨湘縣	13	16.2	3.6	
龍陽縣	9.8	9.7	2.3	
沅江縣	8.7	5.3	－	
桃源縣	－	－	14	
石門	39	32.3	22.3	
安鄉	5.6	8.8	3.5	

〈표 7〉 호남 각 현 한재(旱災) 빈도(년/1차)와 추이

縣＼時期	順治~康熙	雍正~嘉慶	道光~淸末	民國
長沙縣	15.6	9.8	9.6	
善化縣	15.6	9.7	9.2	
湘鄉縣	7.8	8.8	5.3	
湘潭縣	－	24.3	17.7	
湘陰縣	26	16.2	59	
益陽縣	8.7	16.2	13.3	
寧鄉縣	19.5	32.3	29	4.1
瀏陽縣	7.8	24.3	6.5	
攸縣	39	48.5	49	
醴陵縣	19.5	24.3	21.8	10.3
安化縣	15.6	32.3	16.3	
茶陵縣	78	－	－	
華容縣	7.1	24.3	30	
巴陵縣(岳陽)	78	48.5	26.5	

臨湘縣	13	13.9	12.8	
龍陽縣(漢壽)	19.5	19.4	26.5	
沅江縣	15.6	16.2		
桃源縣	26	19.4	35	
石門	9.8	13.9	16.8	
安鄕	–	–	–	

상음현과 안화현은 재변(災變)은 ① → ② → ③기로 증가하고 수재도 같이 ① → ② → ③기로 갈수록 빈도수가 높다. 화용현·파릉현·석문현은 재변 자료 부실로 분명치 않지만 수재는 역시 ① → ② → ③으로 증가한다. 파악되는 18현 가운데 수재 빈도가 ① → ② → ③기로 증가하는 곳은 11현이다. 6곳은 ② → ① → ③의 유형이다. 다릉은 ① → ③ → ②의 유형이다. 재이 추세 변화와 수재 변화 추세가 같은 유형은 8현이다. 여기서 보면 재이 변화 추세와 수재 변화 추세는 어느 정도 정비례 관계를 보여준다고 해도 과언이 아니다. 어떤 유형의 변화이든 도광 이후의 청 후기에 수재의 격증 현상은 공통된 사실이다. 당시인의 인식에도 이것이 나타난다. 즉 민국『안향현지』에 보면 "도광함풍 이래 수재가 빈발하여 옥토와 가옥이 반은 물고기와 새우의 집이 되었다."라 되어 있다.[29]

그런데 한재(旱災)와는 정비례 관계가 분명하지 않다. 18현 중에 한재가 ③기에 빈도수 가장 낮은 곳이 6곳이다. 3곳은 ③기가 ①기보다 한재 빈도가 낮다. 한재 빈도가 ③기에 가장 높은 곳이 7현이다. 그중에 장사·선화·임상현은 ②·③기가 빈도수가 거의 비슷하고, 유양·상담·상향·파릉현은 내용을 보면 ③기에 대한(大旱)이 거의 없는 것이 특징이다. 즉 ③기에 수재는 격증하였으나 한재는 심각하지 않았던 것이 특징이다. 이것은 청 후기 호남지역의 수한재에 대한 다른 연구 결과에서도 비슷하게 관찰되고 있다.[30]

---

29) 民國刊 『安鄕縣志』 권10, 田賦, 道咸以還 水患頻仍 沃壤廬舍 半府魚蝦".
30) 楊鵬程, 앞의 논문, 2004, 2006.

2. 수한재(水旱災)

1) 수한재(水旱災)와 기후

(1) 기온

청 후기 이후에 수재가 특징적으로 집중되는 현상에 대해서는 앞에서 살펴보았다. 이 시기 기후는 과연 어떠하였을까. 기후를 구성하는 요소는 여러 가지이지만 여기서는 기온과 강우량을 검토해 보겠다.

호남성의 위치는 위도 북위 25°에서 30° 사이, 동경 109°에서 114°정도의 사이이다. 현대 기후를 기준으로 하면 최북단의 화용현의 1월 평균 기온은 4.4°C이고, 분석대상 지역 중에 남단에 속하는 예릉현은 1월 평균이 5.4°C이다. 호남 전체의 기후 분포가 비교적 큰 차이가 없는 것이 특징이다.[31]

우선 연구대상 지역 중에서 기후 관련 기록이 비교적 상세한 장사·선화·상향·영향 4개현의 추위년도 기록을 추출하여 표를 작성한 것이 〈표 8〉과 같다. 보통 얼음이 잘 얼지 않는 따뜻한 지역에서 호수와 강이 얼어붙고 사람이나 짐승이 동사(凍死)하는 사태는 분명히 충격적인 일이었을 것이다. 이러한 인식이 지방지에 기재된 것은 분명해 보인다. 이 4개 현은 인접해 있는 지역이다. 그럼에도 불구하고 추운 해의 기록이 일치하는 경우도 있지만 동일 기록이 없는 경우도 많다. 이것은 공간적인 기온의 차이 일수도 있지만 그것보다 기록자의 성실도 차이가 아닌가 생각된다. 현대 기후 분포에 의하면 거의 기온차가 나지 않는 지역이다.

상담현의 경우 강희(康熙) 9년 기재는 상향현(湘鄕縣)과 동일하다. 그런데 〈표 8〉과 중복되지 않은 해로 도광 26년(1846) '12월대설심이척여(十二月大雪深二尺餘)'의 기재와 광서 4년(1878) '정월우대빙(正月雨木氷)'의 기록이 있다.

---

31) 『湖南省志』「地理志」, p.16.

〈표 8〉 장사·선화·상향·영향현 기후관련 기록(겨울 추위)

	長沙	善化	湘鄉	寧鄉
順治 5年(1648)				積雪 大水
順治 6年(1649)	大水 冬蔽江而下	堅氷蔽江而下		
順治10년(1653)	冬大雪 凌兩月間不解	冬大雪 凌兩月	冬大雪河凍氷堅舟楫不行	
康熙 9년(1670)			冬大雪河凍氷堅舟楫不行柳梓柑橘諸樹皆凍死	冬積雪數尺河氷可渡
康熙22년(1683)	冬大凌木介	冬大凌		
康熙52년(1713)	大凌河凍人馬平行	冬大河氷結可行		
康熙53년(1714)			冬大凌河氷堅輿馬可渡	
乾隆 7년(1742)		冬大氷		
乾隆 8년(1743)				春雨雪深數尺
乾隆10년(1745)	冬雪深數尺	冬大雪		
乾隆24년(1759)	大河氷凍	大河氷凍		
乾隆56년(1791)	冬大凌池塘皆凍	冬大凌	冬大氷凌池塘皆凍	
嘉慶 3년(1798)	冬大凌樹木介	冬大凌	冬大凌	冬大凌樹氷
嘉慶 5년(1800)	雪深尺許(9/28)	雪深尺許(9/28)	雪深尺許(9월 하순)	
道光 원년(1821)		大雪深五尺(通志)		
道光 2년(1822)				冬雪深數尺氷堅可渡
道光 5년(1825)				冬大雪
道光 7년(1827)			冬大雪氷堅	
道光 9년(1829)		大雪木介(通志)		
道光10년(1830)		大雪氷堅可渡(通志)		
道光11년(1831)		冬大雪		
道光12년(1832)			冬大雪氷厚數尺	
道光14년(1834)		冬大凌		
咸豊10년(1860)		冬大凌		
咸豊11년(1861)			冬雪深數尺 大凌	大雪氷厚尺許
同治원년(1862)		冬大凌		
同治12년(1873)		冬大凌		
光緒13년(1887)				冬大雪氷凍月餘池塘田疇可通行
光緒23년(1897)				大雪深尺許
光緒26년(1900)				木氷介
光緒31년(1905)				十一月大雪旬日林木多凍折
民國18년(1929)				十二月大雪木氷

상음현은 강희 53년(1714)·건륭 7년(1742)·가경 3년(1798)·가경 5년(1800)은 〈표 8〉과 동일하다. 그 외에 도광 19년(1839)에 '동대설심삼척 도로개빙(冬大雪深三尺 道路皆氷)'과 함풍 4년(1854) '동대설(冬大雪)'의 기록이 있고, 함풍 11년은 '눈의 깊이가 다섯 자나 되고 못이 얼어붙고 사람과 가축이 많이 동사(凍死)하였다' 하여 유명한 큰 추위를 서술하고 있다. 광서 3년에도 '동빙한호수개동 주불능행 다아사자(冬氷寒湖水皆凍 舟不能行 多餓死者)'라 하여 호수 결빙·선박 통행불가·사망자 발생의 사정을 전하고 있다. 익양현은 순치 5년·강희 9년은 〈표 8〉과 동일하다. 원강현은 건륭 8년은 위 표와 같다. 그 외에 강희 23년 '우대빙(雨木氷)'과 강희 26년 '대한 우대빙 초목개빙(大寒 雨木氷 草木介氷)'의 표현이 있다. 도원현은 함풍 10년 '12월 수개(樹介: 나무의 상고대)' 기재가 있다. 용양현은 함풍 10년(1860) '12월에 크게 결빙되어 수목이 부러지고 짐승이 동사(凍死)하였다'라는 기록이 있다. 임상현은 강희 29년(1690) '겨울 12월에 큰 눈이 10여 일 내려 호수가 결빙되어 통행이 가능하였다'라는 기록이 있다. 건륭 10년은 〈표 8〉과 동일하다. 대추위의 해로 알려진 함풍 11년(1861)은 '12월에 큰 눈이 내려 평지에 4~5척(尺) 쌓이고 하천이 얼어붙었다'라는 기록이 있다. 안화현은 순치 5년·함풍 10년은 〈표 8〉과 동일하다. 그 외에 건륭 11년 '겨울에 큰 눈이 내려 수목(樹木)이 많이 동사(凍死)하였다.', 도광 4년(1824) '겨울에 큰 눈이 내려 소제일(小除日: 섣달 그믐날 앞날)부터 다음해 2월에 비로소 그쳤다. 깊은 산에 독거하는 자는 일가가 모두 동사(凍死)하였다.', 함풍 8년(1858) '동빙후척허(冬氷厚尺許) 수택부견(水澤復堅)', 동치 3년(1864) '목빙(木氷)', 동치 9년(1870) '2월 27일 설심삼척(雪深三尺)' 등의 기록이 있다. 유양현은 '순치 9년 대설육칠일(大雪六七日)', '함풍 11년(1861) 12월 대설하빙목개(大雪河氷木介)', 동치 2년 2월 '동이우목개(凍而雨木介)'의 기록이 있다. 예릉현은 함풍 11년 '춘목빙개(春木氷介)', 광서 7년(1881) '2월대릉(月大凌)', 민국 18년 '동대릉유월불해(凍大凌逾月不解) 인유동폐자(人有凍斃者)', 민국 22년 1월 '대설평지척여(大雪平地尺餘)' 등의 기록이 있다.32)

당시인들의 주목을 끌 정도의 파격적인 추위에 대해서 지방지에 비교적 상세한 기록을 남기고 있다고 생각된다. 도광 9년과 10년의 선화현 기록은 『호남통지』를 이용한 것이고 나머지는 해당 지방지의 기록이다.[33]

〈표 8〉에 기재되지 않았던 것을 상담·상음·익양·원강·도원·용양·임상·안화·유양·예릉 등『현지』기록으로 보충해 보면 순치 9년·강희 23년·강희 26년 대한(大寒)·강희 29년 특대한(特大寒)·건륭 11년·도광 4년 특대한(特大寒)·도광 19년·도광 26년·함풍 4년·8년·동치 2년·3년·9년 대한(大寒)·광서 3년 특대한(特大寒)·광서 4년·7년 대한(大寒)·민국 18년 특대한(特大寒)·민국 22년 대한(大寒) 등이다.

이들 지역은 남단의 예릉현에서 북단의 임상현까지가 북위 27°5분 정도에서 북위 29°5분 정도이고, 동경 111°에서 114° 이내의 좁은 범위이다. 즉 기후차가 크지 않은 지역이다. 특대한(特大寒)은 강과 호수가 결빙되어 선박 통행이 불가능하고, 인마(人馬)가 강호(江湖)를 걸어서 건널 수 있고, 사람과 수목(樹木)이 동사(凍死)하는 극한 추위의 해이다.[34] 현대 기후로서는 상상하기 어려운 추위이다. 겨울 추위년도의 빈도와 주기를 표로 작성하면 다음과 같다.

〈표 9〉 겨울 추위년도의 주기

	特大寒	大寒	계	빈도(년/1次)
順治~康熙(1644~1722) 78년	5	6	11	7.1
雍正~嘉慶(1723~1820) 97년	2	6	8	12.1
道光~光緒7(1821~1881) 60년	6	16	22	2.7

특대한(特大寒)과 대한(大寒)은 지역적 편차가 있다. 함풍 11년은 호수가 결빙되어 인마(人馬)가 강과 호수를 통행하는 유명한 추위년도지만 예릉현과 유양현은 대한(大寒) 정도의 추위를 보이고 있다.[35] 추운년도를 총괄해서

---

32) 각 縣의 『縣志』, 祥異조.

33) 光緒 11年刊 『湖南通志』 권243, 祥異志 二.

34) 特大寒, 大寒 구분은 김문기, 박사논문, 2008, p.29.

빈도수를 계산하면 도광~광서 7년의 60년간 무려 22회로 2.7년 1차이다. 순치~강희시기 보다 추운 해가 더 많다. 특대한(特大寒)도 비슷한 수준이다. 축가정(쓰可楨)의「중국근오천년래기후변동적초보연구(中國近五千年來氣候 變動的初步硏究)」에 의하면 순치~강희기에는 동정호가 세 차례 결빙되었고 청 후기에는 광서 3년 한 번만 결빙된 것으로 되어 있다.36) 하지만 지방지 기록들을 면밀히 검토해 보면 강과 호수가 얼어붙어 인마(人馬)의 통행이 가능하고 짐승이 동사하는 등의 강추위가 청 후기에 빈번하게 나타나고 있다.

〈표 9〉의 내용을 보면 옹정~가경시기의 추운년도 빈도가 가장 낮다. ②기→ ①기→ ③기의 빈도 변화 추세이다. 이것은 앞서 본 재이 빈도 변화의 ② → ① → ③과 일치 현상을 보여주고 있다. 즉 청 후기는 재이 빈도도 높고 추운 해의 빈도수도 높은 현상을 보여주고 있다. 민국년도 간행 지방지가 부족하여 충분한 결론을 낼 수는 없으나 예릉현에서 보면 통상 온난기로 접어든 이후인 광서 7년(1881) 대한(大寒), 민국 22년(1933)의 대한과 민국 18년(1929) '얼음이 달을 넘겨도 녹지 않고 사람이 동사(凍死)하 였다'라는 특대한(特大寒)이 있는 것은 특기(特記)할 일이다.37)

청 후기는 추운 해만 반복된 것은 아니다. 지방지에 기재될 정도로 당시인 의 주목을 끌었던 온난한 해도 상당히 많았다. 지방지의 온난년 기재를 정리한 것이 〈표 10〉이다.

〈표 10〉 겨울 온난년도 기록

	기재 사실	出典지역
順治14년(1657)	冬桃李華	『寧鄕縣志』
康熙13년(1674)	冬十月二十五日 … 梨杏皆花 竹笋成林	『湘鄕縣志』
康熙21년(1682)	十月桃梨梅俱華	『寧鄕縣志』
乾隆 9년(1744)	冬旱桃李開花	『桃源縣志』

---

35) 同治 12年刊『瀏陽縣志』권14, 祥異; 民國 37年刊『醴陵縣志』大事記.
36) 유소민, 앞의 책, p.192.
37) 民國 37年刊『醴陵縣志』大事記.

乾隆25년(1760)	冬梅李實	『桃源縣志』
道光 8년(1828)	冬無雨雪	『湘鄕縣志』
道光13년(1833)	冬無雨雪	『湘鄕縣志』
道光28년(1848)	十月桃有華而實者	『瀏陽縣志』
道光29년(1849)	冬竹解籜如春	『湘鄕縣志』
咸豊 2년(1852)	十月桃李華	『寧鄕縣志』
咸豊 4년(1854)	冬十月桃李華 竹筍出	『桃源縣志』
咸豊 6년(1856)	冬梨樹華而結實	『湘鄕縣志』
咸豊11년(1861)	冬桃李實大雪氷厚尺許	『寧鄕縣志』
同治 3년(1864)	冬無雨雪	『湘鄕縣志』
同治 5년(1866)	冬桃李華	『湘陰縣圖志』
同治 6년(1867)	九月牧丹華 十一月再華	『寧鄕縣志』
同治 6년(1867)	冬無雨雪	『湘鄕縣志』
同治 7년(1868)	冬竹解籜如春	『湘鄕縣志』
光緒 6년(1880)	仲夏寒可棉 秋冬尤烈 桃李華梨結實	『寧鄕縣志』

연구대상 지역 20개 현(縣) 중에 비교적 기록이 상세한 15개 현 정도에서 발굴한 내용과 여기에 『호남통지』 상이(祥異)조의 기록을 보충한 것을 정리한 것이 〈표 11〉이다.

〈표 11〉 겨울 온난년도의 변화 추세

	① 縣志	② 縣志+通志	① 빈도(년/1차)	② 빈도
順治~康熙(1644~1722) 78년	3	6	26	13
雍正~嘉慶(1723~1820) 97년	2	3	48.5	32.3
道光~光緒6(1821~1880) 59년	13	16	4.5	3.7

① 장사·선화·상담·상향·상음·익양·예릉·안화·유양·영향·원강·도원·용양·임상·화용현 관련 현지.
②『湖南通志』

〈표 10〉에서 함풍 11년은 호남 전체가 맹추위였던 해인만큼 온난년에서 제외하였다.[38] 『호남통지』 기록 중 도광 10년은 특대한(特大寒)의 해이므로 안화현(安化縣)의 복숭화 개화(開花)건은 온난년 수치에서 제외하였다.[39] '동무우설(冬無雨雪)'은 '눈비가 없었다'고 해석해야 하며 겨울이 건조한 것을

---

38) 民國 30年刊 『寧鄕縣志』 故事編, 歷年記.
39) 光緒 11年刊 『湖南通志』 권243, 祥異志2.

말할 뿐 온난년의 지표로 할 수 없다는 견해도 있다. 문자 자체만 보면 '우설(雨雪)'을 명사로 해석할 수 있다. 그러나 지방지 관련 기록들의 맥락 속에서 보면 '눈이 내리지 않았다'고 해석하는 것이 더 타당해 보인다. 지방지 기록에 눈에 관해서는 '대설빙후(大雪氷厚)', '대설빙견(大雪氷堅)' 등 추운 겨울의 지표로 서술되고 있다. 큰 눈이 내렸는데 깊이가 한 자 또는 몇 자였다는 표현도 흔하다. 반면 '동무우설(冬無雨雪)'은 이 추운 겨울 관련 기록의 틈새에 끼여 있어 분명히 추운 겨울에 대한 대조적 어법으로 서술되고 있는 것 같다. 도광 8년의 '동무우설'은 도광 7년의 '동대설빙견(冬大雪氷堅)' 다음에 나오고 있다. 도광 13년의 '동무우설'은 도광 12년의 '동대설빙후(冬大雪氷厚)' 다음에 기록되어 있어 추운 해에 비해 상대적 온난년을 말하고 있는 것으로 보인다. 동치 3년은 '춘대릉(春大凌)' 다음에 '동무우설'로 역시 대조를 이루고 있다. 동치 6년은 『상향현지』에 '동무우설'로 되어 있는데 인접의 영향현지에는 음력 9월에 모란꽃이 피고 11월에 다시 피었다는 기록이 있다. 즉 '동무우설'은 따뜻한 해였다는 것을 입증해 주고 있다. 가뭄, 건조에 대해서는 지방지 기록 거의 모두에서 '불우(不雨)'란 표현을 사용하고 있다. '무우(無雨)'란 표현도 찾아 볼 수 없다.[40] 호남지역 한재(旱災) 연구를 보면 계절별로 한재를 분류하였을 때 겨울 '동한(冬旱)'으로 나타난 것은 한 개 현(縣)뿐이었다.[41] 농한기(農閑期)의 겨울철 가뭄은 그다지 주목을 받지 못했을 수도 있다. 본 장의 연구대상 지역에서 가을부터 비가 안 와 이듬해 봄까지 지속되었다는 기록은 드물게 있다. 그러나 겨울만의 가뭄에 대한 특별한 언급은 없다. 마지막으로 한문 문장에서 '우우(雨雨)' '우설(雨雪)' '우박(雨雹)'의 표현 중 앞의 '우(雨)'는 비라는 명사가 아니고 뒤의 단어에 대해 '내린다'는 동사의 뜻인 경우가 많다. 이상의 견지에서 '동무우설(冬無雨雪)'은 '눈이 내리지 않았다'는 것으로 따뜻한 겨울의 의미로 사용해도 큰 무리가 없다고 여겨진다.

---

40) 양붕정, 앞의 논문, 2006에서 예릉현 사례 단 한 건만 '無雨' 표현 있음.

41) 양붕정, 앞의 논문, 2006.

〈표 11〉을 보면 겨울 따뜻한 해의 주기가 청 전기·중기에 비해 후기가 파격적으로 잦은 빈도이고 짧은 주기인 것을 알 수 있다. 앞서 본 겨울 추운 해의 주기 2.7년 1차와 겨울 따뜻한 해의 주기가 4.5년 1차 또는 3.7년 1차로 거의 비슷하다. 즉 몹시 추웠던 겨울과 또 따뜻한 겨울이 교착(交錯)되는 불규칙한 이상 기후를 보이는 것이 이 시기의 특징이었다고 생각된다. 저온 현상과 불규칙성이 소빙기적 기후의 특징이었다는 점에서 볼 때 청 후기의 호남지역도 분명히 유사성을 보이고 있다.42)

〈표 11〉의 함풍 11년조 『영향현지(寧鄕縣志)』의 기재 내용은 상당히 모순적이다. '겨울에 복숭아 자두 열매가 나오고 한편 큰 눈이 내려 얼음이 한자 이상 두껍게 얼었다'. 처음에는 이상하게 따뜻한 겨울로 꽃이 피었는데 뒤에 한파가 닥쳤다고 볼 수 있다. 『호남통지』에는 같은 함풍 11년조에 '임상(臨湘)에는 대설(大雪)이 평지에 4~5척(尺) 쌓였다. 영향(寧鄕)에는 겨울에 복숭아 자두가 익었다'라고 기재되어 있다.43) 북쪽의 임상현(臨湘縣)에는 큰 눈이 내려 추웠음을 보이고 영향현은 봄 같은 겨울을 이야기하고 있다. 꽃의 개화시기를 기후 변화의 지표로 잡는 경우가 많지만 이와 같은 일시적 난동(暖冬: 따뜻한 겨울) 이후에 다시 추위가 닥친 일도 있었다. 즉 이 시기 몹시 추운 겨울과 따뜻한 겨울이 빈번히 교차하고 같은 겨울 안에도 난동(暖冬)과 한파(寒波)가 교착되는 불규칙적인 이상 기후 현상이 나타나고 있다. 여름의 이상 저온 현상을 보이는 경우는 연구대상 지역에서는 예릉현44)·상음현45)·영향현46)에 1건씩 나타난다. 『호남통지』를 보충해도 영주(永州)의 1건뿐이다.47)

광서 원년에 간행된 『용양현지(龍陽縣志)』 기후에 보면 '삼복(三伏)에는

---

42) 박근필, 앞의 논문, 2005.
43) 光緒 11年刊 『湖南通志』 권243, 祥異志2.
44) 民國 37年刊 『醴陵縣志』 大事記.
45) 光緒 6年刊 『湘陰縣圖志』 권29, 災祥.
46) 民國 30年刊 『寧鄕縣志』 故事編 歷年記.
47) 光緒 11年刊 『湖南通志』 권243, 祥異志2.

매우 덥고, 가을에는 서늘하고 겨울에는 춥다'고 되어 있다.[48] 광서년간 발행의 『화용현지(華容縣志)』에도 기후는 '춘온(春溫) 하서(夏暑) 추숙(秋肅) 동한(冬寒)'으로 되어 있다.[49] 여름에 덥고 겨울에 춥다는 것이다. 19세기 후반에서 민국 초년까지도 호남의 기후는 '동한하열(冬寒夏熱)'이 전형적인 형태였다고 생각된다.[50] 민국시기 대상의 연구를 보면 호남은 아열대습윤 계절풍 기후로 하계(夏季)는 고온다습하고 강우가 집중하는 것으로 되어 있다.[51] 겨울은 춥고 여름이 더운 날씨는 유럽의 소빙기 기후, 1801~1890년 까지의 기후 형태와도 크게 다르지 않다.[52] 유럽에서도 1591~1650년까지 겨울이 한랭하고 여름도 한랭했던 시기를 제외하고 대부분의 소빙기 기후시 기에 겨울이 한랭하면 여름이 더운 조합 관계를 보이고 있다.[53]

(2) 강우

호수나 하천 주변의 저습지를 무분별하게 개간함으로써 유수지(遊水地)가 축소되었다는 것, 그것이 청 후기 이후 수재(水災) 빈발의 원인이 되었다는 것은 부분적으로 타당성이 있다. 그러나 근본적인 수재 빈발의 원인은 이 시기가 전기에 비해 강우(降雨)가 집중된 데 있는 것이 아닐까.

앞서 본 바에 의하면 도광시기를 획기로 청 후기 말기에 수재의 파격적인 격증을 알 수 있었다. 통상 지방지의 재이(災異)조 기사에는 대수(大水)·수 (水) 등으로만 기재하고 있는 경우가 많지만 일부는 집중 호우가 수재의 원인인 현상을 구체적으로 설명하고 있다. 전술한 대로 청 후기 수재는 호남 전 지역에서 격증하고 있지만 한재(旱災)는 거의 없거나 전기에 비해

---

48) 光緒 元年刊 『龍陽縣志』 권1, 기후.
49) 光緒 8年刊 『華容縣志』 권1, 風土.
50) 張朋園, 『中國現代化的區域硏究(湖南省, 1860~1916)』, 臺北: 中央硏究院, 1988, p.5.
51) 鍾啓順, 앞의 논문, 2006.
52) 金蓮玉, 『氣候學槪論』, 서울: 正益社, 1977, p.390.
53) 上同.

현저히 줄어든 경우가 많다.

지방지에서 대수(大水)·수(水) 등의 간단한 표현 외에 구체적인 비에 관한 서술을 남긴 경우를 몇 가지 조사해 보겠다.

먼저 장사현(長沙縣)의 경우는 장기간 비가 오지 않은 한재(旱災)의 경우와 장기간 비가 지속된 것을 기록한 것이 있다.[54] 그 내용을 보면 도광 이전에는 순치 9년 4~9월 불우(不雨)·건륭 16년 5~7월 불우(不雨)·건륭 45년 9월~익년 3월 불우(不雨)·건륭 50년 4~7월 불우(不雨)·가경(嘉慶) 7년 4~6월 불우(不雨)·가경 12년 4월~7월초 불우(不雨)의 몇 달간에 걸친 가뭄을 제시하고 있는 반면, 장기간 비는 건륭 20년 '1~5월 우부지(雨不止)' 단 1건만 보이고 있다. 후기에는 불우(不雨) 기사로 도광 8년 7월~익년 2월 불우(不雨)·도광 27년 9월~4월 불우(不雨) 기록이 있다. 비 관련으로는 도광 28년 대우(大雨)가 20일 지속되었다거나, 동치 8년에는 연일대우(連日大雨)가 내려 성중(城中)의 수심(水深)이 수척이나 되었다는 기록이 있다. 선화현은 장사현과 인접하여 위 서술 내용과 거의 같다. 다만 도광 26년 춘(春) 음우(霪雨)·동치 2년 봄 음우의 두 건이 중복되지 않는 기사이다.[55] 이것을 더하면 장사·선화지역에는 도광 이후 장기간 지속된 음우(淫雨)가 4건이 된다.

예릉현의 경우는 음우(霪雨) 기재가 전기에는 순치 4년 1건뿐이다. 후기는 함풍 3년 6월·민국 18년·민국 32년·민국 33년의 4건이다.[56] 상담현의 경우를 보면 지방지에 '항우(恒雨)'조가 별도 설정되어 있다.[57] 여기에는 전기에 순치 4년 '음우(淫雨) 3~5월 부지(不止)'의 1건 이외에는 모두 도광 이후 기록이다. 도광 1년·도광 26년·함풍 8년·동치 5년·6년·8년·9년·11년 등 모두 후기의 비 기록들이다. 『상향현지』를 보면 이런 현상은 더욱 두드러진다.[58] 전기에는 몇 달간 지속되는 불우(不雨) 기재가 10건이나 된다. 순치

---

54) 同治 10年刊 『長沙縣志』 권33, 祥異.

55) 光緒 3年刊 『善化縣志』 권33, 祥異.

56) 民國 37年刊 『醴陵縣志』 大事記.

57) 光緒 15年刊 『湘潭縣志』 권9, 五行, 恒雨.

9년·강희 35년·건륭 45년·50년·가경 7년·12년·16년·17년·21년·25년이 그
것이다. 한편 대우(大雨) 기록은 4건에 불과하다.

반면 도광 이후에는 불우(不雨) 기사가 3건, 도광 15년·함풍 원년·동치
4년에 있다. 대우(大雨)·림우(霖雨) 기사는 7건, 도광 24년·28년·29년·함풍
8년·동치원년·8년·11년이다. 유양현도 불우(不雨) 기사는 전기에 순치 2년·
강희원년·2년의 3건이고, 음우(霪雨) 기사는 순치 6년·17년·강희 2년 3건이
다. 도광 이후는 불우(不雨) 기사는 도광 15년 5~7월 불우(不雨) 1건뿐이고
음우(霪雨) 기사는 함풍 3년·9년·동치 11년의 3건이다.[59]

영향현(寧鄕縣)을 보면 전기에는 건륭 10년 '정월~5월 불우(不雨)'와 가경
12년 '4~7월 불우(不雨)'가 있는 반면 비 기재는 순치 4년·옹정 11년·가경
7년의 세 건이 있다. 도광 이후에는 불우(不雨) 기재는 없고 도광·청말까지
8건의 대우(大雨)·림우(霖雨) 기재가 있다. 즉 도광 28년·함풍 4년·동치
원년·2년·10년·광서 13년·광서 21년·선통 3년이다. 민국시대에도 4건의
대우(大雨)·음우(霪雨) 기록이 있다.[60]

상음현도 전기에는 건륭 1년 '3~8월 불우(不雨)'·건륭 17년 '4~12월 불우(不
雨)'·건륭 50년 '4~7월 불우(不雨)' 기재가 있고, 비 기재는 옹정 5년·건륭
32년·가경 21년의 음우(霪雨) 기록이 있다.[61] 후기에는 도광년간의 한(旱)
1건 외에 불우(不雨) 기재가 없다. 음우(霪雨) 기재는 '도광 11년 음우자사월지
어육월(霪雨自四月至於六月)'·'도광 28년 5월 대우괴민전(大雨壞民田)'·'도광
28년 추(秋) 11월 대우겸순(大雨兼旬)'·'도광 29년 하 음우불견성일자수월(夏
霪雨不見星日者數月)'·'동치 7년 8월 대우미월(大雨彌月)'·'동치 8년 3월 음우지
이백여일(霪雨至二百餘日)' 등 6건이다. 특히 도광 29년(1849) 여름에는 장기
간 비로 별과 해를 못 본 것이 수개월이라든지, 동치 8년(1869)에는 음우(霪雨)

---

58) 同治 13年刊 『湘鄕縣志』 권5, 兵防, 祥異.
59) 同治 12年刊 『瀏陽縣志』 권14, 祥異.
60) 民國 30年刊 『寧鄕縣志』 故事編 歷年記.
61) 光緒 6年刊 『湘陰縣圖志』 권29, 災祥.

가 200여일 계속되었다니 현재로서는 상상하기 어려운 다우(多雨)였다고 할 수 있다. 익양현도 전기에는 순치 9년에 봄 2월부터 8월까지 비가 안 왔다든지 강희 11년에는 정월~4월까지 불우(不雨)의 기록이 있다. 비는 순치 4년과 강희 5년 2건이 있다. 반면 도광 이후에는 불우(不雨) 기재가 없다. 도광 24년·28년·함풍 3년·동치 4년·5년·6년의 비 기재가 있다.[62] 안화현(安化縣)이나 도원현·임상현·석문현의 경우를 보아도 후기에는 장기 지속의 음우(霪雨)가 많은 것을 알 수 있다.[63]

한국의 소빙기 기후 연구에 의하면 1801~1900년이 극심한 다우기(多雨期)였다.[64] 공간적으로 서로 다른 중국과 한국의 기후는 다른 것이 당연할 수 있지만 조선의 기후가 전 시기에 비하여 19세기 극심한 다우기(多雨期)였다는 것은 중국에서 이 시기가 역시 극심한 다우기(多雨期)였다는 것과 상통하는 부분이 있다고 생각된다.

수재(水災)는 같은 강우량이라도 어떻게 집중되는가도 대단히 중요하다.[65] 예릉현의 대수(大水) 시기는 6월 9건·5월 3건·4월 1건이었다. 유양현은 大水가 10건이 5월(양력 6월)에 집중되었다. 동치 3년은 5월 14일·동치 6년은 5월 14일·동치 7년은 5월 19일로 날짜까지 비슷하였다. 4월은 2건에 불과하였다. 안화현은 16건 중 8건이 5월(양력 6월) 대수(大水)였다. 6월이 3건·7월이 3건·4월이 2건이었다. 도원현도 5월(양력 6월)에 대수(大水)가 집중되고 있다. 이것을 보면 몬순 기후의 조건하에 4~6월 사이에 강우가 집중되는 형태와 대수(大水)는 깊은 연관이 있다고 생각된다.[66] 즉 이 시기 도광 후기의 빈번한 수재는 집중적 다우(多雨)와 관계가 있다고 해야 될

---

62) 同治 13年刊『益陽縣志』권25, 祥異.
63) 同治 10年刊『安化縣志』권34, 五行; 光緖 18年刊『桃源縣志』권12, 災祥考; 同治 11年刊『臨湘縣志』권3, 方輿志, 祥異; 光緖 15年刊『石門縣志』권6, 水利.
64) 김연옥, 「한국의 小氷期 기후-역사 기후학적 접근의 一試論」『지리학과 지리교육』14, 1984.
65) 이호철, 박근필, 앞의 논문, 1997.
66) 『湖南省志』「地理志」, p.16. 청대 지방지의 월별 표시는 모두 음력임.

것이다. 이 시기 계절풍 강우대(降雨帶)의 활동이 특히 활발했다고 봐야 할 것이다.[67] 장강삼각주의 기후 변화도 1776~1820년까지는 강한 건조 기후였고 1821~1890년 사이는 강한 습윤 기후의 시기였다는 연구 결과도 있다.[68]

2) 수한재(水旱災)·기후와 풍흉(豊凶)

(1) 기후와 풍흉(豊凶)

청 후기가 가장 추웠던 시기 중의 하나라는 것은 다른 연구에서도 밝혀지고 있다.[69] 앞서 살펴 본 바에도 지방지의 빈번한 추위 관련 기록을 확인할 수 있었다. 그러나 겨울이 혹한(酷寒)이라 하더라도 농작물의 생장 기간인 봄·여름이 문제가 없다면 농산물의 생산에는 지장이 없다.

실제로 장사현의 관련 기록을 보면 순치 6년에 '대빙(大氷)'의 해인데, 순치 7년에는 대유년(大有年: 대풍년)이었다. 순치 10년에 '동대설(冬大雪) 능양월간불해(凌兩月間不解)'였는데 이듬해인 11년도 대유년(大有年: 대풍년)이었다. 강희 52년(1713)에는 '대유년(大有年) 대릉하동(大凌河凍) 인마평행(人馬平行)'이라 되어 있다. '특대한(特大寒)'에 속하는 해였지만 대유년(大有年)이었고 이듬해 53년도 대유년(大有年)이었다. 건륭 10년도 '동설심수척(冬雪深數尺)'인데 11년은 대유년(大有年)이었다. 건륭 56년(1791)도 '대유년(大有年) 동대릉(冬大凌) 지당개동(池塘皆凍)'이라 되어 있다. 가경(嘉慶) 3년(1798)은 '유년(有年) 동대릉수개(冬大凌樹介)'인데 가경 4년은 유년(有年), 가경 5년도 '유년(有年), 설심척허(雪深尺許)'라 되어 있다. 즉 혹한(酷寒)의 겨울을 알리는 기록이 풍년 기재와 병행하는 것이 대부분이다.[70]

---

67) 滿志敏,「光緒三年北方大旱的氣候背景」『復印報刊 中國近代史』, 2001-4.

68) 李伯重, 앞의 논문, 2007.

69) 박근필,「17세기 小氷期 기후연구의 현황과 과제」『大邱史學』80, 2005.

선화현(善化縣)의 기록은 장사현과 거의 비슷하다. 도광 14년 겨울은 몹시 추웠으나 도광 15년은 '곡천(穀賤: 풍년으로 곡식 값이 하락)' 현상이 나타난 풍년이었다. 동치 12년도 몹시 추운 겨울이었지만 광서 원년도 대유년(大有年)이었다.[71] 상향현의 관련 기록들을 살펴보면 다음과 같다.[72]

순치 10년(1653)　冬大雪 河凍氷堅 舟楫不行 是歲飢.

강희 9년(1670)　冬大雪 河凍氷堅 舟楫不行 柳梓柑橘 諸樹凍死 是歲有年.

강희 53년(1714)　冬大凌 河氷堅 輿馬可渡 是歲大有年.

건륭 56년(1791)　冬大凌 池塘皆凍 是歲大有年.

가경 3년(1798)　冬大凌 是歲有年.

가경 5년(1800)　秋九月下旬 雪深尺許 是歲有年.

도광 7년(1827)　冬大雪氷堅 是歲有年.

도광 12년(1832)　冬大雪氷厚數尺 是歲大有年.

도광 13년(1833)　冬無雨雪 是歲有年.

함풍 11년(1861)　秋熟 冬雪深數尺 大凌.

동치 3년(1864)　春大凌 夏穀貴 秋螟 冬無雨雪.

동치 7년(1868)　秋熟 冬竹解籜如春.

위 기록을 보면 강희 9년은 하천의 얼음이 굳게 얼어 선박이 통행할 수 없고 유자와 감귤나무가 얼어 죽은 특대한(特大寒)이었다. 강희 53년도 하천이 결빙되어 마차가 다닐 수 있는 지경이었다. 이런 추위에도 풍년 또는 대풍년이 되고 있다. 이 내용들을 보면 대한(大寒)·특대한(特大寒) 관련 기재 총 9건 중에 대유년(大有年)이 3건·유년(有年)이 5건이다. 따뜻한 겨울 8건 중 3건은 유년(有年)·1건은 대숙(大熟)·겸수(歉收) 1건·곡귀(穀貴)

---

70) 同治 10年刊 『長沙縣志』 권33, 祥異.

71) 光緒 3年刊 『善化縣志』 권33, 祥異.

72) 同治 13年刊 『湘鄕縣志』 권5, 兵防, 祥異.

1건·무 표시 2건이다. 위에 제시는 빠졌으나 『상향현지』에는 강희 13년·도광 8년·도광 29년·함풍 6년·동치 6년의 따뜻한 겨울 기사가 있다. 이것을 보면 몹시 추웠던 겨울의 해는 8/9년이 풍년이었고, 1/9년이 흉년이었다. 반면 따뜻한 겨울의 해는 4/8년이 풍년이었다. 소빙기(小氷期)적인 혹한(酷寒)의 겨울이 닥쳤다 하더라도 농업 생산은 잘되고 있었다는 것을 보여준다. 영향현·안화현 등을 살펴보아도 소빙기적 기후였던 청 후기에 풍년 빈도가 많이 나타나는 것을 알 수 있다.

『상음현도지(湘陰縣圖志)』 기록을 하나 검토해 보자.[73]

　　도광 19년(1839) 겨울 큰 눈이 내려 깊이가 세 자나 되었다. 도로가 모두 결빙되었다. 살피건대 다음해가 큰 풍년이었다. 그러므로 해를 점치는 자가 눈이 많이 온 것을 상서로운 조짐으로 여겼다.

이것을 보면 큰 눈이 내리고 추운 해가 되면 다음해 풍년이 든다는 예상을 하고 있는 것을 알 수 있다.

『용양현지』에도 유사한 기록이 있다.[74]

　　해를 점치는 사람이 증험으로 생각하기를 연내(年內)에 큰 눈이 오고 동결이 되면 다음해는 풍년이 든다고 하였다. 속담에 이르기를 춥지 않으면 덥지 않고 오곡(五穀)이 결실을 거두지 못한다.

춥지 않으면 덥지 않다는 '불냉불열(不冷不熱)'의 표현은 청 후기 호남의 기후가 몹시 추운 겨울과 더운 여름의 결합이 일반적이었다는 것을 짐작케 한다. 앞서 살펴본 기후 부분 서술에서도 비슷한 기록들을 검토한 바 있다.

호남 각 현 중에서 풍흉 기재가 비교적 상세한 몇 개 현을 가려 정리한

---

73)　光緒 6年刊 『湘陰縣圖志』 권29, 災祥.
74)　光緒 元年刊 『龍陽志』 권11, 食貨3, 災祥.

풍년 빈도와 주기가 〈표 12〉이다.[75]

〈표 12〉 호남 각현 풍년 빈도와 주기(년/1차)

	① 順治~康熙(1644~1722)	② 雍正~嘉慶(1723~1820)	③ 道光~同治~光緒	民國
長沙	24/3.25	31/3.1	12/4.9(광서 6년)	
善化	13/6	16/6.1	16/3.4(광서 2년)	
湘鄕	19/4.1	29/3.3	25/2.1(同治까지)	
寧鄕	10/7.8	14/6.9	12/4.4(同治까지)	1/30
瀏陽	6/13	11/8.8	6/8.7(同治12년)	
龍陽	2/39	7/13.6	10/5.3(同治까지)	
沅江	18/4.3	63/1.5		

* 장사현은 동치 8년(1869) 이후는 『湖南通志』 권243, 祥異志에서 보충.

풍년 빈도와 주기 변화를 보면 소빙기적(小氷期的) 기후에도 풍년이 빈번하게 나타난다. 가장 추웠던 시기인 ①기(期)나 ③기에 풍년 빈도가 몹시 빈번하다. 대체적 경향은 ① → ② → ③기로 갈수록 풍년이 더욱 많다. 이것을 보면 기후 변화의 극심에도 불구하고 중국 농촌은 생산 증가를 발전시켜 왔다고 생각된다.

영국에서도 농업의 주목할 만한 변화는 추운 기후 사이에 예기치 못한 혹서(酷暑)가 틈틈이 끼워지는 형태로 기후가 심하게 널을 뛰던 세기에 일어났고, 이 시기 농지 개간·집약적 영농법이 발전했다고 한다.[76]

봄에서 여름까지의 농작물 생장 기간이 몹시 한랭한 기후는 생산에 직접 타격을 줄 수 있다. 그런데 수많은 지방지와 『호남통지』까지 검토하여도 이 시기 여름 한랭 기후를 전해 주는 사료는 극히 드물다. 실제로 이런 이상 기온이 드물었을 것으로 생각되지만 기록의 누락이 있는지도 모르겠다. 『예릉현지』 대사기(大事記)에 보면 다음과 같은 기사가 있다.

광서 18년(1892) 8월에 춥고 만도(晚稻)가 익지 않았다.

---

75) 長沙, 善化 등 관련 지방지. 전형권, 앞의 논문, 2008.
76) 브라이언 페이건 지음, 윤성옥 역, 『기후는 역사를 어떻게 만들었는가』, 중심, 2002, p.248.

『상음현도지』 권29, 재상(災祥)에 보면 비슷한 기록이 있다.

도광 29년(1849) 큰 홍수가 나서 성내(城內)에 선박이 많이 통행한다.
오월이 오히려 춥다.

『영향현지』 고사편(故事編), 역년기(歷年記)에 다음 기록이 있다.

광서 6년(1880) 한여름에 추워 면옷을 입을 만하다. 가을 겨울은 덥고
복숭아 자두꽃이 피었다.

『호남통지』 권243, 상이지(祥異志)에 다음 기록이 있다.

도광 원년 봄 정월 영주(永州)에 큰 눈이 내려 평지에 5~6척(尺)이나 되었다.
여름에 음우(淫雨) 내려 대단히 추웠다. 백성들이 병에 많이 걸렸다.

이것이 주로 여름 기온의 이상 한랭을 말해 주는 기사이다. 이런 이상
기후는 극히 드문 사례로 생각된다. 조선의 기후 연구에서도 여름의 이상
저온 현상으로 인한 뚜렷한 농업 생산의 피해는 보이지 않았으며 실질적인
것은 강우량과 관련 있다는 분석이 있다.[77] 18세기 삼척 지방의 이상 기후에
대한 분석에서도 여름철의 저온 현상이 직접적 농작물 피해를 초래한 사례가
언급되지 않는다.[78] 이상 저온 현상이 농작물에 피해를 줄 것이라는 심증은
충분히 가지만 실제로 연구대상 지역에서 이 시기 이상 저온 현상의 사례를
찾기가 쉽지 않다.
    적어도 연구대상 지역에서 청 후기에 봄·여름의 이상 저온 현상은 빈번하

---

77) 박근필, 「17세기 조선의 기후와 농업」『조선시대 농업사 연구』, 국학자료연구원,
   1987.
78) 배재홍, 앞의 논문, 2004.

지 않았다고 생각된다. 또 이상 저온 현상이 직접 농작물 피해로 언급된 것은 예릉현의 광서 18년(1892)조 기사로 '만도부실(晩稻不實)'했다는 것이 유일한 정도이다. 역시 전형적인 형태는 여름이 몹시 덥고 겨울이 혹한인 조합이었다. 이것은 1801~1890년 사이 유럽의 소빙기(小氷期) 기후 특징과도 유사한 성향을 보이고 있다.

(2) 수한재(水旱災)와 풍흉(豊凶)

자연재해의 극심은 농업 생산에 타격을 가하기도 하지만 이런 재해를 극복하려는 인간의 노력에 자극을 가하기도 한다. 청 후기에 수한재(水旱災), 특히 수재가 극심하였지만 풍년 빈도는 오히려 증가하는 추세를 이미 살펴본 바 있다. 장사부·상덕부·악주부·예주(澧州)의 동일한 지역을 대상으로 한 앞의 논문에서 이 부분은 이미 다룬 바가 있다.79) 『익양현지』를 보면 "농가경작심근(農家耕作甚勤) 수한지계역비(水旱之計亦備)"의 표현이 있다.80) 수한재에 이미 대비가 되어 있다는 것이다. 실지로 지방지 기록에는 '수불위환(水不爲患)'이나 '한불해가(旱不害稼)' 등의 표현이 빈번하게 등장한다. 대수(大水: 홍수)였는데 대유년(大有年: 대풍년)의 기재도 흔하다. 앞절에서 청 후기에 유난히 집중 호우가 많았던 것을 밝혔다. 집중적 다우기(多雨期)로 볼 수 있다. 그런데 이 강우가 생산에 더 큰 영향을 주었다고 생각된다.

상향현의 경우를 보면 불우(不雨) 뒤에는 흉년이 많다. 반면 수재 후에는 흉년도 있으나 풍년 기재가 더 많다. 조선의 소빙기 기후 연구에서도 기근은 대부분 한재(旱災)에 기인하고 홍수로 인한 기근은 찾아볼 수 없었다.81) 역시 17세기 조선의 흉작의 주된 원인은 가뭄이었다는 것, 수재는 인명 손실에도 불구하고 수확에 큰 차질이 없었다. 농업용수 확보가 더 많은

---

79) 전형권, 앞의 논문, 2008.
80) 同治 13年刊 『益陽縣志』 권2, 풍속, 농사.
81) 김연옥, 앞의 논문, 1984.

생산을 가능하게 했다고 한다.[82] 18~19세기 조선의 작황 연구에서도 2년 연속 흉작인 경우 대부분 가뭄이 원인이었다. 강우량은 해당년도 수확 상태를 결정하는 근본적 기상 원인으로 추정되었다.[83]

강우가 농업 생산에 결정적 기상 요소이고 가뭄이 흉작의 더 큰 원인이라는 것은 한국의 기후 관련 연구에서도 밝혀지고 있다. 앞서 호남지역에 청 후기 집중적 다우기(多雨期)의 특징이 있다는 것을 밝혔다. 한재(旱災)는 전기에 비해 줄어든 것도 확인되었다. 이것을 보면 잦은 수재에도 빈번한 풍년이 지속된 사정을 이해할 수 있다. 당시인의 인식으로도 수재가 해(害)만 있는 것이 아니고 비옥한 니사(泥沙)를 운반해 와서 퇴적층을 만들고 개간을 가능케 한다는 이점이 있다는 것을 알고 있었다.[84]

소결(小結)

청 후기 이후 호남지역에서 천변재이(天變災異)의 집중적 발생 현상은 분명하게 파악되고 있다. 혜성 출현·유성 낙하·지진·우박·유색 눈비 등의 다양한 사실들이 지방지에서 쉽게 목격된다. 청 전기나 중기에 비교하면 중기→ 전기→ 후기의 순서로 재이 발생 빈도가 높아지고 있다. 기존 연구에서 소빙기(小氷期) 가운데서도 평상년을 기준으로 할 때 청 중기가 상대적으로 온난한 겨울이었다는 사실과 상당한 유사성을 보이고 있다.

이러한 천변재이의 집중 현상과 수한재의 발생도 어느 정도 상관성을 갖고 있다. 특히 청 후기에는 빈번한 수재 발생으로 이것과 정비례 관계를 나타내고 있다. 한재(旱災)는 꼭 정비례하지 않고 지역에 따라 차이를 나타내고 있다. 청 후기의 빈번한 재이는 빈번한 수재와 높은 일치를 보이고

---

82) 박근필, 앞의 논문, 2005.
83) 전성호, 앞의 논문, 2002.
84) 民國刊 『安鄕縣志』 권12, 田賦.

있다.

수한재와 기후에서는 크게 기온과 강우(降雨) 문제를 살펴보았다. 청 후기에는 호수나 강이 결빙되어 인마(人馬)의 통행이 가능한 특대한(大寒)을 비롯하여 대설(大雪) 등의 대한(大寒)이 자주 나타난다. 겨울 추위년도의 시기별 변화는 순치~강희기에 7.1년 1차·옹정(雍正)~가경(嘉慶)시기 12.1년 1차인데 도광(道光)~광서(光緒) 6년은 2.7년 1차로 파격적 빈도를 보인다. 도광 이후 청 후기가 전기·중기에 비해 몹시 추운 기간이라 생각된다.

한편으로 따뜻한 겨울년도의 변화를 보면 전기가 13년 1차·중기가 32.3년 1차·후기는 3.7년 1차로 역시 후기에 잦은 빈도를 보인다. 결국, 몹시 추운 혹한(酷寒)의 겨울과 복숭아 자두꽃이 피는 이상 난동(暖冬)이 자주 교차되는 시기였다. 또 영향현에서는 겨울에 복숭아 자두꽃이 피었는데 큰 눈이 내려 얼음이 한 자 이상 두껍게 어는 이상 기후가 함께 나타났다. 함풍 11년조에는 임상현에 대설(大雪)이 평지에 4~5척(尺) 쌓였는데 영향에는 복숭아 자두가 피었다. 이러한 이상 기후현상, 불규칙적인 기상은 소빙기적 기후의 특징에 부합되고 있다. 여름에 이상 저온 현상이 몇 건 있지만 전체적으로 '동한하열(冬寒夏熱)'의 기후가 전형적 형태를 보이고 있다.

강우(降雨)에 대해서 보면 빈번한 수재가 이 시기 강우의 집중을 보여준다고 볼 수도 있다. 지방지 기재 중에 수십일 수개월간 장기 지속되는 음우(霪雨)의 기록이 빈번하게 등장한다. 한재(旱災)는 빈도수가 줄어들고, 있더라도 대한(大旱)이 사라지고 가벼운 한재가 등장하는 경우가 많다. 청 전기에 몇 개월간의 장기 불우(不雨) 기록이 많은 것과 후기의 잦은 음우(霪雨) 기록은 후기가 극심한 다우기(多雨期)에 해당한다는 것을 짐작할 수 있게 한다. 대수(大水)의 시기가 5월(양력 6월)·6월(양력 7월) 등 특정한 시기에 집중되는 것도 이 시기 몬순기후와 계절풍 강우대(降雨帶)의 영향이 고조된 것을 알 수 있다.

기후와 풍흉을 보면 보통 소빙기는 기상 이변으로 농산물 생산 감소, 정치 동란으로 이어진다는 관찰과는 다른 양상을 보인다. 청 후기에 각종 재해에도 풍년 빈도수가 오히려 증가한 것이 분명하다. 그런데 추운 겨울을 기록하는 '대릉(大凌)'의 해에 '대유년(大有年)'·'유년(有年)' 기록이 함께 되어 나오는 경우가 많다. 당시인의 인식으로도 대설(大雪)이 내리면 다음해가 풍년으로 점치는 견해가 있고 춥지 않으면 덥지 않고 곡식이 잘 익지 않는다고 할 정도로 혹한(酷寒)과 혹열(酷熱)에도 풍년이 빈번한 사정을 전해 주고 있다.

수한재(水旱災)와 풍흉에 대해서 보면 후기에 재해 극복 능력이 향상되어 수한재에도 풍년이 되는 경우가 자주 등장한다. 그런데 수재의 해에는 흉년도 간혹 있지만 풍년이 많다. 반면 한재(旱災)의 해에는 풍년도 간혹 있지만 흉년이 많다. 수재는 인명 손실과 시설 파괴를 종종 수반하지만 비옥한 니사(泥沙)를 운반하고 충분한 농업용수를 공급한다. 따라서 후기의 극심한 다우기(多雨期)가 수재도 초래했지만 풍년 형성에 기여한 바가 크다고 생각된다. 기근의 원인은 가뭄이 많다. 강우의 요소가 농업 생산에 더욱 결정적이기 때문에 청 후기에 풍년이 많다고 생각된다.

이상에서 호남지역 장사부·상덕부·악주부·예주 일대의 지방지를 중심으로 천변재이(天變災異)와 기후 문제를 살펴보았다. 현대적인 기상 관측이 없이 고기후(古氣候)를 정확히 알 수는 없다. 당시인의 주목을 끌었던 이상 현상을 중심으로 대강의 추세를 파악하는 데 그쳤을 뿐이다. 이후로 역사 현상과 기후학·천문학 등 과학적 접근 방법과 접목을 시도할 필요성은 절실하다고 생각된다.

결 론

호남상인은 청말 시기에 비약적인 발전을 보이고 있다. 태평천국 발생과 양자강(揚子江) 교역로의 두절로 함풍동치기(咸豊同治期)에 한차례 성장 기회를 맞았다. 광서기(光緖期) 상담의 상인회관 34곳 중 8곳이 호남상인 회관이었다. 각 지방지에서 함풍동치기 호남상인의 활발한 활동을 찾아볼 수 있다. 선통(宣統)년간에 편찬된 『호남상사습관보고서』의 규조(規條)가 대부분 광서(光緖) 이후 집중되고 있는 것은 이 시기 호남상인의 양적 성장과 상호 경쟁 격화를 짐작할 수 있게 한다.

민국기의 각 지방지에서도 호남상인이 활발한 활동을 하고 있는 것을 알 수 있다. 1930년대 전반까지 사정을 알려주는 『호남실업지』를 통해서도 호남상인의 활약상을 알 수 있다.

생산량 증가와 대외 유출품과 관련하여 미곡 상인의 활동이 두드러지고 있고 차 수출 관련해서는 다상(茶商)의 성장을 민국기까지의 지속적인 다장(茶莊) 설립을 통해 알 수 있다. 호남의 대표적 상품인 목재와 목재상인의 존재도 민국기까지 발달하고 있다.

종래 이러한 전통상인은 근대화과정에서 서양 상인과의 경쟁에서 패배하여 모두 쇠퇴하거나 소멸하였다는 시각이 있었으나 호남에서 이들 상인은 민국기에도 지속적인 활동을 하고 있다. 민국기의 각 지방지에도 관련 내용이 있지만 『호남실업지』에 보면 1930년대에도 강서, 강소(江蘇), 절강(浙江), 하남(河南), 복건(福建), 광동(廣東), 호북(湖北), 안휘방(安徽幇) 등이 건재하고 있다.

상품의 유통경로는 종전에 알려진 것 같이 남경조약 체결과 5항(港) 개항 이후 남북 무역로 변경에 따라 호남의 상업이 즉각 쇠퇴한 것은 아니었다. 태평천국으로 인한 양자강로(揚子江路)의 두절로 함풍동치기(咸豊同治期)는 오히려 종래의 남북 무역로가 번성하였다. 후에 강로(江路) 회복으로 상해(上海)-한구(漢口)-장사(長沙) 무역로가 주무역로가 되었지만 광동의 접경지역에는 광주(廣州)를 통한 양화(洋貨)의 수입이 있었다. 형양(衡陽)의 경우에도 광주항과의 교역로 역시 이용되고 있었다.

상품유통의 특징은 첫째 유통량의 급격한 증가가 있었다. 광서 29년(1903) 호남의 해외 무역은 불과 3,237 해관량(海關兩)이었으나 1932년에는 400만 관량(關兩)으로 증가하고 있다. 둘째 양화(洋貨)수입으로 신식 상품유통이 활발해진 것이다. 각 지방지 기재에는 민간에 양유(洋油), 양사(洋紗) 사용이 보편화됨을 보여주고 있다. 셋째는 차, 동유 등 대외 수출품의 생산과 유통이 활발하다는 것이다. 넷째는 광산물 수출이 청말에 개시되어 민국기에 중요부분을 차지한 것이다. 그 밖에 돼지털, 오리털 같은 종전에 이용되지 않던 부산물의 수출이 증가한 것도 특징이다.

번성 쇠퇴의 원인에 대해서 보면 번성의 원인은 '해금대개(海禁大開)' 후, 즉 외국과의 통상 개시 후 교역 증대가 원인인 것으로 당시인이 인식하고 있다. 심지어 양화(洋貨)의 수입이 부를 증대한다는 시각도 있다. 대외교역이 차나 동유 등의 생산을 자극한 것도 분명하다. 또 윤선(輪船) 철도 등 교통발달로 유통량의 증가와 속도가 빨라진 것도 원인으로 생각된다.

쇠퇴의 원인에 대해서는 제국주의 침략이라 지적하는 내용은 찾아보기 어렵다. 민국 전기까지 대부분 호황기로 인식되고 있고 1930년대 이후 세계 불경기, 불황의 여파를 받고 있다는 지적이 대부분이다. 제국주의 침략이 고조되었던 청말에서 민국 전기까지는 번성기라는 인식이 많으며 민국 16년(1927) 이후에 쇠퇴를 지적하고 있는데 이는 경기변동론적 관점에서 보아야 할 것이다. 내부적으로 정치군사적 요인, 즉 잦은 군사동란과

치안 불안, 군벌정권의 가렴주구, 정책 과오 등의 이유를 지목하는 내용이
많다.

호남의 상업은 대외 개방과 통상 확대로 인해 번영을 누린 것이 분명하다.
서양 상품과의 경쟁 때문에 곤란을 겪은 업종은 있지만 이것은 자유 시장경제
의 원리이지 제국주의 침략이라고는 보기 어렵다. 반식민지반봉건사회론의
도식적 틀 속에서 호남의 근현대 상인과 상업을 보는 것은 무리가 있다고
생각된다.

상인과 지방권력 관계에 대해서 보면 청대 200년간은 상업세의 증가가
거의 없었다. 상인에 대한 세금은 국가 재정의 기여도가 미미했고 상업세는
상인에 대한 최소한의 관리 수준이었다. 그런데 청말이 되면 긴급한 군사비
지출과 배상금, 각종 신정(新政) 비용을 상업세에 의존하는 정책으로 전환되
었다.

상업세부담의 가중은 예산 구조의 변화에서도 알 수 있다. 선통 3년(1911)
예산 세목은 56.3%가 상업세이고 전부(田賦)와 조량(漕糧)을 합친 토지세는
26.7%에 불과하였다. 19세기 중기까지 거의 75%가 토지세였던 것과는
대조적인 수치이다. 1917년도 예산은 전부(田賦) 38.8%, 이금은 41.8%이다.
이금에 잡수입과 잡세를 더하면 60.3%가 상업세이다.

이금은 원래 임시세였지만 1931년 폐지될 때까지 호남에서는 76년간
지속되었다. 처음에 이금국은 21국(局)이었지만 선통 3년에는 36국에 분잡
(分卡)이 172곳이었다. 민국기에도 계속 증가추세를 보이고 있다. 민국기에
도 이금은 호남의 주요 경상수입이었고 통세(統稅)로 바뀐 뒤에도 세금은
배로 증가하였다. 정세(正稅)의 이금 외에도 징수 과정에서 각종의 부가적
수탈로 상인들은 고통을 호소하였다.

염세(鹽稅)는 청일전쟁, 의화단 등의 배상금을 다른 성(省)에서는 전부부
가(田賦附加)로 해결했으나 호남에서는 염세(鹽稅)부가로 해결하였다. 잡세
는 인화(印花), 연주(煙酒), 도재(屠宰), 토초(土硝) 5항 잡세가 기본이지만
지역에 따라 종종의 잡세가 부과되어 '가연잡세(苛捐雜稅)'라 하여 국민혁명

기 투쟁의 대상이 되었다. 화폐 남발은 민국기 군벌정권이 재정난 해결을 위해 흔하게 사용되던 방법이었다. 은행 발행 지폐 외에도 성(省) 정부와 각 기관 현 정부 등이 발행한 유통권(流通券) 종류를 '시표(市票)'라 하였는데 이것들 역시 악성 통화 팽창의 주범이었다. 이것의 최대 피해자는 역시 상인층이었다. 차관의 강요 역시 상인층이 감당하기 어려운 것이었다. 잦은 차관 강요로 성(省) 정부조차 차관 액수를 파악하지 못하는 수준이었다.

이러한 성 정부 권력에 상인들의 저항도 다양하였다. '요월(繞越)'은 세금을 기피하기 위하여 징세리가 있는 관잡(關卡)의 경로를 우회하는 것이다. 성 정부는 요월을 막기 위해 계속해 국잡(局卡)을 늘려 나갔다.

파시(罷市)는 청말에 보이기 시작하는데 민국시기에는 상인들의 유효한 투쟁의 수단이 되고 있다. 상인들의 조직적인 파시에 성 정부가 부분 양보하는 경우를 종종 볼 수 있다.

감세(減稅) 요구는 현상회(縣商會)나 동업분회(同業分會)가 장사총상회를 경유하여 조직적으로 제출되고 있다. 이러한 감세 요구가 부분적으로 수용되는 경우도 있지만 재정난에 허덕이는 성 정부는 여전히 강요하는 경우가 많다.

관(官)·상(商)의 관계에서 보면 청말기에 '신상(紳商)' 성격의 변화를 들 수 있다. 19세기 중엽 이전에는 '신상(紳商)'이란 용어도 잘 보이지 않는다. 호남성 당국의 중상주의적 신정(新政) 실시 과정에서 호남의 유력한 향신(鄕紳)들이 상공업에 참여함으로써 새로운 신상(紳商)층이 대두되고 있다. 종래 돈을 많이 번 상인이 연납(捐納)으로 관위(官位)를 획득한 것과 달리 정도(正途)출신의 유력 향신의 상공업 투자는 관(官)과 상(商)관계에 변화를 초래했다. 즉 상인의 지위가 제고(提高)되고 관(官)과 상(商)의 접근성이 높아진 것이다. 성(省) 정부의 상인에 대한 수취 의존도가 높아질수록 상인과 관(官)의 관계 근접성도 높아진다. 따라서 상인의 지위도 제고되고 있다. 상인은 장사총상회의 독려로 현급 상회 모두가 성의회 의원, 현의회 의원 선출에 적극 참가하고 있다. 상회(商會) 출신이 성정부 재정사장(財政司長), 민정사장

(民政司長)과 같은 고위직에 직접 취임하기도 하고 현의회 의장과 현지사(縣知事)대리를 맡는 등 현정(縣政)을 장악하고 있는 경우도 있다. 권력과 상인의 관계는 상인의 입장에서는 '적대적 상호의존관계'라고 할 수 있을 것이다.

호남상인의 공익 활동에 대해서 보면 주지하다시피 전통시대 공익사업의 영역은 신사층이 주도하였다. 그러나 청(淸) 후기 이후 상인 가운데서 공익 활동에 두각을 드러내는 인물이 나오기 시작하였다.

공익 활동의 내용은 전통시대 신사(紳士)의 공익 활동과 유사한 도로, 교량의 수축, 의도(義渡) 설치, 각종 선당(善堂)의 기부, 빈민(貧民)구제, 의창(義倉)의 기부 등이다. 한편 목판교(木板橋)를 석교(石橋)로 개량하거나 의도(義渡)에 교량을 설치하는 진일보한 모습도 있다. 또 신식 의원(醫院)이나 신식 학교의 설립 같은 근대적 모습도 나타나고 있다.

'신상(紳商)'이란 용어는 호남에서는 청말에 처음 등장하고 있다. 호남신정(湖南新政) 운동의 과정에서 호남의 많은 신사들이 적극 참여함으로써 신사가 근대적 상공인으로 변신하고 있다. 이들은 단순한 유통 상인은 아니었다. 이들은 전통적인 신사의 공익 활동인 도로, 교량, 감조(減糶), 제빈(濟貧), 사창(社倉), 의학(義學) 등을 계승하면서 한편으로 호남자업학당(湖南磁業學堂), 명덕학당(明德學堂) 같은 신식 학교 설립에 적극적이었다. 이들 신상(紳商) 가운데는 상회 회장, 교육회 회장 등의 역할을 수행하는 사람이 많다. 이들 신상 중에는 단순한 연납(捐納)에 의한 직함 취득자보다 오히려 정도(正途)출신 신상이 더 많은 것도 호남의 특징 중 하나이다. 호남의 신상은 근현대에 나타난 새로운 개혁 엘리트였다. 웅희령(熊希齡)이나 용장(龍璋), 문준택(文俊鐸) 등에서 보듯이 동일인이 기업가, 교육가, 정치가를 겸하는 경우가 많다. 호남의 근대 신상들이 행한 공익 활동 중 상당수는 내셔널리즘과 애국운동에 고무된 것이었다.

상회는 청말에 조직되기 시작하여 민국시대 호남에는 장사총상회(長沙總商會) 외에 각 현(縣)과 중요 부두에 설치된 하급 상회가 100여 곳이 넘었다. 상회는 이재민 구제뿐 아니라 군벌전쟁 과정에서 생겨난 일시적 공황 상태에서 보안대를 조직하여 치안 유지를 담당하였고 일부 행정까지도 수행하였다.

종래 전통시대 공익 활동을 신사(紳士)가 담당하던 현실에서 청(淸) 후기에 상인들이 관여하기 시작하고 청말에 상인들의 활동이 현저해졌다. 민국시대 에는 신상(紳商)과 상회 등이 관(官)과 신(紳), 민(民)을 소집하여 연석회의를 조직하는 등 빈민 구제 활동과 공공질서 유지에 선도적 역할을 하고 있다.

이러한 상인, 신상(紳商), 상회의 공익 활동 증가를 살펴보면 경제적 부(富)가 신사(紳士) 지주 계층에서 상공인으로 넘어가고 있던 것을 알 수 있다. 신상(紳商)회의의 소집에서 상인이 아닌 신사(紳士)도 참가자가 될 수 있겠으나, 신상회의를 소집한 자가 상인이고 회의 장소가 상회인 점 등을 보면, 상인인 신상이 모든 것을 주도하고 있다. 봉건국가가 유교적 이데올로기에 의해 움직이고, 그 지배계층인 신사(紳士)가 그 이념과 안정적 질서 유지를 위해 공익 활동을 했다면, 이제 사회적 지배계층이 신사가 아닌 상인 계층으로 변화되고 있는 과정으로 파악할 수 있다. 상회가 주도한 기부금 모금에는 남양연초공사(南洋烟草公司), 화실공사(華實公司) 등 근대적 기업이 참여하고 있다. 이것은 현대 사회에서 기업이 행하는 공익 활동의 선구에 해당한다고 볼 수 있을 것이다.

호남의 상인정신을 탐색하기 위하여 지방지의 인물 열전과 주로 청말에 편찬된 상인들의 각종 행규(行規), 다음에 1930년대 전반 호남 전역의 상호(商 號)를 분석해보았다. 인물 열전을 통해서는 근검 절약, 인의(仁義), 적선(積善) 응보, 신의(信義)·정직, 박리다매·경영에 대한 것들을 파악할 수 있었다.

근검 절약은 다수의 열전에서 확인할 수 있는데 타인에게 베푸는 것은 잘하지만 자신에게는 인색하다는 취지가 대부분이다. 주로 '자봉심박(自奉甚 薄)'이나 '자봉극색(自奉極嗇)'이란 서술이 많지만 일부는 '이근검치부(以勤儉 致富)'라 하고 있다. 근검 절약으로 부자가 되었다는 것이다. '인의(仁義)'는 인물열전의 편명이 대부분 '의행(義行)'이 많은 것에서 추측할 수 있다. 내용은 여러 가지 공익 자선사업에 대한 기부와 헌신이다. 여기서 의로운 일은 '인의(仁義)'이다. 적선응보의 사상은 불교의 인과설(因果說)만이 아니라 도교(道敎), 유교에 공통적으로 포함된 사상이다. 자선 기부행위의 대가로 '의서(議敍)'에 의한 관품을 하사받는 경우도 있다. 선한 행위의 보답으로 유형·무형의 복이 온다는 사상이고 현실에서 상업적 성공과 치부를 결과로 여기기도 한다. 신의(信義)와 정직은 상인으로서 당연한 미덕이고 신의를 지킨 결과 상인들의 존경과 신뢰를 받아 사업이 성공한 경우도 볼 수 있다. 박리다매와 경영에서 소유·경영의 분리 등은 민국시기 새롭게 나타난 근대적 측면이다.

호상(湖湘)정신은 호남에 고유한 호남의 인문정신인데 그것이 현대 호남 상인의 정신이라는 전제를 하고 '심우천하(心憂天下)', '감위인선(敢爲人先)', '경세치용(經世致用)', '겸용병축(兼容幷蓄)', '실사구시(實事求是)'라는 지적이 있었다. 사상가의 생각이 아니라 상인들의 기록에 입각해서 이 호상(湖湘)정신에 포섭되는 내용을 찾아보았다. 그것은 '제민이물(濟民利物)', '실업구국(實業救國)', '실사구시(實事求是)'였고 내포된 개념을 확장하면 '경세치용(經世致用)'이나 '감위인선(敢爲人先)' 등도 가능한 생각이었다. 이러한 개념들역시 호남에만 있는 고유한 생각이라고 할 수는 없다. 그러나 태평천국군(太平天國軍)을 진압한 상군(湘軍) 이후 호남 사람이 없으면 군대가 구성이되지 않는다는 말이나, 중국이 망하려면 호남 사람이 다 죽고난 뒤가 될거라는 말 등에서 호남인의 남다른 애국심과 민족주의가 느껴질 수 있다.

우스이 사치코의 주장처럼 중국 상인은 상업적 부의 획득이 개인의 노력에만 의존한다고 믿고 신(神)이나 타자의 도움에 대한 고마움이 없다고 한것은 맞지 않다. 호남상인 역시 재물신과 행업신에게 빌고 감사를 드렸다. 박리다매의 내용도 중국 상인에게는 찾을 수 없다는 주장도 사실에 부합하지않는다.

호남상인의 상인정신은 '인의(仁義)'를 강조하는 것이었다. 열전 등에서 보면 호남상인은 상행위를 통해 이윤을 극대화하려고 한 것이 아니라 적정이윤을 얻으려고 노력했다. 사업의 궁극적인 목적은 '경세제민(經世濟民)'이나 '사업보국(事業報國)'의 이상이었다. 이 점은 서구자본주의와 확실히 차이나는 점이다. '신상(紳商)'이 근대 기업가로 전화한 것이 전제로 되면 아시아적 자본주의는 인간중심의 자본주의이고 단순한 물신(物神)주의와는 구별된다. 중국의 근대화 공업화를 추진한 선구자들이 신상(紳商)이었고 이들의 핵심 사상 역시 유교사상이었다. 유교사상이 근본적으로 인간 중심의 사상이기 때문에 아시아자본주의도 인간중심의 지향점이 있었다고 생각된다. 그러나 가치 지향이 현실의 자본주의 자체와 완전히 동일한 것은 아닌 점은 분명하다. 호남상인의 상인정신 역시 근본이 유교사상인 점에서 휘주상인이나 산서상인 등과도 커다란 차별성을 보이지는 않는다. 진상(晋商)이나 휘상(徽商), 온주(溫州)상인 등 그들 상호간의 차이점 역시 크지 않다. 근본적 사상의 공통분모 위에 호남상인의 작은 특징들을 찾아낸 것이 성과이다. 이 초보적 연구를 토대로 이후 좀 더 심화된 연구가 필요하다고 생각된다.

호남 여성현의 물가변동에 대해서 살펴보면 미가를 중심으로 이 60여년간 물가는 매년 지수상 4~5 정도 상승 추세이다. 이것은 중일전쟁, 세계대전 등 혼란한 시기인 민국 후기에 비해서 상대적으로 안정속의 상승이라고 할 수 있다. 물가상승 원인으로 흔히 지적되는 인구의 폭발적 증가와 경제개발의 둔화 등의 이유는 적어도 이 지역의 통계 수치상으로는 확인하기 어렵다. 인구의 완만한 성장과 농업 생산력의 성장이 물가상승폭을 어느 정도 안정시키고 있는지도 모른다.

또 다른 원인으로 채매(採買)가 지적되지만 여성현에서는 동치 13년(1874)에 채매가 중단되었다. 세금에서는 전부(田賦)외에 지방경비 조달 차원에서 각종의 잡세가 신설되거나 증가되는 것이 확인된다. 더욱이 계세(契稅), 계지세(契紙稅), 경기연(經紀捐), 백화연(百貨捐), 연주세(菸酒稅) 등 상업활동과 관련 각종 부가세가 무수히 신설되는 것 등은 직간접으로 가격에 전가되기 때문에 물가상승에 기여하였다고 생각된다. 창저(倉儲)제도 역시 청 후기 다른 지방과 마찬가지로 가경년간 이후 붕괴됨으로서 국가 차원의 가격 조절 기능이 쇠퇴하였다. 이것도 물가상승의 한 원인이 되었을 것이다.

국제교역이 직접적으로 이 지역에 미치는 영향은 수치상 불명확하다.

「근년물가표」에 거래량이 명기되어 있지 않다. 동유가 외국시장에 수출됨으로써 가격이 상승했다는 것이 지적되고 있고 『여성현지』에도 차의 수출을 위해 광동상인이 여성현에 매집(買集)차 내왕하는 것이 확인된다. 또 여성현의 대외 거래중 60%가 광동을 통한 것이며 그 루트로 서양 상품이 들어온 것은 분명히 확인된다. 양사(洋絲), 양유(洋油)의 가격이 등귀하는 폭은 일반 물가상승폭을 앞지르고 있으나 양포(洋布)가 물목에 빠져있어 토포의 존재가 어느 정도 경쟁력을 가지고 있었다고 여겨진다. 양사(洋絲), 양유(洋油) 외에 양화(洋貨)의 물목은 「물가표」에 보이지 않는다. 그러므로 민국 21년 단계까지도 호남 여성현에는 제국주의의 경제적 침략이 구체적으로 왕성한 것 같지 않다. 양사의 도입은 토포 생산을 자극했을 것이고 실제 토포가격의 상승률도 일반 물가상승률을 밑돌지 않는다.

중국학계에서는 이 시기 국제교역은 제국주의의 상품시장인 동시에 원료수탈시장으로 중국을 규정하는 것이라 본다. 결과 중국 농민의 생활은 더욱 곤궁하고 비참해졌다는 것이다. 그러나 이 여성현의 경우 청 전기 18세기 전반까지 맥작(麥作)도 행해지지 않았고 시집(市集)도 존재하지 않는 산읍(山邑)이었다. 호남의 미곡산지로 보면 양식결핍지구에 해당한다. 그런데 청말 이후 맥작(麥作)이 보급되고 고구마 등 재배가 확대된다. 미곡은 단위당 무산(畝産)도 호남성 각 현 가운데 최고 수준 4석/무(石/畝)가 되고 생산액의 1/4은 광동이나 인근 자흥현 등지로 수출되기에 이르렀다. 타지역에서 양식 보충 자료인 옥수수는 오리 먹이용으로 제공되고 고구마는 양식 보충으로 사용되었다. 미곡의 생산량 증가, 잡량의 확대 등은 농민의 미곡 상품화를 가능하게 해주는 것이다. 이런 배경하에 각지에 시집(市集)이 발전하고 현성에는 300~400집의 점포가 등장하였다. 뿐만 아니라 각지의 상인 즉 형방(衡幫: 형양상인), 보방(寶幫: 보경상인), 광방(廣幫: 광동상인), 서방(西幫: 강서상인) 등 외지 상인이 와서 여성현에 상주하며 회관까지 설립하기에 이르렀다. 민국 초에는 텅스텐 광산이 개발되어 인구유입과 경기 부양을 도왔다.

　농민의 판매 물가와 구매 물가는 명확히 구분할 수 없으나 「물가표」의 물목 거의 대부분이 비슷한 상승폭을 보이고 있다. 목공, 토공 등의 실질임금은 물가상승에 따라 감소하지 않았고 고농(雇農: 고용농업노동자)의 실질임금은 오히려 상승하고 있었다. 이런 면에서 볼 때 민국 21년(1932)까지의 호남 여성현의 물가상승에서 제국주의 침략의 영향으로 농민이 더욱 곤궁해지고 비참해졌다고 보기는 어렵다고 생각된다. 이제까지 청말민국기 특히 동치(1862~1874) 이후 민국 중기인 1936년까지를 주요 분석대상으로 하여 미가와 물가변동, 물가변동의 원인, 물가와 생활 경기에 대하여 살펴보았다.

　호남 장사의 미가와 물가동향에 대해서 보면 미가변동은 단기 변동에 있어서 전쟁이나 천재(天災) 등의 특수한 사정의 해를 제외하고는 광서년간에 비해 민국 중기의 계절 변동폭이 축소되는 방향으로 진행되고 있는 것 같다. 미가의 계절 변동을 완화시켜 주는 잡량의 재배가 호남지역에서는 대부분 동치년간에 보급 확대가 되고 있다. 교통과 상업 발달 등의 이유로 청말에서 민국기로 갈수록 계절 변동폭을 축소할 수 있었을 것으로 생각된다.

　장기변동에서는 장사부현의 물가변동, 예릉현의 물가변동 등을 살펴볼 때 전체로서는 상승 추세 중에 도광·함풍시기의 저미가, 동치년간의 고미가, 광서 전반의 저미가, 광서 후반에서 선통년간의 고미가, 민국 전기의 고미가, 민국 중기의 저미가의 등락을 보이고 있다.

　물가변동은 개별 상품에 따라 편차가 있고 미가와는 전혀 상이한 궤적을 그리는 경우도 있으나 대체적으로는 미가와 연동 관계를 보이고 있다. 1898년 물가의 단기변동은 이상할 만큼 변동폭이 크지 않다. 물가의 장기변동은 전술한 바와 같이 미가와 대체로 비슷한 궤적을 보이고 있다. 청말에서 민국 전기에 걸쳐 물가상승폭이 두드러지고 있다. 세부적으로 보면 청말보다 민국 전기에 물가상승폭이 더욱 크다. 돼지고기 값을 예로 들면 1878년에서 1909년 사이에 27.3% 상승했고 1912~1921년 사이에 75% 상승했다.

　다음으로 물가변동의 원인에 대해서는 군벌간의 전쟁이나 정치적 혼란 등 정치 군사적 요인을 제외하고 대체로 검토해 보았다.

　수요 측면에서는 호남미의 유통이 호남 내부의 인구 증가에도 불구하고 양자강 하류 지역으로의 송출이 지속된 것이 미가 상승의 한 원인이었다. 상해나 무한(武漢) 등의 도시화와 인구집중은 이들 지역 양식 수요를 폭증시켰다. 일부 양미(洋米) 수입에도 불구하고 호남미에 대한 수요도 증가함으로써 미가를 상승시켰다. 또 장사를 비롯한 각지의 새로운 수공업 산업의 발달로 비농업 인구가 증가하고 이들이 구매력을 가진 유효 수요로 성장하여 미가 상승을 유도하였다. 양식의 송출은 해당 지역 인구 식량을 전부 제외한 나머지 잉여가 수출되는 것이 아니라 구매력이 높은 쪽으로 이동하는 것이다. 청말민국기에는 호남의 내부·외부에서 미곡에 대한 유효 수요가 증가하였고 이것이 미가 상승의 한 요인이었다.

　화폐 문제에 있어 화폐 수량의 증가가 물가상승을 초래한다는 것은 상식이다. 종래 아편전쟁 전후 은의 해외 유출 증가가 '은귀전천(銀貴錢賤)' 현상을 초래하여 물가상승과 인민의 빈곤을 가져왔다고 알려져 있다. 그런데 지방지 등의 사료에서 검토한 결과 은전비가는 도광함풍초의 일시적 상승 후에 함풍 7년 이후는 도리어 하락하고 있다. 동치년간에 대부분 1량 1300문 수준에서 안정되고 있다. 광서말·선통년간에도 1600~1700문 수준으로 도광·함풍 초보다는 낮은 편이다. 청말·민국시기에 화폐의 남발이 시도되고 있으나 한계를 넘었을 때 시장의 통용 거부로 마침내 중단되고 있다. 청말·민국기에 외국 은원의 유입과 국내의 은원 주조, 동원(銅元), 지폐 외에 초표(鈔票), 시표(市票) 등 화폐시장에 투입된 화폐량은 엄청나게 증대된 것은 사실이다. 그럼에도 전체로서는 어느 정도 시장질서가 유지되고 있었다고 생각된다. 대외교역과 상품량의 증대, 경제활동 인구의 증대, 미곡 생산 및 농산품 생산의 증대로 화폐에 대한 수요도 급증하고 있다. 이것이 화폐량의 막대한 증가와 유통속도의 진전에도 불구하고 물가상승폭을 어느 정도 완화시킬 수 있었다고 생각된다. 즉 안정 속의 물가상승이 유도된 것이다.

　공급면에서 보면 대외교역을 통한 서양 상품의 수입은 전체로서는 물가상승을 견인하고 있으나 한편에서는 물건의 공급 증가를 통해서 혹은 국내

상품과의 경쟁 때문에 물가상승을 완화시키는 작용도 있었던 것을 확인할
수 있었다. 제국주의 침략과 물가 폭등이라는 도식적 견해와 달리 현실에서
는 물가 억제 작용도 있었던 것이다.

물가와 경기 면에서 보면 물가가 비쌀 때 호경기가 많은 것은 사실이다.
그런데 '곡천(穀賤)' 현상이 불황이라는 지적이 있었던 것을 고려하면서
장사지역의 경우를 검토해 보았다. 도광·함풍년간까지 '곡천' 현상과 불경기
적 상황에 대한 사실은 분명히 드러난다. 동치·광서년간에는 미가가 등귀한
시점인데 이 시기는 홍차업의 번성이나 각종 수공업의 번성으로 호황의
면모가 보이고 있다 민국시기에는 민국 중기에 '곡천'의 현상이 드러나고
있다. 사료상에 민국 중기의 '곡천'은 임금이나 다른 물가가 상승하고 있는
것과 대조되고 있다. 물가상승기와 호황이 맞물리고 있는 것은 사실인데
민국 중기는 '곡천' 현상과 서로 어긋나는 것이다. 이 시기의 불황 서술은
농촌의 농민소득 감소에 대한 우려 표시이다.

생활수준에 대한 지방지 기록 등을 보면 청말민국기에 주민들의 서양상품
사용이 보편화되고 의복, 음식, 주거 등의 생활수준이 향상된 것을 지적하고
있다. 물가는 상승하였지만 동치 이전에 비하여 분명히 사치품의 소비
증대와 중인의 집도 소비수준이 제고된 것이 드러나고 있다. 민중의 빈곤은
있으나 이 시기 빈부 격차가 커지고 생활수준의 격차가 커진 것이 사실이라
생각된다.

청말민국기의 호남에서 물가상승 원인을 찾으면 가장 큰 것이 화폐 남발로
인한 통화 팽창이다. 성(省) 정부는 각종 개혁에 필요한 신정(新政) 비용과
막대한 군사비의 재원 조달의 상당 부분을 화폐 남발로서 충당하였다.

다음으로 물가상승 원인은 상업세의 증가이다. 청말에 고안된 이금은
대표적인 상업세로서 1931년 폐지시까지 호남의 상인들에게는 큰 부담이
되었다. 이금 징수를 위한 국잡(局卡)은 나날이 증가하였고 관련 검문소에서
정규 외의 부가적인 수탈도 자행되었다. 이금의 폐단 해소를 위해 고안된
통세(統稅)도 결국 이금보다는 세금부담이 가중된 것이었다. 이금 외에

아세(牙稅), 도재세(屠宰稅), 연주세(煙酒稅), 인화세(印花稅), 영업패조세(營業牌照稅) 등 각종 잡세는 역시 상인에게 과도한 부담이었다. 청대의 토지세 중심에서 상업세 중심으로 재정구조가 바뀐 것은 이 기간 상공업의 발전과 궤를 같이 하는 것이지만 산업의 발전은 부진한 가운데 과도한 상업세 징수는 상공업 발전에 장애가 되었다. 또 당시인의 인식으로도 상업세의 부과가 물가에 전이된다는 것을 알고 있었다.

수요의 증대도 물가상승의 원인이다. 청말민국기에 수요의 급증은 우선 인구 증가를 원인으로 들 수 있다. 호남성의 인구는 민국 원년(1912)에서 민국 21년(1932)까지 약 262만이 증가하였다. 자연적인 인구 증가 외에도 상품에 대한 구매력을 지닌 유효수요도 증가하였다. 일상생활에 술과 고기 소비량이 증가하고 사치품 수요도 증가하였다. 무엇보다 대외 개방과 통상 확대로 해외시장과 소통하게 되어 수출 위주의 농산품, 차나 동유 등의 재배가 확대되었다. 반면 외국상품인 양화(洋貨)에 대한 수요도 급증하였다. 이러한 수요 증가는 물가급등과 무관하지 않다.

상인이 물가상승의 주범이라 보기는 어렵다. 상인이 이러한 물가급등 국면에서 어떻게 대응하였는가. 흔히 '간상(奸商)'이 물가상승을 주도한다는 지적이 있다. 이른바 '간상'이라 지목되는 상인의 활동으로 주목되는 것은 첫째 '돈적거기(囤積居奇)'라 부르는 매점매석이다. 물가가 오르거나 오르는 것이 예상될 때 미곡을 돈적거기하는 사례는 흔하게 발견된다. 장사총상회와 미업(米業)상인들 간의 연석회의 내용을 보면 돈적거기가 미가 급등 원인이 아니라 근본적인 것은 공급 결핍임을 주장하고 있다. 둘째는 미금(米禁)을 위반한 미곡 상인의 밀수출 행위이다. 미금 기간에도 미곡 상인들은 관소(關所)의 관리나 군대와 내통하여 대규모 밀수를 지속적으로 행하고 있다. 셋째는 상인의 가격 조종이다. 이윤을 극대화하기 위한 상인의 가격 조작은 예릉현 자기업에서 나타난다. 의외로 기타 자료에서는 구체적 사례가 흔하지 않다. 금융부분에서 전상(錢商)의 조작은 크게 문제시 되고 있다. 지폐 범람과 현금 부족 상황에서 성(省) 정부는 법가를 강제하였다. 현실

시황과 맞지 않으므로 전상(錢商)은 암반(暗盤: 암시세)을 적용한다. 이때 환율 조작을 감행하여 이익을 얻는다.

물가조사는 상인의 물가에 대한 합리적 대응이다. 민국 10년 전후로 호남에서는 상회에 의한 체계적이고 조직적인 물가조사가 행해진다. 청말에 각종 동업조합의 「행규」에 가격 고시가 있는 것을 보면 나름의 조사가 있었다고 생각된다. 예릉현에서 보면 민국 10년 이전까지는 상인들이 개별적으로 작성한 물가 장부이다. 민국 15년 이후는 상회에 의한 조사로 나누어진다. 실제 사례로 보면 상인이 중개인의 가격 농간에 속임을 당하지 않기 위해 물가조사를 하고 있다. 상회에 의한 물가조사는 판매상인 상호간뿐 아니라 구매자에게도 공정한 기회 보장의 수단이었다고 생각된다.

상인의 물가조절 부분을 보면 첫째는 채매평조(採買平糶)를 들 수 있다. 성성(省城) 지방 등이 미곡 공급 부족으로 미가 폭등을 맞았을 때 상인들이 사람을 파견하여 곡식을 구매해 와 저렴한 가격으로 판매한 것이다. 이것을 상인들 스스로 공익적 활동이라 생각하고 있다. 또 매(煤), 염(鹽), 미(米), 유(油) 등 일용 필수품에 대한 물가조절을 위해 상회가 수시로 물가조절회의를 개최하고 있다. 성 정부도 물가급등에 대한 조치로 상회에 시황 유지 책임을 강조하고 있다. 또 금융부분에서 지폐 남발과 통화 팽창이 물가급등의 주범임을 인식하고 수시로 성 정부에 태환 유지 요구를 하고 악성 지폐의 수용 거부를 하고 있다. 또 성 정부나 각종 기관이 발행하는 유통권, 군용표 등 유사 화폐의 발행을 반대함으로써 물가 안정을 추구하려 노력했다. 청말민국기의 호남에서 상인은 상회를 중심으로 성 정부의 부패와 무능에 저항하면서 시장경제를 지향하고 있었다. 통화 팽창과 물가급등 국면에서 성 정부의 행정력 부재를 보충하면서 물가 안정에 기여하고 있었다.

1918~1927년 기간 호남의 물가변동에 대해 살펴보면 물가변동에서 기본이 되는 것은 미가(米價)이다. 미가는 1918년부터 1927년까지 대체로 상승추세이다. 1918년 11월 1담(担) 4.32원에서 1925년 11월은 1담(担) 9.90원으로 129.2% 상승했다. 1921~1923년의 평균 미가는 1석에 6.51원이다. 1909~1912

년의 석당 평균 4.0원과 비교하면 62.75% 상승이다. 1932~1934년의 석당 평균 7.44원은 1921~1923년 기간 대비 14.29% 상승했다. 이것을 보면 1920년대 전반의 미가 상승이 1930년보다 현저했다는 것을 알 수 있다.

미가의 상대 물가를 알기 위해 소금 값을 비교해 보면 1921년에서 1925년 사이 미가는 22.2% 상승했는데 소금은 같은 기간 12.9% 상승했다. 양유(洋油) 가격은 지속적으로 하락 추세인데 미가는 지속적으로 상승하고 있어 농민 소득과 구매력이 향상되고 있었다고 생각된다.

소금 가격은 1921년에서 1927년까지 전문치(錢文值)는 가파른 상승세를 보여주고 있지만 기축(基軸) 통화인 은원(銀元) 가격은 1926년까지 안정 속의 상승세를 유지하고 있다. 염가(鹽價)의 안정에는 양염(洋鹽) 수입의 증가와 정염공사(精鹽公司) 설립 등이 기여하고 있다고 여겨진다.

면화 가격은 1918년 11월부터 1920년까지는 비슷하게 유지되거나 하락하고 있다. 반면 1921년부터 1925년까지는 지속적인 상승 추세이다. 1926년과 1927년은 상승세가 둔화되거나 하락하고 있다. 1934년경 장사(長沙)의 면화 가격은 1918년 11월 가격과 동일하다. 1920년대 전반보다 1930년대 면화 가격은 하락하고 있다. 다유(茶油) 가격도 1918년 11월부터 1927년까지 지속적인 상승 추세가 주된 흐름이다. 전문치(錢文值)는 가파른 상승률을 보인 것은 통화 팽창의 결과이다. 『장사대공보(長沙大公報)』에 동유 가격은 1921년부터 등장한다. 이 시기 동유 수출액의 증가와 관련 있다 생각된다. 동유는 전문치로는 1921년부터 1927년까지 가파른 상승세를 지속한다. 은원 가격은 1925년과 1926년에 부분 하락세를 보이다가 1927년에 다시 상승한다. 1934년경 동유 가격은 역시 1920년대보다 하락하고 있는데 이것은 동유 수출의 감소와 관련 있을 것이다.

양유(洋油)는 대표적인 수입상품이다. 전문(錢文)으로서는 대체로 상승세이지만 은원(銀元)은 하락 안정세이다. 계속 내리다가 1927년에 부분적으로 반등했지만 1921년 수준보다 낮다.

화폐 남발에 의한 혼란 속에서도 은원(銀元)이 기축 통화 역할을 하였다.

상인들이 은원 결제를 요구하거나 가격 표시를 은원으로 하는 등으로 시장경제를 유지하였다. 1921년에서 1927년 사이는 은원 가격 기준으로 안정 속의 상승세가 주조이다. 이것은 1930년대 전반보다 상승률이 높은 것이었다.

임금 수준에 대해서는 일급(日給)을 기준으로 각 현(縣)의 27개 업종의 평균 임금은 0.13원(元)이었다. 이것은 목장(木匠)의 평균 임금과 일치한다. 고농(雇農)의 일급(日給)은 0.11원으로 상대적으로 낮은 편이었다. 고농의 일급으로 구매 가능한 염(鹽)은 1.05근(斤), 구매 가능한 미(米)는 평균 1.93근이었다. 목장의 경우에 구매 가능한 소금은 평균 1.15근, 구매가능 미는 평균 2.16근이었다. 식사 제공의 임금을 기준으로 했는데 비(非)식사 제공의 경우 임금은 이보다 높다. 임금 수준이 높은 지역은 일급이 식비보다 많은데 그렇지 않은 지역은 하루 일급과 식료품비가 비슷한 경우를 보이고 있다. 임금의 장기변동 추세를 보면 물가상승과 함께 상승하고 있다. 여성현(汝城縣)에서 임금의 미(米) 구매력을 비교하여 민국시기에 실질임금이 상승한 것을 밝힌 바 있다.『호남실업지』와 지방지 등에서 임금이 물가와 연동된다는 것이 확인되고 있고 노동자의 임금 인상 요구도 목격되고 있다. 1922년 이래 고조된 전국적 노동운동이 호남에도 영향을 주고 있다 생각된다.

무역과 물가에 대해서 종래 제국주의 침략 고조는 무역의 신속한 발전을 가져오고 서양 상인들의 농간으로 물가는 급등했다고 인식해왔다. 그런데 수입품 물가는 무역 촉진으로 수입량이 증가할수록 가격 하락에 영향을 주고 있다. 양유(洋油)의 공급 증가가 가격 하락을 가져온 것이 대표적인 실례이다. 수출품의 경우 무역 확대로 수출이 증가하면 물가가 상승한다. 대표적 수출품인 동유(桐油)의 경우 1차 대전 이후 1921년부터 1927년 사이에는 지속적 수출 증가로 가파른 가격 상승을 나타낸다. 반면 1930년대 수출 부진으로 가격이 하락하였다. 광산물도 1차 대전 기간 수출 증가로 가격이 상승했다가 전후 수출 부진으로 가격 폭락을 경험했고 이후 점차 수출 회복과 가격 상승으로 이어지고 있다.

무역과 경기에 대해서 살펴보면 1차 대전 후 제국주의 열강의 재 도래와 침략 강화로 물가급등과 인민생활의 부담 가중이라는 도식과 호남의 현실은 부합되지 않는 것 같다. 관련 사료를 검토하면 대부분 1921년에서 1926년 또는 1928년까지도 호황(好況)임을 지적하고 있다. 거의 공통적으로 민국 19년(1930) 이후 경제불황을 논하고 있다. 호남의 수출입 동향을 보면 1925년에서 1928년까지는 교역량이 많지만 적자, 즉 입초(入超)가 많다. 그런데 1932년에서 1934년은 출초(出超), 즉 흑자무역이지만 1920년대에 비해 교역량은 급감하고 있다. 이를 보면 경기는 무역의 적자보다는 교역량의 증감과 더 밀접한 관련이 있는 것 같다. 대부분의 사료가 1930년 이후 불황을 지적하고 있는 것을 보면 무역량과 상황에서 나타나는 1930년대는 불황형 흑자무역이었다고 생각된다.

1차 대전의 기간 제국주의 열강의 일시적 후퇴와 전쟁 수요 증가로 중국은 상대적으로 호황을 누렸지만 종전(終戰)후 제국주의 열강의 재 도래와 침략 고조, 이로 인한 신속한 무역의 발전이 물가급등과 중국 인민의 부담 가중을 초래했다는 주장에는 문제가 있다. 적어도 호남을 소재로 실증 연구를 해보면 1921년부터 1927년 사이는 무역이 증대되고 물가는 안정 속의 상승세였고 상업이 번성했다. 당시인 스스로 상대적인 호경기로 인식하고 있었던 것이다. 제국주의 열강은 단일한 결사체가 아니라 상호 경쟁 관계의 독립체이고 동일 국가 안의 개별 상인들 역시 무한경쟁 상태에 있었다. 그렇기 때문에 제국주의 경제침략의 구체 상황을 분석할 때 민족주의 감정의 과잉은 자제하는 것이 타당하다고 생각된다.

물론 제국주의 세력이 중국의 근대 경제 발전에 부정적 영향을 끼친 것도 부정할 수 없다. 불평등조약에 의한 낮은 관세 부담, 이금의 면제, 치외법권에 의지한 각종 불공정 행위들이 구체적 내용들이다. 그러나 서양 상인의 활동은 반드시 일면적으로만 작용한 것은 아니다. 따라서 근현대 중국경제의 모든 문제를 전부 제국주의 책임으로 돌리는 것은 곤란하다. 오히려 제국주의 부분책임론을 규정하는 것이 옳다고 생각된다.

이상을 종합하면 호남상인은 청말민국기 대외 개방 시대에 비약적인 발전을 하고 있는 것을 알 수 있다. 종래 곡창지대로서 순 농업성이었던 호남이 일부 현에서는 농민 인구와 상인 인구가 맞먹을 정도 상인들이 폭증하였다. 호남 내의 상업 거점이었던 홍강이나 장사뿐 아니라 호북의 한구에서도 호남상인의 세력이 기존 10대 상방을 능가하고 있다. 상인들은 지방 권력에 대해서도 기부금이나 차관 공여 등으로 지원을 하는 대신 견제와 관여를 높여 나가고 여러 가지 공익사업을 주도함으로써 사회적 지위를 제고시켰다. 호남상인의 가치 지향은 '호상정신'에 함축되고 있는데 외세의 침략에 저항하는 애국주의였다. 상공업을 발달시키는 것이 외세에 대한 저항이라는 측면에서 이들의 이념은 부르주아내셔널리즘이라고 할 수 있다. 한편 '신상'이 새롭게 등장하여 상공업에 종사하며 지역 명망가로서 각종 사업을 주도하였다. 이들 신상은 상회의 회장이 되거나 교육회 회장이 되고 또 지방의회 의장이 되는 등 지역사회 지도층으로서 권력을 행사하였다. 이들 신상의 가치관은 유교사상이다. 이들이 중국 자본주의 발달의 원형이었던 점에서 중국 자본주의 역시 '유교적 자본주의' 또는 '아시아적 자본주의'라고 부를 수도 있을 것이다.

물가문제는 종래 제국주의 침략으로 물가는 폭등하고 인민생활은 날로 빈곤해졌다는 통설에 반하여 호남의 사정은 전혀 그렇지 않다. 근현대에 물가가 전통시대 보다 급등한 것은 대체로 사실이다. 그러나 물가상승은 미곡이나 임금 등이 동반 상승함에 따라 인민생활이 더욱 빈곤해진 것은 아니었다. 또 물가가 상승하는 국면이 오히려 호경기이고 물가 하락시에 불경기가 나타난 현상도 경제 원리와 부합하고 있다. 상인이 직접적으로 물가를 올리는 것 같지만 물가상승이 상인에게 유리한 것만은 아니었다. 상인은 물가조절을 위해 나름의 노력을 기울이고 있다. 제국주의 침략시기 라고 해서 물가는 직선으로 상승하는 것만은 아니고 상승과 하락이 교차되고 있다. 이것을 보면 전체적으로 수요와 공급이라는 시장 논리에 따라 물가는 상승 하락을 하고 있다. 수출·수입 역시 적자무역이라 하더라도 교역량이 증대하였을 때 호경기가 나타나고 있다. 제국주의 침략 시기라 하더라도 물자 인력의 교류가 활발한 지역일수록 발전이 빨랐던 것도 분명한 사실이다. 이 시기는 시장이 확대되고 교역량의 증가로 경제 인구가 늘어난 시기였다. 물론 빈부 격차로 비참한 하층민의 존재가 있지만 이것이 명청시대보다 늘어난 증거는 없다. 따라서 반식민지반봉건사회론에서 주장하듯이 제국주의, 봉건주의, 관료자본주의 3대 억압세력의 침탈로 생산력은 후퇴되고 농민생활은 파탄에 이르렀다는 주장은 적어도 호남지역에서는 사실이 아니라고 생각된다.

참고문헌

(1) 기본 사료

光緒 11年刊『湖南通志』.

嘉慶 15年刊『沅江縣志』.

光緒 11年刊『耒陽縣志』.

光緒 元年刊『平江縣志』

乾隆 44年刊『湘潭縣志』.

光緒 15年刊『湘潭縣志』.

光緒 15年刊『石門縣志』.

光緒 18年刊『桃源縣志』.

光緒 18年刊『巴陵縣志』.

光緒 33年刊『古丈坪廳志』.

光緒 2年刊『邵陽縣志』.

光緒 33年刊『邵陽縣鄕土志』.

嘉慶 23年刊『善化縣志』.

光緒 3年刊『善化縣志』.

嘉慶 23年刊『湘陰縣志』.

光緒 6年刊『湘陰縣圖志』.

乾隆 25年刊『華容縣志』.

光緒 8年刊『華容縣志』.

乾隆 27年刊『永興縣志』.

光緒 9年刊『永興縣志』.

光緒 元年刊『龍陽縣志』.

光緒 2年刊『零陵縣志』.

同治 6年刊『城步縣志』.

同治 10年刊『茶陵州志』.

同治 10年刊 『安化縣志』.

同治 10年刊 『攸縣志』.

同治 10年刊 『長沙縣志』.

同治 11年刊 『臨湘縣志』.

同治 12年刊 『酈縣志』.

同治 12年刊 『瀏陽縣志』.

康熙 12年刊 『湘鄉縣志』.

同治 13年刊 『湘鄉縣志』.

同治 13年刊 『益陽縣志』.

光緒 刊 『益陽縣鄉土志』.

同治 7년刊 『桂陽直隸州志』.

同治 8年刊 『清泉縣志』.

同治 5年刊 『桂東縣志』.

光緒 2年刊 『衡山縣志』.

民國 10年刊 『溆浦縣志』.

民國 12年刊 『慈利縣志』.

民國 15年刊 『醴陵縣鄉土志』.

民國 37年刊 『醴陵縣志』.

乾隆 58年刊 『永順縣志』.

民國 19年刊 『永順縣志』.

同治 9年刊 『祁陽縣志』.

民國 20年刊 『祁陽縣志』.

民國 21年刊 『藍山縣圖志』.

民國 21年刊 『汝城縣志』.

民國 30年刊 『寧鄉縣志』

民國 30年刊 『寧鄉縣新志』.

民國 30年刊 『宜章縣志』.

道光 刊 『辰州府義田總記』

民國 23년刊 『安鄉縣志』

民國 刊 『安鄉縣志初稿』.

宣統元年刊 『永綏廳志』.

宣統元年刊 『清泉縣鄉土志』.

同治 11年刊 『新化縣志』.

同治 12年刊 『武岡州志』

光緒 2年刊 『會同縣志』

光緒 元年刊 『東安縣志』

『湘報』, 北京, 中華書局, 2006.
『長沙大公報』1917年, 1918年, 1919年, 1920年, 1921年, 1922年, 1923年, 1924年, 1925年,
        1926年.
『湖南省地理志』, 長沙: 湖南人民出版社, 1982.
『湖南實業志』(民國 24年刊『中國實業志』), 長沙: 湖南人民出版社, 2007.
王先謙, 『虛受堂文集』. 北京: 朝華出版社, 2018
彭澤益, 『湖南商事習慣報告書』. 『中國工商行會史料集』, 北京: 中華書局, 1995.
『魏源全集』20冊, 長沙: 岳麓書社, 2004.
『左宗棠全集』20冊, 上海書店影印本, 1986.
『曾文正公全集』, 臺北: 世界書局, 1952.

(2) 단행본

〈한글〉
馬敏 著, 신태갑 옮김, 『중국 근대의 신상』, 신서원, 2006.
余英時·정인재 역, 『中國近世宗教倫理와 商人精神』, 대한교과서주식회사, 1993.
吳金成, 『矛盾의 共存-明淸時代 江西社會硏究』, 서울: 지식산업사, 2007.
吳金成, 『국법과 사회관행-명청시대 사회경제사연구』, 서울: 지식산업사, 2007
박기수 외, 『중국 전통상인과 근현대적 전개』, 파주: 한국학술정보, 2010
박기수 외, 『중국 상업관행의 근현대적 전개』, 파주: 한국학술정보, 2011.
유용태, 『지식청년과 농민사회의 혁명』, 서울: 문학과 지성사, 2004.
강진아, 『1930년대 중국의 중앙·지방·상인』, 서울: 서울대학교 출판부, 2005.
이준갑, 『중국 사천사회 연구 1644-1911』, 서울: 서울대학교 출판부, 2002.
원정식, 『종족사회의 변화와 종교적 대응』, 서울: 위더스북, 2018.
田炯權, 『중국근현대의 호남사회』, 서울: 혜안, 2010.
하오옌핑 저, 이화승 옮김, 『중국의 상업혁명』, 서울: 소나무, 2003.
하오옌핑 저, 이화승 옮김, 『동양과 서양, 전통과 근대를 잇는 상인 매판』, 서울: 씨앗을
        뿌리는 사람, 2002.
H. H. 램 지음, 김종규 옮김, 『기후와 역사』, 한울, 2004.
金蓮玉, 『氣候學槪論』, 서울: 正益社, 1977.
브라이언 페이건 지음, 윤성옥 옮김, 『기후는 역사를 어떻게 만들었는가』, 중심, 2002.
劉昭民 지음, 박기수·차경애 옮김, 『기후의 반역』, 성대출판부, 2005.

〈중문〉
龔勝生, 『淸代兩湖農業地理』, 武漢(武昌): 화중사대출판사, 1996.

482

交通部 編, 『中國通郵地方物産誌』, 華世出版社, 1935(1988 再刊).

邱思達, 『中國近現代鑄幣圖說』, 北京: 中國書店, 1991.

譚文熙, 『中國物價史』, 武漢: 湖北人民出版社, 1994.

唐金龍, 『天下湘商』, 北京: 知識産權出版社, 2011.

梁小民, 『走馬看商帮』, 上海書店, 2012.

劉泱泱 主篇, 『湖南通史』近代卷, 長沙: 湖南出版社, 1994.

宋斐夫 主篇, 『湖南通史』現代卷, 長沙: 湖南出版社, 1994.

馬立博, 『清代區域社會經濟史研究』下, 北京, 1992.

梅莉·張國雄, 『兩湖平原開發探源』, 南昌: 江西教育出版社, 1995.

方志遠, 『明清湘鄂贛地區的人口流動與城鄉商品經濟』, 北京: 人民出版社, 2001.

楊梅, 『晚清中央与地方財政關係研究-以厘金爲中心』, 北京: 知識産權出版社, 2012.

梁方仲, 『中國歷代戶口田地田賦統計』, 上海, 1980.

嚴中平, 『中國近代經濟史統計資料選輯』, 北京: 科學出版社, 1955.

吳承洛, 『中國度量衡史』, 北京: 商務印書館, 1937(1993 影印版).

王開林, 『百年湖南人』, 南京: 江蘇文藝出版社, 2013.

王賢輝, 『明清洪江商帮』, 哈爾濱: 黑龍江教育出版, 2013.

李文治, 『中國近代農業史資料』 제1집.

張家驤, 『中華幣制史(上·下)』, 北京: 知識産權出版社, 2013.

張麗芬, 『湖南省米糧市場産銷研究(1644~1937)』, 台北, 1990.

張朋園, 『中國現代化的區域研究-湖南省1860~1916』, 臺北: 中央研究院, 1988.

章有義, 『中國近代農業史資料』 제2권.

章有義, 『中國近代農業史資料』 제3권.

蔡棟, 『湖湘文化訪讀』, 長沙: 湖南人民出版社, 2005.

湯象龍 編著, 『中國近代海關稅收和分配統計』, 北京: 中華書局, 1992.

彭澤益 主編, 『中國工商行會史料集』, 北京: 中華書局, 1995.

馮篠才, 『在商言商-政治變局中的江浙商人』, 上海社會科學出版社, 2004.

馮篠才, 『政商中國: 虞洽卿与他的時代』, 社會科學文獻出版社, 2013.

〈일문〉

臼井佐知子, 『徽州商人の研究』, 東京: 汲古書院, 2005.

岸本美緒, 『清代前期の物價と經濟變動』, 東京: 研文出版, 1997.

伍繼延·徐志頻, 『湖南商人』, 東京: 日本僑報社, 2012.

張人价 編, 『湖南の穀米』, 東京: 生活社, 1940.

佐伯富, 『中國史研究』 第1卷, 京都: 同朋舍, 1978.

塚本元, 『中國における國家建設の試み-湖南 1919~1921』, 東京大學出版會, 1994.

橫山英, 『中國近代化と地方政治』, 東京: 勁草書房, 1985.

〈영문〉

Angus W. McDonald, JR, *The Urban Origins of Rural Revolution-Elites and the Masses in Hunan province, China, 1911-1927* (University of California press, 1978).

Bao Yang, "Dust storm frequency and its relation to climate changes in Northern China during the past 1000years" (*Atmospheric Environment*, 2007).

E. S. Rawski, "*Agricultural Change and the Peasant Economy of South China*" (Harvard Univ. Press, 1972).

Joseph W. Esherick, *Reform and Revolution in China : The 1911 Revolution in Hunan and Hubei* (California Univ. Press,1976).

Susan Mann, *Local Merchants and the Chinese Bureaucracy 1750-1950* (Stanford University Press, 1987).

T. Jiang, Yangtze Delta floods and droughts of the last millenium : Abrupt changes and long term memory (*Theoretical and Applied Climatology*. 2005).

Worg & P. C Perdue, Grain Markets and Food Supplies in Eighteenth Century Hunan.-T.G. Rawski, "Chinese History in Economic Perspective" (California Univ. Press. 1992).

Yeh-Chien Wang, *Secular Trends of Rice Prices in the Yangzi Delta, 1638~1935*. (California Univ. Press, 1992).

(3) 논문

〈한글〉

丘凡眞, 「淸末直隷永平府의 鹽務 개혁과 그 의의」『明淸史硏究』 21, 2004.

臼井佐知子, 「휘주상인의 경영형태와 상업윤리」『중국 전통상인과 근현대적 전개』, 서울: 학술정보, 2010.

金蓮玉, 「역사 속의 小氷期」『역사학보』 149, 1996.

김문기, 「17세기 江南의 氣候와 農業『歷年記』에 대한 분석을 중심으로」『동양사학연구』 99, 2007.

김문기, 「17세기 江南의 氣候變動과 明淸交替」, 부경대학 박사논문, 2008.

김민수, 「19세기 후반 氣候 변동과 農業生産力」『한국사론』 53, 2007.

김연옥, 「한국의 小氷期 기후-역사 기후학적 접근의 一試論」『지리학과 지리교육』 14, 1984.

김연옥, 「古日記에 의한 古氣候 연구: 眉巖日記를 중심으로」『논총』 58, 이화여대 한국문화연구원, 1990.

나종일, 「17세기 危機論과 한국사」『역사학보』 94·95, 1982.

李丙仁, 「商會, 商會네트워크와 近代 中國의 政治變遷」『中國近現代史硏究』 44, 2009.

馬敏 著, 최은신 역, 「최근 10년간의 중국 商會史硏究와 그 전망」『중국현대사연구』 11, 2001.

박근필, 「17세기 조선의 기후와 농업」『조선시대 농업사 연구』, 국학자료연구원, 1987.

박근필, 「17세기 小氷期 氣候연구의 현황과 과제」『대구사학』80, 2005.

박근필, 「氣候와 農業의 微視分析(1653~1655)을 통해 본 『農家集成』編纂의 背景」『農業史 硏究』4-2, 2005.

박기수, 「淸代 廣東의 對外貿易과 廣東商人」『明淸史硏究』9, 1998.

박기수, 「淸末 廣東商人의 형성배경」『중국전통상인과 근현대적 전개』, 파주: 한국학술 정보, 2010.

박정현, 「근대 중국 茶무역의 盛衰(1868~1936)」『중국학보』54, 2006.

박정현, 「1868-1913 중국대외무역의 구조와 특징」『대구사학』87, 2007.

박혁순, 「19세기 후반 중국 대지역권의 경제적 동향」『근대중국연구』1, 2000.

배재홍, 「18세기 말 정조 연간 강원도 삼척지방의 이상기후와 농업」『대구사학』75, 2004.

소광섭, 「역사와 과학의 학제적 연구에 부쳐」『역사학보』149, 1996.

吳金成, 「明淸時代의 社會變化와 江西商人」『明淸史硏究』9, 1998.

李相勳, 「19세기 전반 常關稅收의 缺損과 物流路線의 變化」『東洋史學硏究』124, 2013.

이태진, 「소빙기(1500~1750) 천변재이연구와 『조선왕조실록』」『역사학보』149, 1996.

이태진, 「외계충격 대재난설과 인류역사의 새로운 해석」『역사학보』164, 1999.

이호철·박근필, 「19세기 초 조선의 기후변동과 농업위기」『朝鮮時代史學報』2, 1997.

이화승, 「명청시대 중국전통상인의 구역화 현상연구」『중국사연구』8, 2000.

이화승, 「明淸時期 商業의 發展과 商人勢力의 成長」『중국학논총』18, 2004.

이화승, 「18세기 중서 무역의 시작-광동 13행의 소개」『중국학연구논총』1, 2008.

이화승, 「중국 전통상인의 정체성 연구」『中國學報』62, 2010.

이화승, 「關公信仰과 산섬상인의 발전」『중국상업관행의 근현대적 전개』, 서울: 한국학 술정보, 2011.

전성호, 「18-19세기 조선의 기후, 작황, 가격의 변동에 관한 연구」『농촌경제』25-2, 2002.

田寅甲, 「近代都市 上海의 發展과 同鄕同業團体」『外大史學』9, 1999.

田炯權, 「淸末民國期 湖廣地方의 農業生産力과 生産關係」『慶南史學』7, 1995.

전형권, 「淸末民國期 湖南 汝城縣의 商品流通과 物価變動」『明淸史硏究』9, 1998.

田炯權, 「淸末民國期 湖南의 米穀市場과 商品流通」『東洋史學硏究』74, 2001

田炯權, 「淸末民國期 湖南 邵陽縣의 農村社會와 農業生産」『中國史硏究』45, 2006.

田炯權, 「淸末民國期 湖南 長沙府의 농업 생산과 상품유통」『明淸史硏究』25, 2006.

전형권, 「淸 後期~民國期 湖南의 水利開發과 農業生産」『東洋史學硏究』102, 2008.

田炯權, 「淸末民國期 湖南 長沙의 米價와 物價動向」『中國史硏究』79, 2012.

田炯權,「淸末民國期 湖南 商人과 商品流通」『中國史硏究』91, 2014.
전형권,「淸末民國期 湖南의 商人과 地方權力」『中國史硏究』97, 2015.
田炯權,「淸末民國期 湖南의 物價와 商人」『中國史硏究』101, 2016.4.
田炯權,「1918-1927 湖南의 物價變動」『中國史硏究』103, 2016.8.
田炯權,「淸末民國期 湖南商人의 公益활동」『中國史硏究』114, 2018.6.
전형권,「淸末民國期 湖南의 商人과 상인정신」『中國史硏究』125, 2020.
鄭哲雄,「淸初 揚子江 三省지역의 미곡유통과 가격구조」『歷史學報』143, 1994.
鄭哲雄,「淸代 揚子江 中流지역의 상품생산과 시장구조」『明淸史硏究』4, 1995.
朱英,「淸末民初 商會의 지역적 발전 및 변화-상해·소주·天津 商會를 중심으로-」『중국상
　　업관행의 근현대적 전개』, 박기수 외, 한국학술정보, 2011.
홍성화,「明代후기 客商의 倫理의식」『중국전통상인과 근현대적 전개』, 서울: 한국학술
　　정보, 2010.

〈중문〉
龔勝生,「18世紀 兩湖糧價時空特徵硏究」『中國農史』, 1995-3期.
郭成康,「18世紀中國物價問題和政府對策」『淸史硏究』, 1996-1.
關文發,「試論淸代前期漢口商業的發展」『淸代區域社會經濟史硏究』上, 北京, 1992.
段江波·張屬水,「明淸商人倫理形成之內在衝突及其特徵」『倫理學硏究』, 2003.4.
唐力行,「徽州商人的紳士風度」『史學月刊』, 2003.11.
戴月,「儒家思想在中國商品活動中的地位及其積極影響」『當代敎育理論與實踐』5-9, 2013.
　　9.
鄧亦兵,「淸代前期的粮食運銷和市場」『歷史硏究』, 1995-4.
劉甲明,「試論硏究儒商及儒商精神的意義」『山東工商學院學報』28-1, 2014.2.
劉季佟,「一個外國人眼中的嶺南商業文化精神」『民сто風情』, 2013-4.
李岸,「明淸之際漸趨完善的商人形象與商人精神」『哈爾濱師範大學社會科學學報』, 2018.1.
馬莉萍,「淸代日食的地方性記錄」『復印報刊 明淸史』, 2004-6.
樊笛·沈義雯,「晋商溫州商及松商的比較硏究」『韓中社會科學硏究』5-2, 2007.
史建運,「淸代華北平原農村綿紡織業商品生産」『淸代區域社會經濟史硏究』, 北京, 1992.
謝國權,「近代長江中下遊沿岸中等城市商業硏究」(復印報刊資料)『經濟史』, 1996-6.
徐正元,「上海近代稻米市場價格變動之分析」『中國經濟史硏究』, 1996-2.
徐正元,「中國近代農産商品化的發展與米市的形成」『復印報刊經濟史』, 1997-3.
徐正元,「中國近代農産商品化的發展與米市的形成」『復印經濟史』, 1997-3.
薛金成,「儒學民間轉向與明代商人精神」, 哈爾濱工程大學法學碩士學位論文, 2016.6.
施祖軍,「中國近代商業倫理精神的形成與發展」『湖南社會科學』, 2003.5.
樂承耀,「明淸寧波集市的變遷及其原因」『浙江學刊』, 1996-2.
楊秉强,「齊魯文化與中國商人精神」『山東商業職業技術學院學報』12-5, 2012.10.

486

楊鵬程,「淸季湖南自然災荒與民變」『株江工學學院學報』18-4, 2004.

楊鵬程,「淸朝後期湖南水災硏究」『湖南工程學院學報』14-3, 2004.

楊鵬程,「簡論古代湖南自然災害發生的原因」『船山學刊』, 2002-4.

楊鵬程,「古代湖南虫災,風災,雹災,冰凍,地震,疫災簡論」『湖南工程學院學報』13-4, 2003.

楊鵬程,「晚淸湖南旱災硏究」『湖南科技大學學報』9-1, 2006.

楊鵬程,「晚淸湖南自然災害及荒政硏究」『湖南城市學院學報』30-4, 2009.

呂紹理,「近代廣東與東南亞的米糧貿易(1866-1931)」『政治大歷史學報』12, 1995.

連浩鋈,「明淸時期廣東省的對外貿易及其對農村社會經濟的影響」『淸代區域社會經濟史硏究』, 中華書局, 1992.

吳量愷,「淸代湖北沿江口岸城市的轉運貿易」『淸代區域社會經濟硏究』, 北京: 中華書局, 1992.

吳慧,「和協: 商業文化歷史考察之二一以明淸晋徽兩大商幇爲例」『商業經濟硏究』, 1994. 10.

吳慧,「會館, 公所, 行會; 淸代商人組織演變述要」『中國經濟史硏究』, 1999-3.

王良行,「淸末對外貿易的關聯效果(1860-1911)」『近代中國對外貿易史論集』, 1997.

王興業,「淸代河南集市的發展」復印報刊資料『經濟史』, 1996-3.

劉秀生,「淸代中期湘鄂贛棉布産銷与全國棉布市場格局」『淸代區域社會經濟史硏究』下, 北京, 1992.

李金錚,「二十年來中國近代鄕村經濟史的新探索」『歷史硏究』, 2003-4.

李伯重,「"道光蕭條"與"癸未大水":經濟衰退·氣候劇變及19世紀的危機在松江」『社會科學』, 2007-6.

李華,「淸代湖南城鄕商業的發達及其原因」『中國社會經濟史硏究』, 1991-3.

李華,「淸代湖南的外籍商人」『淸史硏究』, 1991-1.

李華,「淸代湖南商人的經商活動」『中國社會經濟史硏究』, 1992-1.

張家炎,「明淸江漢平原的農業開發對商人活動和市鎭發展的影響」復印報刊資料『經濟史』, 1996-2.

張家炎,「十年來兩湖地區暨江漢平原明淸經濟史硏究綜述」『中國史硏究動態』, 1997-1.

張麗芬,「湖南省米糧市場産銷硏究(1644-1937)」,臺灣大學碩士論文, 1990.

趙仁平,「從雲南的半開銀元看近代中國的幣制」復印報刊『經濟史』, 1997-3.

鍾啓順,「民國時期湖南自然災害原因探析」『湖南省社會主義學院學報』, 2006-5.

朱英,「中國行會史硏究的回顧與展望」『歷史硏究』, 2003-2.

曾學優,「淸代贛江中流地區農村市場初探」復印報刊資料『經濟史』, 1996-5.

陳民,「法幣發行制度與通貨膨脹」『復印報刊經濟史』, 2001-1.

焦艷·朱慧芳,「論關公信仰對晋商精神的影響」『山東工會論壇』20-2, 2014.

彭雨新·江溶,「十九世紀漢口商業行會的發展及其積極意義」『中國經濟史硏究』, 1994-4.

彭正穗,「儒家經濟倫理與中國古代商人精神」『江漢論壇』, 1996.4.

彭澤益, 「中國行會史硏究的幾個問題」 『歷史硏究』, 1988-6.

馮篠才, 「中國大陸最近之會館史硏究」 『近代中國史硏究通訊』(臺北) 30, 2000-9.

馮篠才, 「中國商會史硏究的回顧與反思」 『歷史硏究』, 2001-5.

皮明麻·李策, 「漢口開埠設關與武漢城市格局的形成」 『近代史硏究』, 1991-4.

許檀, 「明淸時期農村集市的發展」(復印報刊資料) 『經濟史』, 1997-5.

胡廣洲, 「明淸山東商賈精神硏究」, 山東大學博士學位論文, 2007.10.

胡其瑞, 「中國近代商人硏究之回顧」 『中國歷史學會史學集刊』 32, 1990.

胡中生, 「徽商的人文精神與明淸徽州社會」 『安徽大學學報』 33-4, 2009.7.

黃林, 「王先謙在湖南近代化過政中的作用」 『湖南師範大學社會科學學報』 32-2, 2003.3.

侯鵬, 「晚淸浙江釐金制度與地方商品市場」 『淸史硏究』, 2013-1.

侯楊方, 「長江中下流地區米穀長途貿易1912~1937」 『中國經濟史硏究』, 1996-2.

〈일문〉

加藤繁, 「淸代における村鎭の定期市」 『支那經濟史考證』, 東京, 1953.

笹川裕史, 「1920年代前半の湖南省政民主化運動」 『中國近代化と地方政治』, 東京: 勁草書房, 1985.

笹川裕史, 「國民革命期における湖南省各級人民會議構想」 『史學硏究』 168, 1985.

笹川裕史, 「一九二〇年代湖南省の政治變革と地方議會」 『史學硏究』 171, 1986.

重田德, 「淸初における湖南米市場の一考察」 『淸代社會經濟史硏究』, 東京, 1975.

曾田三郎, 「辛亥革命前の諸改革と湖南」, 橫山英 編, 『中國近代化と地方政治』, 東京: 勁草書房, 1985.

〈영문〉

Andrea·McElderry, Confucian Capitalism, Corporate Values in Republican Banking, *Modern China* Vol.12, NO.3, 1986.

David Faure, The Plight of the Farmers, *Modern China* Vol.11, No.1, 1985.

Wenjun Qu, Relationships between dust storms and dryness-wetness in middle-eastern china during 1470-1950 (*China Particulogy* vol.4, No.1, 2006.

【중문 · 영문 요약】

中國 近現代 商人與 物價變動
一 湖南 地域社會 研究 —

第1編 湖南商人之活動與價値指向

第1章 淸末民國時期湖南商人之活動與商品流通

在淸末時期, 湖南商人呈現出飛躍的發展. 咸丰同治時期, 由于太平天國的發動和長江貿易路的中斷, 他們迎接了一次成長的机會. 于光緖年間, 湘潭的34所商人會館之中, 湖南商人會館占8所. 咸丰同治年間, 在各个地方志里, 可以找到湖南商人活躍的活動記載. 由于宣統年間編纂的『湖南商事習慣報告』的規條大部分集中于光緖以后, 由此我們推測出此時期的湖南商人數量增長幷且互相競爭激烈.

從民國時期的各个地方志当中, 我們可以知道湖南商人進行着繁榮的活動. 根据1930年前半期爲止的『湖南實業志』, 可以知道湖南商人的活躍狀況.

針對生産量增加和對外輸出品, 米谷商的活動變得越來越活躍, 而關于茶的出口, 通過到民國時期的茶庄的不斷設立, 可以得知茶商的成長. 到民國時期爲止, 作爲湖南代表商品的木材和木材商的存在也在不斷發展着. 不但宝慶木材商向漢口進出而建立了宝慶會館, 而且長衡木商 · 茶陵木商的存在也受到關注. 往長江下游銷售木材的大宗是西木(江西)和湖木(湖南), 湖南的木材商也嶄露頭角. 油商主要是桐油商, 特別是洪江 · 常德等地的桐油商很有名. 光緖年間開設的長沙啓泰和 · 晋昌等油商, 一直

堅持到二十世紀三十年代. 爲了有關商品流通增加的輸送, 船商也在不斷發展. 從淸朝的道光年間到1950年, 在資江流域活動過的毛板商船, 他們大部分屬於邵陽商船. 除此以外, 湘鄕·瀏陽·株洲等地的商船也有所發展, 淸末民國時期的宁鄕八埠船商也很有名. 就輪船事業來說, 例如衡陽, 從淸末開始到民國時期仍然不斷發展. 大部分學者認爲鹽商本來是淮商獨有的, 但是由于淸末票商制的實行, 湖南的鹽商也得到發展, 到民國期仍継續活動着.

就外來商人來說, 在淸末光緒時期, 我們可以看到江西商人的优勢活動, 各地的外來商人也頻繁的活動着, 諸如广東商人·山陝商人·江浙商人·福建商人·徽州商人·云貴商人等.

有的學者認爲這种傳統商人在近代化的過程中与洋商競爭時失敗導致衰退或者最終消失. 但在湖南, 到民國時期, 這些商人却継續活動着. 在民國時期的各個地方志里記載着相關內容, 從『湖南實業志』來看, 到1930年, 江西·江蘇·浙江·河南·福建·广東·湖北·安徽帮等仍然健在.

商品流通渠道与以前一樣, 南京條約和5个港口開放之后, 隨着南北貿易路線的變動, 湖南的商業并非馬上衰弱. 由于太平天國導致長江路的中斷, 反而在咸丰同治時期, 從前的南北貿易路更加繁榮. 之后, 由于江路的恢夏, 上海-漢口-長沙的貿易路成了主要貿易路, 但在广東的相鄰地帶, 通過广州輸入洋貨. 衡陽也以广州港的貿易路被使用.

商品流通有以下几个特点. 第一, 流通量的急劇上升. 光緒29年, 湖南的外洋貿易不過是3, 237海關兩, 但到1932年, 提高到400万關兩. 第二, 由于洋貨的進口, 新式商品的流通變得活躍. 各个地方志里的記載反映了民間洋油·洋紗使用的普遍化. 第三, 茶·桐油等對外出口品的生産和流通非常活躍. 第四, 礦産的出口從淸末開始, 到民國時期成爲重要部分. 除此之外, 比如猪毛·鴨毛, 從前不用的副産品出口的增加也是商品流通的特点之一.

就繁榮和衰弱的原因來看, 当時人們認爲繁榮的原因是'海禁大開'之后, 卽對外通商開始后貿易的上升. 有的人甚至認爲洋貨的進口增加了財富. 對外貿易明顯刺激了茶·桐油等的生産. 并且, 由于輪船·鐵路等的交通發展, 流通量的增大和速度的增加

也是原因之一.

就衰弱而言, 以帝國主義侵略作爲衰退的原因是不合理的. 大部分人認爲：民國前期到是繁榮期, 到1930年以后, 受到世界經濟不景气的影響而逐漸衰退. 較多人認爲從帝國主義侵略高潮期的清末到民國前期是繁榮期, 民國16年(1927)以后是衰退期, 這應該根据商業周期理論爲依据. 很多人指出內部政治·軍事的原因, 即頻繁的兵亂和不安的治安, 軍閥政權的苛斂誅求, 政策錯誤等是引起衰退的理由.

由于對外開放和通商擴大, 湖南的商業表現出繁榮景象. 因爲和洋貨的競爭, 有的行業遇到困難, 但這是自由市場經濟的原理, 不能被認爲是帝國主義的侵略. 我認爲在半植民地半封建社會論的圖式框架里分析湖南的近現代商人和商業是不合理的.

第2章 清末民國時期湖南商人和地方權力

清代兩百年間, 商業稅几乎沒有增加過. 商人的稅金, 對國家財政的貢獻微不足道, 商業稅几乎是對商人采取的最低限度的管理. 但到清末, 由于緊急軍事開支和賠償金·各种新政費用都依賴于商業稅, 使得商業稅變成爲一种政策.

商業稅負担的加重還体現在預算結構的變化上. 宣統3年(1911)的預算細目中, 商業稅爲56.3%, 而田賦和漕粮合并的土地稅僅爲26.7%. 這正好与直到19世紀中叶, 土地稅占有近75%的數值不同. 在1917年度預算中, 田賦爲38.8%, 厘金爲41.8%. 厘金合并雜收入和雜稅, 商業稅達到了60.3%.

厘金本來是臨時稅, 在湖南持續了76年, 直到1931年才被廢除. 厘金局本來是21局, 宣統3年是36局, 分卡是172所. 民國期間也繼續呈現出增加趨勢. 厘金在民國期間也是湖南的大宗平常收入, 改變統稅之后, 稅金增加了一陪. 除了正稅的厘金之外, 征收過程中還添加了各种附加的掠奪, 因而給商人帶來很多痛苦.

爲了清日戰爭·義和團等的賠償金, 其他省通過附加田賦解決, 而湖南則通過附加鹽稅解決. 据一些資料統計, 清末時期, 湖南的鹽稅是443万兩. 從同治7年到光緒33年, 附加的鹽課稅厘一共多達25种. 軍閥政府通過附加鹽稅的方法來解決財政困難. 爲此鹽商的商本也飽受着被侵奪的痛苦.

在雜稅方面, 印花·烟·酒·屠宰·土硝·五項雜稅是基本的, 但是根据地區的不同附加种种雜稅, 所以'苛捐雜稅'成爲國民革命時期的斗爭對象.

貨幣的濫發是民國時期軍閥政府爲了解決財政問題常用的手段. 張敬堯政權的裕湘銀行的設置和貨幣的濫發, 以及惠民票的强制通用等都是最好的例子. 雖然歷代的軍閥政權有所差异, 但大部分都是通過這种手段來籌備費用. 從1935年推算來看, 湖南通用的銀元是777万余元, 1929年到1935年, 湖南省銀行和其他銀行一共發行了2700余万元的鈔票. 除了銀行發行的鈔票之外, 省政府和各机關縣政府等還發行了一种被稱作是'市票'的流通券, 這些也是惡性通貨膨脹的主犯. 他的最大受害者也是商人層.

商人層難以承受的還有强制貸款. 頻繁的强制貸款達到了省政府也不能掌握貸款金額的多少. 到1927年的約10年間, 据『長沙大公報』記載, 当時大約掌握的貸款是1776万余元. 頻繁的强制貸款反夏着商人的呼吁.

對這樣的省政府權力, 商人的抵抗也是多种多樣的. 繞越就是其中之一. 繞越是爲了逃避稅金而繞過收稅吏看守的關合的渠道以便逃避稅金. 省政府爲了防止繞越只好增加很多局卡.

罷市在淸末開始出現, 在民國時期, 罷市成了商人有效斗爭的手段. 由于商人有組織的罷市, 所以往往可以看到省政府做出局部的讓步.

縣商會或同業分會通過長沙總商會有組織地提出減稅請求. 這樣的減稅請求雖然部分被接受, 但是在財務困難中掙扎的省政府經常是被强迫接受.

從官·商的關系來看, 可以以淸末時期'紳商'性格的變化爲例. 在19世紀中葉以前, '紳商'這一術語幷不常見. 湖南省政府的重商主義新政實施過程中, 湖南的有力鄕紳參加工商業, 從而出現了新的紳商層. 他們不像那些賺錢多的商人通過捐納獲得官位, 正途出身的有力鄕紳的工商業投資導致了官和商的關系變化. 卽商人的地位提高, 使得官和商的關系更爲接近.

民國時期, 紳商的活動也在持續着. 商會的主導勢力仍然是紳商. 以長沙總商會爲核心, 隶屬了100多个縣級商會. 商會向官府發送的公函對省長采取'呈文'形式, 但是向省政府的財政司或者縣政府發送的公函則采取對等關系的'函'. 爲了貸款, 省長或

者財政司經常邀請商人, 在官廳舉行宴會. 商人婉言拒絶貸款的情況很多. 省政府對商人的收入依賴度越高, 商人和官的關系也越接近. 因此, 商人的地位也在不斷提高.

商人在長沙總商會的鼓勵下, 縣級商會都積極參加省議會議員·縣議會議員的選出. 商會出身可直接担任像省政府財政司長·民政司長類的高級職位·也時常担任縣議會議長和縣知事的代理等管理縣政.

權力和商人的關系, 從商人的觀点上來看, 可以被称爲'敵對的相互依存關系'.

第3章 清末民國時期湖南商人之公益活動
The Merchant's Activities of Public Interests in Hunan During the Late Qing and the Republic

Public services in the traditional era were led by the gentry. However, after the late Qing, some merchants began to appear in public interest services. The public service activities of Hunan merchants gradually increased with the end of the Qing dynasty, especially in the Guangxu-Xuantong period. It is believed that there is a correlation between the rapid increase in the number of shantangs (public corporations) in the census and the activity of merchants. This era was the period when trade with foreign countries increased, and the commercial activities of merchants were energetic after the opening of ports.

The activities in the public interest included the construction of roads and bridges, the establishment of ferry crossings, donations of various kinds of resources for the relief of the poor, and the donation of Yicang (a reserved granary). However, there was also the progressive aspects of upgrading wooden bridges to stone ones or building a bridge on a ferry crossing. There was also a modern appearance, such as the establishment of a new hospital and a new school.

A term ShenShang (gentry-merchant) first appears during the late Qing. In the process of the Hunan New Government Movement, many gentry actively participated in transformation, and began to change into modern merchants, not merely distribution traders, but modern entrepreneurs. They succeeded in the public activities of traditional gentry, and tried to establish a new school or establish a company. Some gentry-merchants might serve as chairman of the commercial committee and chairman of the executive education society, contributing to modern innovation. It began to be organized at the end of the Qing dynasty. The Chamber of Commerce and Industry was actively increasing to over a hundred under the control of the ChangSha General Chamber of Commerce.

The Chamber of Commerce was actively giving relief to the victims of the flood and drought in the course of the warlord war and political disorder. They purchased grain from Hubei and other places, then sold it to the poor at a lower price than on the open market, or else provided meals for the poor directly and gave them some money to go back home.

All this was different from the previous personal donations. The organization called the Chamber of Commerce was collecting and distributing a lot of money systematically. The public corporations called 'YiZhen Hui' or 'HuaYang ChouZhen Hui' were specialized for the purpose of giving relief to the victims of floods and drought as well.

Hence it can be seen that after the public service of the traditional era in which the gentry were in charge, the merchants began to participate in the latter half of the Qing dynasty, and their activities became even more prominent in the late Qing. It also plays a leading role in the activities of the relief of the poor and the maintenance of public order. The Chamber of Commerce and the gentry held a joint meeting with officers, gentry, and merchants. By seeing that the increase of the public interest activity of the merchants, gentry-merchants, and Chamber of Commerce, we can figure out that the economic wealth was taken over from the gentry to the commercial and industrial leaders. The gentry could participate in the committee, but it was led by merchants and was held in The Chamber of Commerce.

If the feudal state was moved by Confucian ideology and the gentry who were the ruling class performed public service to maintain the ideology and the stable order, it can be understood that the social ruling class was now the merchant class, not the gentry.

第4章 清末民國時期湖南之商人與商人精神

爲了探索湖南的商人精神, 我分析了地方志的人物列傳和主要編纂于清末的商人的各种行規后幷分析了20世紀30年代上半叶的湖南全域的商号.

通過人物的列傳, 我可以掌握有關勤儉節約·仁義·積善報應·信義·正直·薄利多賣·經營方面的事實. 勤儉節約在多數列傳中可以找到, 大部分宗旨是'施舍他人, 但吝惜自己'. 有關仁義, 人物列傳的篇名多爲'義行'. 內容是介紹對各种公益·慈善事業的捐贈和奉獻. 積善報應的思想不僅是佛教的因果說, 也是道敎·儒敎的共同思想. 有時侯, 慈善捐贈行爲的代价就是托'議叙'賜予官品. 有形无形的福是對善行的回報, 在現實中, 商業成功和致富往往視爲其結果. 信義和正直是商人的天生美德, 遵守信義的結果也贏得了商人的尊敬和信賴, 因此也能看到事業成功的情況. 薄利多賣和在經營中的所有權和經營權的分離是民國時期新出現的近代層面.

通過行規的分析可以看出, 几乎所有的內容都强調誠信交易, 公平交易. 對欺騙物品或度量衡的商販, 規定警告和懲罰的占多數. '誠信'是儒家道德的基本標准. 另外, 行規中對財神和行業神的祭祀都有詳細的規定. 就財物神來說, 湖南的特征不是'關公', 而是'崇奉趙公明'. 就行業神來說, 崇拜雷祖神的人更多于崇拜魯班的人. 對財物神或行業神的祭祀目的是爲了同業者的相互團結的一种儀式, 但根本上是祈禱財物

運和事業運的興隆.

通過分析商號會發現, 以人名爲商号或祈求丰饒之意的商号較多, 結合地域和産品名的新式商号也較多. 這里關注的是价值取向的商号, 即'和'·'信'·'義'·'謙'·'仁'·'德'等. 還与湖北·四川·貴州等鄰近的各省進行了對比. 湖南的商号, 以'和'字和'謙'字当頭. '仁'字和'德'字也在比較對象中排名第二. 直到1930年代前半, 湖南的商人還把'和'·'謙'·'仁'·'德'等的儒教理想作爲价值取向. 我認爲, 具有這种思想的'紳商'是推進亞洲資本主義的企業家的前身.

'湖湘精神'是湖南固有的湖南人文精神, 我根据商家的記录, 査閱了這一'湖湘精神'所包涵的内容. 這是'濟民利物'·'實業救國'·'實事求是', 如果擴大內涵的概念. '經世致用'或者'敢爲人先'的想法也是可能的. 這些概念也不能說是湖南獨有的固有想法. 但是, 鎭壓太平天國的湘軍之后, 如果沒有湖南人就无法組建軍隊, 或者說"若道中華國果亡除是湖南人盡死"等話語中, 可以感受到湖南人与衆不同的愛國心和民族主義.

湖南商人的商人精神就是强調'仁義'. 從列傳等方面看, 湖南商人不是想通過商業交易獲得最大利潤, 而是獲得适当的利潤. 商業的最終目的是'經世濟民'或'事業報國'的理想. 這与尋求最大利潤的西方資本主義截然不同. 如果以"紳商"發展爲近代企業家爲前提的話, 亞洲資本主義就是以人類爲中心的資本主義, 与單純的物神主義是不同的.

第2編 物價變動與湖南商人之對應

第1章 淸末民國時期湖南汝城縣之商品流通和物價變動

以上我們簡單地討論了淸末民國期汝城縣的物價變動. 在這60年當中, 米價和其他的物價每年上漲了約4~5%. 這與發生了中日戰爭, 世界大戰的民國後期相比, 可以說是在相對穩定中上漲的. 從這個地區統計指標來看, 人口的急速增長和經濟開發的停帶並不是物價上漲的根本原因. 人口的逐漸增長和農業生産力的增高使物價上漲

496

穩定下來.

　　還有人指出採買是物價上漲的另一原因，　但同治13年(1874)汝城縣中斷了採買.
在稅金方面，除了田賦以外，爲了補充地方經費，新設或增加了各種雜稅. 加上，契稅，
契紙稅，經紀捐，百貨捐，菸酒稅 等與商業活動相關的各種附加稅陸續新設，因此物價
也跟着上漲了. 在嘉慶以後，倉儲制度也跟其他地方一樣名存實亡，所以國家層次的
價格調整無法發揮其功能. 這也許是物價上漲的一個原因.

　　國際交易對這一地區的直接影響是不明顯. 在[物價表]裏沒有記載交易量. 有人指
出桐油的對外出口引起價格上漲，汝城縣志還記載有爲了出口茶葉廣東商人多次來
汝城縣買茶的事實. 此外，汝城縣交易的60%是與廣東進行的，所以洋貨一定是從這
個地方進來的. 洋絲洋油的物價上漲程度高於一般物價上漲，但在[物價表]上沒有洋
布的項目，因此土布可能具有一定的競爭力. 除了洋絲洋油以外，在[物價表]裏沒有其
他洋貨的項目. 所以在民國21年以前，帝國主義不見得對湖南汝城縣進行具體的經濟
侵略. 洋絲的進口可能刺激了土布的生産，事實上土布的價格上漲率不低於一般物價
的上漲率.

　　中國學界認爲這個時期中國是帝國主義的商品市場及資源搾取市場，其結果中國
農民的生活更爲困窮.　但18世紀前半期以前的汝城縣是一個沒有麥作也沒有市集的山
邑. 在湖南的米産地當中，屬於缺糧區. 但清末以後，麥作的普及番薯栽培的增加，本
地米穀的畝産量在湖南省·各 縣中 第一(4石/畝)，而産量的 1/4銷售到廣東及隣近的
資興縣等地方. 在其他地區作爲補充食物的玉蜀黍，在本地是喂鴨的，而番薯當作補
充食物. 米産量的增加，雜糧種植的擴大使農民把米作爲商品. 在這種情況下，各地發
展市集，出現了 300~400家店鋪. 還有，衡幫(衡陽商人)·寶幫(寶慶商人)·廣幫(廣東
商人)·西幫(江西商人) 等外地商人來住汝城縣，且開會館，民國初因開發鎢砂鑛山，
結果許多人口流入，經濟情況也變好.

　　雖然無法明確區分農民的購買價與賣出價，　在[物價表]上的大部分項目表示着類
似的上漲率，雖然物價上漲 但，木工·土工 等的實質工資并無減少，雇農的實質工資也
有上漲. 總之，從民國 21年(1932)以前湖南汝城縣物價上漲來看，我們很難同意農民
生活因受到帝國主義侵略而變得更困窮·悲慘的看法.

但是, [物價表]這個史料 無每年每月的詳細項目, 只不過反映着長期的趨勢. 還有, 因地區之間的貨幣沒有統一, 所以無法直接比較汝城縣的物價與其他地區間的物價. 因有這種一般性的問題與資料不足, 有關中國物價的研究一直達不到客觀的且理想的標準. 到目前爲止. 物價史雖然成爲全國性的論題, 但他們都任意引用相異地區的資料來綜合而已. 本文擬試圖以一個縣作爲分析單位, 從當時人的視界按時間的推移來重新構成物價史. 這才是本文的意義所在.

第2章　淸末民國時期湖南長沙之米價與物價動向

短期變動幅比米价更大. 我認爲引起這个現象的原因是這些物品的需求量比米谷的需求量的彈性更大.

如所前述, 物价的長期變動跟米价總体上呈現出相似的軌迹. 從淸末經過民國前期, 物价上漲幅越來越明顯. 更仔細得來看, 民國前期的物价上漲幅度比淸末更大. 比如說, 猪肉价格從1878年到1909年之間上漲了27.3%, 1912-1921年之間上漲了75%. 同一時期, 鷄肉价格各上漲了50%和44%. 淸末顯示的是31年間的數值, 而民國前期却顯示的是9年間的數值, 由此可以知道物价的相對暴漲. 從1926年到1936年的10年間, 猪肉价格沒有發生變動. 草魚也同樣沒變. 到1931年洋紗的价格沒有發生變動, 1936年稍微有所上漲. 民國中期的物价呈現出相對穩定局勢. 這个現象是跟民國中期的米价呈現出'谷賤'現象一脉相同.

下面, 對物价變動的原因除了軍閥間的戰爭或者政治的混亂等政治和軍事原因之外, 對其他原因做了分析

從需求方面看, 盡管湖南本地的人口增加, 湖南米仍向長江下流地區的継續輸出是米价上漲的重要原因之一. 上海或者武漢等地的城市化和人口集中使這個地區粮食需求劇增. 雖然有若干的洋米進口, 但是對湖南米的需求仍然增加, 使得米价上漲. 幷且由于以長沙爲主的各地新手工業, 産業的發達增加了非農業人口, 他們自身具有的購賣力使得有效需求持續成長, 最終誘導了米价上漲. 粮食的出口不是完全除外当該地區人口食粮的剩余部分的出口, 而是向購買力高的地方移動. 淸末民國時期, 在

湖南的內部·外部, 增加了對米谷的有效需求, 這是米价上漲的一个原因.

從貨幣問題看, 衆所周知, 貨幣數量的增加引起物价上漲. 直到現在, 我們認爲鴉片戰爭前后銀兩海外流出量的增加導致了'銀貴錢賤'現象以及物价上漲和人民貧困. 但是從地方志等史料分析結果看, 銀錢比价在道光·咸丰初暫時上漲之后, 從咸丰7年以后反而下落了. 同治年間1兩等于1300文, 到了光緖末·宣統年間在1600-1700文左右, 比光緖·咸丰更低. 清末民國時期, 貨幣濫發, 但是超過界限的時候, 由于市場的通用拒絶使得貨幣濫發終于中斷. 清末民國時期, 由于外國銀元的流入和國內的銀元鑄造·銅元·紙幣外的鈔票及市票等, 實際上投入貨幣市場的貨幣量大量增大. 可是從總体上來說, 我認爲市場秩序維持得比較穩定. 由于對外貿易和商品量的增大·經濟活動人口的增大·米谷生産及農産品産生的增大, 所以對貨幣的需要也急增. 因此, 我認爲不管貨幣量的巨大增加和流通速度的進展如何, 多少可以緩和物价上漲幅度. 也就是說在穩定之中誘導了物价上漲.

從供應方面來看, 我們可以發現, 一方面通過對外貿易, 西洋商品的進口總体上牽引了物价上漲, 另一方面通過物品供應的增加或者跟國內商品的競爭使物价上漲得到了緩和. 這跟帝國主義侵略和物价暴騰的公式化觀点7不一樣, 物品供應的增加在實際上也起到了物价抑制的功能. 從物价和景气方面來看, 物价貴的時候, 生活水平比較高. 但是, '谷賤'現象又是生活不景气的一个表現, 而之前我們用這个觀点來分析了長沙地區. 道光·咸丰年間, '谷賤'現象生活不景气的事實很明顯. 在同治·光緖年間, 是米价漲价的時刻, 由于紅茶的繁盛或者各种手工業的繁盛, 這个時期呈現生活景气的好面貌. 民國時期, 在民國中期呈現出'谷賤'現象. 在史料上的民國中期的'谷賤'跟賃金或者別的物价上漲形成對照. 物价上漲期和生活景气實際上并行着, 在民國中期跟'谷賤'現象呈現出互相違背.

從生活水平方面看, 通過地方志的記彔可知, 清末民國期, 居民普遍使用洋貨, 衣食住等生活水平提高了. 雖然物价上漲, 但是比同治以前明顯呈現出奢侈品的消費增加和中人家的消費水平的提高. 我認爲雖然民衆的貧困存在, 但是這个時期貧富差距越來越大, 因此生活水平的差距也越來越大.

第3章 清末民國時期湖南之物價與商人

清末民國期，貨幣濫發引起通貨膨脹是湖南物价上漲的最大原因．省政府充当了因各种新政改革所需費用和調撥巨大軍備財源而濫發貨幣的角色．清末的官錢局和大清銀行，民國時期的湖南銀行，裕湘銀行，湖南通商銀行的功能只是單純的紙幣印刷机關．民國時期的顯著特点是銀元票，銅元票等各种紙幣的濫發．不可能兌換的紙幣的濫發明顯會導致物价暴漲．

其次，物价上漲的另一个原因是商業稅的增加．清末實施的厘金是代表性的商業稅，直到1931年廢除時，這种商業稅對湖南商人來說，負担很大．爲了征收厘金，局卡日益增加，并且在有關檢查站實施了額外的非正規剝削．爲解決厘金弊端而實施的統稅反而使稅金負担更重．除了厘金之外，牙稅，屠宰稅，烟酒稅，印花稅，營業牌照稅等各种雜稅也給商人增添了過度的負担．雖然從清代以土地稅爲中心轉變爲以商業稅爲中心的財政結构是和這段時間的工商業發展同出一轍，但是在産業發展處于低迷狀態時期，過度的商業稅征收阻碍工商業發展．另外，当時的人們也認識到了商業稅的征收已經轉向了物价．

需求的增大也是物价上漲的一个原因．清末民國時期，需求的激增首先是因爲人口增加．從民國元年(1912)到民國21年(1932)，湖南省的人口增加了約262万人．除了自然人口增加以外，對商品的購買能力的有效需求也增加了．在日常生活中，酒和肉的消費量增加，奢侈品的需求也增加．最重要的是，由于對外開放和通商擴大，和海外市場進行溝通，以出口爲主的農産品，茶或者桐油等的栽培也擴大了．相反，對外國洋貨的需求也巨增了．這樣的需求增加和物价上漲不无關系．

商人不足以被認爲是物价上漲的主要原因．商人在這樣的物价暴漲的局面里，該如何應對呢？人們經常提到‘奸商’主導物价上漲．所謂‘奸商’的商人活動之中，引人關注的是：第一被称爲‘囤積居奇’的買占賣惜．在物价上漲或上漲預期時，經常發現囤積居奇米谷的例子．從長沙總商會和米業商人間的連席會議內容來看，囤積居奇不是米价飛漲的原因，而是根本就供應不足．但是根据湖南省經濟調查所的調查得知，到20世紀30年代爲止，奸商的買占儲藏一直都在進行．第二是違反米禁的米谷商的走

私行爲. 在米禁期間, 米谷商人通過与關所的官吏或者軍隊私通, 持續進行着大規模的走私. 根据湖南省經濟調查所的調查顯示, 隨時下達的米禁并不是以調查爲基础的禁令, 并且湖南省内的米谷剩余地區反而由于不能出口, 導致農村經濟遇到衰落. 在現實中, 不遵守禁令, 走私橫行, 湖南地區内的供求也不會發生調整. 使得米谷走私的商人最終向价格更高的地方運輸貨物. 第三是商人操縱价格. 商人爲了得到最大的利潤, 在醴陵縣的磁器業中出現了价格操作地實例. 不出意料, 在其他資料里, 具体例子不多. 在金融領域里, 銀商的操作被看做是个很大的問題. 在鈔票泛濫和現金缺乏的情況之下, 省政府强制了法价. 由于不符合現實情況, 所以銀商适用暗盤(暗時勢). 這時他們操縱匯率, 獲得利益. 其次是空盤買賣. 以實物商品爲前提, 發行漢票的銀商在沒有產品之下, 濫發空頭支票就是空盤買賣. 其次, 違反省政府的布告, 把銅元偷運到外部. 商人爲了利益而進行商業活動. 法价的强制是以政治力量壓制市場. 商人忠實地遵循着市場規律.

物价調查是對物价的合理与否進行的一种應對方式. 民國10年前后, 商會在湖南進行了有系統的 · 有組織的物价調查. 我認爲從清末各种行會的「行規」里的价格告示來看, 他們已經有了自己的物价調查. 從醴陵縣來看, 到民國10年以前, 商人自己做了物价賬簿. 民國15年以后, 變爲依靠商會進行調查. 從實際事例來看, 商人爲了避免受中介人价格欺騙進行着物价調查. 我認爲依靠商會進行的物价調查, 不僅對銷售商相互之間, 而且對購買者也帶來公平机會的保障.

從商人的物价調整方面來看, 首先可以提出采買平糶. 在省城 · 地方等地, 由于米谷供不應求而引起米价暴漲的時候, 商人派人購買粮食, 然后以低廉的价格出售. 商人們自己把這个看成是公益活動. 另外, 爲了對煤 · 鹽 · 米 · 油等的日常必需品的物价進行調整, 商會隨時舉行物价調整會議. 省政府也强調商會對市面物价暴漲應采取的措施及應負的責任. 另外, 在金融方面, 鈔票濫發和通貨膨脹也被看作是物价暴漲的罪魁禍首, 他們隨時向省政府要求兌換維持, 拒絕惡性鈔票的接受. 并且反對省政府或者各种机構發行的流通券 · 軍用票等類似貨幣, 努力控制物价.

通過以上來看, 清末民國時期, 在湖南的商人, 以商會爲中心, 對省政府的腐敗和无能抵抗, 希望走向市場經濟. 他們在通貨膨脹和物价暴漲的局面中, 補充省政府行政

力的缺乏, 對物价穩定做出了貢獻.

第4章　1918-1927 湖南之物價變動

　　米价是物价變動最基本的表現. 米价從1918年至1927年總的呈現出上漲趨勢. 1918年11月 每担爲4.32元, 1925年11月每担爲9.90元, 上漲了129.2%. 1921-1923年的平均米价是每石6.51元. 与1909-1912年的每石平均4.0元相比, 上漲了62.75. 1932-1934年的石当7.44元与1921-1923年間對比上漲了14.29%. 由此可以看出, 20世紀20年代上半期的米价上漲比30年代更明顯. 爲了把握米价的相對物价, 与鹽价比較的話, 在1921-1925年間, 米价上漲了22.2%, 鹽价同期上漲了12.9%. 洋油价格表現出下滑趨勢, 而米价持續上漲, 所以据此本人認爲農民收入和購買力更加提高.

　　鹽价雖然從1921年至1927年錢文值顯示急劇上漲趨勢, 但主要通貨銀元的价格直到1926年一直保持着穩定上漲. 本人認爲鹽价的穩定因爲洋鹽進口的增加和精鹽公司的設立等之貢獻.

　　棉花价格從1918年11月至1920年价格保持不變或下降. 而自1921年到1925年呈現出持續上漲趨勢. 1926年和1927年則減緩上漲勢甚至下降趨勢. 1934年前后, 長沙的棉花价格与1918年11月的价格一樣. 而1930年代的棉花价格比1920年代上半期相比却在下降. 茶油价格也從1918年11月到1927年呈現出持續上漲的趨勢. 錢文值的急劇上漲率的是通貨膨脹的結果. 在『長沙大公報』上, 桐油价格從1921年開始出現. 本人認爲這与此時期桐油出口額的增加有關. 桐油在錢文值從1921年到1927年持續急劇上漲趨勢. 銀元价格在1925年和1926年呈現出部分下降趨勢, 1927年再次上漲. 恐怕与1934年前后桐油出口的減少有關.

　　洋油是最具代表性的進口商品. 以錢文爲算, 大体呈現出上漲趨勢, 但是銀元却在穩步下降. 直到1927年出現部分反彈, 但比1921年水平更低.

　　在由貨幣濫發的混亂之中, 銀元担任基幹通貨的作用. 商人要求用銀元付款或通過銀元的价格標示等, 以此維持市場經濟. 1921年至1927年間, 以銀元价格爲標准, 穩定的上漲趨勢是主流. 這比1930年代前半期上漲率更高.

從工資水平來看，以日給爲准，各縣的27个行業的平均工資爲0.13元．這与木匠的平均工資一致的．雇農的日給爲0.11元，与別的行業相比較低．雇農的日給可以購買的鹽是1.05斤，或者可以購買1.93斤米．木匠可以購買的鹽平均是1.15斤，可以購買的米平均 是2.16斤．這是基于提供飯菜的工資，如果非提供飯菜的工資比此更高．在高工資的地區，日給比飯錢更高，而非高工資地區呈現出日給和飯錢費類似的情況．通過工資長期變動趨勢，我們發現工資也在跟隨物价一起上漲．本人曾經通過比較汝城縣工資的大米購買能力而發現民國時期實際工資的增長．在『湖南實業志』和地方志等，可以証實工資和物价有關聯，而且能看出工人對工資提高的要求．本人認爲自1922年以來的全國勞工運動對湖南產生了一定的影響．

在貿易和物价方面，以往學者認爲帝國主義侵略的高潮引起了貿易的快速發展，洋商的把戲飆升了物价．但是，進口產品的价格由于貿易促進進口量增加的影響而使价格下降．洋油的供應增加引起价格下降是最具典范性的例子．出口產品則由于貿易出口量增加，物价反而上漲．代表性出口產品桐油，從第一次世界大戰后的1921年至1927年間，由于持續增加出口量顯示出价格急劇上漲的趨勢．而20世紀30年代由于出口低潮价格下降．礦產物也經歷了在第一次世界大戰時期，由于出口量增加价格上漲，在戰后由于出口低潮价格暴跌的情況．之后，逐漸出現了出口夏蘇和价格上漲的情況．

從貿易和景气角度來看，由于第一次世界大戰后帝國主義列強的重新來臨和侵略的強化，物价飛漲和增加人民生活負担的公式化与湖南的現實似乎并不符合．對相關數據進行審查時，大部分數據指出自1921年至1926年，甚至1928年時情況較好．而民國19年(1930)以后出現了經濟衰退．根據湖南的進出口動向，雖然自1925年至1928年交易量多，但是出現赤字情況，即入超多．但是，1932年至1934年間相反，即出現了貿易順差，但相比于1920年代，貿易量急劇減少．從這一点來看，經濟景气比起貿易赤字，与貿易量的增減有着更加緊密的關系．從大部分資料里指出的自1930年以后經濟衰退來看，本人認爲在貿易量和情況下，1930年代出現了經濟衰退型順差．

有的學者提出了由于第一次世界大戰間帝國主義列強的暫時撤退和戰爭需要的增加，雖然中國的情況相對較好，但是由于戰后帝國主義列強的卷土重來和侵略的高

潮, 急劇的貿易發展引起了物价飛漲和中國人民的負担的加重. 本人認爲這个看法不妥当.

以湖南爲對象進行實証研究, 1921年至1927年間, 貿易量增加, 物价穩中有漲, 商業繁榮. 当時人們自己也認識到經濟相對好景气. 帝國主義列强不是單一的結社体, 而是互相競爭的對手. 所以本人認爲, 分析對帝國主義經濟侵略的具体情況時, 過度的民族主義情緖應該要控制.

附錄 清後期-民國時期湖南之天變 災異·地方志記錄與水旱災

清後期, 在湖南地區, 天變災異的集中發生現象很明顯. 在地方志裏, 彗星的出現·流星的落下·地震·雨雹·有色的雪等的多樣事實, 可以容易發現. 跟淸前期或者中期比較起來, 災異發生的頻度增加著, 以中期→前期→後期的順序. 這件事與在以往硏究中, 小冰期中的清中期是相對溫暖的冬天的事呈現出相當類似性.

這樣天變災異的集中現象和水旱災也一定程度具備著相關性. 尤其是淸後期, 由於頻繁的水災發生, 與這個現象呈現出正比例關系. 旱災不一定是正比例, 各個地區有了區別. 清後期的頻繁的災異與頻繁的水災呈現出相當高的一致.

在水旱災和氣候, 考察過氣溫和降雨的兩個問題. 在淸後期, 由於湖水或者河水的結冰, 可以人馬通行的特大寒和大雪等的大寒頻繁地出現了. 冬天寒冷年度的時期別變化呈現出破格的頻率, 以順治~康熙期每7.1年当1次·雍正~嘉慶期每12.1年当1次·道光~光緒6年每2.7年当1次. 我認爲道光以後的清後期比前期·中期是非常寒冷時期.

另一方面, 對溫暖的冬天年度的變化來看, 又於後期呈現出頻繁地頻率, 以前期每13年当1次·中期每32.3年当1次·後期每3.7年当1次. 總之, 酷寒的冬天和桃李開花的異常暖冬是經常交叉的時期. 又, 在寧鄕縣, "冬桃李實大雪氷厚尺許"的異常氣候也同時出現了. 鹹豐11年條, 在臨湘縣"大雪平地四五尺餘", 但在寧鄕縣"桃李實". 這樣異常氣候現象, 不規則的氣象符合小冰期氣候的特點. 雖然夏天有了幾件異常低溫

的現象, 但大體上'冬寒夏熱'的氣候是典型形態.

對降雨來看, 我們會看頻繁的水災呈現出這個時期降雨的集中. 在地方志記載裏, 數十日·數個月間的長期持續的霪雨記錄經常出現. 雖然旱災以頻率減少消沒了大旱, 但輕易的旱災出現也不多. 從清前期好幾次幾個月間的長期不雨的記錄和後期頻繁的霪雨的記錄來看, 我們可以估計後期是非常深刻的多雨期. 通過大水的時期集中於5月·6月等的特定時期, 可以知道這個時期季風氣候和季風雨帶的影響高漲.

對氣候和豐凶來看, 一般情況下與小冰期由於氣象異變會聯系農産品生産減少·動亂的觀察呈現出不同狀態. 雖然清後期有了各種災害, 但豐年頻率明顯增加了. 在記錄寒冷的'大淩'年裏, '大有年'·'有年'的記錄也經常同時登載. 在當時人認爲"有大雪, 下年預見豐年"."不冷不熱, 穀物不熟"的酷寒和酷熱裏, 也有了頻繁的豐年.

對水旱災和豐凶來看, 後期由於災害克服能力的提高, 雖然有了水旱災, 但豐年也經常出現. 水災年偶爾有了凶年, 但是豐年更多. 反面旱災年偶爾有了豐年, 但是凶年更多. 水災一邊經常帶來人命損失和設備破壞, 一邊搬運肥沃的泥沙, 供給充分的農業用水. 所以, 我認爲雖然後期深刻的多雨期引起了水災, 可是對豐年形成的貢獻也很大. 饑荒的原因大部分在於幹旱. 因爲降雨因素對農業生産有了決定性, 所以於清後期豐年更多.

在上面, 以湖南地區的長沙府·常德府·嶽州府·澧州一帶的地方志爲主考察過天變災異和氣候問題. 現代式氣象觀測不存在的情況下, 不能正確知道古氣候. 只不過以引起當時人的關注的異常現象爲主了解大略趨勢. 我認爲, 在曆史研究, 曆史現象非常需要與氣候學·天文學等科學的接近方法的.

찾아보기

516

전 형 권 田炯權

1956년 경남 의령에서 출생.
부산대학교 문리대 사학과 졸업. 동 대학원 석사 박사과정 졸업. 중국인민대학교 청사연구소
연구교수, 현재 국립 창원대학교 사학과 교수

| 논저 |

『中國近代社會經濟史硏究』(中文版)(북경 : 중국사회과학출판사, 1997)
『명청시대사회경제사』(공저)(서울 : 도서출판이산, 2007)
『중국 근현대의 호남사회』(서울 : 혜안, 2009)
『屈氏義田租佃契約文書와 蘇州의 地主佃戶 관계』 외 다수.

중국 근현대 상인과 물가변동 호남 지역사회 연구

전 형 권 지음

초판 1쇄 발행 2021년 6월 20일

펴낸이 오일주
펴낸곳 도서출판 혜안

등록번호 제22-471호
등록일자 1993년 7월 30일

주 소 ☏04052 서울시 마포구 와우산로 35길 3(서교동) 102호
전 화 3141-3711~2
팩 스 3141-3710
이메일 hyeanpub@hanmail.net

ISBN 978-89-8494-662-0 93910

값 37,000원